Steuerliche Beihilfen

Europäische Hochschulschriften
Publications Universitaires Européennes
European University Studies

Reihe II
Rechtswissenschaft

Série II Series II
Droit
Law

Bd./Vol. 4313

PETER LANG
Frankfurt am Main · Berlin · Bern · Bruxelles · New York · Oxford · Wien

Malte Strüber

Steuerliche Beihilfen

Eine kritische Analyse der Anwendung des Beihilfeverbots im Bereich der direkten Steuern

PETER LANG
Europäischer Verlag der Wissenschaften

Bibliografische Information Der Deutschen Bibliothek
Die Deutsche Bibliothek verzeichnet diese Publikation in der Deutschen Nationalbibliografie; detaillierte bibliografische Daten sind im Internet über <http://dnb.ddb.de> abrufbar.

Zugl.: Köln, Univ., Diss., 2005

Gedruckt auf alterungsbeständigem,
säurefreiem Papier.

D 38
ISSN 0531-7312
ISBN 3-631-54780-3

Printed in Germany 1 2 3 4 5 7

www.peterlang.de

Meiner Familie gewidmet.

„Auch gute Bausteine ergeben [...] kein gutes Haus,
wenn das Haus nicht nach einem Gesamtplan errichtet wird [...].“
(Klaus *Tipke*, Die Steuerrechtsordnung, Bd. 2, S. 589)

Vorwort

Den ersten gedanklichen Anstoß für diese Arbeit erhielt ich als Referendar im Brüsseler Büro der Kanzlei Lovells im Frühjahr 2002 – dafür danke ich Dr. Thomas Jestaedt, meinem dortigen Ausbilder (inzwischen bei Jones Day). Die Erstellung der Arbeit, die einen enormen Rechercheaufwand bedeutete, wäre ohne die große und stets großzügige Unterstützung von Christoph von Donat und Gabriele Quardt (von Donat + Quardt Rechtsanwälte, Berlin) nicht möglich gewesen – dafür und für die schöne Zeit bedanke ich mich ganz herzlich. Dank gilt nicht zuletzt meinem Doktorvater, Herrn Professor Ulrich Ehricke, für sein spontanes Interesse an einer Arbeit zu diesem Thema, für seine unbürokratische, zügige und stets freundliche Betreuung, und natürlich für die inhaltlichen Anregungen.

Die beihilferechtliche Beurteilung steuerlicher Maßnahmen der Mitgliedstaaten ist, obgleich eine junge Entwicklung, von weitreichender praktischer Bedeutung. Dennoch ist im Kontext der direkten Steuern neben grundlegenden Fragen über die inhaltliche Konkretisierung des Beihilfeverbots zur Ermöglichung einer besseren Subsumtion und einer kohärenten Anwendungspraxis bis hin zu den hier ausgeklammerten Fragen des Rechts- und Vertrauensschutzes bei der rückwirkenden Kassierung steuerlicher Begünstigungen vieles ungeklärt.

Wie bereits aus dem Untertitel ersichtlich, nimmt die Arbeit zur bisherigen Tätigkeit der Kommission einen bewusst kritischen Standpunkt ein und versucht, neben Problemen auch Diskussionsansätze zu einer Überarbeitung der Leitlinien für steuerliche Beihilfen aufzuzeigen. Für jede sachliche Anregung und Kritik bin ich dankbar (m.strueber@web.de).

Malte Strüber

Berlin, im September 2005

Gliederungsübersicht

Inhaltsverzeichnis

Kapitel 1

Einleitung

Kapitel 2

Steuerliche Beihilfen – Gemeinschaftsrechtliche Beurteilungsgrundlagen

Kapitel 3

Beihilfe gleich welcher Art – Bedeutung der steuerlichen Natur oder Zielsetzung einer Maßnahme für deren beihilferechtliche Beurteilung

Kapitel 4

Staatliche oder aus staatlichen Mitteln gewährte Beihilfen – Bedeutung dieses Merkmals im Kontext steuerlicher Maßnahmen

Kapitel 5

Begünstigung bestimmter Unternehmen – Minderung der normalerweise zu tragenden Steuerbelastung durch Ausnahme vom allgemeinen System

Kapitel 6

Eignung zur Wettbewerbsverfälschung – Berücksichtigung steuerwettbewerbspolitischer Zielsetzungen im Beihilferecht

Kapitel 7

Beeinträchtigung des zwischenstaatlichen Handels – Bedeutung der Zwischenstaatlichkeitsklausel bezüglich steuerlicher Maßnahmen

Kapitel 8

Rechtfertigung durch allgemeine Vorgaben des Systems

Kapitel 9

Zusammenfassung

V e r z e i c h n i s

der Abkürzungen
und der abgekürzt zitierten Literatur

A	Abschnitt
a.F.	alte(r) Fassung
ABl. C	ABl. Teil C (unverbindliche Mitteilungen) der EG/EU
ABl. L	ABl. Teil L (rechtlich verbindliche Maßnahmen) der EG/EU
ABl.	Amtsblatt der Europäischen Union/Amtsblatt der Europäischen Gemeinschaften
AG	Aktiengesellschaft
Anwendungsbericht	Bericht der Kommission über die Umsetzung der Mitteilung der Kommission über die Anwendung der Vorschriften über staatliche Beihilfen auf Maßnahmen im Bereich der direkten Unternehmensbesteuerung
AO	Abgabenordnung
Art.	Artikel
ASCM	Agreement on Subsidies and Countervailing Measures
AStG	Außensteuergesetz
BB	Betriebs-Berater (Zeitschrift)
BB	Beihilfebericht der Kommission
BfF	Bundesamt für Finanzen
BFH	Bundesfinanzhof
BGBl	Bundesgesetzblatt
BGH	Bundesgerichtshof
Birk	Handbuch des Europäischen Steuer- und Abgabenrechts (*s. Literaturverzeichnis*)
BMF	Bundesfinanzministerium
Brosius	Internationaler Steuerwettbewerb und Koordination der Steuersysteme (*siehe Literaturverzeichnis*)
BStBl	Bundessteuerblatt
BVerfG	Bundesverfassungsgericht
Calliess/Ruffert	Kommentar des Vertrages über die EU und des Vertrages zur Gründung der EG (*siehe Literaturverzeichnis*)
Cordewener	Europäische Grundfreiheiten und nationales Steuerrecht (*siehe Literaturverzeichnis*)
CPN	*Competition Policy Newsletter*
Dauses	Handbuch des EU-Wirtschaftsrechts (*siehe Literaturverzeichnis*)
DB	Der Betrieb (Zeitschrift)

DBA	Doppelbesteuerungsabkommen
DStJG	Deutsche Steuerjuristische Gesellschaft
DStR	Deutsches Steuerrecht (Zeitschrift)
DStRE	Deutsches Steuerrecht Entscheidungsdienst (Zeitschrift)
DV / DVO	Durchführungsverordnung
E	Entscheidung
ECLR	*European Common Law Review* (Zeitschrift)
ECOFIN-Rat	Rat der Wirtschafts- und Finanzminister
ECTR	*European Communities Tax Review*
EG	Europäische Gemeinschaft(en); Vertrag zur Gründung der Europäischen Gemeinschaft (in der Fassung nach Amsterdam)
EGV	Vertrag über die Gründung der Europäischen Gemeinschaft (in der Fassung vor Amsterdam)
endg.	endgültig
EStG	Einkommensteuergesetz
EStR	Einkommensteuerrichtlinien
EU	Europäische Union
EuG	Europäisches Gericht Erster Instanz
EuGH	Europäischer Gerichtshof
EuR	Europarecht (Zeitschrift)
EuZW	Europäische Zeitschrift für Wirtschaftsrecht
EWIV	Europäische wirtschaftliche Interessenvereinigung
EWIV	Europäische Wirtschaftliche Interessenvereinigung
EWIV-VO	VO (EWG) Nr. 2137/85 des Rates vom 25. Juli 1985 über die Schaffung einer Europäischen Wirtschaftlichen Interessenvereinigung (ABl. L 199 vom 31. Juli 1985, 1).
EWR	Europäischer Wirtschaftsraum
F&E	Forschung und Entwicklung
FA	Finanzamt
ff	fortfolgende
Fn.	Fußnote
GATT	*General Agreement on Tariffs and Trade*
GD	Generaldirektion der Kommission
Genschel	Steuerharmonisierung und Steuerwettbewerb in der EU (*siehe Literaturverzeichnis*)
GewStG	Gewerbesteuergesetz
GewStR	Gewerbesteuerrichtlinien
GG	Grundgesetz
ggf.	gegebenenfalls
GmbH	Gesellschaft mit beschränkter Haftung

Grabitz/Hilf	Das Recht der Europäischen Union (*siehe Literaturverzeichnis*)
Hancher/Otter-vanger/Slot	*E.C. State Aids* (*siehe Literaturverzeichnis*)
Heidenhain	Handbuch des Europäischen Beihilfenrechts (*siehe Literaturverzeichnis*)
Hrsg.	Herausgeber
IBFD	*International Bureau of Fiscal Documentation*
idR.	in der Regel
IP	Pressemitteilung der Kommission
iSd.	im Sinne des
IStR	Internationales Steuerrecht (Zeitschrift)
iVm.	in Verbindung mit
IWB	Internationale Wirtschaftsbriefe (Zeitschrift)
Jacobs	Internationale Unternehmensbesteuerung (*siehe Literaturverzeichnis*)
Jansen	Vorgaben des europäischen Beihilferechts für das nationale Steuerrecht (*siehe Literaturverzeichnis*)
Kellersmann/Treisch	Europäische Unternehmensbesteuerung (*siehe Literaturverzeichnis*)
KG	Kommanditgesellschaft
KMU	kleine und mittlere Unternehmen; kleines oder mittleres Unternehmen
Koenig/Kuehling/Ritter	EG-Beihilfenrecht (*siehe Literaturverzeichnis*)
Koenig/Roth/Schön	Aktuelle Fragen des Beihilfenrechts (*siehe Literaturverzeichnis unter Schön*)
KOM	Europäische Kommission/Kommission der Europäischen Gemeinschaften bzw. der Europäischen Union
Kommission	Europäische Kommission/Kommission der Europäischen Gemeinschaften bzw. der Europäischen Union
Koschyk	Steuervergünstigungen als Beihilfen nach Artikel 92 EG-Vertrag (*siehe Literaturverzeichnis*)
KStG	Körperschaftsteuergesetz
KStR	Körperschaftsteuerrichtlinien
Lehner	Begrenzung der nationalen Besteuerungsgewalt durch die Grundfreiheiten und Diskriminierungsverbote des EG-Vertrags (*siehe Literaturverzeichnis*)
Leitlinien für steuerliche Beihilfen	*siehe Leitlinien*
Leitlinien	Mitteilung der Kommission über die Anwendung der Vorschriften über staatliche Beihilfen auf Maßnahmen

	im Bereich der direkten Unternehmensteuerung (ABl. C 384 vom 10.12.1998, 3)
lit.	*litera*
Lübbig/Martín-Ehlers	Beihilfenrecht der Europäischen Union (*siehe Literaturverzeichnis*)
MEMO	Memorandum der Kommission
mwN	mit weiteren Nachweisen
OECD	*Organization for Economic Cooperation and Development*
OFD	Oberfinanzdirektion
Pelka	Europa- und verfassungsrechtliche Grenzen der Unternehmensbesteuerung (*siehe Literaturverzeichnis*)
RIW	Recht der Internationalen Wirtschaft (Zeitschrift)
RL	Richtlinie
RMCUE	*Revue du Marché commun et de l'Union européenne*
Rn.	Randnummer
Rs.	Rechtssache
s.o.	siehe oben
SA	Schlussantrag
Sánchez Rydelski	Handbuch EU-Beihilferecht (*siehe Literaturverzeichnis*)
Schröter/Jakob/Mederer	Kommentar zum Europäischen Wettbewerbsrecht (*siehe Literaturverzeichnis*)
Schwarze	EU-Kommentar (*siehe Literaturverzeichnis*)
SE	Societas Europae (Europäische Gesellschaft)
SE-VO	VO (EG) Nr. 2157/2001 des Rates vom 8. Oktober 2001 über das Statut der Europäischen Gesellschaft (ABl. L 294 vom 10. November 2001, 1)
Slg.	Sammlung
u.a.	und andere/unter anderem
UStG	Umsatzsteuergesetz
UStR	Umsatzsteuerrichtlinien
Vademekum	*Vademecum - Community Rules on State Aid* (Beihilfeleitfaden der Kommission)
Verhaltenskodex	Verhaltenskodex für die Unternehmensbesteuerung (Schlussfolgerungen des Rates „Wirtschafts- und Finanzfragen" vom 01.12.1997 zur Steuerpolitik, Anhang 1; ABl. C 2 vom 06.01.1998, 2)
VO	Verordnung
Vol.	*Volume* (Band)
von der Groeben/ Schwarze	Kommentar zum Vertrag über die Europäische Union und zur Gründung der Europäischen Gemeinschaft (*siehe Literaturverzeichnis*)

WB	Wettbewerbsbericht der Kommission
WTO	*World Trade Organization*
WTO-ASCM	*siehe ASCM*
WuW	Wirtschaft und Wettbewerb (Zeitschrift)
ZEuS	Zeitschrift für europarechtliche Studien
Ziff.	Ziffer

Literaturverzeichnis

Ault, Hugh: Tax Competition: What (if anything) to do about It?, in *van Raad* (Hrsg.), International and Comparative Taxation, Series on International Taxation, Vol. 26, S. 1 ff.

Bach, Stefan: Kapitaleinkommensbesteuerung zwischen Wettbewerb und Harmonisierung, in *Müller/Walter/ Hansjürgens* (Hrsg.), S. 105 ff.

Baumhoff, Hubertus: Aktuelle Entwicklungen bei den internationalen Verrechnungspreisen, IStR 2003, 1 ff.

Bauschatz, Peter: Steuerlicher Gestaltungsmissbrauch und Europarecht, in IStR 2002, 291 ff; IStR 2002, 333 ff.

Beisse, Heinrich, u.a. (Hrsg.): Festschrift für *Karl Beusch* (1993).

Bergemann, Achim, u.a.: Die Rechtsprechung des EuGH im Ertragsteuerrecht – Chancen und Risiken für deutsche Unternehmen, BB 2005, 1706 ff.

Bieg, Thorsten: Der Gerichtshof der Europäischen Gemeinschaften und sein Einfluss auf das deutsche Steuerrecht (1997).

Birk, Dieter: Handbuch des Europäischen Steuer- und Abgabenrechts (1995).

ders.: Besteuerungsgleichheit in der Europäischen Union, in *Lehner* (Hrsg.), Steuerrecht im Europäischen Binnenmarkt (1996), S. 63 ff.

Blümich, Walter: Kommentar EStG, KStG und GewStG (Stand Mai 2005).

Bracewell-Milnes, Barry: Tax Competition: Harmful or Beneficial?, Intertax 1999, 86 ff.

ders.: Uses of Tax Havens, Intertax 2000, 406 f.

ders.: Is Tax Avoidance Harmful?, Intertax 2003, 96 f.

Britzelmaier, Bernd, u.a. (Hrsg.): Die europäische Politik gegen den „schädlichen Steuerwettbewerb" – aktuelle Entwicklung, Chancen und Risiken.

Brennan, Geoffrey; Buchanan, George: Besteuerung und Staatsgewalt – analytische Grundlagen einer Finanzverfassung (1988).

Brosius, Felix: Internationaler Steuerwettbewerb und Koordination der Steuersysteme (2003).

Büttner, Thiess: Empirie des Steuerwettbewerbs: Zum Stand der Forschung, in *Müller/Walter/Hansjürgens* (Hrsg.), 53 ff.

Calliess, Christian; Ruffert, Matthias (Hrsg.): Kommentar des Vertrages über die EU und des Vertrages zur Gründung der EG (2. Auflage, 2002).

Chown, John: Monetary Union and Tax Harmonization, Intertax 2000, 102 ff.

Cordewener, Axel: Europäische Grundfreiheiten und nationales Steuerrecht –Konvergenz des Gemeinschaftsrechts und Kohärenz der direkten Steuern in der Rechtsprechung des EuGH (2002).

Dauses, Manfred (Hrsg.): Handbuch des EU-Wirtschaftsrechts, Band 2 (Stand April 2005).

Dautzenberg, Norbert: Unternehmensbesteuerung im EG-Binnenmarkt (1997).

ders.: Gedanken zur Rechtsprechung des EuGH zu den direkten Steuern im Jahre 2004, BB 2004, 8 ff.

Eggert, Wolfgang: Nationale Besteuerung und wirtschaftliche Integration (2002).

Eichenberger, Reiner: Wirkungsvoller Systemwettbewerb durch Deregulierung der Politik, in *Müller/Walter/Hansjürgens* (Hrsg.), S. 415 ff.

Eimermann, Dieter: OECD-Arbeiten zum schädlichen Steuerwettbewerb – ein Zwischenstand, IStR 2001, 81 ff.

Englisch, Joachim: The European Treaty's Implication for Direct Taxes, Intertax 2005, 310 ff.

Everling, Ulrich: Das Niederlassungsrecht in der EG als Beschränkungsverbot, in *Schön* (Hrsg.), S. 607 ff.

Fantozzi, Augusto: Besteuerung von Gesellschaften – Die Entwicklung der Steuerharmonisierung der direkten Steuern innerhalb der EG, in *Beisse* u.a. (Hrsg.), S. 167 ff.

Feld, Lars; Kirchgässner, Gebhard: Vor- und Nachteile des internationalen Steuerwettbewerbs, in *Müller/Walter/Hansjürgens* (Hrsg.), S. 21 ff.

Feltkamp, Ronald: Some reflections on the structure of the state aid rules in the Treaty of Rome, Competition Policy Newsletter 2003, 29 f.

Gäbelein, Wolfgang: Einheit der Wettbewerbsordnung im europäischen Binnenmarkt, in *Beisse* u.a. (Hrsg.), S. 267 ff.

Genschel, Philipp: Steuerharmonisierung und Steuerwettbewerb in der EU (2002).

Golfinopoulos, Christos: Concept of Selectivity Criterion in State Aid – Definition following the Adria-Wien Judgement, ECLR 2003, 543 ff.

Grabitz, Eberhard; Hilf, Meinhard (Hrsg.): Das Recht der Europäischen Union, Band I (Stand August 2003).

von der Groeben, Hans; Schwarze, Jürgen: Kommentar zum Vertrag über die Europäische Union und zur Gründung der Europäischen Gemeinschaft (6. Auflage 2004).

Gross, Ivo: Subventionsrecht und "schädlicher Steuerwettbewerb": Selektivität von Steuervergünstigungen als gemeinsames Kriterium, RIW 2002, 46 ff.

Gross, Jakob: OECD Defensive Measures against Harmful Tax Competition – Legality under WTO, Intertax 2003, 392 ff.

Hancher, Leigh; Ottervanger, Tom; u.a.: E.C. State Aids (2. Auflage 1999).

Hansjürgens, Bernd: Das Äquivalenzprinzip als zentraler Maßstab für fairen Steuerwettbewerb, in *Müller/Walter/Hansjürgens* (Hrsg.), S. 71 ff.

Harings, Lothar Praxis des Europäischen Beihilfenrechts (2001).

Hauser, Heinz: WTO-Regeln: Geeigneter Ansatzpunkt für eine Ordnung des internationalen Steuerwettbewerbs?, in *Müller/Walter/Hansjürgens* (Hrsg.), S. 169 ff.

Heidenhain, Martin (Hrsg.): Handbuch des Europäischen Beihilfenrechts (2003).

Herzig, Norbert: Besteuerung der Unternehmen in Europa, in *Lehner* (Hrsg.), Steuerrecht im Europäischen Binnenmarkt, S. 121 ff.

ders.: Körperschaftsteuersystem und Europäischer Binnenmarkt, in *Schön* (Hrsg.), S. 627 ff.

ders.; Förster, Guido: Grenzüberschreitende Verschmelzung von Kapitalgesellschaften, DB 1994, 1 ff.

ders.;
Dautzenberg, Norbert: Die Einwirkungen des EG-Rechts auf das deutsche Unternehmenssteuerrecht, DB 1997, 8 ff.

ders.: Der EWG-Vertrag und die Doppelbesteuerungsabkommen, DB 1992, 2519 ff.

ders;
Dautzenberg, Norbert, u.a.: System und Schwächen der Fusionsrichtlinie, DB 1991, 44 ff (Beilage 12 zu Heft 41).

Heidenhain, Martin (Hrsg.): Handbuch des Europäischen Beihilferechts (2003).

Hirsch, Günter: Verhältnis des deutschen Verfassungsrechts zum Europarecht, in *Pelka* (Hrsg.), S. 175 ff.

Hocine, Mehdi: Aides fiscales: la Commission procède à l'examen approfondi du critère de la sélectivité dans le domaine de la fiscalité directe des entreprises, Competition Policy Newsletter, 2002, 85 f.

Höppner, Horst-Dieter: Das Äquivalenzprinzip als zentraler Maßstab für fairen Steuerwettbewerb, in *Müller/Walter/ Hansjürgens* (Hrsg.), S. 89 ff.

Hüttemann, Rainer: in *Pelka* (Hrsg.), S. 127 ff.

Jachmann, Monika: Besteuerung von Unternehmen als Gleichheitsproblem, in *Pelka* (Hrsg.), S. 4 ff.

Jacobs, Otto (Hrsg.): Internationale Unternehmensbesteuerung (5. Auflage 2002).

Jansen, Bela: Vorgaben des europäischen Beihilferechts für das nationale Steuerrecht, 2003.

Jestaedt, Thomas: in *Heidenhain* (Hrsg.), S. 151 ff.

ders.; Häsemeyer, Ulrike: Die Bindungswirkung von Gemeinschaftsrahmen und Leitlinien im EU-Recht, EuZW 1995, 787 ff.

Joecks, Wolfgang; Kaminsk, Berti: Dokumentations- und Sanktionsvorschriften für Verrechnungspreise in Deutschland, IStR 2004, 65 ff.

Kaminski, Bert: Formula Appointment, in *Müller/Walter/Hansjürgens* (Hrsg.), S. 133 ff.

Kaminski, Bert; Strunk, Günther: Dokumentationspflichten bei Verrechnungspreisen, RIW 2003, 561 ff.

Kellersmann, Dietrich; Treisch, Corinna: Europäische Unternehmensbesteuerung (2002).

Kesper, Irene: Bundesstaatliche Finanzordnung – Grundlagen, Bestand, Reform (1998).

Kinzl, Ulrich-Peter; Goerg, Diethard: Wegzugsbesteuerung – Abhilfe durch Schreiben des BMF vom 8. Juni 2005?, IStR 2005, 450 f.

Klein, Eckart: Der Einfluss des Europarechts auf das deutsche Steuerrecht, in *Lehner* (Hrsg.), Steuerrecht im Europäischen Binnenmarkt, S. 7 ff.

Knobbe-Keuk, Brigitte: Niederlassungsfreiheit: Diskriminierungs- oder Beschränkungsverbot, DB 1990, 2573 ff.

dies.: Bilanz- und Unternehmenssteuerrecht (9. Auflage 1993).

dies.: Wegzug und Einbringung von Unternehmen zwischen Niederlassungsfreiheit, Fusionsrichtlinie und nationalem Steuerrecht, DB 1991, 298 ff.

dies.: Niederlassungsfreiheit: Diskriminierungs- oder Beschränkungsverbot?, DB 1990, 2573 ff.

dies.: The Ruding Committee Report – An impressive Vision of the European Company Taxation for the Year 2000, ECTR 1992, 22 ff.

Koenig, Christian: Europäische Integration und Systemwettbewerb zwischen mitgliedstaatlichen Rechtsordnungen, EuZW 1998, 513 ff.

ders.; *Kühling, Jürgen*: Reform des EG-Beihilfenrechts aus der Perspektive des mitgliedstaatlichen Systemwettbewerbs, EuZW 1999, 517 ff.

dies; *Ritter, Nicolai*: EG-Beihilfenrecht (2002).

Könings, Melvin: State Aid and the Effect on Trade Criterion, Competition Policy Newsletter 2004, 86 ff.

ders.: Energy Taxation and State Aid. The Netherlands: Energy Tax Exemption for Energy Intensive End-users, Competition Policy Newsletter 2004, 84 ff.

Koschyk, Mirko: Steuervergünstigungen als Beihilfen nach Artikel 92 EG-Vertrag (1999).

Lang, Joachim: Europa- und verfassungsrechtliche Maßstäbe für eine Besteuerung der Unternehmen; Druckfassung des Referats zur Trierer Tagung der Internationalen Juristen-Kommission im September (1999).

ders. (Hrsg.): Unternehmensbesteuerung in EU-Staaten (1994).

Lang, Michael: Ist die Schumacker-Rechtsprechung am Ende?, RIW 2005, 336.

Laule, Gerhard: Harmonisierung der Steuern in Europa, in ZEuS 2002, 381 ff.

Lehner, Moris: Begrenzung der nationalen Besteuerungsgewalt durch die Grundfreiheiten und Diskriminierungsverbote des EG-Vertrags, in *Pelka* (Hrsg.), S. 263 ff.

ders. (Hrsg.): Steuerrecht im Europäischen Binnenmarkt, DStJG 19, 1996.

ders. (Hrsg.): Grundfreiheiten im Steuerrecht der EU-Staaten (2000).

Lübbig, Thomas: Neue Entwicklungen im Beihilfenrecht der Europäischen Gemeinschaft, in WuW 1999, 249 ff.

ders.: L'application de l'article 87 du Traité de Rome aux aides fiscales: un coup d'état communautaire?, Revue du Marché commun et de l'Union européenne, 2003, 124 ff.

ders; Martín-Ehlers, Andrés: Beihilfenrecht der Europäischen Union (2002).

Lüdicke, Jürgen: Die Besteuerung Nichtansässiger im Spannungsverhältnis zwischen Gemeinschaftsrecht und Doppelbesteuerungsabkommen, in *Schön* (Hrsg.), S. 647 ff.

ders.: Darf im internationalen Steuerrecht noch differenziert werden?, in Festschrift für Wassermeyer (2005), S. 473 ff.

Luja, Raymond: WTO Agreements versus the EC Fiscal State Aid Regime: Impact on Direct Taxation, Intertax 1999, 207 ff.

ders.: Tax Treaties and State Aids: Some Thoughts, Intertax 2004, 234 ff.

ders.: Anti-Tax-Avoidance Rules and Fiscal Trade Incentives, Intertax 2000, 226 ff.

ders.: Harmful Tax Policy: When Political Objectives Interfere with State Aid Rules, Intertax 2003, 484 ff.

Malherbe, Jacques: Harmful Tax Competition and the Future of Financial Centres in the EU, in *van Raad* (Hrsg.), International and Comparative Taxation, Series on International Taxation, Band 26, S. 111 ff.

Mattausch, Hubert: Europa – steuerpolitisch am Scheideweg?, in *Beisse* u.a. (Hrsg.), S. 557 ff.

Mattsson, Nils: Has the ECJ any Interest in Tay Expenditures?, in van Raad (Hrsg.), International and Comparative Taxation, Series on International Taxation, Band 26, S. 135 ff.

McDaniel, Paul: The Impact of Trade Agreements on Tax Systems, Intertax 2002, 166 ff.

Moebus, Ulrich: Neue Dokumentationspflichten bei Verrechnungspreisen: Irrweg und/oder Irrglaube?, BB 2003, 1413 ff.

Monti, Mario: EU Policy towards Fiscal State Aid, Vortrag Universität Nyenrode (NL), 22. Januar 2002.

Mors, Matthias: Der EU-Verhaltenskodex zur Unternehmensbesteuerung, in *Müller/Walter/Hansjürgens* (Hrsg.), S. 197 ff.

Mueller, Jean: Verabschiedung des sog. Steuerpakets durch den ECOFIN-Rat, IWB 2003, 530 ff.

Müller, Walter: Plädoyer für eine Steuerwettbewerbsordnung, in *Müller/Walter/ Hansjürgens* (Hrsg.), S. 153 ff.

ders.: Die europäische Politik gegen den „schädlichen Steuerwettbewerb" – aktuelle Entwicklung, Chancen und Risiken (2002).

*ders.; Fromm, Oliver; u.*a. (Hrsg.): Regeln für den Europäischen Systemwettbewerb – Steuern und soziale Sicherungssysteme (2001).

Musgrave, Peggy: in *Cnossen* (Hrsg.), Tax Coordination in the European Community (1987), S. 197 ff.

Nowak, Carsten: Die Entwicklung des EG-Beihilfenkontrollrechts in den Jahren 1998, 1999 und 2000, EuZW 2001, 293 ff.

Oestreicher, Andreas: Konzernbesteuerung in Europa, StuW 2002, 342 ff.

ders.; Vormoor, Christoph: Verrechnungspreisanalyse mit Hilfe von unternehmerischen Datenbanken, IStR 2004, 95 ff.

Oliver, David: Tax Sovereignty, Intertax 2000, 146 ff.

Overwiening, Birgit: Die optimale fiskalische Souveränität eines Staates im Spiegel des internationalen Steuerrechts (1996).

Owsiany-Hornung, Marta; Hocine, Mehdi: La Commission dresse un bilan de son action dans la domaine des aides fiscales, Competition Policy Newsletter 2004, 1 ff.

Panayi, Christiana: State Aid and Tax: the Third Way?, Intertax 2004, 283 ff.

Pelka, Jürgen (Hrsg.): Europa- und verfassungsrechtliche Grenzen der Unternehmensbesteuerung (2000).

Pommerehne, Werner; Ress, Georg: Finanzverfassung im Spannungsfeld zwischen Zentralstaat und Gliedstaaten (1996).

Quardt, Gabriele; Nielandt, Berlin: Nichtigkeit von Rechtsgeschäften bei Verstoß gegen das Durchführungsverbot des Art. 88 III EG, EuZW 2004, 201 ff.

van Raad, Kees (Hrsg.): International and Comparative Taxation, Series on International Taxation, Band 26 (2001).

Rädler, Albert: Einheitlicher europäischer Kapitalmarkt und Besteuerung, in *Beisse* u.a. (Hrsg.), S. 675 ff.

Rödder, Thomas: Deutsche Unternehmensbesteuerung im Visier des EuGH, DStR 2004, 1629 ff.

Rosembuj, Tulio: Harmful Tax Competition, Intertax 1999, 316 ff.

Roth, Wulf-Henning: Die Niederlassungsfreiheit zwischen Beschränkungs- und Diskriminierungsverbot, in *Schön* (Hrsg.), S. 729 ff.

Sánchez Rydelski, Michael: Handbuch EU Beihilferecht (2003).

Santamato, Sandro; Pesaresi, Nicola: Compensation for services of general economic interest: some thoughts on the Altmark ruling, Competition Policy Newsletter 2004, 17.

Saß. Gert: Einflüsse des Binnenmarktes auf die nationalen Steuerordnungen, in *Lehner* (Hrsg.), Steuerrecht im Europäischen Binnenmarkt, S. 1 ff.

ders.: Steuerharmonisierung in der EG – Perspektiven für eine Harmonisierung der Körperschaftsteuer und der Gewinnermittlung, DB 1993, 113 ff.

ders.: Die Fusionsrichtlinie und die Mutter/Tochterrichtlinie, DB 1990, 2340 ff.

Schaumburg, Harald; Piltz, Detlev (Hrsg.): Holdinggesellschaften im internationalen Steuerrecht (2003).

Schnitger, Arne: Grenzüberschreitende Körperschaftsteueranrechnung und Neuausrichtung der Kohärenz nach dem EuGH-Urteil in der Rs. Manninen, FR 2004, 1357 ff.

Schön, Wolfgang: Steuerliche Beihilfen, in *Koenig/Roth/Schön* (Hrsg.), S. 107 ff.

ders.: Besteuerung im Binnenmarkt – Die Rechtsprechung des EuGH zu den direkten Steuern, IStR 2004, 289 ff.

ders.: Der Wettbewerb der europäischen Steuerordnungen als Rechtsproblem, in *Pelka* (Hrsg.), S. 191 ff.

ders.: Die Auslegung europäischen Steuerrechts (1993).

ders.: Gemeinschaftskonforme Auslegung und Fortbildung des nationalen Steuerrechts, in *Lehner* (Hrsg.), Steuerrecht im Europäischen Binnenmarkt, S. 167 ff.

ders. (Hrsg.): Gedächtnisschrift für *Brigitte Knobbe-Keuk* (1997).

ders.: Europäische Kapitalverkehrsfreiheit und nationales Steuerrecht, in *Schön* (Hrsg.).

ders.: WTO und Steuerrecht, RIW 2004, 50 ff.

Schohe, Gerrit; Hoenike, Mark: Die Rechtsprechung von EuGH und EuG zu staatlichen Beihilfen in den Jahren 1996 und 1997, in EuZW 1997, 741 ff.

Schulze-Osterloh, Joachim: Verfassungsrechtliche Grenzen der bilanzsteuerlichen Gesetzgebung, in *Pelka* (Hrsg.), S. 67 ff.

Schröter, Helmuth; Jakob, Thinam; u.a. (Hrsg.): Kommentar zum Europäischen Wettbewerbsrecht (2003).

Schroth, Hans-Jürgen; Koch, Christian: Subventionsbeschwerde (2001).

Schwarze, Jürgen: EU-Kommentar (1. Auflage 2000).

Segura Catalán, Maria Jesús u.a.: Le controle des aides d'Etat dans la mise en place du marché intérieur de l'électricité: le cas EDF, Competition Policy Newsletter 2004, 4 ff.

Selling, Heinz-Jürgen: Deutschland im Steuerwettbewerb der Staaten, IStR 2000, 225 ff.

Slocock, Ben: Who can be the beneficiary o f a state aid?, Competition Policy Newsletter 2000, 7 ff.

Spetzler, Wolfgang: Wirkung und Einfluss des Rechts der EG auf das nationale Steuerrecht, DB 1993, 553 ff.

Steichen, Alain: Der Gleichheitssatz im Europäischen Steuerrecht (1995).

Steibert, Frank: Der Einfluss des Europäischen Rechts auf die Unternehmensbesteuerung (2002).

Streit, Manfred: Systemwettbewerb im europäischen Integrationsprozess, in Festschrift für *Mestmäcker*, S. 521 ff.

van Thiel, Servas; Achilles, Charlotte: Die Beseitigung ertragsteuerlicher Hindernisse im Binnenmarkt: Eine Darstellung der Einflüsse der Rechtsprechung des EuGH auf die Ertragsbesteuerung in der EU, IStR 2003, 530 ff und 553 ff.

Tipke, Klaus: Die Steuerrechtsordnung, Band I (2. Auflage 2000); Band II, (2. Auflage 2003).

ders.; Lang, Joachim: Steuerrecht (17. Auflage 2002).

Thömmes, Otmar: Verbote der Diskriminierung von Steuerausländern und Steuerinländern, in *Lehner* (Hrsg.), Steuerrecht im Europäischen Binnenmarkt, S. 81 ff.

ders.: Tatbestandsmäßigkeit und Rechtfertigung steuerlicher Diskriminierungen nach EG-Recht, in *Schön* (Hrsg.), S. 795 ff.

ders.: Corporate Taxation in the European Union in the Year 2002 – a Single Currency and Fifteen Different Tax Jurisdictions, Intertax 2002, 123 f.

Tumpel, Michael: Europarechtliche Besteuerungsmaßstäbe für die grenzüberschreitende Organisation und Finanzierung von Unternehmen, in *Pelka* (Hrsg.), S. 321 ff.

ders.: Der Europäische Gerichtshof und seine Rolle als oberster Richter in steuerrechtlichen Streitigkeiten, in Festschrift für *Flick*, S. 1021 ff.

Vogel, Klaus: in *Kirchhof* (Hrsg.), Der offene Finanz- und Steuerstaat (1991).

Voß, Reimer: in *Dauses* (Hrsg.), Handbuch des EU-Wirtschaftsrechts.

ders.: Europäisches und internationales Steuerrecht, StuW 1993, 155 ff.

Wassermeyer, Franz: Die Vermeidung der Doppelbesteuerung im Europäischen Binnenmarkt, in *Lehner* (Hrsg.), Steuerrecht im Europäischen Binnenmarkt, S. 151 ff.

Wehrheim, Michael; Marquardt, Anja: Die Vorschläge der Europäischen Kommission zur Unternehmensbesteuerung im Binnenmarkt – ein Überblick, IStR 2003, 14 ff.

De Weerth, Jan: EG-Recht und direkte Steuern – Jahresüberblick 2001/2002, RIW 2003, 131 ff; Jahresüberblick 2000, RIW 6/2001, 443 ff; Jahresüberblick 1998, RIW 1999, 511 ff; Jahresüberblick 1997, RIW 1998, 471 ff; Jahresüberblick 1996, RIW 1997, 482 ff; Jahresüberblick 1995, RIW 1996, 499 ff.

Wieland, Joachim: Steuerwettbewerb in Europa, EuR 2001, 119 ff.

Wunderlich, Nina; Albath, Lars: Der EuGH und die direkten Steuern, DStZ 2005, 547 ff.

Zimmerman, Felix; Wenzler, Hariolf, u.a.: Ordnungspolitische Aspekte der europäischen Integration (1998).

Zorn, Nikolas: Rechtsangleichungskompetenzen des Rates der EU für die Besteuerung von Unternehmen, in *Pelka* (Hrsg.), S. 227 ff.

Zühlke, Susanne: Durchgriffshaftung im Europäischen Beihilfenrecht, EWS 2003, 61 ff.

Kapitel 1

Einleitung

A. Problematik der Arbeit

Diese Arbeit hinterfragt den Bewertungsmaßstab für steuerliche Beihilfen im Bereich der direkten Steuern, wie er – basierend auf einer Entscheidung des EuGH aus dem Jahre 1974 – als Grundlage für die Entscheidungspraxis der Kommission seit 1998 in Form von Verwaltungsgrundsätzen, sog. Leitlinien[1], niedergelegt ist und Ende 2003 durch den ersten Anwendungsbericht[2] als sachgerecht bestätigt wurde. Eine Überarbeitung der Leitlinien durch die Kommission ist für das Jahr 2008 vorgesehen.[3]

Die bisherige Beurteilungspraxis birgt ein Konfliktpotential, welches bislang kaum besondere Berücksichtigung gefunden hat: Im Kern wird dieses durch das Aufeinandertreffen der wettbewerbspolitischen Überprüfungsbefugnisse des Gemeinschaftsrechts mit den fiskalpolitischen Hoheitsrechten der Mitgliedstaaten begründet.[4] An die Beurteilung des zugrunde liegenden *kompetenzrechtlichen* Aspekts schließt sich die Notwendigkeit der Auflösung des ebenfalls bestehenden *materiellrechtlichen* Konflikts zwischen den verschiedenen Zielsetzungen beider Regelungsbereiche – europäisches Wettbewerbsrecht einer- und nationales Steuerrecht andererseits – an. Dieser Arbeit liegen dementsprechend folgende zentralen Fragen zugrunde:

1. Entspricht der Maßstab der Leitlinien zur Beurteilung steuerlicher Beihilfen dem primärrechtlichen Beihilfetatbestand bzw. der Aufgaben- und Kompetenzverteilung des EG-Vertrages?
2. Ist er zur Umsetzung einer effektiven Beihilfepolitik geeignet?

---

[1] Mitteilung der Kommission über die Anwendung der Vorschriften über staatliche Beihilfen auf Maßnahmen im Bereich der direkten Unternehmenssteuerung, ABl. C 384 vom 10. Dezember 1998, 3 (im Folgenden: Leitlinien).

[2] Bericht über die Umsetzung der Mitteilung der Kommission über die Anwendung der Vorschriften über staatliche Beihilfen auf Maßnahmen im Bereich der direkten Unternehmenssteuerung vom 26. November 2003 (im Folgenden: Anwendungsbericht; abrufbar auf der Internetseite der GD Wettbewerb unter < www.europa.eu.int/comm/competition/state_aid/others >, „Reports"), angenommen am 9. Februar 2004. Vgl. dazu IP/03/1605 vom 26. November 2003.

[3] Siehe hierzu den Aktionsplan für Staatliche Beihilfen („Roadmap zur Reform des Beihilferechts 2005 – 2009", Konsultationspapier der Kommission, im Folgenden: Aktionsplan; abrufbar auf der Internetseite der GD Wettbewerb unter < www.europa.eu.int/comm/competition/state_aid/others >); Vgl. IP/05/680 vom 7. Juni 2005.

[4] *Jansen*, S. 34; s.a. S. 17 ff; S. 22; *Schön*, in *Koenig/Roth/Schön*, S. 106 ff.

3. Inwiefern müssen steuerliche Prinzipien bzw. Interessen der Mitgliedstaaten bei der Beurteilung eine Berücksichtigung finden?

Dabei werden die beihilferechtlichen Vorschriften des Gemeinschaftsrechts hier in folgendem Kontext betrachtet: Sie verkörpern lediglich einen von drei Regelungskomplexen, nach denen die Gemeinschaft Sondermaßnahmen der Mitgliedstaaten gegenüber Unternehmen im Bereich der direkten Steuern untersuchen bzw. „kassieren“ kann. Die beiden anderen Aufsichtsmechanismen bestehen in der Gewährleistung der Grundfreiheiten durch den EuGH gegenüber diskriminierenden steuerlichen Maßnahmen und in der Eindämmung des schädlichen Steuerwettbewerbs durch den ECOFIN-Rat im Rahmen des Verhaltenskodex für die Unternehmensbesteuerung.[5] Diese dreigeteilte[6] Aufsicht im Bereich der direkten Steuern betrifft wiederum nur einen Ausschnitt der allgemeinen Unternehmensbesteuerung in der Gemeinschaft. Genau genommen: einen Bereich „atypischer“ Besteuerungsfälle, in denen die allgemein geltenden Besteuerungsregeln unter bestimmten Umständen und für bestimmte Unternehmen vergünstigend oder benachteiligend modifiziert werden. Ungeachtet ihrer Atypik beschäftigen die durch steuerliche *Vergünstigungen* gewährten finanziellen Vorteile in erheblichem Umfang vor allem die Europäische Kommission (im Rahmen der Beihilfenkontrolle), aber auch den ECOFIN-Rat (im Rahmen des Vorgehens gegen den schädlichen Steuerwettbewerb zwischen den Mitgliedstaaten). Bezüglich steuerlicher *Benachteiligungen* belegt die Entscheidungspraxis des EuGH (im Rahmen des Vorgehens gegen diskriminierende steuerliche Maß-

[5] Schlussfolgerungen des Rates Wirtschafts- und Finanzfragen (ECOFIN) vom 1. Dezember 1997 zur Steuerpolitik, ABl. C 2 vom 6. Januar 1997, 1 (Anhang 1: Entschließung über einen Verhaltenskodex für die Unternehmensbesteuerung; im Folgenden: Verhaltenskodex).

[6] *Schön*, in *Koenig/Roth/Schön*, S. 106 ff [S. 107], bezieht als vierte „Ebene“ die Richtliniengesetzgebung der EU mit ein, welche in dieser Arbeit insoweit außen vor gelassen wird. Denn die Harmonisierung steuerlicher Vorschriften durch sekundäres Gemeinschaftsrecht führt zwar auch zu einer Modifizierung der mitgliedstaatlichen Gestaltungsmöglichkeiten, betrifft aber grundsätzlich *allgemeine* Besteuerungsregeln, und nicht die für diese Arbeit gegenständlichen steuerlichen Sondermaßnahmen.

Sofern als zuständiges Gemeinschaftsorgan nicht zwingend der EuGH tätig wird (wie im Rahmen eines Vorlageverfahrens), sondern z.B. die Kommission ein Vertragsverletzungsverfahren einleitet – welches dann allerdings Gegenstand eines Verfahrens vor dem EuGH werden kann – könnte man im Sinne von *Schön* möglicherweise noch von einer weiteren (fünften) Ebene sprechen (als Beispiel: Vertragsverletzungsverfahren gegen Deutschland wegen nicht EG-rechtskonformer Anwendung des § 6 AStG, s. hierzu das Schreiben des BMF vom 8. Juni 2005, Az. IV B 5 – S 1348 – 35/05, verfügbar auf der Seite des Bundesfinanzministeriums, < www.bundesfinanzministerium.de >; s.a. *Kinzl/Goerg*, IStR 2005, 450). Dieses Vertragsverletzungsverfahren geht allerdings zurück auf das Urteil des EuGH vom 11. März 2004 in der Rs. C-9/02 („*Lasteyrie du Saillant*“), Slg. 2004, I-2409. S.a. *Panayi*, Intertax 2004, 283 ff.

nahmen) ihre kaum zu überschätzende praktische Bedeutung sowohl für die betroffenen Unternehmen als auch für den nationalen Steuergesetzgeber.[7]

Obgleich der Untersuchungs*gegenstand* dieser Arbeit auf den Bereich steuerlicher Beihilfen beschränkt ist und der Aufbau sich demzufolge an den Merkmalen des Beihilfetatbestandes orientiert, bezieht der Untersuchungs*zusammenhang* sowohl die gemeinschaftsrechtliche Kompetenzverteilung (allgemein und im Bereich der direkten Steuern), als auch die bisherige Praxis der Gemeinschaftsorgane für die Bereiche schädlicher Steuerwettbewerb und diskriminierende steuerliche Maßnahmen mit ein.[8] Dabei wird zugrunde gelegt, dass es *einen* Kernkonflikt zwischen den Wertungen des Gemeinschaftsrechts und den steuerlichen Kompetenzen der Mitgliedstaaten gibt, der sowohl im Bereich steuerlicher Vergünstigungen (steuerliche Beihilfen, schädlicher Steuerwettbewerb) als auch bei diskriminierenden steuerlichen Benachteiligungen eine Ausprägung findet.

Obgleich das Beihilfeverbot für die indirekten Steuern ebenso gilt, liegt der Beschränkung des Untersuchungsgegenstands dieser Arbeit auf den Bereich der direkten Steuern die Annahme zugrunde, dass diese sich in ihrer Wirkungsweise grundlegend von den indirekten Steuern unterscheiden und somit eigenständig betrachtet werden können.[9] Insoweit folgt die Beschränkung der Festlegung des Anwendungsbereichs der Leitlinien. Wo dies sachgerecht erscheint, wird im Rahmen dieser Arbeit jedoch auf einzelne Entscheidungen im Bereich der indirekten Steuern bzw. im Bereich der Sozialabgaben eingegangen. Die Kommission selbst hat in ihrem Anwendungsbericht und auch in ihrem Aktionsplan die mögliche Übertragbarkeit der Grundsätze der Leitlinien auch auf den Bereich der indirekten Steuern angesprochen, entsprechende Überlegungen aber noch nicht abgeschlossen.[10]

---

[7] Eingehend hierzu *Cordewener*; s.a. *Bergemann/Schönherr/Stäblein*, BB 2005, 1706; *Rödder*, DStR 2004, 1629 ff.

[8] Ein Anspruch auf Vollständigkeit kann dabei allerdings nicht erhoben werden.

[9] Was die begriffliche Abgrenzung zwischen direkten und indirekten Steuern angeht, wird im Folgenden das globale wie auch gemeinschaftsrechtliche Verständnis zugrunde gelegt, wie es bereits in der steuerübergreifenden Amtshilferechtlinie (Richtlinie 77/799/EWG des Rates vom 19. Dezember 1977 über die gegenseitige Amtshilfe zwischen den zuständigen Behörden der Mitgliedstaaten im Bereich der direkten Steuern und der Mehrwertsteuer) zum Ausdruck kommt. Direkte Steuern sind danach solche auf Einkommen, Ertrag und Vermögen, indirekte Steuern sind v.a. Umsatzsteuer und Verbrauchsteuern. Vgl. zur Terminologie die entsprechenden Wertungen des deutschen Gesetzgebers in Umsetzung der Richtlinie: § 1 Abs. 1 Nr. 1 EG-AmtshilfeG (sowie nunmehr auch § 1 Nr. 7 EG-BeitreibungsG).

[10] Anwendungsbericht, Rn. 71; Aktionsplan, Rn. 64.

I. Ausgangssituation: steuerlicher Systemwettbewerb aufgrund fehlender Harmonisierung im Bereich der direkten Unternehmensbesteuerung

Hinsichtlich des Grades der Steuerharmonisierung in der Europäischen Union bestehen erhebliche Unterschiede zwischen direkten und indirekten Steuern. Während bei letzteren, insbesondere bei der Umsatzsteuer, bereits eine weitgehende Angleichung[11] stattgefunden hat, ist dies bei ersteren nicht der Fall.[12] Dieser unterschiedliche Integrationsgrad kann nicht unbedingt auf inhaltliche Unterschiede in den zugrundeliegenden Angleichungsvorschriften des primären Gemeinschaftsrechts zurückgeführt werden. Ursächlich dürften stattdessen einerseits ein ursprünglich fehlender politischer Wille der Mitgliedstaaten zu einer Angleichung der direkten Steuern sowie andererseits die exponierte Bedeutung vereinheitlichter Verbrauchsteuern, wiederum insbesondere der Umsatzsteuer, für den Gemeinsamen Waren- und Dienstleistungsmarkt sein.[13]

Wohl ist abzusehen, dass es auch im Bereich der direkten Steuern mittel- bis langfristig eine weitere – wohl überwiegend punktuelle – Angleichung der nationalen Rechtsvorschriften geben wird.[14] Dennoch sind die Steuersysteme der Mitgliedstaaten hinsichtlich der direkten Steuern gegenwärtig von außerordentlicher Vielfalt und werden dies voraussichtlich auch bleiben: Unterschiede bestehen hinsichtlich der Gewinnermittlungsvorschriften, der Steuersätze und Bemessungsgrundlagen, bei Körperschaften auch hinsichtlich der Besteuerung von Körperschaft und Anteilseigner.[15] Aufgrund dieser Unterschiede können die Mitgliedstaaten für die verschiedenen Gestaltungen unternehmerischer Aktivität im Einzelfall unterschiedlich attraktiv sein und somit in einem Wettbewerb um

---

[11] Die Begriffe „Harmonisierung" (vgl. Art. 93 EG) und „Angleichung" (vgl. Art. 94 EG) werden im Gemeinschaftsrecht wie im Folgenden synonym verwendet; s.a. *Voß*, in *Grabitz/Hilf*, Rn. 41 vor Art. 90 EG.

[12] Für einen guten Entwicklungsüberblick siehe *Genschel*, S. 57 ff.

[13] Eine umfassende Harmonisierung war bei der Umsatzsteuer bereits deshalb notwendig, da eine einheitliche Besteuerung grenzüberschreitender Umsätze nur durch gemeinsame Grundprinzipien gewährleistet werden kann. Deshalb folgt für die Umsatzsteuer aus Art. 90 EG auch ein explizites Harmonisierungsgebot. Siehe „Zur Notwendigkeit der Angleichung der Mehrwertsteuer in der EG" *Randzio-Plath*, in *dies.* (Hrsg.), Zur Steuerpolitik der EG im Binnenmarkt, S. 10 ff.

[14] Siehe zur Strategie der Kommission das Auftragsschreiben der GD Steuern und Zollunion, verfügbar auf deren Internetseite unter < www.europa.eu.int.comm/taxation_customs/common/about/welcome/index_de.htm >. Vgl. die Mitteilung vom 24. November 2003 „Ein Binnenmarkt ohne unternehmenssteuerliche Hindernisse", KOM(2003)726; vgl. auch die vorangegangene Mitteilung, KOM(2001)582, beide verfügbar unter, < www.europa.eu.int/comm/taxation_customs/taxation/company_tax/key_documents/index_de.htm >.

[15] Siehe hierzu die in 2004 erschienene Ausgabe der „Struktur der Steuersysteme in der EU", verfügbar unter < www.europa.eu.int/comm/taxation_customs/taxation/gen_info/economic_analysis/tax_structures/index_de.htm >. Siehe auch *Kellersmann/Treisch*, S. 95 ff; *Thömmes*, Intertax 2002, 123.

deren Ansiedlung stehen. Dieser Wettbewerb hat am 1. Mai 2004 durch die EU-Osterweiterung eine neue Dimension erhalten.

Eine Ausprägung dieses steuerlichen Systemwettbewerbs besteht darin, dass die Mitgliedstaaten in Fortsetzung einer Tradition uneingeschränkter staatlicher Souveränität nach wie vor steuerliche Sondermaßnahmen zur Lenkung und Unterstützung (oder Unterdrückung) bestimmter Formen von wirtschaftlicher Betätigung ein- und durchführen. Diese Maßnahmen, seien sie steuerlich begünstigend oder benachteiligend, wirken sich stets auch auf den unternehmerischen Wettbewerb aus und können im zwischenstaatlichen Kontext mit den Grundfreiheiten und den Wettbewerbsprinzipien des Gemeinsamen Marktes kollidieren, was insbesondere im Bereich der Beihilfekontrolle und des Diskriminierungsverbots deutlich wird.

Steuerliche Sondermaßnahmen zugunsten bestimmter Unternehmen oder Produktionszweige können von den Mitgliedstaaten im Rahmen ihrer steuerlichen Hoheitsrechte auch gewährt werden, ohne dass Aspekte des steuerlichen Systemwettbewerbs berührt sind. Solche Maßnahmen wirken sich dann ausschließlich im unternehmerischen Wettbewerb aus. Der steuerliche Systemwettbewerb der Märkte (d.h. der Mitgliedstaaten) und der unternehmerische Wettbewerb der Marktteilnehmer (d.h. der Unternehmen) sind grundsätzlich zu unterscheiden.

II. Potentiell schädliche Ausprägungen dieses Wettbewerbs – Kontroll- und Sanktionsmechanismen der Gemeinschaft

Als Folge der fortbestehenden Steuersouveränität der Mitgliedstaaten untereinander lassen sich abstrakt und sehr stark vereinfacht drei Arten staatlicher Sondermaßnahmen [16] zugunsten bzw. zulasten von Unternehmen als *potentiell* schädlich für die einheitliche europäische Wirtschafts- und Wettbewerbsordnung identifizieren:

1. die ausschließliche Begünstigung von bestimmten im einheimischen Markt tätigen Unternehmen oder Unternehmenszweigen durch die Gewährung von Steuervergünstigungen;
2. die ausschließliche Begünstigung einer bestimmten Form wirtschaftlichen Engagements ausländischer oder international tätiger Unternehmen im einheimischen Markt durch Steuervergünstigungen;
3. die steuerliche Benachteiligung zwischenstaatlicher unternehmerischer Sachverhalte gegenüber solchen, die ausschließlich innerstaatliche Dimensionen haben.

---

[16] Der steuerliche Wettbewerb der Mitgliedstaaten wirkt sich natürlich auf *allgemeine* Regelungen des Unternehmensteuerrechts aus; diese sind jedoch nicht Gegenstand dieser Arbeit.

Die erstgenannte Maßnahme kann die relative Wettbewerbsfähigkeit der geförderten Unternehmen im Gemeinsamen Markt erhöhen (auch über die Grenzen des betreffenden Mitgliedstaates hinaus) und fällt als potentiell gemeinschaftsrechtswidrige Beihilfe in den Anwendungsbereich der gemeinschaftsrechtlichen Beihilfekontrolle (Artt. 87 ff EG[17]); die Maßnahme nützt unmittelbar dem begünstigten Unternehmen und benachteiligt dadurch mittelbar dessen Konkurrenten.

Die zweite Maßnahme kann einerseits ebenfalls der Beihilfekontrolle unterfallen, jedoch andererseits (auch) unter dem Aspekt einer ungebührlichen Anlockung unternehmerischen Steueraufkommens als potentiell schädlicher Steuerwettbewerb eingestuft werden und fällt in den Anwendungsbereich des Verhaltenskodex.

Die dritte Maßnahme vermag den zwischenstaatlichen Handel und die zwischenstaatliche Dienstleistungserbringung gegenüber innerstaatlicher unternehmerischer Tätigkeit zu benachteiligen; sie wirkt nicht begünstigend, sondern benachteiligend und kann geeignet sein, die Grundfreiheiten der betroffenen Marktteilnehmer in diskriminierender oder beschränkender Weise zu beeinträchtigen. Die Kontrolle solcher Maßnahmen obliegt dem EuGH.

1. Steuerliche Beihilfen iSd. Art. 87 EG

Da der Beihilfetatbestand des Art. 87 EG die staatliche Begünstigung einzelner Unternehmen oder Wirtschaftszweige unabhängig von der Art der Vergünstigung erfasst, sind auch steuerliche Maßnahmen insoweit grundsätzlich reversibel und müssen von den Mitgliedstaaten im Rahmen ihrer Verpflichtungen aus dem EG-Vertrag gegebenenfalls angepasst bzw. aufgehoben (bzw. von den begünstigten Unternehmen zurück gefordert) werden. Diese beihilferechtliche Kontrolle steuerlicher Regelungen erfolgt wie oben erwähnt seit 1998 nach Maßgabe der sog. Leitlinien, d.h. von der Kommission selbst erlassener Verwaltungsvorschriften.[18] Gegenstand beihilferechtlicher Verfahren sind sowohl bestimmte Regelungen als solche (z.B. das Investitionszulagengesetz generell), als auch Einzelfallmaßnahmen (z.B. der individuelle Erlass von Steuerschulden).

---

[17] Die *Zitierung und Nennung* von Vorschriften des EG-Vertrags orientiert sich in Folgenden an der Praxis von EuG/EuGH, die Verwechslungen infolge der Umnummerierung durch den Vertrag von Amsterdam ausschließt. „EGV" bezieht sich dementsprechend auf Vorschriften in der Fassung vor dem 1. Mai 1999, „EG" auf solche in der seitdem geltenden Fassung (s. hierzu die Internetseite von EuG/EuGH < www.curia.eu.int/de/content/juris /index.htm >).

[18] Siehe hierzu für einen sehr generellen Überblick die Kurzerläuterung auf der Internetseite der GD Steuern und Zollunion unter < www.europa.eu.int/comm/taxation_customs/taxation/company_tax/harmful_tax_practices/ index_de.htm >.

2. Schädlicher Steuerwettbewerb iSd. Verhaltenskodex

Eine Kontrolle steuerlicher Regelungen auf gemeinschaftsrechtlicher Ebene erfolgt außerhalb des Beihilferechts auf Grundlage des Verhaltenskodex, der vom Rat bereits 1997 als Vorschlag gebilligt worden ist und im Juni 2003 schließlich formell angenommen wurde.[19] Dieser Verhaltenskodex, der dem schädlichen Steuerwettbewerb zwischen den Mitgliedstaaten entgegenwirken soll, ist eine rechtlich nicht bindende, politische Selbstverpflichtung der Mitgliedstaaten (sog. „gentlemen's agreement") zur Nichtanwendung bzw. Abschaffung von Steuermaßnahmen, die anhand bestimmter, allgemeingültiger Kriterien als schädlich angesehen werden.[20] Auf Basis des Vorschlags für den Verhaltenskodex hat die vom ECOFIN-Rat eingesetzte Gruppe „Unternehmensbesteuerung" im Jahre 1999 einen Bericht vorgelegt, in dem 66 von ca. 280 untersuchten Steuermaßnahmen der Mitgliedstaaten als potentiell schädlich eingestuft wurden.[21] Die Mitgliedstaaten haben die Abschaffung bzw. Anpassung der betroffenen Regelungen inzwischen überwiegend umgesetzt, einige Regelungen wurden befristet verlängert. Ein Teil der beanstandeten Maßnahmen war auch Bestandteil förmlicher Prüfverfahren nach Artt. 87 ff EG.[22]

3. Diskriminierende steuerliche Maßnahmen

Diskriminierende Beschränkungen der Grundfreiheiten durch steuerliche Sondermaßnahmen der Mitgliedstaaten stellen die Kehrseite steuerlicher Vergünstigungen (als Gegenstand der Beihilfekontrolle und des Verhaltenskodex) dar. Steuerliche Regelungen der Mitgliedstaaten, die geeignet erscheinen, zwischenstaatliche wirtschaftliche Sachverhalte gegenüber solchen mit rein innerstaatlichem Bezug zu benachteiligen, indem z.B. ausländische Unternehmen in einem Mitgliedstaat steuerlich ungünstigeren Regelungen unterworfen werden als inländische Unternehmen, unterliegen der direkten Kontrolle durch den EuGH. Die Initiative zur gerichtlichen Untersuchung der betreffenden Regelungen geht in diesen Fällen oftmals nicht von einem Organ der Union aus[23], sondern von den betroffenen Wirtschaftsteilnehmern selbst, die sich im nationalen Klageverfahren gegen die steuerlichen Feststellungen bzw. Festsetzungen zur Wehr setzen und auf diese Weise ggf. eine Vorlage der gemeinschaftsrechtlich relevanten Streitfrage an den EuGH erreichen können.

---

[19] Siehe IP/03/787 vom 3. Juni 2003.

[20] Verhaltenskodex, Präambel. Siehe hierzu die Kurzerläuterung auf der Internetseite der GD Wettbewerb unter < www.europa.eu.int/comm/taxation_customs/taxation/company_tax/harmful_tax_practices/index_de.htm >.

[21] Der dem Rat am 29. November 1999 vorgelegte Bericht wurde mit Beschluss des Rates vom 28. Februar 2000 der Öffentlichkeit zugänglich gemacht und findet sich auf der Internetseite der GD Steuern und Zollunion unter < www.europa.eu.int/comm/taxation/company_taxation/harmful_tax_practices/index_de.htm >.

[22] Siehe IP/01/982 vom 11. Juli 2001 betreffend 15 Steuerregelungen in 12 Mitgliedstaaten (Beihilfeverfahren C-45 bis 53/2001). Vgl. hierzu im Einzelnen den Anwendungsbericht.

[23] Ausnahme: von der Kommission angestrengte Vertragsverletzungsverfahren.

III. Bedeutung und Problematik der genannten Kontroll- und Sanktionsmechanismen der Gemeinschaft

Neben Art. 87 Abs. 1 EG (der in Bezug auf steuerliche Maßnahmen iSd. Leitlinien für steuerliche Beihilfen umgesetzt wird) bilden die den Grundfreiheiten immanenten Diskriminierungs- und Beschränkungsverbote des EG-Vertrages sowie der Verhaltenskodex für die Unternehmensbesteuerung die gegenwärtigen Grundlagen, auf denen die EU gegenüber Sondermaßnahmen im Bereich der direkten Steuern zur Aufrechterhaltung von Grundfreiheiten und Wettbewerbsordnung in die Ausübung der Steuerhoheiten durch die Mitgliedstaaten eingreifen kann. Die dadurch mögliche Kollision gemeinschaftsrechtlicher und nationaler Wertungen ist wie bereits angesprochen in kompetenz-, wettbewerbs- und steuerrechtlicher Hinsicht von Bedeutung. Die hierzu umrissenen Fragen (s. oben, Abschnitt II.) werden im Anschluss an die Darstellung der Grundlagen für die beihilferechtliche Untersuchung und Bewertung steuerlicher Maßnahmen in Kapitel 2 konkretisiert.[24]

1. Kompetenzrechtliche Aspekte

Soweit die nationale Souveränität zur Ausgestaltung steuerlicher Sondermaßnahmen durch die Gemeinschaft berührt wird, hat dies in kompetenzrechtlicher Hinsicht stets gemäß den diesbezüglichen Wertungen des EG-Vertrages zu erfolgen. Dabei ist die gegenwärtige Praxis der Gemeinschaft als problematisch anzusehen: Denn die Leitlinien sind sehr weit gefasst und weichen vom Wortlaut des Art. 87 Abs. 1 EG deutlich ab. In den Leitlinien wird im wesentlichen eine sehr allgemeine Formel kodifiziert, nach welcher der EuGH bereits im Jahre 1974 zur Beihilfequalität von Vergünstigungen bei zu entrichtenden Abgaben Stellung genommen hatte.[25] Trotz der großen Bedeutung des Untersuchungsmaßstabs der Leitlinien für die praktische Kompetenzabgrenzung ist eine zuverlässige Bestimmung des Anwendungsbereiches der Beihilfekontrolle im Bereich steuerlicher Maßnahmen auch mithilfe der Leitlinien nur schwer möglich.

2. Wettbewerbspolitische Aspekte

In wettbewerbspolitischer Hinsicht sind bezüglich der Auswirkungen steuerlicher Sondermaßnahmen zwei Schutzgüter zu unterscheiden: der durch die Artt. 81 bis 89 EG geschützte unternehmerische Wettbewerb und der im EG-

---

[24] Siehe Kapitel 2, Abschnitt C.

[25] EuGH, Urteil vom 2. Juli 1974 in der Rs. C-173/73 (Italien ./. Kommission), Slg. 1974, 709, Rn. 33/35. Als rechtswidrige Beihilfen kommen danach solche Abgabenvergünstigungen spezifischer bzw. selektiver Art in Betracht, die nicht durch die Natur oder den Aufbau des betreffenden Abgabensystems gerechtfertigt sind. Diese Rechtsprechungspraxis wurde in den Urteilen des EuGH vom 17. Juni 1999 in der Rs. C-75/97 (Belgien ./. Kommission), und des EuG vom 29. September 2000 in der Rs. T-55/99 („*CETM*“), bestätigt und findet sich fast wortgleich in Rn. 16 der Leitlinien.

Vertrag nicht ausdrücklich erwähnte steuerliche Systemwettbewerb zwischen den Mitgliedstaaten. Die Kontrolle steuerlicher Beihilfen durch die Kommission und die Gewährleistung steuerlicher Nichtdiskriminierung durch den EuGH sind eindeutig auf den Schutz des unternehmerischen Wettbewerbs und der Grundfreiheiten zugeschnitten. Der Verhaltenskodex dagegen dient nicht primär dem Schutz des unternehmerischen Wettbewerbs, sondern regelt einen Aspekt des steuerlichen Systemwettbewerbs zwischen den Mitgliedstaaten, hat also einen anderen Schutzzweck. Da steuerliche Sondermaßnahmen sich aber nicht nur im Wettbewerbsverhältnis zwischen Unternehmen auswirken, sondern auch im Verhältnis zu den Mitgliedstaaten (und somit im Verhältnis der Mitgliedstaaten untereinander) relevant sein können, vermögen sie grundsätzlich unter beiden wettbewerbsrechtlichen Aspekten Anlass zu einer gemeinschaftsrechtlichen Untersuchung zu geben. Es stellt sich daher im beihilferechtlichen Kontext die Frage, ob die zugrundelegenden wettbewerbsrechtlichen Wertungen sich grundlegend unterscheiden bzw. ob bei der Anwendung der Artt. 87 ff EG auch Aspekte des Systemwettbewerbs berücksichtigt werden dürfen, wie der Verhaltenskodex und die Leitlinien dies vorsehen und wie auch die beihilferechtliche Untersuchungspraxis der Kommission dies handhabt.

3. Steuerpolitische Aspekte

Die Kontrolle steuerlicher Beihilfen ist bisher nicht Bestandteil der steuerlichen Gesamtstrategie der Gemeinschaft. Denn letztere wird von der Generaldirektion Steuern und Zollunion erarbeitet und klammert den Bereich des Beihilferechts (soweit nicht Schnittpunkte zum Anwendungsbereich des Verhaltenskodex bestehen) vollständig aus. Umgekehrt ist bisher (wiederum mit Ausnahme des Anwendungsbereichs des Verhaltenskodex) nicht erkennbar, dass die für die Beihilfekontrolle zuständige Generaldirektion Wettbewerb die steuerliche Gesamtstrategie der Gemeinschaft in die Kontrolle steuerlicher Beihilfen einbezieht.

Es ist jedoch fraglich, ob den wettbewerbspolitischen Zielsetzungen und Wertungen der Gemeinschaft im Rahmen der Kontrolle steuerlicher Maßnahmen nicht durch eine stärkere Einbeziehung steuerlicher Prinzipien sowohl in steuer- als auch den wettbewerbspolitischer Hinsicht besser Rechnung getragen werden könnte. Es geht hier im Kern um die Frage, ob bzw. inwieweit gemeinschaftlichen Wettbewerbs- und (legitimen) mitgliedstaatlichen Steuerinteressen bei der Beurteilung steuerlicher Sondermaßnahmen parallel zur Durchsetzung verholfen werden kann, bzw. welche steuerlichen Leitprinzipien sich als geeignet erweisen könnten, auch in wettbewerbspolitischer Hinsicht zu sachgerechten Ergebnissen zu führen.

Für den Bereich der Kontrolle diskriminierender steuerlicher Maßnahmen hat der EuGH einen Rechtfertigungsvorbehalt zugunsten der mitgliedstaatlichen

Steuerhoheit entwickelt, (welcher in der bisherigen Praxis allerdings nur verschwindend geringe praktische Bedeutung hat).[26] Im Rahmen dieser Arbeit wird auch der Frage nachgegangen, ob bzw. inwieweit sich dieser Maßstab auf den abweichenden, aber ursprünglich ebenfalls vom EuGH entwickelten, tatbestandsimmanenten Rechtfertigungsvorbehalt für den Bereich der Kontrolle steuerlicher Beihilfen übertragen lässt.

IV. Praktische Relevanz und Aktualität der Problematik

Die mögliche Nichtvereinbarkeit von steuerlichen Beihilfen der Mitgliedstaaten mit dem geltenden Gemeinschaftsrecht ist für die betroffenen Unternehmen und Mitgliedstaaten, aber auch für die Gemeinschaft selbst von erheblicher praktischer Relevanz:

1. Für die Unternehmen ist ein möglichst transparenter Prüfungsmaßstab wichtig, um angebotene oder gewährte Vergünstigungen vorab betriebswirtschaftlich verlässlich kalkulieren zu können, ohne eine Rückforderung befürchten zu müssen.
2. Für die Mitgliedstaaten geht es um die klare Abgrenzung ihrer steuerpolitischen Gestaltungsmöglichkeiten im Verhältnis zum Gemeinschaftsrecht.
3. Schließlich ist eine möglichst genaue Identifizierung und allgemeingültige Definition von wettbewerbsrechtlich „schädlichen“ steuerlichen Sondermaßnahmen für die Aufrechterhaltung eines konstruktiven steuerlichen Wettbewerbs in der Gemeinschaft unerlässlich.

Während die Harmonisierung der direkten Unternehmensbesteuerung im Wege der Rechtsangleichung in der Gemeinschaft nur langsame und punktuelle Fortschritte macht, nimmt die Bedeutung einer umfassenden Kontrolle steuerlicher Sondermaßnahmen durch die Organe der Gemeinschaft stetig zu: Ein Großteil der von der Kommission untersuchten Beihilfen betrifft mittlerweile steuerliche Regelungen der Mitgliedstaaten.[27] Auch EuG und EuGH sind in steigendem Maße mit der rechtlichen Überprüfung der auf diesem Gebiet von der Kommission getroffenen Entscheidungen befasst.[28] Während die Umsetzung des Verhal-

---

[26] Siehe auch hier *Cordewener*.

[27] Vgl. das von der Kommission geführte Beihilferegister (verfügbar auf der Internetseite der GD Wettbewerb unter < www.europa.eu.int/comm/competition/state_aid/register/ii/by_instrument.htm >. Dort finden sich (kategorisiert nach Art der Steuervergünstigung) die jeweils anhängigen Beihilfeverfahren, welche steuerliche Maßnahmen der Mitgliedstaaten betreffen.

[28] Mit Urteil vom 19. September 2000 hat der EuGH (in Übereinstimmung mit der vorangegangenen Kommissionsentscheidung) z.B. steuerrechtliche Maßnahmen der Bundesregierung zur Investitionsförderung in den neuen Ländern als gemeinschaftsrechtswidrige Beihilfen eingestuft (Rs. C-156/98, Deutschland./.Kommission, Slg. 2000, I-6857).

tenskodex vergleichsweise unspektakulär vonstatten geht[29], geben immer neue Urteile des EuGH zu steuerlichen Regelungen der Mitgliedstaaten Anlass zu Gesetzesänderungen.[30]

B. Zielsetzung und Aufbau der Arbeit

Ziel der Arbeit ist zunächst die Identifizierung von Problembereichen und Unzulänglichkeiten im Prüfungsmaßstab von Kommission und EuG/EuGH für steuerliche Beihilfen (unter Auswertung der bisherigen Anwendungspraxis). Das weitere Ziel der Arbeit liegt darin, unter Berücksichtigung der primärrechtlich geregelten Aufgabenverteilung sowie unter vergleichender Heranziehung von Prüfungsmaßstäben und Zielsetzungen in den Bereichen schädlicher Steuerwettbewerb (ECOFIN-Rat) und diskriminierende steuerliche Maßnahmen (EuGH) den bisherigen Bewertungsmaßstab für steuerliche Beihilfen so zu konkretisieren, dass das o.g. Konfliktpotential für den Bereich steuerlicher Beihilfen in kompetenzrechtlich angemessener, wettbewerbsrechtlich vernünftiger und steuerrechtlich fundierter Weise möglichst weitestgehend aufgelöst werden kann.

Um eine möglichst eng am primärrechtlichen Beihilfetatbestand orientierte Auseinandersetzung mit den einzelnen Problembereichen der Anwendung des Beihilfeverbots auf steuerliche Maßnahmen zu gewährleisten, folgt der Aufbau der Arbeit – nach einem allgemeinen Überblick über das Beihilfeverbot und die Leitlinien für steuerliche Beihilfen in **Kapitel 2** – den Merkmalen des Beihilfetatbestandes, wie sie sich aus Art. 87 Abs. 1 EG ergeben:

- Maßnahme gleich welcher Art (**Kapitel 3**)
- Einsatz staatlicher Mittel (**Kapitel 4**)
- Begünstigung bestimmter Unternehmen oder Produktionszweige (**Kapitel 5**)
- Eignung zur Wettbewerbsverfälschung (**Kapitel 6**)
- Beeinträchtigung des zwischenstaatlichen Handels (**Kapitel 7**)

Im Rahmen des Begünstigungsmerkmals der Selektivität wird auf das vom EuGH ursprünglich als Bestandteil der Ausnahmeformel entwickelte Kriterium der *tatbestandsimmanenten* Rechtfertigung einer begünstigenden Maßnahme

---

[29] Eine Ausnahme besteht hinsichtlich der belgischen Regelungen betreffend Koordinierungszentren, für die beim Rat eine Ausnahmegenehmigung nach Art. 88 Abs. 2 Unterabs. 3 EG beantragt worden ist.

[30] Nur ein Beispiel in Deutschland ist die durch das sog. Korb-II-Gesetz erfolgte Anpassung des § 8a KStG (Gesellschafter-Fremdfinanzierung/"*Thin-Capitalization-Rules*") an die Rechtsprechung des EuGH (Urteil vom 12. Dezember 2002 in der Rs. C-234/00, „*Lankhorst-Hohorst*", vgl. DStR 2003, 25). Für eine Zwischenbilanz aus deutscher Sicht: *Rödder*, IStR 2004, 1629 ff.

durch die Natur oder den inneren Aufbau des Steuersystems[31] nicht eingegangen, auch wenn dieses Merkmal tatbestandsdogmatisch korrekt im Rahmen der Selektivität zu prüfen ist.[32] Stattdessen erfolgt in **Kapitel 8** eine ausführliche Auseinandersetzung mit diesem Merkmal und eine vergleichende Untersuchung des *der Tatbestandsprüfung nachgeordneten* Rechtfertigungsmaßstabs, den der EuGH im Bereich diskriminierender steuerlicher Maßnahmen anwendet.[33] In Kapitel 8 sollen auf diese Weise *im Zusammenhang* alle möglichen Rechtfertigungselemente für steuerliche Maßnahmen erörtert werden, unabhängig davon, ob diese Rechtfertigungen als den Beihilfetatbestand ausschließend anzusehen sind oder nicht.

Die Diskussion der Einbeziehung von Aspekten des steuerlichen Systemwettbewerbs in die Beihilfekontrolle erfolgt im Rahmen des Beihilfemerkmals der Wettbewerbsbeschränkung (in diesem Rahmen wird auch auf den Verhaltenskodex eingegangen).

Kapitel 9 fasst die Ergebnisse der einzelnen Kapitel der Arbeit zusammen.

---

[31] Leitlinien, Rn. 23.

[32] Nach dem Verständnis von EuGH und Kommission schließt die Rechtfertigung durch die Natur oder den inneren Aufbau des Steuersystems das Vorliegen einer selektiven Maßnahme aus, setzt also an diesem Tatbestandsmerkmal an und schließt dessen Vorliegen ggf. aus.

[33] Die Rechtfertigungsprüfung des EuGH im Bereich direkter Steuern, insbesondere die Kohärenzprüfung ist von ihrem Verständnis eine echte, dem Tatbestand nachgeordnete Prüfung, die nicht das Vorliegen eines oder mehrerer Subsumtionspunkte(s) revidiert, sondern die betreffende Maßnahme dennoch gemeinschaftskonform machen kann.

Kapitel 2

Steuerliche Beihilfen – Gemeinschaftsrechtliche Beurteilungsgrundlagen

A. Das beihilferechtliche Primärrecht (Artt. 87 ff EG)

Das gemeinschaftsrechtliche Beihilfeverbot wird durch Art. 87 Abs. 1 EG begründet. Legalausnahmen und Ausnahmevorbehalte richten sich nach Art. 87 Abs. 2 und 3 EG, Verfahren und Umsetzungs- bzw. Anwendungspraxis sind Gegenstand zahlreicher sekundärrechtlicher Einzelregelungen.[34]

I. Der Verbotstatbestand des Art. 87 Abs. 1 EG

Die Tatbestandsmerkmale der Beihilfe ergeben sich sämtlich unmittelbar aus dem Wortlaut des Art. 87 Abs. 1 EG. Als Beihilfe zu subsumieren ist danach

- eine Maßnahme, gleich welcher Art,
- die durch eine staatliche oder aus staatlichen Mitteln gewährte
- Begünstigung bestimmter Unternehmen oder Produktionszweige
- den Wettbewerb verfälscht oder zu verfälschen droht
- und dadurch den Handel zwischen den Mitgliedstaaten beeinträchtigt.[35]

In der Prüfung durch Kommission und EuG/EuGH wird die durch den primärrechtlichen Beihilfetatbestand vorgegebene Trennung und Reihenfolge der genannten Merkmale regelmäßig variiert.[36] Dies ändert jedoch nichts daran, dass die einzelnen Elemente der Beihilfe im Kern unstreitig sind.[37]

---

[34] Siehe für eine ausführliche Darstellung der allgemeinen Grundlagen vor allem: *Jestaedt* in *Heidenhain*; *Lübbig/Martín-Ehlers*; *Koenig/Kühling/Ritter*; *Harings*; *Sánchez Rydelski*; *Schröter/Jakob/Mederer*; s.a. *Hancher/Ottervanger/Slot*.

[35] Vgl. hierzu auch die anderssprachigen Fassungen von Art. 87 Abs. 1 EG in der konsolidierten Fassung des EG-Vertrags (ABl. C 325 vom 24. Dezember 2002, 33), verfügbar auf der Internetseite der Gemeinschaft unter < www.europa.eu.int/eur-lex/de/search/search_oj.html >.

[36] So gibt das *Vademekum* der Kommission – ein unverbindlicher Leitfaden zu den grundlegenden Fragen des Beihilferechts – ein leicht abweichendes Schema vor. Für das Vorliegen einer Beihilfe sind danach erforderlich: eine Übertragung staatlicher Mittel, ein wirtschaftlicher Vorteil, Selektivität bzw. Spezifität sowie eine Beeinträchtigung von Wettbewerb und Handel. Das *Vademekum* ist (nur in englischer Sprache) auf der Internetseite der GD Wettbewerb unter < www.europa.eu.int/ comm/competition/state_aid/others > verfügbar; es ist kein Bestandteil des formellen Gemeinschaftsrechts.

[37] *Koschyk*, S. 42 ff, versucht noch, einen davon unabhängigen Beihilfebegriff zu entwickeln. Kritisch hinsichtlich des praktischen Nutzens insoweit *Jansen*, S. 44 f.

Die für das Vorliegen einer Beihilfe geforderte Begünstigung bestimmter Unternehmen oder Produktionszweige stellt zusammen mit dem Merkmal der staatlichen oder aus staatlichen Mitteln gewährten Maßnahme den Teil des Beihilfetatbestandes dar, der Aufschluss über das Begriffsverständnis der Beihilfe *als solcher* gibt. Zusammengefasst ist danach die aus staatlichen Mitteln gewährte Begünstigung bestimmter Unternehmen oder Produktionszweige für das Vorliegen einer Beihilfe erforderlich. Die weiteren Kriterien (drohende Verfälschung des Wettbewerbs und Beeinträchtigung des Handels zwischen den Mitgliedstaaten) sind nicht beihilfespezifisch, sondern auswirkungsbezogen und finden sich ähnlich in den kartellrechtlichen Vorschriften der Artt. 81 f EG. Sie sind maßgeblich dafür, ob die Beihilfe wegen ihrer Auswirkungen als *gemeinschaftsrechtswidrige* Beihilfe anzusehen und daher verboten ist.[38]

II. Legalausnahmen nach Art. 87 Abs. 2 und Ausnahmevorbehalte nach Art. 87 Abs. 3 EG

Art. 87 Abs. 2 EG enthält Legalausnahmen vom Verbot des Art. 87 Abs. 1 EG; die genannten Maßnahmen werden kraft Anordnung des primären Gemeinschaftsrechts vom Verbotstatbestand ausgenommen. Art. 87 Abs. 3 EG enthält einen Ausnahmevorbehalt, der es der Kommission und dem Rat ermöglicht, für die genannten Arten von Beihilfen Ausnahmeregelungen zu erlassen.

III. Verfahren, Durchsetzung und Justitiabilität

1. Überprüfungs- und Sanktionierungskompetenz der Kommission

Die Überprüfung und Sanktionierung staatlicher Beihilfen obliegt der Kommission.[39] Diese entscheidet über die Vereinbarkeit staatlicher Beihilfen nach pflichtgemäßem Ermessen auf der Grundlage des geltenden Primär- und Sekundärrechts; besondere Bedeutung für die Entscheidungspraxis haben dabei die von der Kommission selbst veröffentlichten Verwaltungsvorschriften (Gemeinschaftsrahmen, Leitlinien, Mitteilungen etc).[40]

---

[38] Während Wettbewerbsverfälschung und Beeinträchtigung des zwischenstaatlichen Handels somit nur für die sekundäre Frage von Bedeutung sind, ob hinsichtlich ihrer Wirkung eine *gemeinschaftsrechtswidrige Maßnahme* vorliegt, beurteilt sich die vorgelagerte Frage nach dem Vorliegen einer *Beihilfe als solcher* ausschließlich anhand des Vorliegens einer Begünstigung bestimmter Unternehmen oder Produktionszweige aus staatlichen Mitteln.

[39] Art. 88 EG iVm. Artt. 2 ff Verfahrensverordnung. Für den Bereich der EFTA, der über die Grenzen der EU hinausgeht, ist die EFTA-Überwachungsbehörde zuständig, die sich mit der Kommission abstimmt (siehe Art. 62 Abs. 1 lit. b EWR-Abkommen, vgl. Protokoll 26 und 27 zu diesem Abkommen).

[40] Einen in dieser Form selbst auf der Internetseite der Kommission nicht verfügbaren, thematisch gegliederten und umfassenden, „verlinkten" Überblick über die Vielzahl der geltenden Regelungen des Beihilferechts gibt die Internetseite der Kanzlei von Donat + Quardt (< www.vondonat-quardt.de >, „Links"). Die Kommission hat bis zum Jahre 2001 über ihre Tätigkeit im Bereich staatlicher Beihilfen in mehrjährigen Abständen Berichte veröffentlicht,

a) Notifizierungspflicht und Durchführungsverbot

Die Mitgliedstaaten sind verpflichtet, solche Maßnahmen, die den Beihilfetatbestand erfüllen könnten, vor ihrer Einführung (Beihilferegelungen) bzw. vor Ausreichung der betreffenden Mittel (Einzelfallbeihilfen) bei der Kommission zur Überprüfung anzumelden (zu notifizieren).[41] Das diesbezügliche Verfahren ist auf der Grundlage von Art. 89 EG in Form einer Verordnung kodifiziert[42], die durch verschiedene Mitteilungen allgemeiner Art[43] sowie durch Verordnungen mit abweichendem Verfahren für bestimmte Beihilfen[44] ergänzt wird. Eine verfahrensrechtliche Besonderheit stellt die in Art. 88 Abs. 2 Unterabsatz 3 EG vorgesehene Möglichkeit dar, nach der Mitgliedstaaten unter besonderen Umständen über eine einstimmige Ratsentscheidung eine „Sondererlaubnis" für bestimmte Beihilfen herbeiführen bzw. das Hauptprüfverfahren der Kommission suspendieren können.[45]

Sowohl das primärrechtliche Beihilfeverbot des Art. 87 EG als auch das Durchführungsverbot des Art. 88 Abs. 3 EG sind in jedem Mitgliedstaat unmittelbar geltendes Recht und daher zwingend zu beachten. Nach der umstrittenen, aber mittlerweile ständigen Rechtsprechung des BGH sind Verträge, welche gegen diese Verbotsgesetze verstoßen, gemäß § 134 BGB nichtig (Für Maßnahmen im Bereich der direkten Steuern dürfte dies regelmäßig keine Bedeutung haben).[46]

---

die nunmehr laufend fortgeschrieben werden, wobei die grundlegenden beihilferechtlichen Entwicklungen auch in die jährlichen Wettbewerbsberichte einfließen. Seit 2001 sind Informationen über entschiedene und anhängige Beihilfefälle auch auf der Internetseite der GD Wettbewerb in Registerform verfügbar (< www.europa.eu.int/comm/competition/state_aid/register >, „Part II"). Berichte und Beihilferegister haben keinerlei rechtliche, sondern lediglich informative Funktion.

[41] Vgl. Art. 88 Abs. 3 EG.

[42] VO (EG) Nr. 659/1999 des Rates vom 22. März 1999 über besondere Vorschriften für die Anwendung von Artikel 93 des EG-Vertrages, ABl. L 83 vom 27. März 1999, 1 ff. Siehe auch die VO (EG) 794/2004 vom 21. April 2004 (ABl. L 140 vom 30. April 2004, 1).

[43] Siehe die Mitteilung an die Mitgliedstaaten und Bekanntmachungen über Verfahrensfragen, ABl. C 252 vom 30. September 1980, 2; Mitteilung über die Notifizierungspflicht, ABl. C 318 vom 14. November 1983, 3.

[44] So z.B. die VOen (EG) Nr. 68 bis 70 über die Anwendung der Artikel 87 und 88 EG auf Ausbildungs- (ABl. L 10 vom 13. Januar 2001, 20) und „*De-minimis*"-Beihilfen (*ebendort*, 30) sowie auf solche für kleine und mittlere Unternehmen (*ebendort*, 33), die Ausnahmen von der Notifizierungspflicht begründen. Die genannten Verordnungen beruhen ihrerseits auf der VO (EG) 994/98 des Rates vom 7. Mai 1998 (ABl. L 142 vom 14. Mai 1998, 1).

[45] Im Zusammenhang mit der beihilferechtlichen Untersuchung der belgischen Maßnahmen für Koordinierungszentren hat Belgien einen Antrag nach Art. 88 Abs. 2 Unterabs. 3 EG gestellt (s. IP/03/787 vom 3. Juni 2003).

[46] Urteil vom 4. April 2003, Az. V ZR 314/02, WM 2003, 1491 ff. Siehe nunmehr auch BGH, Urteil vom 20. Januar 2004 (Az. XI ZR 53/03); siehe auch *Quardt/Nielandt*, EuZW 2004, 201 ff.

b) Negativentscheidung und Rückforderung

Beihilfen, die unter Missachtung des vorgeschriebenen Verfahrens ausgereicht werden und/oder solche Beihilfen, die durch die Kommission durch Negativentscheidung als materiellrechtlich mit dem Gemeinsamen Markt unvereinbar eingestuft werden, hat der betroffene Mitgliedstaat von dem begünstigten Unternehmen zurückzufordern.[47] Für die betroffenen Unternehmen ist diese Gefahr einer späteren Rückforderung (zuzüglich Zinsen[48]) ein enormer Unsicherheitsfaktor. Diese Unsicherheit wird dadurch verstärkt, dass der EuGH wesentliche Grundsätze des nationalen Verwaltungsverfahrensrechts, wie z.B. den Vertrauensschutz, die Einrede des Wegfalls der Bereicherung bzw. die Überschreitung der Rücknahmefrist[49], im Einzelfall (insbesondere bei Nichtdurchführung des Notifizierungsverfahrens) für unanwendbar erklärt hat.[50] Zumindest nach der Entscheidungspraxis der Kommission werden Beihilfen unter bestimmten Umständen auch von Unternehmen zurückgefordert, welche Vermögen des ursprünglichen Beihilfeempfängers erworben haben.[51] Die z.T. überaus problematischen Einzelheiten der Rückforderung bestimmen sich nach dem Recht des jeweiligen Mitgliedstaates.[52]

Die Rückforderung steuerlicher Beihilfen ist außerordentlich problematisch, wichtige Einzelheiten sind noch ungeklärt.[53] Rückstellungen können für den Fall einer ungewissen Verbindlichkeit nach deutschem Steuerbilanzrecht nur unter bestimmten Voraussetzungen werden.[54] Das relevante Kriterium der

---

[47] Art. 88 Abs. 2 EG iVm. Art.11 Abs. 2 bzw. Art. 14 Abs. 1 Verfahrensverordnung.

[48] Die Zinsen sind für den gesamten Zeitraum zu zahlen, in dem die rechtswidrige Beihilfe dem Empfänger zur Verfügung stand. Vgl. Art. 14 Abs. 2 Verfahrensverordnung. Der anwendbare Zinssatz wird von der Kommission aufgrund zuvor veröffentlichter Sätze inklusive Zinseszinsen berechnet, siehe hierzu ABl. C 110 vom 8. Mai 2003, 21 f. Zur Methode der Berechnung siehe auch ABl. C 273 vom 9. September 1997, 3, und ABl. C 241 vom 26. August 1999, 9. Instruktiv: Kommission, 27. WB, S. 74 f, Rn. 220 f (verfügbar auf der Internetseite der GD Wettbewerb unter < www.europa.eu.int/comm/competition/annual_reports >).

[49] Vgl. §§ 48 ff VwVfG.

[50] EuGH, Urteil vom 20. März 1997 in der Rechtssache C-24/95 („*Alcan*"), Slg. 1997, I-1591 ff.

[51] Der EuGH steht dieser Praxis der Kommission allerdings ablehnend gegenüber (grundlegend: Urteil vom 8. Mai 2003 in den verbundenen Rs. C-328/99 und 399/00 („*Seleco*"), Slg. 2003, I-4035. Siehe hierzu vor allem *Langmaack*; vgl. *Quardt/Jestaedt*, in *Heidenhain*, S. 50 ff; *Rapp/Bauer*, KTS 2001, 1 ff; *Slocock*, Competition Policy Newsletter, 2000, 7 ff; *Zühlke*, EWS 2003, 61 ff.

[52] Siehe Art. 14 Abs. 3 Verfahrensverordnung.

[53] Siehe hierzu z.B. das Urteil des EuGH vom 26. Juni 2003 in der Rechtssache C-404/00, in dem festgestellt wird, dass das Königreich Spanien wegen nicht erfolgter Rückforderung einer von der Kommission als rechtswidrige Beihilfe erkannten Steuergutschrift gegen seine Verpflichtungen aus dem Gemeinschaftsrecht verstoßen hat.

[54] Siehe A 31 c EStR (vgl. § 249 HGB und § 5 Abs. 3 bis 4b EStG).

ernsthaften Wahrscheinlichkeit einer Inanspruchnahme[55] dürfte jedenfalls vor der Eröffnung eines förmlichen Prüfverfahrens der Kommission nicht gegeben sein.

2. Justitiabilität durch EuG und EuGH

Die Entscheidung der Kommission über die (Nicht-)Vereinbarkeit bestimmter Maßnahmen mit dem Gemeinsamen Markt ist eine behördliche Ermessensentscheidung, die durch das EuG grundsätzlich überprüfbar ist, allerdings nur auf Fehler in der Tatsachenermittlung und -würdigung, der Rechtsanwendung und der Ermessensausübung. Das EuG kann eine *ordnungsgemäße* Ermessensausübung der Kommission nicht wegen abweichender (wettbewerbspolitischer) Ansicht durch eine eigene ersetzen.

Sowohl das durch eine Negativentscheidung belastete Unternehmen, als auch Konkurrenten[56] des durch eine Positiventscheidung der Kommission begünstigten Unternehmens haben die Möglichkeit, die gerichtliche Überprüfung einer Kommissionsentscheidung herbeizuführen. Schließlich kann die Kommission bei Verstößen der Mitgliedstaaten gegen ihre in den Entscheidungen angeordneten Verpflichtungen (Rückforderung, Auflagen, Abschaffung bestimmter Regelungen) ein Vertragsverletzungsverfahren vor dem EuGH initiieren.

3. Anwendungsbereich des Beihilfenrechts

Von den Artt. 87 ff EG werden Beihilfen der Gemeinschaft selbst (sog. Gemeinschaftsbeihilfen) nicht erfasst, diese sind ausschließlich am internationalen Handelsrecht bzw. an sonstigem Völkerrecht zu messen.

Da das Verbot des Art. 87 Abs. 1 EG ausschließlich für die Mitgliedstaaten der EU als Unterzeichner des EG-Vertrages verbindlich ist, findet es auf durch Drittstaaten gewährte Begünstigungen keine Anwendung.[57] Im Rahmen des Welthandelsrechts gelten die Vorschriften des GATT[58] und des ergänzenden Übereinkommens über Subventionen und Ausgleichsmaßnahmen (ASCM)[59]; sie stellen ein vom gemeinschaftlichen Beihilferecht strikt zu trennendes Normengefüge dar.[60]

---

[55] A 31 c Abs. 2 und 5 EStR.

[56] Ausführlich für das Vorgehen des Konkurrenten: *Schroth/Koch,* Subventionsbeschwerde.

[57] Art. 61 des Abkommens über den Europäischen Wirtschaftsraum (ABl. L 1 vom 3. Januar 1994, 1) enthält eine dem Art. 87 EG entsprechende Regelung, welche die Unterzeichnerstaaten verpflichtet.

[58] ABl. L 336 vom 23. Dezember 1994, 11.

[59] ABl. L 336 vom 23. Dezember 1994, 156.

[60] Zum Verhältnis der welthandelsrechtlichen Vorschriften zum nationalen Steuerrecht s. *Schön*, RIW 2004, 50 ff. Hinsichtlich negativer Auswirkungen von in das Gemeinschaftsgebiet importierten subventionierten Waren oder Dienstleistungen enthalten die EG-Verordnungen Nr. 384/96 und Nr. 2026/97 die Legitimation zur Einsetzung von Abwehrme-

B. Leitlinien und Anwendungsbericht – die Anwendung des Beihilfeverbots auf steuerliche Maßnahmen

Es entspricht der ständigen Entscheidungspraxis von Kommission und EuGH, dass eine Beihilfe auch in der Gewährung steuerlicher Vergünstigungen bestehen kann.[61] Der Beihilfetatbestand steht dieser Auslegung nicht grundsätzlich entgegen, wie die Wendung „Beihilfen gleich welcher Art" nahe legt.[62] Auch aus wettbewerbspolitischer Sicht besteht kein grundsätzlicher Unterschied darin, ob einem Unternehmen unter Verwendung eingenommener Steuergelder eine wirtschaftliche Sonderleistung (z.B. in Form eines Zuschusses) zugewendet, oder ob statt dessen auf die Vereinnahmung von Steuergeldern bei dem zu begünstigenden Unternehmen verzichtet wird.[63] Die Kommission hat die Verwaltungsgrundsätze für die Bewertung steuerlicher Beihilfen im Jahre 1998 in Form sogenannter Leitlinien niedergelegt.[64] Diese haben zum Ziel, zur Reduzierung von Wettbewerbsverfälschungen im Binnenmarkt die Anwendung der Vorschriften über staatliche Beihilfen auf Maßnahmen im steuerlichen Bereich

---

chanismen. Siehe *Harings*, Praxis des Europäischen Beihilfenrechts, S. 5, m.w.N. Im umgekehrten Falle der Diskriminierung von Waren oder Dienstleistungen mit Ursprung in der EU durch Drittstaaten gilt die sog. Handelshemmnisverordnung (VO (EG) Nr. 3286/94, ABl. L 349 vom 31. Dezember 1994, 71 in der geänderten Fassung gemäß ABl. L 41 vom 23. Februar 1995, 3).

[61] Siehe z.B. EuGH, Urteil vom 19. September 2000 in der Rs. C-156/98 (Deutschland./.Kommission), Slg. 2000, I-6857 ff; Urteil vom 17. Juli 1999 in der Rs. C-295/97 („*Piaggio*"), Slg. 1999, I-3735 ff; EuG, Urteil vom 23. Oktober 2002 in den verbundenen Rs. T-346 bis 348/99 („*Territorios Históricos*"), Slg. 2002, II-4258. Vgl. auch IP/01/982 vom 11. Juli 2001 (Ankündigung von Untersuchungen von elf steuerlichen Regelungen aus acht Mitgliedstaate. Ein großer Teil dieser Verfahren ist mittlerweile negativ entschieden worden, im übrigen laufen förmliche Prüfverfahren, soweit nicht mit den betroffenen Mitgliedstaaten zweckdienliche Maßnahmen im Sinne des Art. 88 Abs. 1 EG vereinbart worden sind).

[62] Ein entsprechende Wertung findet sich auch in Art. 1 Abs. 1.1 des WTO-Abkommens über Subventionen und Ausgleichsmaßnahmen, der klarstellt, dass eine Subvention auch dann anzunehmen ist, wenn öffentliche Abgaben erlassen oder nicht erhoben werden.

[63] Siehe zur Thematik steuerlicher Beihilfen vor allem *Schön*, in *Koenig/Roth/Schön*, S. 107 ff, derselbe in *Pelka*, S. 214 ff; *Jansen*; *Hocine*, Competition Policy Newsletter 2002, 85 ff; *Jestaedt*, in *Heidenhain*, § 8; *Koschyk*; *Lübbig*, Revue du Marché commun et de l'Union européenne 2003, 124 ff; derselbe in *Lübbig/Martín-Ehlers*, S. 84 ff; *Mederer/van Ysendyck*, in *Schröter/Jakob/Mederer*, Rn. 92 ff zu Art. 87 EG; *Monti*, EU Policy towards Fiscal State Aid (Speech/02/15), Rede im Rahmen des Seminars „State Aid and Tax" an der Universität Nyenrode (NL), 22. Januar 2002; *Panayi*, Intertax 2004, 283 ff; *Sanchéz Rydelski*, Handbuch EU-Beihilfenrecht, S. 84.

[64] Dabei ist zu beachten, dass der Begriff der steuerlichen Beihilfen lediglich an die gewählte Form ihrer Ausreichung bzw. Gewährung knüpft, nicht jedoch an eine bestimmte Art von Beihilfen im materiellen Sinne (wie z.B. Rettungs- und Umstrukturierungsbeihilfen, Beihilfen für Forschung und Entwicklung, für kleine und mittlere Unternehmen). Das bedeutet, dass steuerliche Beihilfen im Einzelfall z.B. als Rettungs- und Umstrukturierungsbeihilfen, KMU-Beihilfen etc. zu qualifizieren sein können, mit den jeweils geltenden (durch Sekundärrecht o.ä. geregelten) Besonderheiten.

zu präzisieren und zu verbessern.[65] Durch die in den Leitlinien erfolgenden Klarstellungen sollen außerdem Transparenz und Berechenbarkeit von Kommissionsentscheidungen herbeigeführt sowie Kohärenz und Gleichbehandlung der Mitgliedstaaten gewährleistet werden.[66]

Rn. 38 der Leitlinien sieht eine Überprüfung ihrer Anwendung zwei Jahre nach ihrer Veröffentlichung vor. Aufgrund der bis 2001 recht wenigen Fälle *„hielt es die Kommission [jedoch] für sinnvoller, bevor sie Bilanz zieht, mehr Erfahrungen mit Steuerbeihilfen zu sammeln"* – der Anwendungsbericht wurde von der Kommission daher erst im November 2003 veröffentlicht und konstatiert, dass sich die Leitlinien *„als geeignetes Hilfsmittel zur Prüfung von Beihilfen steuerlicher Art erwiesen [haben]. Dies [werde] im wesentlichen auch durch die seit 1998 im Steuerbereich weitgehend unveränderte Rechtsprechung bestätigt, auf deren Grundlage die Mitteilung ausgearbeitet worden ist"*.[67]

I. Maßnahme gleich welcher Art

Die Leitlinien stellen in Rn. 8 klar, dass der *„steuerliche Charakter einer Maßnahme [...f]ür die Anwendung der Gemeinschaftsvorschriften über staatliche Beihilfen [...] unerheblich [ist]"*. Weiter wird ausgeführt, dass es für die Qualifikation einer steuerlichen Vergünstigung als Beihilfe nicht auf die steuertechnische Ausgestaltung ankommt[68], und dass alle Formen von Steuervergünstigungen, unabhängig von ihrer Ausgestaltung[69] oder ihrem Ansatzpunkt[70], eine Beihilfe darstellen können. Maßgeblich ist, dass die Vergünstigung spezifisch bzw. selektiv in dem Sinne ist, dass *„bestimmte Unternehmen oder Produktionszweige"* iSd. Art. 87 Abs. 1 EG begünstigt werden.[71]

II. Begünstigung bestimmter Unternehmen oder Produktionszweige

Dieses Merkmal lässt sich – unabhängig von einem steuerlichen Kontext – in die beiden ungeschriebenen Komponenten „Vorteil" und „Selektivität"[72] zerlegen.[73] Während die Selektivität Aufschluss über den Begünstigungsfokus der betreffenden staatlichen Maßnahme gibt, ist das Vorliegen eines wirtschaftlichen Vorteils bei dem oder den begünstigten Unternehmen die potentiell wett-

---

[65] Leitlinien, Ziffer 2 der Einleitung.
[66] Leitlinien, Ziffer 4 der Einleitung.
[67] Anwendungsbericht, Rn. 78.
[68] Leitlinien, Rn. 8 f.
[69] Gesetzliche Regelung, Verwaltungsvorschrift oder Einzelfallentscheidung.
[70] Z.B. Zuschuss, Steuerbefreiung, -stundung, -erlass, Ermäßigung des Steuersatzes, Beschränkung der Bemessungsgrundlage oder der (subjektiven oder objektiven) Steuerpflicht.
[71] Leitlinien, Rn. 12.
[72] Auch „Spezifität"; die Begriffe werden im Folgenden synonym verwendet.
[73] Für eine strikte Trennung dieser beiden Merkmale spricht sich auch *Jansen*, S. 188, aus. *Heidenhain*, S. 29 ff unterscheidet entsprechend zwischen der „Gewährung einer Begünstigung" (Vorteil) und der „Begünstigung bestimmter Unternehmen" (Selektivität).

bewerbsverzerrende Folge der Beihilfegewährung und dementsprechend der Anknüpfungspunkt für die Rückforderung im beihilferechtlichen Einzelprüfverfahren.

1. Vorteil

Entsprechend der Zielsetzung des Wettbewerbsrechts kommt es für die Frage des Vorliegens einer Beihilfe nicht auf die selektive Maßnahme als solche, sondern auf einen daraus resultierenden *wirtschaftlichen Vorteil* beim begünstigten Unternehmen an. Erst dieser Vorteil ist ggf. geeignet, den Wettbewerb zu verfälschen. Ein wirtschaftlicher Vorteil ist regelmäßig gegeben, wenn das begünstigte Unternehmen eine Sonderleistung erlangt, ohne eine entsprechende (aber nicht notwendigerweise synallagmatische) Gegenleistung erbringen zu müssen. Nach Maßgabe der Leitlinien muss die betreffende Maßnahme dem Begünstigten dadurch einen Vorteil verschaffen, dass dessen „normalerweise zu tragenden Belastungen" vermindert werden.[74]

Unter Hinweis auf die Vielfalt möglicher steuerlicher Vorteile widmet sich die Kommission in ihrem Anwendungsbericht nur einem exemplarischen Teilbereich, nämlich der steuerlichen Gewinnermittlung nach der sog. Kostenaufschlagsmethode (auch „Kosten-plus" genannt)[75], der von der Kommission in mehreren Fällen als steuerlicher Vorteil eingestuft wurde. Sie stellt sodann fest, dass die Bewertung einer steuerlichen Ausnahmeregelung als staatliche Beihilfe davon abhängt, „*ob die hieraus resultierende steuerliche Belastung niedriger ist als die[jenige], die sich aus der Anwendung der im betreffenden Mitgliedstaat geltenden Regelbesteuerung ergeben hätte*".[76]

2. Selektivität

Das Selektivitätskriterium spiegelt den ordnungspolitischen Grundgedanken wider, der dem Beihilfeverbot zugrunde liegt: die Wettbewerbsbedingungen für unternehmerische Tätigkeit, soweit wirtschaftliche Unterstützung aus staatlichen Mitteln involviert ist, sollen für alle gleich sein. Die Gewährung staatlicher Sonder- oder Ausnahmeleistungen wird als Ungleichbehandlung im Wettbewerb grundsätzlich verboten. Sofern dagegen eine wirtschaftspolitische Maßnahme *allgemein* begünstigend wirkt, ist sie dem Anwendungsbereich der Beihilfekontrolle entzogen.[77] Die „Spezifitätsfrage" entscheidet somit letztlich über

---

[74] Leitlinien, Rn. 9.

[75] Anwendungsbericht, Rn. 9 ff.

[76] Anwendungsbericht, Rn. 16 (Kasten 1).

[77] *Heidenhain*, Rn. 48 und 52 ff zu § 4. Wirkt sie sich dennoch in negativer Weise auf den zwischenstaatlichen Wettbewerb aus, kann dem ggf. im Rahmen des nach den Artt. 94 ff EG vorgesehen Verfahrens der Rechtsangleichung entgegengewirkt werden. Dies ist auch die erklärte Ansicht der Kommission selbst, vgl. schon deren 25. WB, S. 179 f (Rn. 160); s.a. den

die beihilferechtliche Prüfungs- und Sanktionierungskompetenz der Kommission für den betreffenden Fall.[78] Insbesondere bei der Beurteilung steuerlicher Maßnahmen spielt die Beurteilung der Spezifität eine kaum zu überschätzende Rolle.[79] So liegt auch der materielle Schwerpunkt der Leitlinien bei der Selektivität steuerlicher Maßnahmen.

a) Ausnahme zum allgemeinen Steuersystem

In Rn. 16 der Leitlinien heißt es in offenkundiger Abweichung vom Wortlaut des Art. 87 Abs. 1 EG:

> *„Wesentlich für die Anwendung des Artikels 92 Absatz 1 auf eine steuerlich Maßnahme ist [...] vor allem, dass diese [...] eine Ausnahme von der Anwendung des allgemein geltenden Steuersystems zugunsten bestimmter Unternehmen eines Mitgliedstaates darstellt. Danach muss also zunächst festgestellt werden, welche allgemeine Regelung gilt."*

Die Kommission bezieht sich dabei auf das Urteil des EuGH in der Rs. C-173/73.[80] Dort hatte dieser eine nationale Sonderregelung auf dem Gebiet des Sozialversicherungswesens als Beihilfe qualifiziert, da diese „*Unternehmen eines bestimmten Industriezweiges teilweise von den finanziellen Lasten freistellen soll[te], die sich aus der normalen Anwendung des allgemeinen Sozialversicherungssystems erg[a]ben, ohne dass diese Befreiung durch die Natur oder den inneren Aufbau dieses Systems gerechtfertigt [war]*". Dieser Argumentation des EuGH ist seinerzeit entnommen worden, dass eine als Beihilfe zu qualifizierende Maßnahme im allgemeinen Kontext des betreffenden nationalen Regelungskomplexes (oder Systems) einen *Ausnahmecharakter* haben muss.[81] Im späteren Verfahren „*Sloman Neptun*" ist dieser Ansatzpunkt von Generalanwalt *Marco Damon* weiter präzisiert worden: danach muss sich eine Beihilfe

26. WB, Rn. 172; den 27. WB, Rn. 227, und den 30. WB, Rn. 320 (verfügbar auf der Internetseite der GD Wettbewerb unter < www.europa.eu.int/comm/competition/ annual_reports >).

[78] Das Verständnis von der Spezifität einer Maßnahme ist in der Anwendungspraxis von Kommission und EuG/EuGH nach wie vor Gegenstand einer Fortentwicklung. So sah die Kommission eine steuerliche Regelung zugunsten des verarbeitenden Gewerbes (in Abgrenzung zum Dienstleistungsgewerbe) in Irland noch in den achtziger Jahren als allgemeine Regelung an, wohingegen diese im Jahre 1998 ohne weiteres als „bestimmte" Maßnahme eingestuft wurde (vgl. den 28. WB, S. 98 f, Rn. 210; s. zur Verfügbarkeit die vorangegangene Fußnote).

[79] In diesem Sinne auch *Heidenhain*, Rn. 58 zu § 4.

[80] EuGH, Urteil vom 2. Juli 1974 in der Rs. C-173/73 („*Familienzulage*"), Slg. 1974, 709 ff, Rn. 33/35.

[81] Obwohl diese Abgrenzungsformel in der betreffenden Entscheidung des EuGH keinen Niederschlag gefunden hat, ist sie doch in späteren Urteilen zu finden (vgl. EuGH, Urteil vom 17. Juni 1999 in der Rs. C-75/97 (Belgien./.Kommission), Slg. 1999, I-3671; EuGH, Urteil vom 22. November 2001 in der Rs. C-53/99 („*Ferring*"), Slg. 2001, I-9067, Rn. 17; EuG, Urteil vom 29. September 2000 in der Rs. T-55/99 („*CETM*"), Slg. 2000, II-3207.

als Ausnahme für bestimmte Wirtschaftsteilnehmer zu dem allgemeinen wirtschaftspolitischen System des betreffenden Mitgliedstaates darstellen.[82]

Die Kommission führt weiter aus, dass insbesondere Maßnahmen mit regionalem, lokalem oder anderweitigem (Ausnahme-)Charakter geeignet sind, bestimmte Unternehmen zu begünstigen[83]; hingegen hätten Maßnahmen, die allen Wirtschaftsteilnehmern im Gebiet eines Mitgliedstaates zugute kommen, einen allgemeinen und keinen selektiven Charakter.[84] Zur regionalen oder geographischen Spezifität nimmt die Kommission im Anwendungsbericht Stellung:

> *„Lässt eine lokale Gebietskörperschaft eine Ausnahme von der Anwendung einer der nationalen Gesetzgebung unterliegenden Steuer zu, so kommt dieser Ausnahme ein selektiver Charakter zu."*[85]

Die Kommission ergänzt, dass sich der Ausnahmecharakter einer Maßnahme auch aus der Verwaltungspraxis ihrer Gewährung, und damit aus verfahrensrechtlichen Aspekten ergeben kann.[86] Ein Indiz für das Vorliegen einer Beihilfe könne in diesem Sinne auch ein finanzbehördliches Ermessen sein, wenn dieses für die Gewährung der Steuervergünstigung maßgeblich sei und nicht nach objektiven Kriterien erfolge.[87] Denn ein freies Ermessen der gewährenden Behörde könne eine Vermutung für das Vorliegen einer Einzelfallbeihilfe begründen.[88] In Rn. 24 gibt die Kommission hierfür ein Beispiel:

> *„Verfügt [...] die Steuerverwaltung über die Befugnis, nach eigenem Ermessen unterschiedliche Abschreibungszeiträume oder Bewertungsmethoden je nach Unternehmen oder Produktionszweig festzulegen, so liegt vermutlich eine Beihilfe vor. Dies ist auch dann zu vermuten, wenn die Steuerverwaltung die Steuerschulden von Fall zu Fall in einer Art und Weise behandelt, die ein anderes Ziel als die Optimierung der Einforderung der Steuerschulden des betreffenden Unternehmens verfolgt."*

---

[82] Schlussanträge in den verbundenen Rs. C-72 und 73/91 („*Sloman Neptun*"), Rn. 50 ff; vgl. das Urteil des EuGH vom 17. März 1993 in dieser Sache, Slg. 1993, I-887.
[83] Leitlinien, Rn. 17 ff.
[84] Leitlinien, Rn. 13.
[85] Anwendungsbericht, Rn. 33 (Kasten 6).
[86] Leitlinien, Rn. 10.
[87] Leitlinien, Rn. 21 f. Vgl. EuG, Urteil vom 6. März 2002 in den verbundenen Rechtssachen T-127, 129 und 148/99 („*Demesa*"), Slg. 2002, II-1275.
[88] Dies entspricht auch der Rechtsprechung des EuGH, vgl. Urteil vom 26. September 1996 in der Rs. C-241/94 (Frankreich/Kommission), Rn. 149; Urteil vom 1. Dezember 1998 in der Rs. C-200/97 („*Ecotrade*"), Slg. 1998, I-7907, Rn. 40; Urteil vom 17. Juni 1999 in der Rs. C-295/97 („*Piaggio*"), Slg. 1999, I-3735, Rn. 39; Urteil vom 29. Juni 1999 in der Rs. C-256/97, Rn. 27. Siehe auch EuG, Urteil vom 6. März 2002 in den verbundenen Rs. T-127, 129 und 148/99 („*Demesa*"), Slg. 2002, II-1275, Rn. 149 ff.

b) Rechtfertigung durch „Natur oder inneren Aufbau des Systems"

In erklärter Anlehnung an die oben dargestellte Rechtsprechung des EuGH führt die Kommission in den Leitlinien aus, dass nach dem festgestellten Vorliegen einer Ausnahme weiter geprüft werden muss, „*ob die Ausnahme oder die systeminternen Differenzierungen ‚durch die Natur oder den inneren Aufbau' des Steuersystems gerechtfertigt sind, das heißt, ob sie sich also unmittelbar aus den Grund- oder Leitprinzipien des Steuersystems des betreffenden Mitgliedstaats ergeben. Ist dies der Fall, handelt es sich nicht um eine Beihilfe.*"[89] Dieses richterrechtlich entwickelte Merkmal einer systembedingten Rechtfertigung soll den (durch die Ausnahmeformel modifizierten) Tatbestand des Art. 87 Abs. 1 EG dahingehend (wieder) einschränken, dass eine gemeinschaftsrechtswidrige spezifische Maßnahme dann nicht vorliegt, wenn sie zwar eine Ausnahme zum allgemeinen System darstellt, andererseits aber mit den allgemeinen Grundwertungen dieses Systems in Übereinstimmung steht bzw. „*aufgrund wirtschaftlicher Überlegungen für die Leistungsfähigkeit des Systems erforderlich [ist].*"[90] Die Kommission ergänzt, dass sie u.a. die in den progressiven Einkommensteuersätzen zum Ausdruck kommende Umverteilungslogik[91] oder die entsprechende Schaffung steuerliche Anreize bzw. Erleichterungen für kleine und mittlere Unternehmen[92] als eine solche systemimmanente Grundwertung anerkenne.

Im Anwendungsbericht äußert sich die Kommission zur Frage der Rechtfertigung bei uneinheitlicher Terminologie[93] wie folgt:

> „*Selbstverständlich ist die differenzierende Natur einer Maßnahme [...] nicht unbedingt ein Grund, diese als staatliche Beihilfe anzusehen. Eine staatliche Beihilfe liegt nicht vor, wenn die Maßnahme durch die Art oder den Sinn und Zweck des Steuersystems gerechtfertigt ist. [....]*"[94] „*Eine abweichende steuerliche Behandlung lässt sich in Ausnahmefällen systemimmanent mit den Eigenheiten bestimmter Wirtschaftszweige oder besonderer Transaktionen begründen. Es obliegt dem Mitgliedstaat nachzuweisen, dass die Ausnahme [...] gerechtfertigt ist.*"[95]

Die Kommission erläutert dort weiter, dass es einen „*unmittelbaren Zusammenhang*" zwischen diesen Eigenheiten und den Steuererleichterungen geben müsse, und dass Unternehmen nicht durch die Begünstigungskriterien diskriminiert werden dürften; die „*Anwendung objektiver Kriterien*" reiche für den Nachweis der Sachgerechtigkeit im genannten Sinne nicht aus.[96]

---

[89] Leitlinien, Rn. 16.
[90] Leitlinien, Rn. 23.
[91] Leitlinien, Rn. 24.
[92] Leitlinien, Rn. 27.
[93] Anwendungsbericht, Rn. 7 und 34.
[94] Anwendungsbericht, Rn. 34.
[95] Anwendungsbericht, Rn. 37 (Kasten 7).
[96] Anwendungsbericht, Rn. 42 (Kasten 8).

c) Keine Selektivität

In den Leitlinien grenzt die Kommission das Selektivitätskriterium in dreifacher Hinsicht negativ ab:

aa) Steuertechnische Maßnahmen

So stellt sie zunächst fest, dass rein steuertechnische Maßnahmen – sie nennt die „*Festlegung von Steuersätzen, von Vorschriften über Wertminderung und Abschreibung sowie von [solchen] über den Verlustvortrag [...] [sowie] zur Vermeidung der Doppelbesteuerung oder Steuerumge*hung" – keine staatlichen Beihilfen darstellen, vorausgesetzt, sie gelten für alle Unternehmen und Produktionszweige.[97]

bb) Maßnahmen, die ein Ziel der allgemeinen Wirtschaftspolitik verfolgen

Unter der gleichen Prämisse (Geltung für alle Unternehmen und Produktionszweige) hätten auch „*Maßnahmen, die ein Ziel der allgemeinen Wirtschaftspolitik verfolgen, indem die mit bestimmten Produktionskosten verbundene Steuerbelastung reduziert wird (z.B. Forschung und Entwicklung, Umweltschutz, Ausbildung, Beschäftigung)*"[98] keinen selektiven Charakter.

cc) Maßnahmen mit faktischer Begünstigungswirkung

Schließlich hätten auch die unterschiedlichen Auswirkungen von Maßnahmen auf verschiedene Industriezweige nicht notwendig die Einstufung als Beihilfe zur Folge:

> *„Die Tatsache, dass bestimmte Unternehmen oder Produktionszweige mehr als andere in den Genuss derartiger steuerlicher Maßnahmen gelangen, hat nicht zwangsläufig zur Folge, dass diese in den Anwendungsbereich [des Beihilferechts] fallen. So haben zum Beispiel Maßnahmen, die die Besteuerung der Arbeit für sämtliche Unternehmen vermindern, für arbeitsintensive Industriezweige eine verhältnismäßig größere Bedeutung [...]"*[99]

In ihrem Anwendungsbericht stellt die Kommission dagegen fest, dass auch solche Maßnahmen, die allen Wirtschaftszweigen offen stehen, dann als selektiv eingestuft werden, wenn „*die Zahl der potentiellen Begünstigten durch die Fördervoraussetzungen de facto eingeschränkt wird. Dies ist unter anderem bei Maßnahmen der Fall, die nur für multinationale Unternehmen oder Unternehmen einer gewissen Größe gelten [...]. Gleiches gilt für Maßnahmen, die nur von nach einem bestimmten Datum gegründeten Unternehmen in Anspruch genommen werden können [...]*".[100]

---

[97] Leitlinien, Rn. 13. (1. Spiegelstrich).
[98] Leitlinien, Rn. 13 (2. Spiegelstrich).
[99] Leitlinien, Rn. 14.
[100] Anwendungsbericht, Rn. 29 (Kasten 5).

III. Staatliche oder aus staatlichen Mitteln gewährte Beihilfe

Als Beihilfe werden solche Maßnahmen erfasst, die unter Einsatz staatlicher Mittel ausgereicht werden, wobei es nicht erforderlich ist, dass diese dem Haushalt eines (unter)staatlichen Hoheitsträgers entstammen. Im steuerlichen Kontext ist das Merkmal „aus staatlichen Mitteln" nach den Leitlinien und der ständigen Anwendungspraxis als gegeben zu betrachten, wenn der Staat nicht bereits eingenommene Gelder verteilt, sondern stattdessen auf die Einnahme von Steuern teilweise verzichtet.[101] Im Anwendungsbericht stellt die Kommission hinsichtlich des Einsatzes staatlicher Mittel klar, dass es nach ihrer Ansicht irrelevant sei, ob sich die streitige steuerliche Regelung insgesamt positiv auf den Haushalt auswirke.[102]

IV. Verfälschung des Wettbewerbs und Beeinträchtigung des Handels zwischen den Mitgliedstaaten

1. Verfälschung des Wettbewerbs

Wie im Kartellrecht ist für die Frage des Vorliegens einer Wettbewerbsverfälschung grundsätzlich der relevante sachliche und räumliche Markt zu ermitteln (sog. Bedarfsmarktkonzept)[103]; in der beihilferechtlichen Untersuchungspraxis werden jedoch nur selten Marktabgrenzungen vorgenommen. Nach ständiger Praxis der Kommission wird z.B. davon ausgegangen, dass Betriebsbeihilfen[104] grundsätzlich den Wettbewerb verfälschen.[105]

Es ist unstreitig, dass das klassische Schutzgut des Beihilferechts der unternehmerische Wettbewerb zwischen den Wirtschaftsteilnehmern ist. Fraglich ist jedoch, inwieweit auch der mitgliedstaatliche Systemwettbewerb, d.h. das „Buhlen" der Mitgliedstaaten um die Gunst der Wirtschaftsfaktoren, ausgetragen u.a. mit steuerpolitischen Mitteln, im Rahmen der Beihilfekontrolle zu berücksichtigen ist. Die Kommission ist diesbezüglich der erklärten Ansicht, dass die Bestimmungen des EG-Vertrages über staatliche Beihilfen auch zum Ziel der Bekämpfung des schädlichen Steuerwettbewerbs beitragen.[106] In Ziffer 30 der Leitlinien heißt es entsprechend, dass *„die Prüfung der Vereinbarkeit*

---

[101] Leitlinien, Rn. 10.
[102] Anwendungsbericht, Rn. 18 ff (Kasten 3).
[103] Siehe hierzu die Bekanntmachung der Kommission über die Definition des relevanten Marktes (ABl. C 372 vom 9. Dezember 1997, 5). Vgl. Ziff. 7.6. des alten Multisektoralen Regionalbeihilferahmens für große Investitionsvorhaben (ABl. C 107 vom 7. April 1998, 7 ff).
[104] Betriebsbeihilfen sind solche, die nicht an außergewöhnliche Umstände, wie die Unternehmensgründung oder die Tätigung von Investitionen, sondern an die reguläre Geschäftstätigkeit geknüpft sind.
[105] Leitlinien für staatliche Beihilfen mit regionaler Zielsetzung (ABl. C 74 vom 10. März 1998, 9), Rn. 4.15.
[106] Leitlinien, Ziffer 1 der Einleitung.

von steuerlichen Beihilfen mit dem Gemeinsamen Markt auch unter Berücksichtigung der Auswirkungen dieser Beihilfen, die durch die Anwendung des Verhaltenkodex erkennbar werden", vorzunehmen sei.

Auch im Anwendungsbericht äußert sich die Kommission zum Verhältnis zwischen der Beihilfekontrolle und der Bekämpfung des schädlichen Steuerwettbewerbs. Sie konstatiert dort, dass beide Aufsichtsmechanismen „*das gleiche allgemeine Ziel der Eindämmung der Wettbewerbsverfälschungen im Gemeinsamen Markt*" verfolgten.[107] Sie schränkt allerdings ein:

> „*Während mit dem Verhaltenskodex verhindert werden soll, dass das Steueraufkommen eines Mitgliedstaats durch einen anderen Mitgliedstaat geschmälert wird, soll mit der Überwachung der staatlichen Beihilfen gewährleistet werden, dass Wettbewerb und Handel nicht beeinträchtigt werden.*"[108]

Die Unterschiedlichkeit der Bewertungskriterien beider Regularien hebt die Kommission ausdrücklich hervor. Dementsprechend können „*Maßnahmen, die im Sinne des Kodex als nicht schädlich anzusehen sind, [...] staatliche Beihilfen sein. [...] Umgekehrt ist es ebenso möglich, dass eine als schädlich im Sinne des Verhaltenskodex eingestufte Maßnahme gemäß den Regeln für staatliche Beihilfen nicht zu beanstanden ist.*"[109]

2. Beeinträchtigung des Handels zwischen den Mitgliedstaaten

Ebenfalls wie im Kartellrecht ist eine tatsächliche Beeinträchtigung des Handels zwischen den Mitgliedstaaten nicht erforderlich. Die Eignung der Beihilfe zu einer solchen Beeinträchtigung ist ausreichend und kann auch dann vorliegen, wenn das begünstigte Unternehmen nur auf dem nationalen Markt tätig ist.

Nach dem Anwendungsbericht sieht die Kommission das Merkmal grundsätzlich dann als gegeben an, wenn „*eine Beihilfe die Wettbewerbsposition eines oder mehrerer Unternehmen in einem Sektor [stärkt], der dem Gemeinschaftswettbewerb offen steht [...]. Die Existenz vergleichbarer Maßnahmen in anderen Mitgliedstaaten hat keinen Einfluss auf die Würdigung dieses Kriteriums.*"[110]

C. Leitlinien und Anwendungsbericht – Probleme und offene Fragen

Die Leitlinien stellen keine nach außen verbindliche rechtliche Maßnahme des Gemeinschaftsrechts dar, sondern stehen als bloße Verwaltungsvorschrift im

---

[107] Anwendungsbericht, Rn. 64.
[108] Anwendungsbericht, Rn. 66.
[109] Anwendungsbericht, Rn. 66.
[110] Anwendungsbericht, Rn. 24 (Kasten 4).

Rang unterhalb des formellen (primären und sekundären) Gemeinschaftsrechts.[111] Sie können daher weder die tatbestandlichen Voraussetzungen des Artikels 87 Abs. 1 EG variieren[112], noch im Einzelfall deren Prüfung entbehrlich machen.[113] Es hat daher nur klarstellenden Charakter, wenn die Kommission in ihrem Anwendungsbericht erklärt, *„nicht das Ziel [zu verfolgen], eigene Kriterien für Steuerbeihilfen festzulegen, sondern [bestrebt zu sein,] klarzustellen, was in diesem Bereich als staatliche Beihilfe anzusehen ist*".[114] Sie stellt außerdem zutreffend fest, dass der Beihilfebegriff objektiv definiert ist und der Kommission keinerlei Ermessen lässt.[115] Gerade in Anbetracht dieser ausdrücklichen Klarstellung muss aber die Frage aufgeworfen werden, ob durch die teilweise Ersetzung des primärrechtlichen Tatbestandsmerkmals der Begünstigung bestimmter Unternehmen durch das Kriterium der Ausnahme vom allgemeinen System nicht doch eine unzulässige Überdehnung des primärrechtlichen Beihilfetatbestands (bzw. eine Verkürzung der zu erfüllenden Tatbestandsmerkmale) erfolgt.[116] Denn durch die Aufteilung der Selektivität in das Ausnahmekriterium und eine in ständiger Praxis nicht *ex officio* geprüfte Rechtfertigung variiert die Kommission – wenn auch in Übereinstimmung mit der ständigen Rechtsprechung – den Wortlaut des Art. 87 Abs. 1 EG. Sofern das in den Leitlinien enthaltene Kriterium der „Ausnahme vom allgemeinen Steuersystem" nicht vom gesetzlichen Beihilfetatbestand gedeckt sein sollte, wäre somit fraglich, ob die (korrigierende) Berücksichtigung eines Rechtfertigungsvorbehaltes (durch „Natur oder inneren Aufbau des Systems") den Steuerhoheiten der Mitgliedstaaten in ausreichendem Maße gerecht wird.

Wenn auch die Wirkung der Leitlinien theoretisch auf eine Ermessens-Selbstbindung der Kommission für die Prüfung steuerlicher Maßnahmen beschränkt ist, kommt ihnen doch praktisch die gleiche Wirkung zu wie formellen sekundärrechtlichen Vorgaben; denn ihre uneingeschränkte Gültigkeit wird weder durch die Mitgliedstaaten noch durch die Kommission selbst in Frage gestellt. Die Kommission stellt in ihrem Anwendungsbericht fest, dass sich die Leitlinien, als *„angemessener Analyserahmen*" erwiesen haben[117], einen Über-

---

[111] Eine Bindungswirkung gegenüber den Mitgliedstaaten wird jedoch für diejenigen Gemeinschaftsrahmen angenommen, in denen diese bestimmten zweckdienlichen Maßnahmen zugestimmt haben, vgl. hierzu *L/M-E*, S. 14 ff (Rn. 35).

[112] Siehe hierzu grundlegend *Jestaedt/Häsemeyer*, EuZW 1995, 787 ff.

[113] EuGH, Urteil vom 24. Februar 1987 in der Rs. C-310/85 („*Deufil*"), Slg. 1987, 901, Rn. 22; EuG, Urteil vom 30. April 1998 in der Rs. T-214/95 („*Vlaamse Gewest*"), Slg. 1998, II-717, Rz. 79.

[114] Anwendungsbericht, Rn. 43.

[115] Anwendungsbericht, Rn. 6.

[116] *Jansen*, S. 188: *„[...] der Versuch, mittels der Feststellung einer ‚Ausnahme vom System' steuerliche Begünstigungen festzustellen, ist zu kurz gegriffen und kann nur unter Heranziehung weiterer Kriterien zur Identifikation steuerlicher Beihilfen führen.*"

[117] Anwendungsbericht, Rn. 5.

arbeitungsbedarf sieht sie dementsprechend nicht.[118] Berücksichtigt man jedoch die enorme praktische Bedeutung der Leitlinien, und misst man diese außerdem an der ihnen erklärtermaßen zugrunde liegenden Zielsetzung (Präzisierung und Verbesserung der Anwendung der Vorschriften über staatliche Beihilfen auf Maßnahmen im steuerlichen Bereich[119], Herbeiführung von Transparenz und Berechenbarkeit von Kommissionsentscheidungen sowie Gewährleistung von Kohärenz und Gleichbehandlung der Mitgliedstaaten[120]), so erscheint es durchaus berechtigt, das uneingeschränkt positive Ergebnis des Anwendungsberichts in Zweifel zu ziehen. Denn die Leitlinien lassen weitere wesentliche Fragen unbeantwortet und werfen nicht unerhebliche Probleme auf.

So ist die beihilferechtliche Bewertung steuerlicher Maßnahmen unstreitig nach wie vor mit erheblichen Schwierigkeiten behaftet.[121] Die bisherige Praxis von Kommission und EuG/EuGH kann als sehr extensiv umschrieben werden. Im Gegensatz zu dieser extensiven Anwendung des Beihilfeverbots stehen eine Vielzahl von – teilweise hochproblematischen – praxisrelevanten Abgrenzungsfragen bei fast allen Tatbestandsmerkmalen der steuerlichen Beihilfe; diese werden von den Feststellungen des Anwendungsberichts ausgeklammert. So bleibt vor allem fraglich, inwieweit die steuerlichen Kompetenzen der Mitgliedstaaten bzw. deren Anerkennung durch das Primärrecht der Praxis entgegenstehen, dass die steuerliche Natur oder Zielsetzung einer Maßnahme für die Anwendung des Beihilfeverbots immer und unter allen Umständen unbeachtlich ist („Beihilfe gleich welcher Art").[122]

---

[118] Anwendungsbericht, Rn. 78.

[119] Leitlinien, Ziffer 2 der Einleitung.

[120] Leitlinien, Ziffer 4 der Einleitung.

[121] In den Schlussanträgen zu der Sache „*Sloman Neptun*" nahm Generalanwalt *Marco Darmon* ausführlich zu der Notwendigkeit einer Abgrenzung der Anwendungsbereiche des Art. 87 EG (damals noch Art. 92 EGV) und den Artikeln 94 ff EG Stellung und bezog dabei vergleichend Aspekte des Welthandelsrechts mit ein (EuGH, Urteil vom 17. März 1993 in den verbundenen Rs. C-72 und 73/91, Slg. 1993, I-887; Schlussanträge vom 17. März 1992, Slg. I-903, Rn. 47 ff). Generalanwalt *Darmon* weist in seinen Ausführungen mehrfach auf die besondere Schwierigkeit dieser Abgrenzung hin. Auch Generalanwalt *Geelhoed* befasste sich in den Schlussanträgen zur Sache „*Gil Insurance*" ausführlich mit dieser Problematik (Schlussanträge vom 18. September 2003 in der Rs. C-308/01, Rn. 65 f; s.a. das Urteil vom 29. April 2004, Slg. 2004, I-4777).

[122] *Schön*, in *Koenig/Roth/Schön*, S. 106 ff [111]: „*Die Anwendung des Beihilferechts muss [...] sorgfältig prüfen, wo die Gestaltungsmacht des nationalen Steuergesetzgebers endet und wo der Bereich unzulässiger Unternehmensförderung beginnt.*" *Jansen*, S. 186: „*Zu berücksichtigen ist, dass sich die beihilferechtlichen Regelungen des EGV und die mitgliedstaatlichen Steuerregelungen in einem Spannungsverhältnis wiederfinden, das einerseits durch Eingriffsbefugnisse des Gemeinschaftsrechts und andererseits durch nicht harmonisierte, der mitgliedstaatlichen Souveränität überlassenen Regelungsbereiche, gekennzeichnet ist.*"

Im Zusammenhang mit der Selektivität steuerlicher Maßnahmen bestehen – neben der bereits genannten Problematik der Ausnahmeformel als solcher – nach den Vorgaben der Leitlinien vielfältige Probleme:

- So bleibt offen, inwieweit die Anknüpfung steuerlicher Maßnahmen an objektive Kriterien geeignet ist, eine Selektivität zu *begründen*; nach den Leitlinien wird nur formuliert, dass die Anknüpfung an objektive Kriterien die Selektivität nicht *ausschließt*. Jede Knüpfung einer Vergünstigung an bestimmte Merkmale – z.B. KMU-Förderung, Unterstützung neugegründeter Unternehmen, Förderung von Forschung und Entwicklung – schließt wesensnotwendig Unternehmen von ihrer Anwendung aus; inwieweit die bloße Bestimmung des Anwendungsbereichs der betreffenden Vorschriften bereits eine Beihilfeeigenschaft zu begründen geeignet ist, hat insbesondere für den nationalen Gesetzgeber Bedeutung.
- Auch der für die Begründung der Selektivität relevante Grad eines behördlichen Ermessens wird durch die Leitlinien nur durch den Extremfall des sog. freien Ermessens exemplifiziert; die Einzelheiten bleiben unbestimmt. Fraglich ist auch, ob die Ermessensermächtigung einer Beihilferegelung stets zur Folge hat, dass eine in Umsetzung dieser Regelung gewährte Begünstigung als selektiv gilt, oder ob es insoweit auf die (fehlerhafte) Ermessensausübung im Einzelfall ankommen muss.
- Die Leitlinien lassen die wichtige Frage offen, wie regionale steuerliche Maßnahmen unterstaatlicher Körperschaften, die über eine Steuerautonomie verfügen, zu bewerten sind. Unter Bezugnahme auf die Entscheidung „*Azoren*"[123] hat die Kommission in ihrem Anwendungsbericht insoweit Stellung bezogen, als sie durch eine lokale Gebietskörperschaft gewährte Ausnahmen von der Anwendung einer der nationalen Steuergesetzgebung unterliegenden Steuer als selektiv eingestuft hat.[124] Dies ist eine mit Blick auf die nationale Kompetenzverteilung äußerst problematische Praxis.
- Negative Abgrenzungsprobleme bezüglich der Selektivität ergeben sich aus der Terminologie der Leitlinien betreffend steuertechnische Maßnahmen, Maßnahmen, die ein Ziel der allgemeinen Wirtschaftspolitik verfolgen, und solchen mit faktischer Begünstigungswirkung; praktische Relevanz haben diese Fälle fehlender Selektivität bisher so gut wie nicht erlangt.

Auch das richterrechtlich entwickelte Merkmal der möglichen Rechtfertigung bestimmter steuerlicher Regelungen wirft eine Reihe von Fragen auf:

- Eine solche ist zum einen, ob an das – möglicherweise primärrechtlich begründbare – Erfordernis einer Rechtfertigungsprüfung bei steuerlichen

[123] Kommission, Entscheidung vom 11. Dezember 2002 (ABl. L 150 vom 18.06.2003, 52).
[124] Anwendungsbericht, Rn. 30 ff (Kasten 6).

Maßnahmen bestimmte, primärrechtlich herleitbare, qualitative Anforderungen zu stellen sind.

- Fraglich ist auch, was – insbesondere unter Berücksichtigung der uneinheitlichen Terminologie – der sachgerechte Inhalt eines solchen, bisher kaum praxisrelevanten „Ausnahmevorbehalts" sein könnte. Diskussionsbedürftig ist in diesem Zusammenhang, ob nicht durch den Selektivitäts- und Rechtfertigungsmaßstab der Leitlinien ein faktischer Zwang zu einer einheitlichen (System-)Regelbesteuerung ohne Ausnahme geschaffen wird; die nationalen Steuersysteme sind an sich einer umfassenden Überprüfung durch die Gemeinschaftsorgane entzogen.
- Von besonderer Bedeutung ist die bei der völlig wertneutralen Formel der Rechtfertigung „durch Natur und Aufbau/Wesen des Systems" offenbleibende Frage, ob nicht bestimmte materielle Kriterien geeignet sein könnten, einen sowohl in wettbewerbs- als auch in steuerpolitischer Hinsicht sachgerechten, *werthaltigen* Rechtfertigungsmaßstab zu begründen.
- In diesem Zusammenhang drängt sich die weiteren Frage auf, warum der Rechtfertigungsmaßstab, den der EuGH zur Beurteilung diskriminierender steuerlicher Maßnahmen entwickelt hat, von demjenigen im Bereich steuerlicher Beihilfen abweicht, und ob aus ersterem Schlüsse gezogen oder Anleihen genommen werden können.
- Schließlich ist fraglich, ob eine mögliche Rechtfertigung entgegen der bisherigen Praxis nicht von Amts wegen zu prüfen wäre.

Bezüglich des Maßstabs zur Ermittlung des beihilferechtlich relevanten Vorteils geben die Leitlinien mit der Formel der „Minderung normaler Belastungen" nur einen Anhaltspunkt. Was als normal anzusehen ist, bzw. wie der relevante Vergleichsrahmen ermittelt werden kann, bleibt genauso offen wie die Frage ob transnationale Vergleiche zur Ermittlung des Vorteils tatsächlich stets ausgeschlossen sind. Die Kommission gibt in ihrem Anwendungsbericht an, dass „*es nicht möglich [sei], alle Fälle aufzuführen, in denen eine steuerliche Maßnahme als Beihilfe angesehen werden kann.*"[125] Dem ist zwar zuzustimmen; dennoch ist zu bemängeln, dass die Leitlinien nur einen ansatzweisen Versuch[126] unternehmen, die denkbaren Formen steuerlicher Vorteile unter Zugrundelegung der Merkmale von Besteuerungstatbestand und -verfahren zu identifizieren und einer gewissen Systematik zugänglich zu machen. Denn gerade eine solche Systematisierung der möglichen Anknüpfungspunkte steuerlicher Beihilfen erschiene geeignet, eine gewisse Transparenz herbeizuführen.

Das Merkmal „staatlich oder aus staatlichen Mitteln stammend" wirft die Frage auf, inwieweit solche steuerlichen Maßnahmen als Beihilfe anzusehen sind, die

[125] Leitlinien, Rn. 6.
[126] Leitlinien, Rn. 9.

sich zwar im Einzelfall, nicht aber insgesamt einnahmemindernd auswirken.[127] Denn insbesondere bei der Anlockung ausländischer unternehmerischer Aktivität kann durch Sonderregelungen das nationale Steueraufkommen unstreitig erhöht werden. Ob in einem solchen Fall die budgetäre Gesamtbetrachtung der fiskalischen Auswirkungen einer Maßnahme stets unberücksichtigt bleiben muss, ist zumindest diskussionsbedürftig.[128] Fraglich ist in diesem Zusammenhang auch, ob die Schlussfolgerung der Kommission, wonach Mitgliedstaaten ansonsten unsanktioniert Unternehmen aus anderen Mitgliedstaaten anlocken könnten, überhaupt eine beihilferechtlich legitime Erwägung darstellt.[129]

Leitlinien und Anwendungsbericht gehen wie selbstverständlich davon aus, dass im Rahmen der Beihilfeaufsicht – bei der Beurteilung des Vorliegens einer Wettbewerbsverfälschung – auch systemwettbewerbsrechtliche Aspekte Berücksichtigung finden können.[130] Dabei ist fraglich, wieweit die Kommission im Rahmen der Beihilfekontrolle Aspekte des steuerlichen Systemwettbewerbs berücksichtigen darf, d.h., ob dieser Wettbewerb auch dem Schutz des Beihilfeverbots unterliegt bzw. wodurch sich Zielsetzung, Anwendungsbereich und Kriterien von Beihilfeverbot und Verhaltenskodex unterscheiden.

Bei dem Tatbestandsmerkmal des Art. 87 Abs. 1 EG der Eignung zur Handelsbeeinträchtigung, welches in der Anwendungspraxis so gut wie nicht untersucht wird, bleiben nach den Vorgaben der Leitlinien insbesondere Aspekte der wettbewerblichen „Spürbarkeit" fraglich.

---

[127] Dies ist im Zusammenhang mit steuerlichen Maßnahmen allerdings ein bereits dem primärrechtlichen Beihilfetatbestand immanentes Problem.

[128] Anwendungsbericht, Rn. 18 ff.

[129] Anwendungsbericht, Rn. 20 (Kasten 3).

[130] Leitlinien, Rn. 30 (S. 2); Anwendungsbericht, Rn. 64 ff (Kasten 13).

Kapitel 3

Beihilfe gleich welcher Art – Bedeutung der steuerlichen Natur oder Zielsetzung einer Maßnahme für deren beihilferechtliche Beurteilung

A. Anwendungspraxis

Nach der gegenwärtigen – vom EuGH vorgegebenen[131] – Praxis der Kommission ist *„für die Anwendung der Gemeinschaftsvorschriften über staatliche Beihilfen [...] der steuerliche Charakter einer Maßnahme unerheblich.*“[132] Dies wird auf die Formulierung des Beihilfetatbestandes („Beihilfen gleich welcher Art“) sowie auf die funktional-wettbewerbsrechtliche Erwägung gestützt, dass das Beihilferecht Maßnahmen allein aufgrund ihrer Wirkungen bewertet.[133] Grundsätzlich unterschieden wird allein zwischen *allgemein* wirkenden Maßnahmen, also solchen, die dem beihilferechtlichen Zugriff aufgrund ihrer nicht-selektiven bzw. unspezifischen Anwendung entzogen sind, und solchen, die eine „Begünstigung bestimmter Unternehmen“ im Sinne des Beihilfetatbestands bewirken.[134] Die Motive oder Ziele der Mitgliedstaaten bei der Einführung oder Umgestaltung steuerlicher Maßnahmen werden von Kommission und EuG/EuGH nicht bereits bei der Frage der Anwendbarkeit des Beihilfeverbots, sondern allenfalls bei einer Rechtfertigungsprüfung entscheidend.[135]

Es ist heute so gut wie unstreitig, dass die Anwendung des Beihilferechts auf bestimmte steuerliche Maßnahmen durch die Artt. 87 ff EG ermöglicht wird.[136] Dafür, dass die Mitgliedstaaten diesen „steuerlichen“ Aspekt des Beihilfeverbots ursprünglich vorausgesehen haben, lassen sich den Artt. 87 ff EG allerdings keine Anhaltspunkte entnehmen. Die im EG-Vertrag allgemein zum Ausdruck kommende besondere Zurückhaltung der Mitgliedstaaten bezüglich einer Preisgabe von Kompetenzen im Bereich der direkten Steuern sowie die erst sehr spät erfolgte praktische Ausdehnung des Beihilfetatbestandes auf steuerliche Maßnahmen durch Kommission und EuGH lassen stattdessen darauf schließen, dass dem nicht so war. Inwieweit sich die fortbestehenden Steuerhoheiten der Mit-

---

[131] Vgl. bereits EuGH, Urteil vom 2. Juli 1974 in der Rs. C-173/73 („*Familienzulage*“), Slg. 1974, 709, Rn. 26 ff; EuGH, Urteil vom 24. Februar 1987 in der Rs. C-310/85 („*Deufil*“), Slg. 1987, 901, Rn. 8.

[132] Leitlinien, Rn. 8.

[133] Leitlinien, Rn. 7.

[134] Leitlinien, Rn. 13.

[135] S.a. *Jansen,* S. 49.

[136] S.a. *Jansen*, S. 34.

gliedstaaten den Vorschriften des Beihilferechts beugen müssen, ist dementsprechend nicht ausdrücklich geregelt.[137]

Fraglich ist, ob und inwieweit der Beihilfetatbestand unter Berücksichtigung der Zielsetzungen und der steuerlichen Kompetenzregeln des EG-Vertrages tatsächlich eine wettbewerbsrechtliche Untersuchung steuerlicher Maßnahmen völlig ungeachtet von deren steuerlicher Natur oder Zielsetzung gestattet. Diese Frage wird bereits durch den Beihilfetatbestand selbst aufgeworfen, der das Beihilfeverbot ausdrücklich nur gelten lassen will, „[s]oweit in diesem Vertrag nicht etwas anderes bestimmt ist“. Ob der EG-Vertrag in steuerlicher Hinsicht etwas anderes bestimmt, kann nur unter Heranziehung der steuerlichen Wertungen des Primärrechts sowie der Ziele der Gemeinschaft und ihrer Grundsätze für die Kompetenzverteilung beurteilt werden.[138]

Um dem primären Gemeinschaftsrecht Anhaltspunkte für die Bewertung und Auflösung des Konflikts zwischen dem gemeinschaftlichen Wettbewerbsrecht und den mitgliedstaatlichen Steuerkompetenzen zu entnehmen, bieten sich verschiedene Vorgehensweisen an. Eine davon wäre, ausgehend vom speziellen Bereich des Beihilfeverbots dessen „Standort“ im Hinblick auf die allgemeinen Zielsetzungen und steuerliche bzw. andere möglicherweise relevante Regelungen des EG-Vertrages zu bestimmen, um auf diese Weise Anhaltspunkte für eventuelle Einschränkungen des Beihilfeverbots in steuerlicher Hinsicht zu lokalisieren. Diese Vorgehensweise würde jedoch bedeuten, die untersuchten Regelungen von vorneherein in einem beihilferechtlichen Kontext zu betrachten. Um auch das Beihilfeverbot selbst ins Verhältnis zu den übrigen Vorschriften des Primärrechts setzen zu können, erscheint es sinnvoller, letztere nicht bereits von vorneherein durch die Brille des Beihilferechts, sondern zunächst von diesem losgelöst zu betrachten, und ihre Aussagen sodann auf den speziellen Bereich steuerlicher Beihilfen zu übertragen.

---

[137] *Jansen*, S. 34, spricht von einem *„nahezu unlösbare[n] Konflikt zwischen den Wettbewerbsvorschriften [...] und der steuerlichen Souveränität [der Mitgliedstaaten]“*.

[138] Diesen Ansatz verfolgt auch *Jansen*, S. 19 ff, der dabei allerdings nicht alle im steuerlichen Kontext relevanten Aspekte des EG-Vertrags beleuchtet. *Koschyk* dagegen nimmt keine entsprechende Betrachtung vor.

B. Das Verhältnis von gemeinschaftlichem Wettbewerbs- und nationalem Steuerrecht - Primärrechtliche Grundlagen

I. Allgemeines (nicht steuerspezifisches) Primärrecht

1. Ziele , Mittel und Politiken des EG-Vertrages

Als zentrale Aussage für alle – und damit auch für wettbewerbs- und steuerrechtliche – Aspekte des Gemeinschaftsrechts ist Artikel 2 EG anzusehen. Diese Vorschrift beinhaltet sozusagen die Quintessenz derjenigen Säule der Europäischen Union, welche die Europäische (Wirtschafts-)Gemeinschaft bildet, und besagt zusammengefasst, dass es die Aufgabe der Gemeinschaft ist, eine allgemeine Wohlfahrtsoptimierung zu erreichen.[139] Die dort genannten wirtschaftlichen, finanzpolitischen, gesellschaftlichen, sozial- und umweltpolitischen Vorgaben sind die Ziele der Gemeinschaft, an denen nicht nur die Kompetenzen der Gemeinschaftsorgane zu messen sind, sondern die stets Legitimation und Perspektive ihres Handelns sein müssen. Diesen Zielen sind nach Art. 2 EG verschiedene Mittel – die Errichtung eines Gemeinsamen Marktes sowie einer Wirtschafts- und Währungsunion – und Politiken (vgl. Art. 3 und 4 EG) dienlich zu machen. Diese Mittel sind somit ebenfalls kein Selbstzweck.[140]

Steuerrechtliche Aspekte finden in diesen für die Aufgaben und das Selbstverständnis der Gemeinschaft tragenden Vorschriften keine Erwähnung. Auch die Wettbewerbspolitik wird – im Gegensatz zur Wettbewerbs*fähigkeit* der Gemeinschaft – nicht explizit genannt. Daraus kann gefolgert werden, dass im Zweifel beide Politikbereiche – aus gemeinschaftsrechtlicher Sicht – dem in Art. 2 EG normierten Ziel der Wohlfahrtsoptimierung dienlich zu machen wären. Für das Verhältnis der gemeinschaftlichen Wettbewerbspolitik zu den nationalen Steuerhoheiten ist damit jedoch keine Erkenntnis gewonnen.

a) Der Gemeinsame Markt

Ein Mittel zur Erreichung der Gemeinschaftsziele ist nach Art. 2 EG die Schaffung und Aufrechterhaltung eines Gemeinsamen Marktes. Dieses (Zwischen-) Ziel beruht auf den grundlegenden ökonomischen Erwägungen, dass einheitliche volkswirtschaftliche Rahmenbedingungen zu einer größtmöglichen Wirksamkeit der (effizienzsteigernden) Marktmechanismen führen und dass die betriebswirtschaftlichen Einspareffekte mit steigender Produktion bzw. Marktgröße zunehmen.[141] Der EG-Vertrag verfolgt insoweit ganz klar eine bestimmte wirtschafts-

---

[139] *Jansen*, S. 19, spricht vom europäischen Gemeinwohl.
[140] *Schön*, in *Pelka*, S. 191 ff [S. 192].
[141] Siehe hierzu *Kellersmann/Treisch*, S. 68.

politische Zielsetzung.[142] Die Schaffung des Gemeinsamen Marktes ist Voraussetzung für das Erreichen der in Art. 2 EG genannten Ziele und kann noch nicht als vollständig erreicht angesehen werden.[143]

Der EG-Vertrag enthält keine Definition des Begriffs des Gemeinsamen Marktes und verwendet diesen und den des Binnenmarktes nebeneinander, wobei streitig ist, ob begriffliche Identität besteht.[144] Im Folgenden wird davon ausgegangen, dass der Gemeinsame Markt nach der Systematik des EG-Vertrages als umfassender zu verstehen ist.[145] Denn wie sich aus Art. 2 EG ergibt, steht die Errichtung des Gemeinsamen Marktes neben der Wirtschafts- und Währungsunion und neben den in Art. 3 und 4 EG genannten, *flankierenden* Politiken; der Binnenmarkt wird bei letzteren definiert, was nahe legt, dass er nicht so umfassend ist wie der Gemeinsame Markt, sondern dass er nur den in Art. 3 Abs. 1 lit. c EG definierten Teilbereich beinhaltet.[146] Während der Binnenmarkt danach „lediglich" durch die Beseitigung der Hindernisse für den freien Waren-, Personen-, Dienstleistungs- und Kapitalverkehr gekennzeichnet ist, umfasst der Gemeinsame Markt auch z.B. den in Art. 3 Abs. 1 lit. g EG angeordneten Wettbewerbsschutz (für den Binnenmarkt) sowie die in Art. 3 Abs. 1 lit. h EG vorgesehene Angleichung der Rechtsvorschriften.[147]

Art. 3 Abs. 1 lit. g EG kann die ausdrückliche Legitimation der Wettbewerbspolitik als primärrechtlich verankertem Instrument zum Schutze des Gemeinsamen bzw. des Binnenmarktes entnommen werden. Die Wettbewerbspolitik steht somit im Dienste der Grundfreiheiten. Steuerpolitische Vorgaben für den Gemeinsamen Markt enthält der EG-Vertrag dagegen nicht; die Steuerpolitik oder die steuerlichen Politiken der Mitgliedstaaten stehen somit *nicht* kraft primärrechtlicher Anordnung im Dienste des Gemeinsamen Marktes oder der Grundfreiheiten.

---

[142] So bereits *Mestmäcker*, S. 11 ff [S. 16 ff]; vgl. *Kellersmann/Treisch*, S. 67 ff; *Schön*, in *Pelka*, S. 191 ff [S. 191 f]: *„Die Verfassung Europas [...] ist wirtschaftspolitisch nicht neutral ausgestaltet, sondern von ökonomischen Zielsetzungen bestimmt. [...] Ziel und Aufgabe des Gemeinschaftsrechts bildet die Integration der nationalen Volkswirtschaften durch den Binnenmarkt und die Wirtschafts- und Währungsunion."*

[143] Siehe hierzu auch *Lehner*, in *Pelka*, S. 277.

[144] Dabei wird teilweise vertreten, dass der Begriff des Binnenmarktes enger oder weiter sei als der des Gemeinsamen Marktes. Vgl. hierzu *Hatje*, in *Schwarze*, Rn. 3 ff zu Art. 14 EG; s.a. *Zorn*, in *Pelka*, S. 230 f. Zum Versuch einer Definition des Binnenmarktes s. *Herzig*, in *Lehner*, Steuerrecht im Europäischen Binnenmarkt, 135 ff.

[145] Vgl. *Hatje*, in *Schwarze*, Rn. 6 zu Art. 14 EG, m.w.N.

[146] Auch die kompetenzrechtliche Generalklausel des EG-Vertrages, Art. 308 EG, bezieht sich ausdrücklich nicht auf den Binnenmarkt, sondern auf den Gemeinsamen Markt, was dessen umfassendere Bedeutung indiziert.

[147] *Schön*, in *Pelka*, S. 191 ff [S. 195], benennt die „Normenkomplexe" von Grundfreiheiten, Wettbewerbsrecht und Angleichungskompetenzen als maßgebliche rechtliche Rahmenbedingungen für den Wettbewerb der Steuersysteme in der Europäischen Union.

aa) Binnenmarkt und Grundfreiheiten

Artikel 14 EG präzisiert die Binnenmarktpolitik des Art. 3 Abs. 1 lit. c EG und gibt ein Verständnis vom Begriff des Binnenmarktes, als einem „*Raum ohne Binnengrenzen, in dem der freie Verkehr von Waren, Personen, Dienstleistungen und Kapital [...] gewährleistet ist.*“ Aus dieser Definition ergeben sich logisch die Grundfreiheiten des Vertrages[148], welche die angestrebte freie Mobilität der genannten Wirtschaftsgüter (Waren und Dienstleistungen) und Wirtschaftsfaktoren (Personen und Kapital) innerhalb der Gemeinschaft gewährleisten sollen. Diese Freiheiten werden in gleichheitsrechtlicher Hinsicht flankiert vom allgemeinen Diskriminierungsverbot des Art. 12 EG[149] und dessen spezialtatbestandlichen Ausgestaltungen, die einen für die Verwirklichung des Binnenmarktes besonders schwerwiegenden Verstoß, nämlich die diskriminierende oder beschränkende Behandlung vergleichbarer Sachverhalte aus Gründen der Staatsangehörigkeit, ausdrücklich für unzulässig erklären.[150]

Die Grundfreiheiten begründen und gewährleisten die innergemeinschaftliche Mobilität der Wirtschaftsfaktoren (Personen und Kapital) und Wirtschaftsgüter (Waren und Dienstleistungen); diese Garantien von der Qualität subjektiver, einklagbarer Rechte stellen das Wesen des Binnenmarktes und das Herz des Gemeinsamen Marktes dar. Mit einer einzigen Ausnahme enthalten sie keine expliziten Aussagen über ihr Verhältnis zu den steuerlichen Vorschriften der Mitgliedstaaten. Nur in Bezug auf die Kapitalverkehrsfreiheit erlaubt Art. 58 Abs. 1 lit. b EG den Mitgliedstaaten, solche „*unerlässlichen Maßnahmen zu treffen*“, die zur Verhinderung von „*Zuwiderhandlungen gegen innerstaatliche Rechts- und Verwaltungsvorschriften, insbesondere auf dem Gebiet des Steuerrechts*“ unerlässlich sind.[151] Diese Regelung enthält Ansätze eines primärrecht-

---

[148] Siehe Artt. 23 ff EG (Warenverkehrsfreiheit), Artt. 39 ff EG (Freizügigkeit/Niederlassungsfreiheit), Artt. 49 ff (Dienstleistungsfreiheit) und Artt. 56 ff (Kapitalverkehrsfreiheit/Freiheit des Zahlungsverkehrs).

[149] *Lehner*, in *Pelka*, S. 263 ff [S. 265 f].

[150] Erfasst werden nach der Rechtsprechung des EuGH auch solche Regelungen, die nicht an die Staatsangehörigkeit anknüpfen, aber im wesentlichen eine Schlechterstellung von Staatsangehörigen anderer Mitgliedstaaten bewirken. Siehe z.B. EuGH, Urteil vom 14. Februar 1995 in der Rs. C-279/93, Slg. 1995, I-225, Rn. 31 bis 34.

[151] EuGH, Urteil vom 23. Februar 1995 in den verbundenen Rs. C-358 und 416/93 („*Bordessa*“), Slg. 1995, I-361, EuGH, Urteil vom 14. Dezember 1995 in den verbundenen Rs. C-163, 165 und 250/94 („*Sanz de Lera*“), Slg. 1995, I-4821. Während lit. b sich an zwingenden Allgemeinwohlinteressen (darunter ausdrücklich die Gewährleistung der öffentlichen Sicherheit und Ordnung) orientiert, und insofern eine nachvollziehbare Rechtfertigung darstellt, enthält Art. 58 Abs. 1 lit. a EG keinerlei Rechtfertigungsgründe, sondern läuft auf die bloße Sicherung eines steuerlichen *status quo* hinaus, die allerdings auf einen Stichtag begrenzt und somit als „Stillstandsvereinbarung“ anzusehen ist. Durch die 7. Erklärung betreffend Art. 73 d EGV (nunmehr Art. 58 EG), Schlussakte zum Vertrag über die Europäische Union, wurde dieser *status quo* allerdings auf solche steuerrechtlichen Vorschriften beschränkt, die bereits vor Ende des Jahres 1993 bestanden. S. hierzu *Voß*, in *Dauses*, Rn. 49 zu Abschnitt J; *Ress/Ukrow*, in *Grabitz/Hilf*, Rn. 11 zu Art. 58 EG. *Ress/Ukrow*, ebendort, Rn. 10, sprechen

lich kodifizierten Rechtfertigungsmaßstabs für die Einschränkung der in Art. 56 EG geregelten Freiheit des Kapitalverkehrs: sie gibt auf diese Weise einen Anhaltspunkt für das Spannungsverhältnis zur nationalen Steuerhoheit und erkennt die Möglichkeit einer Abwägung implizit an.[152] Sie besagt zwar, dass sich die steuerlichen Interessen der Mitgliedstaaten in letzter Konsequenz der Kapitalverkehrsfreiheit unterordnen müssen (nämlich *jedenfalls* dann, wenn bzw. soweit sie zur Erreichung des angestrebten Ziels nicht unerlässlich sind); ihr muss jedoch auch entnommen werden, dass ein Vorrang steuerlicher Interessen gegenüber der Kapitalverkehrsfreiheit grundsätzlich möglich ist. Dabei ist die Vorschrift insbesondere für den Bereich der direkten Steuern von Bedeutung: denn eine Besteuerung von Kapital (Einkommen und Vermögen) findet wesentlich dort statt.

Die Übertragbarkeit dieser Regelung auf andere Grundfreiheiten wird nicht einheitlich beurteilt.[153] Eine solche unterstellt, ließe sich die Aussage des Art. 58 Abs. 1 lit. b EG unter Berücksichtigung der Werteordnung des EG-Vertrages aber möglicherweise auch auf den Konflikt nationaler Besteuerungsinteressen zu Regelungen des Wettbewerbsrechts übertragen: Denn die Wettbewerbspolitik – und somit auch die Artt. 87 ff EG – steht letztlich im Dienste der Gewährleistung der Grundfreiheiten.[154] Wenn Art. 58 Abs. 1 lit. b EG zugunsten der mitgliedstaatlichen Steuerhoheit einen Vorbehalt gegenüber einer Grundfreiheit zum Ausdruck bringt, so müsste dieser Gedanke unter Berücksichtigung der Zielsetzungen des EG-Vertrages in den Art. 2 ff EG auch gegenüber dem grundfreiheiten-ancillarischen Bereich der Wettbewerbspolitik gelten.[155]

Auf der anderen Seit muss Art. 58 Abs. 1 lit. b EG ungeachtet der Frage nach dessen (entsprechender) Anwendbarkeit auf andere Grundfreiheiten wohl Fol-

---

im Vergleich zur sog. Kapitalverkehrs-Richtlinie (1988) von der „*primärgemeinschaftsrechtliche[n] Rücknahme eines bereits erreichten Liberalisierungsniveaus*“. So auch *Kiemel* in *von der Groeben/Schwarze*, Rn. 9 zu Art. 58 EG.

[152] *Kiemel*, in *von der Groeben/Schwarze*: „*Diese Ausnahme, die den Schutz der Rechtsordnung der Mitgliedstaaten bezweckt, besteht bei den anderen Grundfreiheiten nicht*“ (Rn. 9 zu Art. 58 EG).

[153] Für eine Übertragbarkeit dieser Wertung auf andere Grundfreiheiten *Cordewener*, S. 471 ff [S. 479]. Dagegen wohl *Voß*, in *Dauses*, Rn. 48 zu Buchstabe J.

[154] Vergleiche Art. 44 Abs. 2 lit. h EG: „*Der Rat und die Kommission erfüllen die Aufgaben, die ihnen aufgrund der obigen Bestimmungen übertragen sind, indem sie insbesondere [...] sicherstellen, dass die Bedingungen für die Niederlassung nicht durch Beihilfen der Mitgliedstaaten verfälscht werden.*“

[155] Es lässt sich allerdings auch andersherum argumentieren, dass ein solcher Vorbehalt, wie ihn Art. 58 EG als *lex specialis* für die Kapitalverkehrsfreiheit formuliert, offensichtlich eine Ausnahme sein sollte, da er ansonsten in allgemeingültiger Weise im Vertrag verankert worden wäre. Genauso kann angeführt werden, dass durch Art. 58 EG zum Ausdruck kommt, in welch engen Grenzen die steuerlichen Interessen der Mitgliedstaaten gegenüber den Wertungen des Gemeinschaftsrechts dominieren können. Letzteres würde aber die steuerlichen Wertungen des EG-Vertrags insgesamt nicht ausreichend berücksichtigen.

gendes entnommen werden: Wären die Mitgliedstaaten der Gemeinschaft davon ausgegangen, dass die Verfolgung steuerlicher Interessen grundsätzlich Vorrang gegenüber den Grundfreiheiten hätte, bedürfte es der Aussage des Art. 58 Abs. 1 lit. b EG nicht; im Gegenteil: denn die Ausübung der steuerlichen Kompetenzen wird insoweit unter das Verhältnismäßigkeitsgebot gestellt, fordert also jedenfalls eine sachliche Rechtfertigung für Eingriffe in die Kapitalverkehrsfreiheit. Unabhängig von der Streitfrage, ob der Maßstab des Art. 58 Abs. 1 lit. b EG auf andere Grundfreiheiten übertragen werden kann, muss somit aus der Existenz der Vorschrift gefolgert werden, dass sich auch die Regelungen des nationalen Steuerrechts jedenfalls nicht ohne eine gewisse sachliche Legitimation über die Garantien der Grundfreiheiten hinwegsetzen können. Wenn das nationale Steuerrecht nach den allgemeinen Aussagen des EG-Vertrags zu den Zielen und Politiken der Gemeinschaft auch nicht im Dienste der Grundfreiheiten steht, so hat es diese offensichtlich zu beachten.

bb) Wettbewerbsordnung

Für die Errichtung und Erhaltung des Gemeinsamen Marktes ist neben dessen Definition bzw. inhaltlicher Ausgestaltung (durch die Gewährleistung freiheits- und gleichheitsrechtlicher individueller Grundgarantien) auch eine gewisse Lenkung der stattfindenden wirtschaftlichen Prozesse durch die Schaffung einer Wettbewerbsordnung erforderlich.[156] Art. 3 Abs. 1 lit. g EG bestimmt daher als eine der Politiken der Gemeinschaft die Errichtung eines Systems, das den Wettbewerb innerhalb des Binnenmarktes vor Verfälschungen schützt; dem kann entnommen werden, dass ein unverfälschter Wettbewerb als positiv im Sinne der Ziele der Gemeinschaft anzusehen ist.[157]

Während die Grundfreiheiten sozusagen die positive Betätigungsgarantie für die Wirtschaftsteilnehmer im Verhältnis zur Öffentlichen Hand bilden, schafft die Wettbewerbsordnung für diese Betätigung bestimmte ordnungspolitische Grenzen. Grundfreiheiten und Wettbewerbsordnung bilden so den zentralen Teil nicht nur des EG-Vertrages, sondern des gesamten wirtschaftlichen Integrationsprozesses der Gemeinschaft. Den als solchen überschriebenen „Wettbewerbsvorschriften“ des EG-Vertrags liegt bezüglich ihrer Normadressaten eine dogmatische Zweiteilung zugrunde: Die Artt. 81 und 82 ff EG begründen Verbote gegenüber den Marktteilnehmern, den Unternehmen; die Artt. 86 und 87 ff EG richten sich dagegen an die nationalen Märkte bzw. an die Mitgliedstaaten (und ihre Untergliederungen). Nur bei den letztgenannten Vorschriften kann es somit zu einem Konflikt mit potentiell kollidierenden Besteuerungsrechten der Mitgliedstaaten kommen, bei den Artt. 81 ff EG ist dies dogmatisch nicht möglich.

---

[156] Vgl. *Zorn, in Pelka*, S. 235.

[157] Der EuGH sieht in dieser Vorschrift dementsprechend eine Bestandsgarantie für den Wettbewerb als Institution, vgl. Urteil vom 21. Februar 1973 in der Rs. C-6/72, Slg. 1973, 215, Rn. 24.

cc) Angleichung der Rechtsvorschriften

Neben den Grundfreiheiten (als rechtlichen Garantien) und der Wettbewerbsordnung (als „Spielregeln") ist die Angleichung der Rechtsvorschriften (als integratives Instrument) von zentraler Bedeutung für die Verwirklichung des Gemeinsamen Marktes und kann naturgemäß den Fortbestand bestimmter Regelungen in den Rechtsordnungen der Mitgliedstaaten berühren. Art. 3 Abs. 1 lit. h EG bestimmt die Angleichung der Rechtsvorschriften als eine der Politiken der Gemeinschaft, stellt aber klar, dass diese nur soweit reicht, als *„dies für das Funktionieren des Gemeinsamen Marktes erforderlich ist"*. Aus dieser Formulierung ergibt sich, dass die Angleichung niemals Selbstzweck sein kann, sondern stets Instrument im Dienste des Gemeinsamen Marktes bleiben muss.[158] Für die Rechtsangleichung oder Harmonisierung im Bereich der direkten Steuern existieren drei anwendbare Vorschriften: Art. 94, Art. 96 und Art. 308 EG.[159] Diese haben jedoch sämtlich keinen ausdrücklichen steuerlichen Bezug.

- **Art. 94 EG**

Die allgemeine Angleichungsbefugnis des Art. 94 EG umfasst, obgleich nicht ausdrücklich, auch die direkten Steuern.[160] In formeller Hinsicht stellt Art. 94 EG die gleichen Anforderungen an den sekundärrechtlichen Angleichungsprozess wie die Vorschrift des auf indirekte Steuern beschränkten Art. 93 EG.[161] Inhaltlich ist Art. 94 EG jedoch weniger weitgehend, da er nur eine Richtlinienkompetenz begründet, während Art. 93 EG diesbezüglich alle Maßnahmen aus dem Katalog des Art. 249 EG (auch Verordnungen) erfasst.[162] Auch wird teilweise vermutet, dass der Begriff der in Art. 94 EG verwendete Begriff der Angleichung inhaltlich hinter dem in Art. 93 EG verwendeten der Harmonisierung zurücksteht.[163]

---

[158] *Zorn*, in *Pelka*, S. 233.

[159] Ungenau *Jansen*, S. 28, der nur Art. 94 EG nennt.

[160] *Zorn*, in *Pelka*, S. 232, m.w.N.

[161] Diese Anforderungen sind: alleiniges Initiativrecht der Kommission, Anhörung des Europäischen Parlaments und des Wirtschafts- und Sozialausschusses, sowie einstimmige Ratsentscheidung. Art. 95 Abs. 2 EG stellt ausdrücklich klar, dass von diesen Voraussetzungen im steuerlichen Bereich nicht durch das in Art. 251 EG geregelte Beschlussverfahren (Entscheidung mit qualifizierter Ratsmehrheit) abgewichen werden kann.

[162] Dass Art. 94 EG im Vergleich zu Art. 93 EG nur hinsichtlich derjenigen Vorschriften zu einer Angleichung ermächtigt, die sich *unmittelbar* auf die Errichtung oder das Funktionieren des Gemeinsamen Marktes auswirken (siehe auch *Zorn*, in *Pelka*, S. 233), bewirkt dagegen keine verstärkten inhaltlichen Anforderungen. Gegen eine faktische Bedeutung des Unmittelbarkeitskriteriums *Wisser*, Überlegungen zu einem gemeinsamen Körperschaftsteuersystem für die Mitgliedstaaten der Europäischen Gemeinschaft, S. 21. Überzeugend auch *Mick*, in *Birk* (Hrsg.), Handbuch des europäischen Steuer- und Abgabenrechts, S. 658 (Rn. 40), der die einschränkenden Tatbestandsmerkmale der Art. 93 („Notwendigkeit") und 94 EG („Unmittelbarkeit") übereinstimmend als in der Sache übereinstimmenden Ausdruck des Subsidiaritätsprinzips identifiziert.

[163] In diesem Sinne auch *Wisser*, Überlegungen zu einem gemeinsamen Körperschaftsteuersystem für die Mitgliedstaaten der Europäischen Gemeinschaft, S. 20, der auf die uneinheitli-

Wie Art. 93 EG bezweckt Art. 94 EG die Beseitigung (steuerlicher) Hemmnisse bei Errichtung und Funktionieren des Gemeinsamen Marktes[164], Prärogative ist hier wie dort die Gewährleistung der Grundfreiheiten. Die Gemeinschaft hat von der Ermächtigung des Art. 94 EG bisher nur in wenigen Punkten durch Erlass verschiedener Richtlinien Gebrauch gemacht.[165]

- **Artt. 96 ff EG**

Auch die Artt. 96 und 97 EG haben keinen ausdrücklichen steuerlichen Bezug. Sie begründen aber eine generelle Richtlinienkompetenz der Gemeinschaft (und die Möglichkeit für zweckdienliche Maßnahmen) für den Fall, dass Unterschiede in den Rechts- und Verwaltungsvorschriften der Mitgliedstaaten die Wettbewerbsbedingungen auf dem Gemeinsamen Markt verfälschen und dadurch eine Verzerrung hervorrufen. Auch auf die Artt. 96 f EG können daher Maßnahmen zur Harmonisierung im Bereich der direkten Steuern gestützt werden[166], dies ist aber bisher nicht geschehen. Obwohl die Artt. 96 f EG sich nur implizit auf den Bereich der Steuern erstrecken, haben sie insofern eine exemplarische Bedeutung, als sie ein allgemeines Instrument für die Fälle darstellen, in denen steuerliche Regelungen der Mitgliedstaaten mit dem gemeinschaftsrechtlichen Wettbewerbsschutz kollidieren. Gemäß Art. 97 EG ist für den Erlass von Richtlinien nach Art. 96 EG nur eine qualifizierte Ratsmehrheit erforderlich.[167]

---

che Terminologie in den ursprünglich verbindlichen Sprachfassungen des Vertrages hinweist. Für eine solche Vermutung könnte sprechen, dass Art. 94 EG nur das Instrument der Richtlinie vorsieht, die (wegen ihrer nur bedingten unmittelbaren Wirkung und den mitgliedstaatlichen Spielräumen bei der innerstaatlichen Umsetzung) zwar eine angleichende, aber keine vollständig vereinheitlichende Maßnahme ist. Dagegen gilt die Verordnung in allen ihren Regelungen und in allen Mitgliedstaaten unmittelbar und harmonisiert durch Vereinheitlichung. In diesem Sinne möglicherweise auch *Voß*, in *Dauses*, Rn. 78 zu Abschnitt J. Anderer Ansicht: *Kellersmann/Treisch*, S. 77; *Zorn*, in *Pelka*, S. 227 ff [S. 228, m.w.N.].

[164] Siehe *Mick*, in *Birk* (Hrsg.), Handbuch des europäischen Steuer- und Abgabenrechts, S. 656 ff, für eine „textanalytische Gegenüberstellung".

[165] Siehe *Kellersmann/Treisch*, S. 84 f, zum Umfang der Ermächtigung des Art. 94 EG in Bezug auf künftige (und teilweise mittlerweile verwirklichte) Harmonisierungsvorhaben. Siehe zu diesem Thema: *Fantozzi*, Besteuerung von Gesellschaften – die Entwicklung der Harmonisierung der direkten Steuern innerhalb der EG, in *Beisse* u.a., Festschrift für Beusch, 167 ff; *Krebs*, Harmonisierung der direkten Steuern für Unternehmen in der EG, BB 1990, 1945; *Mattausch*, Europa steuerpolitisch am Scheideweg?, in *Beisse* u.a., a.a.O., S. 557 ff; *Saptisek*, Ökonomische und juristische Analyse der Steuerharmonisierung in der Europäischen Union: Umsatzsteuer, spezielle Verbrauchsteuern, direkte Unternehmenssteuern, 1997; *Stobbe*, DStZ 1993, 716;

[166] *Zorn*, in *Pelka*, S. 241, m.w.N.

[167] *Zorn*, in *Pelka*, S. 241, sieht einen Anwendungsbereich der Vorschrift vor allem beim schädlichen Steuerwettbewerb, weist aber auf die Gegenmeinung hin, nach der bei „*allgemeinen Regelungen auf dem Gebiet der direkten Steuern eine solche Wettbewerbsverzerrung idR. nicht gegeben sei.*"

- **Art. 308 EG**

In Art. 308 EG enthält der EG-Vertrag eine Art kompetenzrechtliche Generalklausel, die zum (einstimmigen) Erlass von Rechtsvorschriften in solchen Fällen ermächtigt, in denen ein Tätigwerden der Gemeinschaft zur Verwirklichung ihrer Ziele erforderlich erscheint, der Vertrag jedoch die hierfür erforderlichen Befugnisse nicht vorsieht.[168] Wegen des ergänzenden Charakters ist die Vorschrift auch bezüglich der direkten Steuern nicht ohne Bedeutung, da sie die Gemeinschaft zum Erlass der „geeigneten Vorschriften", d.h. auch zum Erlass einer Verordnung ermächtigt. Bisher ist eine solche Verordnung mit steuerlichem Inhalt jedoch nicht erlassen worden. Auch die auf Art. 308 EG gestützten Verordnungen über die Europäische Wirtschaftliche Interessenvereinigung (EWIV)[169] und die Europäische Gesellschaft (Societas Europaea, SE)[170] enthalten keine Bestimmungen von steuerlicher Bedeutung.[171]

b) Die Wirtschafts- und Währungsunion

Neben der Gewährleistung des Gemeinsamen Marktes ist auch die Schaffung einer Wirtschaftsunion gemäß Art. 2 EG ein Mittel zur Erreichung der Vertragsziele. Die Verpflichtung der Mitgliedstaaten auf ein Mindestmaß an Koordination bezüglich der wirtschaftspolitischen Betätigung begründet Art. 4 Abs. 1 EG. Aus dessen Formulierung geht aber auch hervor, dass die Mitgliedstaaten für das wirtschaftspolitische Handeln verantwortlich bleiben.[172] Daran ändert auch die begriffliche Zusammenfassung der verschiedenen nationalen Politiken zu einer singulären „Politik" nichts. Art. 99 EG besagt explizit, dass die Wirtschaftspolitik eine *„Angelegenheit von gemeinsamem Interesse"* ist und regelt u.a. die Einbeziehung von Gemeinschaftsorganen (Kommission und Rat) in den gebotenen Koordinierungsprozess. Für die Steuerpolitik oder die gemeinschaftliche Fiskal-

---

[168] *Schreiber*, in *Schwarze*, Rn. 1 zu Art. 308 EG.

[169] VO (EWG) Nr. 2137/85 des Rates vom 25. Juli 1985 über die Schaffung einer Europäischen Wirtschaftlichen Interessenvereinigung (ABl. L 199 vom 31. Juli 1985, 1).

[170] VO (EG) Nr. 2157/2001 des Rates vom 8. Oktober 2001 über das Statut der Europäischen Gesellschaft (ABl. L 294 vom 10. November 2001, 1).

[171] Bezüglich der SE stellt Rn. 20 der Erwägungsgründe ausdrücklich klar, dass der Rechtsbereich des Steuerrechts von der Verordnung nicht erfasst wird. Dementsprechend enthält die Verordnung auch keine eigenständigen Besteuerungsregelungen, d.h. die SE unterliegt wie eine nationale Aktiengesellschaft dem Steuerrecht ihres Sitzstaates (vgl. Art. 9 Abs. 1 lit. c, Unterpunkt ii der SE-VO; s.a. *Jacobs*, S. 187). Binnenmarktkommissar *Bolkestein* hat in seiner Rede an der Universität Leiden am 29. November 2002 (SPEECH/02/598) allerdings bereits eine Überarbeitung der SE-VO in steuerlicher Hinsicht angekündigt. Bezüglich der EWIV ergibt sich aus Art. 40 der EWIV-VO, dass ihr Ergebnis steuerlich nur auf der Ebene der Mitglieder erfasst wird, was zwar eine steuerliche Regelung, aber ohne sonderliche Bedeutung ist (vgl. auch hier *Jacobs*, S. 182; von größerer steuerlicher Bedeutung gehen offenbar *Kellersmann/Treisch*, S. 89, und *Zorn,* in *Pelka*, S. 247, aus).

[172] Dies ergibt sich außerdem aus Art. 98 EG, der nicht von einer Wirtschaftspolitik der Gemeinschaft, sondern von einer Ausrichtung der Wirtschaftspolitik der Mitgliedstaaten auf die Ziele der Gemeinschaft spricht. Siehe hierzu *Schwarze*, Rn. 4 zu Art. 98 EG; *Bandilla* in *Grabitz/Hilf*, Rn. 2 zu Art. 98 EG.

politik enthält der Vertrag eine solche Aussage nicht; dennoch findet auch für den Bereich der Steuern durch den Rat der Wirtschafts- und Finanzminister (ECOFIN) eine Koordinierung statt.[173]

Die Währungspolitik ist nach der Terminologie des EG eigenständig und kein Bestandteil der Wirtschaftspolitik.[174]

2. Zwischenergebnis

Bezüglich der Ziele und Politiken der Gemeinschaft enthält der EG-Vertrag keinerlei Aussagen mit steuerlichem Kontext. Dies gilt auch für die grundlegenden Vorschriften zum Gemeinsamen Markt, d.h. zum Binnenmarkt, den Wettbewerbsvorschriften und der Rechtsangleichung, sowie zur Wirtschafts- und Währungsunion. Lediglich bei der Kapitalverkehrsfreiheit finden die steuerlichen Kompetenzen der Mitgliedstaaten im Rahmen eines Vorbehalts zu ihren Gunsten Erwähnung. Die ausdrückliche, punktuelle Erwähnung der Steuern in Art. 58 Abs. 1 lit. g EG legt nahe, dass der Bereich der Steuern nicht schlicht vergessen worden ist. Aus ihrer mangelnden Erwähnung im übrigen folgt aber, dass die steuerlichen Kompetenzen der Mitgliedstaaten nicht in den Dienst der Gemeinschaftsziele gestellt sind.

II. Steuerliches Primärrecht

1. Artt. 90 ff EG (verdeckte Zölle oder Exportvergünstigungen)

Die Artt. 90 ff EG bilden den einzigen Teil des EG-Vertrages, in dem „Steuerliche Vorschriften" als solche in einem eigenen Kapitel zusammengefasst sind.[175] Die Kapitelüberschrift ist jedoch insoweit etwas missverständlich, als die Artt. 90 ff EG keine unmittelbare Bedeutung für den Bereich der direkten Steuern haben, sondern lediglich für die indirekten Steuern im zwischenstaatlichen Handel die neutrale (nicht diskriminierende) Steuerbelastung im Einfuhrstaat bzw. die neutrale (nicht subventionierende) Steuerentlastung im Ausfuhrstaat vorschreiben. Die Artt. 90 ff EG sind deshalb ein Beispiel dafür, dass das Primärrecht aufgrund einer wettbewerbspolitischen Zielsetzung im Dienste der Grundfreiheiten Einschränkungen der steuerlichen Kompetenzen der Mitgliedstaaten begründet. Mittelbar können sie daher auch für das Verhältnis des Wettbewerbsrechts zu den Hoheiten der Mitgliedstaaten im Bereich der direkten Steuern Rückschlüsse zulassen.

---

[173] S. hierzu *Chown*, Intertax 2000, 102.

[174] Eindeutig: Der Wortlaut des Artikels 2 EG sowie die Überschriften von Titel VII. EG (s. *Schwarze*, Rn. 5 zu Art. 98 EG).

[175] Ungenau *Jansen*, S. 28, der *„die wenigen Aussagen, die der EGV hinsichtlich mitgliedstaatlicher Steuervorschriften trifft"*, auf die Artt. 90 ff EG reduziert.

a) Art. 90 EG

Art. 90 EG sichert die Freiheit des Warenverkehrs durch Ergänzung des in Art. 25 EG geregelten Verbotes von *Zöllen* und Abgaben gleicher Wirkung[176] zwischen den Mitgliedstaaten, indem er auch höhere *inländische* Abgaben[177] auf Waren aus anderen Mitgliedstaaten verbietet.[178] Da sich die Vorschrift nur auf die Abgabenbelastung von Waren bezieht, kann sie in steuerlicher Hinsicht nur die konsumtiven, sprich indirekten Steuern erfassen.[179] Inhaltlich stellt Art. 90 EG eine konkretisierende Ausgestaltung des auf die Warenverkehrsfreiheit bezogenen Diskriminierungsverbotes dar.[180] Absatz 1 der Vorschrift statuiert ein Diskriminierungsverbot für gleichartige Waren, während Absatz 2 weitergehend auch solche Abgaben auf Waren für unzulässig erklärt, die *„geeignet sind, andere Produktionen mittelbar zu schützen"*.[181]

Eine differenzierende Besteuerung gleichartiger Waren ist im Rahmen des Art. 90 Abs. 1 EG nach der Rechtsprechung des EuGH unter der Voraussetzung möglich, dass sie nicht diskriminierend ist[182], nach objektiven Kriterien unterscheidet und in ihrer (wirtschafts-)politischen Zielsetzung mit den Prinzipien des Gemeinschaftsrechts vereinbar ist.[183] Die Verbote des Art. 90 EG wirken unmittelbar und sie haben einschränkende Wirkung auf die Steuerhoheit der Mitgliedstaaten. Sie sollen eine Abschottung der nationalen Warenproduktion verhindern. Ein Gegenstück für den Bereich der direkten Steuern – z.B. eine Regelung gegen schädliche Maßnahmen der Mitgliedstaaten zur Anlockung ausländischer Wirtschaftsfaktoren (Personen und Kapital) – findet sich im EG-Vertrag nicht.[184]

---

[176] Gemeint sind solche Abgaben, die nur aufgrund der Einfuhr erhoben werden.

[177] Gemeint sind Abgaben, die nicht an den Tatbestand der Einfuhr anknüpfen, sondern auch inländische Waren erfassen.

[178] Dabei ist zu beachten, dass Art. 25 EG ein absolutes Verbot enthält, während Art. 90 EG nur diskriminierende Maßnahmen erfasst.

[179] *Cordewener*, S. 7; *Stumpf*, in *Schwarze*, Rn. 8 zu Art. 90 EG.

[180] Vgl. insoweit Art. III Abs. 2 GATT (1994), der für das internationale Handelsrecht im wesentlichen den gleichen Rechtsgedanken normiert wie Art. 90 Abs. 1 und 2 EG.

[181] Der EuGH präzisiert in seinem Urteil vom 9. Juli 1987 in der Rs. C-356/85, Slg. 1987, 3299, Rn. 15, das diesbezügliche Verständnis des Art. 90 Abs. 2 EG (Art. 95 Abs. 2 EGV) im Sinne eines umfassenden Verbotes abgabenrechtlicher Schutzmaßnahmen zugunsten einheimischer Waren. Zu Abs. 2 als Auffangtatbestand s.a. EuGH, Urteil vom 27. Februar 1980 in der Rs. C-169/78, Slg. 1980, 385, Rn. 33.

[182] Diskriminierung ist auch dann gegeben, wenn nur einheimische Waren die betreffenden Kriterien erfüllen können, vgl. EuGH, Urteil vom 17. Juli 1997 in der Rs. C-90/94, Slg. 1997, I-4085, Rn. 30.

[183] EuGH, Urteil vom 17. Juli 1997 in der Rs. C-90/94, Slg. 1997, I-4085, Rn. 29; EuGH, Urteil vom 7. April 1987 in der Rs. C-196/85, Slg. 1987, 1597, Rn. 6.

[184] An dieser Lücke setzt der Verhaltenskodex an.

b) Artt. 91 und 92 EG

Art. 91 EG ergänzt das Verbot des Art. 90 EG um den typischen Umgehungstatbestand der Rückvergütungen für inländische Abgaben auf exportierte Waren. Auf diese Weise soll eine wettbewerbsverfälschende Exportförderung durch nachträgliche Abgabenentlastungen verhindert werden.[185] Art. 92 EG regelt die engen formellen Voraussetzungen, unter denen für andere Abgaben als indirekte Steuern eine nachträgliche Abgabenentlastung (Rückvergütung) von exportierten Waren durch das Ursprungsland zulässig ist.

c) Art. 93 EG

Art. 93 EG enthält wohl die praktisch bedeutendste im Primärrecht enthaltene steuerrechtliche Kompetenznorm[186]: Die Vorschrift ermächtigt den Rat – unter dem Vorbehalt der Einstimmigkeit – zum Erlass von Bestimmungen zur Harmonisierung der Rechtsvorschriften über die *indirekten* Steuern, namentlich der Umsatzsteuer und der Verbrauchsabgaben. Dabei ist diese Kompetenz entsprechend der Zielsetzung des EG-Vertrages[187] begrenzt auf das für die *„Errichtung und das Funktionieren des Binnenmarktes"* erforderliche Maß.

Die Beschränkung des Wortlauts auf indirekte Steuern kann als Ausdruck der seinerzeitigen Ansicht der Mitgliedstaaten über eine vergleichsweise geringe Bedeutung der direkten Steuern für den Binnenmarkt[188], oder aber als bewusste Kompetenzbegrenzung angesehen werden; ein im einzelnen vergleichbares Gegenstück für die direkten Steuern findet sich im Vertrag jedenfalls nicht. Dass die Angleichungsvorschriften, die für die direkten Steuern in Betracht kommen, im Gegensatz zu Art. 93 EG nur eine Richtlinienkompetenz begründen, bringt zumindest zum Ausdruck, dass der Gemeinschaft für diesen Bereich keine Befugnis zur Setzung unmittelbar – ohne mitgliedstaatlichen Umsetzungsakt – geltenden Rechts übertragen werden sollte.[189]

---

[185] Da Art. 91 EG hinsichtlich der Spezifität der erfassten Maßnahmen nicht die gleichen tatbestandlichen Anforderungen stellt wie Art. 87 Abs. 1 EG, ist die systematische Stellung der Vorschrift (außerhalb des Beihilfenrechts) auch in dieser Hinsicht dogmatisch gerechtfertigt. In sachlicher Hinsicht besteht jedoch eine enge Verwandtschaft zum Beihilfenverbot.

[186] Die Vorschrift wird der großen Bedeutung der indirekten (produktbezogenen oder konsumtiven) Steuern für den zwischenstaatlichen Handel gerecht und dient dem Schutz der Warenverkehrs- wie der Dienstleistungsfreiheit gleichermaßen. Von den nach dem Wortlaut der Vorschrift zur Harmonisierung in Betracht kommenden Bestimmungen (vgl. Art. 249 EG) wurde bisher auch für wichtige und grundlegende Regelungen, wie z.B. die Vereinheitlichung der Umsatzsteuer, lediglich durch Erlass von Richtlinien Gebrauch gemacht

[187] Vgl. Art. 3 EG.

[188] So *Cordewener*, S. 18; *Voß*, in *Grabitz/Hilf*, Rn. 7 zu Art. 93 EG.

[189] Die Generalermächtigung des Art. 308 EG dürfte dieser Aussage nicht grundsätzlich entgegen stehen.

d) Zusammenfassende Betrachtung der Artt. 90 ff EG

Den Artt. 90 ff EG sind zunächst ein Beleg dafür, dass die Steuerhoheiten der Mitgliedstaaten durch die Regelungen des EG-Vertrags *grundsätzlich* auch insoweit unberührt bleiben sollten, als ihre Ausübung potentiell geeignet ist, den Zielen des EG-Vertrags zuwider zulaufen. Andernfalls wären die Artt. 90 bis 92 EG überflüssig. Diese Aussage muss erst recht für den nicht geregelten Bereich der direkten Steuern gelten. Andersherum wird durch die Artt. 90 ff EG die potentiell wettbewerbsschädliche Wirkung bestimmter Maßnahmen im Bereich der indirekten Steuern erkannt und zu Lasten der steuerlichen Befugnisse der Mitgliedstaaten eingeschränkt. Soweit zwischen direkten und indirekten Steuern – ungeachtet ihrer unterschiedlichen Wirkungsweise – kein qualitativer Unterschied im Sinne einer grundsätzlich unterschiedlichen Wertigkeit oder Bedeutung besteht, legen die Artt. 90 ff EG nahe, dass ggf. auch die mitgliedstaatlichen Hoheiten im Bereich der direkten Steuern unter – nicht bestimmten – Voraussetzungen den Wertungen des Gemeinschaftsrechts weichen müssen.

2. Art. 157 Abs. 3 Unterabs. 2 EG

Art. 157 EG (zugleich Titel XVI des Vertrages) betrifft die Wettbewerbsfähigkeit der Industrie in der Gemeinschaft. In steuerlicher Hinsicht hat die Vorschrift eigentlich keine Bedeutung, enthält jedoch in Abs. 3 Unterabs. 2 einen ausdrücklichen steuerlichen Kompetenzvorbehalt zugunsten der Mitgliedstaaten: *„Dieser Titel bietet keine Grundlage dafür, dass die Gemeinschaft irgendeine Maßnahme einführt, die zu Wettbewerbsverzerrungen führen könnte oder steuerliche Vorschriften [...] enthält.“* Die Vorschrift stellt eine Kompetenzsperre dar und war ursprünglich auf Maßnahmen, „die zu Wettbewerbsverzerrungen führen könnten“ beschränkt, hatte also keinen steuerlichen Kontext. Sie wurde auf Betreiben der deutschen Regierung in den Vertrag aufgenommen und sollte insbesondere verhindern, dass durch industriepolitische Maßnahmen das Beihilfeverbot unterlaufen würde.[190] Erst infolge des Verzichts auf das zuvor geltende Einstimmigkeitserfordernis in Abs. 3 Unterabs. 1 in die Nizza-Fassung des EG-Vertrags wurde der steuerliche Vorbehalt auf Betreiben von Dänemark, Großbritannien und Luxemburg in den Vertragstext aufgenommen. Damit sollte gewährleistet werden, dass durch industriepolitische Maßnahmen iSd. Art. 157 EG das Einstimmigkeitserfordernis im Bereich der Steuern nicht unterlaufen würde.[191] Die Bedeutung der Vorschrift in steuerlicher Hinsicht beschränkt sich auf diese Klarstellung, bringt aber zum Ausdruck, wie wichtig den Mitgliedstaaten ein Vorbehalt zugunsten ihrer steuerlichen Kompetenzen an dieser Stelle ist.

---

[190] *Hellmann* in *von der Groeben/Schwarze*, Rn. 12 ff zu Art. 157 EG.

[191] *Hellmann* in *von der Groeben/Schwarze*, Rn. 17 zu Art. 157 EG.

3. Artt. 174 f EG

Wie sich aus Art. 3 iVm. Art. 4 Abs. 1 lit. l EG ergibt, ist es auch Aufgabe der Gemeinschaft, eine umweltschützende Politik zu verfolgen. Die Artt. 174 ff EG dienen der Konkretisierung dieser allgemeinen politischen Vorgabe, wobei Art. 175 Abs. 2, 1. Spiegelstrich EG in Übereinstimmung mit dem in Artt. 93 und 94 EG geregelten Verfahren die Gemeinschaft zum Erlass von *„Vorschriften steuerlicher Art“* zur Erreichung der in Art. 174 EG genannten Umweltschutzziele ermächtigt. Die Gemeinschaft hat von dieser Möglichkeit bisher keinen Gebrauch gemacht, plant aber schon seit längerem eine Richtlinie zur Besteuerung des Energieverbrauchs.[192] Art. 175 Abs. 2 lit. a EG enthält die einzige steuerliche Rechtsetzungskompetenz der Gemeinschaft, die nicht lediglich eine Rechtsangleichung zum Gegenstand hat. Die Bedeutung der Vorschrift beschränkt sich wegen der immanenten Anknüpfung an den Verbrauch von Energie oder Rohstoffen auf die indirekten Steuern.

4. Art. 293 EG

Art. 293 EG ist die einzige Vorschrift des EG-Vertrags, die sich unmittelbar – wenn auch implizit – und ausschließlich auf den Bereich der direkten Steuern bezieht.[193] Er enthält aber keine Kompetenzzuweisung an die Gemeinschaft, sondern eine implizite Anerkennung der Tatsache, dass die direkten Steuern nicht harmonisiert sind, sondern im zwischenstaatlichen Kontext konkurrieren und zu steuerlicher Doppelbelastung bei den Wirtschaftsteilnehmern führen können. Die Vorschrift erkennt die Beseitigung der Doppelbesteuerung – herkömmlicherweise im Wege bilateraler Abkommen – als Vertragsziel an, belässt deren Ausgestaltung aber ausdrücklich den Mitgliedstaaten.

Das ertragsteuerliche Welteinkommensprinzip bei unbeschränkter Steuerpflicht kann hinsichtlich solcher Einkünfte, die ein Steuerpflichtiger zwar innerhalb der Gemeinschaft, aber außerhalb seines Sitz- bzw. Ansässigkeitsstaates tätigt, mit einer beschränkten Steuerpflicht in dem betreffenden anderen Mitgliedstaat zusammenfallen und so zu einer doppelten Besteuerung führen.[194] Da eine fehlende Berücksichtigung (Anrechnung oder Freistellung) der in einem anderen Mitgliedstaat erfolgten Besteuerung grundsätzlich ein Hindernis für die inner-

---

[192] Vorschlag der Kommission vom 12. März 1997 für eine Richtlinie des Rates zur Restrukturierung der gemeinschaftlichen Rahmenvorschriften zur Besteuerung von Energieerzeugnissen (KOM (1997) 30 endg.). Siehe auch MEMO/03/36 vom 19. Februar 2003 MEMO/03/36. Diese Thematik ist insbesondere daher von Bedeutung, da die Besteuerung des Mineralölverbrauchs in der Gemeinschaft seit 1992 zu angeglichenen Steuersätzen stattfindet, während die Besteuerung anderer Energiequellen bisher allein den Mitgliedstaaten überlassen ist und somit Wettbewerbsverzerrungen provoziert.

[193] Zu beihilferechtlichen Implikationen von Doppelbesteuerungsabkommen s. *Luja*, European Taxation 2004, 234.

[194] Siehe hierzu ausführlich *Jacobs*, S. 3 ff. Siehe auch *Herzig/Dautzenberg*, DB 1992, 2519 ff; *Lüdicke*, in *Schön*, Gedächtnisschrift für Brigitte Knobbe-Keuk, 647 ff.

gemeinschaftliche Kapital-, Personen- und Niederlassungsfreiheit darstellt und zu erheblichen Wettbewerbsverzerrungen führt, legt Artikel 293 2. Spiegelstrich EG den Mitgliedstaaten eine Verpflichtung zu Verhandlungen über die Beseitigung dieser Doppelbesteuerung ihrer Steuerpflichtigen auf. Im Verhältnis zu Art. 94 EG ist die Vorschrift dabei nicht von einschränkender, sondern von ergänzender Bedeutung: Sie lässt nicht die dort begründete Kompetenz der Gemeinschaft zum Erlass angleichender Richtlinien entfallen, sondern begründet (in Anbetracht der grundsätzlichen Freiheit eines jeden Staates zum Abschluss von völkerrechtlichen Verträgen oder Verwaltungsabkommen) eine gemeinschaftsrechtliche Verpflichtung zum Eintreten in diesbezügliche Verhandlungen, soweit eine den Binnenmarkt beeinträchtigende Doppelbesteuerung besteht.[195] Diese Verpflichtung ist nach Ansicht des EuGH allerdings durch den einzelnen nicht einklagbar.[196] Bei der Ausgestaltung der Doppelbesteuerungsabkommen sind die Regeln des Gemeinschaftsrechts zu beachten[197], Doppelbesteuerungsabkommen zwischen den Mitgliedstaaten werden dabei vom EuGH nicht beanstandet, wenn sie die Grundsätze des OECD-Musterabkommens berücksichtigen.[198]

Art. 293 EG exemplifiziert, wie verhalten die Mitgliedstaaten noch immer einer Übertragung steuerlicher Kompetenzen im Bereich der direkten Steuern auf die Gemeinschaft gegenüberstehen. Die Doppelbesteuerungsproblematik hat für den Bereich der direkten Steuern sicher nicht weniger Bedeutung als die Abschottung nationaler Märkte durch höhere Abgaben auf ausländische Waren oder Dienstleistungen für den Bereich der indirekten Steuern. Dennoch ist letztere in den Artt. 90 ff EG zum Gegenstand konkreter primärrechtlicher Regelungen geworden, während Art. 293 EG für die Doppelbesteuerung so gut wie keinerlei inhaltliche Bedeutung hat. Art. 293 EG enthält auch für diesen wichtigen Bereich keine, noch nicht einmal eine Überprüfungskompetenz zugunsten der Gemeinschaft.

5. Zwischenergebnis

Die Vorschriften des EG-Vertrags mit ausdrücklichem steuerlichen Bezug sind im Wesentlichen auf den Bereich der indirekten Steuern beschränkt. Während

[195] Auf der Grundlage von Art. 220 EGV ist das Übereinkommen der Mitgliedstaaten über die Beseitigung der Doppelbesteuerung von Gewinnberichtigungen zwischen verbundenen Unternehmen geschlossen worden, ABl. L 225 vom 20. August 1990, 10 ff. Es soll die Doppelbesteuerung im Falle von Gewinnberichtigungen durch die Steuerbehörden eines Mitgliedstaates ausschließen, in dem es für diesen Fall eine entsprechende Anpassung der Besteuerung in dem anderen betroffenen Mitgliedstaat regelt.

[196] EuGH, Urteil vom 12. Mai 1998 in der Rs. C-336/96 („*Gilly*"), Slg. 1998, I-2793, Rn. 15 ff; EuGH, Urteil vom 11. Juli 1985 in der Rs. C-137/84 („*Mutsch*"), Slg. 1985, 2681, Rn. 11.

[197] *Lang*, in *Gassner/Lang/Lechner* (Hrsg.), Doppelbesteuerungsabkommen und EU-Recht (1996), 25 ff [27 ff].

[198] Vgl. EuGH, Urteil vom 12. Mai 1998 in der Rs. C-336/96, Slg. 1998, I-2793, Rn. 31 ff.

die steuerlichen Kompetenzen der Mitgliedstaaten in diesem Bereich jedenfalls punktuellen Beschränkungen zugunsten eines unverfälschten Wettbewerbs unterworfen werden, fehlen solche Regelungen für den Bereich der direkten Steuern völlig. Die Artt. 157 Abs. 3 Unterabs. 2 und 293 EG bringen für diesen Bereich nur Vorbehalte *zugunsten* der Mitgliedstaaten zum Ausdruck; lediglich der Vorschrift des Art. 58 Abs. 1 lit. b EG[199] kann entnommen werden, dass die Steuerhoheiten der Mitgliedstaaten auch im Bereich der direkten Steuern an den Grundfreiheiten zu messen sind. Die Maßstäbe hierfür werden jedoch nur angerissen. Anhaltspunkte für das Verhältnis des Wettbewerbsrechts zu den nationalen Steuerhoheiten der Mitgliedstaaten können allenfalls analog den Artt. 90 ff EG gewonnen werden.

III. Allgemeine primärrechtliche Grundsätze zur Kompetenzaufteilung und -ausübung

Da die Regelungen des EG-Vertrags den Bereich der direkten Steuern nach den Feststellungen der vorangegangenen Abschnitte im Wesentlichen unberührt lassen, stellt sich die Frage, nach welchen allgemeingültigen rechtlichen Prinzipien die fortbestehenden Kompetenzen der Mitgliedstaaten und die Kompetenzen der Gemeinschaftsorgane zur Vermeidung von Konflikten ausgeübt werden müssen.

Die Europäische Gemeinschaft und ihre Organe leiten ihre Befugnisse ausschließlich aus den Vorschriften der von den Mitgliedstaaten geschlossenen Verträge ab. Dabei gilt das Prinzip der begrenzten Einzelermächtigung: Anders als die Mitgliedstaaten, die kraft ihrer Hoheitsgewalt im Rahmen der nationalen Verfassungen zur umfassenden Wahrnehmung der öffentlichen Aufgaben in ihrem Staatsgebiet befugt sind, hat die Gemeinschaft eine solch erschöpfende, originäre Kompetenz nicht. Die Kompetenzen der Gemeinschaft sind vielmehr derivativ und beschränken sich punktuell auf die in den Verträgen geregelten Bereiche.[200] Dabei sind das Subsidiaritätsprinzip und der Verhältnismäßigkeitsgrundsatz wohl als wichtigste generelle Ausprägungen des Gebotes einer sachlichen Rechtfertigung für jedes Handeln der Gemeinschaft im Verhältnis zu Mitgliedstaaten und Marktteilnehmern anzusehen. Auf der anderen Seite sind die Mitgliedstaaten gemäß Art. 10 EG verpflichtet, sich gemeinschaftstreu zu verhalten und die Verwirklichung der Gemeinschaftsziele zu fördern.

1. Das Subsidiaritätsprinzip

Das Subsidiaritätsprinzip[201] ordnet eine Befugnisse der Gemeinschaft dort unter, wo ausschließliche Kompetenzen der Gemeinschaft nicht bestehen, sondern eine

---

[199] Siehe Abschnitt A. I. 1. a) aa) diese Kapitels.
[200] Vgl. Art. 5 Abs. 1 EG.
[201] Grundlegend: von *Borries,* Das Subsidiaritätsprinzip im Recht der Europäischen Union, EuR 1994, 263 ff.

konkurrierende oder Parallelzuständigkeit der Mitgliedstaaten gegeben ist.[202] Aus Art. 5 Abs. 2 EG[203] ergibt sich, dass ein Tätigwerden der Gemeinschaftsorgane im Bereich konkurrierender Kompetenzen der Mitgliedstaaten auf die Fälle beschränkt ist, in denen ein Vorgehen auf Gemeinschaftsebene sachdienlich ist. Diese Regelung ist im Zusammenhang mit den Absätzen 1 und 3 der Art. 5 EG zu sehen: Abs. 1 stellt eine inhaltliche Begrenzung der Gemeinschaftskompetenzen auf die ihr im EG-Vertrag zugewiesenen Befugnisse und gesetzten Ziele dar, Abs. 3 statuiert das Gebot der maßvollen Ausübung dieser Kompetenzen.

Da die Beihilfekontrolle in die ausschließliche Zuständigkeit der Gemeinschaftsorgane fällt und entsprechende Prüfungskompetenzen der Mitgliedstaaten nicht bestehen, ist das Subsidiaritätsprinzip insoweit nicht berührt. Umgekehrt ist das Subsidiaritätsprinzip für den Bereich der direkten Steuern allenfalls im Rahmen der Rechtsangleichung erheblich; denn nur dort besteht überhaupt eine punktuelle – ungeschriebene – steuerliche Kompetenz der Gemeinschaft, die neben die umfassenden Kompetenzen der Mitgliedstaaten treten kann. Im Bereich steuerlicher Sondermaßnahmen wird dagegen durch Art. 87 EG keine *steuerliche* Kompetenz der Gemeinschaft eröffnet, sondern nur die wettbewerbspolitische Kompetenz auf steuerliche Sachverhalte ausgedehnt – das Subsidiaritätsprinzip dürfte dadurch nicht zur Anwendung kommen. Etwas anderes müsste sich allerdings ergeben, wenn und soweit steuerwettbewerbspolitische Aspekte in die Beihilfekontrolle einbezogen werden könnten; denn da den Mitgliedstaaten die Ausgestaltung ihrer Steuersysteme vorbehalten ist, entscheiden sie grundsätzlich auch über die Umsetzung von im Systemwettbewerb relevanten steuerlichen Maßnahmen. Diesbezüglich bestünden dann konkurrierende Kompetenzen.

---

[202] *Zorn*, in *Pelka*, S. 227 ff [S. 228]. Für den Bereich des Steuerrechts ist dies strittig, da die Mitgliedstaaten naturgemäß keine *Harmonisierungs*zuständigkeit haben und diesbezüglich somit streng genommen keine konkurrierenden Kompetenzen bestehen. So spricht sich *Voß*, in StuW 1993, 155 ff [161], gegen eine Geltung des Subsidiaritätsprinzips in den Bereichen des europäischen Steuerrechts aus, in denen „Grundfreiheiten berührt" sind, da die Grundfreiheiten „in die ausschließliche Zuständigkeit der Gemeinschaft" fielen. A.A.: *Bauschatz*, IStR 2002, 291 ff [293], zur Bedeutung des Subsidiaritätsprinzips im Bereich der direkten Steuern; *Bieg*, S. 39; *Kellersmann/Treisch*, S. 79 f; s.a. *Herzig*, in *Lehner*, Steuerrecht im Europäischen Binnenmarkt, S. 121 ff [S. 125 f]; *Knobbe-Keuk*, Bilanz- und Unternehmenssteuerrecht, 335; *Klein*, in *Lehner*, Steuerrecht im Europäischen Binnenmarkt, 23; *Zorn*, in *Pelka*, S. 234 f.

[203] Art. 2 S. 2 EUV erklärt seine Geltung (klarstellend) auch für die Tätigkeit der Gemeinschaftsorgane im Rahmen der Union. Die Mitgliedstaaten haben sich im Jahre 1997 in Ergänzung der Regelung des Art. 5 Abs. 2 EG auf ein Protokoll verständigt (7. Protokoll zum Vertrag über die Europäische Union und zum Vertrag über die Gründung der Europäischen Gemeinschaft über die Anwendung der Grundsätze der Subsidiarität und der Verhältnismäßigkeit, ABl. C 340 vom 10. November 1997, 105), welches gemäß Art. 311 EG Bestandteil des primären Gemeinschaftsrechts ist. In der Präambel zu diesem Protokoll bekräftigen die Mitgliedstaaten ihre Entschlossenheit, die *„strikte Beachtung und kohärente Anwendung [des Grundsatzes der Subsidiarität] durch alle Organe zu gewährleisten"*.

2. Der Verhältnismäßigkeitsgrundsatz

Der Verhältnismäßigkeitsgrundsatz als allgemeines rechtsstaatliches Prinzip begründet ein sachliches Rechtfertigungserfordernis für hoheitliches Handeln.[204] Obgleich im EG-Vertrag nicht ausdrücklich als Rechtsgrundsatz normiert, ist er doch ansatzweise in verschiedenen Vorschriften des EG-Vertrags verankert[205]: zusammenfassend bestimmt Art. 5 Abs. 3 EG, dass die „*Maßnahmen der Gemeinschaft [...] nicht über das für die Erreichung der Ziele d[...]es Vertrages hinaus[gehen]*" und deutet somit einen primärrechtlichen Maßstab für die Verhältnismäßigkeit im weiteren Sinne von verfolgtem Ziel und eingesetztem Mittel an.[206] Zwei wesentliche Punkte können Art. 5 Abs. 3 EG allerdings nicht ohne weiteres entnommen werden:

- Zum einen gilt der Verhältnismäßigkeitsgrundsatz als international anerkanntes sachliches Legitimationsgebot für belastendes hoheitliches Handeln nicht nur für die Organe der Gemeinschaft, sondern ist im Rahmen des Gemeinschaftsrechts ebenso durch die Mitgliedstaaten zu beachten.
- Zum andern darf die Frage der Verhältnismäßigkeit nicht auf eine bloße „Zielkonsequenz" oder Zweckdienlichkeit reduziert werden, sondern ist um eine dritte Komponente, die Rechtsgüterabwägung zu erweitern.[207] Dieser dritte Schritt ist auch logisch zwingend, wenn der Verhältnismäßigkeitsgrundsatz die Beeinträchtigung bestimmter Rechtsgüter nicht nur an dem (die Beeinträchtigung bedingenden) verfolgten Zweck, sondern eben auch diesen Zweck an den beeinträchtigten Rechtsgütern messen soll.[208]

---

[204] Siehe auch *Langgut*, in *Lenz*, Rn. 30 zu Art. 5 EG; *Lienbacher*, in *Schwarze*, Rn. 34 zu Art. 5 EG.

[205] Vergleiche Art. 30, Art. 39 Abs. 3, Art. 46 Abs. 1, Art. 58 Abs. 1 lit. b, Art. 73d Abs. 1 und Art. 95 Abs. 4 EG.

[206] Gegen eine originäre Herleitung des Verhältnismäßigkeitsgrundsatzes aus Art. 5 Abs. 3 EG spricht sich *Cordewener*, S. 80, wegen der erst in jüngerer Zeit erfolgten Aufnahme der Vorschrift in den Vertragstext aus (s. hierzu *Bandilla*, in *Grabitz/Hilf*, Rn. 1 zu Art. 98 EG). Allerdings ließe sich zumindest hinsichtlich der Angleichung der Rechtsvorschriften auch in der Aussage des Art. 3 Abs. 1 lit. h EG eine primärrechtliche Ausprägung des Verhältnismäßigkeitsgrundsatzes erblicken. Der gleiche Rechtsgedanke folgt aus Art. 6 Abs. 4 EUV: „*Die Union stattet sich mit den Mitteln aus, die zum Erreichen ihrer Ziele und zur Durchführung ihrer Politiken erforderlich sind*" (Etwas weniger klar, aber in dieselbe Richtung gehend auch Art. 5 EUV). Das 7. Protokoll über die Anwendung der Grundsätze der Subsidiarität und der Verhältnismäßigkeit als Bestandteil des EG-Vertrages stellt die allgemeine Anerkennung des Verhältnismäßigkeitsprinzips außer Frage.

[207] Kritisch zu einer abweichenden Entscheidung des EuGH (Urteil vom 30. November 1995 in der Rs. C-55/94, Slg. 1995, I-4165, Rn. 37) *Cordewener*, S. 88 f.

[208] Als rechtsstaatliches Korrektiv bekommt der Verhältnismäßigkeitsgrundsatz überhaupt erst durch diese Abwägung einen Sinn, da nur auf diese Weise eine Beurteilung des verfolgten Zieles anhand von außerhalb des Zweckes selbst liegenden, kollidierenden Wertungen der Rechtsordnung erfolgen kann. In diesem Sinne auch der Schlussantrag von Generalanwalt *van Gerven* vom 11. Juni 1991 in der Rs. C-159/90, Slg. 1991, I-4685, Rn. 27.

Der Verhältnismäßigkeitsgrundsatz ist für das Verhältnis der steuerlichen Kompetenzen der Mitgliedstaaten zu den wettbewerbsrechtlichen Kompetenzen der Gemeinschaft von Bedeutung, da er nicht nur einen allgemeingültigen Abwägungsmaßstab schafft, sondern auch bezüglich der Akte der Gemeinschaft ein abstraktes Abwägungs*erfordernis* aufstellt, welches die supranationalen Grundwertungen in ihrer Reichweite sachlich einschränken kann. Die Anerkennung von bestimmten nationalen Interessen, auch wenn sie den Grundfreiheiten entgegenstehen, schafft die Notwendigkeit für einen Maßstab zur Rechtfertigung an sich nicht vertragskonformer Maßnahmen der Mitgliedstaaten. Der primärrechtliche Grundstein für eine solche Öffnung des Gemeinschaftsrechts gegenüber bestimmten, ihm fremden, sogar entgegenlaufenden Wertungen, ist in verschiedenen Vorschriften des EG-Vertrages nur punktuell normiert[209], aber vom EuGH als allgemeiner Grundsatz anerkannt.[210]

3. Gemeinschaftstreue und gegenseitige Loyalität

Der in Art. 10 EG niedergelegte Grundsatz der Gemeinschaftstreue legt fest, dass die Mitgliedstaaten konstruktiv zur Umsetzung der Gemeinschaftsziele beitragen, sowie solche Maßnahmen unterlassen müssen, die diese Ziele gefährden könnten. Die Konturen dieses rechtlich verbindlichen Grundsatzes werden im Wesentlichen durch die Rechtsprechung des EuGH gezogen. Das Ziel des Art. 10 EG liegt in der Gewährleistung einer Unterstützung der Gemeinschaft durch die Mitgliedstaaten, die in vielerlei Hinsicht (z.B. in Bezug auf die Zusammensetzung der Organe bzw. auf die Umsetzung und Anwendung gemeinschaftsrechtlicher Vorgaben) auch integraler Bestandteil der organisatorischen und funktionellen Ausgestaltung des EG-Vertrags ist. Die Mitgliedstaaten sind insbesondere verpflichtet, die wirksame Geltung des Gemeinschaftsrechts zu gewährleisten. Im Sinne eines beiderseitigen Grundsatzes der loyalen Zusammenarbeit verpflichtet Art. 10 EG aber nicht nur die Mitgliedstaaten, sondern

---

[209] Art. 30 EG benennt im einzelnen den Schutz der öffentlichen Sittlichkeit, Ordnung und Sicherheit, den Gesundheitsschutz, sowie den Schutz des Kulturguts und des Eigentums. Vergleiche auch Art. 39 Abs. 3, Art. 46 Abs. 1, Art. 73d Abs. 1 und Art. 95 Abs. 4 EG.

[210] EuGH, Urteil vom 11. Juli 1974 in der Rs. C-8/74 („*Dassonville*"), Slg. 1974, 837, Rn. 6 ; aus der hier verwendeten Formulierung des EuGH, dass die betreffenden Maßnahmen des Mitgliedstaates sinnvoll bzw. vernünftig (im englischen „reasonable") sein müssen, um gegenüber den Wertungen der Gemeinschaft anerkannt werden zu können, folgt die gängige, allerdings nicht unbedingt aussagekräftige Formulierung „rule of reason" als Schlagwort für diese Rechtsprechung. Weiterentwickelt durch EuGH, Urteil vom 20. Februar 1979 in der Rs. C-120/78 („*Cassis de Dijon*"), Slg. 1979, 642, Rn. 8. Dabei ist umstritten, ob die im Ergebnis bewirkte Öffnung des Gemeinschaftsrechts für bestimmte mitgliedstaatliche Interessen als tatbestandsimmanenter Vorbehalt oder als Rechtfertigungsgrund anzusehen ist. Siehe auch EuGH, Urteil vom 5. Oktober 1994 in den verbundenen Rs. C-133, 300 und 362/93, Slg. 1994, I-4863, Rn. 41; EuGH, Urteil vom 13. November 1990 in der Rs. C-331/88, Slg. 1990, I-4023, Rn. 13.

auch die Organe der Gemeinschaft. Diese sind insbesondere verpflichtet, im Rahmen ihrer Tätigkeit die Zuständigkeiten der Mitgliedstaaten zu beachten.[211]

4. Zwischenergebnis

Der Verhältnismäßigkeitsgrundsatz und die Aussagen des Art. 10 EG bringen letztlich zum Ausdruck, was für eine Gemeinschaft bereits vom begrifflichen Grundverständnis selbstverständlich ist: die gegenseitige Achtung und Anerkennung bei gleichzeitiger Verpflichtung auf die gemeinschaftlichen Ziele. Was die Legitimation der Gemeinschaft zur Verfolgung ihrer Ziele betrifft, verdeutlicht der Verhältnismäßigkeitsgrundsatz in diesem Sinne, dass auch die Anliegen der Mitgliedstaaten gegenüber den supranationalen Wertungen des Gemeinschaftsrechts nicht stets bzw. in vollem Umfang zurücktreten müssen. Die spezielle, auf die Grundfreiheit der Kapitalverkehrsfreiheit bezogene Aussage des Art. 58 Abs. 1 lit. b EG erhält für den Bereich der Steuern dadurch eine zusätzliche, da allgemeingültige Legitimation.

C. Zusammenfassung

Als Ergebnis der Auswertung des EG-Vertrages für den Bereich der direkten Steuern lässt sich Folgendes festhalten:

I. Gegenüberstellung der Argumente

Die Regelungen des EG-Vertrags lassen sich teilweise zugunsten der mitgliedstaatlichen Steuerhoheiten auslegen, teilweise zugunsten der gemeinschaftlichen Integrationsziele.

1. Zugunsten der mitgliedstaatlichen Steuerhoheiten

- Der EG-Vertrag enthält nicht nur keinerlei steuerliche Zielsetzungen, sondern für den Bereich der direkten Steuern keine einzige ausdrückliche Kompetenzzuweisung an die Gemeinschaft.[212]
- Die Gemeinschaft besitzt keine Steuerhoheit im klassischen Sinne, da sie weder zur Einführung eigener Steuern befugt[213], noch zur Steuererhebung bzw. zur Verfügung über die Steueraufkommen der Mitgliedstaaten ermächtigt ist.

---

[211] EuGH, Urteil vom 28. November 1991 in den verbundenen Rs. C-213/88 und 39/89, Slg. 1991, I-5643, Rn. 29, EuGH, Urteil vom 22. September 1988 in den verbundenen Rs. C-358/85 und 51/86, Slg. 1988, 4821, Rn. 34 f; vgl. EuGH, Urteil vom 13. Juli 1990 in der Rs. C-2/88, Slg. 1990, I-3365, Rn. 17; EuGH, Urteil vom 10. Februar 1983 in der Rs. C-230/81, Slg. 1983, 255, Rn. 37. S.a. *Zuleeg* in *von der Groeben/Schwarze*, Rn. 11 ff zu Art. 10 EG; *von Bogdandy* in *Grabitz/Hilf*, Rn. 79 ff zu Art. 10 EG.

[212] *Lenz*, Art. 5 Rn. 4. Siehe auch BVerfGE 89, 155 [198].

[213] Ausnahme: Art. 175 Abs. 2 lit. a EG, der die Gemeinschaft zum Erlass von Vorschriften steuerlicher Art im Bereich des Umweltschutzes ermächtigt.

- Der Gemeinschaft fehlt dementsprechend auch die Zuständigkeit für eine eigene, *umfassende* Fiskalpolitik.
- Ein „Gemeinschafts-Steuerrecht“ im Sinne einer umfassenden supranationalen Rechtsmaterie ist nicht existent und im EG-Vertrag nicht vorgeseh-en.[214]
- Von den vereinzelten Vorschriften des EG-Vertrags, die ausdrücklich in einem steuerlichen Kontext stehen, betreffen die bedeutenden den Bereich der indirekten Steuern (Artt. 90 ff, Art. 174 f EG).[215]
- Diejenigen Vorschriften des EG-Vertrages, die im Kontext der direkten Steuern neben den Artt. 94 f EG von Bedeutung sind, haben nur klarstellende Bedeutung zugunsten der fortbestehenden Kompetenzen der Mitgliedstaaten (Art. 157 Abs. 3 Unterabs. 2, Art. 293 EG).
- Der EG-Vertrag lässt somit die Kompetenzen der Mitgliedstaaten im Bereich der direkten Steuern unberührt[216] und erkennt das Fortbestehen der unterschiedlichen nationalen Steuerrechtsordnungen implizit nicht nur an, sondern garantiert dieses – wegen des Prinzips der begrenzten Einzelermächtigung[217] – jedenfalls *institutionell.* Den Mitgliedstaaten obliegt daher nach wie vor die grundsätzliche Ausgestaltung und Umsetzung ihrer nationalen Steuersysteme.
- Die Angleichungsvorschriften des EG-Vertrages enthalten keinen ausdrücklichen Harmonisierungsauftrag für die direkten Steuern, wohingegen ein solcher für die indirekten Steuern in Art. 93 EG geregelt ist. Die Artt. 94, 96 und 308 EG können jedoch unter bestimmten Voraussetzungen zur Angleichung der direkten Steuern eingesetzt werden.[218]
- Anders als für die Wirtschaftspolitik (vgl. Artt. 4 und 98 ff EG) wird nicht einmal eine Koordinierung der Steuerpolitiken der Mitgliedstaaten im EG-Vertrag gefordert, ebenso wenig wird eine Verpflichtung zu einer „gemeinsamen“ Steuerpolitik begründet.[219]
- Anders als für den Bereich der Zölle und warenbezogenen indirekten Steuern, die in den Artt. 30 und 90 ff EG eine ausführliche Regelung in

---

[214] *Genschel,* Steuerharmonisierung und Steuerwettbewerb in der Europäischen Union, 1: *„Anders als das Recht, der Markt oder das Geld sind die Steuern – bisher – nicht europäisiert worden“*, was allerdings jedenfalls auf die indirekten Steuern nicht so ganz zutrifft.

[215] Siehe hierzu *Voß,* in *Grabitz/Hilf*, Rn. 1 ff vor Art. 90 EG; *Voß*, in *Dauses*, Rn. 1 ff zu Abschnitt J.

[216] *Genschel*, S. 63: *„[...] der EWG-Vertrag [bietet] nur die zaghaftesten Anknüpfungspunkte für eine gemeinsame europäische Steuerpolitik. Lediglich fünf der 248 (jetzt 314) Artikel des Vertrages waren ausdrücklich der Besteuerung gewidmet, und selbst diese blieben vage in der Formulierung, begrenzt auf die indirekten Steuern und verengt auf einen ganz speziellen Aspekt: den Grenzausgleich bei den Umsatz- und Verbrauchsteuern.“*

[217] Der Gemeinschaft fehlt die sog. Kompetenz-Kompetenz, d.h. die Zuständigkeit zu einer selbständigen Festlegung bzw. Erweiterung ihrer Befugnisse. Siehe *Calliess*, in *Calliess/ Ruffert*, Art. 5 Rn. 4 m.w.N.

[218] *Zorn,* in *Pelka*, S. 232.

[219] S.o. für Handel, Verkehr, Landwirtschaft und Fischerei, s. Art. 4 EG.

Bezug auf bestimmte staatliche Sondermaßnahmen erhalten haben, um Verzerrungen im zwischenstaatlichen Handel zu vermeiden, enthält der EG-Vertrag für den Bereich der direkten Steuern keine, auch nur ansatzweise entsprechende Regelung.

- Steuerliche Probleme im zwischenstaatlichen Personen- und Kapitalverkehr werden durch den EG-Vertrag so gut wie nicht behandelt: Während für den Bereich der indirekten Steuern durch die Artt. 90 bis 92 EG Einschränkungen der mitgliedstaatlichen Steuerhoheit zugunsten der Grundfreiheiten statuiert worden sind, fehlen entsprechende Vorschriften für die direkten Steuern. Art. 293 EG belässt insbesondere die Vermeidung der Doppelbesteuerung ausdrücklich bei den Mitgliedstaaten.[220]
- Für die Freiheit des Kapital- und Zahlungsverkehrs enthält Art. 58 Abs. 1 lit. b EG die implizite Anerkennung einer Beschränkbarkeit durch die Mitgliedstaaten unter steuerlichen Gesichtspunkten.
- Das Gebot gegenseitiger Loyalität verpflichtet die Gemeinschaftsorgane, bei der Ausübung ihrer Befugnisse (z.B. im Rahmen der Beihilfekontrolle) auf die Interessen und Kompetenzen der Mitgliedstaaten Rücksicht zu nehmen. Im Bereich konkurrierender Kompetenzen ist das Subsidiaritätsprinzip, sowie stets der Verhältnismäßigkeitsgrundsatz zu beachten.

2. Zugunsten der europäischen Integration

- Der EG-Vertrag nimmt den Bereich des direkten Steuerrechts nicht von seiner Geltung aus; die supranationalen Wertungen des primären Gemeinschaftsrechts überlagern somit auch die nationalen Steuerrechtsordnungen und können diese einschränken.
- Anhaltspunkte für eine generelle wettbewerbspolitische „Immunität" des nationalen Steuerrechts finden sich im Primärrecht nicht.
- Auch wenn das Primärrecht im Bereich der direkten Steuern nicht ergiebig ist, kommt den allgemeinen (nicht steuerspezifischen) Aussagen des Primärrechts, vor allem den Grundfreiheiten und der Wettbewerbsordnung, für diesen Bereich eine erhebliche Bedeutung zu.[221]
- Insbesondere folgt aus Art. 10 EG, dass die Mitgliedstaaten ihre Steuerrechtsordnungen nicht im Widerspruch zu den Zielen der Gemeinschaft ausgestalten oder umsetzen dürfen.
- Ein vom EG-Vertrag anerkanntes potentielles Spannungsfeld zwischen gemeinschaftsrechtlichen Wertungen und nationalen Steuerhoheiten stellt der Bereich der Grundfreiheiten dar. Der Aussage des Art. 58 Abs. 1 lit. b EG muss diesbezüglich entnommen werden, dass auch die steuerlichen

---

[220] *Voß*, in *Grabitz/Hilf*, Rn. 24 vor Art. 90 EG: *„Der Gemeinschaft ist die Gesetzgebungshoheit für Steuern nur in dem [...] beschriebenen begrenzten Umfang übertragen worden, und zwar u.a., weil die Gründungsmitglieder nicht bereit waren, auf ihre Souveränitätsrechte in diesem für jeden Staat fundamentalen Sektor zugunsten der Gemeinschaft umfassend zu verzichten."*

[221] *Voß*, in *Dauses*, Rn. 14 zu Abschnitt J.

Kompetenzen der Mitgliedstaaten nicht ohne weiteres eine Beschränkung der Grundfreiheiten ermöglichen.

- Während für den Bereich der indirekten Steuern durch die Artt. 90 ff EG spezielle Wettbewerbsregeln in das Primärrecht inkorporiert sind, kommen zur möglichen Kontrolle von Maßnahmen der Mitgliedstaaten im Bereich der direkten Steuern nur die Artt. 86 und 87 ff EG in Betracht, auch wenn diese steuerliche Maßnahmen nicht ausdrücklich einbeziehen.
- Dass steuerliche Maßnahmen der Mitgliedstaaten sich an den Grundfreiheiten messen lassen müssen, ist völlig unstreitig und ständige Rechtsprechung des EuGH.
- Die Gemeinschaft hat schließlich die Möglichkeit, im Rahmen der Rechtsangleichung gemäß den Artt. 94, 96 und 308 EG steuerliche Vorschriften der Mitgliedstaaten zu harmonisieren.

II. Bedeutung für den Kontext steuerlicher Beihilfen

1. Interferierende Rechtskreise

Ein absoluter und zwingender Vorrang der Wertungen des Gemeinschaftsrechts gegenüber denen des nationalen Steuerrechts lässt sich dem EG-Vertrag genauso wenig entnehmen wie umgekehrt eine wettbewerbspolitische „Immunität" des nationalen Steuerrechts. Stattdessen wird durch die implizite primärrechtliche Anerkennung der nationalen Steuerhoheiten im Bereich der direkten Steuern ein potentielles Spannungsfeld zwischen diesen und den gemeinschaftsrechtlichen Wertungen begründet, was bildlich in Form zweier sich teilweise überlagernder Kreise dargestellt werden könnte. Zwar ist der gemeinschaftsrechtliche „Kreis" des Beihilfeverbots als supranationales Recht formell höherrangig; da jedoch der nationale Rechtskreis der Steuerhoheit in seinem Bestand durch das Gemeinschaftsrecht rechtlich legalisiert und sachlich legitimiert ist, besteht er *als solcher* gleichberechtigt neben dem ersten. Ein allgemeingültiger Maßstab für die Auflösung des resultierenden potentiellen Konflikts ist im Primärrecht nicht explizit formuliert. Die einzige Regelung, die sich ausdrücklich mit der Kollision gemeinschaftsrechtlicher Werte und nationaler steuerlicher Interessen auseinandersetzt, ist die spezielle Vorschrift des Art. 58 Abs. 1 lit. b EG.

2. Steuerliche Interessen der Mitgliedstaaten

Da das supranationale Gemeinschaftsrecht im Rang über den nationalen Rechtsvorschriften steht, wäre die primärrechtlich Anerkennung der steuerlichen Kompetenzen teilweise bedeutungslos, wenn kollidierenden Wertungen des Gemeinschaftsrechts – wie dem Beihilfeverbot – immer und unter allen Umständen ein Vorrang einzuräumen wäre.[222] Die Notwendigkeit eines steuerlichen Vorbehalts

[222] So verdeutlichen die wenigen Vorschriften, die ausdrücklich im Kontext der direkten Steuern stehen, sämtlich, dass die Kompetenzen der Mitgliedstaaten in diesem sensiblen

der Mitgliedstaaten gegenüber dem Gemeinschaftsrecht lässt sich auch darauf stützen, dass die Gemeinschaft mit Ausnahme des Art. 174 ff EG keine eigene Steuerkompetenz besitzt, sondern ihren Haushalt hauptsächlich derivativ über eine Beteiligung an den nationalen (Umsatz-)Steueraufkommen und Bruttoinlandsprodukten bestreitet[223], also gar kein eigenes umfassendes Fiskalinteresse besitzt. Dagegen spiegelt die bei den Mitgliedstaaten belassene Besteuerungshoheit deren viel weitergehenden Versorgungsauftrag im Rahmen der innegehaltenen originären Staatsgewalt wider. Unter Beachtung der Tatsache, dass die nationalen Steueraufkommen nach wie vor primär dazu bestimmt sind, den Mitgliedstaaten zur Finanzierung ihrer nationalen Staatshaushalte zu dienen (über die der EU-Haushalt größtenteils finanziert wird), ist die mangelnde Kompetenz der Gemeinschaft im Bereich der direkten Steuern nicht nur nachvollziehbar, sondern muss als konsequente Folge des bei den Mitgliedstaaten verbleibenden Fiskalinteresses angesehen werden.[224] Denn es wäre geradezu widersinnig, wenn die Mitgliedstaaten den EG-Vertrag unter offensichtlicher Ausklammerung von Regelungen mit direkt-steuerlichem Kontext verabschiedet, auf der anderen Seite aber ihre Fiskalinteressen grundsätzlich den nichtsteuerlichen Wertungen des Primärrechts unterworfen hätten.

3. Das Gemeinschaftsziel der wirtschaftliche Integration

Auf der anderen Seite ist folgendes zu beachten: Ein Vorgehen der Gemeinschaft gegen *allgemeine* steuerliche Regelungen der Mitgliedstaaten ist im Wege einer Rechtsangleichung (Harmonisierung) durch Rechtsetzung möglich; dies gilt für direkte wie indirekte Steuern gleichermaßen, allerdings auf der Grundlage unterschiedlicher Kompetenzvorschriften (Artt. 93 und 94 f EG). Hinsichtlich *bestimmter* steuerlicher Sondermaßnahmen der Mitgliedstaaten stehen der Gemeinschaft spezielle Kompetenzen zu einer Kontrolle dagegen nur im Bereich des grenzüberschreitenden Warenverkehrs bzw. der Zölle und indirekten Steuern zu (Möglichkeit eines Vertragsverletzungsverfahrens auf Grundlage der Artt. 30 oder 90 EG). Für den Bereich der direkten Steuern gibt es, wie aufgezeigt, keine den Artt. 30 oder 90 ff EG entsprechenden Vorschriften; Art. 293 EG bestimmt im Gegenteil einen Differenzierungsvorbehalt aufgrund der Staatsangehörigkeit zugunsten der Mitgliedstaaten. Im EG-Vertrag besteht insoweit eine Regelungslücke. Denn es kann nicht bestritten werden, dass auch Sondermaßnahmen der Mitgliedstaaten im Bereich der direkten Steuern den

---

Bereich unberührt bleiben. Eine Rechtsangleichung ist an die hohe Hürde der Einstimmigkeit geknüpft, deren Unantastbarkeit durch Art. 157 Abs. 3 Unterabs. 2 EG explizit bekräftigt wird.

[223] Die von der Union benötigten Finanzmittel werden überwiegend durch eine Beteiligung an den nationalen Umsatzsteueraufkommen und einen festgelegten Prozentsatz des BIP der Mitgliedstaaten aufgebracht (daneben: Zölle und Agrarabschöpfungen).

[224] Siehe hierzu *Reichenbach,* EG und nationale Finanzpolitik – Autonomie, Koordinierung, Disziplin, in *Pommerehne/Ress,* Finanzverfassung im Spannungsfeld zwischen Zentralstaat und Gliedstaaten, S. 134 ff [S. 134]; *Birk,* Handbuch des europäischen Abgabenrechts, 111 ff.

gemeinschaftlichen Wettbewerb beeinträchtigen können; eine Aufsicht über diese ist den Organen der Gemeinschaft aber nach Lage der gegenwärtigen Vorschriften nur im Rahmen der allgemeinen Gewährleistung der Grundfreiheiten bzw. des Beihilferechts (oder des Verhaltendkodex) möglich. Dem Vorgehen der Gemeinschaft gegen bestimmte steuerliche Vergünstigungen der Mitgliedstaaten für Unternehmen im Bereich der direkten Steuern kommt somit für die gemeinschaftliche Wettbewerbspolitik eine besondere Bedeutung zu, die nicht übersehen werden darf und gegen das mitgliedstaatliche Besteuerungsinteresse abgewogen werden muss.

III. Ergebnis

Der Tatbestand des Art. 87 Abs. 1 EG wird durch diese auswirkungsbezogene Anwendung auf Maßnahmen „gleich welcher Art“ im Bereich der direkten Steuern zu dem praktisch bedeutsamsten und weitreichendsten primärrechtlich kodifizierten Kontrollinstrument der Gemeinschaft auf einem Gebiet, für welches die Regelungen des EG-Vertrag ansonsten nichts weiter vorsehen als eine – ebenfalls ungeschriebene – Rechtsangleichungskompetenz der Gemeinschaft.[225] Zwar berücksichtigen Kommission und EuG/EuGH die steuerlichen Zielsetzungen der Mitgliedstaaten im Rahmen einer Rechtfertigungsprüfung; die restriktiven Kompetenzregelungen des EG-Vertrags für den Bereich der direkten Steuern gebieten es aber, das Beihilfeverbot nicht nur mit einem steuerlichen Hintertürchen zugunsten der Mitgliedstaaten zu versehen, sondern es als von vorneherein konfliktbegründendes Einfallstor in die mitgliedstaatlichen Steuerhoheiten zu erkennen und entsprechend umsichtig zu öffnen. Praktisch kann dies bei der gebotenen auswirkungsbezogenen Anwendung nur durch eine vorsichtige Anwendung des Beihilfetatbestands auf steuerliche Maßnahmen und durch die Möglichkeit der Anerkennung legitimer steuerlicher Interessen und Maßnahmen der Mitgliedstaaten gewährleistet werden.

Bezüglich des Verhältnisses der Beihilfekontrolle zum Bereich der mitgliedstaatlichen Hoheiten im Bereich der direkten Steuern ist zwischen der Frage der Anwendbarkeit und der praktischen Anwendung des Beihilferechts zu unterscheiden:

[225] Insbesondere vor dem Hintergrund des von den Mitgliedstaaten immer wieder verteidigten Einstimmigkeitsvorbehalts in steuerlichen Angelegenheiten (vgl. Artt. 93 und 94 EG), der teilweise ausdrücklichen Vorbehalten des Primärrechts zugunsten der mitgliedstaatlichen Steuerhoheiten (Artt. 157 Abs. 3 Unterabs. 2, 293 EG) und der systematischen Stellung des Beihilfeverbots (außerhalb des Kapitels „Steuerliche Vorschriften“) ist davon auszugehen, dass das Beihilfeverbot nicht von vorneherein für eine Anwendung im Bereich steuerlicher Maßnahmen vorgesehen war.

1. Umfassende Anwendbarkeit des Beihilfeverbots im Sinne des wettbewerbsrechtlichen *Effet utile*

Kommission und Rechtsprechung ist grundsätzlich dahingehend zuzustimmen, dass das Wettbewerbsrecht auswirkungsbezogen und umfassend anzuwenden ist. In Anlehnung an den Wortlaut des Art. 87 Abs. 1 EG ist insoweit im Vertrag auch für den Bereich der direkten Steuern „nicht [...] etwas anderes bestimmt". Auch unter Berücksichtigung der allgemeinen und steuerlichen Vorgaben des Primärrechts bestehen somit keine Gründe für eine Forderung, die beihilferechtliche Untersuchung bereits wegen der steuerlichen Natur einer Maßnahme – also bereits bei der Frage der *Anwendbarkeit* des Beihilfeverbots – abzubrechen. Konsequenterweise kann die Berücksichtigung steuerlicher Besonderheiten somit erst im Rahmen einer nachgelagerten Prüfung (in der gegenwärtigen Praxis: Rechtfertigung) im Rahmen der konkreten *Anwendung* vorgenommen werden.[226]

2. Vorsichtige Anwendung des Beihilfeverbots zur Wahrung der nationalen Steuerhoheiten

a) Wahrung der Grenzen des primärrechtlichen Beihilfetatbestands

Die fortbestehenden, umfassenden steuerlichen Kompetenzen der Mitgliedstaaten erfordern es insbesondere, dass die Trennungslinie zwischen selektiven und nicht selektiven Maßnahmen mit größter Gewissenhaftigkeit gezogen wird. Denn soweit keine Beihilfe vorliegt, ist das Beihilfeverbot nicht berührt, sondern liegen *ausschließliche* Kompetenzen der Mitgliedstaaten vor. Mit anderen Worten: Soweit keine unter den gesetzlichen Beihilfetatbestand subsumierbare Beihilfe vorliegt, ist durch den Vertrag zugunsten der mitgliedstaatlichen Steuerhoheiten iSd. Art. 87 EG „etwas anderes bestimmt".

Dem EG-Vertrag kann keinerlei Rechtfertigung für eine strengere oder extensivere Anwendung des Beihilfeverbots auf steuerliche Maßnahmen entnommen werden. Wenn einerseits zwischen steuerlichen und nichtsteuerlichen Maßnahmen bei der grundsätzlichen Anwendbarkeit des Beihilfeverbots aus wettbewerbspolitischen Gründen kein Unterschied gemacht werden kann, so dürfen andererseits steuerliche Maßnahmen beihilferechtlich nicht nach anderen Maßstäben beurteilt werden, als dies ansonsten geschieht und als dies durch den primärrechtlichen Tatbestand des Art. 87 Abs. 1 EG gedeckt ist: Das Merkmal „gleich welcher Art" gebietet insoweit eine gleiche Behandlung auch für steuerliche Maßnahmen. Soweit Kommission und EuG/EuGH bei der beihilferechtlichen Untersuchung und Bewertung steuerlicher Maßnahmen einen Maßstab zugrunde legen, der vom Wortlaut des Art. 87 EG abweicht (Ausnahmeformel), muss gewährleistet bleiben, dass die tatbestandlichen Grenzen des Beihilfeverbots nicht überdehnt werden.

---

[226] Diese zweistufige Prüfung wird auch durch das Verhältnis von Art. 87 Abs. 1 zu den Abs. 2 und 3 EG vorgegeben.

b) Vorbehalt der steuerlichen Interessen der Mitgliedstaaten

Soweit die mitgliedstaatlichen Hoheiten zur umfassenden Regelung und Ausgestaltung ihrer Steuersysteme – als notwendiges Mittel zur Umsetzung bei ihnen verbleibenden Fiskalinteresses (als Gegenstück zu dem ebenfalls bei ihnen verbleibenden umfassenden staatlichen Versorgungsauftrag) – allein zuständig bleiben, muss es nach dem gemeinschaftsrechtlichen Verhältnismäßigkeitsgrundsatz und im Sinne des Gebots der gegenseitigen Interessenwahrung nach Art. 10 EG andererseits möglich sein, dass dieses primärrechtlich legitimierte steuerliche Interesse der Mitgliedstaaten im Einzelfall und unter bestimmten Voraussetzungen auch gegenüber dem Beihilfeverbot Bestand hat; das von Kommission und EuG/EuGH anerkannte (außertatbestandliche) Rechtfertigungskriterium scheint dies im Grundsatz anzuerkennen. Dieser Ansatz entspricht auch der Praxis des EuGH im allgemeinen steuerlichen Bereich.

Kapitel 4

Staatliche oder aus staatlichen Mitteln gewährte Beihilfe – Bedeutung dieses Merkmals im Kontext steuerlicher Maßnahmen

A. Bestandteile dieses Tatbestandsmerkmals

Das Merkmal der staatlichen oder aus staatlichen Mitteln gewährten Beihilfen wird herkömmlich in zwei Komponenten aufgeteilt: Die Staatlichkeit der Mittel und eine Übertragung derselben auf den oder die Begünstigten.

I. Mittel der Mitgliedstaaten und ihrer Untergliederungen

Während die Mitgliedstaaten die Verbotsadressaten und die Unternehmen oder Produktionszweige die Subjekte des Beihilfetatbestandes darstellen, beschreiben die übrigen Merkmale das Objekt des Verbots, die Beihilfe selbst. Es wurde bereits dargelegt, dass das Wesen der Beihilfe als solcher in der selektiven Begünstigung liegt, durch welche bestimmte Wirtschaftssubjekte einen Vorteil erhalten. Das Merkmal der Staatlichkeit bzw. der Gewährung aus staatlichen Mitteln beschreibt ebenfalls das Objekt des Tatbestandes, die Beihilfe selbst.[227] Dabei ist dem Schutzzweck des Art. 87 Abs. 1 EG entsprechend gleichgültig, ob die Mittel vom Mitgliedstaat selbst, oder von seinen Untergliederungen, Anstalten, Körperschaften, sonstigen Einrichtungen oder Betrieben gewährt werden.[228]

1. Allgemeine Probleme

Die Mittel, welche die Beihilfe ausmachen, müssen nach der Rechtsprechung des EuGH nicht einem staatlichen *Haushalt* entstammen: Wie im Urteil „*van der Kooy*“ entschieden, können auch Mittel eines vollständig privaten Rechtsträgers zu einer staatlichen Beihilfe werden, wenn z.B. der Staat als Anteilseigner auf ihre Vergabe einen bestimmenden Einfluss nehmen kann.[229] Wie ebenfalls in anderen Urteilen des EuGH deutlich wird, kommt es für die Staatlichkeit

---

[227] Die Merkmale der Wettbewerbsverfälschung und der Handelsbeeinträchtigung beschreiben dagegen nur die Wirkungen der *gemeinschaftsrechtswidrigen* Beihilfe – nicht den Begriff der Beihilfe als solcher (natürlich sind sie dennoch Tatbestandsmerkmale des Art. 87 Abs. 1 EG).

[228] Vgl. exemplarisch das *Vademekum* der Kommission, Punkt 2. a).

[229] EuGH, Urteil vom 2. Februar 1988 in den verbundenen Rs. C-67, 68 und 70/85, Slg. 1988, 219. In diesem Fall hatte ein im hälftigen Besitz der Niederlande stehendes Gasunternehmen, in dessen Entscheidungsgremien der Staat somit hälftig vertreten war und dessen Tarife nach staatlicher Genehmigung festgesetzt wurden, bestimmten Abnehmern Vorzugstarife gewährt. In dem zeitlich nachfolgenden Urteil „*Stardust Marine*“ machte der EuGH die staatliche Herkunft der Mittel in einem ähnlichen Fall allerdings von der Frage abhängig, ob ihre konkrete Gewährung staatlich beeinflusst wurde. Urteil vom 16. Mai 2002 in der Rs. C-482/99, Slg. 2002, I-4397.

der Mittel nicht auf die Organisationsform der gewährenden Einheit, sondern darauf an, dass deren Einrichtung oder Tätigkeit jedenfalls teilweise unter rechtlicher oder faktischer staatlicher Kontrolle steht.[230] Bereits im Urteil „*Steinike und Weinlig*“[231] – er hatte dort über die Gemeinschaftswidrigkeit einer der deutschen Ernährungswirtschaft auferlegten Sonderabgabe zu entscheiden, die über einen Fonds u.a. die Tätigkeit der CMA (*Centrale Marketinggesellschaft der deutschen Agrarwirtschaft*) mit dem Ziel finanzierte, den Absatz deutscher Agrarprodukte im In- und Ausland zu fördern – entschied der EuGH, dass das Beihilfeverbot sämtliche staatlichen oder aus staatlichen Mitteln gewährten Beihilfen erfasst, „*ohne dass danach zu unterscheiden [wäre], ob diese unmittelbar vom Staat oder durch von ihm zur Durchführung der betreffenden Regelung errichtete oder beauftragte öffentliche oder private Einrichtungen gewährt würden]*“.[232] Dabei wurde es als entscheidend angesehen, dass die Errichtung des Agrarfonds sowie die Erhebung der Abgabe (ohne weitere staatliche Einflussnahme auf dessen Tätigkeit) *per Gesetz* erfolgte.[233]

Diese Anknüpfung der Rechtsprechung an eine durch den Staat (rechtlich oder faktisch, d.h. durch Gesetz, Mitentscheidung in den Gremien etc.) kontrollierte *Einrichtung*, welche Mittel ausreicht, die somit zumindest auch einer *institutionalisierten* staatlichen Verfügung unterstehen, findet sich auch in der Entscheidung des EuGH in Sachen „*PreussenElektra*“ wieder.[234] Dort ging es um die

---

[230] Im Sinne einer faktischen Kontrolle: Urteil vom 30. Januar 1985 in der Rs. C-290/83 („*CNCA*“), Slg. 1985, 439, Rn. 15. Dieser Fall betraf finanzielle Zuwendungen, die von der *Caisse nationale de crédit agricole* aus privaten Mitteln aufgebracht wurden, und über deren Verteilung der Verwaltungsrat entschied, in dem der Staat nicht die Mehrheit stellte; die Kommission sah es jedoch als entscheidend an, dass der Beschluss über die Verteilung der Mittel (u.a. an bedürftige Landwirte) trotz der anderweitigen Mehrheitsverhältnisse jedenfalls auf staatlichen Druck und staatliches Betreiben zustande gekommen war (Rn. 7 f). Der EuGH bejahte die staatliche Herkunft der Mittel damit, dass der Beschluss des Verwaltungsrates nach den zugrundeliegenden gesetzlichen Vorschriften erst nach behördlicher Genehmigung verbindlich wurde (Rn. 13 ff).

[231] EuGH, Urteil vom 22. März 1977 in der Rs. C-78/76, Slg. 1977, 595.

[232] EuGH, Urteil vom 22. März 1977 in der Rs. C-78/76, Slg. 1977, 595, Rn. 21.

[233] EuGH, Urteil vom 22. März 1977 in der Rs. C-78/76, Slg. 1977, 595, Rn. 22: „*Eine staatliche Maßnahme, die bestimmte Unternehmen [...] begünstigt, verliert die Eigenschaft eines unentgeltlichen Vorteils nicht dadurch, dass sie ganz oder teilweise durch Beiträge finanziert wird, die von Staats wegen von den betreffenden Unternehmen erhoben werden.*“ Vgl. auch EuGH, Urteil vom 2. Juli 1974 in der Rs. C-173/73 (Italien./.Kommission, „*Familienzulage*“), Slg. 1974, 709. In dieser Entscheidung hatte der EuGH eine italienische Regelung zugunsten der Textilindustrie zu untersuchen, welche eine Befreiung von den Soziallasten (Zahlung von Familienzulagen an Arbeitnehmer) vorsah. Er bestätigte das Vorliegen staatlicher Mittel, mit der Begründung, die zur Zahlung der Zulage verwendeten Mittel würden „*nach innerstaatlichen Rechtsvorschriften durch Zwangsbeiträge gespeist und [...] gemäß diesen Rechtsvorschriften verwaltet und verteilt*“ (Rn. 33 ff).

[234] Urteil vom 13. März 2001 in der Rs. C-379/98, Slg. 2001, I-2099. *Heidenhain*, Rn. 27 ff zu § 4, setzt sich ausführlich und sehr kritisch mit diesem Urteil auseinander, das er allerdings als Bruch mit der vorangegangenen Rechtsprechung ansieht.

gesetzliche Verpflichtung der privaten Energieversorger, in ihrem Versorgungsgebiet erzeugten Strom aus erneuerbaren Energien zu einem über dem Marktpreis liegenden Mindestpreis abzunehmen. Der EuGH lehnte eine Beihilfe aus staatlichen Mitteln ab und stellte klar, dass die in Art. 87 Abs. 1 EG vorgenommene *„Unterscheidung zwischen staatlichen ‚und aus staatlichen Mitteln gewährten' Beihilfen [...] nicht [bedeutet], dass alle von einem Staat gewährten Vorteile unabhängig davon Beihilfen darstellen, ob sie aus staatlichen Mitteln finanziert werden, sondern dient nur dazu, in den Beihilfebegriff [...] [auch die] Vorteile [einzubeziehen], die über eine vom Staat benannte oder errichtete öffentliche oder private Einrichtung gewährt werden".* Die streitgegenständliche Regelung, nach der Elektrizitätsversorgungsunternehmen verpflichtet wurden, den in ihrem Versorgungsgebiet erzeugten Strom aus erneuerbaren Energiequellen zu Mindestpreisen über dem tatsächlichen wirtschaftlichen Wert dieses Stroms abzunehmen, wobei die sich hieraus ergebenden finanziellen Belastungen zwischen den Elektrizitätsversorgungsunternehmen und den privaten Betreibern der vorgelagerten Stromnetze aufgeteilt werden, stellte nach Ansicht des EuGH daher keine Beihilfe dar."[235] Kommissions- und Rechtsprechungspraxis tendieren dementsprechend dahin, solche Regelungen als beihilferechtlich unbedenklich anzusehen, während Vorschriften, welche die Einrichtung bestimmter Institutionen (z.B. Fonds) vorsehen, beanstandet werden.[236]

Die staatliche Herkunft der Mittel muss danach jedenfalls dann als gegeben angesehen werden, wenn diese vor der „Verteilung" einer Institution (öffentlichen oder privaten Rechts) zustanden, deren Verfügungsbefugnis durch mittelbare oder unmittelbare, rechtliche oder faktische hoheitliche Einflussmöglichkeiten (auch einer gesetzlichen Regelung) bestimmt wurde. Wie aus den dargestellten Urteilen ersichtlich, ist die Belastung eines staatlichen Haushalts grundsätzlich weder erforderlich, noch maßgebend[237], da auch die Mittel nichtstaatlicher Institutionen erfasst werden können.

2. Steuerliche Beihilfen

Die Leitlinien für steuerliche Beihilfen bestimmen in Übereinstimmung mit der ständigen Anwendungspraxis: *„Ein Steuereinnahmeverlust steht der Verwendung staatlicher Mittel in Form von Steuerausgaben gleich."*[238] Der Begriff des Einnahme*verlusts* ist ungenau, wird aber in der Kommissionspraxis auch kaum verwendet. Die meisten Entscheidungen im Zusammenhang mit steuerlichen

---

[235] Urteil vom 13. März 2001 in der Rs. C-379/98, Slg. 2001, I-2099, Leitsatz 2 des Urteils (s.a. Rn. 58).
[236] S.a. hier *Heidenhain* Rn. 32.
[237] Belastet werden muss aber der Haushalt oder das Budget der Institution, in deren Rahmen die Mittel vereinnahmt wurden (bzw. in deren Rahmen auf die Vereinnahmung verzichtet wurde); vgl. EuGH, Urteil vom 17. März 1993 in den verbundenen Rs. C-72 und 73/91 („*Sloman Neptun*"), Slg. 1993, I-887, Leitsatz 1.
[238] Leitlinien, Rn. 10.

Beihilfen stellen auf einen Einnahme*verzicht* ab. Im Anwendungsbericht heißt es dazu, dass ein Einsatz staatlicher Mittel gegeben ist, „*wenn die normale steuerliche Belastung des Empfängers verringert wurde. Gewährt der Staat Steuervorteile, verzichtet er damit gleichzeitig auf Einnahmen, so dass mit einem Steuervorteil immer auch ein Einnahmeverlust für den Staat verbunden ist.*“[239]

Bei einem Verzicht ist die übliche Aufteilung des Merkmals der staatlichen oder aus staatlichen Mitteln gewährten Beihilfe (in die Identifizierung dieser Mittel und der Verfügung über sie) nicht offensichtlich. Der Verzicht stellt als Unterlassen aber genau das Gegenteil einer Vorteilsgewährung durch Ausreichung von Mitteln dar. Somit muss auch hier geprüft werden, ob dem Staat bestimmte Mittel grundsätzlich zustanden, d.h., ob er ihre Festsetzung, Erhebung und Beitreibung im steuerlichen Verfahren hätte vornehmen dürfen, und ob er auf die Realisierung seine Anspruchs als Steuergläubiger sodann (durch die Maßnahme) verzichtet hat. Ersteres Merkmal entspricht der Herkunft der Mittel, letzteres der Verfügung über sie.[240]

Für die Feststellung, ob bzw. in welcher Höhe die Einnahme staatlicher Mittel unterlassen wurde, ist somit zu vergleichen, welche Steuerschuld/-belastung sich ohne die betreffende Maßnahme ergeben hätte. So ist in Bezug auf Einzelmaßnahmen, die nicht erst an eine festgestellte oder festgesetzte bzw. bereits erhobene Steuer anknüpfen, die *ursprüngliche* Steuerschuld ggf. noch nicht ermittelbar, weil der Gewinn als relevante Bezugsgröße noch nicht feststeht.[241] Bei anderen Maßnahmen – beispielsweise einer Freistellung von Körperschaft steuervorauszahlungen – liegt dagegen unabhängig von einem späteren Gewinn idR. ein Liquiditätsvorteil in Höhe der unterbliebenen Vorauszahlung vor, der aufgrund der insoweit maßgeblichen Festsetzungen des *vorangegangenen* Fiskaljahres auch genau ermittelbar ist. Bei der allgemeinen Untersuchung steuerlicher Regelungen kommt es dagegen nicht auf eine Einzelfallbetrachtung an: Gewinnermittlungen oder -prognosen sind somit entbehrlich, da die generelle Eignung der betreffenden Regelung, den Begünstigten eine Minderung ihrer ansonsten zu

---

[239] Anwendungsbericht, Rn. 18.

[240] Die in Bezug auf Beihilfen sonstiger Art teilweise bestehende Problematik einer Abgrenzung der Verfügungsgewalt des Staates gegenüber „öffentlich-rechtlich-verstrickten“ privaten Rechtsträgern und ihrer Mittel (vgl. diesbezüglich v.a. EuGH, Urteil vom 16. Mai 2002 in der Rs. C-482/99 („*Stardust Marine*“), Slg. 2002, I-4397) stellt sich bei steuerlichen Beihilfen nicht, da Steuern nur von den dazu gesetzlich ermächtigten Behörden des Mitgliedstaates und seiner regionalen oder lokalen Untergliederungen erhoben werden können. Dementsprechend ist auch ein (teilweiser) Verzicht auf Steuereinnahmen nur durch diese möglich.

[241] Dies ist z.B. der Fall, wenn Ermäßigungen der Bemessungsgrundlage oder Steuergutschriften versprochen wurden, das Fiskaljahr aber noch nicht um und die Höhe der Bemessungsgrundlage für das betroffene Unternehmen somit noch offen ist. In diesen Fällen kann zunächst nicht ermittelt werden, welche Mittel dem Staat ohne die streitige Maßnahme zustanden.

tragenden Steuerlast zuteil werden zu lassen, für die Ermittlung des Vorliegens staatlichen Mittel ausreicht.

Bei Maßnahmen im Bereich der direkten Steuern kommt regelmäßig nur eine Belastung des *Staats*haushalts (oder einer untergliederten staatlichen oder unterstaatlichen Gebietskörperschaft) zur Herkunft der Mittel in Betracht. Die bei anderen Maßnahmen gegebene Möglichkeit einer Belastung des Haushalts oder Budgets von anderen (privaten oder öffentlich-rechtlichen) Institutionen besteht bei hier grundsätzlich nicht, da keine solchen eingeschaltet sind. Probleme hinsichtlich der staatlichen Herkunft der Mittel können sich für steuerliche Maßnahmen gleichwohl ergeben. In dem Vorlageverfahren „*Adria-Wien-Pipeline*“[242] – ein Beispiel aus dem Bereich der indirekten Steuern – hatte der EuGH über die Vereinbarkeit gesetzlicher Regelungen Österreichs zur Besteuerung des Energieverbrauchs zu befinden. Dabei war diesem Fall eine ähnliche Problematik inhärent wie der Entscheidung „*PreussenElektra*“.[243] Der EuGH hatte die für alle Unternehmen und Produktionszweige gleichermaßen geltende Einführung der Energieverbrauchsteuer im Zusammenhang mit einer nur für die Unternehmen des produzierenden Gewerbes geltenden teilweisen Rückvergütung der erhobenen Steuern zu bewerten. Er sah die vorgesehene Rückvergütung als Beihilferegelung an. Die Übertragung staatlicher Mittel wurde in der Entscheidung nicht angesprochen, wäre aber unproblematisch in der Auskehrung der zuvor vereinnahmten (und dadurch zu staatlichen Mitteln gewordenen) Steuern zu sehen. Hätte der österreichische Gesetzgeber dagegen statt einer nachträglichen Vergütung von vorneherein eine Freistellung geregelt, wäre es bei dieser neu eingeführten Besteuerung wohl nicht möglich gewesen, einen „Verzicht“ auf staatliche Mittel zu begründen. Denn erst durch die Einführung der Steuer selbst wurden die privaten Mittel der Unternehmen konstitutiv dem Besteuerungszugriff unterworfen.

II. Übertragung dieser Mittel (Verzicht)

Das Vorliegen einer Beihilfe setzt nach Kommissions- und Rechtsprechungspraxis die mittelbare oder unmittelbare Übertragung staatlicher Mittel auf das begünstigte Unternehmen voraus.[244] Eine weitergehende Interpretation des Merkmals der staatlichen Beihilfen, nach der auch nicht *übertragene* Vorteile unter den Beihilfebegriff fallen könnten, hat nicht die Billigung der Rechtsprechung gefunden.[245] Insofern muss auch die Formulierung der Leitlinien für steu-

---

[242] EuGH, Urteil vom 8. November 2001 in der Rs. C-143/99 (Slg. 2001, I-8365)

[243] Urteil vom 13. März 2001 in der Rs. C-379/98, Slg. 2001, I-2099. *Heidenhain*, Rn. 27 ff zu § 4, setzt sich ausführlich und sehr kritisch mit diesem Urteil auseinander, das er allerdings als Bruch mit der vorangegangenen Rechtsprechung ansieht.

[244] S. hierzu *Heidenhain*, Rn. 19 und Rn. 33 zu § 4.

[245] EuGH, Urteil vom 17. März 1993 in den verbundenen Rs. C-72 und 73/91 („*Sloman Neptun*“), Slg 1993, I-887, Rn. 19; s.a. die Schlussanträge des Generalanwalts *Marco Darmon* vom 17. März 1992, Slg. 1993, I-903.

erliche Beihilfen, welche das Merkmal des Vorteils aus staatlichen Mitteln auf den Einnahme*verlust* beschränkt[246], zumindest als unvollständig angesehen werden. Denn das Vorliegen eines Einnahmeverlusts belegt noch nicht, ob Mittel übertragen wurden oder ob sich der Verlust anderweitig ergeben hat. Zur Klarstellung: Die Aussage des Anwendungsberichts, wonach mit der Gewährung von Steuervorteilen „*immer auch ein Einnahmeverlust für den Staat verbunden ist*"[247] trifft zu. Die Aussage der Leitlinien, für die Feststellung des Merkmals der staatlichen oder aus staatlichen Mitteln gewährten Beihilfe sei die Feststellung eines Einnahmeverlusts ausreichend, dagegen nicht. Denn nach der Rechtsprechung des EuGH kommt es nicht allein auf das spätere *Vorhandensein* eines Vorteils beim Begünstigten und eines entsprechenden Einnahmeverlusts, sondern darauf an, dass dieser Vorteil durch den Staat – unmittelbar oder mittelbar – *übertragen* wurde. Im Hinblick auf Beihilfen, die durch Belastungsminderung gewährt werden, ist als Übertragungsakt stets ein Verzicht (auch faktisch) erforderlich.

1. Übertragung

Im Vorlageverfahren „*Sloman Neptun*"[248] war eine deutsche Regelung streitig, die für Schiffe, welche nicht im normalen, sondern im internationalen Schifffahrtsregister eingetragen waren, die Heuerung von Seeleuten aus Drittstaaten zu Konditionen ermöglichte, die von den geltenden Tarifvereinbarungen abwichen. Das vorlegende Gericht sah darin eine Vorschrift, welche Unternehmen teilweise von den Lasten freistellen sollte, die sich aus der normalen Anwendung des allgemeinen Abgabensystems ergäben, und die Reeder insbesondere durch geringere Sozialabgaben begünstigte.[249] Auch die Kommission erblickte in der Vorschrift eine Beihilferegelung, in deren Rahmen der deutsche Fiskus auf Steuereinnahmen verzichte.[250] Diese Auffassung teilte der EuGH nicht. Unter Bezugnahme auf das Urteil in der Sache „*van Tiggele*"[251] stellte er zunächst klar, dass „*nur solche Vorteile als Beihilfen [...] anzusehen [sind], die unmittelbar oder mittelbar aus staatlichen Mitteln gewährt werden [..] [und] dass die aus anderen als staatlichen Mitteln gewährten Vorteile nicht in den Anwendungsbe-*

---

[246] Leitlinien, Rn. 10.

[247] Anwendungsbericht, Rn. 18.

[248] EuGH, Urteil vom 17. März 1993 in den verbundenen Rs. C-72 und 73/91, Slg 1993, I-887; Schlussanträge des Generalanwalts *Darmon* vom 17. März 1992, Slg. 1993, I-903.

[249] EuGH, Urteil vom 17. März 1993 in den verbundenen Rs. C-72 und 73/91, Slg 1993, I-887, Rn. 14 f.

[250] EuGH, Urteil vom 17. März 1993 in den verbundenen Rs. C-72 und 73/91, Slg 1993, I-887, Rn. 17. Wie Generalanwalt *Darmon* in seinen Schlussausführungen darlegte, konnte in dieser Regelung ein Verzicht der Bundesregierung auf Steuereinnahmen gesehen werden: Denn die in Deutschland einkommensteuerpflichtigen philippinischen Seeleute – deren beschränkte Steuerpflicht ergibt sich nach dem Quellenprinzip, da das unter deutscher Flagge registrierte Schiff zum Territorium der Bundesrepublik zählt – hatten wesentlich geringere Einkünfte zu versteuern als ihre deutschen Kollegen.

[251] EuGH, Urteil vom 24. Januar 1978 in der Rs. C-82/77, Slg. 1978, 25, Rn. 23 ff.

reich der fraglichen Vorschrift fallen.“[252] Er bezog sich damit indirekt auf die Ausführungen des Generalanwalts, der eine begünstigende Wirkung der streitigen Maßnahme für die deutschen Reeder hauptsächlich in der ermöglichten Zahlung einer niedrigen Heuer zu Lasten der Seeleute aus Drittstaaten erblickte, und das niedrigere Steueraufkommen lediglich als Reflex hiervon ansah.[253] Der EuGH stellte weiter fest:

> „*Die fragliche Regelung zielt ihrem Zweck und ihrer allgemeinen Systematik nicht auf die Schaffung eines Vorteils ab, der eine zusätzliche Belastung für den Staat [...] darstellen würde, sondern mit ihr soll lediglich der Rahmen verändert werden, innerhalb dessen die vertraglichen Beziehungen zwischen [den Reedereien] und ihren Arbeitnehmern zustande kommen. Die sich daraus ergebenden Folgen sind, sowohl soweit sie die vom vorlegenden Gericht erwähnte Differenz in der Berechnungsgrundlage für die Sozialversicherungsbeiträge als auch soweit sie die von der Kommission angeführte eventuelle Einbuße an Steuererträgen infolge der geringen Höhe der Vergütung betreffen, einer solchen Regelung immanent und stellen kein Mittel dar, um den betroffenen Unternehmen einen bestimmten Vorteil zu gewähren.*“[254]

Der EuGH hat diese Ansicht, die auf einen erforderlichen Übertragungsakt abstellt, kurze Zeit später im Urteil „*Kirsammer-Hack*“ bestätigt.[255] Dagegen scheint die Kommission insoweit nach wie vor einen anderen Ansatz zu verfolgen: So stuft sie Maßnahmen der Mitgliedstaaten, die wie im Fall „*Sloman Neptun*“ eine Minderung der steuerlichen oder aus Sozialabgaben resultierenden Belastungen für Seeleute, die auf in internationalen Registern eingetragenen Schiffen heuern, weiterhin als *tatbestandliche* Beihilfe ein; erst im Wege einer

---

[252] EuGH, Urteil vom 17. März 1993 in den verbundenen Rs. C-72 und 73/91, Slg 1993, I-887, Rn. 19. Dies ist kein Widerspruch zu der o.g. Feststellung, dass die Übertragung staatlicher Mittel nicht notwendigerweise zu einer Belastung staatlicher Haushalte führen muss. Der EuGH stellt in Leitsatz 1 des Urteils klar, dass auch eine Belastung für die vom Staat benannten oder errichteten öffentlichen oder privaten Einrichtungen genügt. In diesem Sinne auch EuGH, Urteil vom 22. November 2001 in der Rs. C-53/00 („*Ferring*“), Slg. 2001, I-9067, Rn. 15: „*Der Begriff der Beihilfe [...] kann nur Vorteile bezeichnen, die unmittelbar oder mittelbar aus staatlichen Mitteln finanziert werden oder die eine zusätzliche Belastung für den Staat oder die für diesen Zweck benannten oder errichteten Einrichtungen darstellten [...].*“

[253] Schlussanträge des Generalanwalts *Darmon* vom 17. März 1992, Slg. 1993, I-903, Rn. 12 ff zum Urteil des EuGH vom 17. März 1993 in den verbundenen Rs. C-72 und 73/91, Slg 1993, I-887.

[254] Rn. 21 der Entscheidung. Die Ausführungen des Generalanwalts zu den Merkmalen eines Vorteils aus staatlichen Mitteln und zur Selektivität sind wesentlich ausführlicher. *Darmon* problematisierte zunächst ausführlich das Vorliegen eines Vorteils (für die betreffenden deutschen Reeder) aus staatlichen Mitteln (Rn. 12 bis 47 der Schlussanträge), sowie anschließend ausführlichst die Frage der Selektivität (Rn. 47 ff).

[255] Urteil vom 30. November 1993 in der Rs. C-189/91, Slg. 1993, I-6185. Rn. 17. Es ging dort ähnlich wie im Fall „*Sloman Neptun*“ um Ausnahmen von den allgemeinen Regelungen betreffend ungerechtfertigte Kündigungen für Kleinbetriebe.

Genehmigung nach Art. 87 Abs. 3 lit. c EG werden entsprechende Maßnahmen ggf. anerkannt.[256]

2. Stoffgleichheit zwischen Verzicht und Vorteil – „Minderung der vom Begünstigten normalerweise zu tragenden Belastung"

Probleme ergeben sich teilweise auch hinsichtlich einer Stoffgleichheit zwischen dem Vorteil beim begünstigten Unternehmen und dem staatlichen Einnahmeverzicht. Eine solche Stoffgleichheit folgt zwingend aus dem Wesen des Vorteils und wird auch von der Kommission auch durch ihre Formulierungen anerkannt, wonach durch den Vorteil die von dem begünstigten Unternehmen normalerweise zu tragenden Belastungen vermindert werden und der daraus resultierende Steuereinnahmeverlust der Verwendung staatlicher Mittel in Form von Steuerausgaben gleichsteht.[257] Anders formuliert: *„Gewährt der Staat Steuervorteile, verzichtet er damit gleichzeitig auf Einnahmen."*[258] Die Entscheidungspraxis von Kommission und Rechtsprechung hinsichtlich dieser Stoffgleichheit ist aber uneinheitlich. So wird in einigen Entscheidungen der gewährte Vorteil offenbar ohne weiteres spiegelbildlich in einem durch die Regelung begründeten Verzicht auf staatliche Einnahmen erblickt:

> *„Die Bewilligung einer Minderung des zu versteuernden Gewinns [...] kann sich für den Begünstigten als eine Steuerminderung auswirken und folglich für die [...] Staatskasse zu Steuermindereinnahmen führen."*[259]

In anderen Fällen wird dieses Merkmal dagegen völlig außer Acht gelassen. So spielte in dem Urteil Deutschland./.Kommission[260] die Stoffgleichheit offenbar keine Rolle. Verfahrensgegenstand war eine Änderung von § 6b EStG, einer Vorschrift, die allen in Deutschland unbeschränkt steuerpflichtigen Personen die Übertragung stiller Reserven bei der Veräußerung bestimmter Anlagegüter und anschließende Reinvestitionen ermöglicht. Gewinne aus der Veräußerung konnten nach der streitigen Fassung von den Anschaffungskosten für Anteile an Kapitalgesellschaften mit Sitz und Geschäftsleitung in den neuen Bundesländern

---

[256] Siehe exemplarisch die Entscheidung vom 11. Dezember 2003 betreffend eine Zuschussregelung Deutschlands (ABl. C 28 vom 31. Januar 2004, 2; die Entscheidung selbst ist verfügbar auf der Internetseite der GD Wettbwerb unter < www.europa.eu.int/comm/secretariat_general/sgb/state_aids > „Transport", Verfahren NN 135/03). Vgl. die entsprechenden Entscheidungen betreffend eine finnische (ABl. C 65 vom 13. März 2004, 5) und eine dänische Regelung (ABl. C 28 vom 31. Januar 2004, 1).

[257] Vgl. Rn. 9 f der Leitlinien.

[258] Anwendungsbericht, Rn. 18.

[259] Entscheidung vom 24. Juni 2003 („*US-Verkaufsgesellschaften Belgien*"), ABl. L 23 vom 28. Januar 2004, 14, Rn. 51. S.a. Entscheidung vom 5. September 2002 („*Kontroll- und Koordinierungszentren Deutschland*"), ABl. L 177 vom 16. Juli 2003, 17, Rn. 29; Entscheidung vom 16. Oktober 2002 („*Koordinierungszentren Luxemburg*"), ABl. L 170 vom 9. Juli 2003, 20, Rn. 47 und 58.

[260] EuGH, Urteil vom 19. September 2000 in der Rs. C-156/98, Slg. 2000, I-6857.

oder in Berlin abgezogen werden[261] Die Kommission sah hierin eine gemeinschaftsrechtswidrige Beihilferegelung zugunsten der erfassten ostdeutschen Unternehmen. Diese würden als präferentielles Ziel von Investoren infolge der Regelung indirekt begünstigt.[262] Der EuGH stellte einleitend klar, dass eine allgemeine Regelung, welche allen Steuerpflichtigen die Übertragung stiller Reserven infolge der Veräußerung und Anschaffung verschiedener Anlagegüter ermögliche, „*diesen [zwar] einen Vorteil verschafft*", als solche aber keine Beihilferegelung darstelle.[263] Er teilte aber die Ansicht der Kommission, dass die Beschränkung dieser Übertragbarkeit auf Investitionen in bestimmte Unternehmen in den neuen Bundesländern einen (mittelbaren) Vorteil *für diese* darstelle.[264] Anschließend nahm der EuGH einen steuerlichen Vorteil für die Investoren durch den (vorübergehenden) Einnahmeverzicht des Staates an.[265] Diese Argumentation ist schwer nachzuvollziehen: Denn nur hinsichtlich der mittelbar begünstigten ostdeutschen Unternehmen konnte eine selektive Maßnahme angenommen werden, wie der EuGH selbst ausführte. Wenn diese aus der Regelung auch einen mittelbaren Vorteil (gesteigerte Attraktivität für Investoren) erzielten, so fand doch die *Steuerminderung* und damit der staatliche Einnahmeverzicht gegenüber den Investoren statt. Diese hatten zwar insoweit auch einen Vorteil (Stundungseffekt), waren aber nicht selektiv begünstigt. So hätte hier auch deshalb keine Beihilferegelung angenommen werden dürfen, weil Einnahmeverzicht und (mittelbarer) selektiver Vorteil auseinander fielen.[266]

3. Verzichtsbetrag bei Einzelfallbeihilfen

Hinsichtlich steuerlicher Regelungen kann es nicht auf eine kalkulatorische Ermittlung des Verzichts ankommen; insofern ist ausreichend, dass sich ihr einnahmemindernder Charakter generell aus der Regelung ergibt.[267] In der Ent-

---

[261] EuGH, Urteil vom 19. September 2000 in der Rs. C-156/98, Slg. 2000, I-6857, Rn. 9.
[262] EuGH, Urteil vom 19. September 2000 in der Rs. C-156/98, Slg. 2000, I-6857, Rn. 12.
[263] EuGH, Urteil vom 19. September 2000 in der Rs. C-156/98, Slg. 2000, I-6857, Rn. 22.
[264] EuGH, Urteil vom 19. September 2000 in der Rs. C-156/98, Slg. 2000, I-6857, Rn. 24.
[265] EuGH, Urteil vom 19. September 2000 in der Rs. C-156/98, Slg. 2000, I-6857, Rn. 26 ff.
[266] Ähnlich verhielt es sich in dem Urteil vom 23. Februar 1961 in der Rs. C-30/95 („*Gezamenlijke Steenkolenmijnen*"), Slg. 1961, 3): Dort hatte der EuGH eine Regelung untersagt, welche eine steuerfreie Schichtzulage für die Kumpel deutscher Minen einführte. Diese Schichtzulage wurde aus dem (ansonsten an den Fiskus abzuführenden) Lohnsteueraufkommen von den Betrieben direkt an die Arbeitnehmer gezahlt. Der EuGH erblickte hierin eine mittelbare Begünstigung der Bergbauunternehmen. Dies ist nicht haltbar, da ebenfalls keine Identität von Verzicht und Vorteil vorliegt. Denn die Finanzierung der Zulage erfolgte aus dem den Arbeitnehmern zustehenden Bruttogehalt.
[267] In diesem Sinne: Entscheidung vom 16. Oktober 2002 („*Finanzierungsgesellschaften Luxemburg*"), ABl. L 153 vom 20. Juni 2003, 40, Rn. 44. Auch in der Entscheidung „*internationale Finanzierungsaktivitäten Niederlande*" führte die Kommission hinsichtlich der Frage des Einsatzes staatlicher Mittel (Einnahmeverzicht) aus, dass dies „*zu einem bestimmten Zeitpunkt auf der Ebene des einzelnen Unternehmens*" beurteilt werden müsse. Entscheidung vom 17. Februar 2003 (ABl. L 180 vom 18. Juli 2003, 52, Rn 84).

scheidung „*Kontroll- und Koordinierungszentren Deutschland*“[268] beurteilte die Kommission eine Regelung, welche für internationale Konzerne eine Gewinnermittlung nach der – für die Betreffenden günstigen – Kostenaufschlagsmethode vorsah. Sie sah einen (potentiellen) Verzicht auf Steuereinnahmen (u.a.) darin, dass der Erlass den Finanzbehörden selbst dann die Möglichkeit der Festsetzung eines höheren Gewinnaufschlags nehme, wenn sich dies im Einzelfall als angebracht erweisen sollte.[269] Dementsprechend erachtete die Kommission in ihrer Entscheidung „*US-Verkaufsgesellschaften Belgien*“[270] die durch die untersuchte Regelung ermöglichte Einnahmeminderung als ausreichend.[271] Dies ist insofern nicht zu beanstanden, als auf einen Vergleich zu der Steuerlast abgestellt wird, die sich ohne die Anwendung der Sonderregel ergeben hätte.

In beihilferechtlichen Einzelprüfverfahren muss jedoch die Höhe des Steuerverzichts ermittelt werden, was generell auch der Ansicht der Kommission entspricht[272], aber nicht immer beachtet wird. Knüpft die Steuervergünstigung an eine künftige Gewinnerzielung an (ist sie also vorab nicht als Betrag darstellbar), muss zunächst der Gewinn ermittelt werden, da ansonsten nicht festgestellt werden kann, in welcher Höhe auf staatliche Mittel verzichtet wird. Wird bei den Ertragsteuern kein Gewinn erwirtschaftet, hätte der Staat dann auch ohne die gewährte Maßnahme keine Mittel eingenommen.[273] Diese Problematik wird z.B. im Fall „*Demesa*“[274] deutlich: Hier hatte die Kommission u.a. eine aufgrund regionaler Regelung vorgesehene Ermäßigung der steuerlichen Bemessungsgrundlage *in ihrer Anwendung auf den Einzelfall* zu beurteilen. Zu der Höhe dieser Ermäßigung machte sie in ihrer Entscheidung keine Angaben, sondern nahm – aufgrund allgemeiner Wertungen in Bezug auf die zugrundeliegende Regelung – insoweit eine Beihilfe an. Das EuG stellte anschließend fest, dass „*Demesa*“ die betreffende Regelung überhaupt nicht in Anspruch genommen hatte.[275] Die Kommission hatte dazu angeführt, dass unter der Durchführung

---

[268] Entscheidung vom 5. September 2002 (ABl. L 177 vom 16. Juli 2003, 17).
[269] Entscheidung vom 5. September 2002 (ABl. L 177 vom 16. Juli 2003, 17), Rn. 23, 28, 34.
[270] Entscheidung vom 24. Juni 2003 (ABl. L 23 vom 28. Januar 2004, 14); vgl. IP/03/887 vom 24. Juni 2003.
[271] Entscheidung vom 24. Juni 2003 (ABl. L 23 vom 28. Januar 2004, 14), Rn. 51.
[272] Ausdrücklich: Entscheidung vom 17. Februar 2003 („*Koordinierungszentren Belgien*“), ABl. L 282 vom 30. Oktober 2003, 25, Rn. 97.
[273] Gewinnerhebliche Auswirkungen können sich allerdings ggf. über den Verlustvortrag ergeben.
[274] Entscheidung vom 24. Februar 1999 (ABl. L 292 vom 13. November 1999, 1).
[275] EuG, Urteil vom 6. März 2002 in den verbundenen Rs. T-127, 129 und 148/99, Slg. 2000, II-3207. Die Kommission hatte dazu angeführt, dass unter der Durchführung einer Beihilfe nicht deren Gewährung, sondern bereits der Erlass der gesetzlichen Regelung anzusehen sei, „*nach der die Gewährung ohne weitere Förmlichkeiten zulässig sei. [...] Dass die Klägerin von ihrem Recht auf Steuerabzug noch keinen Gebrauch gemacht habe ändere [...] nichts daran, dass sie seit der Aufnahme ihrer Geschäftstätigkeit einen entsprechenden Anspruch habe*“ (Rn. 181 f). Das EuG erkannte die Gültigkeit dieser Argumentation für die Prüfung einer Beihilferegelung (als solcher) an, verwarf sie aber für das streitige Prüfungsverfahren

einer Beihilfe nicht deren Gewährung, sondern bereits der Erlass der gesetzlichen Regelung anzusehen sei, „*nach der die Gewährung ohne weitere Förmlichkeiten zulässig sei. [...] Dass die Klägerin von ihrem Recht auf Steuerabzug noch keinen Gebrauch gemacht habe ändere [...] nichts daran, dass sie seit der Aufnahme ihrer Geschäftstätigkeit einen entsprechenden Anspruch habe.*“[276] Das EuG erkannte die Gültigkeit dieser Argumentation für die Prüfung einer Beihilferegelung (als solcher) an, verwarf sie aber für das streitige Prüfungsverfahren betreffend eine Einzelfallbeihilfe.[277]

Im Sinne dieser Argumentation des EuG ist es für die Subsumtion im beihilferechtlichen Einzelprüfverfahren als nicht ausreichend anzusehen, dass dem Unternehmen die Inanspruchnahme der streitigen steuerlichen Vorteile grundsätzlich offen steht; vielmehr muss insoweit zwingend festgestellt werden, ob sie tatsächlich in Anspruch genommen wurden oder nicht. Diesbezüglich ist auch keine Vergleichbarkeit z.B. mit staatlichen Bürgschaften gegeben, wo bereits deren Einräumung ein Beihilfe darstellen kann: Auch dort ist zwar nicht sicher, ob eine Inanspruchnahme aus der Bürgschaft später stattfindet; in diesen Fällen ist aber bereits die Gewährung der Bürgschaft ein Vorteil (da Kredite vereinnahmt werden können), auch steht das potentielle Ausfallrisiko hinsichtlich der Hauptforderung betragsmäßig fest. Ob bereits durch die Gewährung potentieller, gewinnabhängiger steuerlicher Vergünstigungen ein Vorteil entsteht, kann dagegen nur im Einzelfall festgestellt werden[278], da steuerliche Vorteile nicht immer bereits einen gegenwärtigen, sondern oftmals nur einen künftigen Liquiditätsvorteil bewirken. Jedenfalls für die Negativentscheidung und die angeordnete Rückforderung muss außerdem ein Betrag ermittelbar sein, da die Entscheidung sonst nicht umgesetzt werden kann. Im Fall „*Demesa*“ konnte die Negativentscheidung hinsichtlich der (nicht in Anspruch genommenen) Ermäßigung der Bemessungsgrundlage überhaupt nicht umgesetzt werden.

---

betreffend eine Einzelfallbeihilfe (Rn. 186). Vgl. das Urteil des EuG vom 23. Oktober 2002 in den verbundenen Rs. T-269, 271 und 272/99 betreffend die der Steuergutschrift zugrundeliegende gesetzliche Regelung der Provinz Álava und im wesentlichen identischen Regelungen anderer baskischer Provinzen. Die Ausführungen des EuG im Urteil Demesa entsprechen weitestgehend denjenigen in jenem Urteil.

[276] EuG, Urteil vom 6. März 2002 in den verbundenen Rs. T-127, 129 und 148/99, Slg. 2000, II-3207, Rn. 181 f.

[277] EuG, Urteil vom 6. März 2002 in den verbundenen Rs. T-127, 129 und 148/99, Slg. 2000, II-3207, Rn. 186.

[278] Ein solcher relevanter Vorteil kann z.B. in der durch die Nichtbeitreibung von Steuerschulden de facto ermöglichten Fortführung des Unternehmens erblickt werden. Vgl. z.B. Kommission, Entscheidung vom 14. Oktober 1998 („*Magefesa*“, ABl. L 198 vom 30. Juli 1999, 15).

4. Perspektive zur Ermittlung des Einnahmeverzichts

a) Beihilferegelungen: Betrachtung des Einzelfalls oder der fiskalischen Gesamtauswirkung

„Dass sich eine Beihilferegelung in steuerlicher Form insgesamt positiv auf den Haushalt auswirken kann, reicht nicht aus, um den Einsatz staatlicher Mittel zu verneinen.“[279] Dies entspricht der ständigen Entscheidungspraxis der Kommission. So lehnte sie in der Entscheidung „*US-Verkaufsgesellschaften Belgien*“[280] das Argument der belgischen Regierung als nicht stichhaltig ab, wonach die streitige Regelung insgesamt zu einer Erhöhung der Steuereinnahmen geführt habe, da sie ausländische Wirtschaftsaktivitäten der belgischen Besteuerung zugeführt habe.[281] Die Kommission stellte dort klar, dass insofern allein die Steuereinnahmen maßgeblich seien, welche „*die belgische Staatskasse eingenommen hätte, wenn die FSC-Niederlassungen und -Töchter gemäß der normalen belgischen Steuerregelung besteuert worden wären*“.[282] Die sich aus diesem Vergleich ergebenden Mindereinnahmen bedeuteten eine Verwendung staatlicher Mittel. Ähnlich verhielt es sich im Fall „*Koordinierungszentren Belgien*“[283]. Dort war durch die belgische Regierung argumentiert worden, dass mit der Einführung der Regelung Koordinierungsstellen nach Belgien gelockt worden seien, was zu höheren Steuereinnahmen geführt hätte.[284] Die Kommission führte auch hier aus, dass sich der Einsatz staatlicher Mittel aus dem „*Vergleich zur Anwendung des allgemeinen Rechts*“ ergäbe, da ansonsten „*alle Formen von Beihilfen gerechtfertigt [wären], sofern diese dafür sorg[t]en, dass ein Unternehmen in einen Mitgliedstaat gelockt [...], dass sich sein steuerbares Einkommen [erhöhen] oder dass es davon abgehalten [würde], das Land zu verlassen.*“[285] Die gleiche Ansicht vertrat die Kommission im Fall „*internationale Finanzierungsaktivitäten Niederlande*“.[286] Die niederländische Regierung hatte dort glaubhaft ausgeführt, dass die steuerliche Regelung sich haushaltsneutral bzw. sogar insgesamt positiv auf die Steuereinnahmen ausgewirkt habe.[287] Nach Ansicht der Kommission konnte „*der Umstand, dass ein Einnahmeverlust im*

---

[279] Anwendungsbericht, Rn. 20.

[280] Entscheidung vom 24. Juni 2003 (ABl. L 23 vom 28. Januar 2004, 14; vgl. IP/03/887 vom 24. Juni 2003).

[281] Entscheidung vom 24. Juni 2003 (ABl. L 23 vom 28. Januar 2004, 14), Rn. 27: „*Belgien ist der Auffassung, dass die Sonderregelung für FSC dem belgischen Staat seit ihrer Einführung bei bestimmten Ertragspositionen, die der Besteuerung in Belgien sonst entgangen wären, Mehreinnahmen gebracht hat. Folglich habe die fragliche Regelung nicht zu einer Minderung der Steuereinnahmen des belgischen Staates geführt.*“

[282] Entscheidung vom 24. Juni 2003 (ABl. L 23 vom 28. Januar 2004, 14), Rn. 52

[283] Entscheidung vom 17. Februar 2003 (ABl. L 282 vom 30. Oktober 2003, 25).

[284] Entscheidung vom 17. Februar 2003 (ABl. L 282 vom 30. Oktober 2003, 25), Rn. 48.

[285] Entscheidung vom 17. Februar 2003 (ABl. L 282 vom 30. Oktober 2003, 25), Rn. 97.

[286] Entscheidung vom 17. Februar 2003 (ABl. L 180 vom 18. Juli 2003, 52. Vgl. IP/03/242 vom 18. Februar 2003).

[287] Entscheidung vom 17. Februar 2003 (ABl. L 180 vom 18. Juli 2003, 52), Rn. 29 und 52.

Nachhinein durch eine höhere Zahl von Steuerpflichtigen dank der Maßnahme kompensiert [worden sei]", den Einsatz staatlicher Mittel nicht widerlegen.[288]

Diese auch im Anwendungsbericht der Kommission zum Ausdruck kommende Ansicht ist erörterungsbedürftig. Dies gilt insbesondere, soweit darauf abgestellt wird, dass „*der Begriff der staatlichen Mittel [...] im Hinblick auf die Situation des Beihilfeempfängers und nicht im Hinblick auf die wirtschaftlichen oder budgetären Auswirkungen der Maßnahme zu beurteilen ist.*"[289] Diese Aussage ist missverständlich. Denn die Situation des Beihilfeempfängers ist nur für die Frage des Vorliegens eines Vorteils relevant; für die Frage, ob dieser aus einer Übertragung staatlicher Mittel folgt, kommt es maßgeblich auf die fiskalische Auswirkung des Falles an. Denn was dem Staat nicht – zumindest dem Grunde nach – zusteht bzw. was nicht seinem Besteuerungszugriff unterliegt, kann auch nicht als Vorteil von ihm übertragen werden. In diesem Sinne hatte der EuGH noch im Urteil „*Ecotrade*" darauf abgestellt, dass eine als Beihilfe zu qualifizierende Maßnahme in jedem Falle zu einer zusätzlichen Belastung des Staates (oder von ihm errichtete Einrichtungen) führen müsste.[290]

Zugestimmt werden kann der Kommission zwar dahingehend, dass im Einzelfall stets nur eine Einzelfallbetrachtung, d.h. die *konkrete* Korrelation von Vorteil und Einnahmeverzicht, von Bedeutung ist. Dementsprechend muss es aber auch bei der generellen Beurteilung einer Beihilferegelung darauf ankommen, ob diese generell (bzw. überhaupt) zu einem solchen Verzicht geeignet ist. Dass dabei allerdings die fiskalische Gesamt-Auswirkung der Maßnahme insgesamt und *von vorneherein* nicht berücksichtigungsfähig sein soll, ist weder tatbestandsdogmatisch einleuchtend noch wettbewerbspolitisch zwingend. Denn die positive haushaltspolitische Auswirkung einer Maßnahme kann immerhin als Indiz dafür dienen, dass die Maßnahme insgesamt eine geringe Eignung zu fiskalischen Begünstigungen hat. Schafft z.B. eine steuerliche Regelung erstmals die Grundlage für ein in bestimmter Form umschriebenes, vorher in diesem Staat nicht existentes Investitionsmodell, durch das *ausschließlich ausländische Steuerpflichtige* erstmals veranlasst werden, sich in dem betreffenden Staat und in der betreffenden Weise wirtschaftlich zu engagieren, so verzichtet der Staat insofern *in keinem einzigen betroffenen Fall* auf steuerliche Mittel – er erweitert konstitutiv seine Besteuerungsgrundlage, er verzichtet auf nichts außer die Hoffnung, diese Unternehmen würden sich auch ansonsten ansiedeln.[291] Ist es

---

[288] Entscheidung vom 17. Februar 2003 (ABl. L 180 vom 18. Juli 2003, 52), Rn. 29 und 52.

[289] Anwendungsbericht, Rn. 20 (Kasten Nr. 3).

[290] EuGH, Urteil vom , in der Rs. C-200/97, Slg. 1998, I-7907, Rn. 35.

[291] An dieser Stelle könnte allerdings auch argumentiert werden, dass bei einer solchen Betrachtung Regelungen zugunsten neugegründeter Unternehmen niemals Beihilfen sein können, da diese vor ihrer Gründung ebenfalls nicht dem Besteuerungszugriff des betreffenden Mitgliedstaats unterliegen. Dem wäre aber entgegen zu halten, dass der Staat insofern durchaus *abstrakt* auf eine normale Besteuerung verzichtet, als diese Unternehmen zumindest

dementsprechend durch den Regelungsgehalt einer steuerlichen Maßnahme ausgeschlossen, dass der betreffende Mitgliedstaat durch ihre Einführung etwas geringer besteuert, was er – ohne dass man dazu eine autonome unternehmerische Zuwanderungsentscheidung unterstellen muss – auch höher hätte besteuern können, dann kann diese Regelung keine Beihilferegelung sein, da es bereits denklogisch an einem Verzicht fehlt. Die exklusive Konstruktion dieses Falles offenbart allerdings sogleich dessen geringe praktische Auswirkungseignung: Die genannten Voraussetzungen trafen in fast ausnahmslos allen der bisher von der Kommission entschiedenen Fälle über Kontroll-, Koordinierungs-, Verwaltungs- und Finanzierungszentren *nicht* zu, da die dort streitigen Regelungen nicht zwingend eine ausländische Investitionsentscheidung voraussetzten, sondern auch inländischen Gesellschaften offen standen.[292] Die bis 1995 geltende Regelung für konzerninterne Versicherungsgesellschaften auf den Åland-Inseln (diese galt bis dato nur für Versicherungsgesellschaften mit ausländischen Eigentümern)[293] hätte möglicherweise ein Anwendungsbeispiel sein können.

Die Argumentation der Kommission, „*[a]ndernfalls wäre eine Begünstigung dann keine Beihilfe mehr, wenn sie ein Unternehmen zur Niederlassung in einem anderen Mitgliedstaat veranlasst und auf diese Weise zur Steigerung der Steuereinnahmen beiträgt*“[294], erscheint nicht als taugliches Argument für die Verneinung eines Verzichts. Genauso gut könnte umgekehrt angeführt werden, dass Art. 87 EG es den Mitgliedstaaten nicht verbieten kann, solche Maßnahmen einzuführen, durch die er für bestimmte Sachverhalte die Steuerlast vermindert aber gleichzeitig sein Steueraufkommen erhöht. Beide Aussagen sind aber für die Frage des Vorliegens eines Vorteils aus staatlichen Mitteln irrelevant: Denn ob eine Maßnahme Unternehmen zur Ansiedlung in einem anderen Mitgliedstaat veranlasst, ist beihilferechtlich allenfalls im Rahmen der Tatbestandsmerkmale der Wettbewerbsverfälschung oder der Handelsbeeinträchtigung zu prüfen[295]; diese Frage ist kein Element des Verzichts auf staatliche Mittel. Umgekehrt ist die insgesamt positive Auswirkung einer steuerlichen Regelung – von den erheblichen praktischen Problemen, die mit der Zulassung eines solchen

---

teilweise auch ohne die entsprechende Regelung *im betreffenden Mitgliedstaat* und unter Verwendung von in diesem Mitgliedstaat steuerlich verhafteten Kapital gegründet worden wären. Dies könnte immer dann vermutet werden, sofern die betreffende Regelung gerade nicht *erstmals* die Grundlage für ein in bestimmter Form umschriebenes, vorher nicht existentes Investitionsmodell schafft, welches zwingend an ein Investitionsengagement durch ausländische Steuerpflichtige anknüpft.

[292] Am nächsten dürfte noch die deutsche Regelung für Kontroll- und Koordinierungszentren gekommen sein. Vgl. die Entscheidung der Kommission vom 5. September 2002 (ABl. L 177 vom 16. Juli 2003, 17), Rn. 6.

[293] Entscheidung der Kommission vom 10. Juli 2002 (ABl. L 329 vom 5. Dezember 2002, 22), Rn. 9.

[294] Anwendungsbericht, Rn. 20 (Kasten Nr. 3).

[295] Überdies fallen alle Fälle dieser Art sämtlich in den Anwendungsbereich des Verhaltenskodex, der die „schädliche“ Anlockung ausländischen Besteuerungssubstrats verbietet.

Nachweises verbunden wären – nicht geeignet, zweifelsfrei darüber Aufschluss zu geben, ob die betreffende Regelung generell geeignet ist, durch einen Verzicht staatliche Mittel zu übertragen.

Der Ansicht der Kommission kann daher nur bedingt zugestimmt werden: Bei der Beurteilung von Beihilferegelungen ist die Übertragung staatlicher Mittel in genereller Anknüpfung an den gewährten Steuerverzicht gegenüber der für zumindest einen Teil der begünstigten Unternehmen ansonsten geltenden Besteuerung festzustellen. Ob das Steueraufkommen durch die Regelung anderweitig oder insgesamt erhöht wird, hat aber Indizwirkung. Die einzelfallbezogene Kommissionspraxis, nach der das Verhalten entsprechend den Grundsätzen eines privaten Gläubigers z.B. im Erlass- oder Stundungsfall das Vorliegen einer Beihilfe ausschließt[296], steht diesem Ergebnis nicht entgegen. Denn in diesen Fällen bleibt die Gewährung eines Vorteils aus staatlichen Mitteln unberührt; lediglich das Merkmal der Selektivität ist nicht mehr gegeben. Gesamtwirtschaftliche Erwägungen, die einen Staat zur Einführung steuerlicher Regelungen aus durchaus vernünftigen Gründen veranlasst haben mögen, sind konsequenterweise ebenfalls im Rahmen der Selektivität zu berücksichtigen. Eine solche Klarstellung hätte von der Kommission in den Entscheidungen „*US-Verkaufsgesellschaften Belgien*“[297], „*Koordinierungszentren Belgien*“[298] und „*internationale Finanzierungsaktivitäten Niederlande*“ allerdings erwartet werden können.[299]

b) Einzelfallbeihilfen: veranlagungsbezogene oder prospektive Betrachtung

Bei der einzelfallbezogenen Frage des Vorliegens einer Übertragung staatlicher Mittel vertritt die Kommission den Standpunkt, dass „*der Beihilfecharakter einer Maßnahme [...] individuell auf der Ebene des begünstigten Unternehmens zu einem bestimmten Zeitpunkt beurteilt werden [muss].*“[300] Dem ist uneingeschränkt zuzustimmen, wobei nochmals betont wird, dass spätestens im Zeitpunkt der Rückforderungsentscheidung eine betragsmäßige Ermittlung der übertragenen Mittel möglich sein muss. Die Frage, ob sich eine steuerliche Einzelmaßnahme bereits in der Vergangenheit liquiditätserhöhend ausgewirkt hat oder eine solche Wirkung – ggf. auch nur möglicherweise – erst in der Zukunft zeitigt, ist somit nicht nur für das Vorliegen eines Vorteils, sondern auch für die Frage erheblich, ob der Staat bereits Mittel übertragen *hat*.

---

[296] Entscheidung vom 27. November 2002 („*Refractarios Especiales*“, ABl. L 108 vom 30. April 2003, 21), Rn. 43.
[297] Entscheidung vom 24. Juni 2003 (ABl. L 23 vom 28. Januar 2004, 14; vgl. IP/03/887 vom 24. Juni 2003).
[298] Entscheidung vom 17. Februar 2003 (ABl. L 282 vom 30. Oktober 2003, 25).
[299] Entscheidung vom 17. Februar 2003 (ABl. L 180 vom 18. Juli 2003, 52. Vgl. IP/03/242 vom 18. Februar 2003).
[300] Rn. 97 der Entscheidung.

Von Bedeutung könnte im Einzelfall die Frage sein, ob sich die angewandte Regelung oder Maßnahme ggf. zu einem späteren Zeitpunkt in für den Fiskus günstiger Weise auswirkt. So können im Rahmen einer Umschuldungsvereinbarung möglicherweise Zinsen anfallen, oder die Übertragung stiller Reserven kann zum Zeitpunkt ihrer späteren Aufdeckung einem höheren Steuersatz unterliegen. Die Kommission ist solchen Ansichten entgegen getreten. In dem Verfahren „*Auslandsniederlassungen Frankreich*“[301] hatte sie eine steuerliche Regelung Frankreichs zugunsten von französischen Unternehmen mit ausländischen Betriebsstätten oder Tochtergesellschaften zu untersuchen, welche ersteren die Bildung steuerlicher Rückstellungen nach unterschiedlichen Kriterien ermöglichte. Die Kommission erblickte in der Rückstellung einen Liquiditätsvorteil und ließ das diesbezügliche Argument Frankreichs, im Zeitpunkt der Auflösung gelte im Zweifel ein höherer Steuersatz, dabei nicht gelten.[302] Für die Frage einer Übertragung staatlicher Mittel kann diese Bewertung entsprechend herangezogen werden.

Diesem Verständnis der Kommission ist zuzustimmen. Denn es kann auch insoweit nur darauf ankommen, ob dem betreffenden Unternehmen bereits ein gegenwärtiger Liquiditätsvorteil verschafft wurde oder nicht. Liegt ein solcher vor, so hat auch der Staat insoweit (zunächst) staatliche Mittel übertragen; ob er dafür später einen Ausgleich erhält, kann nicht erheblich sein. Dass auch die vorübergehende Natur eines Verzichts auf staatliche Mittel dieses Tatbestandsmerkmal nicht entfallen lassen kann, ergibt sich aus allen Fällen, in denen Steuerschulden nur gestundet wurden. In diesem Zusammenhang gilt das oben Gesagte: Inwieweit eine Einzelmaßnahme sich bei ihrer (prospektiven) Gesamtbetrachtung in für den Staat günstiger Weise auswirkt, kann ebenfalls nur im Rahmen der Selektivität berücksichtigt werden. Bestand bereits ein Liquiditätsvorteil des begünstigten Unternehmens, lag davon unabhängig jedenfalls eine Übertragung staatlicher Mittel vor.

Bedenklich erscheint allerdings der Ansatz der Kommission in der Entscheidung „*Technolease*“.[303] Dort prüfte sie, ob die niederländischen Finanzbehörden durch die Zulassung einer Leasing-Gestaltung zwischen zwei niederländischen Unternehmen eine Beihilfe gewährt hatten. Dafür stellte sie darauf ab, ob die sich aus der Transaktion für die beteiligten Unternehmen (im Vergleich zu der Situation vor der betreffenden Maßnahme) *insgesamt* (d.h. bei einer Addition der verminderten Steuerlast des einen und der erhöhten Steuerlast des anderen der beiden beteiligten Unternehmen) steuermindernd auswirkten.[304] Dieser An-

[301] Entscheidung vom 21. November 2001 (ABl. L 126 vom 13. Mai 2002, 27).
[302] Entscheidung vom 21. November 2001 (ABl. L 126 vom 13. Mai 2002, 27), Rn. 22.
[303] Entscheidung vom 21. April 1999 (ABl. L 297 vom 24. November 2000, 13).
[304] Entscheidung vom 21. April 1999 (ABl. L 297 vom 24. November 2000, 13), Rn. 18, 20, 22.

satz steht zu der übrigen Praxis im Widerspruch und ist nicht durch den Beihilfetatbestand gedeckt.

B. Ergebnis

Das Merkmal der Übertragung staatlicher Mittel stellt sich im Kontext direktsteuerlicher Beihilfen nicht in aller Komplexität dar, da bei diesen Maßnahmen in aller Regel ein Handeln des Mitgliedstaates und seiner direkten Untergliederungen (nicht aber zwischengeschalteter öffentlich- oder privatrechtlicher Dritter) vorliegt und daher auch nur eine Belastung *unmittelbar* staatlicher Haushalte in Betracht kommt. Aus Kommissions- und Rechtsprechungspraxis im Zusammenhang mit steuerlichen Maßnahmen ergeben sich jedoch andere Probleme:

I. Vorliegen staatlicher Mittel

Wie oben am Beispiel des Urteils „*Adria-Wien-Pipeline*"[305] dargestellt, kann die Qualifizierung der Staatlichkeit solcher Mittel, die von einem neu begründeten Besteuerungszugriff ausgenommen werden, zu Abgrenzungsproblemen führen. Entsprechende Konstellationen stellen allerdings eine Ausnahme dar; in der klassischen Situation der teilweisen Absenkung eines bestehenden steuerlichen Belastungsniveaus besteht eine solche Problematik nicht.

II. Übertragung staatlicher Mittel

Aus dem von der Rechtsprechung geforderten Merkmal einer *Übertragung* staatlicher Mittel folgt, dass das bloße Abstellen auf einen Einnahme*verlust* beim Staat – wie eingangs in den Leitlinien[306] – zu kurz gegriffen ist. Das Vorliegen eines solchen Verlusts beschreibt nur die Folge einer Maßnahme, nicht aber das zur Subsumtion unter den Beihilfetatbestand erforderliche Merkmal einer begünstigenden staatlichen Handlung bzw. Unterlassung. Diese ist in steuerlicher Hinsicht stets als Verzicht zu konkretisieren, was in der weit überwiegenden Zahl der Entscheidungen auch so gesehen wird. Möglicherweise sind die Ausführungen der Kommission unter Rn. 14 der Leitlinien (Maßnahmen mit faktischer Begünstigungswirkung) im Sinne einer erforderlichen Übertragung zu verstehen; zur Anwendung ist ein solches Verständnis in der bisherigen Kommissionspraxis jedoch nicht gelangt.

Der staatliche Einnahmeverzicht stellt sich denklogisch und offenbar auch nach entsprechenden Verständnis der Kommission als Spiegelbild des gewährten (Liquiditäts-) Vorteils beim Unternehmen dar: „*Gewährt der Staat Steuervorteile, verzichtet er damit gleichzeitig auf Einnahmen, so dass mit dem Steuervorteil*

[305] EuGH, Urteil vom 8. November 2001 in der Rs. C-143/99 (Slg. 2001, I-8365)
[306] Leitlinien, Rn. 10.

immer auch ein Einnahmeverlust für den Staat verbunden ist.“[307] Letzterer muss wiederum die Folge einer selektiven Begünstigung darstellen. Dieser zwingende Zusammenhang zwischen den Tatbestandsmerkmalen des Art. 87 Abs. 1 EG ist von Kommission und EuGH nicht immer beachtet worden, was allerdings auf Ungenauigkeiten bei der Prüfung der Tatbestandsmerkmale zurück geführt werden muss und nicht auf die Ausnahmeformel bezogen werden kann. In dem Urteil Deutschland./.Kommission[308] wurde das Vorliegen einer Beihilfe an einen mittelbaren, nicht steuerlichen Vorteil geknüpft, der aus einer steuerlichen Regelung resultierte, welche – was vom EuGH auch ausdrücklich festgestellt wurde – keinen differenzierenden (selektiven) Charakter gegenüber den Empfängern des gewährten steuerlichen Vorteils hatte.

Im Hinblick auf steuerliche Regelungen, welche von der Kommission als potentielle Beihilferegelungen untersucht werden, ist nach ständiger Praxis nur deren generelle Eignung zur Begründung eines Einnahmeverzichts gegenüber den begünstigten Unternehmen erforderlich, wobei Vergleichsfall deren Besteuerung ohne die betreffende Regelung ist. Anderweitige positive Auswirkungen der Regelung für den Staatshaushalt – insbesondere ihre möglicherweise positive fiskalische Gesamtauswirkung – bleiben dabei außer Betracht. Der von der Kommission insoweit vertretenen Ansicht[309] kann nicht uneingeschränkt zugestimmt werden, da vor allem im internationalen steuerlichen Kontext – zumindest theoretisch – Regelungen möglich sind, die erst durch ihre präferentielle Wirkung unternehmerische Aktivitäten anlocken, die ohne eine solche Regelung nie in den Besteuerungszugriff des betreffenden Mitgliedstaates gelangt wären. Die entsprechenden Wertungen der Kommission beziehen ganz offensichtlich systemwettbewerbspolitische Fragen mit ein; diese sind aber im Tatbestandsmerkmal des Vorteils aus staatlichen Mitteln dogmatisch fehl am Platz.[310]

Bei von der Kommission untersuchten Einzelfallmaßnahmen ist dagegen stets der Verzicht konkret zu ermitteln; liegt ein solcher (noch) gar nicht vor, ist auch keine Beihilfe gegeben. Der Ansicht der Kommission, dass eventuelle spätere Mehreinnahmen des Staates (z.B. infolge von Zinsen oder höheren Steuersätzen) infolge einer gewährten Begünstigung nichts an dem Vorliegen einer Übertragung staatlicher Mittel als solcher ändern[311], ist zuzustimmen.

---

[307] Anwendungsbericht, Rn. 18.

[308] EuGH, Urteil vom 19. September 2000 in der Rs. C-156/98, Slg. 2000, I-6857.

[309] Entscheidung vom 24. Juni 2003 („*US-Verkaufsgesellschaften Belgien*“, ABl. L 23 vom 28. Januar 2004, 14; vgl. IP/03/887 vom 24. Juni 2003); Entscheidung vom 17. Februar 2003 („*Koordinierungszentren Belgien*“, ABl. L 282 vom 30. Oktober 2003, 25); Entscheidung vom 17. Februar 2003 („*internationale Finanzierungsaktivitäten Niederlande*“, ABl. L 180 vom 18. Juli 2003, 52. Vgl. IP/03/242 vom 18. Februar 2003).

[310] Eine entsprechende Prüfung könnte allenfalls beim Merkmal der Wettbewerbsbeschränkung stattfinden (s. hierzu Kapitel 6).

[311] Entscheidung vom 21. November 2001 („*Auslandsniederlassungen Frankreich*“, ABl. L 126 vom 13. Mai 2002, 27).

Kapitel 5

Begünstigung bestimmter Unternehmen – Minderung der normalerweise zu tragenden Steuerbelastung durch Ausnahme vom allgemeinen System

Gegenstand dieses Kapitels ist das zentrale Merkmal des Beihilfetatbestandes, welches in Art. 87 Abs. 1 EG mit der „Begünstigung bestimmter Unternehmen oder Produktionszweige" umschrieben wird, und dessen Anwendung auf steuerliche Maßnahmen. Die Herkunft der Beihilfe aus staatlichen Mitteln, ihre Eignung zur Verfälschung des Wettbewerbs und zur Beeinträchtigung des Handels zwischen den Mitgliedstaaten werden in den anschließenden Kapiteln untersucht, ebenso wie das vom EuGH entwickelte und von der Kommission in den Leitlinien übernommene Kriterium einer Rechtfertigung durch die Natur oder den Aufbau des Systems.[312]

A. Begünstigung bestimmter Unternehmen: Vorteil und Selektivität

Das auslegungsbedürftige Beihilfemerkmal der Begünstigung bestimmter Unternehmen wird sowohl in der Anwendungspraxis als auch in der Literatur in zwei Komponenten aufgeteilt: das Vorliegen eines wirtschaftlichen Vorteils beim Begünstigten einer- und die Selektivität der betreffenden Maßnahme andererseits.[313] Auch wenn dieses Verständnis sich nicht in jeder einzelnen Entscheidung wiederfindet, sondern Kommission und EuG/EuGH teilweise nicht er-

---

[312] Die Leitlinien (Rn. 17 ff und 23 ff) geben vor, dass die Selektivität steuerlicher Maßnahmen im Wege einer zweistufigen Prüfung zu untersuchen ist. Danach ist zunächst festzustellen, ob die untersuchte steuerliche Maßnahme eine Ausnahme(regelung) darstellt. Ist dies der Fall, ist in einem zweiten Schritt zu fragen, ob diese durch allgemeine Grundprinzipien des betreffenden Steuersystems gerechtfertigt ist. Ist dies nicht der Fall, liegt eine selektive Maßnahme vor. S. hierzu Kapitel 8.
Die Rechtfertigung ist somit zwar ein Bestandteil der Selektivitätsprüfung (s. dort, Rn. 12); da Kommission und EuG/EuGH sie aber nicht von Amts wegen prüfen, erscheint es dogmatisch nicht zwingend, dieses richterrechtlich entwickelte Merkmal innerhalb der Begünstigung abzuhandeln. Insbesondere unter Berücksichtigung der besonderen – wenn auch bisher fast ausschließlich theoretischen – Bedeutung dieses Merkmals wird die Rechfertigung im Rahmen dieser Arbeit gesondert untersucht.

[313] Ständige Entscheidungspraxis der Kommission, siehe exemplarisch deren *Vademekum*, verfügbar (nur in englischer Sprache) auf der Internetseite der GD Wettbewerb unter < www.europa.eu.int/comm/competition/state_aid/others >. Siehe *Jansen*, S. 65 f; *Sánchez Rydelski*, S. 63 f und S. 69 f; *Lübbig/Martín-Ehlers*, Rn. 67 und 124 ff; *Mederer*, in *von der Groeben/Schwarze*, Rn. 30 ff zu Art. 87 EG; *ders.* in *Schröter/Jakob/Mederer*, Kommentar zum europäischen Wettbewerbsrecht, Rn. 30 und 36 ff zu Art. 87 EG; *Koenig/Kühling/Ritter*, S. 40 ff und S. 76 ff; Etwas weniger eindeutig, aber im Ergebnis ebenso: *Heidenhain*, Rn. 1 ff und 52 ff zu § 4.

kennbar zwischen Vorteil und Selektivität trennen[314], sind beide Merkmale als notwendig zu trennende Subsumtionspunkte zu betrachten.[315] Dem liegt zugrunde, dass für jede Beihilfe ein wirtschaftlicher Vorteil wesensnotwendig ist. Um die Verschaffung eines solchen Vorteils als beihilferechtlich relevant, d.h. als *relative* Besserstellung gegenüber anderen, identifizieren zu können, ist es aber erforderlich, dass die betreffende Maßnahme selektiv bzw. spezifisch zugunsten bestimmter Unternehmen oder Produktionszweige wirkt. Diese gesonderte Betrachtung beider Elemente des Begünstigungsmerkmals schlägt sich auch im steuerlichen Kontext in einer Trennung zwischen der Minderung der normalen Steuerlast (Vorteil) und einer Ausnahme vom allgemeinen System (Selektivität) nieder[316]:

> *„Erstens muss die Maßnahme dem Begünstigten einen Vorteil verschaffen, durch den seine normalerweise zu tragenden Belastungen vermindert werden.“*[317] *„Schließlich muss die betreffende Maßnahme spezifisch oder selektiv sein, als ‚bestimmte Unternehmen oder Produktionszweige‘ begünstigen. Eine solche selektive Begünstigung kann sowohl aus einer Ausnahme von den steuerlichen Rechts- und Verwaltungsvorschriften als auch aus Ermessensentscheidungen der Steuerverwaltungen resultieren.“*[318]

Das richterrechtliche Merkmal der Rechtfertigung durch die Natur oder den inneren Aufbau des Systems als Korrektiv für die Selektivität einbeziehend[319], fassen die Leitlinien das Merkmal der Begünstigung bestimmter Unternehmen oder Produktionszweige so zusammen, dass *„jede Maßnahme, welche die Unternehmen eines bestimmten Industriezweigs teilweise oder ganz von den finanziellen Lasten freistellen soll, die sich aus der normalen Anwendung des allgemeinen Steuersystems ergeben, ‚ohne dass diese Befreiung durch die Natur oder den inneren Aufbau dieses Systems gerechtfertigt ist‘“* eine staatliche Beihilfe darstellt.“[320] Dieser Gedanke findet sich anders formuliert bereits in einer älteren Entscheidung des EuGH mit steuerlichem Kontext. Danach umfasst der Begriff der Beihilfe *„nicht nur positive Leistungen [...], sondern auch Maßnahmen, die in verschiedener Form die Belastungen vermindern, welche ein Unternehmen*

---

[314] In der Rs. C-156/98 (EuGH, Urteil vom 19. September 2000, Deutschland./.Kommission, Slg. 2000, I-6875) vermengt der EuGH die Merkmale der Selektivität (zugunsten der Unternehmen in den neuen Bundesländern) und des Vorteils (zugunsten der Investoren). Bei getrennter Betrachtung beider Merkmale ist die streitige Regelung des § 6b KStG a.F. zwar selektiv zugunsten ersterer, verschafft diesen aber keinen Vorteil aus staatlichen Mitteln. Letztere haben zwar einen solchen, werden aber nicht begünstigt, da die Regelung insofern nicht selektiv ist.

[315] Instruktiv *Jansen*, S. 65 f.

[316] Leitlinien, Rn. 9 und 12. *Jansen*, S. 65, scheint zu übersehen, dass Kommission und EuG/EuGH insoweit durchaus zwischen Vorteil und Selektivität trennen.

[317] Leitlinien, Rn. 9.

[318] Leitlinien, Rn. 12.

[319] Leitlinien, Rn. 12; s.o., Kapitel 2.

[320] Leitlinien, Rn. 15, unter Bezugnahme auf das Urteil des EuGH vom 2. Juli 1974 in der Rs. C-173/73 (Italien./.Kommission), Slg. 1974, 709, Rn. 33/35.

normalerweise zu tragen hat [...]"[321] In der jüngeren Sache „*Banco de Credito Industrial*" stellte der EuGH unter Bezugnahme auf das Urteil „*Gezamenlijke Steenkolenmijnen*" mit ähnlichem Wortlaut fest, dass „*eine Maßnahme, mit der die staatlichen Stellen bestimmten Unternehmen eine Abgabenbefreiung gewähren, die [...] die Begünstigten finanziell besser stellt als die übrigen Abgabepflichtigen, eine staatliche Beihilfe [...] [darstellt]*".[322]

B. Das Vorteilskriterium – Analyse der Anwendungspraxis in Bezug auf steuerliche Maßnahmen

Der beihilferechtliche Vorteil manifestiert die Wettbewerbsverfälschung. Im Kontext steuerlicher Maßnahmen liegt nach den Leitlinien und dem Anwendungsbericht der Kommission in Übereinstimmung mit der Rechsprechung von EuG/EuGH ein Vorteil vor, wenn für das begünstigte Unternehmen die normalerweise zu tragenden Belastungen vermindert werden.[323] Auf welche Weise dies geschieht, ist grundsätzlich nicht von Bedeutung[324], lässt aber die Möglichkeit einer den Abschnitten des Besteuerungsverfahrens entsprechenden Systematisierung der Entscheidungspraxis unberührt.

I. Anknüpfungspunkte des Vorteils im Besteuerungsverfahren

Die Leitlinien für steuerliche Beihilfen geben Aufschluss darüber, woraus sich der steuerliche Vorteil ergeben kann: „*durch Minderung der Steuerbemessungsgrundlage (besonderer Steuerabzug, außergewöhnliche oder beschleunigte Abschreibung, Aufnahme von Rücklagen in die Bilanz usw.); durch vollständige oder teilweise Ermäßigung des Steuerbetrags (Steuerbefreiung, Steuergutschrift usw.); durch Zahlungsaufschub, Aufhebung der Steuerschuld oder außergewöhnliche Vereinbarung über die Abzahlung der Steuerschuld in Raten.*"[325] Diese Unterteilung findet sich etwas vereinfacht auch im von der Kommission geführten Register über staatliche Beihilfen[326]; dort werden steuerliche Beihilfen nach folgenden Kategorien unterteilt: Steuerstundung bzw. -erlass[327], Reduzierung der Bemessungsgrundlage[328] und Reduzierung des Steuersatzes.[329] In ihrem Neunten Bericht über staatliche Beihilfen unterteilt die Kommission dagegen

---

[321] EuGH, Urteil vom 23. Februar 1961 in der Rs. C-30/59 („*Gezamenlijke Steenkolenmijnen*"), Slg. 1961, 3, Rn. 42 (In Abgrenzung zum Subventionsbegriff des EGKS-Vertrags).

[322] EuGH, Urteil vom 15. März 1994 in der Rs. C-387/92, Slg. 1994, I-877, Rn. 14.

[323] Leitlinien, Rn. 9.

[324] Leitlinien, Rn. 9; vgl. aber die Einschränkung in Rn. 13 der Leitlinien bezüglich steuertechnischer Maßnahmen.

[325] Siehe auch hier die Leitlinien, Rn. 9.

[326] Siehe < www.europa.eu.int.comm/competition/state_aid/register/by_instrument.htm >.

[327] Beihilferegister der Kommission (s. vorangegangene Fußnote), dort: „*tax deferment/cancellation*".

[328] Beihilferegister der Kommission (s. vorangegangene Fußnote), dort: „*tax base reduction*".

[329] Beihilferegister der Kommission (s. vorangegangene Fußnote), dort: „*tax rate reduction*".

nur zwischen Steuerbefreiungen, Steuerstundungen und (steuerbefreiten) Zuschüssen[330]; gegenüber der vorgenannten, detaillierteren Unterteilung haben diese Begriffe wohl Sammelfunktion.

Die o.g. Aufzählungssystematik der Leitlinien lässt eine Dreiteilung der möglichen Ansatzpunkte für steuerliche Vorteile entsprechend den verschiedenen Abschnitten des Besteuerungsverfahrens erkennen: Zu unterscheiden ist zunächst das Verfahren der generellen (idR. gesetzlichen) Festlegung des Steuertatbestandes[331]; davon zu trennen ist das in der konkreten Anwendung der dort geschaffenen Voraussetzungen stattfindende Steuerfeststellungs- und Festsetzungsverfahren[332]; an dieses wiederum schließt sich das Erhebungs- und Vollstreckungsverfahren an.[333] Die Systematik möglicher Steuervergünstigungen ist somit grundsätzlich durch die steuertatbestandlichen Voraussetzungen für das Entstehen der Steuerschuld (materielles Steuerrecht bzw. Steuerschuldrecht), sowie durch das Steuerverfahrens- und -vollstreckungsrecht der Mitgliedstaaten vorgegeben. Denn diese Vorschriften bestimmen, unter welchen Voraussetzungen und in welchem Umfang eine Steuerpflicht gegenüber dem Fiskus besteht und von diesem durchgesetzt werden kann.

1. Theoretische Grundlagen

a) Steuertatbestand und Steuerschuldverhältnis

Voraussetzung für die Entstehung der Steuerschuld ist zunächst, dass die materiellen Voraussetzungen des betreffenden Steuertatbestandes vorliegen. Dabei ist die Unterteilung des Steuertatbestandes in Steuersubjekt, Steuerobjekt, sowie die Regelung von Befreiungen, Bemessungsgrundlage und Steuersatz grundsätzlich bei allen Steuern gleich. Zur Regelung des Steueranspruchs bestimmen die Steuergesetze außerdem, wann die Steuerschuld entsteht und wer Steuerschuldner ist. Die durch Erfüllung des Steuertatbestandes und die Entstehung der Steuerschuld gegebene materielle Steuerpflicht kann umgekehrt in den gleichen Stufen, mit denen der Tatbestand und Steuerschuldverhältnis verwirklicht werden, revidiert werden: durch Befreiung von der subjektiven Steuerpflicht, durch Ausnahmen vom Steuerobjekt, durch Ermäßigungen oder Abschläge der Besteuerungsgrundlage, durch Ermäßigungen des Steuersatzes oder durch das Verschieben des Entstehens der materiellen Steuerschuld.

b) Das konkrete Besteuerungsverfahren

Weitere Vergünstigungen können sich aus dem Steuerverfahrensrecht ergeben. Nach deutschem Recht wird insoweit zwischen dem Feststellungs- und dem Festsetzungsverfahren sowie zwischen dem Erhebungs- und dem Vollstre-

[330] 9. BB der Kommission vom 18. Juli 2001, 60.
[331] Leitlinien, Rn. 9, 1. Spiegelstrich.
[332] Leitlinien, 2. Spiegelstrich.
[333] Leitlinien, 3. Spiegelstrich.

ckungsverfahren unterschieden, diese Unterteilung deckt sich jedoch im Ergebnis mit Aufzählungssystematik unter Rn. 9 der Leitlinien.[334] Ein Vorteil kann sich für den Steuerschuldner in den erstgenannten Verfahren daraus ergeben, dass der Staat eine zu erhebende Steuer abweichend vom Normalfall des gesetzlichen Tatbestandes festsetzen[335] bzw. dass er auf die Erhebung einer entstandenen Steuer (teilweise) verzichtet (Erlass).[336] In den letztgenannten Verfahren kann die Steuerbehörde eine festgestellte und festgesetzte Steuerschuld stunden[337], oder er kann bei einer festgestellten, festgesetzten und fälligen Steuerschuld durch Absehen von Vollstreckungsmaßnahmen dem Steuerschuldner einen faktischen Zahlungsaufschub verschaffen. Wie sich unzweifelhaft aus dem o.g. Wortlaut der Kommissionsleitlinien über steuerliche Beihilfen ergibt, werden auch diese „verfahrensrechtlichen" Maßnahmen als beihilferechtlich relevant angesehen.

Somit lassen sich bereits zwei Arten von Steuervergünstigungen unterscheiden: diejenigen, die zu einer Reduzierung der Steuerschuld bereits einschränkend am materiellen Steuerschuldverhältnis ansetzen[338], und solche, die dieses Schuldverhältnis unverändert lassen, aber die verfahrens- oder vollstreckungsrechtliche Durchsetzung des staatlichen Steueranspruchs zugunsten des Steuerschuldners gestalten. Jede denkbare Steuervergünstigung kann theoretisch einem dieser beiden Bereiche (und innerhalb desselben einer der genannten Vergünstigungsarten) zugeordnet werden, da die Ausgestaltungsmöglichkeiten durch die steuerschuld- und verfahrens- bzw. vollstreckungsrechtlichen Voraussetzungen der „effektiven" Steuerschuld vorgegeben sind.[339]

Steuervergünstigungen, die an die Person des Steuerpflichtigen, also an das Steuersubjekt anknüpfen, werden idR. als persönliche, solche Vergünstigungen, die unabhängig von der Person an einen bestimmten (nicht personenbezogenen) Sachverhalt anknüpfen, dagegen als sachliche Steuervergünstigungen bezeichnet.[340]

---

[334] Leitlinien, 2. und 3. Spiegelstrich.

[335] Vgl. für das deutsche Recht § 163 AO.

[336] Vgl. für das deutsche Recht § 227 AO.

[337] Vgl. für das deutsche Recht § 222 AO.

[338] Das hier verwendete Verständnis vom materiellen Steuerschuldverhältnis umfasst nicht nur Steuerobjekt und Steuersubjekt (als eigentliche Tatbestandsmerkmale), sondern bezieht auch die den Umfang der Schuld bestimmenden Parameter (eben die Besteuerungsgrundlage, den Steuersatz etc.) mit ein.

[339] Die Ansicht von *Koschyk*, S. 118, der eine abschließende Aufzählung von Steuervergünstigungen wegen des ständigen Wandels des Steuerrechts für nicht möglich hält, wird insoweit entgegengetreten, als zumindest eine abschließende dogmatische Systematisierung eindeutig möglich ist.

[340] *Lang*, Systematisierung der Steuervergünstigungen, S. 101. *Koschyk*, S. 117, führt aus, das die Unterscheidung in persönliche und sachliche Steuervergünstigungen seiner Ansicht nach für eine beihilferechtliche Untersuchung „nicht sinnvoll" sei, da es insoweit *„mehr auf die*

2. Steuertechnische Systematisierung der Entscheidungspraxis

In Anknüpfung an die in den Leitlinien[341] vorgenommene (exemplarische) Aufzählung können die untersuchten Entscheidungen von Kommission und EuG/EuGH den verschiedenen Kategorien zugeordnet werden und so die danach gegebenen Ansatzpunkte für eine Steuervergünstigung durch die steuertechnischen Umsetzungsmöglichkeiten konkretisieren.

a) Steuerbefreiungen/Steuerfreistellungen

Als solche werden hier Ausnahmen von der subjektiven Steuerpflicht oder Einschränkungen des Steuerobjekts verstanden. Insoweit könnte auch von einer Steuerbefreiung im engeren Sinne gesprochen werden.

aa) Anknüpfung an das Steuersubjekt

Im Urteil „*Banco de Credito Industrial*"[342] ging es um eine subjektive Steuerbefreiung, welche die öffentlichen Kreditinstitute von der allgemeinen Abgabepflicht ausnahm. Der EuGH stellte fest, dass „*eine Maßnahme, mit der die staatlichen Stellen bestimmten Unternehmen eine Abgabenbefreiung gewähren, die [...] die Begünstigten finanziell besser stellt als die übrigen Abgabepflichtigen, eine staatliche Beihilfe [...] [darstellt]*".[343] In den Entscheidungen „*Territorios Históricos*" war u.a. eine zehnjährige Körperschaftsteuerbefreiung für neugegründete Unternehmen streitig[344]; um eine subjektive Steuerbefreiung ging es auch in dem Verfahren um steuerliche Maßnahmen Großbritanniens zugunsten des Unternehmens CDC durch Einräumung des Status einer Kapitalanlagegesellschaft.[345]

Die Kommissionsentscheidung „*Daseinsvorsorge Italien*"[346] betraf u.a. verschiedene subjektive Steuerbefreiungen, welche die untersuchte gesetzliche Regelung für privatisierte Unternehmen im Bereich der Daseinsvorsorge (Erbringung von Leistungen im allgemeinen wirtschaftlichen Interesse) vorsah.[347] So war zum einen vorgesehen, vormals staatliche Betriebe nach deren Umwandlung in eine Aktiengesellschaft – bei öffentlichem Mehrheitsbesitz –

Wirkungsweise steuerlicher Vergünstigungen als auf den die Vergünstigung auslösenden Umstand ankommt." Dieser Ansicht kann entgegengehalten werden, dass ein Abstellen auf die Unterscheidungskriterien für die Bestimmung des Umfangs einer Vergünstigung durchaus sinnvoll sein kann, da erhebliche Unterschiede in den Auswirkungen bestehen.

[341] Leitlinien, Rn. 9.

[342] EuGH, Urteil vom 15. März 1994 in der Rs. C-387/92, Slg. 1994, I-877.

[343] EuGH, Urteil vom 15. März 1994 in der Rs. C-387/92, Slg. 1994, I-877, Rn. 14.

[344] Entscheidungen der Kommission vom 20. Dezember 2001, betreffend die Provinzen Álava (ABl. L 17 vom 22. Januar 2003, 20), Guipúzcoa (ABl. L 77 vom 24. März 2003, 1) und Vizcaya (ABl. L 40 vom 14. Februar 2002, 11).

[345] Entscheidung vom 5. März 2003, ABl. L 199 vom 7. August 2003, 28.

[346] Entscheidung vom 5. Juni 2002 (ABl. L 77 vom 24. März 2003, 21).

[347] Die ebenfalls entscheidungsgegenständliche Bewertung der Gewährung von Vorzugsdarlehen an diese Unternehmen ist hier nicht von Interesse.

für bis zu drei Jahre vollständig von der Körperschaftsteuer zu befreien.[348] Die Körperschaftsteuerbefreiung wurde von der Kommission in knapper Form als Vorteil bewertet:

„Die Maßnahme [...] hat dieselbe Wirkung wie eine direkte Subvention, da sie einen Finanzposten beseitigt, der sonst Eingang in den Haushaltsplan des Begünstigten gefunden hätte. Der Nettogewinn des Begünstigten wird damit verglichen mit anderen Unternehmen in einer entsprechenden Situation erhöht. [...] Deswegen begünstige die fragliche Maßnahme einer Reihe von Unternehmen im Sinne des Artikels 87 Absatz 1 des Vertrags.“[349]

bb) Anknüpfung an das Steuerobjekt

Bei den Ertragsteuern ist Steuerobjekt der Gewinn. In der Entscheidung „*Auslandseinkünfte Irland*“[350] beurteilte die Kommission eine steuerobjektsbezogene Befreiung der erfassten im Ausland erwirtschafteten Kapitalerträge und Betriebsgewinne, die – gegenüber der in allgemeinen Regel (Anrechnung) – den relevanten Vorteil begründete.[351]

cc) Anknüpfung an beides

Eine Steuerbefreiung, die sowohl an bestimmte Steuersubjekte, als auch an besondere von diesen realisierte Erträge (Steuerobjekt) anknüpfte, hatte die Entscheidung „*Bankenkonsolidierung Italien*“ zum Gegenstand.[352] Nach den Regelungen des italienischen Gesetzes Nr. 461/98 und des dazu ergangenen Dekrets Nr. 153/99 waren u.a. für „fusionierte“ Banken eine Ermäßigung des Körperschaftsteuersatzes und Steuerbefreiungen auf aufgedeckte stille Reserven in Anteilen oder Sachwerten, sowie für den Erwerb von Anteilen der privatisierten *Banca d'italie* Steuerbefreiungen auf später erzielte Beteiligungsgewinne vorgesehen. Die Kommission stufte diese Vorteile in ihrer Entscheidung als mit dem Gemeinsamen Markt nicht vereinbare Beihilfe ein. Den relevanten Vorteil erblickte sie in der verminderten Steuerlast auf die im Zusammenhang mit der Umstrukturierung verwirklichten Steuertatbestände bzw. Vermögensübertragungen.

Im Fall „*Finanzzentrum Triest Italien*“[353] wurde durch die streitige Regelung die Einrichtung eines sog. Finanzdienstleistungs- und Versicherungszentrums in

---

[348] Zum anderen fand – unabhängig von den Aktionärsstruktur – eine Befreiung von den im Zusammenhang mit der Umwandlung normalerweise anfallenden Steuern und Gebühren statt, darunter auch eine Steuer auf die Realisierung stiller Reserven in Immobilien. Entscheidung vom 5. Juni 2002 (ABl. L 77 vom 24. März 2003, 21), Rn. 16 f.

[349] Entscheidung vom 5. Juni 2002 (ABl. L 77 vom 24. März 2003, 21), Rn. 53 f.

[350] Entscheidung vom 17. Februar 2003 (ABl. L 204 vom 13. August 2003, 51. Vgl. IP/03/242 vom 18. Februar 2003.

[351] Entscheidung vom 17. Februar 2003 (ABl. L 204 vom 13. August 2003), Rn. 33.

[352] Entscheidung vom 11. Dezember 2001. Die Kommissionsentscheidung in dieser Sache (Beihilfe-Nr. C 54a/2000) ist nicht im Amtsblatt veröffentlicht. Siehe aber IP/01/1798 vom selben Tage.

[353] Entscheidung vom 11. Dezember 2002 (ABl. L 91 vom 8. April 2003, 47).

Triest mit Steuervergünstigungen für die dort anzusiedelnden Unternehmen der Finanz-, Versicherungs- und Kreditwirtschaft vorgesehen. Ein Bestandteil der Regelung war die fünfjährige Befreiung von der Körperschaftsteuer für aus Geschäften mit Mittel- und Osteuropa und der Sowjetunion erwirtschaftete Gewinne.[354] Auch diese Befreiung verband auf das Steuersubjekt bezogene Kriterien mit solchen in Bezug auf bestimmte Gewinne.

b) Ermäßigungen der Besteuerungs- bzw. Bemessungsgrundlage

Hier wird bei Anknüpfung an die allgemeinen tatbestandlichen Voraussetzungen zur subjektiven und objektiven Steuerpflicht die „normale" Berechnungsgrundlage für die Steuer verringert. Dies kann geschehen durch Freibeträge, Abschläge[355], Abzüge (z.B. durch Anerkennung der Geltendmachung bestimmter Aufwendungen) oder Kürzungen. Für die einkommensbezogenen (direkten) Steuern sind grundsätzlich alle Vorschriften, die von der normalen Gewinnermittlung dahingehend abweichen, dass sie durch Ausnahmen von bilanzrechtlichen Aktivierungspflichten (z.B. beschleunigte, erhöhte, erweiterte, Sofort- oder Sonderabschreibungen) oder durch besondere Passivierungsrechte (spezielle Rücklagen, Rückstellungen etc.) eine Gewinnverringerung ermöglichen, von dieser Wirkung. Das gleiche gilt für besondere Regelungen zur Verlustverrechnung, der Gewinnverrechnung bei Neuinvestitionen nach Veräußerung alter Wirtschaftsgüter sowie für besondere Methoden der Gewinnermittlung.

Ermäßigungen der Bemessungsgrundlage werden in der Regel sachliche Steuervergünstigungen sein; aber auch die Anknüpfung an personenbezogene Merkmale (allerdings außerhalb der subjektiven Steuerpflicht) ist möglich. Da sich die steuerliche Bemessungsgrundlage ei den Ertragsteuern stets aus Einzelkomponenten zusammensetzt, welche die Ertragssituation des konkreten Unternehmens wiedergeben, ist sie als Ansatzpunkt für Vergünstigungen, die nicht allgemein wirken sollen, besonders geeignet und dementsprechend verbreitet.[356] In vier parallelen Verfahren untersuchte die Kommission z.B. Regelungen der drei baskischen Provinzen Álava, Guipúzcoa und Viscaya sowie der Region Navarra, welche eine mehrjährige Ermäßigung der körperschaftsteuerlichen Bemessungsgrundlage für neugegründete Unternehmen vorsahen.[357]

[354] Entscheidung vom 11. Dezember 2002 (ABl. L 91 vom 8. April 2003, 47), Rn. 9.

[355] EuGH, Urteil vom 16. Mai 2002 in der Rs. C-321/99 („*ARAP*"), Slg. 2002, I-4287 Rn; EuG, Urteil vom 23. Oktober 2002 in den verbundenen Rs. T-346 bis 348/99 („*Territorios Históricos*"), Slg 2002, II-4259.

[356] *Jacobs*, S. 134 ff.

[357] Entscheidungen der Kommission vom 11. Juli 2001, betreffend die Provinzen Álava (ABl. L 314 vom 18. November 2002, 1), Guipúzcoa (ABl. L 174 vom 4. Juli 2002, 31), Navarra (L 314 vom 18. November 2002, 17) und Viscaya (ABl. L 279 vom 17. Oktober 2002, 35); vgl. EuG, Urteil vom 23. Oktober 2002 in den verbundenen Rs. T-346 bis 348/99. Die Regelung der Provinz Álava war in ihrer konkreten Anwendung bereits in den Verfahren „*Demesa*" und „*Ramondín*" Gegenstand einer Untersuchung durch die Kommission gewesen.

aa) Pauschalierte Gewinnermittlung

In allen Entscheidungen betreffend solche Maßnahmen, welche die Gewinnermittlung für bestimmte Sachverhalte abweichend von der im Regelfall geltenden analytischen Ermittlung pauschalierten, ist von der Kommission insoweit ein Vorteil geprüft worden. Dies betrifft insbesondere die Fälle, in denen es um Regelungen betreffend Verrechnungspreise für konzerninterne Dienstleistungen ging[358], aber auch jene, in denen für bestimmte Branchen (z.B. für die Schifffahrt die Tonnagebesteuerung) Methoden zur pauschalierten Gewinnermittlung gestattet wurden.[359] Der Anwendungsbericht der Kommission betreffend die Leitlinien für steuerliche Beihilfen setzt sich insoweit exemplarisch mit der Kostenaufschlagsmethode auseinander[360]; in diesem Bereich lag in den Jahren 2001 bis 2003 ein Schwerpunkt der Untersuchungspraxis.

Wie bereits oben erwähnt, erkennt die Kommission die Sachgerechtigkeit einer pauschalen Gewinnermittlung für konzerninterne Umsätze (in Übereinstimmung mit der OECD) grundsätzlich an, sieht also in der Zulassung dieser Regeln als solcher keinen Vorteil. Weichen jedoch deren Einzelheiten von einer analytischen Gewinnermittlung in sachlich nicht anerkannter Weise ab, so erblickt sie hierin den Vorteil. Insofern wurde regelmäßig ein zu geringer Gewinnaufschlag beanstandet[361] bzw. die fehlende Möglichkeit von dessen Anpassung im Einzelfall.[362] Die Nichtberücksichtigung bestimmter Kosten (bei der Kostenaufschlagsmethode mindert dies die Bemessungsgrundlage) sah die Kommission dagegen nicht stets als Vorteil an. In der Sache „*Koordinierungszentren Luxemburg*" verneinte sie dies knapp bezüglich Steuern und Spesen und ließ die Frage hinsichtlich Tantiemen und Sitzungsgeldern offen.[363]

---

[358] „*Koordinierungszentren Belgien*", Entscheidung vom 17. Februar 2003, noch nicht im Amtsblatt veröffentlicht; „*Kontroll- und Koordinierungszentren ausländischer Konzerne in Deutschland*", Entscheidung vom 05. September 2002 (ABl. L 177 vom 16. Juli 2003, 17); „*Koordinierungszentren Luxemburg*", Entscheidung vom 16. Oktober 2002 (ABl. L 170 vom 9. Juli 2003, 20); „*Finanzierungsgesellschaften Luxemburg*", Entscheidung vom 16. Oktober 2002 (ABl. L 153 vom 20. Juni 2003, 40), „*Koordinierungszentren Vizcaya*", Entscheidung vom 22. August 2002 (ABl. L 31 vom 6. Februar 2003, 26); „*Verwaltungs- und Logistikzentren Frankreich*", Entscheidung vom 13. Mai 2003 (ABl. L 23 vom 28. Januar 2004, 1; vgl. die Pressemitteilung der Kommission vom 16. Mai 2003, IP/03/698); „*US-Verkaufsgesellschaften Belgien*", Entscheidung vom 24. Juni 2003 (ABl. L 23 vom 28. Januar 2004, 14).

[359] S. z.B. „*niederländische Schleppdienste*", Entscheidung vom 19. Juni 2002 (ABl. L 314 vom 18. November 2002, 97).

[360] Anwendungsbericht, Rn. 9 ff.

[361] S. z.B. Entscheidung vom 05. September 2002 („*Kontroll- und Koordinierungszentren Deutschland*", ABl. L 177 vom 16. Juli 2003, 17); Entscheidung vom 16. Oktober 2002 („*Koordinierungszentren Luxemburg*", ABl. L 170 vom 9. Juli 2003, 20).

[362] Entscheidung vom 16. Oktober 2002 („*Finanzierungsgesellschaften Luxemburg*", ABl. L 153 vom 20. Juni 2003, 40).

[363] Entscheidung vom 16. Oktober 2002 (ABl. L 170 vom 9. Juli 2003, 20, Rn. 50).

In der Entscheidung „*Verwaltungs- und Logistikzentren Frankreich*“[364] dagegen untersuchte die Kommission das Vorliegen eines Vorteils unter verschiedenen Aspekten: So stellte sie insbesondere die Anwendung der Pauschalbesteuerung auf solche der erfassten Tätigkeiten in Frage, die sich nicht auf konzerninterne Hilfstätigkeiten beschränken, sondern die einen Marktwert – und damit auch einen Marktpreis – haben (Dienstleistungen strategischer Art und Forschungs- und Entwicklungsdienstleistungen). Ohne zu untersuchen, ob und inwieweit für diese Tätigkeiten eine Besteuerung auf der Grundlage von Vergleichspreisen möglich wäre, erkannte sie in der Besteuerung nach der Kostenaufschlagsmethode einen möglichen Vorteil, sah diesen aber „*durch die Natur des französischen Steuersystems gerechtfertigt*“.[365] Den Ausschluss bestimmter Auslagen von der Einbeziehung in die Bemessungsgrundlage stufte die Kommission nicht als Vorteil ein, da dieser unter Bezugnahme auf eine Vorschrift des allgemeinen Körperschaftsteuerrechts in die Regelung einfloss.[366] Als Vorteil bewertete die Kommission allerdings einen Teil der Regelung, wonach Aufwendungen für Tätigkeiten im Rahmen von Unteraufträgen dann nicht in die Bemessungsgrundlage einbezogen wurden, wenn sie nur unter der Hälfte der betrieblichen Aufwendungen ohne solche Unteraufträge blieben.[367]

In der Entscheidung „*US-Verkaufsgesellschaften Belgien*“[368] untersuchte die Kommission eine belgische Steuerregelung zugunsten von US-amerikanischen Verkaufsgesellschaften (sog. *Foreign Sales Corporations*, kurz FSC). Die untersuchte belgische Regelung sah für FSC-*Betriebsstätten* auf Antrag eine Ermittlung des Gewinns nach der Kostenaufschlagsmethode vor, wonach die steuerliche Bemessungsgrundlage durch einen Gewinnaufschlag in Höhe von 8% auf bestimmte Betriebsausgaben (im wesentlichen die Einkaufspreise der von der Muttergesellschaft bezogenen Waren) der FSC berechnet wurde.[369] Von der Einbeziehung in die Bemessungsgrundlage waren jedoch Kosten in Verbindung mit Werbung, Warentransport und Kreditrisiken ausgenommen.[370] Für FSC-*Tochtergesellschaften* erfolgte die körperschaftsteuerliche Gewinnermittlung nach den allgemeinen Bilanzierungsregeln. Machte der so ermittelte Gewinn dabei mindestens 8% der anrechnungsfähigen Kosten aus, unterstellte die Finanzverwaltung eine ordnungsgemäße, den „*arm's-length*“-Kriterien der OECD entsprechende Gewinnermittlung, und verzichtete auf eine eventuelle Berichti-

---

[364] Entscheidung vom 13. Mai 2003 (ABl. L 23 vom 28. Januar 2004, 1); vgl. IP/03/698 vom 16. Mai 2003.
[365] Entscheidung vom 13. Mai 2003 (ABl. L 23 vom 28. Januar 2004, 1), Rn. 49.
[366] Entscheidung vom 13. Mai 2003 (ABl. L 23 vom 28. Januar 2004, 1), Rn. 51.
[367] Entscheidung vom 13. Mai 2003 (ABl. L 23 vom 28. Januar 2004, 1), Rn. 52 f (vgl. Rn. 22, 2. Spiegelstrich).
[368] Entscheidung vom 24. Juni 2003 (ABl. L 23 vom 28. Januar 2004, 14; vgl. IP/03/887 vom 24. Juni 2003).
[369] Entscheidung vom 24. Juni 2003 (ABl. L 23 vom 28. Januar 2004, 14), Rn. 18.
[370] Entscheidung vom 24. Juni 2003 (ABl. L 23 vom 28. Januar 2004, 14), Rn. 18.

gung.[371] Beide Regelungen für FSC wichen von den allgemeinen Vorschriften des Körperschaftsteuerrechts ab, in denen für andere verbundene (internationale) Unternehmen eine strikte Gewinnermittlung nach allgemeinen Bilanzierungsvorschriften mit Überprüfungs- und Berichtigungsrechten der Finanzverwaltung vorgesehen war.[372] Die Kommission erblickte in der Regelung die Grundlage zur Gewährung eines Vorteils in Form einer Minderung des zu versteuernden Gewinns.

bb) Rückstellungen und Rücklagen

In dem Fall „*internationale Finanzierungsaktivitäten Niederlande*"[373] untersuchte die Kommission eine Maßnahme, die für international tätige Konzerne die Möglichkeit vorsah, unter bestimmten Voraussetzungen Rückstellungen für Risiken aus internationalen Geschäften zu bilden.[374] Für nach umfangreichen Kriterien bestimmte Unternehmen, die von den Niederlanden aus im Bereich der Finanzierung eines internationalen Konzerns operierten, gestattete die Maßnahme die Bildung einer steuerlichen Rücklage in Höhe von bis zu 80% der Gewinne aus finanziellen Tätigkeiten (überwiegend aus eingenommenen Darlehenszinsen und Lizenzgebühren) bzw. aus kurzfristigen Portfolio-Investitionen (beides zusammen: Finanzgewinn).[375] Die Kommission erblickte in verschiedenen Elementen der Regelung eine Begünstigung iSd. Art. 87 Abs. 1 EG durch Minderung der normalerweise von den betreffenden Unternehmen zu tragenden Belastungen. Einen solchen Vorteil sah sie zunächst in der durch die Rückstellung bewirkten direkten Verringerung der Körperschaftssteuerlast.[376] Als Vorteil bewertete die Kommission weiter die Möglichkeiten der steuerneutralen (Teil-)Auflösung der Rücklage z.B. beim Beteiligungserwerb sowie der gänzlichen Auflösung zu einem verminderten Steuersatz – beides Fälle, in denen das wirtschaftliche Risiko, zu dessen Absicherung die Rücklage gebildet wurde, nicht realisiert wurde.[377]

In der Entscheidung „*Auslandsniederlassungen Frankreich*"[378] prüfte die Kommission eine steuerliche Regelung Frankreichs, welche französischen Unternehmen mit ausländischen Betriebsstätten oder Tochtergesellschaften die Bildung steuerlicher Rückstellungen nach unterschiedlichen Kriterien ermöglichte. Außer in den Fällen ausländischer Handelsunternehmen bestand kein gesetzlicher Anspruch auf die Rückstellung; diese musste stattdessen zuvor von der

[371] Entscheidung vom 24. Juni 2003 (ABl. L 23 vom 28. Januar 2004, 14), Rn. 19.
[372] Entscheidung vom 24. Juni 2003 (ABl. L 23 vom 28. Januar 2004, 14), Rn. 17.
[373] Entscheidung vom 17. Februar 2003 (ABl. L 180 vom 18. Juli 2003, 52. Vgl. IP/03/242 18. Februar 2003.
[374] Entscheidung vom 17. Februar 2003 (ABl. L 180 vom 18. Juli 2003, 52). Siehe für die Einzelheiten Rn. 8 ff.
[375] Entscheidung vom 17. Februar 2003 (ABl. L 180 vom 18. Juli 2003, 52), Rn. 17.
[376] Entscheidung vom 17. Februar 2003 (ABl. L 180 vom 18. Juli 2003, 52), Rn. 80.
[377] Entscheidung vom 17. Februar 2003 (ABl. L 180 vom 18. Juli 2003, 52), Rn. 81.
[378] Entscheidung vom 21. November 2001 (ABl. L 126 vom 13. Mai 2002, 27).

Finanzverwaltung bewilligt werden.[379] Die Rückstellungen waren gewinnerhöhend aufzulösen, sobald die ausländische Niederlassung Gewinne erzielte, ansonsten spätestens nach zehn Jahren. Einen Vorteil erblickte die Kommission in dem durch die Regelung zur Verfügung gestellten Liquiditätsvorteil während des Zeitraums der Rückstellung. Das Argument Frankreichs, im Zeitpunkt der Auflösung gelte im Zweifel ein höherer Steuersatz, ließ die Kommission dabei nicht gelten.[380]

cc) Abschreibungsmodalitäten

Um einen Vorteil durch Abschreibungsmodalitäten infolge einer Vereinbarung über Kauf und Rückmiete immaterieller Vermögenswerte („*Sale-and-Lease-back*") ging es in der Entscheidung „*Technolease*".[381] Unter sehr detaillierter Auseinandersetzung mit den Modalitäten der Gewinnermittlung untersuchte die Kommission in diesem Fall, ob die Übertragung der betreffenden Vermögenswerte einem der beteiligten Unternehmen einen steuerlichen Vorteil gegenüber der vor der Transaktion bestehenden Lage verschafft hatte, und ob die niederländischen Steuerbehörden insoweit eine Steuerumgehung zugelassen hatten. Dabei wurde insbesondere berücksichtigt, wie sich die veränderten Abschreibungsmöglichkeiten steuerlich auswirkten. Beides wurde im Ergebnis verneint, weil die Kommission feststellte, dass sich die Transaktion insgesamt vorteilhaft auf die Staatskasse auswirkte, also kein Verzicht auf Steuereinnahmen vorgelegen habe.

Auch im Fall „*Salzgitter AG*"[382] bezog sich der Untersuchungsgegenstand auf investitionsgebundene steuerliche Sonderabschreibungen und Rücklagen, die von der Salzgitter AG – Stahl und Technologie (SAG) im Einklang mit dem Zonenrandförderungsgesetz in Anspruch genommen worden waren.[383] Die Kommission sah die Ermöglichung der Inanspruchnahme von Rücklagen und erhöhten Abschreibungen als Vorteil im Sinne einer Steuerstundung an:

> *„Die Wirkung der Sonderabschreibungen beruht auf der Festlegung einer höheren Abschreibung auf zuschussfähige Investitionen in dem bzw. den ersten Jahre(n) als nach den allgemeinen Vorschriften möglich wäre. So verringert sich die Steuerbemessungsgrundlage in dem bzw. den ersten Jahr(en).“*[384] *„Wie [...] erläutert, stellt die Steuerstundung als Ergebnis der Festlegung von Sonderabschreibungen und steuerfreien Rücklagen gemäß § 3 ZonenRFG*

---

[379] Entscheidung vom 21. November 2001 (ABl. L 126 vom 13. Mai 2002, 27), Rn. 7.

[380] Entscheidung vom 21. November 2001 (ABl. L 126 vom 13. Mai 2002, 27), Rn. 22.

[381] Entscheidung der Kommission vom 21. April 1999 betreffend die Behandlung der „Technolease-Vereinbarung" zwischen *Philips* und *Rabobank* durch die niederländischen Steuerbehörden (ABl. L 297 vom 24. November 2000, 13).

[382] Entscheidung vom 28. Juni 2000 (ABl. L 323 vom 20. Dezember 2000, 5, vgl. IP/00/675 vom 28. Juni 2000.

[383] Das ZonenRFG als solches war von der Kommission im Rahmen der beihilferechtlichen Vorschriften des EG-Vertrages genehmigt worden, vgl. Rn. 64 der Entscheidung.

[384] Entscheidung vom 28. Juni 2000 (ABl. L 323 vom 20. Dezember 2000, 5), Rn. 16.

[...] einen Unternehmenserfolg dar, der [das betreffende] Unternehmen gegenüber anderen [...] begünstigt, die die allgemeinen Vorschriften anwenden müssen, wobei es von Belastungen befreit wird, die normalerweise seinen Wirtschaftsplan belasten."[385] Die Kommission führte weiter aus: „*Die Steuerstundung, die sich als Null-Zins-Darlehen für den gestundeten Steuerbetrag und die Dauer der Steuerstundung analysieren lässt, erweist sich als ein Transfer staatlicher Mittel. Der daraus resultierende Unternehmenserfolg wird durch den Staat finanziert, wobei letzterer vorübergehend auf eine Einnahme verzichtet.*"[386]

dd) Gewinnverrechnung/Übertragung stiller Reserven

In dem Verfahren Deutschland ./. Kommission[387] war eine Regelung streitig, die allen in Deutschland unbeschränkt steuerpflichtigen Personen die Übertragung stiller Reserven bei der Veräußerung bestimmter Anlagegüter und anschließende Reinvestitionen in Kapitalgesellschaften mit Sitz in den neuen Bundesländern ermöglichte. Der EuGH stellte zwar fest, dass eine allgemeine Regelung, welche Steuerpflichtigen die Übertragung stiller Reserven infolge der Veräußerung und Anschaffung verschiedener Anlagegüter ermögliche, „*diesen einen Vorteil verschafft*", als solche aber keine Beihilferegelung darstelle.[388] Er bestätigte aber die Ansicht der Kommission, dass die Beschränkung dieser Übertragbarkeit auf Investitionen in bestimmte Unternehmen in den neuen Bundesländern einen Vorteil für diese darstellt.[389] Anschließend belegte der EuGH einen steuerlichen Vorteil – mit dem erforderlichen (vorübergehenden) Einnahmeverzicht des Staates – allerdings nur in Bezug auf die investierenden Unternehmen.[390]

c) Reduzierung des Steuersatzes

Eine Steuersatzreduzierung ist eines der transparentesten Mittel zur Gewährung steuerlicher Vergünstigungen.[391] Die Steuersatzreduzierung kann sowohl an personelle[392], als auch an sachliche Voraussetzungen anknüpfen.[393] In der Entscheidung „*Verwaltungs- und Logistikzentren Frankreich*"[394] wurde eine steuer-

---

[385] Entscheidung vom 28. Juni 2000 (ABl. L 323 vom 20. Dezember 2000, 5), Rn. 60. Mit dem in steuerlicher Hinsicht etwas missverständlichen Terminus „Unternehmenserfolg" meint die Kommission ganz offensichtlich einen Liquiditätsvorteil. Auch der Begriff „Wirtschaftsplan" stellt vermutlich auf die Liquidität ab.

[386] Entscheidung vom 28. Juni 2000 (ABl. L 323 vom 20. Dezember 2000, 5), Rn. 61.

[387] EuGH, Urteil vom 19. September 2000 in der Rs. C-156/98, Slg. 2000, I-6857.

[388] EuGH, Urteil vom 19. September 2000 in der Rs. C-156/98, Slg. 2000, I-6857, Rn. 22.

[389] EuGH, Urteil vom 19. September 2000 in der Rs. C-156/98, Slg. 2000, I-6857, Rn. 24.

[390] EuGH, Urteil vom 19. September 2000 in der Rs. C-156/98, Slg. 2000, I-6857, Rn. 26 ff.

[391] Vgl. hierzu *Voß*, in *Dauses*, Rn. 7 zu Abschnitt J, der darauf hinweist, dass sich aufgrund der mangelnden Transparenz in den europäischen Steuersystemen „*selbst große Unternehmen [...] in erster Linie an den Steuersätzen [orientieren] [...].*"

[392] Hier wird jedoch ggf. das Gleichheitsgebot entgegenstehen.

[393] Steuersatzreduzierungen finden sich – insoweit ist eine Heranziehung der indirekten Steuern dienlich – insbesondere im Umsatzsteuerrecht und dienen dort der aus gesundheits-, sozial- oder sonstigen politischen Erwägungen wünschenswerten Entlastung bestimmter Umsätze. Vgl. Art. 12 der Sechsten Umsatzsteuer-richtlinie; § 12 UStG nebstt Anlage.

[394] Entscheidung vom 13. Mai 2003 (ABl. L 23 vom 28. Januar 2004, 1; vgl. IP/03/698 vom 16. Mai 2003.

liche Regelung untersucht, die (zusätzlich zu der alternativen Gewinnermittlung) vorsah, dass auf die Einkünfte der Verwaltungs- und Logistikzentren ausschließlich der Steuertarif der sog. Stufe 1 der französischen Tariftabelle (geringster Tarif) Anwendung finden sollte.[395] In dieser Anwendung des geringsten, nach der allgemeinen Steuertabelle nur bis zu einer bestimmten Einkommensgrenze vorgesehenen, Steuersatzes (bzw. Steuerbetrages)[396] im Rahmen der Pauschalbesteuerung erblickte die Kommission einen Vorteil: Durch die infolgedessen verminderten Vorauszahlungen würde zum einen eine Steuerstundung erzielt, zum andern erhielten die Begünstigten auch eine teilweise Steuerbefreiung.[397]

Durch die in der Entscheidung „*konzerneigene Versicherungsgesellschaften Åland-Inseln*“[398] untersuchte Regelung wurde für konzerneigene (sog. captive) Versicherungsunternehmen mit Sitz auf den zu Finnland gehörenden aber teilautonomen Åland-Inseln unter bestimmten Voraussetzungen der Körperschaftsteuersatz ermäßigt. Die Kommission erblickte in dieser Maßnahme einen durch Minderung der normalerweise auferlegten Steuerlast gewährten Vorteil iSd. Art. 87 Abs. 1 EG.

d) Steueraufschub/Steuerstundung

Wie bereits oben angedeutet, werden hierunter im Folgenden solche Steuervergünstigungen verstanden, die das Ent- bzw. Bestehen der Steuerschuld-Tatbestandes unberührt lassen, dem Steuerpflichtigen aber einen zeitlichen Vorteil gewähren, der sich aus einer Abweichung vom allgemeinen Verfahrens- oder Vollstreckungsrecht ergibt.[399] Die Steuerstundung wird in der Regel auf einem entsprechenden Willensakt der zuständigen Steuerbehörde beruhen, sie kann sich aber auch aus faktischer Nichtverfolgung des Steueranspruches ergeben oder aus einer speziellen gesetzlichen Regelung folgen. Dies wurde u.a. im Urteil „*Ecotrade*“[400] (vgl. diesbezüglich die Urteile „*Piaggio*“[401] und „*Sicilcas-*

---

[395] Entscheidung vom 13. Mai 2003 (ABl. L 23 vom 28. Januar 2004, 1), Rn. 23.
[396] Entscheidung vom 13. Mai 2003 (ABl. L 23 vom 28. Januar 2004, 1), vgl. Rn. 23 f.
[397] Entscheidung vom 13. Mai 2003 (ABl. L 23 vom 28. Januar 2004, 1), Rn. 55. Die Begründung für die Annahme einer Steuerbefreiung ist auch unter Berücksichtigung der Ausführungen unter Rn. 23 f der Entscheidung nicht ganz nachvollziehbar.
[398] Entscheidung vom 10. Juli 2002 (ABl. L 329 vom 5. Dezember 2002, 22); vgl. IP/02/1029 vom 10. Juli 2002.
[399] Vergünstigungen, die sich auf die steuerliche Bemessungsgrundlage auswirken, haben teilweise auch einen zeitlich begünstigenden Effekt; so führt eine erhöhte Abschreibung oder ein anerkannter erhöhter Verlustvortrag in gewisser Weise auch zu einer „Aufschiebung“ der Steuerschuld. Dieser Effekt folgt jedoch erst aus der (zeitlich begrenzten) Minderung der Bemessungsgrundlage. Die genannten Vergünstigungen wurden hier daher als dogmatisch zu jener Kategorie gehörend erfasst. Die Kommission fasst in ihrem 9. BB, Rn. 106, beschleunigte Abschreibungen und die Bildung steuerfreier Rücklagen allerdings unter dem Oberbegriff der Steuerstundungen zusammen. Ebenso *Koschyk*, S. 127 f.
[400] EuGH, Urteil vom 1. Dezember 1998 in der Rs. C-200/97, Slg. 1998, I-7907.
[401] EuGH, Urteil vom 17. Juni 1999 in der Rs. C-295/97, Slg. 1999, I-3735.

sa"[402]) und in den Kommissionsentscheidungen „*Empresas Álvarez*"[403] und „*Puigneró*"[404] entschieden. Wie in den Entscheidungen „*Salzgitter AG*"[405] und „*Auslandsniederlassungen Frankreich*"[406] zum Ausdruck kommt, behandelt die Kommission auch die ausnahmsweise Zulassung von Bilanzierungspraktiken mit Stundungseffekt als solche.

e) Erlass/Steuergutschriften/Abzüge von der Steuerschuld

Auch diese Vergünstigungen stehen außerhalb des materiellen Steuertatbestandes.[407] Sie revidieren ganz oder teilweise das „reguläre" (tatbestandliche) Steuerschuldverhältnis und verringern so den staatlichen Steueranspruch. Da diese Maßnahmen grundsätzlich einzelfallbezogen sind, erfolgen sie idR. als behördliche Ermessensentscheidung. Soweit eine Gutschrift innerhalb des Entstehungstatbestandes der materiellen Steuerschuld erfolgt, wirkt sie sich bereits reduzierend auf die Besteuerungs- bzw. Bemessungsgrundlage aus; demgemäss werden solche Maßnahmen hier zu jener Kategorie gerechnet. Körperschaftsteuergutschriften waren u.a. in den Verfahren betreffend entsprechende Regelungen der „*Territorios Históricos*" für neugegründete Unternehmen[408], sowie in den diesbezüglichen Einzelverfahren „*Demesa*"[409] und „*Ramondín*"[410] streitig. Um teilweise Erlasse der Steuerschuld (Umschuldung oder faktischer Erlass) ging es in den Verfahren „*Refractarios Especiales*"[411], „*Empresas Álvarez*"[412] und „*Magefesa*"[413]

---

[402] EuGH, Urteil vom 24. Juni 2003 in der Rs. C-297/01, Slg. 2003, I-7849.
[403] Entscheidung vom 14. Mai 2002, ABl. L 329 vom 5. Dezember 2002, 1.
[404] Entscheidung vom 19. Februar 2003 (ABl. L 337 vom 23. Dezember 2003, 14).
[405] Entscheidung der Kommission vom 28. Juni 2000 betreffend der Geltendmachung von SonderAfA und der Bildung von Rücklagen nach dem Zonenrandförderungsgesetz durch die Salzgitter AG (ABl. L 323 vom 20. Dezember 2000, 5).
[406] Entscheidung vom 21. November 2001 betreffend die steuerliche Behandlung von Auslandsniederlassungen französischer Unternehmen in Frankreich (ABl. L 126 vom 13. Mai 2002, 27).
[407] EuGH, Urteil vom 21. März 2002 in der Rs. C-36/00, Slg. 2002, I-3243; EuG, Urteil vom 23. Oktober 2002 in den verbundenen Rs. T-269, 271 und 272/99, Slg. 2002, II-4217; EuG, Urteil vom 6. März 2002 in den verbundenen Rs. T-127, 129 und 148/99, Slg. 2002, II-1275.
[408] Entscheidungen der Kommission vom 20. Dezember 2001, betreffend die Provinzen Álava (ABl. L 17 vom 22. Januar 2003, 20), Guipúzcoa (ABl. L 77 vom 24. März 2003, 1) und Viscaya (ABl. L 40 vom 14. Februar 2002, 11).
[409] Entscheidung vom 24. Februar 1999 (ABl. L 292 vom 13. November 1999, 1).
[410] Entscheidung vom 22. Dezember 1999 (ABl. L 318 vom 16. Dezember 2000, 36).
[411] Entscheidung vom 27. November 2002 (ABl. L 108 vom 30. April 2003, 21).
[412] Entscheidung vom 14. Mai 2002 (ABl. L 329 vom 5. Dezember 2002, 1).
[413] Entscheidung vom 14. Oktober 1998 (ABl. L 198 vom 30. Juli 1999, 15). Siehe auch EuGH, Urteil vom 12. Oktober 2000 in der Rs. C-480/98 (Slg. 2000, I-8717; EuGH Urteil vom 2. Juli 2002 in der Rs. C-499/99 (noch nicht in der amtlichen Sammlung veröffentlicht).

f) Steuerneutrale Bezuschussung

Diese wirkt ähnlich wie eine Ermäßigung der Bemessungsgrundlage. Die steuerliche Vergünstigung liegt hier jedoch nicht in der Gewährung der betreffenden Mittel, sondern in der unterlassenen Heranziehung dieser dann dem Steuerpflichtigen zur Verfügung stehenden Mittel zur Besteuerung, d.h. in ihrer Nichteinbeziehung in die steuerliche Bemessungsgrundlage. In diese Kategorie fallen z.B. Investitionszulagen und -zuschüsse.[414] Die Begünstigung setzt sich aus zwei Komponenten zusammen: der Mittelüberlassung (als klassischer Beihilfe im nichtsteuerlichen Sinne) einerseits und der Nichtbesteuerung der überlassenen Mittel andererseits.[415]

g) Mischformen

Es kann im Einzelfall möglich sein, dass sich eine bestimmte Steuervergünstigung auf den ersten Blick nicht eindeutig einer Kategorie zuordnen lässt, da sie Merkmale verschiedener kumuliert.[416] Bei steuerdogmatischer Betrachtung es aber in jedem Einzelfall möglich, die Komponenten der betreffenden Maßnahme jeweils bestimmten Merkmalen des Besteuerungstatbestandes bzw. dem relevanten Abschnitt des Besteuerungsverfahrens zuzuordnen und somit Ansatzpunkt, Wirkungsweise und Umfang des betreffenden Vorteils zu identifizieren – anders wäre eine Subsumtion unter den Beihilfebegriff auch kaum möglich.

II. Wesen des Vorteils: Liquiditätsvorteil

Jede vom Unternehmen zu tragende Steuer belastet wegen der im Normalfall geltenden Verpflichtung zu einer an Fristen gebundenen zeitnahen Abführung die aktuelle oder künftige Liquidität. Da die Liquidität den finanziellen Spielraum jedes Unternehmens bestimmt, bedeutet eine Abweichung von der normalerweise erhobenen Steuer für das begünstigte Unternehmen infolge der vergleichsweise verbesserten finanziellen Flexibilität einen potentiellen Wettbewerbsvorteil gegenüber anderen Unternehmen. Im Prinzip lässt sich der Vorteil

---

[414] Vgl. exemplarisch § 9 des deutschen Investitionszulagengesetzes (1999); s.a. EuGH, Urteil vom 26. September 2002 in der Rs. C-351/98 (Spanien./.Kommission), Slg. 2002, I-8031.

[415] Eine doppelte *steuerliche* Begünstigung durch Ausnahme des Zuschusses von der Besteuerung *und* Gewährung der vollen AfA auf das angeschaffte Wirtschaftsgut ergibt sich idR. jedoch nicht. Vgl. hierzu die Leitlinien der Kommission für staatliche Beihilfen mit regionaler Zielsetzung, ABl. C 74 vom 10. März 1998, 9 ff, Anhang I, Ziffer 2. Für das deutsche Recht gewährt A 34 Abs. 2 EStR dem Steuerpflichtigen ein Wahlrecht, ob er den Zuschuss als Ertrag verbucht (der dann steuerwirksam in die Bemessungsgrundlage einfließt) und das angeschaffte Wirtschaftsgut voll abgeschrieben kann, *oder* aber ob er den Zuschuss nicht in die Gewinnermittlung einbezieht und stattdessen den bezuschussten Teil der Investitionskosten bei der Abschreibung des Wirtschaftsguts unberücksichtigt lässt. Beides zusammen (d.h. eine Abschreibung auch des mit dem nicht steuerwirksam behandelten Zuschuss finanzierten Teils der Investition) ist jedenfalls nicht möglich (missverständlich insoweit *Koschyk*, S. 125).

[416] Vgl. z.B. die Regelungen des § 7g EStG bzw. die Entscheidung „*Salzgitter AG*" betreffend Regelungen des ZonenRFG (Entscheidung vom 28. Juni 2000, ABl. L 323 vom 20. Dezember 2000, 5).

jeder beihilferechtlich relevanten steuerlichen Sondermaßnahme, wie sie auch immer gestaltet ist, als Liquiditätsvorteil darstellen. Die Kommission hat dies teilweise ausdrücklich klargestellt. In der Entscheidung *„Auslandsniederlassungen Frankreich“*[417] stellte sie hinsichtlich der Wirkung der durch die streitige Regelung ermöglichten Rückstellung fest:

> *„[..] die Unternehmen, denen der Steueraufschub gewährt wird, [erhalten] einen Liquiditätsvorteil, da sie während eines bestimmten Zeitraumes [...] über einen Geldbetrag verfügen, der ihnen nicht zur Verfügung stünde, wenn sie die entsprechende Steuer sofort hätten entrichten müssen.“*[418]

Das Argument Frankreichs, im Zeitpunkt der Auflösung gelte im Zweifel ein höherer Steuersatz, ließ die Kommission dabei nicht gelten.[419]

Unterschiede bestehen aber insoweit, als ein durch steuerliche Maßnahmen generierter Liquiditätsvorteil

- sofort (z.B. infolge einer subjektiven Steuerbefreiung) oder später (z.B. bei einer Steuergutschrift),
- endgültig (z.B. durch Erlass) oder temporär (z.B. im Falle einer Stundung),
- einmalig (z.B. bei investitionsbezogener Ermäßigungen) oder dauerhaft (z.B. nach einer Steuersatzermäßigung)

wirksam werden kann. Die dargestellte Anwendungspraxis von Kommission und EuGH macht deutlich, dass bei der beihilferechtlichen Beurteilung als Vorteil insofern nicht grundsätzlich unterschieden wird. Bei der Subsumtion sind die unterschiedlichen Liquiditätsauswirkungen allerdings relevant. Dies gilt insbesondere im beihilferechtlichen Einzelprüfverfahren: Hier ist im Rahmen der Einzelfallsubsumtion zu ermitteln, ob und in welcher Höhe dem betreffenden Unternehmen bereits ein rückforderungsfähiger Vorteil erwachsen oder in Aussicht gestellt worden ist.

III. Abgrenzung des Vorteils von der Selektivität

Wie einleitend dargestellt[420], ist der aus einer Maßnahme resultierende (Liquiditäts-)Vorteil von deren möglicher Selektivität zu unterscheiden.[421] Aus dem Urteil Deutschland./.Kommission[422] geht hervor, dass eine Maßnahme durchaus Vorteile verschaffen kann, ohne selektiv zu sein. Der EuGH hatte dort eine Re-

---

[417] Entscheidung vom 21. November 2001 (ABl. L 126 vom 13. Mai 2002, 27).
[418] Entscheidung vom 21. November 2001 (ABl. L 126 vom 13. Mai 2002, 27), Rn. 22.
[419] S. *Lübbig/Martín-Ehlers*, Rn. 97, mit Rechtsprechungsnachweisen zu dieser Thematik.
[420] S. Abschnitt A dieses Kapitels.
[421] S. hierzu vor allem *Jansen*, S. 65 ff.
[422] EuGH, Urteil vom 19. September 2000 in der Rs. C-156/98, Slg. 2000, I-6857.

gelung des EStG zu untersuchen, welche es Investoren ermöglichte, erzielte Veräußerungsgewinne steuerneutral in Kapitalgesellschaften mit Sitz in den neuen Bundesländern zu reinvestieren. Er stellte klar, dass eine Regelung, welche Steuerpflichtigen die Gewinnübertragung infolge der Veräußerung und Anschaffung verschiedener Anlagegüter ermögliche, „*diesen [zwar] [gegenüber ihrer Situation nach der alten Regelung] einen Vorteil verschafft, [dieser aber] als eine unterschiedslos auf alle Wirtschaftsteilnehmer anwendbare allgemeine Maßnahme keine Beihilfe an diese Steuerpflichtigen [...] darstellt*“.[423] Ein entsprechendes Verständnis liegt dem Urteil „*Ecotrade*“ zugrunde.[424]

IV. Der relevante Vergleichsmaßstab zur Ermittlung des Vorteils

Die Begünstigung bestimmter Unternehmen im Rahmen des Steuerrechts ist – im Gegensatz zu herkömmlichen Beihilfen in Form positiver Leistungen – als *negative* Beihilfe einzustufen.[425] Das begünstigte Unternehmen erhält einen wirtschaftlichen Vorteil durch die „*Minderung seiner normalerweise zu tragenden Belastungen*“[426], also durch das (wie auch immer geartete) Unterlassen des Staates bezüglich der Geltendmachung steuerlicher Ansprüche. Wie das Abstellen auf die normalerweise zu tragenden Belastungen indiziert, kann ein Vorteil niemals isoliert, sondern muss stets in einem bestimmten Bezugsrahmen identifiziert werden, setzt also einen Vergleich zwischen verschiedenen Situationen oder Personen voraus. Die von den Leitlinien zur Anknüpfung genommene Abweichung von der Normalbesteuerung als Bezugsrahmen oder Vergleichsmaßstab könnte bei abstrakter Betrachtung durch eine Relation von zeitlichen oder von personenbezogenen Kriterien vorgenommen werden, deren Relevanz aber ganz unterschiedlich zu beurteilen ist:

1. Isolierte Vorher-/Nachherbetrachtung des begünstigten Unternehmens – Teilweise Minderung einer bestehenden steuerlichen Belastung

Wird eine steuerliche Belastung abgesenkt, so besteht für das betroffene Unternehmen in der zukünftigen Regelung stets ein Vorteil gegenüber der abgelösten. Die Leitlinien stellen dementsprechend auf eine Minderung *seiner* (nicht *der*) normalerweise zu tragenden Belastungen ab.[427] Fraglich ist, ob hierin stets der Vorteil zu sehen ist, an den der Beihilfetatbestand knüpft.

Man könnte argumentieren, dass es auf einen solchen Vorteil bei isolierter Betrachtung des begünstigten Unternehmens aus wettbewerbspolitischer Sicht nicht ankommt. Denn ein beihilferechtlich relevanter Vorteil ist erst ergeben,

[423] EuGH, Urteil vom 19. September 2000 in der Rs. C-156/98, Slg. 2000, I-6857, Rn. 22.
[424] EuGH, Urteil vom 1. Dezember 1998 in der Rs. C-200/97, Slg. 1998, I-7907.
[425] S. zu dieser Unterscheidung *Lübbig/Martín-Ehlers,* Rn. 76 und 93.
[426] Leitlinien, Rn. 9.
[427] Leitlinien, Rn. 9.

wenn die Absenkung der steuerlichen Belastung nicht für alle Unternehmen gilt oder nicht für alle gleich hoch ausfällt wie z.B. in den Fällen „*Maribel I*"[428] oder „*Adria-Wien-Pipeline*".[429] Maßgeblich könnte danach eine reine *ex-post*-Gegenüberstellung der begünstigen und der nicht begünstigten Unternehmen sein. Hierbei würde aber außer Acht gelassen, dass der Vorteil nur *ein* Element des Tatbestandsmerkmals der Begünstigung bestimmter Unternehmen darstellt, dessen zweite Komponente, die Selektivität, die betreffende Maßnahme erst zu einer Beihilfe machen kann. Nach entsprechendem Verständnis des Vorteils kann dieser daher durchaus isoliert für das begünstigte Unternehmen (oder die begünstigten Wirtschaftszweige) im Wege eines *ex-ante/ex-post*-Vergleichs ermittelt werden, was auch die Formulierung der Leitlinien indiziert. Hierbei bereits auf eine *relative* Besserstellung gegenüber anderen Unternehmen (vergleichende *ex post*-Betrachtung) abzustellen, erscheint daher nicht zwingend. Auch das Urteil des EuGH im Fall Deutschland./.Kommission stellt bei der (verneinten) Frage eines Vorteils für die investierenden Unternehmen offensichtlich auf einen isolierten Vorher-/Nachher-Vergleich ab.

2. Vergleichende ex-post-Betrachtung der begünstigten und der nichtbegünstigten Unternehmen – Ausnahme von der Erhöhung oder Neueinführung einer Steuer

Die Ausnahme von einer ansonsten vorgenommenen Steuererhöhung (oder von der Neueinführung einer Steuer) ist bisher nur im Bereich von Sonderabgaben und indirekten Steuern Gegenstand von Kommissions- und Rechtsprechungspraxis gewesen; die dortige Entscheidungspraxis hat jedoch potentielle Bedeutung auch für den Bereich der direkten Steuern.

Die Ermittlung des Vorteils durch einen isolierten Vorher-/Nachher-Vergleich der Situation des begünstigten Unternehmens ist – wie dargestellt – möglich, wenn eine bestehende Steuerlast für bestimmte Unternehmen abgesenkt wird. Besteht die zu untersuchende Maßnahme dagegen in einer Steuererhöhung, von der bestimmte Unternehmen ausgenommen werden, kann ein Vorteil durch isolierten Vorher-/Nachher-Vergleich des ausgenommenen Unternehmens nicht ermittelt werden, da sich dessen wirtschaftliche Situation nicht absolut, sondern nur relativ verbessert hat. Dass die Ausnahme von einer Steuererhöhung oder von der Neueinführung einer Steuer gleichwohl eine Beihilfe darstellen kann, ist allerdings – wenn auch außerhalb der Anwendung der Leitlinien – ständige Rechtsprechung[430] und entspricht der Entscheidungspraxis der Kommission. In

---

[428] EuGH, Urteil vom 17. Juni 1999 in der Rs. C-75/97, Slg. 1999, I-3671 Vgl. die spätere Entscheidung („Maribel II"), EuGH, Urteil vom 3. Juli 2001 in der Rs. C-378/98, Slg. 2001, I-5107.

[429] EuGH, Urteil vom 8. November 2001 in der Rs. C-143/99, Slg. 2001, I-8365.

[430] Siehe auch hier EuGH, Urteil vom 8. November 2001 in der Rs. C-143/99 („*Adria-Wien-Pipeline*"), Slg. 2001, I-8365 (Neueinführung einer – indirekten – Energiesteuer). Vgl. EuGH, Urteil vom 22. November 2001 in der Rs. C-53/00 („*Ferring*"), Slg. 2001, I-9067 (Einführung

diesen Fällen wird deutlich, dass der Wortlaut der Formel „Minderung seiner normalerweise zu tragenden Belastungen" in zweierlei Hinsicht versagt: Zum einen liegt hier keine Minderung steuerlicher Belastungen vor; zum anderen kann der Vorteil hier nur durch eine vergleichende ex-post-Betrachtung der begünstigten und der nichtbegünstigten Unternehmen (also durch das Feststellen einer Veränderung der normalerweise zu tragenden Belastungen) festgestellt werden.[431]

Es stellt sich daher die Frage, ob die Feststellung eines Vorteils (abweichend vom oben dargestellten Maßstab) für diese Fälle – oder sogar stets – an einen relativen ex-post-Vergleich anknüpfen muss. Generalanwalt *Geelhoed* hat in den Schlussanträgen zur Sache „*Gil Insurance*"[432] Zweifel daran geäußert, dass eine bestehende steuerliche Regelung durch die ihre teilweise Erhöhung für bestimmte Wirtschaftsteilnehmer zu einer Beihilfe führen könne.[433] Er stützt dies auf rechtliche, wirtschaftliche und politische Argumente. Rechtliche Gründe stünden entgegen, weil eine allgemeine Regelung, die keine Beihilfemaßnahme darstellte, allein durch die sachlich oder persönlich begrenzte Neueinführung einer Erhöhung unter das Beihilfeverbot fallen, und der Tatbestand des Art. 87 EG „*weit über [dessen] Grenzen [...] [hinweg] ausgedehnt [würde]*".[434] Der EuGH hat sich in seinem Urteil nicht mit dieser Problematik beschäftigt, die eine erhebliche Tragweite für den Bereich der steuerlichen Beihilfe hat.[435] Dabei sprechen gute Gründe für die allgemeingültige Argumentation des Generalanwalts: Diese verdeutlicht – auch wenn sie nicht direkt am Tatbestandsmerkmal des Vorteils anknüpft – dass es unter Berücksichtigung der tatbestandlichen Grenzen des Art. 87 Abs. 1 EG äußerst problematisch ist, das unveränderte Fortbestehen einer steuerlichen Belastung nur aufgrund einer Änderung externer Vergleichsbedingungen als Vorteil für das von dieser Änderung nicht betroffene Unternehmen zu subsumieren. Die dogmatischen Probleme der bisherigen Kommissions- und Rechtsprechungsauffassung offenbaren sich in praktisch

---

einer Sonderabgabe). Die Entscheidungen sind auf den Bereich der direkten Steuern übertragbar.

[431] Auch die Merkmale der Selektivität des Vorliegens eines Vorteils *aus staatlichen Mitteln* oder der Wettbewerbsbeeinträchtigung sind in diesen Fällen als höchst problematisch anzusehen.

[432] Schlussanträge des Generalanwalts vom 18. September 2003, Urteil des EuGH vom 29. April 2003 in der Rs. C-308/01, Slg. 2004, I-4777. Die Schlussanträge sind verfügbar auf der Internetseite von EuG/EuGH (< www.curia.eu.int >, Entscheidungsregister).

[433] „*Die Vorstellung, dass eine durch eine spezifische Steuer herbeigeführte Verzerrung eine Beihilfemaßnahme zugunsten der Wirtschaftsteilnehmer verstanden werden kann, die weiterhin unter die allgemeine Maßnahme fallen, ist [...] unzutreffend.*"

[434] Schlussanträge des Generalanwalts vom 18. September 2003 in der Rs. C-308/01, Rn. 74 ff.

[435] Ohne auf die dogmatisch vorgelagerte Frage nach dem Vorliegen eines beihilferechtlich relevanten Vorteils einzugehen, hat er stattdessen das Vorliegen einer Beihilfe mit der Begründung verneint, die Maßnahme sei durch das Wesen und den Aufbau des Systems gerechtfertigt.

relevanter Weise bei der Frage einer Rückforderung des betreffenden Vorteils: In den Fällen „*Ferring*“ und „*Gil Insurance*“ hätte von den ausgenommenen Unternehmen nichts zurückgefordert werden können; die Wirkungen der untersuchten Maßnahmen hätten nur durch die Verallgemeinerung der betreffenden Maßnahme oder durch deren rückwirkende Abschaffung beseitigt werden können.[436] Dieses Problem verdeutlicht nicht nur die kompetenzrechtliche Tragweite einer solchen Auslegung des Tatbestands, welche die steuerlichen Handlungsmöglichkeiten der Mitgliedstaaten ebenso wie den Anwendungsbereich der Artt. 96 f EG erheblich beschneidet[437]; es zeigt auch, dass nach dem gemeinschaftsrechtlichen Konzept der Beihilfe von einem rückforderbaren Vorteil das Beihilfeverständnis insoweit überdehnt wird. Das Urteil „*Ferring*“ ist daher als tatbestandsdogmatische Fehlentscheidung anzusehen, auch wenn sich dies – wegen der Genehmigung der Beihilfe – nicht ausgewirkt hat.

3. Zwischenergebnis: Stets isolierter Vorher-/Nachher-Vergleich

Das tatbestandsimmanente Erfordernis des Vorliegens eines beim Beihilfeempfänger vorliegenden Vorteils, der auch absolut betrachtet als solcher identifiziert und zurückgefordert werden kann, gebietet es, für die Bestimmung des Vorteils *allein und stets* auf einen isolierten Vorher-/Nachher-Vergleich der Situation des (potentiell) begünstigten Unternehmens abzustellen. Ob eine relative Besserstellung gegenüber anderen Unternehmen vorliegt, ist nur im Rahmen der nachgelagerten Frage der Selektivität zu beurteilen; eine vergleichende *ex-post*-Betrachtung der begünstigten und der nicht begünstigten Unternehmen ist kein zulässiger Maßstab, sondern geeignet, den Beihilfetatbestand zu überdehnen.[438]

V. Qualitative Aspekte des Vorteilsbegriffs

Ist im o.g. Sinne ein Liquiditätsvorteil ermittelt, kann sich die Frage stellen, wie es zu beurteilen ist, dass dieser nur geringfügig ist, von temporärer (vorübergehender) Natur oder ob er lediglich einen bestimmten Nachteil ausgleicht. Von Bedeutung kann außerdem die Frage sein, ob auch ein mittelbarer Vorteil als relevant anzusehen ist.

---

[436] Siehe auch hierzu die Schlussanträge (Rn. 55) des Generalanwalts vom 18. September 2003 zum Urteil des EuGH vom 29. April 2003 in der Rs. C-308/01.

[437] Siehe auch hierzu die Schlussanträge (Rn. 75 f) des Generalanwalts vom 18. September 2003 zum Urteil des EuGH vom 29. April 2003 in der Rs. C-308/01.

[438] Anders als das Urteil im Fall „*Ferring*“ kann die Entscheidung in Sachen „*Adria-Wien-Pipeline*“ auch bei dieser Betrachtungsweise Bestand haben: Denn dort wurde eine allgemeine Steuer eingeführt, die auch von allen erhoben wurde; erst im Wege einer nachfolgenden Vergütung erhielten die Unternehmen des produzierenden Gewerbes eine Sonderleistung und damit einen – auch beihilferechtlich – greifbaren Vorteil.

1. Dauerhaftigkeit/geringer Vorteil

Weder die temporäre Natur eines Vorteils, noch dessen geringe Höhe vermögen dessen beihilferechtliche Relevanz von vorneherein auszuschließen. Dies hat das EuG im Fall „*Ladbroke Racing*"[439] ausdrücklich klargestellt. Es verwarf dort die von der Kommission angewandten Kriterien der begrenzten Wirkung und der Dauerhaftigkeit der Maßnahme als nach Art. 87 EG nicht relevant: Das Beihilfeverbot unterscheide weder zwischen dauerhaften und nicht dauerhaften Vergünstigungen, noch schließe es geringe Vergünstigungen von seiner Anwendung aus.[440] Dass auch temporäre Vorteile erfasst werden, folgt implizit auch aus allen Entscheidungen, in denen die Kommission insoweit eine Steuerstundung[441] oder eine Maßnahme mit faktischem Stundungseffekt[442] genügen ließ.

2. Kompensation bestehender Nachteile

Inwieweit ein Vorteil in beihilferechtlich relevanter Weise durch von den betreffenden Unternehmen zu tragende (besondere) anderweitige Nachteile kompensiert werden kann, wird von Kommission und Rechtsprechung differenziert beurteilt:

a) Nationaler Wettbewerbsnachteil infolge Daseinsvorsorgeverpflichtung

Von Bedeutung kann die Ausgleichsfunktion bestehender Nachteile sein, wie sie z.B. in Bezug auf Unternehmen im Bereich der Daseinsvorsorge (bzw. der Dienstleistungen von allgemeinem wirtschaftlichen Interesse) bestehen.[443] Im Fall „*Ferring*"[444] war dieser Problematik entsprechend die beihilferechtliche Beurteilung einer Sonderabgabe streitig, mit der zwar die direkten Arzneimittelverkäufe von Pharmaherstellern an den Einzelhandel (Apotheken) belastet wurden, nicht aber jene Verkäufe, welche die Großhändler an die Apotheken tätig-

---

[439] EuG, Urteil vom 27. Januar 1998 in der Rs. T-67/94, Slg. 1998, II-1.
[440] EuG, Urteil vom 27. Januar 1998 in der Rs. T-67/94, Slg. 1998, II-1, Rn. 11.
[441] Entscheidung der Kommission vom 14. Mai 2002 betreffend die Nichtbeitreibung von Steuerschulden durch den spanischen Fiskus zugunsten der Unternehmensgruppe „*Empresas Álvarez*" (ABl. L 329 vom 5. Dezember 2002, 1); Entscheidung der Kommission vom 14. Oktober 1998 in Sachen „*Magefesa*" (ABl. L 198 vom 30. Juli 1999, 15).
[442] Entscheidung der Kommission vom 28. Juni 2000 betreffend der Geltendmachung von SonderAfA und der Bildung von Rücklagen nach dem Zonenrandförderungsgesetz durch die Salzgitter AG (ABl. L 323 vom 20. Dezember 2000, 5). S.a. die Entscheidung vom 21. November 2001 betreffend die steuerliche Behandlung von Auslandsniederlassungen französischer Unternehmen in Frankreich (ABl. L 126 vom 13. Mai 2002, 27).
[443] Für den Bereich der direkten Steuern wurde dies in der Entscheidung „*Daseinsvorsorge Italien*" geprüft aber verneint. S. Kommission, Entscheidung vom 5. Juni 2002 (ABl. L 77 vom 24. März 2003, 21), Rn. 28c, Rn. 127 ff.
[444] EuGH, Urteil vom 22. November 2001 in der Rs. C-53/00, Slg. 2001, I-9067.

ten.[445] Diese Abgabe war per Gesetz mit der Zielsetzung eingeführt worden, einen bestehenden Nachteil der Medikamenten-Großhändler auszugleichen, den die französische Regierung darin erblickte, dass jenen eine Pflicht zur ständigen Vorratshaltung eines Arzneimittelsortiments oblag.[446] Sie diente der „gemeinwirtschaftlichen Verpflichtung“ zur jederzeitigen flächendeckenden Versorgung der Bevölkerung mit Medikamenten und oblag nicht den Pharmaherstellern. Die streitige Abgabe in Höhe von 2,5% des Umsatzes war eingeführt worden, „*um zur Finanzierung der [...] nationalen Krankenkasse beizutragen und die Bedingungen des Wettbewerbs zwischen den Vertriebswegen für Arzneimittel auszugleichen, die [durch die Vorratspflichten der Großhändler] als verfälscht betrachtet würden [...]*“.[447] Der EuGH sah die Ausnahme der Großhändler von der Abgabenpflicht als Vorteil aus staatlichen Mitteln in diesem Sinne an und prüfte anschließend, „*ob die Einstufung dieser Regelung als Beihilfe wegen der besonderen gemeinwirtschaftlichen Pflichten auszuschließen ist, die das französische System der Versorgung von Apotheken mit Arzneimitteln den Großhändlern auferlegt*“.[448] Er bejahte dies im Ergebnis.

Die Kommission hat inzwischen einen Gemeinschaftsrahmen für Beihilfen, die als Ausgleich für Dienstleistungen im öffentlichen Interesse gewährt werden, angenommen.[449] Dieser gilt grundsätzlich unabhängig von der Natur der Beihilfe und ist somit auch auf steuerliche Beihilfen anwendbar.

b) Regionale Wettbewerbsnachteile

In dem Fall „*konzerneigene Versicherungsgesellschaften Åland-Inseln*“[450] wurde durch die streitige Regelung für konzerneigene Versicherungsunternehmen mit Sitz auf den zu Finnland gehörenden Åland-Inseln unter bestimmten Voraussetzungen der Körperschaftsteuersatz ermäßigt, worin die Kommission einen durch Minderung der normalerweise auferlegten Steuerlast gewährten Vorteil sah. Die finnische Regierung hatte die Regelung u.a. mit dem Vortrag verteidigt,

---

[445] S.a. EuGH, Urteil vom 24. Juli 2003 in der Rs. C-280/00 („*Altmark Trans*“), Slg. 2003, I-7747 (s. hierzu auch *Santamato/Pesaresi*, Competition Policy Newsletter 2004, 17); EuGH, Urteil vom 27. November 2003 in der Rs. C-38/01 („*Enirisorse*“), Slg. 2003, I-14243.

[446] Diese gesetzlich verankerte Pflicht der Großhändler forderte insbesondere, dass diese jederzeit den Bedarf ihrer üblichen Kundschaft für mindestens zwei Wochen zu decken in der Lage sein, und jeden Artikel des Sortiments binnen 24 Stunden nach Bestellung liefern können mussten. EuGH, Urteil vom 22. November 2001 in der Rs. C-53/00, Slg. 2001, I-9067, Rn. 7.

[447] EuGH, Urteil vom 22. November 2001 in der Rs. C-53/00, Slg. 2001, I-9067, Rn. 9.

[448] EuGH, Urteil vom 22. November 2001 in der Rs. C-53/00, Slg. 2001, I-9067, Rn. 23.

[449] Gemeinschaftsrahmen für staatliche Beihilfen, die als Ausgleich für die Erbringung öffentlicher Dienstleistungen gewährt werden, verfügbar auf der Internetseite der GD Wettbewerb unter < www.europa.eu.int/comm/ competition/state_aid/others/action_plan >.

[450] Entscheidung vom 10. Juli 2002 (ABl. L 329 vom 5. Dezember 2002, 22); vgl. auch IP/02/1029 vom 10. Juli 2002.

sie gleiche nur regionale Nachteile aus. Eine solche Rechtfertigung ließ die Kommission jedoch nicht gelten:

> „*Wenn eine Ausnahmeregelung auf der Grundlage regionaler Kriterien gewährt wird, muss [...] insbesondere [...] [gewährleistet sein], dass sich die betreffenden Maßnahmen auf tatsächliche regionale Nachteile beziehen. Es ist fraglich, ob für Tätigkeiten, für welche die [durch die Insellage bedingten] zusätzlichen Kosten von geringer Bedeutung sind, wie beispielsweise im Fall der Transportkosten im Versicherungsgeschäft, irgendwelche tatsächlichen regionalen Nachteile bestehen.*“[451]

In der Entscheidung „*Energiekostenausgleich Sardinien*“[452] sollte für die sardischen Unternehmen eine Steuergutschrift als Ausgleich für die – infolge des Fehlens eines Methangasnetzes höheren Energiebeschaffungskosten – gewährt werden. Die Kommission prüfte eine mögliche Vorteilskompensation hier nicht.

3. Aufzehrung des Vorteils durch spätere steuerliche Mehrlasten

In der Entscheidung „*Auslandsniederlassungen Frankreich*“[453] hatte die französische Regierung den durch die ermöglichte Bildung bestimmter Rückstellungen geschaffenen Vorteil mit der Argumentation zu relativieren versucht, im Zeitpunkt der Auflösung gelte im Zweifel ein höherer Steuersatz. Die Kommission lehnte dies als irrelevant ab. Entsprechend entschied der EuGH im Verfahren „*DMT*“ hinsichtlich des Vortrags der belgischen Regierung, wonach die streitgegenständlichen Erleichterungen (hier im Bereich von Sozialversicherungsabgaben) durch Zinsen und Verspätungszuschläge ausgeglichen würden.[454]

4. Mittelbarer Vorteil

Inwiefern die mittelbar begünstigende Wirkung einer steuerlichen Regelung von beihilferechtlicher Bedeutung ist, vermag nach der bisherigen Praxis nicht eindeutig festgestellt werden. Im Urteil „*Ladbroke Racing*“[455], wo das EuG die Positiventscheidung der Kommission betreffend verschiedene Maßnahmen Frankreichs zugunsten des Dachverbandes der französischen Rennvereine überprüfte, wurde hinsichtlich der Auswirkungen dieser – vom EuG als Beihilfe eingestuften Maßnahmen – festgestellt:

> „*Zwar kann eine Beihilfe für einen bestimmten Wirtschaftsteilnehmer mittelbar auch anderen Wirtschaftsteilnehmern zugute kommen, deren Tätigkeiten von der Haupttätigkeit des unmittelbaren Empfängers der Beihilfe abhängig sind, doch reicht dies nicht aus, um die betreffende Maßnahme als eine Maßnahme allgemeiner Art anzusehen, die nicht in den Anwendungsbereich des Artikels [87] fiele.*“[456]

---

[451] Entscheidung vom 10. Juli 2002 (ABl. L 329 vom 5. Dezember 2002, 22), Rn.
[452] Kommission, Entscheidung vom 16. Oktober 2002 (ABl. L 91 vom 8. April 2003, 38).
[453] Entscheidung vom 21. November 2001 (ABl. L 126 vom 13.05.2002, 27), Rn. 22.
[454] EuGH, Urteil vom 29. Juni 1999 in der Rs. C-256/97, Slg. 1999, I-3913.
[455] EuG, Urteil vom 27. Januar 1998 in der Rs. T-67/94, Slg. 1998, II-1.
[456] EuG, Urteil vom 27. Januar 1998 in der Rs. T-67/94, Slg. 1998, II-1, Rn. 12.

Dies impliziert, dass es auf die (zusätzliche) mittelbare Begünstigungswirkung der Maßnahme jedenfalls kein Ausschlusskriterium für das Vorliegen einer Beihilfe darstellt.

Im Urteil Deutschland./.Kommission[457] wurde dagegen ausdrücklich eine Beihilfe infolge mittelbarer Begünstigung angenommen. Durch die streitige Vorschrift des EStG wurde allen in Deutschland unbeschränkt steuerpflichtigen Personen die (steuerneutrale) Übertragung stiller Reserven bei der Veräußerung bestimmter Anlagegüter und anschließende Reinvestitionen in Gesellschaften mit Sitz in den neuen Bundesländern ermöglicht. Die Kommission erblickte in dieser Regelung eine gemeinschaftsrechtswidrige Beihilfe zugunsten der erfassten ostdeutschen Unternehmen (Investitionsobjekte). Diese würden als präferentielles Ziel von Investoren infolge der Regelung mittelbar begünstigt.[458] Der EuGH bestätigte diese Ansicht und führte aus, dass ein Vorteil in diesen Fällen unbeschadet der Tatsache vorliege, dass erst das Verhalten eines Marktteilnehmers (der Investoren) zu dem Vorteil führe.[459] Für die Investoren selbst begründete die streitige Regelung nach Ansicht des EuGH zwar einen direkten steuerlichen Vorteil; insoweit fehle es aber an der Selektivität.

VI. Zusammenfassung zum Vorteil

Das Merkmal des Vorteils kann in der Anwendung auf steuerliche Maßnahmen Schwierigkeiten aufwerfen, die allerdings durch eine eindeutige steuertechnische Lokalisierung bzw. Identifizierung des Vorteils und durch eine saubere Subsumtion im Einzelfall vermieden werden können. Die Formel der Leitlinien, wonach der Vorteil in der Minderung der normalerweise vom betreffenden Unternehmen zu tragenden Belastungen liegt, ist grundsätzlich nicht zu beanstanden.

Nach Kommissions- und Rechtsprechungspraxis wie auch der Literaturmeinung[460] sind die beihilferechtlichen Tatbestandsmerkmale des Vorteils und der Selektivität auch im steuerlichen Kontext streng zu trennen.[461] Dem ist uneingeschränkt zuzustimmen. Sofern eine solche Trennung der Tatbestandsmerkmale bei der Subsumtion im Einzelfall nicht geschieht, findet eine solche Praxis in den ausdrücklichen Vorgaben der Leitlinien keine Stütze und kann daher nicht auf den von Kommission und EuG/EuGH angewandten Beurteilungsmaßstab zurückgeführt werden[462]; eine mangelnde Trennung der Subsumtionsmerkmale

[457] EuGH, Urteil vom 19. September 2000 in der Rs. C-156/98, Slg. 2000, I-6857.
[458] EuGH, Urteil vom 19. September 2000 in der Rs. C-156/98, Slg. 2000, I-6857, Rn. 12.
[459] Kritisch *Voß*, in *Dauses*, Rn. 68 zu Buchstabe J; s.a. *Heidenhain*, EuZW 2000, 729.
[460] Siehe z.B. *Jansen*, S. 66, der den zur Ermittlung des Vorteils relevanten Vergleichsmaßstab allerdings nicht darstellt.
[461] Leitlinien, Rn. 9 und 12.
[462] Der Kritik von *Jansen*, S. 65, der die ausdrückliche Unterteilung der Leitlinien zwischen einer Minderung der normalerweise zu tragenden Belastungen (Leitlinien, Rn. 9), und der

findet sich schließlich auch in einzelnen Entscheidungen außerhalb des steuerlichen Kontexts und kann daher nur generell – ohne steuerspezifischen Bezug – kritisiert werden.

Auf der anderen Seite ist zur Erfüllung des Beihilfetatbestand jedoch erforderlich, dass die Merkmale des Vorteils und der Selektivität in Bezug auf das selbe (oder dieselben) Unternehmen vorliegen, also in ihrem Wirkungskreis deckungsgleich sind. Soweit eine Maßnahme einem Unternehmen oder einer Gruppe von Unternehmen einen steuerlichen Vorteil verschafft, in Bezug auf diese aber nicht selektiv wirkt, liegt keine Beihilfe vor.[463] Dies ist ein Aspekt, der insbesondere bei mittelbaren Begünstigungen beachtet werden muss.

Der im steuerlichen Kontext relevante beihilferechtliche Vorteil bezieht sich stets auf die gegenwärtige oder künftige Liquidität des begünstigten Unternehmens infolge steuerlicher Geringer-Belastung.[464] In Abhängigkeit von der steuerlichen Ausgestaltung kann der Liquiditätsvorteil sofort oder später (z.B. Steuerbefreiung) oder später (z.B. Gutschrift/Erstattung) wirksam werden, temporär (z.B. Stundung) oder endgültig sein (z.B. Erlass bzw. abweichende Festsetzung), einmalig (z.B. investitionsbezogen) oder dauerhaft betriebsbezogen) gewährt werden. Wie die Anwendungspraxis zeigt, können alle diese Maßnahmen einen beihilferechtlich relevanten Vorteil darstellen. Dabei ist jedoch zu beachten, dass wegen ihrer unterschiedlichen Wirkung die Art des Vorteils für die Bestimmung von dessen Vorliegen und Umfang im Einzelfall relevant ist. Insbesondere im beihilferechtlichen Einzelprüfverfahren kommt es darauf an, ob der steuerliche Vorteil sich bereits manifestiert hat (z.B. infolge des Unterlassens von Vorauszahlungen nach einer Befreiung) oder nicht (z.B. sofern nur eine spätere Gutschrift in Aussicht steht).[465] Da der Vorteil die Wettbewerbsbeschränkung manifestiert, ist im Einzelprüfverfahren stets zu fragen, ob dem betreffenden Unternehmen bereits ein rückforderbarer Vorteil erwachsen ist oder zumindest konkret in Aussicht gestellt wurde. Bei der Prüfung von Beihilferegelungen durch die Kommission kommt es insoweit nur auf die generelle

---

Ausnahme vom allgemeinen System (Leitlinien, Rn. 12.) zu übersehen scheint, kann insoweit nicht gefolgt werden.

[463] Siehe hierzu die Ausführungen auf den vorangegangenen Seiten zum mittelbaren Vorteil in Bezug auf das Urteil Deutschland./.Kommission.

[464] Das Urteil Deutschland./.Kommission muss insoweit als Ausnahme angesehen werden, da die dort als begünstigt angesehenen Unternehmen lediglich einen mittelbaren, nicht steuerlichen Vorteil erhielten (EuGH, Urteil vom 19. September 2000 in der Rs. C-156/98, Slg. 2000, I-6857).

[465] In dem gegenwärtig beim EuG anhängigen Klageverfahren Deutsche Post AG./. Kommission (Rs. T-388/01) geht es um die Frage, ob ein beihilferechtlich relevanter steuerlicher Vorteil infolge einer Steuerbefreiung auch dann zu bejahen ist, wenn das begünstigte Unternehmen im relevanten Zeitraum Verluste erwirtschaftet hatte, die Befreiung also nicht zum Tragen kam. Die Kommission hatte in der angegriffenen Entscheidung zugunsten La Poste hier einen Vorteil abgelehnt (s. hierzu bisher nur ABl. C 35 vom 7. Februar 2004, 14).

Eignung der betreffenden Vorschrift(en) zur Übertragung eines relevanten Vorteils an.

Wie in den Leitlinien ausdrücklich erwähnt[466], spielt der Anknüpfungspunkt des Vorteils im Rahmen des Besteuerungsverfahrens ebenfalls grundsätzlich keine entscheidende Rolle. Nach der entsprechenden Systematisierung der Entscheidungspraxis wird deutlich, dass es auch insoweit nur zur Bestimmung von Natur und Umfang des Vorteils im Einzelfall relevant ist, ob sich dieser bereits aus dem Besteuerungstatbestand, aus dem Feststellungs- oder Festsetzungsverfahren, oder aus dem Erhebungs- bzw. Vollstreckungsverfahren ergibt. Das gleiche gilt für die Frage, ob der Vorteil aus einer personen- bzw. steuersubjektbezogenen Ausnahme oder einer Abweichung von den (objektbezogenen) allgemeinen Gewinnermittlungsvorschriften resultiert, bzw. ob er sich aus einer Reduzierung des Steuersatzes oder Verfahrensgesichtspunkten ergibt.

Eine Aufzehrung des relevanten Vorteils kann nach der Entscheidungspraxis in Frage kommen, soweit z.B. Nachteile aus einer Verpflichtung zur Erbringung von Dienstleistungen im allgemeinen öffentlichen Interesse kompensiert werden. Bezüglich des Ausgleichs regionaler Nachteile scheint Entsprechendes möglich. In jedem Falle sind in solchen Fällen enge Maßstäbe anzulegen. Dagegen wird der Vorteil nach Ansicht von Kommission und EuGH nicht ohne Weiteres dadurch rückgängig gemacht, dass zu einem späteren Zeitpunkt Verspätungszuschläge oder Zinsen anfallen oder ggf. eine höherer Steuersatz gilt. Dies erscheint grundsätzlich gerechtfertigt, weil die spätere Entrichtung von Zinsen oder Zuschlägen nichts daran ändert, dass die zeitweise Nichterhebung oder Nichtbeitreibung von Steuerschulden dem betreffenden Unternehmen einen (vorübergehenden) Liquiditätsvorteil bringt.

Die durch die „Minderung seiner normalerweise zu tragenden Belastungen"[467] vorgegebene Formel zur Prüfung des Vorteils ist in den Fällen unproblematisch, in denen – wie in fast allen der entschiedenen Fälle – die Absenkung der bestehenden Steuerlast für bestimmte Unternehmen untersucht wird. Der Vorteil kann – und muss – hier bei isolierter Betrachtung des begünstigten Unternehmens im Wege eines Vorher-/Nachher-Vergleichs ermittelt werden. Als vergleichsweise heranzuziehende Normalbesteuerung kann in diesen Konstellationen die Besteuerung des betreffenden Unternehmens ohne die betreffende Maßnahme fungieren. Ist dagegen die Ausnahme von einer Steuererhöhung zu untersuchen, versagt das isolierte Abstellen auf die Belastungen des ausgenommenen Unternehmens vor und nach Einführung/Umsetzung der Maßnahme, da absolut betrachtet keine Veränderung eingetreten ist; auch eine Minderung der Steuerlast lässt sich in diesen Fällen nicht feststellen. Ein Vorteil könnte in diesen Fällen nur durch

[466] Leitlinien, Rn. 9.
[467] Leitlinien, Rn. 9.

eine vergleichende *ex-post*-Betrachtung der ausgenommenen mit den betroffenen Unternehmen ermittelt werden, wie dies z.B. im Fall „*Ferring*" geschehen ist. Dieser Auslegung ist aber aus den o.g. Gründen entgegen zu treten, da sie die Grenzen des Beihilfetatbestands überdehnt. Dies offenbart sich auch in der praktischen Unmöglichkeit der Rückforderung eines Vorteils in entsprechenden Fällen. Als Kontrollfrage für die isolierte Vorher-/Nachher-Betrachtung kann daher auch die Frage nach dem Vorliegen eines rückforderbaren wirtschaftlichen Vorteils angesehen werden. Wie dargestellt entspricht der Wortlaut der Leitlinien durchaus diesem Verständnis: Abzustellen ist somit stets darauf, ob unter Betrachtung des potentiell begünstigten Unternehmens eine Minderung *seiner* normalerweise bestehenden Belastungen vorliegt. Ist dies nicht der Fall, liegt keine Beihilfe vor. Der Aussage des EuGH im Urteil „*Adria-Wien-Pipeline*", wonach es für „*die Anwendung des Artikels [87] [...] nicht darauf an[kommt], ob sich die Situation des durch die Maßnahme angeblich Begünstigten im Vergleich zur vorherigen Rechtslage verbessert oder verschlechtert hat oder ob sie im Gegenteil unverändert geblieben ist*", muss daher entgegen getreten werden. [468]

Was die Anwendung des Maßstabs der Leitlinien (Verringerung der normalerweise zu tragenden Belastungen) angeht, ist abschließend festzustellen, dass die Kommission diesen bei weitem nicht in allen Entscheidungen mit steuerlichem Kontext anwendet.

C. Das Selektivitätskriterium – Analyse der Anwendungspraxis in Bezug auf steuerliche Maßnahmen

Wie in diesem Kapitel einleitend dargestellt, ist die selektive Wirkung einer Maßnahme neben der Verschaffung eines Vorteils der zweite Bestandteil des Tatbestandsmerkmals der „Begünstigung bestimmter Unternehmen oder Produktionszweige". Für die Anwendung des Beihilfetatbestands auf steuerliche Maßnahmen ist nach Kommission und EuG/EuGH wesentlich, dass diese Maßnahme „*eine Ausnahme von der Anwendung des allgemein geltenden Steuersystems zugunsten bestimmter Unternehmen eines Mitgliedstaats darstellt.*"[469] Diese Ausnahmeformel, die vom EuGH in dem Urteil Italien./.Kommission[470] bezüglich bestimmter nationaler Maßnahmen auf dem Gebiet der Sozialversicherung entwickelt worden ist, wird seither von Kommission und Rechtsprechung zur Prüfung und Identifizierung steuerlicher Beihilfen angewendet. Ihr liegt der Gedanke zugrunde, dass eine als Beihilfe zu qualifizierende Maßnahme im Zusammenhang des betreffenden nationalen Regelungskomplexes (oder Systems) einen Ausnahmecharakter haben muss, um sich *zugunsten bestimmter Unter-*

---

[468] EuGH, Urteil vom 8. November 2001 in der Rs. C-143/99, Slg. 2001,I-8365, Rn. 42.
[469] Leitlinien, Rn. 16.
[470] Urteil vom 2. Juli 1974 in der Rs. C-173/73, Slg. 1974, 709.

nehmen (d.h. selektiv) begünstigend auswirken zu können. Eine Auseinandersetzung mit dieser Gleichsetzung von Selektivität und Ausnahme durch Kommission und Rechtsprechung hat kaum stattgefunden[471]; die Anwendung beschränkt sich in der Regel auf eine schlichte Zugrundelegung bei der Subsumtion.[472] In der Literatur ist die Ausnahmeformel dagegen umstritten.[473]

Wann eine selektive Begünstigung gegeben ist, wird in Art. 87 Abs. 1 EG nicht abschließend gesagt und ist bereits außerhalb eines steuerlichen Kontexts entsprechend problematisch.[474] Ausgehend vom primärrechtlichen Beihilfetatbestand lassen sich jedoch für alle – auch nichtsteuerliche – Beihilfen mögliche Anknüpfungspunkte der Selektivität identifizieren. So folgt aus Art. 87 Abs. 1 EG, dass die Begünstigung bestimmter *Sektoren* (Branchen oder Wirtschaftszweige) als Standardfall der Selektivität angesehen wird[475], aus Art. 87 Abs. 2 lit. c und Abs. 3 lit. a EG ergibt sich entsprechendes für Unternehmen bestimmter *Regionen.*[476] Die Selektivität mitgliedstaatlicher Maßnahmen kann somit durch einen sektoralen oder regionalen Begünstigungsfokus begründet werden. Neben den danach möglichen Beihilfen und Beihilferegelungen mit sektoraler oder regionaler Zielsetzung unterscheidet die Kommission in ständiger Praxis Maßnahmen mit *horizontaler* Bestimmung.[477] Sie versteht darunter solche, die

---

[471] Ausführlich allerdings die Schlussanträge von Generalanwalt *Darmon* vom 17. März 1992 in den verbundenen Rs. C-72 und 73/91 („*Sloman Neptun*"), Rn. 50 ff (zu EuGH, Urteil vom 17. März 1993, Slg. 1993, I-903).

[472] EuGH, Urteil vom 17. Juni 1995 in der Rs. C-75/97 (Belgien./.Kommission), Slg. 1999, I-3687; EuGH, Urteil vom 22. November 2001 in der Rs. C-53/00 („*Ferring*"), Slg. 2000, I-9067; s.a. EuG, Urteil vom 29. September 2000 in der Rs. T-55/99 („*CETM*"), Slg. 2000, II-3212.

[473] Ablehnend *Jansen*, S. 188; kritisch: *Lübbig*, RMCUE 2003, 124 ff, sowie teilweise *Jestaedt* in *Heidenhain*, § 8; weniger kritisch: *Schön*, in *Koenig/Roth/Schön*, S. 107 ff; *Lübbig/Martín-Ehlers*, S. 84 ff; Im Ergebnis wohl zustimmend: *Golfinopoulos*, ECLR 2003, 543 ff.

[474] „*Das Spezifizitätskriterium läßt sich häufig am schwierigsten beurteilen*", 27. WB, Rn. 227. Vgl. auch *Hancher/Ottervanger/Slot*, S. 29 (Rn. 2-025 ff); *Koenig/Kühling/Ritter,* S. 80 ff.

[475] Sektorspezifische Beihilfen begünstigen z.B. die Banken, die Kunstfaserindustrie, die Kfz-Industrie, den Schiffbau, die Stahl- und Kohleindustrie, den Bahn-, Straßen-, Schifffahrts- und Luftverkehr, Landwirtschaft oder Fischerei, die Filmindustrie oder den Rundfunk.

[476] Regionale Beihilfen begünstigen nicht nur bestimmte Regionen nach Maßgabe der Fördergebietskarte und dort festgelegter Höchstsätze, sondern auch große Investitionsvorhaben in bestimmten Regionen, oder benachteiligte Stadtviertel.

[477] Diese Einteilung liegt seit Jahren allen Wettbewerbs- und Beihilfeberichten der Kommission zugrunde. Siehe exemplarisch den 8. Beihilfenbericht der Kommission, S. 16 (Rn. 19). Das entsprechende Begriffsverständnis der Kommission findet sich auch im Sekundärrecht bzw. in den dazu ergangenen Verwaltungsvorschriften wieder. So unterscheidet die sog. Gruppenfreistellungsverordnung (VO (EG) Nr. 994/98 des Rates vom 7. Mai 1998 über die Anwendung der Artikel 92 und 93 des Vertrages zur Gründung der Europäischen Gemeinschaft auf bestimmte Gruppen horizontaler Beihilfen, ABl. L 142 vom 14. Mai 1998, 1) für bestimmte „Gruppen horizontaler Beihilfen" namentlich solche zugunsten von kleinen und

weder auf bestimmte Sektoren noch auf bestimmte Regionen beschränkt sind[478], sondern eine bestimmte wirtschaftspolitische Zielsetzung haben.[479]

Wie sich aus der Anwendungspraxis von Kommission und EuG/EuGH weiter ergibt, kann sich die Selektivität unabhängig von dem materiellen Regelungsgehalt bzw. dem wirtschaftlichen Fokus einer Vergünstigung (sektoral, regional oder horizontal) auch aus den Modalitäten des Entscheidungsverfahrens über die Gewährung einer konkreten Maßnahme ergeben. Dies geht zwar aus dem Wortlaut des Art. 87 Abs. 1 EG nicht ausdrücklich hervor, ist aber insbesondere für die Fälle einer freien behördlichen Ermessensentscheidung („freies Ermessen") allgemein anerkannt.[480] Es ist daher grundsätzlich denkbar, dass eine gesetzliche Regelung die Inanspruchnahme öffentlicher Mittel vorsieht, ohne dies an sektorale, regionale oder horizontale Voraussetzungen zu knüpfen. Die Ausgestaltung des Gewährungsverfahrens kann jedoch dazu führen, dass in der Umsetzung der behördlichen Entscheidung für den Einzelfall eine Beihilfe vorliegt (bzw. dass die Regelung als solche eine Beihilferegelung darstellt).

Im Wesentlichen lassen sich somit zwei Ansatzpunkte für die Begründung der Selektivität einer Maßnahme finden: inhaltliche bzw. materiellrechtliche einer- und verfahrensrechtliche andererseits.

---

mittleren Unternehmen, Forschung und Entwicklung, Umweltschutz, Beschäftigung und Ausbildung, sowie De-minimis-Beihilfen, vgl. Art 1 und 2 der Verordnung. Auch in den Leitlinien ist in diesem Sinne von *„Maßnahmen mit allgemeiner wirtschaftlicher Zielsetzung: Forschung und Entwicklung, Umweltschutz, Ausbildung und Beschäftigung*" die Rede (Rn. 13, 2. Spiegelstrich. Auch Exportbeihilfen, Kulturbeihilfen oder Beihilfen für Wagnis- bzw. Risikokapital fallen unter diese Kategorie.

[478] Vgl. den 9. BB der Kommission (1997-99) vom 18. Juli 2001, S. 36, Rn. 16. Genannt werden dort auch Handel, Energieeinsparung und sonstige Zweckbestimmungen.

[479] Dabei bringt die horizontale Zielsetzung nicht notwendigerweise eine positive wettbewerbsrechtliche Bewertung der betreffenden Beihilfen zum Ausdruck. So werden Beihilfen zugunsten von Unternehmen in Schwierigkeiten grundsätzlich als wettbewerbsschädlich angesehen; dennoch kann nach Ansicht der Kommission unter bestimmten Umständen eine sozial- bzw. beschäftigungs-fördernde Wirkung überwiegen (siehe den 25. WB, S. 97 (Rn. 11). Auch Exportbeihilfen werden von der Kommission grundsätzlich als negativ beurteilt (siehe auch hier den 25. WB, S. 96 (Rn. 208) bzw. den 26. WB, Rn. 89, den 28. WB, S. 99 (Rn. 213) bzw. 103 f (Rn. 228 f); vgl. auch den 9. BB, 39 (Rn. 77). Umwelt- und Beschäftigungsbeihilfen auch nur in Grenzen als akzeptabel an, siehe auch hier den 25. WB, S. 94 f (Rn. 203 ff).

[480] S. z.B. EuGH, Urteil vom 29. Juni 1999 in der Rs. C-256/97 („*DMT*"), Slg. 1999, I-3913, Rn. 27.

I. Begründung der Selektivität durch materiellrechtliche Gesichtspunkte

1. Sektorale Selektivität

a) Steuerliche Sonderregelungen für *einzelne* Wirtschaftszweige oder Teile von diesen

Steuerliche Sonderregelungen für *einzelne* Wirtschaftszweige oder für Teile einzelner Wirtschaftszweige stellen sozusagen den Standardfall selektiver Maßnahmen dar, das Vorliegen einer Ausnahme von der Regelbesteuerung ist dabei in der Regel unproblematisch. Andere sektorbezogene Spezialregelungen werfen jedoch die Frage auf, ob die Selektivität von der Kommission dort nicht anhand (wirtschafts-)politischer Wertungen beurteilt wird.

aa) Unproblematisches Selektivitätsverständnis

Die Entscheidung „*Gezamenlijke Steenkolenmijnen*“[481] ist eine der ersten, in der sich der EuGH mit der beihilferechtlichen Würdigung einer durch Steuern finanzierten Maßnahme beschäftigt hat. Untersuchungsgegenstand im Anwendungsbereich des EGKS-Vertrages war eine Regelung Deutschlands, die zur Schaffung eines Anreizes für die Arbeit im Kohlebergbau die Einführung einer steuerfreien Schichtprämie für die Kumpel vorsah. Diese Prämie sollte den unter Tage beschäftigten Arbeitnehmern zusätzlich zum Tariflohn für jede volle Schicht gewährt und aus dem – grundsätzlich in voller Höhe an den Fiskus abzuführenden – Lohnsteueraufkommen direkt von den Bergbauunternehmen ausgezahlt werden. Der EuGH erkannte, dass „*[d]urch diese künstliche Verringerung der buchmäßigen Produktionskosten [...] die hierdurch begünstige Kohleindustrie im Vergleich zu denjenigen Kohleindustrien, die ihre gesamten Produktionskosten selbst tragen müssen, in eine bevorzugte Wettbewerbsstellung versetzt [wird].*“[482] Die Stützung der Selektivität auf die sektorspezifische Wirkung ist – ähnlich wie in der Entscheidung „*Kohlegesetz*“[483] – als unproblematisch anzusehen. Die Ausnahmeformel war hier noch nicht geboren.

Im Vorlageverfahren „*Banco de Credito Industrial*“[484] hatte der EuGH eine spanische Regelung zu bewerten, welche die öffentlichen Kreditinstitute von der allgemeinen Abgabepflicht ausnahm. Im Ausgangsrechtsstreit hatte sich die *Banco de Crédito Industrial*[485] gegenüber einer Steuerforderung der Stadtver-

---

[481] EuGH, Urteil vom 23. Februar 1961 in der Rs. C-30/59, Slg. 1961, 3.

[482] EuGH, Urteil vom 23. Februar 1961 in der Rs. C-30/59, Slg. 1961, 3 ff [S. 56]. Vgl. auch den späteren Fall, in dem eine (ebenfalls von Deutschland gewährte) Beihilfe durch Steuerabzug für Investitionen im Kohlebergbau streitig war (EuGH, Urteil vom 12. Juni 1973 in der Rs. C-70/72 (Kommission./.Deutschland), Slg. 1973, 813).

[483] EuGH, Urteil vom 12. Juni 1973 in der Rs. C-70/72 (Kommission./.Deutschland), Slg. 1973, 813.

[484] EuGH, Urteil vom 15. März 1994 in der Rs. C-387/92, Slg. 1994, I-877.

[485] Später *Banco Exterior de España*.

waltung von Valencia auf diese Vorschrift berufen, und das vorlegende Gericht hatte Zweifel an deren Vereinbarkeit mit dem Beihilferecht. Ohne die Selektivität zu problematisieren, stellte der EuGH in diesem einfach gelagerten Fall fest, *„dass eine Maßnahme, mit der ein Mitgliedstaat öffentlichen Unternehmen eine Abgabenbefreiung gewährt, eine staatliche Beihilfe im Sinne von Artikel 92 Absatz 1 EWG-Vertrag ist“*.[486] Die Entscheidung drängt die Frage nach der beihilferechtlichen Bedenklichkeit einer Reihe von subjektiven Steuerbefreiungen des KStG auf.

Keine große Mühe machte der Kommission auch die beihilferechtliche Beurteilung einer steuerlichen Maßnahme, die nur für Finanzdienstleistungs- und Versicherungsunternehmen in Triest gelten sollte (*„Finanzdienstleistungszentrum Triest“*[487]), welche sich im Osteuropageschäft engagierten. Durch die streitige Regelung wurde die regionalspezifische Einrichtung eines sog. Finanzdienstleistungs- und Versicherungszentrums *in Triest* mit Steuervergünstigungen für die dort anzusiedelnden Unternehmen der Finanz-, Versicherungs- und Kreditwirtschaft vorgesehen. Ein Bestandteil der Regelung war die fünfjährige Befreiung von der Körperschaftsteuer für aus Geschäften mit Mittel- und Osteuropa und der Sowjetunion erwirtschaftete Gewinne.[488] Die Kommission erklärte die Maßnahme für selektiv, *„weil sie auf Tätigkeiten im Bereich der Erbringung von Finanzdienstleistungen in Mittel- und Osteuropa und der ehemaligen Sowjetunion beschränkt ist.“*[489] Auch im Fall *„konzerninterne Versicherungsgesellschaften Åland-Inseln“*[490] sah die Kommission eine Körperschaftsteuersatz-Ermäßigung für bestimmte konzerninterne Versicherungsgesellschaften deswegen als selektiv an, weil die gewährte Begünstigung nur solchen Versicherern eröffnet wurde, die *ausschließlich* ein konzerninternes Versicherungsgeschäft betrieben.[491] Die Ausnahmeformel der Leitlinien findet in der Entscheidung *„konzerninterne Versicherungsgesellschaften Åland-Inseln“* Erwähnung, wird jedoch nicht zur Subsumtion verwendet.[492]

---

[486] EuGH, Urteil vom 15. März 1994 in der Rs. C-387/92, Slg. 1994, I-877, Rn. 22.
[487] Entscheidung vom 11. Dezember 2002 (ABl. L 91 vom 8. April 2003), 47.
[488] Entscheidung vom 11. Dezember 2002 (ABl. L 91 vom 8. April 2003), Rn. 9.
[489] Rn. 16 der Entscheidung. Diese Entscheidung ist ein Beispiel für die Fortentwicklung der Kommissionspolitik im Bereich steuerlicher Beihilfen. Die betreffende Regelung zugunsten des sog. Finanzdienstleistungs- und Versicherungszentrums Triest war von der Kommission unter Auflagen im Jahre 1995 genehmigt worden (Entscheidung vom 12. April 1995, ABl. L 264 vom 7. November 1995). Nach Annahme der Leitlinien für steuerliche Beihilfen im Jahre 1998 ersuchte die Kommission die italienische Regierung um Auskünfte über die Anwendung der Maßnahme und schlug infolge der erhaltenen Informationen zweckdienliche Maßnahmen vor. Nachdem die italienischen Behörden hierauf nicht reagiert hatten, eröffnete die Kommission das förmliche Prüfverfahren.
[490] Entscheidung vom 10. Juli 2002 (ABl. L 329 vom 5. Dezember 2002, 22); vgl. auch IP/02/1029 vom 10. Juli 2002.
[491] Entscheidung vom 10. Juli 2002 (ABl. L 329 vom 5. Dezember 2002, 22), Rn. 51.
[492] Entscheidung vom 10. Juli 2002 (ABl. L 329 vom 5. Dezember 2002, 22), Rn. 49 ff.

bb) Potentiell problematisches Selektivitätsverständnis

Der Vergleich zweier sektorspezifischer Pauschal-Besteuerungsregelungen verdeutlicht, ein potentiell problematisches, da offenbar nach wirtschaftspolitischen Gesichtspunkten differenzierendes Selektivitätsverständnis der Kommission.

- **Pauschale Besteuerung in der Seeschifffahrt**

In der *internationalen See*schifffahrt wird Mitgliedstaaten-übergreifend das System der Tonnagebesteuerung angewendet, welches eine pauschale Gewinnermittlung (unabhängig von den tatsächlichen Kosten oder Gewinnen) aufgrund der mit den bereedeten Schiffen geführten Tonnage vorsieht.[493] Nach deutschem Recht ist die Inanspruchnahme dieser Besteuerungsmöglichkeit – anders als bei der Gewinnermittlung nach Durchschnittssätzen für die Landwirtschaft – nicht größenabhängig.[494] Die Besteuerung erfolgt aufgrund der Nettotonnen (Nettoraumzahl) der betriebenen Schiffe pro Tag des Betriebs und hat den erklärten gesetzgeberischen Zweck, die Wettbewerbsfähigkeit des Standorts Deutschland im internationalen Seehandelsverkehr zu sichern und den Regelungen anderer Mitgliedstaaten anzugleichen.[495] Diese Zielsetzung entspricht für den nationalen Maßstab derjenigen, welche die Kommission in ihren Leitlinien für staatliche Beihilfen im Seeverkehr zur Sicherung der Wettbewerbsfähigkeit der EG-Flaggen darlegt.[496]

Die Kommission hat gegen entsprechende Regelungen der Mitgliedstaaten regelmäßig keine Einwände erhoben und sie genehmigt (d.h. als mit dem Gemeinsamen Markt vereinbare Beihilfen angesehen).[497] Aus ihren Entscheidungen geht jedoch hervor, dass sie das System der Tonnagebesteuerung grundsätzlich als selektive Maßnahme betrachtet und für die Binnenschifffahrt ablehnt. In der Entscheidung *„Binnen-Schleppdienste“*[498] hat die Kommission dies implizit bestätigt.[499] Diese Haltung deckt sich mit den Leitlinien für steuerliche Beihilfen, in denen dargelegt wird, dass Vorschriften, welche *„die Besteuerung auf*

[493] Solche Besteuerungssysteme bestehen derzeit in Belgien, Dänemark, Deutschland, Finnland, Frankreich, Griechenland, Großbritannien, Irland, Italien, den Niederlanden und Spanien. Vgl. den 24. WB 2004, S. 162.

[494] § 5a EStG.

[495] *Blümich*, EStG, Band 1, Rn. 3 zu § 5a.

[496] Leitlinien der Gemeinschaft für staatliche Beihilfen im Seeverkehr (ABl. C 205 vom 5. Juli 1997, 5).

[497] ABl. C 28 vom 31. Januar 2004, 2 (betreffend die finnische Regelung), ABl. C 38 vom 2. Februar 2004, 5 (betreffend die spanische und die französische Regelung), ABl. C 15 vom 22. Januar 2002, 5 (betreffend die irische Regelung), ABl. C 145 vom 21. Juni 2003, 4 (betreffend die belgische Regelung). Bei der belgischen Regelung hatte die Kommission jedoch teilweise Bedenken und eröffnete insoweit das förmliche Prüfverfahren.

[498] Entscheidung vom 19. Juni 2002 (ABl. L 314 vom 18. November 2002, 97).

[499] Die streitige Regelung bestand aus zwei Komponenten zugunsten niederländischer Schlepper in Seehäfen und auf Binnenwasserstraßen der Gemeinschaft: die pauschale Gewinnbesteuerung (Tonnagesteuer) sowie Ermäßigungen der von den Unternehmen abzuführenden Lohnsteuern und Sozialversicherungsbeiträgen für ihre Angestellten.

einer pauschalen Grundlage erlauben"[500] zwar ggf. als gerechtfertigt angesehen werden können, aber zunächst als selektiv gelten.

- **Pauschale Besteuerung in der Landwirtschaft**

Hinsichtlich pauschaler Gewinnermittlungsvorschriften in der Landwirtschaft scheint die Kommission weniger kritisch zu sein als in der Seeschifffahrt: Die ertragsteuerliche Behandlung von kleineren Betrieben der Landwirtschaft erfolgt in vielen Mitgliedstaaten der Gemeinschaft abweichend von der allgemeinen Gewinnermittlung. [501] Das deutsche System der Besteuerung nach Durchschnittssätzen zielt auf eine Entbindung der kleineren Betriebe von den allgemeinen (analytischen) Gewinnermittlungspflichten nach § 4 Abs. 1 iVm. § 5 oder nach § 4 Abs. 3 EStG (Betriebsvermögensvergleich oder Einnahme-Überschussrechnung) ab. Es hat regelmäßig eine nur unvollständige Erfassung der tatsächlich erwirtschafteten Gewinne zur Folge und ist unter gleichheitsrechtlichen Aspekten umstritten.[502] Die Anwendung ist für die von den Größenmerkmalen erfassten Unternehmen grundsätzlich zwingend, jedoch kann ein Antrag auf vierjährige Befreiung gestellt werden.[503]

Die Kommission hat in ihrem Gemeinschaftsrahmen für staatliche Beihilfen im Agrarsektor ausdrücklich klarstellt, dass „*einseitige staatliche Beihilfemaßnahmen, die lediglich dazu bestimmt sind, die finanzielle Lage der Erzeuger zu verbessern, die aber nicht in irgendeiner Weise zur Entwicklung des Sektors insgesamt beitragen, und vor allem Beihilfen, die allein auf der Grundlage des Preises, der Menge, der Produktionseinheiten oder der Betriebsmitteleinheit gewährt werden, als Betriebsbeihilfen anzusehen sind, die mit dem Gemeinsamen Markt unvereinbar sind.*"[504] Es ist fraglich, ob die deutsche Regelung sachlichen Notwendigkeiten der Landwirtschaft Rechnung trägt; sie wirkt jedenfalls wie eine selektive Maßnahme. Dies kann auch nicht durch die auf kleine Betriebe beschränkte Geltung entschärft werden, da die KMU-Regelungen der Kommission in den sensiblen Sektoren keine Anwendung finden.[505] Beihilferechtliche Probleme ergaben sich bisher gleichwohl nicht.

---

[500] Leitlinien, Rn. 27.

[501] § 13a EStG lässt (soweit keine gesetzliche Verpflichtung zur Führung von Büchern besteht) für landwirtschaftliche Betriebe bis zu einer bestimmten Größe (abhängig u.a. von der Größe der bewirtschafteten Fläche und des Tierbestandes) die Ermittlung des Gewinns nach Durchschnittssätzen zu.

[502] *Blümich*, EStG, Band 2, Rn. 3 zu § 13a.

[503] Ein solcher Antrag kann für den Landwirt dann vorteilhaft sein, wenn er Verluste macht.

[504] Gemeinschaftsrahmen für staatliche Beihilfen im Agrarsektor (ABl. C 28 vom 1. Februar 2000, 2), Rn. 3.5.

[505] VO (EG) Nr. 70/2001 der Kommission vom 12. Januar 2001 über die Anwendung der Artikel 87 und 88 EG-Vertrag auf staatliche Beihilfen an kleine und mittlere Unternehmen, Art. 1 Abs. 2 lit. a), der auf Anhang I des EG-Vertrags (Agrarprodukte) Bezug nimmt und die Anwendbarkeit der KMU-Freistellungsverordnung auf Tätigkeiten, die der Herstellung, Verarbeitung oder Vermarktung dieser Produkte dienen, ausschließt. Ausdrücklich in diesem

b) Steuerliche Sonderregelungen für mehrere Wirtschaftszweige

Sektorübergreifende Sonderregelungen, die dennoch an sektorale Kriterien anknüpften, sind – wenn auch überwiegend auf dem Gebiet der indirekten Steuern und der Sozialabgaben – mehrfach Gegenstand von Kommissions- und EuGH-Entscheidungen gewesen. Die potentielle praktische Relevanz der Entscheidungen erstreckt sich auf den Bereich der direkten Steuern.

aa) Kommission./.Italien („*Krankenversicherung*")

Die streitgegenständliche Entscheidung der Kommission in diesem Urteil[506] ist interessant, da die Selektivität der untersuchten Maßnahme dort gerade nicht auf den Ausschluss bestimmter Sektoren von ihrer Anwendung infolge des gesetzlichen Anwendungsbereichs der streitigen Regelung gestützt wurde, sondern auf deren unterschiedliche faktische Auswirkungen für die begünstigten Wirtschaftszweige. Die Ausnahmeformel wurde dabei jedoch nicht angewendet.

Streitgegenstand dieses Vertragsverletzungs-Verfahrens war die Nichtumsetzung einer Negativentscheidung der Kommission betreffend eine Maßnahme der italienischen Regierung, welche eine Ermäßigung der von den Arbeitgebern zu entrichtenden Beiträge für die Krankenversicherung ihrer Arbeitnehmer für Industrie- und bestimmte Dienstleistungsunternehmen vorsah. Hinsichtlich der Höhe der Ermäßigung stellte die streitige Regelung auf das Geschlecht der Arbeitnehmer ab: für männliche war eine Ermäßigung von 4%, für weibliche eine solche von 10% vorgesehen.[507] Die Kommission hatte diese Differenzierung als Beihilfe zugunsten der Branchen mit einem hohen Anteil an weiblichen Arbeitskräften (insbesondere die Textil- und Bekleidungs-, sowie die Schuh- und Lederindustrie) bewertet.[508] Im übrigen hatte sie die Regelung nicht beanstandet. Der EuGH stellte in diesem Sinne eine Vertragsverletzung fest.

bb) Belgien./.Kommission („*Maribel I*")

In diesem Verfahren[509] wandte sich die belgische Regierung gegen eine Negativentscheidung der Kommission bezüglich der Programme *Maribel a* und *b*, welche die Sozialversicherungsbeiträge der belgischen Arbeitgeber reduzierten. Durch die Verordnung *Maribel a* wurde eine bereits bestehende Verringerung[510] des Arbeitgeberanteils zur Sozialversicherung der Arbeitnehmer in differenzierender Weise weiter verringert: Arbeitgeber, die in einem Wirtschaftszweig mit

---

Sinne auch Rn. 3.7. des Gemeinschaftsrahmens für staatliche Beihilfen im Agrarsektor (wo allerdings noch auf den KMU-Gemeinschaftsrahmen Bezug genommen wird).

[506] EuGH, Urteil vom 14. Juli 1983 in der Rs. C-203/82, Slg. 1983, 2525.

[507] EuGH, Urteil vom 14. Juli 1983 in der Rs. C-203/82, Slg. 1983, 2525, Rn. 2 f.

[508] EuGH, Urteil vom 14. Juli 1983 in der Rs. C-203/82, Slg. 1983, 2525, Rn. 4.

[509] EuGH, Urteil vom 17. Juni 1999 in der Rs. C-75/97, Slg. 1999, I-3671. Vgl. die spätere Entscheidung („*Maribel II*"), EuGH, Urteil vom 3. Juli 2001 in der Rs. C-378/98, Slg. 2001, I-5107 (betreffend die von Belgien geltend gemachte Unmöglichkeit der Rückforderung).

[510] EuGH, Urteil vom 17. Juni 1999 in der Rs. C-75/97, Slg. 1999, I-3671, Rn. 2 f.

starkem internationalen Wettbewerb (genannt wurden Sektoren, die hauptsächlich verarbeitenden Gewerbe gehörten[511]) tätig waren, erhielten eine weitergehende Ermäßigung als die übrigen Arbeitgeber.[512] Dabei nahm die Regelung bezug auf die Verordnung des Rates vom 9. Oktober 1990 betreffend die statistische Systematik der Wirtschaftszweige in der Europäischen Gemeinschaft.[513] Die Verordnung *Maribel b* hob die gewährten Ermäßigungen weiter an, wobei Arbeitgebern mit Tätigkeit die in einem Wirtschaftszweig mit starkem internationalen Wettbewerb wiederum eine höhere Vergünstigung gewährt wurde als anderen.[514] Die erfassten internationalen Wirtschaftstätigkeiten wurden auf verschiedene Verkehrs-Sektoren erweitert. In ihrer Entscheidung hatte die Kommission die Regelungen der beiden Programme insoweit als für mit dem Gemeinsamen Markt nicht zu vereinbarende Beihilfen erklärt, als diese Unternehmen mit wirtschaftlicher Tätigkeit in einem Sektor mit starken internationalem Wettbewerb eine höhere Vergünstigung gewährte.[515] Den Einwand der belgischen Regierung, es handele sich dabei um eine allgemeine wirtschaftspolitische Maßnahme, ließ sie nicht gelten.

Auch der EuGH sah sie infolge der Beschränkung der erhöhten Ermäßigung auf bestimmte Wirtschaftszweige eine Selektivität als gegeben an.[516] Weder die große Zahl der begünstigten Unternehmen, noch die Verschiedenartigkeit der erfassten Wirtschaftszweige könnten der streitigen Maßnahme ihren selektiven Charakter nehmen.[517] Der EuGH erkannte auch die Argumentation der belgischen Regierung nicht an, wonach die streitigen Maßnahmen auf alle Wirtschaftszweige hätten erstreckt werden sollten, dies aber aus Mangel an Haushaltsmitteln nur schrittweise geschehen könnte: Der betreffende Mitgliedstaat könne sich ansonsten *„der Beachtung des Gemeinschaftsrechts einfach dadurch*

---

[511] Z.B. *„Bergbau, Chemie, Metallerzeugung und -bearbeitung, Herstellung von Meß-, Steuer- und Regelungstechnik, Optik sowie anderen Zweigen des verarbeitenden Gewerbes"* (EuGH, Urteil vom 17. Juni 1999 in der Rs. C-75/97, Slg. 1999, I-3671, Rn. 6).

[512] Eine daneben erfolgte Differenzierung zugunsten von Arbeitnehmern mit weniger als 20 Arbeitnehmern wurde von der Kommission als *De-minimis*-Beihilfe eingestuft (EuGH, Urteil vom 17. Juni 1999 in der Rs. C-75/97, Slg. 1999, I-3671, Rn. 14).

[513] EuGH, Urteil vom 17. Juni 1999 in der Rs. C-75/97, Slg. 1999, I-3671, Rn. 4 ff.

[514] EuGH, Urteil vom 17. Juni 1999 in der Rs. C-75/97, Slg. 1999, I-3671, Rn. 7 f.

[515] Entsprechend einer Unterscheidung der beiden Programme sah die Kommission einen Teil der Regelung (zugunsten von Unternehmen mit weniger als 20 Arbeitnehmern) als unter die *De-minimis*-Grenze fallend an, EuGH, Urteil vom 17. Juni 1999 in der Rs. C-75/97, Slg. 1999, I-3671, Rn. 14.

[516] EuGH, Urteil vom 17. Juni 1999 in der Rs. C-75/97, Slg. 1999, I-3671, Rn. 31.

[517] Vielmehr sei *„eine Maßnahme, die Unternehmen eines bestimmten Wirtschaftszweiges teilweise von den finanziellen Lasten freistellen soll, die sich aus der normalen Anwendung des allgemeinen Sozialversicherungssystems ergeben, ohne dass die Befreiung durch das Wesen und die Struktur dieses Systems gerechtfertigt sind, als Beihilfe anzusehen"* (EuGH, Urteil vom 17. Juni 1999 in der Rs. C-75/97, Slg. 1999, I-3671, Rn. 33).

entziehen, dass er seine Absicht erklärt, die beanstandete Maßnahme in der Zukunft zu verallgemeinern.“[518]

cc) *„Adria-Wien-Pipeline“*

Dieses in den Bereich der indirekten Steuern fallende Urteil[519] stufte die teilweise Rückvergütung einer neu und mit allgemeiner Geltung eingeführten energiebezogenen Abgabe an solche Unternehmen, deren Schwerpunkt nachweislich in der Herstellung von körperlichen Wirtschaftsgütern bestand, als Beihilfe ein.[520] Der EuGH erkannte in dem Gesetz wegen dessen spezifisch begünstigenden Wirkung für Unternehmen des produzierenden Gewerbes eine Beihilfe. Die sektorübergreifende Anwendbarkeit bzw. die sah er nicht als geeignet an, der streitigen Regelung eine allgemeine Geltung zuzusprechen: Dies könne *„weder aufgrund der großen Zahl der begünstigten Unternehmen, noch aufgrund der Verschiedenartigkeit [...] der Wirtschaftszweige, zu denen diese Unternehmen gehören“ angenommen werden“.*[521] Er stellte weiter fest, dass es bezüglich der Selektivität darauf ankomme, dass die betreffende Maßnahme bestimmte Unternehmen, die sich gegenüber anderen in einer *„vergleichbaren tatsächlichen und rechtlichen Situation*“ befänden, begünstige.[522] Hinsichtlich eines hohen Energieverbrauchs (an den die streitige Regelung zu entlasten trachtete) bestünde aber kein grundsätzlicher Unterschied zwischen den Bereichen der Dienstleistung und des produzierenden Gewerbes, da auch erstere einen hohen Energiebedarf haben könnten.[523] Der EuGH stellte insoweit nicht auf die Ausnahmeformel ab.

c) Zwischenergebnis zur Selektivität sektorbezogener steuerlicher Maßnahmen

Die wenigsten der dargestellten Entscheidungen stellen im Rahmen der Spezifität auf den Ausnahmecharakter der betreffenden Maßnahme ab. Die sektorspezifische Annahme der Selektivität ist in den einzelnen Fällen von unterschiedlicher Diskussionswürdigkeit:

---

518 EuGH, Urteil vom 17. Juni 1999 in der Rs. C-75/97, Slg. 1999, I-3671, Rn. 40 ff.

519 EuGH, Urteil vom 8. November 2001 in der Rs. C-143/99, Slg. 2001, I-8365.

520 Das Unternehmen *Adria Wien Pipeline*, dessen Tätigkeit in Bau und Vertrieb von Transportleitungen bestand, hatte vergeblich einen Rückvergütungsantrag gestellt und danach beim österreichischen Verfassungsgerichtshof gegen die zugrundeliegende gesetzliche Regelung geklagt. Der Verfassungsgerichtshof rief im Zweifel über den Beihilfecharakter der Rückvergütungsmodalitäten den EuGH zur Vorabentscheidung an.

521 EuGH, Urteil vom 8. November 2001 in der Rs. C-143/99, Slg. 2001, I-8365, Rn. 48.

522 EuGH, Urteil vom 8. November 2001 in der Rs. C-143/99, Slg. 2001, I-8365, Rn. 41.

523 EuGH, Urteil vom 8. November 2001 in der Rs. C-143/99, Slg. 2001, I-8365, Rn. 50. Ob eine Regelung zugunsten aller Unternehmen des produzierenden Gewerbes (wie im Fall *„Adria-Wien-Pipeline*“) stets geeignet ist, eine Beihilfe zu begründen, dürfte auch für die Regelungen im Zusammenhang mit der deutschen Ökosteuer von Bedeutung sein, die Steuervergünstigungen in Form von ermäßigten Steuersätzen bzw. Erstattungsmöglichkeiten ebenfalls nur für Unternehmen des produzierenden Gewerbes vorsehen.

Im Fall Italien./.Kommission[524] knüpfte der EuGH erstaunlicherweise nicht an den auf Industrie- und *bestimmte* Dienstleistungsunternehmen beschränkten Anwendungsbereich an, sondern leitete die Sektorspezifität erst mittelbar über die Differenzierung nach dem Geschlecht der Arbeitnehmer her. Rückblickend betrachtet ist insoweit fraglich, ob entsprechend den erst nach der Entscheidung ergangenen Leitlinien der Unternehmensbesteuerung nicht ein Fall der faktischen Begünstigungswirkung vorläge[525], der nach Auffassung der Kommission keine Selektivität begründet. Denn bei genauer Betrachtung liegt bezüglich des Geschlechts-Kriteriums gerade kein Fall der unmittelbaren Sektorspezifität vor. Dies lässt sich auch dadurch belegen, dass es Kommission und EuGH offensichtlich nicht möglich war, im einzelnen zu belegen, welche Wirtschaftszweige von der streitigen Regelung profitierten und welche nicht; der Begünstigungscharakter wurde lediglich pauschal für solche Sektoren angenommen, die einen *„hohen Anteil von weiblichen Arbeitskräften [beschäftigen,] insbesondere die Textil-, die Bekleidungs-, die Schuh- und die Lederindustrie*".[526] Das Abstellen auf den relativen Begriff „hoch" und die offene Aufzählung nach „insbesondere" verdeutlichen, dass eine Begünstigung bestimmter Unternehmenszweige hier gerade nicht vorgelegen haben dürfte. Das Selektivitätsverständnis von Kommission und EuGH muss insofern als überdehnt bezeichnet werden, da der Kreis der vermeintlich Begünstigten hier gerade nicht bestimmt, ja vermutlich nicht einmal *bestimmbar* war. Da jedoch nach der Terminologie der (zum Zeitpunkt der Entscheidung noch nicht erlassenen) Leitlinien für steuerliche Beihilfen im konkreten Fall eine Ausnahme vom allgemeinen System angenommen werden müsste, wird insoweit deutlich, dass die Ausnahmeformel inhaltlich offenbar hinter der „Begünstigung bestimmter Unternehmen oder Produktionszweige" des gesetzlichen Tatbestandes zurückzubleiben, d.h. diesen inhaltlich auszuweiten geeignet ist.

Der Fall „*Maribel I*"[527] erscheint nicht gleichermaßen diskussionsbedürftig. Die belgische Regierung hatte dort unter Berufung auf Kommissionsdokumente geltend gemacht, dass das Beihilfeverbot *„keine Anwendung auf für alle Unternehmen eines Mitgliedstaats geltende allgemeine Maßnahmen [finde], wenn diese auf objektiven, nicht diskriminierenden und ermessensfreien Erfordernissen beruhten. Unter "allen Unternehmen"* seien diejenigen zu verstehen, die sich in einer objektiv gleichartigen Lage befänden."[528] Wie der EuGH aber zutreffend feststellte, war die streitige Anpassung des Programms „*Maribel*" unstreitig auf bestimmte Wirtschaftszweige (verarbeitendes Gewerbe, internationaler Ver-

---

[524] EuGH, Urteil vom 2. Juli 1974 in der Rs. C-173/73, Slg. 1974, 709. Siehe hierzu ausführlich *Golfinopoulos*, ECLR 2003, 543 ff; kurz: *Hocine*, CPN 2002, 85 f.
[525] EuGH, Urteil vom 2. Juli 1974 in der Rs. C-173/73, Slg. 1974, 709, Vergleiche dort Rn. 14.
[526] EuGH, Urteil vom 2. Juli 1974 in der Rs. C-173/73, Slg. 1974, 709, Rn. 3.
[527] EuGH, Urteil vom 17. Juni 1999 in der Rs. C-75/97, Slg. 1999, I-3671.
[528] EuGH, Urteil vom 17. Juni 1999 in der Rs. C-75/97, Slg. 1999, I-3671, Rn. 17.

kehr, Pflanzenbau und Fortwirtschaft) beschränkt und galt somit nicht unterschiedslos für alle Unternehmen.[529] Diese Beschränkung ergab sich ausdrücklich aus der Bezugnahme der Regelung auf einzelne Abteilungen der systematischen Nomenklatur[530], das Erfordernis „bestimmter Produktionszweige", wie in Art. 87 Abs. 1 EG formuliert, also zweifellos gegeben.[531] Auf die Ausnahmeformel der Leitlinien übertragen, offenbart aber auch diese Entscheidung, dass das Ausnahmekriterium umso schwerer handhabbar ist, je mehr Wirtschaftszweige in den Genuss der Begünstigung gelangen. Es stellt sich die Frage, wann aus der Ausnahme eine neue Regel werden kann.

Die Entscheidung „*Adria-Wien-Pipeline*" ist vor allem deshalb interessant, da sie anstelle der Identifizierung einer Ausnahme von der Regelbesteuerung auf einen alternativen Maßstab abstellt: Maßgeblich ist danach für die Frage der Selektivität ein Vergleich des begünstigten Unternehmens mit denjenigen, „*die sich im Hinblick auf das mit der betreffenden Maßnahme verfolgte Ziel in einer vergleichbaren tatsächlichen und rechtlichen Situation befinden*".[532] Diese Formel findet sich bereits in der Entscheidung „*Maribel I*"[533] und wurde vom EuGH in den Sachen Spanien./.Kommission[534] und „*Gil Insurance*"[535] bestätigt. Fraglich ist insoweit, ob dies für den Bereich der direkten Steuern einen alternativen bzw. konkretisierenden Prüfungsmaßstab zur Ausnahmeformel nach der älteren Rechtsprechung darstellen kann. Hieraus würde folgen, dass der Bezugsrahmen zur Bestimmung des Ausnahmecharakters einer Maßnahme sich nicht auf Sachverhalte mit fehlender Vergleichbarkeit erstrecken muss. Dies erscheint sachgerecht, da eine mangelnde Vergleichbarkeit potentiell geeignet ist, eine abweichende Behandlung zu begründen, ohne dass insofern eine Sondermaßnahme vorliegen müsste. Der Begriff der Ausnahme vom allgemeinen System erweist sich insofern als weniger genau: denn für die Feststellung der Selektivität ist nicht jede Abweichung von einem allgemeinen Grundsystem ausreichend, da diese Abweichung im betreffenden Kontext möglicherweise erst den relevanten Vergleichszusammenhang beschreibt.

---

[529] EuGH, Urteil vom 17. Juni 1999 in der Rs. C-75/97, Slg. 1999, I-3671, Rn. 29 f.

[530] EuGH, Urteil vom 17. Juni 1999 in der Rs. C-75/97, Slg. 1999, I-3671, Rn. 6.

[531] Soweit die Kommission in ihren Leitlinien für steuerliche Beihilfen (Rn. 18) in Bezug auf die Entscheidung „*Maribel I*" (Entscheidung vom 4. Dezember 1996, ABl. L 95 vom 10. April 1997, 25) anführt, sie hätte dort die Selektivität einer „*Maßnahme zugunsten sämtlicher Wirtschaftszweige, für die ein internationaler Wettbewerb besteht, als Beihilfe eingestuft*", stimmt dies nicht mit ihrer Entscheidung überein. Diese enthält zwar in Bezug auf die Selektivität nur wenig Ausführungen; die Anknüpfung an Wirtschaftszweige mit internationalem Wettbewerb wurde dort jedoch nur in Bezug auf die Eignung zur Handelsbeeinträchtigung angesprochen.

[532] EuGH, Urteil vom 8. November 2001 in der Rs. C-143/99, Slg. 2001, I-8365, Rn. 41.

[533] EuGH, Urteil vom 17. Juni 1999 in der Rs. C-75/97, Slg. 1999, I-3671, Rn. 28 ff.

[534] EuGH, Urteil vom 13. Februar 2003 in der Rs. C-409/00, Slg. 2003, I-1487, Rn. 47.

[535] EuGH, Urteil vom 29. April 2004 in der Rs. C-308/01, Rn. 68.

2. Regionale Selektivität

Im Folgenden wird unterschieden zwischen steuerlichen Sondermaßnahmen, die von den Mitgliedstaaten selbst für einen geographisch abgrenzbaren Teil ihres Staatsgebiets erlassen wurden, und solchen Regelungen, welche von unterstaatlichen Körperschaften mit steuerlichem Autonomiestatus mit Geltung für ihren Einflussbereich in Geltung gesetzt wurden. Die Anwendungspraxis der Kommission im letztgenannten Bereich stellt einen der umstrittensten und auch bedenklichsten Aspekte der Beihilfeaufsicht über steuerliche Maßnahmen dar.[536]

a) Regional begrenzte Regelungen eines Mitgliedstaats

In Fällen, die regional begrenzte Regelungen einzelner Mitgliedstaaten zum Gegenstand haben, genügt Kommission und EuGH regelmäßig die regional begrenzte Anwendbarkeit der fraglichen steuerlichen Maßnahmen zur Begründung der Selektivität.

Untersuchungsgegenstand des beihilferechtlichen Prüfverfahrens in Sachen „*Salzgitter AG*“[537] waren investitionsgebundene steuerliche Sonderabschreibungen und Rücklagen, die von der Salzgitter AG im Einklang mit dem Zonenrandförderungsgesetz in Anspruch genommen worden waren.[538] Die Kommission sah die Ermöglichung der Inanspruchnahme von Rücklagen und erhöhten Abschreibungen als Vorteil im Sinne einer Steuerstundung an. Die Spezifität des Vorteils knüpfte die Kommission kurz an die regional beschränkte Geltung des ZonenRFG[539] und verneinte damit den von der deutschen Regierung vorgetragenen allgemeinen Charakter der Regelung. Deutschland hatte argumentiert, das ZonenRFG sei eine „*allgemeine steuerliche Rechtsvorschrift [mit Geltung] für ein größeres Gebiet [...]*“ und „*[a]ngesichts seines politischen und rechtlichen Inhalts [...] keine normale regionale Beihilferegelung.*“[540] Ebenso erging es der Bundesregierung in dem Verfahren Deutschland./.Kommission.[541] Dagegen wurde im Verfahren „*Finanzdienstleistungszentrum Triest*“[542] die Selektivität der Maßnahme hier – obwohl naheliegend – nicht auf deren regional begrenzte Geltung, sondern (wie bereits dargestellt) auf die Anknüpfung an bestimmte Finanzdienstleistungen, also an horizontale Kriterien, gestützt.[543]

---

[536] S. hierzu vor allem *Jansen*, S. 91 ff; s.a. *Panayi*, Intertax, 2004, 283 ff [289 ff].
[537] ABl. L 323 vom 20. Dezember 2000, 5, vgl. IP/00/675 vom 28. Juni 2000.
[538] Das ZonenRFG als solches war von der Kommission im Rahmen der beihilferechtlichen Vorschriften des EG-Vertrages genehmigt worden (vgl. ABl. L 323 vom 20. Dezember 2000, 5, Rn. 64.
[539] ABl. L 323 vom 20. Dezember 2000, 5, Rn. 62.
[540] ABl. L 323 vom 20. Dezember 2000, 5, Rn. 33 f.
[541] EuGH, Urteil vom 19. September 2000 in der Rs. C-156/98, Slg. 2000, I-6857.
[542] Entscheidung vom 11. Dezember 2002 (ABl. L 91 vom 8. April 2003, 47).
[543] Entscheidung vom 11. Dezember 2002 (ABl. L 91 vom 8. April 2003, 47), Rn. 16.

b) Regional begrenzte Regelungen eines außenpolitisch nicht selbständigen Gebietes

Gemäß Art. 299 Abs. 4 EG findet der Vertrag auch *„auf die europäischen Hoheitsgebiete Anwendung, deren auswärtige Beziehungen ein Mitgliedstaat wahrnimmt“*. Diese Beschreibung trifft nur auf die britische Kronkolonie Gibraltar zu.[544] Durch eine umfassende Reform des Körperschaftsteuersystems im außenpolitisch von Großbritannien vertretenen Gibraltar[545] reagierte die Kronkolonie u.a. auf die beihilferechtlichen Streitigkeiten wegen der steuerlichen Regelungen über sog. steuerbefreite und qualifizierte „*Offshore*-Gesellschaften“.[546] Während Gibraltar außenpolitisch keine staatliche Souveränität besitzt, was den Grund für die Regelung des Art. 299 Abs. 4 EG darstellt, ist es andererseits auch kein integraler Bestandteil des Vereinigten Königreichs.[547] Trotz dieser staatlichen „Zwitterstellung“ besitzt Gibraltar eine steuerliche Souveränität, in deren Ausübung die gibraltarische Regierung u.a. eine Abschaffung aller Ertragsteuern auf Unternehmensgewinne beschloss. Das Steuersystem sollte auf eine Lohnsummensteuer und einer Gewerbegrundbenutzungssteuer (sowie einer jährlichen „Eintragungsgebühr“ für Unternehmen) umgestellt, Unternehmen im Finanzdienstleistungssektor und solche der Daseinsvorsorge sollten zusätzlich auf ihre Gewinne besteuert werden. Es war außerdem vorgesehen, die maximale Gesamtsteuerschuld aus den genannten Steuern auf 15 % der Gewinne beschränkt werden. Die Kommission sah diese Reform vor allem im Vergleich zur Körperschaftsteuerbelastung im Vereinigten Königreich als beihilferechtlich relevant an:

> *„Die gesamte gibraltarische Wirtschaft (mit Ausnahme der Unternehmen der Daseinsvorsorge) scheint gegenüber Unternehmen im Vereinigten Königreich einen Vorteil zu erhalten. Der Körperschaftsteuersatz im Vereinigten Königreich beläuft sich auf 30 % der Gewinne, während der Steuersatz infolge der Reform höchstens 15 % beträgt. [...]“*[548]

Aus dieser Äußerung der Kommission geht hervor, dass sie selbst eine allgemeine steuerliche Regelung für ein Gebiet, das einer eigenen steuerlichen Verwaltung untersteht, als selektiv anzusehen geneigt ist, wenn durch die streitige Maßnahmen in einem externen Vergleich – hier zur britischen Krone – eine unterschiedliche Besteuerung eintritt. Dies verdeutlicht zum einen, dass ein derartiges Verständnis für regionalspezifische Maßnahmen weit über die Kon-

---

[544] *Schröder* in *von der Groeben/Schwarze*, Rn. 29 ff zu Art. 299 EG.

[545] Vgl. Art. 299 Abs. 4 EG.

[546] Vgl. EuG, Urteil vom 30. April 2002 in den verbundenen Rs. T-195 und 207/01 (Gibraltar./.Kommission).

[547] Die Regelung des Art. 299 Abs. 4 EG käme dann nicht zur Anwendung, da bereits Art. 299 Abs. 1 EG einschlägig wäre.

[548] Aufforderung der Kommission zur Abgabe von Stellungnahmen nach Eröffnung des förmlichen Prüfverfahrens (ABl. C 300 vom 4. Dezember 2002, 2). S. zur Negativentscheidung IP/04/404 vom 3. März 2004. Die Entscheidung ist Gegenstand eines Verfahrens vor dem EuGH.

trollmöglichkeit betreffend sektorspezifischer Regelungen hinausgeht. Denn eine Sektorspezifität bestand im Fall der gibraltarischen Körperschaftsteuerreform gerade nicht. Zum anderen fällt auf, dass die Kommission den regionalen Vergleichsmaßstab für das Vorliegen einer steuerlichen Ausnahme nicht maximal auf die *steuerlichen* Kompetenzgrenzen der untersuchten Region begrenzt. Diese hochproblematische Sichtweise wird auch in den Fällen deutlich, in denen die Kommission steuerliche Regelungen von autonomen Körperschaften oder Gebieten untersucht, die (gemäß Art. 299 Abs. 2 oder 5 EG[549]) in den Anwendungsbereich des EG-Vertrags fallen. Auf der anderen Seite bleibt es fraglich, wie die streitgegenständliche Steuerreform mithilfe der Ausnahmeformel als selektiv hätte subsumiert werden können.

c) Regional begrenzte Regelungen durch autonome Gebiete bzw. Körperschaften

Diese Fälle beinhalteten eine kompetenzrechtliche Brisanz, der sich Kommission und EuGH weit überwiegend nicht gestellt haben: Hier ging es um die Frage inwieweit eine regionale Spezifität auch dann angenommen werden durfte, wenn eine autonome Körperschaft in Wahrnehmung ihrer steuerlichen Kompetenzen steuerliche Regelungen mit naturgemäß begrenzter Wirkung erließ.

aa) *„Steuervergünstigungen Azoren"*

In dieser Entscheidung[550] stützte sich die Kommission mit ausführlicher Begründung auf die regionalspezifische Geltung einer Regelung, die von einer autonomen Körperschaft erlassen worden war. Der exemplarische Charakter dieser Entscheidung wird durch die Bezugnahme im Anwendungsbericht bestätigt:

> *„Lässt eine lokale Gebietskörperschaft eine Ausnahme von der Anwendung einer der nationalen Steuerregelung unterliegenden Steuer zu, kommt dieser Ausnahme ein selektiver Charakter zu."*[551]

Die Geltung des EG-Vertrags für die Azoren ergibt sich ausdrücklich aus Art. 299 Abs. 2 EG. Die beihilferechtliche Untersuchung hatte eine allgemeine Senkung der Einkommensteuersätze zum Gegenstand, welche die autonome Region der Azoren für alle auf den Azoren tätigen Wirtschaftsteilnehmer aufgrund einer entsprechenden (gesamtstaatlichen) gesetzlichen Ermächtigung vorgenommen hatte, um die Unternehmen in die Lage zu versetzen, *„die strukturellen Nachteile zu überwinden, die sich aus ihrem Standort auf einer Insel und in einem Gebiet in äußerster Randlage ergeben"*.[552] Zuvor hatte die Kommission beschlos-

[549] Art. 299 Abs. 2 EG erfasst u.a. die Azoren, Madeira und die Kanarischen Inseln. Art. 299 Abs. 5 EG gilt u.a. für die Åland-Inseln.
[550] Entscheidung vom 11. Dezember 2002 (ABl. L 150 vom 18. Juni 2003, 52).
[551] Anwendungsbericht, Rn. 30 (Kasten 6).
[552] Entscheidung vom 11. Dezember 2002 (ABl. L 150 vom 18. Juni 2003, 52), Rn. 7 ff.

sen, keine Einwände gegen einen Teil der streitigen Regelung zu erheben, der Senkungen der körperschaftsteuerlichen Bemessungsgrundlage sowie Körperschaftsteuergutschriften vorsah.[553]

Zum (von der portugiesischen Regierung bestrittenen[554]) selektiven Charakter der Regelung nahm die Kommission ausführlich Stellung. Im Ergebnis stützte sie die Selektivität mit sehr grundlegenden Erwägungen auf die regionalspezifische Geltung:

> *„Obwohl diese Maßnahme automatisch auf alle in der Region des betreffenden Mitgliedstaats ansässigen Unternehmen angewandt wird, ohne dass bei deren Behandlung eine Unterscheidung zugunsten einer oder mehrerer Branchen getroffen wird, sind die genannten Steuersenkungen ‚ausschließlich für die in einer bestimmten Region des betreffenden Mitgliedstaats ansässigen Unternehmen bestimmt und stellen für diese [...] einen Vorteil dar, der [...] [anderen] in vergleichbaren Gebieten dieses Staates [...] nicht zugestanden wird'.“*[555]

Die Kommission trat in diesem Zusammenhang der Argumentation Portugals entgegen, wonach Regelungen, die für den gesamten Hoheitsbereich einer autonomen unterstaatlichen Gebietskörperschaft Geltung finden, nicht als regionalspezifisch angesehen werden könnten, sondern in der betreffenden Region als allgemeine Maßnahmen einzustufen wären.[556] Sie argumentierte wie folgt: Bei der Bestimmung des Vorliegens eines Vorteils sei zunächst stets das Normalmaß der Besteuerung in vergleichbaren Fällen festzustellen. Für die Feststellung dieses Normalmaßes sei wiederum die Festlegung eines Bezugsrahmens erforderlich, welcher nach dem Verständnis des Art. 87 EG der Wirtschaftsraum des betreffenden Mitgliedstaates sei.[557] Eine Festlegung des Bezugsrahmens in Abhängigkeit des Autonomiestatus der beihilfegewährenden Behörde sei unvereinbar mit dem Beihilfebegriff. Denn

> *„dieser Begriff ist objektiv und beinhaltet sämtliche Eingriffe, die in unterschiedlicher Form die einem oder mehreren Unternehmen normalerweise entstehenden Kosten senken, und dies unabhängig von ihrem Zweck, ihrer Begründung, ihrem Ziel und vom Status der öffentlichen Behörde, die sie angeordnet hat oder aus dessen Haushalt sie finanziert werden. [...] [Unter Bezugnahme auf Generalanwalt Saggio in den verbundenen Rechtssachen C-400 bis 402/97:] ‚Wenn dies nicht so wäre, könnte der Staat die Anwendung der Gemeinschaftsvorschriften für staatliche Beihilfen in einem Teil seines Staatsgebietes leicht umgehen, indem er [...] die interne Kompetenzverteilung [...] abändert, um sich für eine bestimmte Region auf den allgemeinen Status der betreffenden Maßnahme berufen zu können'.“*[558] *„Die Kommission hebt deshalb hervor, dass die Anwendung eines rein institutionellen Kriteriums für die Unterscheidung zwischen Beihilfen und allgemeinen Maßnahmen notwendigerweise zu Unterschieden bei der Anwendung der Beihilferegelung auf die Mitgliedstaaten führen würde, je*

---

[553] Entscheidung vom 11. Dezember 2002 (ABl. L 150 vom 18. Juni 2003, 52), Rn. 3.
[554] Entscheidung vom 11. Dezember 2002 (ABl. L 150 vom 18. Juni 2003, 52), Rn. 25.
[555] Entscheidung vom 11. Dezember 2002 (ABl. L 150 vom 18. Juni 2003, 52), Rn. 25.
[556] Entscheidung vom 11. Dezember 2002 (ABl. L 150 vom 18. Juni 2003, 52), Rn. 25.
[557] Entscheidung vom 11. Dezember 2002 (ABl. L 150 vom 18. Juni 2003, 52), Rn. 26.
[558] Entscheidung vom 11. Dezember 2002 (ABl. L 150 vom 18. Juni 2003, 52), Rn. 27.

nachdem, ob deren Verteilung der Zuständigkeiten im Bereich Steuern [...] einem zentralisierten oder einem dezentralisierten Modell folgt.“[559]

Darin manifestiert sich ein Verständnis der Kommission, wonach eine Ausnahme auch dann vorliegt, wenn die handelnde Gebietskörperschaft eine Regelung für ihren gesamten räumlichen (bzw. unterstaatlichen) Kompetenzbereich erlässt. Die Ausnahme von der Regel ist danach bereits in der Abweichung von der „normalen“ Besteuerung im übrigen Staatsgebiet des betreffenden Mitgliedstaats zu sehen.

bb) *„Captive Versicherungsgesellschaften Åland-Inseln“*

Durch die streitige Regelung[560] des autonomen Gebiets der Åland-Inseln[561] wurde für dort ansässige konzerneigene Versicherungsunternehmen unter bestimmten Voraussetzungen der Körperschaftsteuersatz ermäßigt. Die Kommission sah die untersuchte Regelung allerdings bereits aufgrund ihrer Anknüpfung an eine (ausschließliche) Tätigkeit im konzerninternen Versicherungsgeschäft als selektiv an[562] und äußerte sich zur Frage der regionalen Selektivität infolge der auf das Gebiet der Åland-Inseln beschränkten Geltung der Regelung daher nicht.[563] Die finnische Regierung hatte im Verfahren insbesondere auf den verfassungsrechtlich garantierten Autonomiestatus der Inseln und auf deren gesetzlich geregelte Befugnis hingewiesen, für ihren Autonomiebereich steuerliche Regelungen zu erlassen.

cc) *„Territorios Históricos“*

In zwei parallelen Entscheidungen[564] befand das EuG über die Klagen der drei autonomen baskischen Gebietskörperschaften Álava, Guipúzcoa und Viscaya („*Territorios Históricos*“) betreffend die Entscheidungen der Kommission zur Eröffnung förmlicher Prüfverfahren hinsichtlich (für alle drei Gebiete im wesentlichen gleichlautender) Regelungen über die Gewährung einer Körperschaftsteuergutschrift und einer Begrenzung der körperschaftsteuerlichen Bemessungsgrundlage im Zusammenhang mit Neuinvestitionen großen Umfangs. Die Klägerinnen wandten sich mit ihrem Rechtsmittel gegen die mit der Eröffnung des förmlichen Prüfverfahrens verbundene Einstufung der streitigen Maß-

---

[559] Entscheidung vom 11. Dezember 2002 (ABl. L 150 vom 18. Juni 2003, 52), Rn. 29.
[560] Entscheidung vom 10. Juli 2002 (ABl. L 329 vom 5. Dezember 2002, 22); vgl. auch IP/02/1029 vom 10. Juli 2002.
[561] Für die Åland-Inseln ergibt sich die Geltung des Gemeinschaftsrechts aus Art. 299 Abs. 5 EG.
[562] Entscheidung vom 10. Juli 2002 (ABl. L 329 vom 5. Dezember 2002, 22), Rn. 51.
[563] Entscheidung vom 10. Juli 2002 (ABl. L 329 vom 5. Dezember 2002, 22); vgl. Rn. 29 und 48 ff.
[564] EuG, Urteile vom 23. Oktober 2002 in den verbundenen Rs. T-269, 271 und 272/99 (betreffend Regelungen zur Körperschaftsteuergutschrift) sowie T-346 bis 348/99 (betreffend eine Minderung der Körperschaftsteuer-Bemessungsgrundlage).

nahmen als gemeinschaftsrechtswidrige Beihilfen. Das EuG wies die Klagen zwar ab, befasste sich jedoch insbesondere mit der Frage der Selektivität.

Die Klägerinnen hatten unter anderem geltend gemacht, die Entscheidung der Kommission habe die Selektivität der streitigen Maßnahmen aus deren regionalem Charakter hergeleitet und damit die seit dem 19. Jahrhundert von der spanischen Verfassung anerkannte Steuerautonomie der Historischen Gebiete implizit in Frage gestellt.[565] Das EuG stellte dazu lediglich fest, dass die Kommission ihre Entscheidung nicht auf eine regionale Selektivität gestützt habe, und war dadurch der Notwendigkeit einer Auseinandersetzung insofern enthoben. Im übrigen sah es die Selektivität – in Übereinstimmung mit der Kommission – aus verschiedenen anderen Gründen als gegeben an. In der Tat hatte die Kommission in den zugrundeliegenden Untersuchungen eine Anknüpfung der Selektivität an die regionale Geltung der streitigen Maßnahmen vermieden.[566]

d) Zwischenergebnis zur Selektivität regionaler steuerlicher Maßnahmen

Hinsichtlich der Anwendung des Selektivitätskriteriums auf steuerliche Maßnahmen der *Mitgliedstaaten*, die sich auf geographisch begrenzte Teile ihres Staatsgebiets beziehen, ergeben sich keine steuerspezifischen Probleme, auf die im Rahmen dieser Arbeit eingegangen werden müsste. Als überaus problematisch stellt sich dagegen die Anwendungspraxis in Bezug auf die regionale Selektivität steuerlicher Maßnahmen von *Gebietskörperschaften* dar, denen keine außenpolitische Autonomie im gemeinschafts- und völkerrechtlichen Sinne zusteht: Das zentrale Problem besteht in diesen Fällen darin, inwieweit die naturgemäß regional begrenzte Wirkung steuerlicher Maßnahmen von unterstaatlichen (mit auf ihren Hoheitsbereich begrenzter steuerlicher Kompetenz ausgestatteten) Körperschaften eine Selektivität begründen kann.[567] Aus deutscher

---

[565] Rn. 46 ff der Entscheidung in den verbundenen Rs. T-346 bis 348/99 bzw. Rn. 51 ff der Entscheidung in den verbundenen Rs. T-269, 271 und 272/99.

[566] Ähnlich verhielt es sich in der Kommissionsentscheidung „*Koordinierungszentren Vizcaya*" vom 22. August 2002 (ABl. L 31 vom 6. Februar 2003, 26). Streitgegenstand war dort eine Verwaltungsregelung, nach der als solche qualifizierte Direktions-, Koordinierungs- und Finanzgeschäftszentren in den Genuss einer Besteuerung nach der sog. Kosten-plus-Methode kommen konnten. Die Selektivität der Maßnahme konnte die Kommission entsprechend den umfangreichen Kriterien für die Inanspruchnahme der streitigen Regelung auf verschiedene Punkte stützen (s. Rn. 10 der Entscheidung); auf die regionale Spezifität ging sie dabei nicht ein.

[567] Siehe hierzu ausführlich und sehr kritisch *Jansen*, S. 91 ff. *Jansen* (S. 100) scheint aber die Auffassung zu vertreten, dass bei regionalen Maßnahmen zwar zwangsläufig eine selektive Maßnahme, aber kein beihilferechtlich relevanter Vorteil vorliegt. Dieser Wertung kann nicht gefolgt werden: Denn während ein Vorteil in den relevanten Fällen in der Regel unproblematisch ist (es sei denn, die Maßnahme kompensiert lediglich regionale Nachteile), bereitet gerade die Feststellung der Selektivität in diesem Kontext Probleme. Die gegenteilige Ansicht ist tatbestandsdogmatisch kaum zu rechtfertigen.

Sicht ist diese Thematik insbesondere für die gemeindliche Kompetenz zur autonomen Festlegung ihrer Gewerbesteuerhebesätze von Bedeutung.[568]

aa) Maßgeblicher regionaler Vergleichsrahmen

Die Entscheidung betreffend steuerliche Vergünstigungen auf den Azoren verdeutlicht als einzige in angemessener Weise den hier bestehenden grundlegenden Konflikt zwischen den beihilferechtlichen Wertungen einer- und den steuerlichen Kompetenzen autonomer Gebietskörperschaften andererseits, allerdings im Ergebnis zuungunsten letzterer.[569] In den übrigen Fällen regionaler Maßnahmen kamen Kommission und EuGH aufgrund anderweitiger Merkmale idR. um eine Stellungnahme zur Regionalspezifität herum.[570]

Die Annahme einer spezifischen Maßnahme in den „*Azoren*" gleichgelagerten Fällen steht und fällt mit dem zur Ermittlung des Normalmaßes der Besteuerung gesetzten Vergleichsrahmen. Es ist bedenklich, dass dies nach Ansicht der

---

[568] Die Entscheidung „*Steuervergünstigungen Azoren*" wirft die Frage auf, wie Regelungen zu beurteilen sind, durch die es ein Mitgliedstaat seinen unterstaatlichen Untergliederungen ermöglicht, bestimmte steuerliche Modalitäten für ihren Hoheitsbereich eigenständig zu regeln. Nach deutschem Gewerbesteuerrecht steht es in diesem Sinne jeder Gemeinde zu, den Gewerbesteuerhebesatz selbst festzulegen, und somit ggf. Anreize zu einer Anlockung unternehmerischer Tätigkeit zu schaffen. Auch wenn dabei – anders als z.B. im Fall „*Körperschaftsteuerreform Gibraltar*" – die allgemeinen Grundsätze der analytischen Gewinnermittlung unberührt bleiben, da die Bemessungsgrundlage für die Gewerbesteuer sich bundeseinheitlich nach den Regeln des EStG bzw. des KStG und den ergänzenden Regelungen des GewStG richtet, folgt aus der bundesgesetzlichen Ermächtigung der Gemeinden zur Festlegung unterschiedlicher Hebesätze doch eine Befugnis der Gemeinden zur vergleichsweisen Geringbesteuerung, die auch auf nationaler Ebene nicht unumstritten ist. Die Kommission hat bisher gleichwohl keine Untersuchung der deutschen Gewerbesteuerregelungen eingeleitet.

[569] Diesem Problembewusstsein steht das Urteil in Sachen „*Demesa*" entgegen: Hier hatte das EuG mit schwer nachvollziehbarer (tatbestandsbezogener) Lokalisierung des Problems eine Relevanz autonomer Steuerkompetenzen der baskischen Provinz Álava mit der Begründung abgelehnt, es handele sich auch in solchen Fällen um *staatliche Mittel.* Urteil vom 6. März 2002 in den verbundenen Rs. T-127, 129 und 148/99, Slg. 2002, II-1275, Rn. 141 ff: „*Die Klägerinnen [...] machten geltend, dass die Kommission bei ihrer Beurteilung [...] die historischen Rechte [der Provinz] Álava in Steuerangelegenheiten nicht bedacht habe. Diese[ ] besitze nämlich eine seit Jahrhunderten anerkannte und durch die [spanische] Verfassung [...] geschützte steuerliche Unabhängigkeit. Dazu ist festzustellen, dass es für die Anwendung von Artikel [87] [...] ohne Bedeutung ist, dass die Steuergutschrift nach Rechtsvorschriften gewährt wurde, die [die Provinz] Álava und nicht der spanische Staat erließ. Diese Vorschrift bezieht sich nämlich auf, staatliche oder aus staatlichen Mitteln gewährte Beihilfen gleich welcher Art', und damit auf alle Beihilfen, die aus öffentlichen Mitteln finanziert werden. Folglich fallen alle Beihilfen, die von (dezentralisierten, föderalen, regionalen oder sonstigen) Einrichtungen der Mitgliedstaaten erlassen werden, unabhängig vom Status und der Bezeichnung dieser Einrichtungen ebenso wie Maßnahmen des Bundes- oder Zentralstaates in den Geltungsbereich [des Beihilfeverbots] [...] wenn dessen Voraussetzungen erfüllt sind [...].*"

[570] Vgl. die Entscheidungen „*Territorios Históricos*" und „*captive Versicherungsgesellschaften Åland-Inseln*".

Kommission offenbar stets das gesamte Staatsgebiet eines Mitgliedstaats sein muss. Denn hier ist ganz offensichtlich die Ausübung elementarer staatlicher Organisations- und Verfassungsprinzipien der Mitgliedstaaten und ihrer Untergliederungen berührt. Die – ohne Frage zu gewährleistende – Geltung des Gemeinschaftsrechts in allen Teilen der Mitgliedstaaten, unabhängig von deren föderaler, dezentraler oder zentraler Ausgestaltung, darf nicht zu der Forderung führen, dass delegierte steuerliche Kompetenzen autonomer Körperschaften im Ergebnis stets *unisono* ausgeübt werden müssen (eine solche Forderung hätte z.B. für die deutsche Gewerbesteuer weitreichende Konsequenzen) – dies hätte im Ergebnis die (auch unter wettbewerbspolitischen Gesichtspunkten zweifelhafte) Forderung nach der für das gesamte Gebiet jedes Mitgliedstaats einheitlichen Besteuerung zur Folge, also eine umfassende Zwangs-Angleichung und Nivellierung der regionalen steuerlichen Unterschiede.[571]

Der für die Frage der Selektivität gewählte Vergleichsrahmen muss die berührte Verfassungsentscheidung zur mitgliedstaatlichen Kompetenzverteilung vielmehr grundsätzlich berücksichtigen.[572] Das Vorbringen der Kommission, hierbei könnte die staatliche Struktur der Mitgliedstaaten zu einer Umgehung der Geltung des Beihilferechts führen, ist nicht tragfähig: Denn zum einen ist es nicht nur unrealistisch, dass die Mitgliedstaaten – unter Veränderung fundamentaler Verfassungskriterien – ihre steuerlichen Kompetenzen zum Missbrauch des Beihilfeverbots delegieren würden. Zum anderen wäre der Kommission in einem Fall, in dem sie die missbräuchliche Umgehung gemeinschaftsrechtlicher Regelungen annähme, stets ein Vertragsverletzungsverfahren vor dem EuGH möglich. Schließlich ist das Bestehen autonomer Gebiete in den einzelnen Mitgliedstaaten regelmäßig die Folge historisch oder geographisch belegbarer Sonderstellungen, die mit beihilferechtlichen Vermeidungsstrategien allein schon deshalb nichts zu tun haben können, da sie älter sind als die Regelungen des EG-Vertrags. Darüber hinaus bleiben auch bei der hier vertretenen Auffassung die regionalen Körperschaften sehr wohl an das Beihilferecht gebunden; sofern sie für ihr Gebiet selektive Maßnahmen einführen, kann insofern eine Beihilfe vorliegen.

Wie bereits bei der sektoralen Spezifität ergibt sich insbesondere aus der Entscheidung „*Azoren*", dass die Ausnahme-Formel für steuerliche Beihilfen in viel stärkerem Maße als der gesetzliche Beihilfetatbestand geeignet ist, das Selektivitätskriterium zu überdehnen. Denn sofern nur auf eine Ausnahme abgestellt wird, liegt deren Annahme bei einer Gesamtbetrachtung des betreffenden Mitgliedstaats nicht fern. Dabei bleibt aber unberücksichtigt, dass der so gezogene Vergleichsrahmen die Kompetenzen der tätig gewordenen Körperschaft über-

---

[571] Regionale Steuerunterschiede müssten dann sämtlich bei der Kommission angemeldet werden und bedürften stets einer (unter regionalpolitischen Gesichtspunkten erteilten) Genehmigung.
[572] *Jansen*, S. 99.

schreitet. Diese würde nach dem Verständnis der Kommission im Fall „*Azoren*" selbst für steuerliche Regelungen, welche unterschiedslos für alle Sachverhalte ihres Einflussbereichs Geltung fänden, *immer und zwangsläufig* selektiv handeln. Dieses Ergebnis macht offensichtlich, dass für die Frage der Selektivität auch darauf abgestellt werden muss, welchen Unternehmenskreis die betreffende Körperschaft im Rahmen ihrer Kompetenzen maximal begünstigen könnte. Handelt sie *in diesem Rahmen* nicht zugunsten bestimmter Unternehmen oder Produktionszweige, so stellt sich dies zwar bei gesamtstaatlicher Betrachtung eine Ausnahme dar; diese Betrachtung überschreitet aber nicht nur den maßgeblichen, sondern auch den legitimen Bezugsrahmen. Bei dessen gebotener Reduzierung auf den Hoheitsbereich der handelnden Körperschaft wird dagegen deutlich, dass der betreffenden Maßnahme keine selektiv begünstigende Wirkung immanent ist.[573] Die Entscheidung in Sachen „*Azoren*" muss in Bezug auf diese Begründung als Fehlentscheidung betrachtet werden.

bb) Vergleich mit dem welthandelsrechtlichen Verständnis

Ein vergleichender Blick auf die Regeln des Welthandelsrechts verdeutlicht, dass nach der Mehrheit der Staaten ein solches Selektivitätsverständnis als zu weit gehend anzusehen ist. Auch wenn dies für die Beurteilung von Beihilfen nach Art. 87 EG rechtlich nicht maßgeblich ist[574], erscheint ein Vergleich an dieser Stelle deshalb gerechtfertigt, weil das Gemeinschaftsrecht bei den Antisubventionsvorschriften des GATT eine Vorbildfunktion hatte.[575] Das Übereinkommen betreffend Subventionen und Ausgleichsmaßnahmen (ASCM)[576] legt für Subventionen strukturell weitgehend die gleichen Tatbestandsmerkmale wie Art. 87 Abs. 1 EG fest. Erforderlich ist dort zunächst die finanzielle Zuwendung einer Regierung oder einer hoheitlichen Stelle, die ausdrücklich auch in dem Verzicht auf ihr ansonsten zustehende Steuereinnahmen liegen kann. Erforderlich ist außerdem ein dadurch begründeter Vorteil, der zudem spezifisch sein muss. Dieses subventionsrechtliche Spezifitätskriterium entspricht von seiner Funktion her dem der beihilferechtlichen Selektivität. Die Vorschrift des Art. 2 ASCM bestimmt allerdings wesentlich ausführlicher als Art. 87 Abs. 1 EG, welche Maßstäbe bei der Beurteilung der Spezifität anzulegen sind, und eignet sich daher sehr gut für einen Vergleich mit dem fallrechtlich entwickelten Verständnis der beihilferechtlichen Selektivität: Aus den dort verankerten Grundsätzen ergibt sich, dass bei der Beurteilung der Spezifität u.a. der Grad der Diversi-

---

[573] Dies bedeutet natürlich nicht, dass autonome Gebietskörperschaften sich dem Beihilferecht entziehen könnten. Denn soweit sie für ihren Hoheitsbereich selektiv begünstigend Maßnahmen erließen, wären diese nach Art. 87 Abs. 1 verboten.

[574] Dies musste auch die spanische Regierung im Fall „*CETM*" erfahren, die die günstigeren Regelungen des WTO-Rechts angeführt hatte (s. dort Rn. 33 ff der Entscheidung). Das EuG bügelte dieses Argument mangels Anwendbarkeit des GATT kurzerhand hinweg (Rn. 50 der Entscheidung).

[575] *Schön*, RIW 2004, 50 ff [51, Fn. 9], m.w.N.

[576] ABl. L 336 vom 23. Dezember 1994, 156.

fizierung bezüglich wirtschaftlicher Aktivitäten *innerhalb der Kompetenz der gewährenden Behörde* maßgeblich ist. Für regionale Maßnahmen gilt gemäß Art. 2 Abs. 2 ASCM ausdrücklich Folgendes: Eine Subvention, die auf bestimmte Unternehmen innerhalb einer bestimmten geographischen Region *innerhalb der Kompetenz der gewährenden Behörde* begrenzt ist, gilt als spezifisch. Aber: Die Festlegung oder Veränderung von allgemein anwendbaren Steuersätzen durch *alle dazu befugten Regierungsebenen* wird nicht als spezifisch angesehen:

> *„Eine auf bestimmte Unternehmen innerhalb eines genau bezeichneten geographischen Gebiets im Zuständigkeitsbereich der gewährenden Behörde beschränkte Subvention ist eine spezifische Subvention. Es besteht Einigkeit darüber, dass die Festsetzung oder Änderung allgemein geltender Steuersätze durch alle dazu befugten Regierungsebenen für die Zwecke dieses Übereinkommens nicht als spezifische Subvention angesehen wird.*“[577]

3. Horizontale Selektivität

Wie oben dargestellt, versteht die Kommission unter horizontalen Maßnahmen solche, die (sektorübergreifend und nicht regionalspezifisch) allgemeine Ziele der Wirtschaftspolitik verfolgen.[578] Klassische horizontale Zielsetzungen sind u.a. die Förderung kleiner und mittlerer Unternehmen, von Forschung und Entwicklung, des Umweltschutzes, von Ausbildung oder Arbeitsplatzförderung, sowie zur Rettung und Umstrukturierung von Unternehmen in Schwierigkeiten.[579] Während bei sektorbezogenen oder regionalspezifischen Maßnahmen die Selektivität idR. als durch die entsprechende Zielsetzung indiziert betrachtet wird, ist dies bei Maßnahmen mit horizontaler Zielsetzung nicht der Fall. Dies gilt auch in steuerlicher Hinsicht:

> *„Maßnahmen, die ein Ziel der allgemeinen Wirtschaftspolitik verfolgen [...,] vorausgesetzt, sie gelten gleichermaßen für alle Unternehmen und Produktionszweige, [stellen] keine staatlichen Beihilfen dar.*“[580]

Für die Feststellung der nicht auf sektoralen oder regionalen Parametern begründeten Selektivität einer Maßnahme bedarf es somit besonderer Kriterien. In ihrem Anwendungsbericht spricht die Kommission insoweit von „materieller Selektivität“.[581] Kommission und EuGH bestätigen dabei in regelmäßiger Anwendung, dass die Anknüpfung einer Vergünstigung an objektive Kriterien allein nicht geeignet ist, den selektiven Charakter der betreffenden Maßnahme zu widerlegen.[582]

---

[577] ASCM, Art. 2 Abs. 2.2.
[578] Siehe das *Vademekum* der Kommission, 5.
[579] *Vademekum* der Kommission, 5; s. außerdem oben, Kapitel 2.
[580] Leitlinien, Rn. 13.
[581] Anwendungsbericht, Rn. 26 ff.
[582] EuG, Urteil vom 29. September 2000 in der Rs. T-55/99 („*CETM*“), Slg. 2000, II-3207, Rn. 40; EuG, Urteil vom 6. März 2002 in den verbundenen Rs. T-127, 129 und 148/99 („*De-*

Der Bereich steuerlicher Maßnahmen, die – zumindest auch – aufgrund horizontaler Kriterien als selektiv im Sinne des Art. 87 Abs. 1 EG eingestuft werden, macht den in der Anwendungspraxis bedeutendsten Teil aus. Die Frage nach welchen Grundsätzen Kommission und EuGH bei der Bestimmung der materiellen Selektivität in Anknüpfung an horizontale bzw. objektive Gewährungs-Kriterien verfahren, ist daher von erheblicher praktischer Bedeutung. Dabei werden im Folgenden die o.g. klassischen horizontalen Zielsetzungen nicht in die Darstellung einbezogen, da diese für den steuerlichen Kontext kein gesondertes Erkenntnisinteresse versprechen.[583] Betrachtet werden stattdessen die Anknüpfungspunkte, die neben bzw. unabhängig von regional- oder sektorspezifischen Merkmalen steuerlicher Maßnahmen von Kommission und EuG/EuGH als selektivitätsbegründend angesehen wurden.

a) Unternehmensgröße/Wirtschaftskraft

Die Fälle, in denen steuerliche Maßnahmen deswegen als selektiv angesehen wurden, weil sie große Unternehmen bzw. Unternehmen mit einer gewissen Wirtschaftskraft begünstigen, sind vielfältig. Kommission und EuGH knüpften insoweit an unmittelbare Kriterien wie das Gesellschaftskapital, an die Konzerneigenschaft oder die Multinationalität, oder an mittelbare investitionsbezogene Mindestgrößen in Bezug auf Transaktionsvolumen und geschaffene Arbeitsplätze an. Umgekehrt wurden auch Maßnahmen als selektiv angesehen, die zwar KMU, nicht aber Großunternehmen begünstigten.

aa) Fusions- und Umstrukturierungstatbestände

Im Zusammenhang mit einer Konsolidierung des Bankwesens in Italien („*Bankenkonsolidierung Italien*“) untersuchte die Kommission in getrennten Verfahren sowohl steuerliche Maßnahmen zugunsten privater Banken[584], als auch solche zugunsten sog. Bankenstiftungen.[585] In dieser Entscheidung knüpfte die Kommission die Selektivität der untersuchten Maßnahmen erstaunlicherweise nicht an deren sektoralen Anwendungsbereich, sondern an speziellere horizontale Kriterien. Nach den Regelungen des italienischen Gesetzes Nr. 461/98 und des dazu ergangenen Dekrets Nr. 153/99 waren u.a. für „fusionierte“ Banken eine Ermäßigung des Körperschaftsteuersatzes und Steuerbefreiungen auf aufgedeckte stille Reserven in Anteilen oder Sachwerten, sowie für den Erwerb von Anteilen der privatisierten *Banca d'italie* Steuerbefreiungen auf später erzielte

---

mesa“), Slg. 2001, II-1275, Rn. 156 ff. Vgl. den Anwendungsbericht der Kommission, Rn. 38 und 42.

[583] Eine Ausnahme wird hinsichtlich Maßnahmen zugunsten von KMU gemacht, die als Gegenstück zu Maßnahmen zugunsten von Großunternehmen betrachtet werden.

[584] Entscheidung vom 11. Dezember 2001 (ABl. L 184 vom 13. Juli 2002, 27). Siehe auch IP/01/1798 vom selben Tage.

[585] Entscheidung vom 22. August 2002 (ABl. L 55 vom 1. März 2003, 56). Die beihilferechtliche Untersuchung der Kommission beschränkte sich jedoch im Ergebnis auf die Unternehmenseigenschaft der Stiftungen, welche im Ergebnis unter Berücksichtigung der Rechsprechung des EuGH zum Unternehmensbegriff[585] verneint wurde[585].

Beteiligungsgewinne vorgesehen. Die Kommission stufte diese Vorteile in ihrer Entscheidung als mit dem Gemeinsamen Markt nicht vereinbare Beihilfe ein. Die Selektivität sah die Kommission zum einen in der Tatsache, dass die Maßnahmen nur solchen Banken zugute kamen, welche einen Umstrukturierungstatbestand verwirklichten; zum andern vertrat die Kommission die Ansicht, dass kleinere Banken – darunter auch Niederlassungen ausländischer – als potentielle Erwerber durch einen Teil der Regelung gegenüber größeren benachteiligt würden. In ihrer Pressemitteilung bezog sich die Kommission insoweit auf den Teil der Regelung, wonach Banken, welche eine Fusion oder entsprechende Umstrukturierung vornahmen, für die Dauer von fünf Jahren eine Körperschaftsteuerermäßigung in Anspruch nehmen konnten. Dieser Vorteil stand unter der Bedingung, dass aus den Erträgen der Fusion (z.B. aufgedeckte stille Reserven) für die Dauer von drei Jahren eine Sonderrücklage gebildet wurde.[586] Die Ausnahmeformel gelangte in den Entscheidungen der Kommission nicht zur Anwendung.

bb) Mindest-Gesellschaftskapital

Eine Selektivität steuerlicher Maßnahmen wegen des für ihre Inanspruchnahme erforderlichen Mindest-Gesellschaftskapitals nahmen Kommission und EuG in einer Reihe von Fällen an: Im Fall *„Territorios Históricos“*[587] befand das EuG (in Übereinstimmung mit der Kommission) die Selektivität der streitigen Körperschaftsteuervorschriften u.a. wegen der Voraussetzung eines eingezahlten Kapitals von umgerechnet 120.000 EUR als gegeben. Auch in den Entscheidungen *„Finanzierungsgesellschaften Luxemburg“*[588] (erforderliches Eigenkapital von umgerechnet 187,5 Mio. EUR) und *„Koordinierungszentren Vizcaya“*[589] (erforderliches Eigenkapital von umgerechnet 7,51 Mio. EUR) stützte sie die Annahme der Selektivität auf bestimmte Anforderungen an Eigenkapitalausstattung und -verteilung. Dabei wandte sie im ersteren Fall die Ausnahmeformel an, während diese im letzteren keine Erwähnung findet.

cc) Multinationale Unternehmen

Die Kommission hat den selektiven Charakter steuerlicher Regelungen regelmäßig auch auf Anwendungsvoraussetzungen gestützt, die eine international organisierte wirtschaftliche Tätigkeit voraussetzten:

---

[586] Dabei durfte diese nicht mehr als 1,2% *„des Unterschieds zwischen der Summe der Aktiva und Passiva, über [welche] die Bank nach dem Zusammenschluss verfügt, und der Summe der Aktiva und Passiva, über [welche] die größ[ere] Bank vor dem Zusammenschluss verfügte, ausmachen.“* Diese Regelung ist aber nicht geeignet, größeren Banken einen besonderen Vorteil zu verschaffen, insbesondere schafft sie keinen Zusammenhang *„zum Tätigkeitsumfang des kleinsten Unternehmens“*, wie die Kommission in ihrer Pressemitteilung formuliert.

[587] EuG, Urteile vom 23. Oktober 2002 in den verbundenen Rs. T-269, 271 und 272/99 (betreffend Regelungen zur Körperschaftsteuergutschrift) sowie T-346 bis 348/99 (betreffend eine Minderung der Körperschaftsteuer-Bemessungsgrundlage).

[588] Entscheidung vom 16. Oktober 2002 (ABl. L 153 vom 20. Juni 2003, 40, Rn. 49).

[589] Entscheidung vom 2. August 2002 (ABl. L 31 vom 6. Februar 2003, 26, Rn. 11).

„Der Umstand, dass die Regelung hinsichtlich Branche, Nationalität oder Größe des betreffenden Unternehmens nicht selektiv ist, reicht als Nachweis dessen, dass es sich hierbei um eine allgemeine Maßnahme handelt, nicht aus. Da die Finanzierungsregelung nur für die Finanzierungstätigkeiten international tätiger Konzerne gilt, die in mindestens vier Staaten oder zwei Kontinenten niedergelassen sind, kann begründeterweise geurteilt werden, dass das Kriterium der Selektivität erfüllt ist.“[590]

Weitgehend identisch argumentierte die Kommission auch in den Entscheidungen *„Koordinierungszentren Luxemburg“*[591] und *„Finanzierungsgesellschaften Luxemburg“*[592], wo jeweils die Zugehörigkeit zu einer Unternehmensgruppe mit Tätigkeit in mindestens zwei anderen Ländern erforderlich war, sowie in der Entscheidung *„Finanzverwaltungszentralen Frankreich“*[593] (erforderliche Niederlassung in mindestens drei Mitgliedstaaten). In der Entscheidung *„Auslandsniederlassungen Frankreich“*[594] verhielt es sich ähnlich.

In allen der hier genannten Entscheidungen fand die Ausnahmeformel der Leitlinien bei der Subsumtion unter das Tatbestandsmerkmal der Selektivität keine Erwähnung.

dd) Konzerne/konzerninterne Dienstleistungen

Auch die Anknüpfung steuerlicher Regelungen an die Zugehörigkeit zu einem Konzern und/oder die Ausübung bestimmter konzerninterner Dienstleistungen (wie z.B. Finanzierungs- oder Verwaltungstätigkeiten) ist von der Kommission regelmäßig als Beleg für die Selektivität der betreffenden Maßnahme angesehen worden[595]: In der Entscheidung *„Kontroll- und Koordinierungsstellen Deutschland“*[596] stützte die Kommission die Selektivität auf die Bedingung der Angehörigkeit zu einer Unternehmensgruppe mit Sitz im Ausland und die Beschränkung auf konzerninterne Dienstleistungen. Ebenso verhielt es sich in den Fällen *„Finanzierungsgesellschaften Luxemburg“*[597] und *„Koordinierungszentren Luxemburg“*[598], *„Koordinierungszentren Vizcaya“*[599], *„Verwaltungs- und Logistikzentren Frankreich“*[600] (Leitungs-, Management-, Koordinierungs- und Kontrollfunktion sowie Vorbereitungs- und Hilfstätigkeiten für Produktions- oder Handelstätigkeiten, die im Kontext einer internationalen Gruppe ausgeübt werden),

---

[590] Entscheidung vom 17. Februar 2003 (*„Internationale Finanzierungstätigkeiten Niederlande“*, ABl. L 180 vom 18. Juli 2003, 52, Rn. 87. Vgl. IP/03/242 vom 18. Februar 2003.
[591] Entscheidung vom 16. Oktober 2002 (ABl. L 170 vom 9. Juli 2003, 20), Rn. 53.
[592] Entscheidung vom 16. Oktober 2002 (ABl. L 153 vom 20. Juni 2003, 40), Rn. 48.
[593] Entscheidung vom 11. Dezember 2002 (ABl. L 330 vom 18. Dezember 2003, 23), Rn. 31.
[594] Entscheidung vom 21. November 2001 (ABl. L 126 vom 13. Mai 2002, 27), Rn. 23 ff.
[595] Vgl. Leitlinien, Rn. 20.
[596] Entscheidung vom 5. September 2002 (ABl. L 177 vom 16. Juli 2003, 17), Rn. 32.
[597] Entscheidung vom 16. Oktober 2002 (ABl. L 153 vom 20. Juni 2003, 40), Rn. 48.
[598] Entscheidung vom 16. Oktober 2002 (ABl. L 170 vom 9. Juli 2003, 20), Rn. 53.
[599] Entscheidung vom 2. August 2002 (ABl. L 31 vom 6. Februar 2003, 26), Rn. 32 iVm. Rn. 10.
[600] Entscheidung vom 13. Mai 2003 (ABl. L 23 vom 28. Januar 2004, 23), Rn. 63 ff.

„Internationale Finanzierungstätigkeiten Niederlande“ [601] (bestimmte Finanztransaktionen innerhalb eines Konzerns) und *„Captive Versicherungsgesellschaften Åland-Inseln*“ [602] (konzerninterne Versicherungsdienstleistungen). In letzterer Entscheidung wertete die Kommission die Beschränkung der Regelung auf konzerninterne Versicherungsdienstleistungen auch insofern als selektiv, als diese *„Voraussetzungen, [...] implizit eine gewisse Wirtschaftskraft erfordern und daher nur von Unternehmen, die zu einem hinreichend großen Konzern gehören, erfüllt werden können*“.[603]

Auch in den hier genannten Entscheidungen wurde die Ausnahmeformel der Leitlinien offenbar zugrunde gelegt, fand jedoch keine ausdrückliche Anwendung im Rahmen der Subsumtion.

ee) Großunternehmen mit erheblichen Verbindlichkeiten gegenüber öffentlichen Gläubigern

In dem Verfahren *„Ecotrade*“[604] erblickte der EuGH ein Selektivitätskriterium in den Anwendungsvoraussetzungen für eine vom normalen Insolvenzrecht zugunsten des Schuldners erheblich abweichenden Sonderverwaltung. Nach der streitigen italienischen Regelung konnte das Verfahren auf Unternehmen angewandt werden, die – neben weiteren Voraussetzungen – *„gegenüber Kreditunternehmen, Vorsorgeeinrichtungen und Einrichtungen der sozialen Sicherheit oder Gesellschaften, an denen der Staat die Mehrheit des Kapitals hält, Schulden in Höhe von 80 444 Milliarden LIT oder mehr [hatten], die mehr als das Fünffache des eingezahlten Kapitals der Gesellschaft ausmachen.*“[605] Das Verfahren war auch anwendbar, *„wenn sich die Zahlungsunfähigkeit aus der Pflicht [ergab], an den Staat, öffentliche Einrichtungen oder Gesellschaften, bei denen der Staat die Mehrheit des Kapitals hält, im Zusammenhang mit der Rückforderung rechtswidriger oder mit dem Gemeinsamen Markt unvereinbarer Beihilfen oder im Rahmen von für technologische Innovationen und Forschungstätigkeiten gewährten Finanzierungen Beträge zurückzuzahlen, die sich auf mindestens 50 Milliarden LIT, entsprechend mindestens 51 % des eingezahlten Kapitals, [beliefen]*“.[606] Der EuGH bejahte dementsprechend die Selektivität der streitigen Regelungen *„zugunsten von in Schwierigkeiten befindlichen großen Industrieunternehmen [...] die sehr hohe Schulden gegenüber bestimmten Kategorien von Gläubigern, insbesondere aus dem öffentlichen Bereich, haben*“.[607]

---

[601] Entscheidung vom 17. Februar 2003 (ABl. L 180 vom 18. Juli 2003, 52), Rn. 86 ff.
[602] Entscheidung vom 10. Juli 2002 (ABl. L 329 vom 5. Dezember 2002, 22), Rn. 48 ff.
[603] Entscheidung vom 10. Juli 2002 (ABl. L 329 vom 5. Dezember 2002, 22), Rn. 52.
[604] EuGH, Urteil vom 1. Dezember 1998 in der Rs. C-200/97, Slg. 1998, I-7907.
[605] EuGH, Urteil vom 1. Dezember 1998 in der Rs. C-200/97, Slg. 1998, I-7907, Rn. 9.
[606] EuGH, Urteil vom 1. Dezember 1998 in der Rs. C-200/97, Slg. 1998, I-7907, Rn. 10.
[607] EuGH, Urteil vom 1. Dezember 1998 in der Rs. C-200/97, Slg. 1998, I-7907, Rn. 38.

ff) Kleine und mittlere Unternehmen

Auch solche Regelungen, die Großunternehmen von ihrem Anwendungsbereich ausnehmen, wurden durch Kommission und EuGH als selektiv zugunsten von KMU eingestuft. In der Entscheidung *„Ansparabschreibung“* [608] hatte die Kommission über eine Erweiterung der (von ihr zuvor bereits genehmigten) Regelung des EStG entscheiden.[609] Nach der bereits vorhandenen Grundregel des § 7 Abs. 3 durften von *ausnahmslos allen* kleinen und mittleren Unternehmen für künftige Sachinvestitionen bis zu zwei Jahre lang gewinnmindernde Rücklagen gebildet werden. Dabei durfte diese 50% der Investitionssumme und einen bestimmten Höchstbetrag nicht überschreiten. Sowohl bei Tätigung der Investition als auch bei Nichttätigung bis zum Ablauf der Zweijahresfrist erfolgte die gewinnerhöhende Auflösung der Rücklage, in letzterem Falle bei nachträglicher Verzinsung des steuerlichen Gewinnes.[610] Durch den streitigen Abs. 7 sollten die Frist für die Auflösung und der Höchstbetrag der Rückstellung verdoppelt werden, sowie gleichzeitig die Verzinsung im Falle der Nichtinvestition entfallen.[611] Die Kommission stufte diese allgemeine Regelung als Beihilfe ein, die sie allerdings insofern für mit dem Gemeinsamen Markt vereinbar erklärte, als sie kleinen und mittleren Unternehmen zugute kommen konnte. Bedenken hegte sie hinsichtlich der Anwendbarkeit auf Unternehmen in den sensiblen Sektoren.[612] Die Kommission erwähnte in ihrer Entscheidung mit keinem Wort die Tatbestandsmerkmale des Art. 87 Abs. 1 EG, sondern sprach schlicht von der „beabsichtigten Beihilfe“.[613]

In dem Verfahren „*CETM*“[614] hatte das EuG über die Anwendung einer spanischen Regelung zur Investitionsförderung, des *Plan Renove Industrial* (PRI), zu entscheiden. Dies war zwar keine steuerliche Regelung, aber auch ein Fall, in dem sowohl die Kommission als auch das EuG die Selektivität der betreffenden Maßnahme darauf stützten, dass sie Großunternehmen von ihrem Anwendungsbereich ausnahm, und wird daher in diesem Kontext ergänzend herangezogen. Der PRI sah eine zinsverbilligte Ausgabe von Krediten durch verschiedene Finanzinstitute für Investitionen in den Erwerb (oder die Anmietung mit Kaufoption) von bestimmten Nutzfahrzeugen vor.[615] Voraussetzung für die Inanspruchnahme des Kredits war die Stillegung eines Fahrzeugs, dessen Erstzulassung

[608] Entscheidung vom 16. Mai 2000 (ABl. L 66 vom 8. März 2001, 35).
[609] § 7 g Abs. 7 EStG in der damaligen zur Diskussion stehenden Fassung.
[610] Rn. 8 der Kommissionsentscheidung.
[611] Rn. 9 der Kommissionsentscheidung.
[612] Rn. 12 der Kommissionsentscheidung. Durch den Entwurf eines die geplante Neuregelung ergänzenden Abs. 8, der die sensiblen Sektoren bei entgegenstehenden Regelungen von der Anwendung ausnahm, konnte die Bundesregierung die Bedenken der Kommission ausräumen, so dass das Verfahren eingestellt wurde.
[613] Rn. 13 der Kommissionsentscheidung.
[614] EuG, Urteil vom 29. September 2000 in der Rs. T-55/99, Slg. 2000, II-3207.
[615] Die Zinsdifferenz wurde in Form eines Zuschusses durch das *Instituto de Crédito Oficial*, das staatliche Kreditinstitut (ICO) gewährt und betrug maximal 9,3% der Darlehenssumme.

wenigstens sieben Jahre zurücklag.[616] Die Regelung galt sektorunspezifisch für alle natürlichen Personen, KMU, Gebietskörperschaften und kommunale Dienstleistungsunternehmen. Die Regelung des PRI sah zwar eine Anwendbarkeit in Abhängigkeit von einer Ministererlaubnis auch in anderen Fällen vor, die spanische Regierung hatte jedoch vorgetragen, dass diese Ausnahme nur für diejenigen Unternehmen vorgesehen sei, welche die KMU-Kriterien aufgrund kurzfristiger oder minimaler Abweichungen nicht erfüllten.[617] Das durch das EuG bestätigte Ergebnis der Negativentscheidung wurde auf die Spezifität zu Lasten von Großunternehmen gegründet.[618] Unter Bezugnahme auf die Einwände der spanischen Regierung führte das EuG aus, dass eine Maßnahme auch dann als selektiv angesehen werden könne, wenn sie nicht *„für einen von vorneherein festgelegten Begünstigten oder mehrere von vorneherein festgelegte Begünstigte gilt, sondern einer Reihe objektiver Voraussetzungen unterliegt, aufgrund deren sie [...] einer unbestimmten Zahl zunächst nicht individualisierter Begünstigter gewährt werden kann [...] Aus diesen Umständen folgt lediglich, dass die fragliche Maßnahme keine individuelle Beihilfe ist. Sie stehen jedoch nicht der Beurteilung der fraglichen staatlichen Intervention als eine Beihilferegelung entgegen, die eine selektive und damit spezifische Maßnahme begründet, sofern sie nach ihren Anwendungsvoraussetzungen bestimmten Unternehmen oder Branchen nach Ausschluss anderer eine Vergünstigung gewährt.*[619]

c) Investitionsbezogene Kriterien

Die Gewährung steuerlicher Investitionsförderungsmaßnahmen in Abhängigkeit eines Mindestinvestitionsvolumens, einer bestimmten Anzahl zu schaffender Arbeitsplätze oder sogar an die Neugründung eines Unternehmens wurden von Kommission und EuG in einer Anzahl von Fällen als selektiv angesehen.

aa) Neugegründete Unternehmen

In den parallelen Entscheidungen „*Territorios Históricos*“[620] befand das EuG wie bereits dargestellt über die Klagen der drei autonomen baskischen Gebietskörperschaften Álava, Guipúzcoa und Viscaya („*Territorios Históricos*“) betreffend die Entscheidungen der Kommission zur Eröffnung förmlicher Prüfverfahren hinsichtlich (für alle drei Gebiete im wesentlichen gleichlautender) Regelungen über die Gewährung einer Körperschaftsteuergutschrift und einer Begrenzung der körperschaftsteuerlichen Bemessungsgrundlage im Zusammenhang mit Neuinvestitionen großen Umfangs. Das EuG stellte hinsichtlich der Selektivität u.a. fest: *„Aus den streitigen Steuermaßnahmen ergibt sich [...], dass*

---

[616] EuG, Urteil vom 29. September 2000 in der Rs. T-55/99, Slg. 2000, II-3207, Rn. 2 ff.
[617] EuG, Urteil vom 29. September 2000 in der Rs. T-55/99, Slg. 2000, II-3207, Rn. 45.
[618] EuG, Urteil vom 29. September 2000 in der Rs. T-55/99, Slg. 2000, II-3207, Rn. 42.
[619] EuG, Urteil vom 29. September 2000 in der Rs. T-55/99, Slg. 2000, II-3207, Rn. 40.
[620] EuG, Urteile vom 23. Oktober 2002 in den verbundenen Rs. T-269, 271 und 272/99 (betreffend Regelungen zur Körperschaftsteuergutschrift) sowie T-346 bis 348/99 (betreffend eine Minderung der Körperschaftsteuer-Bemessungsgrundlage).

der Anspruch auf Minderung der Steuerbemessungsgrundlage nur neugegründeten Unternehmen zuerkannt wird und damit alle anderen Unternehmen von der fraglichen Vergünstigung ausgeschlossen werden"[621] Die Kommission hatte in der vorangegangenen Entscheidung in Sachen „*Ramondín*" eine ebensolche Einschätzung vorgegeben."[622] In der Entscheidung der Kommission betreffend eine französische Regelung zur temporären Körperschaftsteuerbefreiung für solche neugegründeten Unternehmen, welche Unternehmen in Schwierigkeiten übernehmen, wurde diese Ansicht bestätigt.[623]

bb) Mindestinvestitionsbetrag

In mehreren Entscheidungen gelangten Kommission und EuG zu dem Ergebnis, dass die nur in Abhängigkeit von einem bestimmten Mindestinvestitionsbetrag gewährte steuerliche Förderung das Merkmal der Spezifität erfüllt. In den die gleichen (teilweise dieselben) Regelungen betreffenden Entscheidungen „*Territorios Históricos*", „*Demesa*" und „*Ramondín*" wurden entsprechende Beträge iHv. 2,5 Mrd. ESP mit im Ergebnis gleichlautender Begründung als selektiv angesehen, da dadurch „*die Anwendbarkeit der [Regelung] auf Investitionen beschränkt wird, die mit der Mobilisierung bedeutender Finanzmittel verbunden sind [...]*".[624]

cc) Schaffung einer bestimmten Anzahl von Arbeitsplätzen

Auch die Schaffung einer bestimmten Anzahl von Arbeitsplätzen wurde von Kommission und EuG zur Begründung der Selektivität steuerlicher Investitionsförderungen gemacht. In der Entscheidung „*Auslandseinkünfte Irland*"[625] wurde die inländische Steuerbefreiung der Gewinne ausländischer Zweigniederlassungen irischer Unternehmen untersucht.[626] Die Kommission stützte die Selektivität auf die Summe der gesetzlichen Kriterien für die Inanspruchnahme, welche u.a. die Schaffung von 40 neuen Arbeitsplätzen (in Irland) innerhalb von drei Jahren

---

[621] Rn. 53 der Entscheidung in den verbundenen Rs. T-346 bis 348/99.

[622] „*Laut Artikel 26 [des betreffenden Gesetzes] ist es zulässig, neu gegründeten Unternehmen eine günstigere steuerliche Behandlung zuteil werden zu lassen als den übrigen bereits auf dem Markt etablierten Unternehmen. Dieser Umstand reicht aus, um die Maßnahme als spezifisch zu kennzeichnen [...].*" Entscheidung vom 22.12.1999 (ABl. L 318 vom 16. Dezember 2000, 36), Rn. 111 ff. Mit Urteil vom 6. März 2002 in den verbundenen Rechtssachen T-92 und 103/00 wies das EuG die Klagen des Unternehmens und der Region Álava auf Nichtigerklärung der Kommissionsentscheidung ab.

[623] Entscheidung vom 16. Dezember 2003 (ABl. L 108 vom 16. April 2004, 38), Rn. 25.

[624] Seite 16 der Entscheidung „*Demesa*". Vgl. Rn. 97 der Entscheidung „*Ramondín*" sowie Rn. 53 der Entscheidung in den verbundenen Rs. T-346 bis 348/99.

[625] Entscheidung vom 17. Februar 2003 (ABl. L 204 vom 13. August 2003, 51). Vgl. IP/03/242 vom 18. Februar 2003).

[626] In Irland wird sonst nicht die Befreiungsmethode, sondern die Anrechnungsmethode angewandt. Entscheidung vom 17. Februar 2003 (ABl. L 204 vom 13. August 2003, 51), Rn. 6.

vorsahen.[627] In den Entscheidungen „*Territorios Históricos*"[628] und „*Demesa*"[629] waren es 10 Arbeitsplätze.

d) Sonstige Kriterien

aa) Zeitliche Geltung einer Maßnahme

Im Fall „*Ramondín*"[630] erkannte die Kommission ein weiteres Selektivitätsmerkmal in der geringen Anwendungsdauer der streitigen Regelung: diese war in ihrer ursprünglichen Fassung auf das Haushaltsjahr 1995 beschränkt und wurde für 1996 modifiziert.

> „*Die Tatsache, dass dieselbe Regelung in den Folgejahren nicht in der ursprünglichen Fassung beibehalten wurde [...], legt [...] den Schluss nahe, dass die [Behörde] über einen breiten Ermessensspielraum verfügt und entscheiden kann, welche Investitionen begünstigt werden, da die Steuergutschrift für ein Jahr eingeführt, später geändert und gegebenenfalls im darauf folgenden Jahr aufgehoben werden kann.*"[631]

Im Fall „*Ladbroke Racing*"[632] hatte die Kommission umgekehrt die Annahme einer selektiven Maßnahme verneint, da sie „*eine Reform in Gestalt einer Steueranpassung*" darstelle und auf Dauer angelegt sei. Das EuG verwarf diesen Gedanken der Dauerhaftigkeit als im Rahmen des Beihilferechts nicht relevant.[633]

bb) Unternehmen der „Schattenwirtschaft"

In der Entscheidung „*Schattenwirtschaft*"[634] hatte die Kommission über Maßnahmen der italienischen Regierung zu befinden, mit denen steuer- und sozialversicherungsrechtliche Anreize (insbesondere eine temporäre Senkung des Einkommensteuersatzes) dafür geschaffen wurden, dass Unternehmen, die dies bisher nicht taten, ihre Steuern und Sozialabgaben künftig ordnungsgemäß entrichten und unversteuertes Einkommen nachversteuern sollten. Die Kommission verneinte die Selektivität mit der Begründung, dass die Maßnahmen Unternehmen aller Branchen in ganz Italien zugute kämen und „*a priori gänzlich unbekannt*" sei, wer ihre Nutznießer wären; da die Maßnahmen „*von vorneherein nicht bestimmten Unternehmen zugute kommen*", läge keine Beihilfe vor.[635]

---

[627] Entscheidung vom 17. Februar 2003 (ABl. L 204 vom 13. August 2003, 51), Rn. 38 iVm. Rn. 12.
[628] Rn. 57 der Entscheidung in den verbundenen Rs. T-269, 271 und 272/99.
[629] Punkte II.5 und V.2.4.2 der Kommissionsentscheidung.
[630] Entscheidung vom 22. Dezember 1999 (ABl. L 318 vom 16. Dezember 2000, 36). Mit Urteil vom 6. März 2002 in den verbundenen Rechtssachen T-92 und 103/00 wies das EuG die Klagen des Unternehmens und der Region Álava auf Nichtigerklärung der Kommissionsentscheidung ab.
[631] Entscheidung vom 22. Dezember 1999 (ABl. L 318 vom 16. Dezember 2000, 36), Rn. 99.
[632] EuG, Urteil vom 27. Januar 1998 in der Rs. T-67/94, Slg. 1998, II-1.
[633] EuG, Urteil vom 27. Januar 1998 in der Rs. T-67/94, Slg. 1998, II-1, Rn. 11.
[634] Entscheidung vom 13. November 2001; s. IP/01/1572.
[635] Entscheidung vom 13. November 2001; s. IP/01/1572.

cc) Anzahl oder Geschlecht der beschäftigten Arbeitnehmer

Wie bereits dargestellt sah der EuGH in der Sache Kommission./.Italien[636] eine sozialversicherungsrechtliche Regelung Italiens aufgrund der Tatsache als spezifisch an, dass sie Unternehmenszweige mittelbar über eine Anknüpfung an das Geschlecht der Arbeitnehmer unterschiedlich behandelte. Im Fall „*Maribel I*"[637] bewertete der EuGH eine Regelung, die Arbeitgebern mit nicht mehr als 20 Arbeitnehmern eine höhere Ermäßigung der Sozialversicherungsbeiträge gewährte, zwar insoweit als selektiv, sah sie jedoch als *De-minimis*-Beihilfe an.

e) Zwischenergebnis zur materiellen Selektivität horizontaler Maßnahmen

Der Überblick zu dem von Kommission und EuG/EuGH verwendeten Maßstab bei der Knüpfung der Selektivität an sog. horizontale (d.h. nicht sektor- bzw. regionalspezifische) Kriterien veranschaulicht, dass es bei diesen tendenziell schwierig ist, zwischen Maßnahmen zu unterscheiden, die nur für bestimmte Unternehmen oder Produktionszweige gelten, und solchen, die auf alle Unternehmen und Produktionszweigen nach Maßgabe bestimmter Kriterien anwendbar sind. Da auch bei den in diesem Abschnitt behandelten Entscheidungen von Kommission und EuG/EuGH regelmäßig nicht unter die Ausnahmeformel der Leitlinien subsumiert wurde, offenbart sich, dass dieses Abgrenzungsproblem nicht erst aus ihr resultiert, sondern bereits dem primärrechtlichen Beihilfetatbestand immanent ist. Das praktische Problem liegt darin, dass andere als die in Art. 87 EG genannten regionalen oder sektoralen Anknüpfungspunkte nicht bereits *per se* die Selektivität der betreffenden Maßnahme indizieren, sondern erst hinsichtlich einer entsprechenden Wirkung untersucht und bewertet werden müssen.

aa) Extensive Auslegung bei der Anknüpfung an horizontale Kriterien

Aufgrund der (wirtschafts-)politisch wertneutralen Merkmale des Art. 87 Abs. 1 EG und des Grundsatzes von der auswirkungsbezogenen Anwendung des Beihilfeverbots[638] ist zugrunde zu legen, dass die Zielsetzung der untersuchten Maßnahme bei der Beurteilung ihrer Selektivität regelmäßig keine unmittelbare Rolle spielt. Die dargestellten Entscheidungen verdeutlichen stattdessen, dass die (durch den nationalen Steuergesetzgeber vorgenommene) Begrenzung des Begünstigungsbereichs einer Maßnahme *anhand der verschiedensten Merkmale* eine Selektivität zu begründen geeignet ist. Dabei war nach der Entscheidungspraxis von Kommission und EuG/EuGH allerdings regelmäßig die mittelbare oder unmittelbare Anknüpfung der untersuchten Maßnahme an die Unternehmensgröße bzw. eine besondere Wirtschaftskraft selektivitätsbegründend. Dies gilt für eine Anknüpfung der steuerlichen Maßnahme an den Umfang des Gesellschaftskapitals, für eine multinationale Aufstellung bzw. die Zugehörigkeit

---

[636] EuGH, Urteil vom 14. Juli 1983 in der Rs. C-203/82, Slg. 1983, 2525.
[637] EuGH, Urteil vom 17. Juni 1999 in der Rs. C-75/97, Slg. 1999, I-3671.
[638] S. exemplarisch Leitlinien, Rn. 7.

zu einem internationalen Konzern oder auch für das Volumen beabsichtigter Investitionen genauso wie umgekehrt für die Beschränkung der Vergünstigung auf neugegründete Unternehmen oder KMU.

Die Selektivität einer Maßnahme ist – unabhängig von ihrer Zielsetzung – unzweifelhaft dann nicht gegeben, wenn die betreffende Maßnahme „allen Unternehmen in gleicher Weise offen [steht]".[639] Da die Anknüpfung einer Begünstigung an horizontale Kriterien aber stets und notwendigerweise bestimmte Unternehmen von ihrem Anwendbarkeit ausklammert, wirft dies die Frage auf, ob das Tatbestandsmerkmal der „bestimmten Unternehmen oder Produktionszweige" auch im Sinne „bestimm*barer* Unternehmen und Produktionszweige" ausgelegt werden darf. Die Entscheidungspraxis scheint dies – wenn auch in der Regel implizit – grundsätzlich zu bejahen: im nichtsteuerlichen Kontext hat das EuG in der Sache „*CETM*" ausdrücklich ausgeführt, dass es zur Verneinung der Selektivität nicht ausreiche, wenn die untersuchte Maßnahme nicht für einen von vorneherein festgelegten Begünstigten oder mehrere solche gilt.[640] Zwar stellt umgekehrt die Kommission in der Entscheidung „*Schattenwirtschaft*" zur Verneinung einer Beihilfe darauf ab, dass die Begünstigten im voraus unbekannt seien und die betreffende Regelung daher „*von vorneherein [nicht] bestimmten Unternehmen zugute kommen*".[641] Tatsächlich ist aber die Entscheidung „*Schattenwirtschaft*" auch für den Bereich steuerlicher Maßnahmen insofern als Ausnahme anzusehen, wie sich insbesondere aus den zahlreichen Entscheidungen zu präferentiellen Steuerregelungen für konzerninterne Dienstleistungen ergibt: auch hier waren die begünstigten Unternehmen nicht im voraus bestimmt, die Selektivität wurde dennoch bejaht.

Insbesondere bei der Begründung der Selektivität mit dem auf konzerninterne Dienstleistungen innerhalb internationaler Unternehmensgruppen beschränkten Anwendungsbereich einer Maßnahme offenbart sich, wie weitreichend das Verständnis der Kommission ist. Denn bestimmte konzernspezifische Dienstleistungen können *nur* in einem Unternehmensverbund vorgenommen werden, da sich der Bedarf für diese Leistungen gerade aus der Konzerbundenheit ergibt. Probleme mit den dafür konzernintern berechneten Preisen bestehen darüber hinaus regelmäßig nur bei *internationalen* Unternehmensgruppen, da nur dort auf diese Weise eine Gewinnverlagerung ins Ausland möglich ist, welche die nationalen Steuergesetzgeber mithilfe von Verrechnungspreisvorschriften verhindern wollen. So hatte auch die französische Regierung im Fall „*Verwaltungs- und Logistikzentren Frankreich*" argumentiert.[642] Die Kommission scheint diese Sach-

---

[639] Leitlinien, Rn. 13.
[640] Urteil vom 29. September 2000 in der Rs. T-55/99, Slg. 2000, II-3207, Rn. 40.
[641] IP/01/1572 vom 13. November 2001.
[642] Entscheidung der Kommission vom 13. Mai 2003 (ABl. L 43 vom 28. Januar 2004, 23), Rn. 41.

gründe nicht anzuerkennen.[643] Sofern der Kreis der erfassten Dienstleistungen allerdings sektorale Beschränkungen (wie z.B. auf Finanzierungs- oder Versicherungsdienstleistungen) enthält, liegt die Selektivität allerdings auf der Hand.

Auch wenn die mangelnde Subsumtion unter die Ausnahmeformel deren praxisbezogene Beurteilung in Bezug auf horizontale Maßnahmen kaum zulässt[644], wird bei ihrer Betrachtung gerade in diesem Zusammenhang erkennbar, wie weitgehend die Formel einer Ausnahme vom allgemeinen System in die steuerliche Gestaltungsfreiheit der Mitgliedstaaten eingreifen kann: Jede Ausnahme von einer als allgemein angesehenen Wertung kann nach der extensiven Anwendungspraxis eine Beihilfe darstellen. Für die wesentliche Frage, nach welchen Kriterien der Vergleichsrahmen zur Bestimmung der Normalbesteuerung zu ziehen ist, ergeben sich weder aus der Entscheidungspraxis, noch aus der Ausnahmeformel selbst verwertbare Anhaltspunkte. Dass die Kommission in der Entscheidung *„Schattenwirtschaft“* die Selektivität verneinte, gibt im Vergleich zu ihrer sonstigen, extensiven Entscheidungspraxis fast noch mehr Rätsel auf. Denn die Zielsetzung der betreffenden Maßnahme – in der Entscheidung „Schattenwirtschaft“ unstreitig legitim und unter rechtsstaatlichen wie volkswirtschaftlichen Gesichtspunkten positiv zu beurteilen – darf bei der Frage der Selektivität eigentlich keine Rolle spielen. Genauso unbekannt wie in diesem Fall waren auch in vielen anderen Entscheidungen die später potentiell und – nach der Rechtsauffassung der Kommission – selektiv Begünstigten.

bb) Vergleich mit dem welthandelsrechtlichen Verständnis

Beachtenswert ist, dass die Vorschriften des Welthandelsrechts, namentlich das GATT und das Übereinkommen betreffend Subventionen und Ausgleichsmaßnahmen, die in das Gemeinschaftsrecht inkorporiert sind, insofern weniger strenge Anforderungen aufstellen. In rechtlicher Hinsicht ist dies wie oben dargestellt natürlich nicht maßgebend, da GATT und EG-Vertrag unterschiedliche Rechtskreise mit unterschiedlicher Anwendung bilden.[645] Die Regeln des Übereinkommens über Subventionen und Ausgleichsmaßnahmen (ASCM)[646] weisen (wie oben erwähnt) in Bezug auf die Merkmale der Subvention aber große struk-

---

[643] Kritisch in diesem Sinne auch *Schön*, in *Koenig/Roth/Schön*, S. 131.

[644] Regelmäßig hat die Kommission in ihren Entscheidungen zwar z.B. das Merkmal der tatbestandsimmanenten Rechtfertigung geprüft, welches vom EuGH ursprünglich als Annex zur Ausnahmeformel entwickelt worden ist; bei der Selektivität hat die Kommission insofern jedoch meist nicht auf eine Ausnahme abgestellt, sondern diese schlicht an die auf bestimmte Wirtschaftstätigkeiten etc. beschränkte Anwendbarkeit der untersuchten Regelung geknüpft (so z.B. in der Entscheidung *„Koordinierungszentren Luxemburg“*, ABl. L 170 vom 9. Juli 2003, 20, Rn. 53 ff).

[645] Siehe Abschnitt C. I. 2. d. (Zwischenergebnis zur Selektivität regionaler steuerlicher Maßnahmen).

[646] ABl. L 336 vom 23. Dezember 1994, 156.

turelle Parallelen zum Beihilferecht auf.[647] Wie dort die Selektivität ist im Anwendungsbereich des ASCM die Spezifität der betreffenden Maßnahmen erforderlich. Der Begriff und die verschiedenen Aspekte der Spezifität werden in Art. 2 ASCM ausführlich dargestellt. Danach sind objektive Kriterien ausdrücklich nicht geeignet, die Spezifität zu begründen. Als objektiv in diesem Sinne werden solche Kriterien oder Bedingungen definiert, die neutral sind, nicht bestimmte Unternehmen gegenüber anderen bevorzugen, und die wirtschaftlicher Natur sowie horizontal in ihrer Anwendung sind, wie z.B. die Anzahl der Arbeitnehmer oder die Größe des Unternehmens. Weitere Voraussetzung ist, dass die Kriterien oder Bedingungen explizit in legislativer, administrativer oder sonstiger offizieller Form niedergelegt sein müssen, um eine Verifizierung zu ermöglichen.

Das ASCM gibt jedoch auch Beispiele für materielle Kriterien, die Grund zu einer Beanstandung geben können. Darunter ist – ein für das Welthandelsrecht tragendes Prinzip – vor allem die Anknüpfung an eine Exporttätigkeit oder umgekehrt an die inländische Produktion zu sehen. Aber auch die Geltungsdauer einer Regelung ist danach in Betracht zu ziehen.

II. Begründung der Selektivität durch verfahrensrechtliche Gesichtspunkte

Unabhängig von materiellrechtlichen Aspekten kann die Selektivität einer Maßnahme aus der verfahrensrechtlichen Ausgestaltung einer Maßnahme oder der ihr zugrunde liegenden Regelung folgen. Verfahrensrechtliche Anknüpfungspunkte für die Selektivität können sowohl der Einzelfallcharakter der Maßnahme selbst (z.B. Steuerstundung oder –erlass) oder ein Ermessen darstellen.

1. Einzelfallmaßnahmen wie Steuerstundung oder -erlass, Absehen von Vollstreckungsmaßnahmen und Umschuldungsvereinbarungen

Die Selektivität steuerlicher Maßnahmen ist in den Fällen relativ einfach festzustellen, bei denen die Begünstigung bestimmter Unternehmen bereits durch die Natur der vom Staat gewählten Maßnahme auf der Hand liegt, da sich diese z.B. nur auf ein einziges Unternehmen bezieht. Dies gilt für Beihilfen im allgemeinen genauso wie für steuerliche Beihilfen. Kommission und EuG/EuGH haben bereits in einer Reihe von Fällen Einzelmaßnahmen der Steuerbehörden zugunsten von Unternehmen in Schwierigkeiten untersucht. Dabei ging es regelmäßig um vereinbarte oder faktische Steuerstundungen oder -erlasse, d.h. idR. um Umschuldungsvereinbarungen oder das Absehen von Vollstreckungsmaßnahmen. Die Nichtdurchsetzung bestehender Steuerschulden zugunsten einzelner Unternehmen seitens des Fiskus wird von Kommission und EuG/EuGH in stän-

[647] *Gross*, RIW 2002, 46 ff, befasst sich mit den Anforderungen an die Bestimmtheit (Selektivität, Spezifität).

diger Praxis – wenn auch nicht stets – als selektive Maßnahme angesehen, regelmäßig sogar, ohne auf die Selektivität überhaupt einzugehen.

a) Stundung/Erlass außerhalb gesetzlicher Sonderregelungen

aa) *„Magefesa“*

Im Verfahren „*Magefesa*“[648] untersuchte die Kommission aufgrund von Wettbewerbsbeschwerden u.a. die Nichtbeitreibung von Steuerschulden verschiedener Gesellschaften des *Magefesa*-Konzerns, namentlich der Muttergesellschaft selbst sowie ihrer Tochtergesellschaft INDOSA, durch die zuständigen Steuerbehörden. Die Kommission erkannte, dass Unternehmen der *Magefesa*-Gruppe bereits seit mehreren Jahren „*ihren Verpflichtungen gegenüber dem Fiskus [...] systematisch nicht nachgekommen [waren]*“[649], obwohl die Finanzbehörden durch einen Insolvenzantrag die Fortführung des betroffenen Unternehmens und das damit verbundene notwendige Anwachsen der Steuerschuld hätten verhindern können.[650] Die Kommission erblickte in der Ermöglichung der fortgesetzten Nichtbegleichung der Steuerschulden daher die Gewährung eines Vorteils aus staatlichen Mitteln, der die Wettbewerbsposition des Unternehmens verbessert habe.[651] Dass kein förmlicher Verzicht vorliege, ändere hieran nichts.[652]

---

[648] Entscheidung der Kommission vom 14. Oktober 1998 (ABl. L 198 vom 30. Juli 1999, 15). Siehe auch die Urteile des EuGH vom 12. Oktober 2000 in der Rs. C-480/98, Slg. 2000, I-8717, und vom 2. Juli 2002 in der Rs. C-499/99.

[649] Punkt VII b der Entscheidung (24). Im Falle des Unternehmens *MIGSA* hatte die Steuerbehörde ihre Außenstände schließlich für uneinbringlich erklärt, ohne jedoch zuvor Zwangsvollstreckungsmaßnahmen durchzuführen oder die Eröffnung des Insolvenzverfahrens zu beantragen. Gegenüber der Kommission wurde dieses Verhalten durch die spanische Regierung damit begründet, dass eine Zwangsvollstreckung aufgrund anderweitiger Belastung der Vermögenswerte des Unternehmens voraussichtlich erfolglos geblieben wäre, und dass nach einer zuvor erfolgten Analyse die Kosten des Insolvenzverfahrens den (anteiligen) Erlös überstiegen hätten. Die Kommission bezweifelte sowohl die – ihr gegenüber auch nicht belegte – Durchführung eines solchen Kostenvergleichs, als auch die beihilferechtliche Relevanz dieser Begründung.

[650] Punkt VII b der Entscheidung (24).

[651] Punkt VII b der Entscheidung (24).

[652] Eine Beihilfe sah die Kommission auch im Verhalten der Finanzbehörden als Teilnehmer des Gläubigerausschusses im Insolvenzverfahren über das Vermögen der *INDOSA*. Dort hatten jene – obwohl dies aufgrund der Höhe ihrer Außenstände möglich gewesen wäre – die (im Insolvenzrecht nicht einmal vorgesehene) Weiterführung des Unternehmens nach beantragter Insolvenz nicht verhindert. Die Kommission kam diesbezüglich zu dem Ergebnis, dass hierbei offensichtlich „*andere Faktoren ausschlaggebend [waren], als die Verpflichtung des Staates, die Einbringung seiner Konkursforderungen möglichst weitgehend zu gewährleisten.*“ (s. Punkt VII b der Entscheidung, 25). Eine Genehmigungsfähigkeit der Beihilfen lehnte die Kommission ab, insbesondere die Voraussetzungen der Rettungs- und Umstrukturierungsleitlinien sah sie als nicht erfüllt an.

bb) *„Empresas Álvarez“*

Gegenstand dieser Untersuchung im Fall *„Empresas Álvarez“*[653] war ein jahrelanger Verzicht der spanischen Behörden auf die Beitreibung aufgelaufener Steuerschulden des in Umstrukturierung befindlichen Keramik- und Porzellanherstellers *Grupo de Empresas Álvarez* (GEA). Die Kommission hatte aufgrund von Wettbewerbsbeschwerden Dritter und mangelnder diesbezüglicher Informationen durch die spanischen Behörden im Rahmen ihrer Berichtspflicht das förmliche Prüfverfahren eröffnet.[654] Unter Bezugnahme auf die Ausführungen des EuGH im Fall *Magefesa* legte die Kommission hinsichtlich der beihilferechtlichen Würdigung des Verhaltens der spanischen Steuerbehörden den Maßstab des privaten Gläubigers zugrunde, um festzustellen, *„ob das Verhalten der öffentlichen Gläubiger von der Absicht getragen war, mit möglichst hoher Wahrscheinlichkeit die ausstehenden Steuern [...] einzubringen.“*[655] Sie gelangte dabei zu dem Ergebnis, dass die jahrelange Nichtbeitreibung der Steuerschulden angesichts des ständigen Anwachsens der Schulden infolge der Fortführung des Geschäftsbetriebs nicht dem Verhalten eines privaten Gläubigers entsprach.[656] In Anbetracht der Auflagen im Zusammenhang mit den zuvor genehmigten Beihilfen zugunsten der GEA und unter Berücksichtigung der Vorgaben der Leitlinien für Rettungs- und Umstrukturierungsbeihilfen lehnte die Kommission eine Genehmigungsfähigkeit der untersuchten Maßnahmen ab und erklärte diese als für mit dem Gemeinsamen Markt nicht vereinbare Beihilfen.

b) Stundung/Erlass in Anwendung bzw. infolge gesetzlicher Sonderregelungen

aa) *„Ecotrade“*

In diesem Vorlageverfahren[657] hatte der EuGH über die Frage zu entscheiden, ob die Regelung eines Mitgliedstaats, die bestimmte Unternehmen von der Anwendbarkeit der allgemeinen Insolvenzregeln freistellen konnte, mit dem Beihilfeverbot vereinbar war. Die Inanspruchnahme der per Ministerialdekret verfügbaren Sonderverwaltung war nach der gesetzlichen Grundlage auf zahlungsunfähige Großunternehmen beschränkt, und zwar u.a. unter der Voraussetzung,

---

[653] Entscheidung vom 14. Mai 2002 (ABl. L 329 vom 5. Dezember 2002, 1).

[654] *GEA* hatte nach der vorangegangenen Positiventscheidung durch die Kommission im Jahre 1997 über einen Zeitraum von (wenigstens) drei Jahren weder Steuern noch Sozialabgaben entrichtet. Im April 1998 wurde mit den Steuerbehörden ein partieller Steuererlass vereinbart, der an die Einhaltung der Umschuldungsbedingungen für die Restschuld sowie an die Begleichung der laufenden steuerlichen Verpflichtungen geknüpft war und die 100%ige Tochtergesellschaft der GEA (*Vanosa*) mit einbezog. Eine weitere Vereinbarung dieser Art wurde im November 1998 mit *Vanosa* geschlossen. Nachdem keine Zahlungen der Unternehmen an die Finanzkasse erfolgt waren, hoben die Steuerbehörden die vereinbarten Umschuldungsverträge im Februar 2001 auf und betrieben die Zwangsvollstreckung in das Vermögen der Unternehmen (Rn. 32 ff der Entscheidung).

[655] Rn. 50 der Entscheidung.

[656] Rn. 53 der Entscheidung.

[657] EuGH, Urteil vom 1. Dezember 1998 in der Rs. C-200/97, Slg. 1998, I-7907.

dass diese mehrere hundert Arbeitnehmer beschäftigten und gegenüber öffentlichen Kassen oder Unternehmen Schulden in Höhe von rund 80 Mrd. italienische Lire hatten.[658] Die Sonderverwaltung konnte unter diesen Voraussetzungen durch Ministerialdekret angeordnet werden und hatte zur Folge, dass das Unternehmen seine Geschäftstätigkeit – in Abweichung vom regulären Insolvenzrecht – für zwei Jahre fortsetzen konnte.[659] In Abweichung vom regulären Insolvenzverfahren gewährte der Status der Sonderverwaltung u.a. einen Schutz vor Vollstreckungsmaßnahmen des Fiskus, etwa wegen der Körperschaftsteuer.[660] Der EuGH führte zunächst aus, dass das gegen den Fiskus wirkende Verbot von Einzelzwangsvollstreckungsmaßnahmen nicht geeignet sei, *„die Qualifizierung dieser Regelung als Beihilfe [zu] rechtfertigen“*.[661] Er bejahte jedoch die Selektivität der streitigen Regelungen *„zugunsten von in Schwierigkeiten befindlichen großen Industrieunternehmen [...] die sehr hohe Schulden gegenüber bestimmten Kategorien von Gläubigern, insbesondere aus dem öffentlichen Bereich, haben“*[662] und stützte sich zusätzlich auf den Umfang des dem zuständigen Ministerium eingeräumten Ermessens bezüglich der Ermöglichung der Fortsetzung der Geschäftstätigkeit der betreffenden Unternehmen.[663]

bb) *„Ladbroke Racing“*

Das EuG überprüfte in diesem Verfahren[664] auf Betreiben eines englischen Wettbewerbers die Positiventscheidung der Kommission betreffend verschiedene Maßnahmen Frankreichs zugunsten des Dachverbandes der französischen Rennvereine (PMU).[665] Dem PMU stand aufgrund – nicht verfahrensgegenständlicher – gesetzlicher Regelungen das ausschließliche Rechte in Bezug auf

---

[658] EuGH, Urteil vom 1. Dezember 1998 in der Rs. C-200/97, Slg. 1998, I-7907, Rn. 10. Alternative Voraussetzung war eine Verpflichtung des betreffenden Unternehmens zur Rückgewähr von empfangenen Zuwendungen (u.a. wegen der angeordneten Rückforderung gemeinschaftsrechtswidriger Beihilfen) an öffentliche Einrichtungen oder überwiegend in staatlichem Besitz befindliche Unternehmen in Höhe von mindestens 50 Mrd. Lire und 51% des eingezahlten Kapitals (ebendort, Rn. 11).

[659] EuGH, Urteil vom 1. Dezember 1998 in der Rs. C-200/97, Slg. 1998, I-7907, Rn. 11.

[660] EuGH, Urteil vom 1. Dezember 1998 in der Rs. C-200/97, Slg. 1998, I-7907, Rn. 12.

[661] EuGH, Urteil vom 1. Dezember 1998 in der Rs. C-200/97, Slg. 1998, I-7907, Rn. 36.

[662] EuGH, Urteil vom 1. Dezember 1998 in der Rs. C-200/97, Slg. 1998, I-7907, Rn. 38.

[663] EuGH, Urteil vom 1. Dezember 1998 in der Rs. C-200/97, Slg. 1998, I-7907, Rn. 40 der Entscheidung. Im Fall „*Piaggio*“ hatte der EuGH erneut über eine Vorlagefrage zu entscheiden, welche die Anwendung der im Fall „*Ecotrade*“ streitigen Regelung – hier zugunsten von *Piaggio* – zum Gegenstand hatte. Der EuGH entschied übereinstimmend auch hier, dass die Anwendung der betreffenden Regelung, die es in Abweichung von den allgemeinen Regelungen des Insolvenzrechts gestattete, die Geschäftstätigkeit trotz Überschuldung fortzusetzen, und außerdem einen Verzicht auf staatliche Forderungen beinhaltete, eine staatliche Beihilfe begründet. EuGH, Urteil vom 17. Juni 1999 in der Rs. C-295/97 (Slg. 1999, I-3735).

[664] EuG, Urteil vom 27. Januar 1998 in der Rs. T-67/94, Slg. 1998, II-1; bestätigt durch den EuGH, Urteil vom 16. Mai 2000 in der Rs. C-83/98. Siehe hierzu auch *Jansen*, S. 83 f (kritisch); *Jestaedt*, in *Heidenhain*, § 8 Rn. 12 f (kritisch) und *Lübbig/Martín-Ehlers*, Rn. 208.

[665] EuG, Urteil vom 27. Januar 1998 in der Rs. T-67/94, Slg. 1998, II-1, Rn. 2.

die Annahme von Pferdewetten zu.[666] Streitgegenstand waren ausschließlich auf den PMU anwendbare gesetzliche Maßnahmen der französischen Regierung (darunter neben der Gestattung einer späteren Entrichtung erhobener und einer Ermäßigung abzuführender Gebühren auch Verzichte auf die Einkommen- bzw. Körperschaftsteuer der dem PMU angehörenden Vereine).

Die Kommission war in dem beihilferechtlichen Prüfungsverfahren zu dem Schluss gelangt, dass die dem PMU gewährte Ermäßigung des an den Staat weiterzuleitenden Anteils der eingenommenen Wettgelder keine Beihilfe sei, da sie u.a. *„eine Reform in Gestalt einer durch die Eigenart und den Aufbau des Systems begründete Steueranpassung“* darstelle und nicht die Finanzierung einer „punktuellen“ Maßnahme bezwecke. Das EuG befand dagegen, dass die fehlende Bezweckung einer punktuellen Wirkung nach dem Beihilfetatbestand dann nicht erheblich sei, wenn sich die Maßnahme dennoch in selektiver Weise zugunsten bestimmter Unternehmen auswirke, wie im streitigen Fall gegeben:[667] In Bezug auf die dem PMU angehörenden Vereine führte das EuG weiter aus, dass *„eine Beihilfe für einen bestimmten Wirtschaftsteilnehmer mittelbar auch anderen Wirtschaftsteilnehmern zugute kommen [könne], deren Tätigkeiten von der Haupttätigkeit des unmittelbaren Empfängers der Beihilfe abhängig sind“;* dies sei jedoch nicht ausreichend, *„um die betreffende Maßnahme als eine Maßnahme allgemeiner Art anzusehen, die nicht in den Anwendungsbereich des Artikels [87] fiele“.*[668] Der EuGH folgte den Feststellungen des EuG.[669]

c) Einschränkung: Der Grundsatz des privaten Gläubigers

In Parallele zum Grundsatz des privaten Investors, der insbesondere bei der Beurteilung von Kapitalerhöhungen durch die öffentliche Hand zur Anwendung kommt und die Selektivität der betreffenden Maßnahme ausschließt, wenden Kommission und EuG/EuGH im Bereich steuerlicher Beihilfen durch Stundung oder Erlass den Grundsatz des privaten Gläubigers an.[670] Dadurch wird anerkannt, dass der vorübergehende oder teilweise Verzicht des Staates auf steuerliche Einnahmen durch wirtschaftliche Erwägungen gerechtfertigt sein kann und unter diesen Umständen die Selektivität der betreffenden Maßnahme ausschließt.

---

[666] EuG, Urteil vom 27. Januar 1998 in der Rs. T-67/94, Slg. 1998, II-1, Rn. 2.
[667] EuG, Urteil vom 27. Januar 1998 in der Rs. T-67/94, Slg. 1998, II-1, Rn. 2.
[668] EuG, Urteil vom 27. Januar 1998 in der Rs. T-67/94, Slg. 1998, II-1, Rn. 12.
[669] EuGH, Urteil vom 16. Mai 2000 in der Rs. C-83/98.
[670] Vgl. das Urteil vom 29. April 1999 in der Rs. C-342/96 („*Tubacex*“), Slg. 1999, I-2459. Im Fall „*Puigneró*“ verneinte die Kommission unter Bezugnahme auf die Urteile „*Tubacex*“ und „*DMT*“ das Vorliegen der dort aufgestellten Voraussetzungen (Entscheidung vom 19. Februar 2003, ABl. L 337 vom 23. Dezember 2003, 14, Rn. 110 ff).

aa) „*Refractarios Especiales*"

Infolge mehrjähriger Liquiditätsschwierigkeiten des Unternehmens „*Refractarios Especiales*"[671] hatten die spanischen Steuer- und Sozialversicherungbehörden verschiedene Umschuldungs- und Stundungsvereinbarungen getroffen, sowie Vollstreckungsmaßnahmen unterlassen. Im Rahmen der Frage des Vorliegens einer selektiven Begünstigung stellte die Kommission einleitend fest: „*Entsprechen diese Maßnahmen dem Verhalten eines privaten Gläubigers unter ähnlichen Umständen, liegt keine staatliche Beihilfe vor.*"[672] Ausgehend von dieser Prämisse gelangte sie zu dem Ergebnis, dass die betreffenden Maßnahmen mit dem Grundsatz des Verhaltens eines privaten Gläubigers im Einklang standen und daher keine Beihilfe darstellten.[673] In Bezug auf das Absehen von Vollstreckungsmaßnahmen trotz bestehender Sicherungsrechte an beweglichem und unbeweglichem Vermögen zog die Kommission auch die hypothetischen Folgen einer einigermaßen konkret in Aussicht stehenden Wertsteigerung der besicherten Immobilien bzw. einer nicht unwahrscheinlichen Verbesserung der Ertragslage des betreffenden Unternehmens in ihre Erwägungen ein.[674] Ebenso wurden die Folgen einer infolge der Vollstreckung zu erwartenden Insolvenz berücksichtigt.[675] Die Kommission gelangte hierbei zu dem Ergebnis, dass Ungewissheit, Verzögerung und Kosten eines ansonsten drohenden Insolvenzverfahrens das Absehen von Vollstreckungsmaßnahmen zugunsten einer Umschuldungsvereinbarung rechtfertigten.

bb) „*DMT*"

Dieses Vorlageverfahren[676] betraf zwar nicht Steuerschulden, sondern Sozialversicherungsbeiträge; die entschiedene Fragestellung ist aber auf den steuerlichen Bereich übertragbar. Das vorlegende Gericht hatte im Rahmen eines Insolvenzantrags die Zahlungsunfähigkeit des Unternehmens DMT zu überprüfen und war zu dem Schluss gelangt, dass der belgische Sozialversicherungsträger (ONSS) diesem Unternehmen über einen Zeitraum von acht Jahren erhebliche Zahlungserleichterungen gewährt hatte. Es ersuchte daher den EuGH um Klärung der Frage, ob das ONSS „*durch diese Zahlungserleichterungen zu einer künstlichen Aufrechterhaltung der Tätigkeit eines zahlungsunfähigen Unternehmens beigetragen [habe], das zu marktüblichen Bedingungen kein Darlehen habe aufnehmen können*" und somit eine Beihilfe gewährt habe.[677] Der EuGH beantwortete die Vorlagefrage dahingehend, dass Zahlungserleichterungen für

---

[671] Entscheidung vom 27. November 2002 (ABl. L 108 vom 30. April 2003, 21).

[672] Entscheidung vom 27. November 2002 (ABl. L 108 vom 30. April 2003, 21), Rn. 43.

[673] Die im Fall *Refractarios Especiales* getroffenen Feststellungen stehen dabei teilweise denjenigen in den Fällen *Magefesa* und *Empresas Álvarez* entgegen, wo die Kommission bei identischen Sachverhaltselementen eine Beihilfe annahm.

[674] Entscheidung vom 27. November 2002 (ABl. L 108 vom 30. April 2003, 21), Rn. 55.

[675] Entscheidung vom 27. November 2002 (ABl. L 108 vom 30. April 2003, 21), Rn. 56.

[676] EuGH, Urteil vom 29. Juni 1999 in der Rs. C-256/97, Slg. 1999, I-3913.

[677] EuGH, Urteil vom 29. Juni 1999 in der Rs. C-256/97, Slg. 1999, I-3913, Rn. 8.

Sozialversicherungsbeiträge, die einem Unternehmen von der zuständigen Behörde gewährt wurden, dann eine Beihilfe darstellten, *„wenn das Unternehmen in Anbetracht der Bedeutung des hiermit gewährten wirtschaftlichen Vorteils derartige Erleichterungen offenkundig nicht von einem privaten Gläubiger erhalten hätte, der sich ihm gegenüber in derselben Situation befindet wie die mit der Einziehung betraute Einrichtung.“*[678] Es sei Sache des vorlegenden Gerichts, festzustellen, ob das ONSS sich einem *„mit einem hypothetischen privaten Gläubiger [vergleichbar verhalten habe], der sich möglichst weitgehend in derselben Situation gegenüber seinem Schuldner befindet [...] und [...] die geschuldeten Beträge zurück zu erlangen sucht.“*[679]

d) Zwischenergebnis zur Selektivität steuerlicher Einzelmaßnahmen

Die Selektivität von Einzelmaßnahmen, bei denen die nationalen Steuerbehörden bestimmten Unternehmen Steuerschulden stunden oder erlassen bzw. von einer Vollstreckung absehen, erscheint auf den ersten Blick unproblematisch. Denn es handelt sich bei diesen Maßnahmen idR. um spezifische Abweichungen von den allgemeinen Regelungen des Besteuerungsverfahrens, bei denen der Fiskus einzelfallbezogen auf ihm regulär zustehende Einnahmen – ggf. nur teilweise oder vorübergehend – verzichtet. Für die Frage des Vorliegens einer selektiven Maßname spielt es bei der von Kommission und EuG/EuGH vorgenommenen auswirkungsbezogenen Betrachtung keine Rolle, ob Stundung oder Erlass als solche bezeichnet oder vertraglich vereinbart werden, oder ob sie sich faktisch aus einer Umschuldungsvereinbarung bzw. aus dem Absehen von Vollstreckungsmaßnahmen ergeben. Auch die Einbettung von Einzelfallentscheidungen in „allgemein“ anwendbare Regeln vermag an dem selektiven Charakter der betreffenden Maßnahme u.U. nichts zu ändern. Aus der Entscheidung des EuG im Fall „*Ladbroke Racing*“[680] folgt, das selbst die „allgemeine“ gesetzliche Ausgestaltung einer Maßnahme mit faktischer Einzelfallwirkung nicht geeignet ist, diese der Beihilfekontrolle zu entziehen.

Bei der Betrachtung der dargestellten Entscheidungen fällt jedoch auf, dass diese – obwohl sie überwiegend jünger sind als die Leitlinien – die Ausnahmeformel für steuerliche Beihilfen sämtlich weder verwenden, noch erwähnen. Dabei wäre deren Handhabung gerade in diesen Fällen interessant: Denn die genannten Stundungs- oder Erlassmaßnahmen stellen bei objektiver Betrachtung auch dann Ausnahmen zum regulären Besteuerungsverfahren dar, wenn sie dem Grundsatz des privaten Gläubigers entsprechen. Stundung oder Erlass von Steuern finden definitionsgemäß nur ausnahmsweise und unter bestimmten Voraussetzungen

---

[678] EuGH, Urteil vom 29. Juni 1999 in der Rs. C-256/97, Slg. 1999, I-3913, Rn. 30.
[679] EuGH, Urteil vom 29. Juni 1999 in der Rs. C-256/97, Slg. 1999, I-3913, Rn. 25.
[680] EuG, Urteil vom 27. Januar 1998 in der Rs. T-67/94, Slg. 1998, II-1; bestätigt durch den EuGH, Urteil vom 16. Mai 2000 in der Rs. C-83/98. Siehe hierzu auch *Jansen*, S. 83 f (kritisch); *Jestaedt*, in *Heidenhain*, § 8 Rn. 12 f (kritisch) und *Lübbig/Martín-Ehlers*, Rn. 208.

statt, da sie generell dem Fiskalzweck der möglichst schnellen und vollständigen Vereinnahmung der Steuergelder entgegenstehen.

Bei Verwendung der Ausnahmeformel könnte die Selektivität der betreffenden Maßnahmen somit nur im Falle des Vorliegens einer Rechtfertigung verneint werden. Auch wenn Kommission und EuG/EuGH den Grundsatz des privaten Gläubigers nicht ausdrücklich als Rechtfertigung prüfen, wird er als solcher offenbar faktisch und insoweit anerkannt, als *„das Verhalten der öffentlichen Gläubiger von der Absicht getragen [ist], mit möglichst hoher Wahrscheinlichkeit die ausstehenden Steuern [...] einzubringen*“.[681] Aus der Entscheidung „*Magefesa*“ folgt aber, dass die generelle Vergleichbarkeit des Verhaltens der Finanzbehörden mit dem eines privaten Gläubigers ggf. nicht ausreicht, um den Beihilfecharakter der betreffenden Maßnahme zu beseitigen[682]: Denn während ein privater Gläubiger grundsätzlich seine Leistungen einstellen oder die Geschäftsverbindung auflösen kann, sind die Steuerbehörden wegen der bei einer Fortführung des schuldnerischen Geschäftsbetriebs *automatisch* weiter anwachsenden Steuerschulden nach dem Verständnis der Kommission verpflichtet, ggf. einen Insolvenzantrag zu stellen. Tun sie dies nicht, kann die Beihilfe auch durch dieses Unterlassen begründet werden. An dieser Stelle offenbart sich eine Schwierigkeit in der dogmatischen Herleitung des Grundsatzes vom privaten Gläubiger: Denn anders als schuldrechtliche Forderungen im geschäftlichen Verkehr entstehen die steuerlichen Ansprüche des Staates ohne Erbringung einer Gegenleistung. Für den Fiskus kann es daher bei Anlegung betriebswirtschaftlicher Maßstäbe durchaus am günstigsten sein, einfach das Anwachsen einer Steuerschuld hinzunehmen.

Darüber hinaus ist fraglich, inwieweit der Fiskus sich auf fiskalzweck-orientierte Argumente für die Unterlassung eines Insolvenzantrags berufen könnte, etwa wenn er Grund zu der Annahme hätte, dass sich das betreffende Unternehmen wieder erholen und als Steuerzahler wieder zur Verfügung stehen könnte, dagegen im Insolvenzfalle als Steuersubjekt verloren ginge. Die Anwendung des Grundsatzes des privaten Gläubigers wäre auch in den Fällen interessant, in denen die Steuerbehörden auf die Ertragsbesteuerung von in Schwierigkeiten befindlichen Unternehmen verzichten, soweit diese Buchgewinne aus Schulderlassen durch private Gläubiger aufzuweisen haben (Nichtbesteuerung von Sanierungsgewinnen). In diesen Fällen wäre durch den Schulderlass der Gläubiger die „Privat-Äquivalenz“ für einen Steuererlass ja gerade indiziert.

---

[681] Entscheidung vom 14. Mai 2002 („*Empresas Álvarez*“, ABl. L 329 vom 5. Dezember 2002, 1), Rn. 50.
[682] S. 24.

Aus dem Selektivitätsverständnis des EuG im Fall „*Ladbroke Racing*“[683] geht hervor, dass staatliche Maßnahmen zugunsten individuell bestimmter Unternehmen auch dann, wenn dies im Rahmen von exklusiv für das betreffende Unternehmen geltenden rechtlichen Rahmenbedingungen stattfindet, als selektiv im Sinne des Beihilfetatbestandes angesehen werden. Dies leuchtet zwar wettbewerbspolitisch ein, da ansonsten die monopolartige Ausgestaltung bestimmter Wirtschaftstätigkeiten geeignet wäre, (weitere) begünstigende Folgemaßnahmen von der Anwendung des Beihilferechts auszunehmen. Andererseits stellt sich in diesem Fall die Frage nach der Tauglichkeit der Ausnahmeformel, wenn die betreffende Regelung aufgrund ihrer ausschließlichen Ausgestaltung gleichzeitig die Regel darstellt. Die Urteile von EuG und EuGH befassen sich mit dieser Frage nur ansatzweise unter dem Stichwort der „punktuellen Wirkung“ der untersuchten Maßnahmen. In der Literatur wird diese Auslegung des Beihilfetatbestands teilweise als zu weit gehend kritisiert.[684]

2. Selektivität steuerlicher Maßnahmen infolge Ermessens

Die Beihilfeeigenschaft einer Maßnahme kann auch dadurch begründet werden, dass ein bestimmtes Maß an Ermessen der gewährenden hoheitlichen Stelle über die betreffende Begünstigung entscheidet. Dies entspricht der ständigen Entscheidungspraxis von Kommission und EuGH.[685]

a) Steuerliche Regelungen mit Ermessensfolge

aa) *„Verwaltungs- und Logistikzentren Frankreich“*

Im Fall „*Verwaltungs- und Logistikzentren Frankreich*“ [686] untersuchte die Kommission die Modalitäten, nach denen für sog. Verwaltungs- und Logistikzentren internationaler Konzerne in Frankreich die aufgrund der Erbringung konzerninterner Dienstleistungen erzielten Gewinne im Rahmen der Kostenaufschlagsmethode (pauschale Gewinnermittlung) versteuert wurden. Kernbestandteil der Regelung – und Anknüpfungspunkt für die beihilferechtliche Untersuchung – war die Ermöglichung einer Ermittlung des körperschaftsteuerlichen Gewinns für die erfassten konzerninternen Dienstleistungen nach der sog. Kosten-plus-Methode, d.h. durch Erhöhung der Betriebsausgaben um einen bestimmten Gewinnaufschlag.[687] Ermöglicht wurde auch die vorherige – aber nicht unabänderliche[688] – Festlegung der Gewinnspanne im Einvernehmen mit

---

[683] EuG, Urteil vom 27. Januar 1998 in der Rs. T-67/94, Slg. 1998, II-1; bestätigt durch den EuGH, Urteil vom 16. Mai 2000 in der Rs. C-83/98. Siehe hierzu auch *Jansen*, S. 83 f (kritisch); *Jestaedt*, in *Heidenhain*, § 8 Rn. 12 f (kritisch) und *Lübbig/Martín-Ehlers*, Rn. 208.

[684] *Jansen*, S. 83 f.

[685] Vgl. exemplarisch die Leitlinien, Rn. 21.

[686] Entscheidung vom 13. Mai 2003 (ABl. L 23 vom 28. Januar 2004, 1); vgl. IP/03/698 vom 16. Mai 2003.

[687] Entscheidung vom 13. Mai 2003 (ABl. L 23 vom 28. Januar 2004, 1), sehr ausführlich hierzu Rn. 8.

[688] Entscheidung vom 13. Mai 2003 (ABl. L 23 vom 28. Januar 2004, 1), Rn. 21.

der Finanzverwaltung.[689] Wie in verschiedenen ähnlichen Entscheidungen erkannte die Kommission auch hier die grundsätzliche Sachgerechtigkeit der Kostenaufschlagsmethode zur Besteuerung der fraglichen Dienstleistungen an.[690] Bedenklich erschienen ihr jedoch im konkreten Fall u.a. ein möglicher „Spielraum der Verwaltung" bei der Festsetzung des Gewinnaufschlags.[691] Im Ergebnis knüpfte sie die Annahme der Selektivität allerdings nicht an dieses Kriterium.[692]

bb) „*Auslandsniederlassungen Frankreich*"

In der Entscheidung „*Auslandsniederlassungen Frankreich*"[693] erblickte die Kommission die Selektivität einer Regelung, welche bei Investitionen in Auslandsniederlassungen steuerliche Rückstellungen ermöglichte, u.a. in dem für bestimmte Fälle erforderlichen Genehmigungsverfahren. Die französische Regierung hatte vorgetragen, dass die Behörde bei der Erteilung der erforderlichen Genehmigung kein Ermessen hätte, sondern lediglich die (materiellen) Voraussetzungen für die Inanspruchnahme der Regelung überprüfen könnte; die Genehmigungsentscheidung sei ihrerseits voll gerichtlich überprüfbar.[694] Die Kommission erkannte dies nicht an, sondern befand, dass die französischen Behörden *„mit Ausnahme des Hinweises auf die allgemeine Kontrolle der Rechtmäßigkeit der Verwaltungsmaßnahmen durch die Gerichte keine Vorschrift genannt [hätten, welche] die Ermessensbefugnis des Wirtschafts- und Finanzministeriums begrenzt. Unter diesen Umständen kann die Kommission nur zu dem Schluss gelangen, dass die Behörde über einen Ermessensspielraum verfügt."*[695] Im Ergebnis sah sie allerdings diese Ermessensbefugnis als gerechtfertigt an.[696]

cc) „*Territorios Históricos*"

In den Entscheidungen „*Territorios Históricos*"[697] betreffend investitionsgebundene Körperschaftsteuergutschriften der baskischen Provinzen Álava, Guipúzcoa und Vizcaya sahen sowohl die Kommission als auch das EuG ein freies Ermessen der gewährenden Behörde darin, dass die nationale Behörde nach Maßgabe der streitigen Regelung *„die beihilfefähigen Investitionen sowie die Dauer des Investitionsprozesses und der Vorbereitungsphase des Investitions-*

---

[689] Entscheidung vom 13. Mai 2003 (ABl. L 23 vom 28. Januar 2004, 1), Rn. 9.
[690] Entscheidung vom 13. Mai 2003 (ABl. L 23 vom 28. Januar 2004, 1), Rn. 46.
[691] Entscheidung vom 13. Mai 2003 (ABl. L 23 vom 28. Januar 2004, 1), Rn. 25.
[692] Entscheidung vom 13. Mai 2003 (ABl. L 23 vom 28. Januar 2004, 1), Rn. 63.
[693] Entscheidung vom 21. November 2001 (ABl. L 126 vom 13. Mai 2002, 27).
[694] Entscheidung vom 21. November 2001 (ABl. L 126 vom 13. Mai 2002, 27), Rn. 17.
[695] Entscheidung vom 21. November 2001 (ABl. L 126 vom 13. Mai 2002, 27), Rn. 27.
[696] Entscheidung vom 21. November 2001 (ABl. L 126 vom 13. Mai 2002, 27), Rn. 28.
[697] Entscheidungen der Kommission vom 11. Juli 2001, betreffend die Provinzen Álava (ABl. L 296 vom 30. Oktober 2002, 1), Guipúzcoa (ABl. L 314 vom 18. November 2002, 26) und Viscaya (ABl. L 17 vom 22. Januar 2003, 1); vgl. EuG, Urteil vom 23. Oktober 2002 in den verbundenen Rs. T-269, 271 und 272/99.

vorhabens nach eigenem Ermessen bestimmen [könne]", da die verwendeten Begriffe Investitionsprozess und Vorbereitungsphase in der gesetzlichen Regelung nicht definiert würden.[698]

dd) *„Maribel I"*

Im der Entscheidung „*Maribel I*"[699] sah der EuGH ein beihilferechtlich relevantes Ermessen unter Bezugnahme auf das Urteil in der Sache Frankreich./.Kommission[700] nicht als gegeben an. Dem Vortrag der belgischen Regierung zustimmend, führte sie aus, dass „*die streitigen Maßnahmen nicht [bereits] deshalb staatliche Beihilfen [seien], weil die zuständigen staatlichen Stellen bei der Gewährung der erhöhten Ermäßigung der Soziallasten über ein Ermessen verfügten [...].*" Denn die Voraussetzungen für die Gewährung der erhöhten Ermäßigungen seien „*vom belgischen Gesetzgeber in den genannten Königlichen Verordnungen festgelegt worden und räumen den zuständigen Stellen insbesondere bei der Wahl der begünstigten Unternehmen oder Wirtschaftszweige keinerlei Handlungsspielraum ein.*"[701]

b) Ermessensausübung im Einzelfall

aa) *„Demesa"*

In der Entscheidung „*Demesa*"[702] ging es um die konkrete Anendung der in den Verfahren „*Territorios Históricos*" streitigen Regelungen der baskischen Provinz Álava. Entgegen der Rechtsauffassung der Klägerinnen sah das EuG bereits mit dem der Bewilligungsbehörde durch die maßgeblichen Vorschriften eingeräumten Ermessen das Selektivitätskriterium als erfüllt an, da die Behörde danach nicht nur den Investitionsbetrag, sondern auch Fristen und Höchstgrenzen für den jeweiligen Fall festsetzen konnte. Da die streitigen Regelungen „*der [Behörde] [...] ein Ermessen einräumen, sind sie geeignet, bestimmte Unternehmen in eine günstigere Lage zu versetzen als andere.*"[703] Auf ein willkürliches Handeln der Behörde käme es dabei nicht an:

[698] Rn. 61 der Entscheidung betreffend Álava; jeweils Rn. 69 der Entscheidungen betreffend Guipúzcoa und Viscaya. Die Vorschriften der Provinz Álava waren in ihrer konkreten Anwendung zuvor bereits Gegenstand der Verfahren „*Demesa*" und „*Ramondín*" gewesen.

[699] Urteil vom 26. September 1996 in der Rs. C-241/94, Slg. 1996, I-4551.

[700] Urteil vom 26. September 1996 in der Rs. C-241/94, Slg. 1996, I-4551.

[701] Urteil vom 26. September 1996 in der Rs. C-241/94, Slg. 1996, I-4551, Rn. 27.

[702] EuG, Urteil vom 6. März 2002 in den verbundenen Rs. T-127, 129 und 148/99, Slg. 2001, II-1275. Vgl. das Urteil des EuG vom 23. Oktober 2002 in den verbundenen Rs. T-269, 271 und 272/99 betreffend die der Steuergutschrift zugrundeliegende gesetzliche Regelung der Provinz Álava und im wesentlichen identischen Regelungen anderer baskischer Provinzen. Die Ausführungen des EuG im Urteil „*Demesa*" entsprechen weitestgehend denjenigen in jenem Urteil.

[703] EuG, Urteil vom 6. März 2002 in den verbundenen Rs. T-127, 129 und 148/99, Slg. 2001, II-1275, Rn. 150.

„Um die Einstufung einer Maßnahme [als selektiv anzunehmen] [...] braucht [...] nicht geprüft zu werden, ob die Handlungsweise der Steuerbehörden willkürlich war. Es genügt der [...] Nachweis, dass die zuständigen Behörden über eine Ermessen verfügen, dass es ihnen ermöglichte, u.a. den Betrag oder die Anwendungsvoraussetzungen der fraglichen Steuervergünstigung entsprechend den Merkmalen des von ihnen zu beurteilenden Investitionsvorhabens zu ändern.“[704]

bb) „*Ecotrade*“

Auch in dem Verfahren „*Ecotrade*“[705] spielte bei der Beurteilung des Ministerialdekrets, welches bestimmte Unternehmen in Schwierigkeiten einer Sonderregelung gegenüber dem allgemeinen Insolvenzrecht unterstellte, der Ermessensaspekt eine Rolle. Die Sonderverwaltung war von einer Reihe (oben bereits dargestellter) Kriterien abhängig. Waren diese erfüllt, so konnte der Industrieminister „*nach Anhörung des Finanzministers ein Dekret erlassen, durch [welches] das Unternehmen der Sonderverwaltung unterstellt [wurde], und [ihm] unter Berücksichtigung der Gläubigerinteressen erlauben, seine Tätigkeit während eines Zeitraums von zwei Jahren, [...] im Einverständnis mit dem [zuständigen] Ausschuss um höchstens zwei Jahre [verlängerbar], fortsetzen.*“[706] Der EuGH stützte die Annahme der Selektivität u.a. auf den Umfang des dem zuständigen Ministerium eingeräumten Ermessens bezüglich der Ermöglichung der Fortsetzung der Geschäftstätigkeit der betreffenden Unternehmen: Unter anderem „*[u]nter Berücksichtigung [...] des Umfangs des Ermessens, das dem Minister eingeräumt ist, wenn er insbesondere einem unter Sonderverwaltung stehenden zahlungsunfähigen Unternehmen erlaubt, seine Tätigkeit fortzusetzen, erfüllt die betreffende Regelung somit die Voraussetzung der Spezifität, die eines der Merkmale des Begriffes der staatlichen Beihilfe ist [...]*“.[707]

cc) „Technolease“

Im Fall „*Technolease*“[708] untersuchte die Kommission die steuerbehördliche Behandlung einer Vereinbarung über Kauf und Rückmiete immaterieller Vermögenswerte zwischen zwei niederländischen Unternehmen. Prüfungsansatz war dabei die – im Ergebnis verneinte – Frage, ob die niederländischen Steuerbehörden in Abweichung von den allgemeinen Besteuerungsgrundsätzen eine steuermindernde Gestaltung zugelassen hatten.[709] Dabei beleuchtete die Kom-

---

[704] EuG, Urteil vom 6. März 2002 in den verbundenen Rs. T-127, 129 und 148/99, Slg. 2001, II-1275, Rn. 154.

[705] EuGH, Urteil vom 1. Dezember 1998 in der Rs. C-200/97, Slg. 1998, I-7907.

[706] EuGH, Urteil vom 1. Dezember 1998 in der Rs. C-200/97, Slg. 1998, I-7907, Rn. 11.

[707] EuGH, Urteil vom 1. Dezember 1998 in der Rs. C-200/97, Slg. 1998, I-7907, Rn. 40, unter Verweis auf das Urteil vom 26. September 1996 in der Rs. C-241/94, (Frankreich/Kommission), Slg. 1996, I-4551, Rn. 23 f.

[708] Entscheidung der Kommission vom 21. April 1999 betreffend die Behandlung der „Technolease-Vereinbarung“ zwischen *Philips* und *Rabobank* durch die niederländischen Steuerbehörden (ABl. L 297 vom 24. November 2000, 13).

[709] Entscheidung der Kommission vom 21. April 1999 (ABl. L 297 vom 24. November 2000, 13), Rn. 10.

mission u.a., ob die zuständigen Behörden bei der Prüfung und Bewertung der Transaktion (bzw. ihrer ertragsteuerlichen Behandlung durch die Beteiligten) *„einen Ermessensspielraum zugunsten von Philips und/oder Rabobank genutzt haben*"[710], verneinten dies aber im Ergebnis. Dies wurde sehr ausführlich damit begründet, dass die Behörden mangels einer gesetzlichen Regelung für Miet-Rückmiet-Konstruktionen den *„allgemeine[n] Grundsatz des guten Handelsbrauchs [angewandt hatten], der im niederländischen Steuerrecht verankert ist*".[711] Die Kommission maß die Entscheidung der Behörden in diesem Rahmen *„a posteriori*" auch an einer nachträglich ergangenen Verwaltungsanweisung zu dem relevanten steuerlichen Problem.[712]

dd) „*DMT*"

In dem Vorlageverfahren *„DMT*"[713] äußerte sich der EuGH für den Bereich der Sozialabgaben zu einer Maßnahme, nach der sich eine staatliche Stelle an den Kosten für einen Sozialplan beteiligte. Er befand, dass Zahlungserleichterungen für Sozialversicherungsbeiträge, welche im Ermessen der gewährenden Behörde stünden, eine Beihilfe darstellen könnten. Wie sich aus dem Beihilfeverbot ergäbe, *„fallen Maßnahmen allgemeiner Art [...] nicht unter diese Bestimmung. Wenn dagegen die Einrichtung, die finanzielle Vorteile gewährt, über eine Ermessen verfügt, das es ihr ermöglicht, die Begünstigten oder die Bedingungen, unter denen die Maßnahme gewährt wird, zu bestimmen, kann diese Maßnahme nicht als [solche] allgemeiner Art angesehen werden..*"[714] Ob sich dies im betreffenden Fall so verhalte, sei von dem vorlegenden Gericht zu entscheiden.[715]

c) Zwischenergebnis zur Selektivität infolge Ermessens

Die Stützung der Selektivität auf ein Ermessen oder einen Beurteilungsspielraum der gewährenden Behörde stellt einen festen Bestandteil der Entscheidungspraxis von Kommission und EuGH bei steuerlichen Maßnahmen dar. Dies ist grundsätzlich nicht zu beanstanden und entspricht – zum Vergleich – dem welthandelsrechtlichen Verständnis der Mehrheit der Staaten; auch im Übereinkommen betreffend Subventionen und Ausgleichsmaßnahmen (ASCM) wird zur Bestimmung der Spezifität ausdrücklich an die Art und Weise angeknüpft, in der ein Ermessen ausgeübt worden ist. Allerdings erscheinen die Einzelheiten der Anwendungspraxis von Kommission und EuG/EuGH z.T. problematisch:

---

[710] Entscheidung der Kommission vom 21. April 1999 (ABl. L 297 vom 24. November 2000, 13), Rn. 10.
[711] Entscheidung der Kommission vom 21. April 1999 (ABl. L 297 vom 24. November 2000, 13), Rn. 26 ff.
[712] Entscheidung der Kommission vom 21. April 1999 (ABl. L 297 vom 24. November 2000, 13), Rn. 29 ff.
[713] EuGH, Urteil vom 29. Juni 1999 in der Rs. C-256/97, Slg. 1999, I-3913.
[714] EuGH, Urteil vom 29. Juni 1999 in der Rs. C-256/97, Slg. 1999, I-3913, Rn. 27.
[715] EuGH, Urteil vom 29. Juni 1999 in der Rs. C-256/97, Slg. 1999, I-3913, Rn. 28.

Zum einen unterscheiden Kommission und EuG/EuGH im Ergebnis offensichtlich nicht – wie z.B. im deutschen Verwaltungsrecht üblich – zwischen (tatbestandsbezogenen) Beurteilungsspielräumen und (rechtsfolgebezogenen) Ermessensbefugnissen. Dies geht jedenfalls aus den Entscheidungen „*Verwaltungs- und Logistikzentren Frankreich*“[716] sowie „*Technolease*“[717] hervor, bei denen jeweils ein Entscheidungsspielraum der Steuerbehörden auf der Tatbestandsseite, das heißt bei der ertragsteuerlichen Erfassung der betreffenden Sachverhalte fraglich war. Um ein Ermessen im technischen Sinne ging es dort nicht (die Kommission spricht in ersterem Fall auch von einem „*Spielraum der Verwaltung*“) Die Entscheidungspraxis der Kommission lässt erkennen, dass (nach deutschem Verwaltungsrecht als solche zu definierende) Beurteilungsspielräume im Ergebnis genauso wie ein freies Ermessen die Selektivität einer Maßnahme begründen können, also ebenso behandelt und untechnisch in den Ermessensbegriff einbezogen werden. Dies würde zwar dem Grundsatz der auswirkungsbezogenen Anwendung des Beihilferechts entsprechen; die beihilferechtliche Überprüfbarkeit von Beurteilungsspielräumen auf der Tatbestandsseite nationaler Steuervorschriften hat jedoch eine weitere Ausdehnung der Anwendbarkeit des Beihilferechts gegenüber dem nationalen Steuerrecht zur Folge, die bisher erstaunlicherweise stillschweigend und selbstverständlich erfolgt ist.

Zum anderen ist es kaum möglich, aus den genannten Fällen ein einheitliches Verständnis von dem beihilferechtlich kritischen Ermessensumfang zu gewinnen. Im Kern kann nur festgehalten werden, dass jedenfalls eine freie Entscheidung der Behörde über das „ob und wie“ der betreffenden Begünstigung das kritische Maß nach der vorliegenden Kasuistik überschreitet; inwieweit auch ein Ermessen geringeren Umfangs bereits als selektiv angesehen werden kann, bleibt fraglich. Aus der Entscheidung „*Demesa*“ geht hervor, dass es dabei auf ein Überschreiten der Grenze zur willkürlichen Entscheidung nicht ankommt. Diese Wertung erscheint in Bezug auf Einzelfallentscheidungen jedoch problematisch: Behördenentscheidungen sind aus Gründen der Gewaltenteilung einer externen, insbesondere einer gerichtlichen Überprüfung der Ermessensausübung nach nationalem Recht grundsätzlich nur in Bezug auf Ermessens*fehler* zugänglich. Dies sind – wiederum nach deutscher Terminologie – die Ermessensunter- oder überschreitung sowie der Ermessensfehlgebrauch. Insbesondere kann ein Gericht nicht die untersuchte Ermessensentscheidung einer Behörde durch eine eigene ersetzen, ein Grundsatz, der im Gemeinschaftsrecht auch für die Überprüfung von Kommissionsentscheidungen durch EuG und EuGH gilt. Mit diesem Aspekt haben sich Kommission und EuG/EuGH bisher nicht beschäftigt, obwohl eigentlich klare Parameter erforderlich wären, die gewährleisten, dass

---

[716] Entscheidung vom 13. Mai 2003 (ABl. L 23 vom 28. Januar 2004, 1); vgl. IP/03/698 vom 16. Mai 2003.

[717] Entscheidung der Kommission vom 21. April 1999 betreffend die Behandlung der „Technolease-Vereinbarung“ zwischen *Philips* und *Rabobank* durch die niederländischen Steuerbehörden (ABl. L 297 vom 24. November 2000, 13).

Kommission und EuGH die Untersuchung von Ermessensentscheidungen der nationalen Behörden auf ihre Sachgerechtigkeit, d.h. auf die Einhaltung der quantitativen und qualitativen Grenzen des Ermessens beschränken. Entgegen der erklärten Auffassung der Kommission hätte dies zwingend zur Folge, dass Einzelfallentscheidungen zur Begründung einer ermessensbezogenen Selektivität stets ein Willkür*element* im Sinne einer sachfremden Erwägung, oder eine Überschreitung der Ermessensgrenzen eigen sein muss.[718]

Besonders bedenklich erscheint es schließlich, dass für die Annahme der Selektivität einer *Einzelmaßnahme* teilweise bereits eine Ermessensbefugnis *in der zugrundeliegenden Regelung* genügen soll, ohne dass für den relevanten Einzelfall festgestellt wird, ob das Ermessen nicht möglicherweise völlig sachgerecht *ausgeübt* worden ist (so z.B. im Fall „*Demesa*“[719]). Es ist zwar nachvollziehbar, dass eine Ermessensbefugnis in der maßgeblichen mitgliedstaatlichen Regelung *diese* selbst u.U. als *Beihilferegelung* qualifiziert. Ist aber die Anwendung dieser Regelung im untersuchten Einzelfall fraglich, darf eine Entscheidung nach freiem Ermessen nicht ohne weiteres unterstellt, sondern muss für den betreffenden Einzelfall geprüft und festgestellt werden. In diesem Sinne stellt – wiederum nur zum Vergleich – auch das ASCM darauf ab, in welcher Weise das Ermessen von der gewährenden Behörde *ausgeübt worden ist*. In diesem Rahmen können dort auch Informationen darüber einbezogen werden, wie häufig die Anwendung der betreffenden Regelung vorgenommen oder abgelehnt wurde, und welche Gründe dabei maßgeblich waren.

III. Nicht selektive Maßnahmen nach dem Verständnis der Leitlinien

Die Leitlinien treffen auch grundsätzliche Aussagen darüber, wie der Selektivitätsbegriff negativ abgegrenzt werden kann:

> *„Steuerliche Maßnahmen, die allen Wirtschaftsteilnehmern im Gebiet eines Mitgliedstaats zugute kommen, stellen grundsätzlich allgemeine Maßnahmen dar. Sie müssen grundsätzlich allen Unternehmen in gleicher Weise offen stehen und ihre Tragweite darf [...] nicht durch [...] andere Elemente, die ihre praktische Wirkung einschränken, verringert werden.“*[720]

[718] Eine *vollständige* Willkür ist natürlich nicht erforderlich.

[719] EuG, Urteil vom 6. März 2002 in den verbundenen Rs. T-127, 129 und 148/99, Slg. 2001, II-1275. Vgl. das Urteil des EuG vom 23. Oktober 2002 in den verbundenen Rs. T-269, 271 und 272/99 betreffend die der Steuergutschrift zugrundeliegende gesetzliche Regelung der Provinz Álava und im wesentlichen identischen Regelungen anderer baskischer Provinzen. Die Ausführungen des EuG im Urteil „*Demesa*“ entsprechen weitestgehend denjenigen in jenem Urteil.

[720] Leitlinien, Rn. 13.

So wird – unter der Voraussetzung einer Geltung für alle Produktionszweige[721] – eine Selektivität von solchen steuerlichen Maßnahmen verneint, die steuertechnischer Art sind.[722] Das gleiche gilt für Maßnahmen, die ein Ziel der allgemeinen Wirtschaftspolitik verfolgen.[723] Klarstellend wird auch für solche Maßnahmen der selektive Charakter verneint, die entweder steuertechnischer Art sind oder ein Ziel der allgemeinen Wirtschaftspolitik verfolgen, sich dabei aber faktisch in unterschiedlichem Maße begünstigend auswirken:

> *„Die Tatsache, dass bestimmte Unternehmen oder Produktionszweige mehr als andere in den Genuss derartiger steuerlicher Maßnahmen gelangen, hat nicht zwangsläufig zur Folge, dass diese in den Anwendungsbereich [...] staatliche[r] Beihilfen [...] fallen.“*[724]

1. Steuertechnische Maßnahmen

Als solche nennt die Kommission in den Leitlinien namentlich (aber nicht abschließend) die *„Festlegung von Steuersätzen, von Vorschriften über Wertminderung und Abschreibung, [...] über den Verlustvortrag, [...] [oder solchen] zur Vermeidung der Doppelbesteuerung oder der Steuerumgehung“*.[725] Eine Konkretisierung im Anwendungsbericht erfolgt nicht.

a) *„Finanzierungsgesellschaften Luxemburg“*

Als unter den in diesem Verfahren streitigen Erlass[726] fallende Finanzierungsgesellschaften wurden in Luxemburg ansässige Kapitalgesellschaften angesehen, deren ausschließlicher Geschäftszweck die Vergabe von Darlehen an mit ihr in einem Konzern verbundene Gesellschaften darstellte.[727] Der überwiegende Teil der gewährten Darlehen musste dabei an ausländische Konzerngesellschaften vergeben werden. Wie in den verschiedenen Entscheidungen betreffend Kontroll- und/oder Koordinierungszentren knüpfte die Untersuchung der Kommission auch in diesem Fall an die Modalitäten der Besteuerung gruppeninterner Dienstleistungen aufgrund von Verrechnungs- bzw. Transferpreisen an. Dabei bestätigte sie ausdrücklich ihre Ansicht, dass die Kosten-plus-Methode als solche zur Besteuerung konzerninterner Umsätze sachgerecht und einer steuertechnischen Maßnahme im Sinne der Leitlinien für steuerliche Beihilfen vergleichbar sei.[728]

---

[721] Nach dem Verständnis der Kommission ist hier allerdings auch die Dienstleistungsbranche mit einzubeziehen, der Begriff der Produktionszweige also wie in Art. 87 Abs. 1 EG untechnisch zu betrachten. Vgl. die Entscheidung vom 16. Dezember 2003 (ABl. L 108 vom 16. April 2004, 38), Rn. 25.

[722] Leitlinien, Rn. 13, 1. Spiegelstrich.

[723] Leitlinien, Rn. 13, 2. Spiegelstrich.

[724] Leitlinien, Rn. 14.

[725] Leitlinien, Rn. 13, 1. Spiegelstrich.

[726] Entscheidung vom 16. Oktober 2002 (ABl. L 153 vom 20. Juni 2003, 40).

[727] Entscheidung vom 16. Oktober 2002 (ABl. L 153 vom 20. Juni 2003, 40), Rn. 7 ff.

[728] Entscheidung vom 16. Oktober 2002 (ABl. L 153 vom 20. Juni 2003, 40), Rn. 40 und 52.

b) *„Auslandseinkünfte Irland"*

In diesem Verfahren[729] untersuchte die Kommission eine Regelung, die eine besondere steuerliche Entlastung ansässiger Muttergesellschaften für ausländische Dividendenerträge und Betriebsstättengewinne vorsah. Während die Vermeidung einer Doppelbesteuerung in Irland grundsätzlich nach dem *Anrechnungs*verfahren erfolgte (d.h. ausländische Steuern wurden bei der Veranlagung dieser Einkünfte in Irland auf die irische Körperschaftsteuer angerechnet), sah die streitige Maßnahme eine Steuer*befreiung* für die genannten Einkünfte vor. Die Kommission erblickte in der ausnahmsweisen Gewährung einer Steuerbefreiung einen Vorteil im Sinne des Artikels 87 Abs. 1 EG: *„Wenn in einem System, bei dem nach der allgemeinen Regel Gutschriften vorgesehen sind, eine spezifische Steuerbefreiung für ausländische Einkünfte gewährt wird, so stellt dies einen Steuervorteil dar und verringert die Steuerlast des begünstigten Unternehmens."*[730] Der Vorteil ergab sich für die betreffenden Unternehmen daraus, dass im Rahmen des regulären Anrechnungsverfahrens irische Körperschaftsteuer auf die relevanten Einkünfte insoweit zu zahlen war, als die Gutschrift der ausländischen Steuer diese nicht vollständig tilgen konnte. Dagegen wurden nach der streitigen Regelung – unabhängig von der Höhe der ausländischen Steuern – auf die betreffenden Einkünfte keine irische Körperschaftsteuer erhoben. Die Kommission stellte in diesem Zusammenhang fest, dass diese Befreiung nicht als steuertechnische Maßnahme im Sinne der Leitlinien für steuerliche Beihilfen angesehen werden könne.[731] Sie sah auch das Argument als unerheblich an, wonach eine Besteuerung in Irland nur in den Fällen stattfinden könne, wo die relevanten Gewinne an die irische Muttergesellschaft ausgeschüttet würden. *„Auch wenn der Vorteil [...] gewährt wird, um eine bestimmte Handlungsweise zu fördern, so hat dies dennoch keine Auswirkungen auf die objektive Prüfung für die Frage, ob die Maßnahme eine staatliche Beihilfe darstellt."*[732]

c) *„Finanzverwaltungszentralen Frankreich"*

Dieses Verfahren[733] hatte zwei Regelungen betreffend die Besteuerung von Zinszahlungen für Gesellschafterdarlehen, die über sog. Finanzverwaltungszentralen abgewickelt wurden, zum Gegenstand:

- Nach den allgemeinen Vorschriften des französischen Steuerrechts war die Abzugsfähigkeit von Zinsen aus Gesellschafterdarlehen entsprechend den marktüblichen Zinssätzen begrenzt, um verdeckte Gewinnausschüttungen auszuschließen. Die streitige Regelung sah eine mögliche Aus-

[729] Entscheidung vom 17.02.2003 (ABl. L 204 vom 13. August 2003, 51). Vgl. IP/03/242 vom 18. Februar 2003.
[730] Entscheidung vom 17.02.2003 (ABl. L 204 vom 13. August 2003, 51), Rn. 33.
[731] Entscheidung vom 17.02.2003 (ABl. L 204 vom 13. August 2003, 51), Rn. 34.
[732] Entscheidung vom 17.02.2003 (ABl. L 204 vom 13. August 2003, 51), Rn. 35.
[733] Entscheidung vom 11. Dezember 2002 (ABl. L 330 vom 18. Dezember 2003, 23).

nahmegenehmigung von dieser Regelung für Finanzverwaltungszentralen vor.[734]

- Nach den allgemeinen Vorschriften war außerdem ein Quellensteuerabzug für Zinszahlungen an Gesellschafter mit Sitz im Ausland vorgesehen, wovon allerdings Zahlungen an Dritt- und an verbundene Unternehmen ausgenommen waren. Die streitige Regelung erweiterte diese Ausnahme auf *„Gesellschafterdarlehen zwischen einer Muttergesellschaft und ihren Tochter- oder Enkelgesellschaften [...] im Rahmen einer Vereinbarung zwischen Gesellschaften einer Unternehmensgruppe zur Gründung einer Finanzverwaltungszentrale [...]"*.[735]

Als Finanzverwaltungszentrale im Sinne der streitigen Regelung galt eine in Frankreich ansässige Tochtergesellschaft, die *„mit der Zentralisierung der Liquiditätsflüsse zwischen den Gesellschaften dieser Gruppe beauftragt"* war, also die konzerninterne Finanzierung lenkte.[736] Voraussetzung für die Inanspruchnahme der Regelung war die Präsenz der Unternehmensgruppe in mindestens drei verschiedenen Staaten, die Regelungen zugunsten der Finanzverwaltungszentrale durften außerdem nur von abhängigen Unternehmen derselben Gesellschaft (und dieser Gesellschaft selbst) in Anspruch genommen werden.[737] Die Befreiung von der Quellenbesteuerung sah die Kommission mit knappen Worten nicht als Beihilfe, sondern als steuertechnische Maßnahme im Sinne der Leitlinien für steuerliche Beihilfen an. Sie bewertete die streitige Regelung insofern nicht als Abweichung von, sondern lediglich als Klarstellung zu der allgemeinen Befreiung.[738] In der Ausnahme von der Begrenzung der Abzugsfähigkeit von Aufwendungen für Darlehenszinsen aus Gesellschafterdarlehen sah die Kommission einen Vorteil zugunsten der darlehensnehmenden Unternehmen.

2. Allgemeine wirtschaftspolitische Maßnahmen

Als Maßnahmen, die ein Ziel der allgemeinen Wirtschaftspolitik verfolgen, werden in den Leitlinien solche Maßnahmen genannt, welche die Belastungen

---

[734] Entscheidung vom 11. Dezember 2002 (ABl. L 330 vom 18. Dezember 2003, 23), Rn. 6, ist insoweit etwas missverständlich, da dort von einen Freibetrag die Rede ist. Aus Rn. 22 ff ergibt sich aber, dass es nicht etwa um einen Steuerfreibetrag beim Gesellschafter, sondern um die steuermindernde Geltendmachung des Zinsaufwandes durch die Gesellschaft (Darlehensnehmerin) geht.

[735] Entscheidung vom 11. Dezember 2002 (ABl. L 330 vom 18. Dezember 2003, 23), Rn. 7. Eine genaue Abgrenzung der allgemeinen und der streitigen Regelung lässt sich anhand der Kommissionsentscheidung nicht zweifelsfrei vornehmen, obwohl diese unter Rn. 19 den Gesetzeswortlaut zitiert. Ebenfalls unklar bleibt in der Entscheidung, ob in den Fällen der streitigen Regelung eine Begrenzung der Geltendmachung des Zinsaufwandes im Ergebnis doch stattfinden sollte (vgl. hierzu Rn. 32).

[736] Entscheidung vom 11. Dezember 2002 (ABl. L 330 vom 18. Dezember 2003, 23), Rn. 8.

[737] Entscheidung vom 11. Dezember 2002 (ABl. L 330 vom 18. Dezember 2003, 23), Rn. 9.

[738] Entscheidung vom 11. Dezember 2002 (ABl. L 330 vom 18. Dezember 2003, 23), Rn. 19 ff.

für mit bestimmten „Produktionskosten" (z.B. Forschung und Entwicklung, Umweltschutz, Beschäftigung und Ausbildung) verbundene Steuerbelastungen reduzieren.[739] Dies verdeutlicht, dass die Mitgliedstaaten auch nach dem Verständnis der Kommission das Steuerrecht in mit dem Beihilferecht vereinbarer Weise wirtschaftspolitisch gestaltend einsetzen, es also zur Erreichung außersteuerlicher Ziele nutzen können.

a) „Schattenwirtschaft"

Ein Beispiel hierfür stellt die Entscheidung „*Schattenwirtschaft*"[740] dar. Wie dargestellt, hatte diese eine steuerliche Regelung Italiens zum Gegenstand, die es Unternehmen, welche bisher ihre Steuern und Sozialabgaben nicht entrichtet hatten, ermöglichte, die nicht versteuerten Gewinne innerhalb einer mehrjährigen Frist steuerbegünstigt (Minderung des Körperschaftsteuersatzes) nach zu versteuern. Da die Regelung zur Bestimmung des Adressatenkreises an keine weiteren Eigenschaften als die „Zugehörigkeit zur Schattenwirtschaft" anknüpfte, vermochte die verfolgte wirtschaftspolitische Zielsetzung nach Ansicht der Kommission keine Beihilfe zu begründen.

b) „Ansparabschreibung"

Als Gegenbeispiel für diese Argumentation kann allerdings die Entscheidung „*Ansparabschreibung*"[741] angeführt werden. Die Kommission stufte dort die Regelung des § 7 Abs. 7 EStG als Beihilfe ein, die darauf abzielte, unterschiedslos allen Existenzgründern die Finanzierung künftiger Investitionen steuerlich zu erleichtern. Durch Bildung einer Rücklage schon bis zu zwei Jahre vor der Anschaffung neuer Wirtschaftsgüter des Anlagevermögens konnten Steuerpflichtige ihren steuerpflichtigen Gewinn mindern. Trotz der allgemeinen Zielsetzung wurde die Regelung von der Kommission als Beihilfe, also als selektive Maßnahme, eingestuft und – im Ergebnis aber nur wegen der Beschränkung ihrer Anwendbarkeit durch Aufnahme der KMU-Kriterien und die ausdrückliche Ausnahme der sensiblen Sektoren – genehmigt.

c) „Übernahme von Unternehmen in Schwierigkeiten"

In dieser Entscheidung stufte die Kommission eine französische Regelung als Beihilferegelung ein, welche neugegründete Unternehmen, die Unternehmen in Schwierigkeiten erwarben, für einen Zeitraum von zwei Jahren u.a. von der Körperschaftsteuer befreite.[742] Die Beschränkung der Gewährung auf neugegründete Unternehmen sowie das Kriterium einer Unabhängigkeit von den früheren Eigentümern oder Teilhabern des übernommenen Unternehmens sah die Kommission als selektivitätsbegründend an.[743] In der Entscheidung kommt dar-

[739] Leitlinien, Rn. 13, 2. Spiegelstrich.
[740] Siehe IP/01/1572 vom 13. November 2001.
[741] Entscheidung vom 16. Mai 2000 (ABl. L 66 vom 8. März 2001, 35).
[742] Entscheidung vom 16. Dezember 2003 (Abl. L 108 vom 16. April 2004, 38).
[743] Entscheidung vom 16. Dezember 2003 (Abl. L 108 vom 16. April 2004, 38), Rn. 25.

über hinaus zum Ausdruck, dass die wirtschaftspolitische Zielsetzung der Verhinderung von Insolvenzen ganz offensichtlich nicht als allgemein angesehen werden.

3. Maßnahmen mit faktischer Begünstigungswirkung

Den Begriff der Maßnahme mit faktischer Begünstigungswirkung verwendet die Kommission in dieser Form nicht. Er wird hier gebraucht, um den Ansatz von Rn. 14 der Leitlinien zu umschreiben, der sich auf die in Rn. 13 genannten (steuertechnische Maßnahmen und solche der allgemeinen Wirtschaftspolitik bezieht): danach bleiben die genannten Arten von Maßnahmen unter den Voraussetzungen der Rn. 13 auch dann allgemeiner Art, wenn sie sich auf verschiedene Unternehmen unterschiedlich auswirken. Für allgemeine wirtschaftspolitische Maßnahmen beschreibt die Kommission eine unterschiedliche Wirkung insofern als beihilferechtlich neutral, als diese sich bei einer Anknüpfung an den Faktor Arbeit z.B. auf verschieden arbeitsintensive Branchen unterschiedlich auswirkt.

a) *„Sloman Neptun"*

Obwohl die Kommission in diesem Fall anderer Ansicht war, scheint der Fall *„Sloman Neptun"* nach der Argumentation des EuGH (auch wenn sich diese weder inhaltlich noch terminologisch auf die Leitlinien bezieht) geeignet, ein Beispiel für eine faktische Begünstigungswirkung zu geben. Im Rahmen dieses Vorlageverfahrens[744] hatte der EuGH sich mit beihilferechtlichen Aspekten des deutschen Gesetzes zur Einführung eines zusätzlichen Registers für Seeschiffe im internationalen Verkehr zu befassen. Die bremische Reederei *Sloman Neptun* hatte vor der beabsichtigten Heuerung philippinischer Seeleute für ein im deutschen Internationalen Seeschifffahrtsregister eingetragenes Schiff den Seebetriebsrat angehört, welcher jedoch im Hinblick auf die vorgesehene geringe Heuer (weniger als 20% der Heuer deutscher Seeleute) die erforderliche Zustimmung verweigerte.

Im daraus folgenden Rechtsstreit vor dem bremischen Arbeitsgericht hatte der Seebetriebsrat u.a. geltend gemacht, dass die gesetzliche Regelung über das deutsche Internationale Schifffahrtsregister, welche die Geltung des deutschen Arbeitsrechts (insbesondere der Tarifverträge) gegenüber den allgemeinen Regelungen einschränkte, eine Beihilfe im Sinne des EG-Vertrags darstellte.[745] Denn nach diesen Regelungen mussten – abweichend von den Vorschriften für Arbeitsverträge auf Schiffen mit Eintragung im *allgemeinen* Schifffahrtsregister

[744] EuGH, Urteil vom 17. März 1993 in den verbundenen Rs. C-72 und 73/91, Slg 1993, I-887; Schlussanträge des Generalanwalts *Marco Darmon* vom 17. März 1992, Slg. 1993, I-903.

[745] EuGH, Urteil vom 17. März 1993 in den verbundenen Rs. C-72 und 73/91, Slg 1993, I-887, Rn. 6.

– die Tarifverträge nicht auf Seeleute angewendet werden, die als Staatsangehörige von Drittstaaten keinen Wohnsitz in Deutschland hatten.[746] Das vorlegende Gericht teilte die Auffassung des Seebetriebsrates, denn es sah in der streitigen Regelung eine Vorschrift, welche Unternehmen teilweise von den Lasten freistellen sollte, die sich aus der normalen Anwendung des allgemeinen Abgabensystems ergäben. Es sah die Reeder insbesondere durch geringere Sozialabgaben begünstigt.[747] Auch die Kommission erblickte in der Vorschrift eine Beihilferegelung, in deren Rahmen der deutsche Fiskus auf Steuereinnahmen verzichte.[748] Der EuGH verneinte dagegen mit knapper Begründung den Beihilfecharakter:

> *„Die fragliche Regelung zielt ihrem Zweck und ihrer allgemeinen Systematik nicht auf die Schaffung eines Vorteils ab, der eine zusätzliche Belastung für den Staat [...] darstellen würde, sondern mit ihr soll lediglich der Rahmen verändert werden, innerhalb dessen die vertraglichen Beziehungen zwischen [den Reedereien] und ihren Arbeitnehmern zustande kommen. Die sich daraus ergebenden Folgen sind, sowohl soweit sie die vom vorlegenden Gericht erwähnte Differenz in der Berechnungsgrundlage für die Sozialversicherungsbeiträge als auch soweit sie die von der Kommission angeführte eventuelle Einbuße an Steuererträgen infolge der geringen Höhe der Vergütung betreffen, einer solchen Regelung immanent und stellen kein Mittel dar, um den betroffenen Unternehmen einen bestimmten Vorteil zu gewähren.“*[749]

b) Deutschland./.Kommission

Wie bereits dargestellt, war in dem Verfahren Deutschland./.Kommission[750] eine allgemeine steuerliche Regelung streitig, die es Investoren – ohne Anknüpfung an bestimmte Kriterien – gestattete, bei der Veräußerung von Wirtschaftsgütern aufgedeckte stille Reserven den entstehenden Veräußerungsgewinn von den Kosten der Anschaffung anderer Wirtschaftsgüter abzuziehen. Die Regelung war jedoch nur dann anwendbar, wenn die Neuinvestition die Gründung oder Kapitalerhöhung einer Kapitalgesellschaft mit Sitz und Geschäftsleitung in den

---

[746] EuGH, Urteil vom 17. März 1993 in den verbundenen Rs. C-72 und 73/91, Slg 1993, I-887, Rn. 4 f.

[747] EuGH, Urteil vom 17. März 1993 in den verbundenen Rs. C-72 und 73/91, Slg 1993, I-887, Rn. 14 f.

[748] EuGH, Urteil vom 17. März 1993 in den verbundenen Rs. C-72 und 73/91, Slg 1993, I-887, Rn. 17. Wie Generalanwalt *Darmon* in seinen Schlussausführungen darlegte, konnte in dieser Regelung ein Verzicht der Bundesregierung auf Steuereinnahmen gesehen werden: Denn die in Deutschland einkommensteuerpflichtigen philippinischen Seeleute – deren beschränkte Steuerpflicht ergibt sich nach dem Quellenprinzip, da das unter deutscher Flagge registrierte Schiff zum Territorium der Bundesrepublik zählt – hatten wesentlich geringere Einkünfte zu versteuern als ihre deutschen Kollegen.

[749] EuGH, Urteil vom 17. März 1993 in den verbundenen Rs. C-72 und 73/91, Slg 1993, I-887, Rn. 21. Die Ausführungen des Generalanwalts zu den Merkmalen eines Vorteils aus staatlichen Mitteln und zur Selektivität sind wesentlich ausführlicher. *Darmon* problematisierte zunächst ausführlich das Vorliegen eines Vorteils (für die betreffenden deutschen Reeder) aus staatlichen Mitteln (Rn. 12 bis 47 der Schlussanträge), sowie anschließend ausführlichst die Frage der Selektivität (Rn. 47 ff).

[750] EuGH, Urteil vom 19. September 2000 in der Rs. C-156/98, Slg. 2000, I-6857.

neuen Bundesländern und nicht mehr als 250 Arbeitnehmern zum Gegenstand hatte. Einen unmittelbaren, steuerlichen Vorteil hatte die Regelung somit nur für die investierenden Unternehmen, was der EuGH auch ausdrücklich so sah. Er führte jedoch aus, dass wegen der unterschiedslosen Anwendbarkeit auf alle Wirtschaftsteilnehmer in Bezug auf die Investoren keine selektive Maßnahme vorliege.[751] Die Anknüpfung an die investitionsbezogenen Kriterien – welche notwendigerweise all jene Unternehmen ausschloss, die nicht von der betreffenden Steuergestaltung profitieren konnten – könnte somit als faktische Begünstigung im Sinne der Leitlinien anzusehen sein.

4. Zwischenergebnis zu den allgemeinen Maßnahmen nach der Terminologie der Leitlinien

Auch soweit es um die Abgrenzung selektiver von allgemeinen Maßnahmen im Wege der von der Kommission selbst aufgestellten *negativen* Kriterien geht, sind weder die Leitlinien selbst, noch die bisherige Praxis geeignet, einen transparenten Orientierungsmaßstab aufzuzeigen. Als Formel für die allgemeine Wirkung (bzw. als Negativformel zur Verneinung der Selektivität) kann ganz offensichtlich nicht die Geltung für alle Wirtschaftsteilnehmer im Gebiet eines Mitgliedstaats[752] heran gezogen werden. Denn dies hätte bei strenger Betrachtung eine Selektivität immer bereits dann zur Folge, wenn auch nur ein Wirtschaftsteilnehmer von der Anwendung ausgeschlossen wäre.

Dass die Kommission die von ihr extra hervorgehobenen Ausschlusskriterien der steuertechnischen Maßnahmen und der Maßnahmen mit allgemeinem wirtschaftspolitischem Ziel nur dann als beihilferechtlich relevant angesehen wissen will, wenn die unter sie subsumierten Regelungen „*allen Wirtschaftsteilnehmer eines Mitgliedstaates zugute kommen*“ bzw. „*gleichermaßen für alle Unternehmen und Produktionszweige*“ gelten[753], schränkt den offenbar intendierten Abgrenzungswert erheblich ein. Denn durch diese Bedingung wird auch eine vorherige Subsumtion unter die dargelegten Kriterien in ihrer praktischen Bedeutung stark relativiert. Aber auch wenn man ein auf die Selektivität bezogenen Erkenntnisinteresse an einer Subsumtion unter die Begriffe der steuertechnischen Maßnahme oder der Maßnahme mit allgemeiner wirtschaftliche Zielsetzung unterstellt, wirft die Subsumtion selbst erhebliche Schwierigkeiten auf:

a) Steuertechnische Maßnahmen

So ist unklar, was die Kommission meint, wenn sie eine Methode zur pauschalen Gewinnermittlung (Kosten-plus) in der Entscheidung „*Finanzierungsgesell-*

[751] EuGH, Urteil vom 19. September 2000 in der Rs. C-156/98, Slg. 2000, I-6857, s. nur Leitsatz 1. Eine solche erblickte er aber bezüglich der als Investitionsobjekte mittelbar begünstigten ostdeutschen Unternehmen. Die mittelbare Begünstigung über eine privatautonome Entscheidung der Investoren ändere hieran nichts (s. Rn. 25 f).

[752] Leitlinien, Rn. 13, erster Satz.

[753] Leitlinien, Rn. 13.

schaften Luxemburg“[754] als mit einer steuertechnischen Maßnahme *vergleichbar* bezeichnet.[755] Naheliegend wäre, in dieser für die ertragsteuerlichen Erfassung konzerninterner Umsätze vom Normalfall der genauen Gewinnermittlung abweichenden Sonderregel grundsätzlich eine steuertechnische Maßnahme zu sehen. Die Modalitäten der Kosten-plus-Methode stellen sich jedoch (wie die Untersuchungspraxis der Kommission zeigt) in jeder gesetzlichen Ausgestaltung unterschiedlich dar, und können durchaus auch an selektive Kriterien anknüpfen.[756] Dies kann aber immer nur für den Einzelfall der betreffenden Regelung festgestellt werden; selbst eine sozusagen pauschale Einstufung der Kosten-plus-Methode als steuertechnische Maßnahme im Sinne der Leitlinien wäre zur Abgrenzung daher beihilferechtlich bedeutungslos. Das gleiche ließe sich für andere Arten der pauschalierten Gewinnermittlung, etwa der Tonnagesteuer für den Schifffahrtssektor anführen. Aus den Leitlinien geht im Zusammenhang mit der pauschalen Gewinnermittlung im übrigen hervor, dass die Kommission insoweit auf eine Rechtfertigung abstellt, also den selektiven Charakter solcher Regelungen zunächst einmal als gegeben betrachtet.[757]

Es ist auch nicht einleuchtend, warum die Kommission im Fall „*Finanzverwaltungszentralen Frankreich*“[758] die Befreiung von einer Quellensteuer als steuertechnische Maßnahme ansieht, dagegen in der Entscheidung „*Auslandseinkünfte Irland*“[759] die ausnahmsweise Anwendung der Freistellungs- statt der Anrechnungsmethode nicht. Lässt man den beihilferechtlichen Kontext außen vor, wären – bei rein steuerrechtlicher Betrachtung – beide Maßnahmen als steuertechnische Anpassungen anzusehen: In beiden Fällen handelt es sich um technische Methoden zur Vermeidung einer Doppelbesteuerung, wie sie von der Kommission in Rn. 13 der Leitlinien ausdrücklich genannt werden. Das ändert jedoch nichts daran, dass diese beihilferechtlich unter bestimmten Umständen als selektive Maßnahmen betrachtet werden können. Der praktische Wert des Kriteriums der steuertechnischen Maßnahmen bleibt daher fraglich.

b) Maßnahmen mit allgemeiner wirtschaftspolitischer Zielsetzung

Ebenso verhält es sich mit dem Kriterium der allgemeinen wirtschaftlichen Zielsetzung. In diesem Zusammenhang ist zusätzlich ein potentieller Widerspruch in der Anwendungspraxis zu erkennen: Während Kommission und EuG/EuGH stets betonen, dass die von den Mitgliedstaaten zugrundegelegten Gründe und Ziele nicht geeignet sind, die Maßnahmen dem Anwendungsbereich der Beihil-

[754] Entscheidung vom 16. Oktober 2002 (ABl. L 153 vom 20. Juni 2003, 40).
[755] Entscheidung vom 16. Oktober 2002 (ABl. L 153 vom 20. Juni 2003, 40), Rn. 40 und 52.
[756] Vgl. den Anwendungsbericht, Rn. 9 ff.
[757] Leitlinien, Rn. 27.
[758] Entscheidung vom 11. Dezember 2002 (ABl. L 330 vom 18. Dezember 2003, 23).
[759] Entscheidung vom 17.02.2003 (ABl. L 204 vom 13. August 2003, 51. Vgl. die Pressemitteilung der Kommission vom 18. Februar 2003, IP/03/242).

fekontrolle zu entziehen[760], soll nach den Leitlinien die allgemeine wirtschaftliche Zielsetzung einer Maßnahme – wenn diese unterschiedslos für alle Unternehmen gilt – eine Rolle spielen. Diese beiden Aussagen lassen sich nur miteinander vereinbaren, wenn angenommen wird, dass die Leitlinien insoweit lediglich klarstellende Bedeutung beanspruchen und die allgemeine wirtschaftliche Zielsetzung bloß als Indiz für die mangelnde selektive *Wirkung* aufzeigen.[761]

Auch hier ergeben sich aber Probleme hinsichtlich der theoretischen Vereinbarkeit der allgemeinen wirtschaftlichen Zielsetzung einer Maßnahme mit der Forderung nach deren unterschiedloser Geltung für alle Unternehmen. Denn im Prinzip schließt jede begünstigende Maßnahme, auch wenn ihre Reichweite durch eine allgemeine (wirtschaftliche) Zielsetzung begrenzt wird, wesensnotwendig Unternehmen von ihrem Anwendungsbereich aus und kann daher nicht unterschiedslos für alle Unternehmen gelten: Nur dass die Abgrenzung eben nach der verfolgten und umgesetzten Zielsetzung vorgenommen wird. Dabei bleibt völlig offen, wann diese als *allgemein genug* angesehen werden kann, um nicht mehr unter das Beihilfeverbot zu fallen. Es fällt jedenfalls schwer zu erkennen, wieso die Anknüpfung der Begünstigung an eine bisherige Zugehörigkeit zur *„Schattenwirtschaft“*[762] (ausgeschlossen sind hier von vorne herein alle steuertreuen Unternehmen) keine Selektivität begründet, dagegen die unterschiedslose Förderung von Investitionen (ausgeschlossen sind hier alle nicht investierenden Unternehmen) als selektiv anzusehen ist (*„Ansparabschreibung“*[763]).

Soweit die Leitlinien eine Reduzierung der Steuerlast in Anknüpfung an bestimmte Gemeinwohlinteressen – Forschung und Entwicklung, Umweltschutz, Ausbildung, Beschäftigung – offensichtlich als solche gut heißen, ist eine Abgrenzung nach inhaltlichen Kriterien, möglicherweise sogar nach einer wirtschaftspolitischen Bewertung als „guter“ Zielsetzungen zwar im Ergebnis kaum zu beanstanden, schafft aber hinsichtlich der Frage der Selektivität keinerlei Abgrenzungserleichterung. Gerade die Existenz sekundärrechtlicher Rahmenregelungen für Forschungs- und Entwicklungs-, Umweltschutz, sowie Ausbildungs- und Beschäftigungsbeihilfen (und einer Reihe anderer „horizontaler“ Bereiche) verdeutlicht stattdessen, dass auch Maßnahmen, die von einer solchen

---

[760] Leitlinien, Rn. 15. EuGH, Urteil vom 24. Februar 1987 in der Rs. C-310/85 (*„Deufil“*), Slg. 1987, 901, Rn. 8; EuGH, Urteil vom 26. September 1996 in der Rs. C-241/94 (*„FNE“*), Slg. 1996, I-4551, Rn. 7; EuGH, Urteil vom 2. Juli 1974 in der Rs. C-173/73 (Italien./.Kommission), Slg. 1974, 709, Rn. 26 ff; EuGH, Urteil vom 17. Juni 1999 in der Rs. C-75/97 (*„Maribel I“*), Slg. 1999, I-3671, Rn. 25.

[761] Sofern andersherum keine unterschiedslose Geltung der betreffenden Maßnahme gegeben ist, wäre diese allerdings trotz einer möglicherweise gegebenen allgemeinen wirtschaftspolitischen Zielsetzung selektiv.

[762] Siehe IP/01/1572 vom 13. November 2001.

[763] Entscheidung vom 16. Mai 2000 (ABl. L 66 vom 8. März 2001, 35).

Zielsetzung getragen werden, bestimmten zusätzlichen Kriterien genügen müssen, um keine Beihilfen darzustellen. vorgenommen wird.

Offen lassen die Leitlinien auch den zentralen Punkt, inwieweit – eigentlich nahe liegend – ggf. eine allgemeine steuerliche Zielsetzung den Beihilfecharakter ausschließen kann. In diesem Zusammenhang dient möglicherweise die Entscheidung „*Schattenwirtschaft*" möglicherweise als Indiz dafür, dass Maßnahmen zur Bekämpfung der Steuerumgehung bzw. -hinterziehung allgemeine Wirkung haben können.[764]

c) Maßnahmen mit faktischer Begünstigungswirkung

Schließlich bleibt auch das in Rn. 14 der Leitlinien für steuerliche Beihilfen nur implizit zum Ausdruck kommende Ausschlusskriterium der lediglich faktischen Begünstigungswirkung in seiner Bedeutung unklar. Immerhin scheinen die Leitlinien insoweit anzudeuten, dass nicht intendierte Differenzierungen tendenziell als unschädlich angesehen werden können. Dies stünde allerdings im Widerspruch zur wirkungsbezogenen Anwendung des Beihilferechts, die die Gründe und Ziele der Mitgliedstaaten außen vor lässt.

IV. Zusammenfassung zur Selektivität

Kommissions- und Rechtsprechungspraxis zur Selektivität steuerlicher Maßnahmen der Mitgliedstaaten sind unter den dargestellten Aspekten als sehr heterogen und teilweise hochproblematisch anzusehen. Während einerseits eine Einheitlichkeit bei den seit 1998 ergangenen Kommissionsentscheidungen noch nicht einmal hinsichtlich einer durchgehenden Anwendung der Leitlinien festgestellt werden kann, haben andererseits fast alle Untersuchungsergebnisse der Kommission gemein, dass sie ein sehr extensives Selektivitätsverständnis zum Ausdruck bringen, welches von EuG und EuGH getragen wird. In den untersuchten steuerlichen Fällen offenbaren sich dabei Probleme, die bereits auf das originäre Selektivitätsverständnis von Kommission und EuG/EuGH nach Art. 87 Abs. 1 EG, wie es auch im nichtsteuerlichen Kontext verwendet wird, zurückgehen; darüber hinaus erweist sich die adaptierte Version der Selektivität im Sinne einer Ausnahme vom allgemeinen System als besonders geeignet, diese Probleme zu verstärken. Diesem Befund kann nicht entgegen gehalten werden, dass Kommission und EuG/EuGH im Rahmen einer „zweiten Stufe" der Selektivitätsprüfung die Frage einer Rechtfertigung berücksichtigen und die in diesem Kapitel gemachten Ausführungen zur Selektivität daher regelmäßig nur Teile der vorgenommenen Selektivitätsprüfung darstellen[765]: Denn die „erste Stufe" der Selektivitätsprüfung (Ausnahme vom allgemeinen System) entscheidet bereits maßgeblich darüber, ob die betreffende Maßnahme in den Bereich des Art. 87 Abs. 1 EG fällt. Sie definiert den maximalen Anwendungsbereich des Beihil-

---

[764] Siehe IP/01/1572 vom 13. November 2001.

[765] Leitlinien, Rn. 12.

ferechts. Die einschränkende „zweite Stufe“ (Rechtfertigung) ist lediglich ein korrektiver Annex ohne praktische Bedeutung.

1. Grundsätzliche Kritik

Die Selektivität wird teilweise bei Maßnahmen angenommen, bei denen ein Überschreiten der vom Primärrecht gezogenen tatbestandliche Grenze der „Begünstigung bestimmter Unternehmen oder Produktionszweige“ nicht mehr feststellbar ist, sondern offenbar im Sinne einer Begünstigung *bestimmbarer* Unternehmen oder Produktionszweige ausgelegt wird, was vom Wortlaut des Primärrechts möglicherweise nicht gedeckt ist.[766] Dies ist gerade vor dem Hintergrund der fortbestehenden Hoheiten der Mitgliedstaaten im Bereich der direkten Steuern kritisch, da geeignet, die Grenze von beihilferechtlich überprüfbaren bestimmten zu beihilferechtlich „immunen“ allgemeinen Maßnahmen aufzuweichen. Eine solche Praxis kann den Spielraum der Mitgliedstaaten für steuerliche Maßnahmen, die nicht allgemeine Regelungen des gesamten Steuersystems betreffen, in einem Umfang einschränken, für den das Beihilferecht nicht vorgesehen ist. Auch für die gemeinschaftsrechtlichen Instrumentarien der Artt. 94 f und 96 f EG können sich insoweit Beschränkungen ergeben.

Das Kriterium der Ausnahme vom allgemeinen System verdeutlicht diese Tendenz in anschaulicher Form. Denn es beinhaltet, das jede Abweichung von einem allgemeinen steuerlichen Standard, welche die Minderung einer als normal angesehenen Steuerlast zur Folge hat, bereits eine Selektivität indiziert. *Was* dabei den relevanten Rahmen des allgemeinen Systems bildet, bleibt allerdings völlig offen. So kann nach der Ausnahmeformel insbesondere nicht die Frage gestellt werden, ob der identifizierte Ausnahmebereich möglicherweise aus legitimen Gründen eine eigene Regel – die möglicherweise von der übergeordneten Regel abweicht – darstellen kann. In einigen jüngeren Entscheidungen des EuGH außerhalb des Kontexts von Maßnahmen im Bereich der direkten Steuern wird deutlich, dass es für die Selektivität insoweit auf einen relativen *Bezugsrahmen* ankommen könnte, der nur auf Unternehmen in einer vergleichbaren tatsächlichen und rechtlichen Situation zu erstrecken ist, und von dem im betreffenden Fall zugunsten bestimmter Unternehmen abgewichen werden muss – ob dieser Bezugsrahmen dabei eine Ausnahme zu einer übergeordneten Regel darstellt, ist danach nicht entscheidend. Generell bleibt gerade dieser Gedanke einer erforderlichen Vergleichbarkeit der betroffenen Sachverhalte bzw. das Erfordernis einer mangelnden sachlichen Rechtfertigung (auch wenn diese vom System abweicht) für eine unterschiedliche Behandlung als Kriterium für eine steuerli-

[766] Der Wortlaut des Art. 87 Abs. 1 EG legt nahe, dass eine Anwendung auf Maßnahmen zugunsten bestimmbarer Unternehmen implizit allenfalls dann noch zulässig ist, wenn diese jedenfalls nach Produktionszweigen bestimmt – und diese nicht wiederum nur bestimmbar – sind.

che Selektivität in den bisherigen Entscheidungen der Kommission völlig unberücksichtigt.

In diesem Zusammenhang ist auch das Verständnis der Kommission zu bewerten, dass es auf eine Finalität bei der Beihilfegewährung grundsätzlich nicht ankommen soll. Dem ist zwar insofern zuzustimmen, als der Beihilfetatbestand praktisch weitestgehend wertlos sein dürfte, wenn den Mitgliedstaaten eine begünstigende Absicht nachgewiesen werden müsste. Der ursprüngliche Gedanke von der Beihilfe im Sinne einer positiven Ausreichung finanzieller Mittel (positive Beihilfe) an bestimmte Unternehmen deutet aber sehr wohl eine *prima-facie*-Finalität an. Bei den Fällen der Begünstigung durch Belastungsminderung (negative Beihilfe) ist eine solche finale Tendenz bloß schwerer feststellbar als in den Fällen der Verteilung staatlicher Gelder. Das Urteil in der Sache „*Sloman Neptun*“[767] scheint in diesem Sinne darauf abzustellen, ob in der betreffenden Maßnahme – indiziert durch eine Sonderbehandlung gegenüber vergleichbaren Sachverhalten – nicht eine gewollte Besserstellung erkennbar wird, oder ob es sich bei ihrer punktuell vorteilhaften Auswirkung nur um einen notwendigen bzw. ancillarischen Reflex handelt.

2. Problematische Einzelaspekte

Hinsichtlich der Selektivität von Maßnahmen, die sich auf mehrere Sektoren beziehen, ist fraglich, inwieweit es auf die Vergleichbarkeit der begünstigten und der nichtbegünstigten Wirtschaftszweige ankommt, um eine Selektivität annehmen zu können. Denn es ist offensichtlich, dass sachliche Unterschiede oder Besonderheiten bestehen können, die eine unterschiedliche Behandlung gegenüber anderen Sachverhalten legitimieren. Offen bleibt, inwieweit solche Unterschiede durch die Steuergesetzgeber in sachlich begründbarer Weise zur Anknüpfung für eine unterschiedliche Behandlung genommen werden können, ohne selektiv zu wirken.[768]

Eines der größten Probleme bezüglich steuerlicher Beihilfen liegt in der Beurteilungspraxis der Kommission von regionalen Maßnahmen, die autonome bzw. mit eigenständigen steuerlichen Kompetenzen ausgestattete Gebietskörperschaften für den gesamten Geltungsbereich ihrer Hoheiten – aber in Abweichung vom übrigen Gebiet des betreffenden Mitgliedstaats – erlassen. Nach dem gegenwärtigen Stand sind die steuerlichen Hoheiten solcher autonomen Gebiete weitgehend wertlos, da nach Ansicht der Kommission bereits ihre naturgemäß regionalspezifische Geltung bei ihrer Ausübung die Selektivität der betreffenden Maßnahme begründet. Die Prämisse der Kommission, wonach stets das gesamte Gebiet des betreffenden Mitgliedstaats den relevanten Vergleichsrahmen zur Ermittlung der Regel bildet, erzeugt auf diese Weise einen faktischen Zwang zu

[767] EuGH, Urteil vom 17. März 1993 in den verbundenen Rs. C-72 und 7/91, Slg. 1993, I-887.
[768] Vgl. EuGH, Urteil vom 8. November 2001 in der Rs. C-143/99, Slg. 2001, I-8365.

flächendeckend einheitlichen Regelungen, der wirtschaftspolitisch fragwürdig ist und sich mit der Parole eines Europas der Regionen nicht vereinbaren läßt. Mit dieser Argumentation beansprucht die Kommission überdies ein absolutes und ausschließliches Entscheidungsmonopol über die Legitimität jeder Art von regionalspezifischen steuerlichen Maßnahmen: Ob regionalspezifische Abweichungen danach zulässig sind, richtet sich dann nämlich nicht mehr nach einer Abgrenzung iSd. Art. 87 Abs 1 EG, sondern pauschal nur noch nach Art. 87 Abs. 3 EG. Da jede vom übergeordneten System des Mitgliedstaats abweichende regionale Regelung den Beihilfetatbestand erfüllt, wird die legitime Ausübung der vom Mitgliedstaat entsprechend seiner Verfassung verteilten Kompetenzen zu steuerlichen Regionalregelungen unter einen allgemeinen Genehmigungsvorbehalt der Kommission gestellt.

Der Bereich regionalspezifischer steuerlicher Maßnahmen verdeutlicht, dass die Ausnahmeformel starr auf eine imaginäre Grundregel abstellt, die zwingend im gesamtstaatlichen Steuerrecht angesiedelt und offenbar nur dort als legitim akzeptiert wird. Auch wenn in diesem Sinne eine Ausnahme vom allgemeinen System des Mitgliedstaats vorliegt, würde bei der gebotenen Beschränkung des relevanten Vergleichsmaßstabs auf das Hoheitsgebiet der autonomen Körperschaft jedoch deutlich, dass nicht notwendigerweise eine Begünstigung bestimmter Unternehmen gegeben sein muss. Die Ausnahmeformel vermag diese Abstraktion von einem gesamtstaatlichen Rahmen – jedenfalls in ihrem bisherigen Verständnis – nicht zu leisten. Der vergleichende Blick auf die Regelungen des Welthandelsrecht zeigt, dass diese Praxis nicht dem allgemeinen völkerrechtlichen Verständnis entspricht.[769]

Die Anknüpfung der Selektivität an horizontale Kriterien mitgliedstaatlicher Maßnahmen stellt ein weiteres Hauptproblem in der gegenwärtigen Anwendungspraxis dar. Diese Praxis birgt in besonderem Maße das Potential, die tatbestandliche Grenze zwischen Maßnahmen zugunsten bestimmter und solchen zugunsten bestimmbarer Wirtschaftsteilnehmer aufzuweichen. Es ist hier oft nicht möglich, zu bestimmen, ab wann eine Regelung trotz ihrer Anknüpfung an bestimmte (weder regional- noch sektorspezifische) Parameter dem Kriterium der allgemeinen Geltung genügt, und wann sie eine selektive Wirkung begründet. Die Gründung der Selektivität auf objektive Abgrenzungskriterien geht dabei wesentlich weiter als das völkerrechtliche Verständnis des Welthandelsrechts im Hinblick auf Subventionen und macht es den Mitgliedstaaten sehr schwer, abweichend vom übergeordneten allgemeinen Rahmen *überhaupt* noch bereichsspezifische Politiken zu verfolgen und mit steuerlichen Instrumentarien umzusetzen. Auch dies hat erhebliche Auswirkungen auf die Kompetenzen der Mitgliedstaaten.

---

[769] Siehe Art. 2 Abs. 2.2 des Übereinkommens über Subventionen und Ausgleichsmaßnahmen (ABl. L 336 vom 23. Dezember 1994, 156).

Wie die Anerkennung des Grundsatzes vom privaten Gläubiger erkennen lässt, ist nicht jede Ausnahme vom allgemeinen System ein Indiz für die Selektivität. Diese Fälle veranschaulichen stattdessen, dass außergewöhnliche Maßnahmen angesichts außergewöhnlicher Fälle durchaus als beihilferechtlich legitim angesehen werden können. In den betreffenden Fällen wurden die Leitlinien für steuerliche Beihilfen bisher nicht angewendet.[770] Dabei wäre es für das Verständnis der Ausnahmeformel sehr aufschlussreich, ob die Kommission das konkret-fiskalzweckorientierte Verhalten des Steuergläubigers bereits nicht als Ausnahme ansieht, oder aber ob sie insofern auf eine Rechtfertigung abstellt.

Hinsichtlich der ermessensbedingten Selektivität lassen Kommission und EuGH offen, welche Kriterien für deren Identifizierung gelten sollen. Unterschieden wird nicht einmal zwischen Beurteilungsspielräumen, die sich auf die Tatbestandsseite einer Norm beziehen, und dem rechtsfolgebezogenen Ermessen im engeren Sinne. Dabei berührt diese Frage in elementarer Weise den Bestand mitgliedstaatlicher Behördenentscheidungen, die nach nationalem Recht – genauso wie im EU-Recht die Kommissionsentscheidungen – nur eingeschränkt, hinsichtlich des Ermessens nämlich auf Ermessensfehler, überprüfbar sind. Bedenklich erscheint auch, dass Kommission und EuGH bei der Prüfung von Einzelmaßnahmen offenbar bereits die Ermessensbefugnis der streitigen Begünstigungsregelung genügen lassen, ohne zu prüfen, ob im Einzelfall das Ermessen tatsächlich in unsachgemäßer Weise ausgeübt worden ist.

Die negativen Abgrenzungskriterien der steuertechnischen Maßnahmen, der Maßnahmen mit allgemeiner wirtschaftspolitischer Zielsetzung und der (implizit als solcher dargestellten) Maßnahmen mit faktischer Begünstigungswirkung vermögen das Selektivitätsverständnis der Kommission nicht zu konkretisieren und beinhalten Widersprüche. Insbesondere lassen sowohl der Wortlaut der Leitlinien als auch die Anwendungspraxis erkennen, dass diesen Ausschlusskriterien allenfalls eine indizierende Wirkung zukommen kann. Sie werfen außerdem die Frage auf, warum allgemeine steuerpolitische Maßnahmen offenbar nicht grundsätzlich anerkannt werden und scheinen ansatzweise eine Abkehr von dem durch Kommission und EuG/EuGH sonst streng verfochtenen Wirkungskriterium anzudeuten.

Als problematisch erweist sich schließlich die völlige Wertneutralität der Ausnahmeformel, die einzig an einer Art „Primat der Regel“ orientiert ist. Sachliche Maßstäbe für eine Ermittlung der Selektivität bietet sie nicht nur nicht an; durch die alleinige Forderung nach stringenter Beibehaltung des steuerlichen Grundkonzepts – sei dieses im betreffenden Punkt sinnvoll oder nicht – kann sie die Anknüpfung an außerhalb der Regel liegende Gründe grundsätzlich nicht einmal

---

[770] Vgl. die Entscheidung vom 27. November 2002, „*Refractarios Especiales*“ (ABl. L 108 vom 30. April 2003, 21).

akzeptieren. Bereichsspezifische steuerliche Innovationslösungen werden somit erschwert. Dieses inhaltliche Defizit vermag möglicherweise ein Maßstab aus der jüngeren Rechtsprechung des EuGH zu beseitigen, wie er inzwischen regelmäßig zur Anwendung gekommen ist: Das Kriterium der Bestimmung eines Bezugsrahmens, in den nur die Unternehmen einbezogen werden, die sich im Hinblick auf den untersuchten Zusammenhang in einer tatsächlich und rechtlich vergleichbaren Situation befinden.[771] Eine Anwendung dieser Grundsätze im Bereich mitgliedstaatlicher Maßnahmen im Bereich der direkten Steuern ist bisher allerdings in dieser Weise nicht erfolgt.

D. Gesamtbetrachtung des Merkmals „Begünstigung bestimmter Unternehmen" für den steuerlichen Kontext

Eine Begünstigung bestimmter Unternehmen oder Produktionszweige iSd. Art. 87 Abs. 1 EG liegt nach den Leitlinien für steuerliche Beihilfen wie dargestellt vor, wenn

- die vom Begünstigten normalerweise zu tragenden Belastungen gemindert werden (Vorteil)[772],
- und sich dies als eine Ausnahme von den steuerlichen Rechts- oder Verwaltungsvorschriften bzw. der Ermessenspraxis der Steuerverwaltung darstellt (Selektivität).[773]

I. Die Selektivität als problematisches Kriterium

Aus dem Dargestellten ergibt sich, dass von diesen beiden Merkmalen im Wesentlichen nicht der Vorteilsbegriff, sondern die Selektivität als problematisch anzusehen ist. Dies liegt darin begründet, dass der Vorteil isoliert für das begünstigte Unternehmen festgestellt werden kann (bzw. sogar werden muss), während für die – über eine Anwendbarkeit des Beihilferechts entscheidende – Frage der Selektivität ein Bezugsrahmen festgelegt werden muss. Dies bestätigt auch die Kommission, die „*[...] der Auffassung [ist], dass beim Begriff der Beihilfe das Kriterium der Selektivität auf einem Vergleich zwischen den Vorteilen beruht, die bestimmten Unternehmen zugestanden werden, und jenen, die für alle Unternehmen innerhalb ein und desselben Bezugsrahmens gelten. Die Bestimmung dieses Bezugsrahmens [ist erforderlich], da das [...] Vorliegen eines Vorteils nur aufgrund einer als normal definierten Besteuerung festgestellt werden kann.*"[774]

---

[771] Siehe exemplarisch EuGH, Urteil vom 13. Februar 2003 in der Rs. C-409/00, Slg. 2003, I-1487, Rn. 47.

[772] Leitlinien, Rn. 9.

[773] Leitlinien, Rn. 12.

[774] Entscheidung vom 11. Dezember 2002 („*Azoren*", ABl. L 150 vom 18. Juni 2003, 52, Rn. 26).

Die Bestimmung dieses Bezugsrahmens zur Ermittlung der Selektivität ist das fundamentale praktische Problem, welches sich durch die Anwendungspraxis des Art. 87 EG auf steuerliche Maßnahmen zieht. Wie die uneinheitliche Anwendung der Ausnahmeformel in den untersuchten Entscheidungen zeigt, besteht diese Problematik grundsätzlich auch, wenn der Maßstab der Leitlinien nicht zugrunde gelegt wird. Dies rührt daher, dass der primärrechtliche Beihilfetatbestand zu dieser Frage keine Maßstäbe vorgibt. Die Leitlinien suchen dieses faktische Defizit durch das Abstellen auf die betreffende „Regel" im Steuerrecht des jeweiligen Mitgliedstaats zu überbrücken, zu der eine „Ausnahme" die Selektivität begründet.

1. Vergleichsrahmen für die Bestimmung des Vorliegens einer Ausnahme

Um eine Ausnahme als solche bestimmen zu können, muss zunächst der Vergleichsrahmen einer bestimmten Regel identifiziert werden.

a) Sachliche Anknüpfungskriterien zur Bestimmung der Regel

Allgemeingültige Maßstäbe, anhand derer Kommission und EuG/EuGH eine Regel etablieren, sind der Entscheidungspraxis kaum zu entnehmen. Einige Entscheidungen lassen aber erkennen, dass es für den Vergleichsrahmen nicht immer auf eine allgemeine Regel in dem Sinne ankommt, dass diese das gesamte betreffende Steuersystem durchdringen muss. So hat die Kommission in Bezug auf die pauschale Besteuerung konzerninterner Dienstleistungen mehrfach klargestellt, dass sie den generellen Einsatz einer solchen Methode dort nicht beanstandet bzw. darin allein noch keinen selektiven Vorteil erblickt. Damit kommt zum Ausdruck, dass sie ihren Vergleichsmaßstab nicht auf alle Unternehmen, und damit auf die grundsätzlich geltende analytische Gewinnermittlung ausdehnt, sondern auf „konzerninterne" Fälle beschränkt. In der Entscheidung *„Koordinierungszentren Luxemburg"* hat sie entsprechend ausgeführt, es sei nicht erforderlich, *„das System des erhöhten Selbstkostenpreises mit den tatsächlichen Transferpreisen zu vergleichen."*[775] Andererseits ist die in der Schifffahrtsbranche allgemein akzeptierte Tonnagebesteuerung, ebenfalls eine Form der pauschalierten Gewinnermittlung, nach Ansicht der Kommission offensichtlich nicht als – für ihren sektoralen Anwendungsbereich – allgemeine Regelung bzw. als Vergleichsrahmen anerkannt. Denn diese Regelungen werden in der Regel *ohne weiteres* als Beihilfen angesehen, für den Bereich der internationalen Seeschifffahrt allerdings grundsätzlich (aufgrund abweichender wirtschaftpolitischer Zielsetzung) genehmigt.

Auch soweit die Kommission an bestimmte Zielsetzungen anknüpft, ist uneinheitlich, welche danach als allgemein anzusehen sind und welche nicht. Im Hinblick auf Regelungen zugunsten neugegründeter Unternehmen hat die Kommis-

[775] Entscheidung vom 16. Oktober 2002 (ABl. L 170 vom 9. Juli 2003, 20, Rn. 49)

sion einen Ausnahmecharakter ausdrücklich *bereits wegen dieser Zielsetzung* angenommen; andererseits sieht sie aber in ihrem *Vademekum* die Unterstützung von Unternehmen in Schwierigkeiten grundsätzlich als allgemeine wirtschaftspolitische Zielsetzung an. Diese Unterscheidung ist nicht einleuchtend, da eine Förderung von Unternehmensneugründungen sich bei zielsetzungsbezogener Betrachtung als das genaue Gegenstück zu einer Unterstützung von Unternehmen in finanziellen Schwierigkeiten darstellt.

b) Räumliche bzw. geographische Anknüpfungskriterien

Auch hier ist die Entscheidungspraxis heterogen, obgleich erkennbar ist, dass Kommission und EuGH als geographisch relevanten Bezugsrahmen ausschließlich den betreffenden Mitgliedstaat ansehen.

- Innergemeinschaftlicher oder internationaler Vergleich

Kommission und EuGH haben regelmäßig bestätigt, dass zur Ermittlung eines selektiven Vorteils die Verhältnisse in anderen Mitgliedstaaten außer Betracht zu bleiben haben. In der Entscheidung „*internationale Finanzierungsaktivitäten Niederlande*“[776] war eine steuerliche Maßnahme streitig, welche für international tätige Konzerne die Möglichkeit vorsah, unter bestimmten Voraussetzungen Rückstellungen für Risiken aus internationalen Geschäften zu bilden.[777] Die niederländische Regierung machte geltend, dass den betreffenden Unternehmen kein Vorteil gewährt worden sei, sondern dass die Regelung lediglich einen Wettbewerbsnachteil durch den im internationalen Vergleich höheren Körperschaftsteuersatz in den Niederlanden auszugleichen trachtete.[778] Die Kommission konnte sich diesem Argument nicht anschließen, da „*der Vorteil [...] im Rahmen der Prüfung von staatlichen Beihilfen ausschließlich auf nationaler Ebene zu beurteilen [sei]*“.[779] Auch im Fall „*Finanzverwaltungszentralen Frankreich*“[780] sah die Kommission in der Ausnahme von der Begrenzung der Abzugsfähigkeit von Aufwendungen für Darlehenszinsen aus Gesellschafterdarlehen einen Vorteil zugunsten der darlehensnehmenden Unternehmen. Sie stellte dort klar, dass „*die Prüfung des Vorteilscharakters einer Maßnahme in Bezug auf das nationale System des betroffenen Mitgliedstaats zu erfolgen [habe] und nicht auf ein System, das eine hypothetische zwischenstaatliche Gleichbehandlung gewährleistet [...]*“.[781]

[776] Entscheidung vom 17. Februar 2003 (ABl. L 180 vom 18. Juli 2003, 52). Vgl. IP/03/242 vom 18. Februar 2003.
[777] Entscheidung vom 17. Februar 2003 (ABl. L 180 vom 18. Juli 2003, 52). Siehe für die Einzelheiten Rn. 8 ff.
[778] Entscheidung vom 17. Februar 2003 (ABl. L 180 vom 18. Juli 2003, 52), Rn. 49.
[779] Entscheidung vom 17. Februar 2003 (ABl. L 180 vom 18. Juli 2003, 52), Rn. 82.
[780] Entscheidung vom 11. Dezember 2002 (ABl. L 330 vom 18. Dezember 2003, 23).
[781] Entscheidung vom 11. Dezember 2002 (ABl. L 330 vom 18. Dezember 2003, 23), Rn. 26.

In der Entscheidung „*US-Verkaufsgesellschaften Belgien*“[782] bezog die Kommission bei der Bestimmung des Vorliegens einer Begünstigung dagegen auch Aspekte mit ein, die außerhalb des Mitgliedstaates lagen. In diesem Verfahren untersuchte die Kommission eine belgische Steuerregelung zugunsten von US-amerikanischen Verkaufsgesellschaften. Die Untersuchung stand im Zusammenhang mit der zuvor durch eine Entscheidung der Welthandelsorganisation herbeigeführten Abschaffung einer US-amerikanischen Steuerregelung zugunsten von Verkaufsgesellschaften.[783] Deswegen bezog sich die Kommission auch auf die Wechselwirkung der streitigen Regelung mit derjenigen der USA. Nach jener waren solche Einkünfte einer Verkaufsgesellschaft – entgegen den allgemeinen Grundsätzen des US-amerikanischen internationalen Steuerrechts – von der Körperschaftsteuer befreit, wenn u.a. mindestens 50% der Kosten in ihrem Zusammenhang außerhalb der USA entstanden waren. Als Kosten wurden von der amerikanischen Regelung u.a. Werbungs- und Transportkosten sowie solche aus der Übernahme von Kreditrisiken genannt, also genau jene, welche nach der streitigen belgischen Regelung von der Einbeziehung in die Bemessungsgrundlage ausgenommen wurden. Unter ausdrücklichem Verweis auf die Äquivalenz der US-amerikanischen und der belgischen Regelung kam die Kommission zu dem Ergebnis, „*dass diese Regelung, da sie die oben genannten Kosten nicht berücksichtigt[e], zu einer Befreiung des größten Teils der den belgischen FSC-Niederlassungen und -Töchtern zuzurechnenden Einkünfte führt[e] [...] und diesen dadurch einen Vorteil in Form einer Minderung des der belgischen Körperschaftsteuer unterliegenden Gewinns gewährt[e]*“.[784]

- Regionaler Vergleich

Wie aus der Entscheidung „*Azoren*“ hervorgeht, sieht die Kommission den zur Ermittlung eines Vorteils relevanten Vergleichsrahmen auch dann auf das Gebiet eines gesamten Mitgliedstaats bezogen, wenn eine mit Finanzautonomie ausgestattete Region für ihren Hoheitsbereich allgemein (d.h. für alle dort steuerpflichtigen Personen) die Steuersätze senkt. Die Kommission stellte insoweit fest:

> „*[...] die These der portugiesischen Behörden, wonach Vergünstigungen mit begrenztem regionalen Umfang als allgemeine Maßnahmen in der betreffenden Region einzustufen*

[782] Entscheidung vom 24. Juni 2003 (ABl. L 23 vom 28. Januar 2004, 14); vgl. IP/03/887 vom 24. Juni 2003.

[783] Das zuständige Gremium der WTO hatte diese Regelung im Rahmen des vorgesehenen Streitschlichtungsverfahrens als verbotene Ausfuhrsubvention im Sinne des Übereinkommens über Subventionen und Ausgleichsmaßnahmen im Rahmen des GATT eingestuft. Nach Bestätigung dieser Entscheidung durch die Berufungsinstanz hatten die USA die streitige Regelung abgeschafft (um sie später durch eine andere zu ersetzen). Siehe zu den Einzelheiten Rn. 5 ff und Rn. 44 ff der Kommissionsentscheidung vom 24. Juni 2003 (ABl. L 23 vom 28. Januar 2004, 14).

[784] Entscheidung vom 24. Juni 2003 (ABl. L 23 vom 28. Januar 2004, 14), Rn. 49 f (vgl. Rn. 66).

seien, und dies nur, weil sie nicht von der Zentralbehörde, sondern von der Regionalbehörde eingerichtet wurden und in der gesamten der regionalen Rechtsprechung unterliegenden Region anwendbar sind, [ist] unvereinbar mit dem Begriff der Beihilfe."[785]

Wird dagegen der relevante geographische Vergleichsrahmen – wie durch die nationale Verfassungsentscheidung geboten – auf das autonome Gebiet beschränkt, so lässt sich bei einer solchen, alle natürlichen und juristischen Personen betreffenden Maßnahme ein Vorteil nicht feststellen lassen.

2. Das zugrundezulegende Regel-Ausnahme-Verständnis

Als mögliche Parameter für die Identifizierung von Regel und Ausnahme kommen grundsätzlich quantitative oder qualitative Kriterien in Frage.

a) Quantitatives Regel-Ausnahme-Verhältnis (Ausnahme als Minderzahl)

Die Ausnahme-Formel knüpft nach ihrem Wortlaut zunächst an eine mengenmäßige Relation an: Die Regel ist dabei wesensnotwendig die größere der beiden Teilmengen. Wird eine Steuer nur für eine Minderzahl von Unternehmen abgesenkt, für die Regel der Fälle jedoch beibehalten, liegt es dementsprechend nahe, allein aufgrund der Zahlenverhältnisse eine Ausnahme zugunsten ersterer anzunehmen. Wird eine Steuer allgemein erhöht, aber für eine Minderzahl von Sachverhalten nicht, leuchtet es ein, insofern eine Ausnahme zugunsten dieser Minderzahl anzunehmen. Dass ein solches nur auf quantitative Verhältnisse abstellende Verständnis der Ausnahmeformel begrenzt ist, wird aber in den umgekehrten Fällen deutlich: Wird nämlich eine Steuer nur für eine Minderzahl von Sachverhalten erhöht, für die Regel der Fälle jedoch beibehalten, ist die Annahme einer begünstigenden Ausnahme zugunsten letzterer nach quantitativen Kriterien nicht mehr möglich; stattdessen stellt sich die Erhöhung als Ausnahme dar.[786] Das gleiche gilt, wenn eine Steuer für die Regel der Fälle abgesenkt wird, für eine Minderzahl jedoch nicht.

Tatsächlich kann bereits das Erfordernis einer effektiven numerischen Quantifizierung von Regel und Ausnahme bezüglich der Einordnung von Regelungen mit breiter Begünstigungswirkung erhebliche Schwierigkeiten bereiten und quantitative Kriterien zur Interpretation des Ausnahmeverständnisses ungeeignet machen. In der Kommissionsentscheidung „*Ansparabschreibung*"[787] wäre

[785] Entscheidung vom 11. Dezember 2002 („*Azoren*", ABl. L 150 vom 18. Juni 2003, 52, Rn. 26).

[786] Wie oben (Abschnitt B. IV. 2.) dargestellt, liegt nach richtigem Verständnis des Beihilfetatbestands in diesen Fällen tatsächlich keine Beihilfe vor, wie von Generalanwalt *Geelhoed* in den Schlussanträgen (Rn. 65 ff) vom 18. September 2003 zum Urteil des EuGH vom 29. April 2004 in der Rs. C-308/01, überzeugend dargestellt. Der EuGH ging hierauf in seinem Urteil nicht ein.

[787] Entscheidung vom 16. Mai 2000 (ABl. L 66 vom 8. März 2001, 35).

eine Quantifizierung der begünstigten und der nicht begünstigten Unternehmen aufgrund der allgemeinen Ausgestaltung der Regelung kaum möglich gewesen. Ein quantitatives Ausnahmeverständnis hätte – wäre die Ausnahmeformel dort zur Anwendung gekommen – auch im Urteil „*Adria-Wien-Pipeline*“[788] zu praktischen Problemen geführt, wo eine numerische Gegenüberstellung der Unternehmen des produzierenden Gewerbes mit allen anderen hätte erfolgen müssen. In Einzelfällen oder in Bezug auf Maßnahmen mit einer individuell beschränkten Wirkung vermag eine numerische Gegenüberstellung somit zwar tauglich zur Ermittlung einer Ausnahme zu sein; als allgemeingültiger Maßstab ist zumindest ein *rein* quantitatives Ausnahmeverständnis aber offensichtlich nicht geeignet.

b) Qualitatives Regel-Ausnahme-Verhältnis (Ausnahme als teilweise Revidierung)

Die Ausnahmeformel könnte auch qualitativ in dem Sinne interpretiert werden, dass stets eine bestehende Regel durch eine nachfolgende Sonderregelung partiell modifiziert werden muss. Zugrunde zu legen wäre danach ein Regel-Ausnahme-Verständnis in dem Sinne, dass eine einmal getroffene allgemeine steuerliche Wertung zeitlich nachfolgend für einen Teilbereich der zuvor etablierten Regel geändert werden müsste. Ob von dieser Änderung dann die Mehrzahl der Unternehmen begünstigt würde (so dass bei quantitativer Betrachtung eine neue Regel entstünde), wäre auf den ersten Blick unerheblich. Auch bei diesem Verständnis würden sich jedoch praktische Probleme ergeben, wenn z.B. durch die nachfolgende Regelung nach quantitativen Gesichtspunkten eine neue Regel entstünde. Das gleiche würde gelten, wenn Regelung und Sonderregelung gleichzeitig eingeführt würden (so wie im Fall „*Adria-Wien-Pipeline*“[789]).

c) Kombination quantitativer und qualitativer Gesichtspunkte

Da weder das alleinige Abstellen auf die Zahlenverhältnisse der Beteiligten, noch die ausschließliche Berücksichtigung der zeitlichen Abfolge der betrachteten Maßnahmen einen allgemeingültigen Maßstab für das Vorliegen einer Ausnahme liefern können, müssen beide Kriterien zusammen angewendet werden. Eine begünstigende Ausnahme liegt danach immer dann vor, wenn eine allgemeine Regelung zeitlich nachfolgend für eine Minderzahl der durch sie erfassten Sachverhalte begünstigend modifiziert wird, während die allgemeine Regelung für die Mehrzahl der Sachverhalte fortbesteht.

II. Begriffsidentität von Ausnahme und Selektivität? – Auslegung

Da nach der vorgenommen Untersuchung der Entscheidungspraxis von Kommission und EuG/EuGH das gemeinschaftsrechtliche Verständnis einer Ausnahme von der Regel nur als unklar angesehen werden kann, stellt sich die Fra-

---

[788] EuGH, Urteil vom 8. November 2001 in der Rs. C-143/99, Slg. I-8365.
[789] EuGH, Urteil vom 8. November 2001 in der Rs. C-143/99, Slg. I-8365.

ge, ob eine Auslegung des primärrechtlichen Beihilfetatbestands insoweit geeignet ist, das Ausnahme-Kriterium greifbarer zu machen. Insbesondere geht es dabei um die Frage, nach welchem Maßstab der Bezugsrahmen der Regel gebildet werden muss.

1. Wortlaut

a) Finales Verständnis

Der Tatbestand des Art. 87 Abs. 1 EG fordert eine „Begünstigung bestimmter Unternehmen oder Produktionszweige". Zum Vergleich: Er stellt nicht etwa auf eine *Ver*günstigung für bestimm*bare* Unternehmen oder Produktionszweige ab. Nach allgemeinem Sprachverständnis kann der Begriff der Begünstigung eher im Sinne einer willentlichen Besserstellung angesehen werden als der – lediglich eine Ausnahme andeutende – Terminus der Vergünstigung. Ein solches Verständnis lässt sich nicht nur der deutschen Fassung des EG-Vertrages entnehmen, sondern z.B. auch der englischen, französischen und spanischen, wo von *„favouring certain untertakings or the production of certain goods"*[790], *„favorisant certaines entreprises ou certaines productions"*[791] und *„favoreciendo a determinadas empresas o producciones"*[792] die Rede ist. Das diesen Sprachfassungen zugrundeliegende lateinische „favorisieren" deckt sich mit dem deutschen „begünstigen" und deutet ebenfalls eine bestimmte Willensrichtung an. Durch diese Formulierung kommt eindeutig zum Ausdruck, dass gerade nicht jede staatliche Maßnahme, die manche Unternehmen *im Ergebnis* besser stellt als andere, eine Beihilfe darstellt. Diese Interpretation lässt sich auch darauf stützen, dass die besser gestellten Unternehmen oder Produktionszweige nach allen angeführten Sprachfassungen nicht lediglich bestimmbar, sondern bestimmt sein müssen. Dieses Merkmal indiziert ebenfalls, dass die Folgen der betreffenden Maßnahme auf einen im voraus identifizierten Kreis von Unternehmen gerichtet sein müssen. Dem Tatbestand des Art. 87 Abs. 1 EG muss daher in jedem Falle das Erfordernis einer gewillkürten Besserstellung entnommen werden.

Es wurde bereits darauf hingewiesen, dass die Kommission unabhängig von einem steuerlichen Kontext auf eine Finalität der Beihilfegewährung nicht abzustellen geneigt ist, sondern dass sie das Vorliegen einer Beihilfe stattdessen ausschließlich anhand ihrer Wirkungen feststellt. Dagegen scheint der EuGH diese Auffassung nicht unbedingt zu teilen, sondern erkennt es als beihilferechtlich relevant an, dass eine Ausnahme auch aus Gründen gemacht werden kann, die nicht (final) auf den von ihr Profitierenden bezogen sind, wir z.B. aus dem Urteil *„Sloman Neptun"* hervorgeht. Das Merkmal einer Ausnahme vom allge-

---

[790] Official Journal C 325 vom 24. Dezember 2002, 33.

[791] Journal Officiel C 325 vom 24. Dezember 2002, 33.

[792] Diario Oficial C 325 vom 24. Dezember 2002, 33.

meinen System entspricht dem Verständnis der Kommission, das nur auf den *objektiven* Ausnahmecharakter der betreffenden Maßnahme abstellt.

2. Systematik und Anwendungsgeschichte

Wie sich der systematischen Stellung der Artt. 87 ff EG eindeutig entnehmen lässt, trennt der EG-Vertrag zwischen wettbewerbs- und steuerbezogenen Vorschriften. Dies kann sowohl der entsprechend gegliederten Überschrift des maßgeblichen „Titel VI" („Gemeinsame Regeln betreffend Wettbewerb, Steuerfragen und Angleichung der Rechtsvorschriften") als auch der dementsprechenden Unterteilung dieses Titels in getrennte Kapitel für „Wettbewerbsregeln" und „steuerliche Vorschriften" entnommen werden. Wie eingangs ausgeführt, enthält der EG-Vertrag keine explizite steuerliche Zielsetzung, sowie im Bereich der direkten Steuern keine einzige ausdrückliche Kompetenzvorschrift zugunsten der Gemeinschaft, sondern lässt die Befugnisse der Mitgliedstaaten zur Ausgestaltung ihrer Steuersysteme unberührt.

Wie in Kapitel 3 dargelegt, kann nicht ernsthaft bestritten werden, dass das supranationale Recht trotz fehlender Aussagen zu den direkten Steuern auch die Steuerrechtsordnungen der Mitgliedstaaten überlagert, was insbesondere im Bereich der Grundfreiheiten durch die Rechtsprechung des EuGH zum Ausdruck kommt. Das nach dem Wortlaut des Art. 87 Abs. 1 EG eine Anwendung des Beihilfeverbots auf steuerliche Maßnahmen möglich ist, kann ebenfalls schwerlich geleugnet werden. Dennoch muss die primärrechtlich verankerte, und durch das Einstimmigkeitserfordernis gesicherte Zurückhaltung bei den direkten Steuern als rechtlicher *status quo* anerkannt werden.

Während die regelmäßige Anwendung des Art. 87 EG auf steuerliche Maßnahmen im Vergleich zur Geschichte der Gemeinschaft eine junge Entwicklung darstellt, ist die Zurückhaltung der Mitgliedstaaten in Bezug auf eine gemeinschaftsrechtliche Überlagerung ihrer Kompetenzen im Bereich der direkten Steuern ungebrochen. Die Aufrechterhaltung eines ausdrücklichen steuerlichen Vorbehalts im Bereich der industriellen Wettbewerbspolitik belegt dies.[793] Das Beihilfeverbot, dass nach seiner systematischen Stellung nicht in einem steuerlichen Kontext steht, muss daher in Bezug auf steuerliche Maßnahmen schon vor diesem Hintergrund zurückhaltend ausgelegt werden. Eine richterrechtlich entwickelte Formel, die den Gesetzeswortlaut offensichtlich modifiziert und im Wege verwaltungsinterner Leitlinien zur Verwaltungspraxis geworden ist, muss im Hinblick auf die Systematik des EG-Vertrags in wettbewerbs- und steuerpolitischer Hinsicht auf Bedenken stoßen, soweit sie nach der Wortlautauslegung den gesetzlichen Tatbestand auszuweiten geeignet ist. Denn die den Mitgliedstaaten zustehende Ausgestaltung der Steuerrechtordnungen umfasst grundsätz-

[793] Siehe die Ausführungen zu Art. 157 Abs. 3 S. 2 EG in Kapitel 3.

lich nicht nur allgemeine Regeln, sondern ebenso grundsätzlich auch Ausnahmen von diesen Regeln.

3. Sinn und Zweck

Wie in Kapitel 2 dieser Arbeit ausgeführt, enthält der EG-Vertrag als erstgenannte Zielsetzung die Errichtung eines Gemeinsamen Marktes, der u.a. „durch die Beseitigung der Hindernisse für den freien Waren-, Personen-Dienstleistungs- und Kapitalverkehr gekennzeichnet“ (Binnenmarkt, Art. 3 Abs. 1 lit. c EG) gekennzeichnet ist. Die Wettbewerbspolitik steht ausdrücklich im Dienste dieses Ziels, denn sie bildet ein „System, das den Wettbewerb innerhalb des Binnenmarkts vor Verfälschungen schützt“ (Art. 3 Abs. 1 lit. g EG). Wie ebenfalls in Kapitel 2 dieser Arbeit ausgeführt, stehen somit auch die Vorschriften des Beihilferechts im Dienste der Grundfreiheiten, die sich in den Grenzen eines unverfälschten Wettbewerbs entfalten sollen.

a) Wettbewerbspolitischer Kontext

Zu den Wettbewerbsregeln gehören neben den Regeln über „Staatliche Beihilfen“ die „Vorschriften für Unternehmen“ der Artt. 81, 82 ff EG. Während sich die Artt. 81 ff an Unternehmen richten, sind Normadressaten der Artt. 87 ff EG (wie auch des Art. 86 EG) die Mitgliedstaaten selbst. Diese Unterscheidung ist insofern von Bedeutung, als die Artt. 81 ff EG bestimmte Verhaltensregeln für die Marktteilnehmer untereinander festlegen, und dabei solche Vereinbarungen oder Verhaltensweisen verbieten, die nach dem Konsens der Gemeinschaft als schädlich für den unternehmerischen Wettbewerb angesehen werden; die aufgestellten Regeln wirken im *Gleichordnungsverhältnis* der Unternehmen untereinander. Die Artt. 87 ff EG verbieten dagegen Maßnahmen, mit denen der Staat zugunsten einzelner Marktteilnehmer in den Wettbewerb eingreift. Die Artt. 87 ff EG dienen zwar einer unverfälschten Aufrechterhaltung des unternehmerischen Wettbewerbs, sie wirken aber im *Über-Unterordnungs-Verhältnis* der Mitgliedstaaten zu den Unternehmen.

Während für das Gleichordnungsverhältnis von Wirtschaftsteilnehmern untereinander stets deren Freiheiten prädominant sind (im Bereich der EU sind dies die Grundfreiheiten), ist im Über-Unterordnungs-Verhältnis der öffentlichen Hand zu den Wirtschaftsteilnehmern der Grundsatz der Gleichbehandlung prägend. Dieser Gedanke kommt auch in Art. 86 Abs. 1 EG zum Ausdruck, der bestimmt, dass die Mitgliedstaaten in Bezug auf öffentliche Unternehmen oder solche, denen sie besondere oder ausschließliche Rechte gewähren, keine den Wettbewerbsregeln widersprechenden Maßnahmen treffen oder beibehalten dürfen. Art. 86 Abs. 1 EG nennt neben den Artt. 81 bis 89 ausdrücklich Art. 12 EG, das allgemeine Diskriminierungsverbot.

In Anknüpfung an die Ausgestaltung der Grundfreiheiten als Freiheits- und Gleichheitsrechte ließen sich die Wettbewerbsregeln des EG somit wie folgt aufteilen: Die Artt. 81, 82 ff EG schränken die Freiheitsrechte der Marktteilnehmer insoweit ein, als ihnen bestimmte Vereinbarungen und Handlungsweisen zum Schutze des zwischenstaatlichen Wettbewerbs als Institution untersagt werden. Die Artt. 86 und 87 ff EG dagegen lassen die Freiheiten der Wirtschaftsteilnehmer unangetastet, zielen aber auf die Gewährleistung einer zwischenstaatlichen Gleichheit der Wettbewerbsbedingungen durch die Mitgliedstaaten ab. Werden bestimmte Unternehmen durch eine „Sonderleistung" im Wettbewerb begünstigt, ist im Verhältnis zu den nichtbegünstigten der Schutzbereich Grundfreiheiten als Gleichheitsrechte berührt.

b) Steuerlicher Kontext

Das Steuerrecht betrifft wie das Beihilfeverbot das Über-Unterordnungs-Verhältnis zwischen Staat und Marktteilnehmern. Da sich eine unterschiedliche Besteuerung jedoch verzerrend auf das Wettbewerbsverhältnis der Marktteilnehmer untereinander, d.h. in deren *Gleichordnungsverhältnis*, auswirkt, gilt in den Steuerrechtsordnungen der Mitgliedstaaten der Verfassungsgrundsatz der Besteuerungsgleichheit, der eine Lastengleichheit gewährleisten soll. Die allgemeine Geltung der Steuer ist somit ihr Wesensmerkmal. Werden bestimmte Unternehmen durch eine „Sonderlast" im Wettbewerb benachteiligt, ist im Verhältnis zu den nichtbenachteiligten im deutschen verfassungsrechtlichen Kontext der Schutzbereich des Art. 3 GG berührt. Das gleiche gilt im zwischenstaatlichen Handel für den Bereich der Grundfreiheiten. Werden umgekehrt bestimmte Unternehmen von einer Steuer ausgenommen, so kann auch dies gegen den Gleichheitsgrundsatz verstoßen. An diesem beihilferechtlich relevanten Zusammenhang knüpft die Ausnahme-Formel für steuerliche Beihilfen an.

c) Gemeinsames Grundprinzip: Gleichbehandlung

Sowohl dem Beihilferecht der EU wie auch dem Steuerrecht ist der Gedanke der Gleichbehandlung der Wirtschaftsteilnehmer durch die öffentliche Hand immanent, wobei sich ersteres im klassischen Sinne auf Sonderleistungen und letzteres auf Sonderlasten bezieht. Steuern können aber auch für bestimmte Unternehmen gesenkt werden können und dann dem Beihilfetatbestand unterfallen; sie wirken dann wie eine Sonderleistung.

Wenn eine steuerliche Maßnahme in ihrer Auswirkung auf den Wettbewerb untersucht wird, muss die Selektivität nach steuerlichen Kriterien ermittelt werden; denn ihre Auswirkung auf den Wettbewerb kann nur unter Berücksichtigung ihrer steuerlichen Natur und ihres steuerlichen Kontexts festgestellt werden. Auch im direkten Steuerrecht gilt das Gebot der Gleichbelastung nicht absolut, sondern nur in Anknüpfung an bestimmte Parameter, allen voran die Leistungsfähigkeit. Eine relevante Ungleichbehandlung liegt somit nur vor, wenn gleiche oder vergleichbare Sachverhalte ohne sachlichen Grund ungleich behandelt werden, wenn insoweit also ein Willkürelement gegeben ist. Es kommt somit nicht entscheidend darauf an, ob eine Ausnahme von allgemeinen Regeln vorliegt, sondern ob diese Ausnahme bei einer Betrachtung des relevanten Regelungsbereichs sachlich begründbar ist. Erst wenn dies nicht gegeben ist, wirkt die steuerliche Maßnahme selektiv. Da die Steuerrechtsordnungen der Mitgliedstaaten vom Gemeinschaftsrecht überlagert werden, führt dies allerdings dazu, dass bestimmte Zielsetzungen oder Sachgründe von vorneherein nicht geeignet sind, steuerliche Maßnahmen zu rechtfertigen. Dies gilt z.B. für den Bereich der Exportförderung. Dennoch ist das Kriterium einer Ausnahme vom allgemeinen System (für die Verbindung mit einer Rechtfertigungsprüfung gilt auch hier das oben unter 1. Gesagte) nicht geeignet, eine willkürliche Ungleichbehandlung im steuerrechtlichen Sinne zu identifizieren. Denn entscheidend für eine solche ist nicht der Ausnahmecharakter, sondern die gewillkürte Ungleichbehandlung von vergleichbaren Sachverhalten. Auf diese Vergleichbarkeit stellt der Ausnahmebegriff gerade nicht ab.

4. Auslegungsergebnis

Der Wortlaut des Art. 87 Abs. 1 EG legt nicht fest, nach welchem Vergleichsrahmen die Begünstigung bestimmter Unternehmen oder Produktionszweige zu ermitteln ist. Da es nach dem oben hergeleiteten Verständnis aber auf eine gewillkürte Besserstellung ankommt, die als subjektive Tendenz nur mittelbar über Indizien festgestellt werden kann, wird insoweit ein Vergleich mit den Nichtbegünstigten Unternehmen oder Produktionszweigen nahe gelegt; ein Ausnahmecharakter kann dabei ebenfalls nur Indizierungsfunktion haben. Der Begriff der Ausnahme vom allgemeinen System bleibt sowohl nach dem Wortlaut, als offenbar auch nach dem ursprünglichen Verständnis von EuGH und Kommission hinter dem Tatbestandsmerkmal der Selektivität zurück.

Auch bei Betrachtung der systematischen Stellung des Art. 87 EG und insbesondere unter Berücksichtigung der primärrechtlichen Zurückhaltung gegenüber den direkten Steuern ist ein Verständnis des Tatbestandsmerkmals der Begünstigung bestimmter Unternehmen im Sinne einer Ausnahme vom allgemeinen System als zu extensiv anzusehen. Die noch junge Entwicklung der regelmäßigen Anwendung des Beihilfeverbots auf Maßnahmen im Bereich der direkten Steuern legt nahe, dass der heutigen weiten Auslegung des Art. 87 EG in Bezug auf die direkten Steuern bei der Vertragsunterzeichnung keine bewusstes Verständnis in diesem Sinne zugrunde lag. Auch vor diesem Hintergrund erscheint es nicht gerechtfertigt, für das Tatbestandsmerkmal der Selektivität eine Ausnahmeformel mit weitreichender kompetenzrechtlicher Bedeutung genügen zu lassen.

Bei der teleologischen Betrachtung des Art. 87 EG wird erkennbar, dass dieser Bestandteil eines Teilbereichs der Wettbewerbsordnung ist, welcher auf eine

Gleichbehandlung der Wirtschaftsteilnehmer durch die Mitgliedstaaten gerichtet ist. Insofern besteht eine grundlegende Parallele zum Gleichbehandlungsgrundsatz im Steuerrecht. Da die Beurteilung steuerlicher Maßnahmen weder ihren steuerlichen Kontext noch ihre steuerliche Natur unberücksichtigt lassen kann, ist ein Verstoß gegen den Grundsatz der Gleichbelastung ganz wesentlich unter Berücksichtigung der Vergleichbarkeit von begünstigen und nichtbegünstigten Unternehmen, sowie der Sachgründe für die betreffende Maßnahme festzustellen; ob eine Ausnahme vorliegt, ist danach allenfalls indizierend, aber nicht entscheidend.

Das Merkmal der Ausnahme vom allgemeinen System ist somit geeignet, den Tatbestand des Art. 87 Abs. 1 EG hinsichtlich der primärrechtlichen Anforderungen an die Selektivität zu unterlaufen. Im steuerlichen Kontext ist dies für die Hoheiten der Mitgliedstaaten von fundamentaler Bedeutung.

E. Ergebnis

Die Leitlinien für steuerliche Beihilfen werden in Bezug auf das Tatbestandsmerkmal der Begünstigung bestimmter Unternehmen nicht ihrer Zielsetzung gerecht, für Transparenz und Berechenbarkeit von Kommissionsentscheidungen zu sorgen.[794] Auch das Ergebnis des Anwendungsberichts, wonach sich die Leitlinien als geeignetes Hilfsmittel zur Prüfung von steuerlichen Beihilfen erwiesen haben, und ihre Überarbeitung daher nicht erforderlich ist[795], muss in Zweifel gezogen werden.

Stattdessen bereitet die Anwendung der Ausnahme-Formel (Ausnahme vom allgemeinen System) nicht nur zahlreiche Probleme, die teilweise in die Verfassungen der Mitgliedstaaten und ihrer Untergliederungen einzugreifen geeignet sind, sondern erweist sich bei einer Auslegung des gesetzlichen Tatbestandes als nicht von diesem gedeckt. Insofern bedeutet jede Anwendung der Leitlinien einen möglichen Eingriff in die steuerlichen Kompetenzen der Mitgliedstaaten, der weder durch den Wortlaut, noch durch die Systematik oder den Telos des Beihilfeverbots gedeckt ist. Diese Bedenken bestehen unabhängig von dem Rechtfertigungskriterium, was Kommission und Rechtsprechung als Bestandteil der Selektivität steuerlicher Maßnahmen prüfen. Denn bereits das Anknüpfen der Selektivität an eine bloße Ausnahme vom allgemeinen System stellt eine unzulässige Erweiterung des gesetzlichen Beihilfetatbestandes dar.[796] Insgesamt muss konstatiert werden, dass durch die Anwendung der Ausnahmeformel weder die fortbestehenden Hoheiten der Mitgliedstaaten im Bereich der direkten Steuern nicht genügend berücksichtigt, noch überhaupt in gebotenem Maße dem

[794] Ebendort, Rn. 4.
[795] Ebendort, Rn. 77 f.
[796] Die verschwindende praktische Bedeutung der Rechtfertigung und die Tatsache, dass diese nicht *ex officio* geprüft geprüft wird, können diese nicht rückgängig machen.

steuerlichen Kontext der untersuchten Maßnahmen Rechnung getragen wird. Die uneinheitliche Anwendung der Ausnahmeformel in Bezug auf steuerliche Maßnahmen ist darüber hinaus geeignet, unterschiedliche Fälle unterschiedlichen Prüfungsmaßstäben zu unterziehen, was ebenfalls als bedenklich anzusehen ist.

Vor diesem Hintergrund erscheint die jüngere Rechtsprechung des EuGH – auch wenn diese bisher keinen Eingang in den Bereich der Kontrolle von Maßnahmen im Bereich der direkten Steuern gefunden hat – als konkretisierende und praktikablere Alternative zur Ausnahmeformel. Nach der mittlerweile in ständiger Rechsprechung verwendeten Formulierung wird vom EuGH für das Feststellen einer Begünstigung darauf abgestellt, ob die untersuchte Maßnahme „*geeignet ist, bestimmte Unternehmen oder Produktionszweige [...] gegenüber anderen, die sich im Hinblick auf das mit der betreffenden Maßnahme verfolgte Ziel in einer vergleichbaren tatsächlichen und rechtlichen Situation befinden.*“[797] Die Bezugnahme auf die „mit der Maßnahme verfolgten Ziele“ anstelle eines Abstellens auf eine Ausnahme vom allgemeinen System hat gegenüber der Ausnahmeformel den wesentlichen Vorteil, dass die betreffende Regelung nicht an einer ihr (vermeintlich) übergeordneten, externen Regel gemessen werden muss, sondern dass sie stattdessen nach einer ihr selbst inhärenten sachlichen Legitimation beurteilt werden kann. In den Urteilen „*Adria-Wien-Pipeline*“[798] und „*Gil Insurance*“[799] wurde diese Formulierung im Zusammenhang mit einer Vergünstigung im Bereich der indirekten Steuern verwendet, in der Entscheidung „*Maribel I*“[800] in Bezug auf sozialversicherungsrechtliche Belastungsminderungen. Dem Urteil Spanien./.Kommission[801], welches keinen steuer- oder abgabenrechtlichen Kontext aufwies, kann entnommen werden, dass der EuGH die von ihm entwickelte Vergleichsformel offenbar auch als allgemeingültigen Prüfungsmaßstab für andere Beihilfearten ansieht. Eine solche Einheitlichkeit wäre zu begrüßen. Das Urteil „*Adria-Wien-Pipeline*“ stellt neben der Vergleichsformel dagegen ausdrücklich darauf ab, ob sich eine ermittelte Vergünstigung durch „*das Wesen oder die allgemeinen Zwecke des Systems*“ rechtfertigen lässt; diese Verwendung der für den spezifischen Bereich der Steuern und Sozialabgaben bereits Anfang der Siebziger entwickelten Rechtfertigung[802] soll somit offenbar erhalten bleiben. Möglicherweise im Sinne einer Vergleichbarkeit spricht auch die Kommission in ihren Entscheidungen zu den baskischen Körper-

---

[797] EuGH, Urteil vom 8. November 2001 in der Rs. C-143/99 (Slg. 2001, I-8365), Rn.41.
[798] EuGH, Urteil vom 8. November 2001 in der Rs. C-143/99 (Slg. 2001, I-8365)
[799] EuGH, Urteil vom 29. April 2004 in der Rs. C-308/01, Slg. 2004, I- 4777.
[800] EuGH, Urteil vom 17. Juni 1999 in der Rs. C-75/97, Slg. 1999, I-3671, Rn. 28.
[801] EuGH, Urteil vom 13. Februar 2003 in der Rs. C-409/00, Slg. 2003, I-1487, Rn. 47.
[802] EuGH, Urteil vom 2. Juli 1974 in der Rs. C-173/73, Italien./.Kommission, Slg. 1974, 709; vgl. Leitlinien Rn. 23 ff.

schaftsteuergutschriften[803] von einem diskriminierenden Verstoß gegen das Prinzip der Steuergleichheit.[804]

Die grundsätzliche Ablösung der Ausnahmeformel für den Bereich der direkten Steuern durch die Vergleichsformel des EuGH – mit einem möglichen Rechtfertigungsannex – erscheint als sehr gut geeigneter Reformansatz für eine Überarbeitung der Leitlinien.

---

[803] Entscheidungen der Kommission vom 11. Juli 2001, betreffend die Provinzen Álava (ABl. L 296 vom 30. Oktober 2002, 1), Guipúzcoa (ABl. L 314 vom 18. November 2002, 26) und Vizcaya (ABl. L 17 vom 22. Januar 2003, 1); vgl. EuG, Urteil vom 23. Oktober 2002 in den verbundenen Rs. T-269, 271 und 272/99.

[804] Entscheidungen der Kommission vom 11. Juli 2001, betreffend die Provinzen Álava (ABl. L 296 vom 30. Oktober 2002, 1), Rn. 66 ff; Guipúzcoa (ABl. L 314 vom 18. November 2002, 26), Rn. 73 f; Vizcaya (ABl. L 17 vom 22. Januar 2003, 1), Rn. 73 f.

Kapitel 6

Eignung zur Wettbewerbsverfälschung – Berücksichtigung steuerwettbewerbspolitischer Zielsetzungen im Beihilferecht

Ein staatlicher oder aus staatlichen Mitteln gewährter selektiver Vorteil für bestimmte Unternehmen oder Produktionszweige kann erst dann unter das Beihilfeverbot fallen, wenn er gemeinschaftsrechtswidrig ist. Dies ist nur der Fall, wenn die betreffende Maßnahme den Wettbewerb verfälscht oder zu verfälschen droht (und soweit dadurch der Handel zwischen den Mitgliedstaaten beeinträchtigt wird). Was den Wettbewerb *zwischen Unternehmen* angeht, bestehen in der Anwendungspraxis bezüglich steuerlichen Maßnahmen keine besonderen Probleme; dementsprechend wird dieser Aspekt in Leitlinien und Anwendungsbericht nicht thematisiert.[805] Wie die Kommission in den Leitlinien einleitend feststellt, tragen die Vorschriften des Beihilferechts aber *„auch zum Ziel der Bekämpfung des Steuerwettbewerbs bei"*, finden also (auch) auf den Wettbewerb *zwischen den Mitgliedstaaten* Anwendung.[806] Dabei wird auf den Verhaltenskodex für die Unternehmensbesteuerung Bezug genommen, der ausschließlich diesem Wettbewerb zum Gegenstand hat.

In Rn. 30 der Leitlinien heißt es, dass die Qualifizierung einer *„gemäß dem Verhaltenskodex schädlichen steuerlichen Maßnahme [...] nicht die eventuelle Qualifizierung der Maßnahme als staatliche Beihilfe [berührt]. Dagegen wird die Prüfung der Vereinbarkeit von steuerlichen Beihilfen mit dem Gemeinsamen Markt auch unter Berücksichtigung der Auswirkungen dieser Beihilfen, die durch die Anwendung des Verhaltenskodex erkennbar werden, vorzunehmen sein."* D.h., steuerwettbewerbspolitische Erwägungen können in die beihilferechtliche Beurteilung steuerlicher Maßnahmen einfließen. In ihrem Anwendungsbericht bestätigt die Kommission diese Sichtweise.[807] Auch der Verhaltenskodex enthält eine entsprechende Verpflichtung.[808]

Die Kommission stellt klar, dass die Kriterien für gemeinschaftswidrige steuerliche Beihilfen und schädliche Maßnahmen im Sinne des Verhaltenskodex divergieren und demzufolge eine unterschiedliche Bewertung einer Maßnahme nach diesen Kriterien möglich ist.[809] Sie weist in ihrem Anwendungsbericht aber

---

[805] Leitlinien, Rn. 11, Anwendungsbericht, Rn. 21.
[806] Leitlinien, Rn. 1.
[807] Anwendungsbericht, Rn. 67 (Kasten Nr. 13); vgl. Rn. 64.
[808] Verhaltenskodex, Buchtstabe J.
[809] In diesem Sinne auch *Monti*, EU Policy Towards Fiscal State Aid, Rede vom 22. Januar 2002 an der Universität Nyenrode (Niederlande), verfügbar auf der Internetseite der GD Wettbewerb < www.europa.eu.int/comm/competition >, SPEECH/02/15).

darauf hin, dass die beihilferechtliche Nichtbeanstandung einer nach dem Verhaltenskodex als schädlich eingestuften Maßnahme bisher noch nicht vorgekommen ist.[810] Tatsächlich sind alle von der Kommission im Anschluss an deren Beanstandung nach dem Verhaltenskodex überprüften steuerlichen Regelungen inzwischen negativ entschieden worden.[811]

Ein Schwerpunkt der Anwendungspraxis im Bereich steuerlicher Beihilfen lag in den Jahren 2000 bis 2003 bei der Untersuchung solcher steuerlichen Regelungen der Mitgliedstaaten, die an internationale unternehmerische Gestaltungen anknüpften. Dabei spielten den o.g. Erklärungen der Kommission entsprechend regelmäßig nicht nur die Auswirkungen der betreffenden Regelungen auf den unternehmerischen Wettbewerb – d.h. auf den Wettbewerb zwischen den *Marktteilnehmern* – sondern auch deren Bedeutung für den Bereich des steuerlichen Systemwettbewerbs – d.h. des Wettbewerbs der *Mitgliedstaaten* untereinander – eine Rolle. Ob bzw. inwieweit im Rahmen der Anwendung des Art. 87 EG steuerwettbewerbspolitische Zielsetzungen einbezogen werden dürfen, wurde dabei bisher in der Anwendungspraxis nicht thematisiert.[812] Dabei ist durchaus fraglich, ob die Einbeziehung steuerwettbewerbspolitischer Aspekte in den Art. 87 EG ohne weiteres möglich ist bzw. wenn ja, welche Konsequenzen sich daraus für die Anwendungspraxis ergeben.[813] Diese Frage ist wiederum deshalb bedeut-

---

[810] Anwendungsbericht, Rn. 66.

[811] Siehe zur Eröffnung dieser Prüfverfahren IP/01/982 vom 11. Juli 2001, die folgende nationalen Regelungen betraf: „*Kontroll- und Koordinierungszentren Deutschland*“ (Entscheidung vom 5. September 2002, ABl. L 177 vom 16. Juli 2003, 17), „*Koordinierungszentren Vizcaya*“ (Entscheidung vom 22. August 2002, ABl. L 31 vom 6. Februar 2003, 26), „*Verwaltungs- und Logistikzentren Frankreich*“ (Entscheidung vom 13. Mai 2003, ABl. L 23 vom 28. Januar 2004, 1; vgl. IP/03/698 vom 16. Mai 2003), „*Finanzverwaltungszentralen Frankreich*“ (ABl. L 330 vom 18. Dezember 2003, 23), „*Auslandseinkünfte Irland*“ (ABl. L 204 vom 13. August 2003, 51. Vgl. IP/03/242 vom 18. Februar 2003), „*Koordinierungszentren Luxemburg*“ (Entscheidung vom 16. Oktober 2002, ABl. L 170 vom 9. Juli 2003, 20), „*Finanzierungsgesellschaften Luxemburg*“ (Entscheidung vom 16. Oktober 2002, ABl. L 153 vom 20. Juni 2003, 40), „*internationale Finanzierungsaktivitäten Niederlande*“ (Entscheidung vom 17. Februar 2003, ABl. L 180 vom 18. Juli 2003, 52. Vgl. IP/03/242 vom 18. Februar 2003), „*Captive Versicherungsgesellschaften Åland-Inseln*“ (Entscheidung vom 10. Juli 2002, ABl. L 329 vom 5. Dezember 2002, 22; vgl. auch IP/02/1029 vom 10. Juli 2002). S. zur Negativentscheidung in dem gegen Großbritannien gerichtete Verfahren wegen der Regelungen Gibraltars für steuerbegünstigte und steuerbefreite „*Offshore*“-Gesellschaften (Beihilfe-Nummern C 52 und 53/2001) IP/04/404 vom 30. März 2004. Bezüglich vier weiterer untersuchter Maßnahmen wurden teilweise Negativentscheidungen erlassen oder zweckdienliche Maßnahmen vorgeschlagen.

[812] Kritisch *Schön*, in *Koenig/Roth/Schön*, S. 106 ff [129 f]; offenbar ohne weiteres von einer Anwendbarkeit steuerwettbewerbspolitischer Aspekte im Beihilferecht ausgehend *Jansen*, S. 32 ff. Zu politischen Problemen, die aus der parallelen Anwendung des Beihilfeverbots auf schädliche Maßnahmen iSd. Verhaltenskodex folgen *Luja*, Intertax 2003, 484.

[813] Dass die Nichtbeanstandung einer Maßnahme nach dem Verhaltenskodex deren spätere beihilferechtliche Einstufung als gemeinschaftswidrig nicht hindern kann, wird dagegen als selbstverständlich vorausgesetzt. In dem Verfahren betreffend Körperschaftsteuerbefreiung

sam, weil das Phänomen des Steuerwettbewerbs hinsichtlich seiner wirtschaftlichen Auswirkungen ambivalenter Natur und daher schwer handhabbar ist.[814]

A. Unternehmerischer Wettbewerb und steuerlicher Systemwettbewerb

Die grundlegenden Aussagen des EG-Vertrags zu Legitimation und Funktion der Wettbewerbsregeln (Artt. 3 Abs. 1 lit. g und 4 Abs. 1 EG) trennen nicht zwischen unternehmerischem Wettbewerb und mitgliedstaatlichem Systemwettbewerb: Verwendet wird schlicht der neutrale Terminus des Wettbewerbs. Ob darin eine Befugnis der Gemeinschaft zu Maßnahmen im Bereich des Systemwettbewerbs enthalten ist, geht somit aus dem Primärrecht nicht ausdrücklich hervor. Auch spezielle Regelungen, aus denen sich insoweit Rückschlüsse ziehen ließen, bestehen nicht; allerdings ist den Artt. 90 ff EG eine systemwettbewerbsrechtliche Relevanz immanent. Auch vor dem Hintergrund des gemeinschaftlichen Ziels der Errichtung des Gemeinsamen Marktes sowie der Errichtung einer Wirtschafts- und Währungsunion – und der Verpflichtung der Mitgliedstaaten, alle Maßnahmen zu unterlassen, die Vertragsziele zu gefährden[815] – muss wohl gefolgert werden, dass systemwettbewerbsrechtliche Aspekte *jedenfalls auch* auf der Ebene der Gemeinschaft geregelt werden können. Inwieweit eine grundsätzliche Kompetenz der Gemeinschaft für diesen fundamentalen Bereich der Integrationspolitik besteht, und in welchem Maße eine solche die Handlungen der Gemeinschaftsorgane bestimmen darf, lässt das Primärrecht jedoch völlig offen.

---

für neugegründete Unternehmen durch verschiedene baskische Provinzen, Entscheidungen der Kommission vom 20. Dezember 2001, betreffend die Provinzen Álava (ABl.L 17 vom 22. Januar 2003, 20); Guipúzcoa (ABl. L 77 vom 24. März 2003, 1) und Vizcaya (ABl. L 40 vom 14. Februar 2002, 11) waren die untersuchten Maßnahmen im Rahmen der Umsetzung des Verhaltenskodex zuvor nicht beanstandet worden (Vgl. den Bericht der Primarolo-Gruppe, Anlage A, Maßnahme Nr. D009). Die spanischen Behörden hatten daher im Beihilfeverfahren geltend gemacht, dass eine Wettbewerbsverfälschung oder eine Handelsbeeinträchtigung deswegen ausgeschlossen sei. Dazu merkte die Kommission an, „*dass die Analyse aufgrund des Verhaltenskodex die Würdigung der Regelung anhand der Beihilfevorschriften nicht ersetzt. So gelten für die Beurteilung der ‚Schädlichkeit' einer steuerlichen Maßnahme gemäß [...] [dem] Verhaltenskodex andere Kriterien als bei der Bewertung, ob eine Maßnahme den Wettbewerb verfälscht oder den Handel beeinträchtigt [...]*". Siehe Rn. 63 (Guipúzcoa), 65 (Vizcaya) bzw. 67 (Álava) der Entscheidungen.

[814] Exemplarisch: *Bracewell-Milnes*, Intertax, 1999, 86 ff; derselbe, Intertax, 2003, 96 (für Steuerwettbewerb und gegen Harmonisierung); *Jansen*, S. 32 f (zu den Folgen des negativen Steuerwettbewerbs). S. zum EU-Kontext die Stellungnahme des Europäischen Wirtschafts- und Sozialausschusses, „Der Steuerwettbewerb und seine Auswirkungen auf die Wettbewerbsfähigkeit der Unternehmen" (ABl. C 149 vom 21. Juni 2002, 73 ff).

[815] Art. 10 EG.

I. Unternehmerischer Wettbewerb (zwischen den Marktteilnehmern)

Das Beihilfeverbot ist wie die übrigen „Wettbewerbsregeln“ des EG-Vertrags klassisch auf den unternehmerischen Wettbewerb ausgerichtet. Sowohl die kartellrechtlichen Vorschriften der Artt. 81, 82 ff EG als auch die Vorschriften der Artt. 86 und 87 ff EG bezwecken eine Aufrechterhaltung funktionsfähigen Wettbewerbs unter gleichen Bedingungen für alle Marktteilnehmer im zwischenstaatlichen Handel. Dieses Wettbewerbsverständnis kommt in den Artt. 81, 82 ff EG am deutlichsten zum Ausdruck: Denn diese Vorschriften wirken sich nicht nur im unternehmerischen Wettbewerb aus, sondern sie wenden sich auch an die Unternehmen als Normadressaten. Das Beihilfeverbot dagegen ist an die Mitgliedstaaten gerichtet und schreibt diesen vor, auf bestimmte Verhaltensweisen zu verzichten, die den unternehmerischen Wettbewerb beeinträchtigen können. Die Vorschrift regelt insoweit nicht das Verhalten der Marktteilnehmer, sondern das der nationalen „Märkte“ – zumindest eine (auch) systemwettbewerbspolitische *Bedeutung* ist dem Beihilfeverbot daher immanent.

II. Steuerlicher Systemwettbewerb (zwischen den Mitgliedstaaten)

Der steuerliche Systemwettbewerb, der kein spezielles Phänomen der Europäischen Union darstellt, sondern eine globale Folge des liberalisierten Welthandels ist[816], beruht darauf, dass *„die Abgaben, die ein [Staat] erhebt, [...] im Zusammenhang mit den von ihm bereitgestellten öffentlichen Leistungen und Gütern [stehen] und insgesamt ein Paket wettbewerbsrelevanter Faktoren [bilden], welches für die unternehmerische Entscheidung, in diesen Staat zu investieren, von Bedeutung ist.“*[817] Dementsprechend versuchen *„die Träger mobiler Faktoren [...], ihren Nettogewinn zu maximieren und sich am Standort mit den günstigsten Steuer-Leistungs-Paketen niederzulassen.“*[818]

Hieraus resultiert das Bestreben der (Mitglied-)Staaten, im Bereich der direkten Steuern – die an Gewinn und Vermögen anknüpfen – ihre Besteuerungsgrundlage durch Anlockung ausländischer Wirtschaftsfaktoren (Personen und Kapital) zu verbreitern. Da die ausländischen Wirtschaftsfaktoren, sofern sie nicht bereits im betreffenden Mitgliedstaat tätig sind, grundsätzlich nicht dem Besteuerungszugriff dieses Mitgliedstaats unterliegen, können insoweit steuerliche Anlockungs-Anreize geschaffen werden, ohne dass dadurch das (vorherige) Steueraufkommen geschmälert wird. Typischweise sind die betreffenden steuerlichen Regelungen auf genau bestimmte Sachverhalte mit Auslandsbezug beschränkt, um den inländischen Wirtschaftsfaktoren (die bereits dem Steuerzugriff unterliegen) ihre Inanspruchnahme zu erschweren. In der Mehrzahl der von der Kommission untersuchten Beihilfefälle dieser Art handelte es sich dabei um

---

[816] S.a. die Berichte der OECD auf diesem Gebiet, verfügbar auf der Internetseite der OECD < www.oecd.org >.
[817] *Zorn*, in *Pelka*, S. 227 ff [S. 238].
[818] *Hansjürgens*, S. 71 ff [S. 72].

Sonderregelungen für konzerninterne Dienstleistungszentren (Verwaltungs-, Finanzierungs-, Kontroll- oder Koordinierungstätigkeiten innerhalb eines Konzerns).

1. Steuerwettbewerb – Beschreibung und Bedeutung

a) Beschreibung des Phänomens

In Ermangelung einer Harmonisierung[819] stehen die verschiedenen, autonomen Steuersysteme der Mitgliedstaaten in einem Wettbewerb um die „Gunst" der mobilen Wirtschaftsgüter und -faktoren, der sich stark vereinfacht und idealisiert so beschreiben lässt, dass Arbeitnehmer, Unternehmen, Waren, Dienstleistungen und Kapital sich im Rahmen der Grundfreiheiten denjenigen Mitgliedstaat aussuchen können, der ihnen bei geringster steuerlicher Belastung am meisten (Daseinsvorsorge, Infrastruktur etc.) bietet.[820] Dieser Wettbewerb, der sich als Konsequenz der durch die Grundfreiheiten gewährleisteten Mobilität der Wirtschaftsfaktoren ergibt, umfasst sowohl die von den Mitgliedstaaten angebotenen öffentlichen Leistungen, als auch die von Ihnen erhobenen Abgaben.

Tatsächlich findet ein solcher Wettbewerb nur bedingt statt: so ist eine den Vergleich ermöglichende (absolute) Transparenz der Systeme nicht verfügbar; zusätzlich ist die reelle Besteuerung künftiger Vorgänge grundsätzlich nur schwer vorab darstellbar; des weiteren geben häufig völlig andere Faktoren (z.B. Sprache, Familie, Geschäftsverbindungen, Tradition, rechtliche Rahmenbedingungen) den Ausschlag bei der Standortentscheidung[821]; auch sind manche Wirtschaftsfaktoren (z.B. Arbeitskraft) von ihrer Natur her weniger mobil als andere (z.B. Kapital).[822] Eine absolute Mobilität schließlich gibt es in der EU auch für Kapital nach wie vor nicht.

b) Bedeutung für das Beihilferecht

Der steuerliche System- bzw. Standortwettbewerb zwischen den Mitgliedstaaten um die Anlockung von Wirtschaftsfaktoren steht auf den ersten Blick außerhalb der offensichtlich auf den Schutz der einzelnen Wirtschaftsteilnehmer bzw. der Grundfreiheiten ausgerichteten Wettbewerbsvorschriften des Primärrechts. Denn

---

[819] S.o., Kapitel 3.

[820] Siehe hierzu ausführlich *Müller*, in *Müller/Fromm/Hansjürgens,* S. 153 ff; s.a. *Lang*, Europa- und verfassungsrechtliche Maßstäbe für eine Besteuerung der Unternehmen. Grundlegend zum „Wettbewerb in Markt und Politik": *Vanberg,* in *Zimmermann*, S. 85 ff.

[821] *Zorn*, in *Pelka*, S. 238. Siehe auch die Studie der Kommission zur Unternehmensbesteuerung im Binnenmarkt (SEK(2001)260 endg.), Anhang, 34, Rn. 12: *„Diese Studie liefert keine empirischen Belege für den Einfluss der Besteuerung auf konkrete wirtschaftliche Entscheidungen. [...] Die Besteuerung ist natürlich nur einer der bestimmenden Faktoren von Investitions- und Finanzierungsentscheidungen..*"

[822] *Gross*, RIW 2002, 46 ff [48]. *Bach*, in *Müller/Fromm/Hansjürgens*, S. 105 ff [S. 113], weist allerdings darauf hin, dass auch für Portfolio-Kapital eine völlige Mobilität aus verschiedenen (auch anlage-psychologischen) Gründen nicht besteht.

diese Vorschriften sehen an sich keine Regelungen gegen die präferentielle Behandlung ausländischer Unternehmen vor, sondern sollen umgekehrt gewährleisten, dass diese nicht diskriminiert werden.[823]

Der zwischenstaatliche Steuerwettbewerb betrifft jedoch stets auch den unternehmerischen Wettbewerb, da es bei der Ausgestaltung der steuerlichen Regelungen durch die konkurrierenden Staaten gerade um die Anlockung unternehmerischer Aktivität geht.[824] Die durch solche Maßnahmen begünstigten Unternehmen erlangen im unternehmerischen Wettbewerb eine Besserstellung gegenüber den nicht begünstigten.[825] Dies ist der grundsätzliche Ansatzpunkt für eine mögliche beihilferechtliche Bedeutung solcher Sachverhalte. Umgekehrt sind allerdings nicht alle beihilferechtlich relevanten Maßnahmen auch im steuerwettbewerbspolitischen Kontext relevant, sondern vielfach nur hinsichtlich des unternehmerischen Wettbewerbs.

2. Steuerwettbewerb als systemimmanente Folge des gemeinschaftlichen Integrationskonzeptes

Die fortbestehende Autonomie der Mitgliedstaaten im Bereich der direkten Steuern ist eine unmittelbare Folge der Regelungen des Primärrechts.[826] Der EG-Vertrag, der sich mit dem steuerlichen Systemwettbewerb nicht ausdrücklich auseinandersetzt, enthält dementsprechend auch keine ausdrückliche Forderung nach völliger Wettbewerbsneutralität nationaler steuerlicher Maßnahmen.[827] Ebenso wenig lassen sich den Zielen der Gemeinschaft[828] oder dem Begriff des Gemeinsamen Marktes zwingende Notwendigkeiten für die Schaffung eines

---

[823] So auch *Schön*, in *Koenig/Roth/Schön*, S. 129. Vgl. *Hauser*, in *Müller/Fromm/Hansjürgens*, S. 169 ff, [S. 170], der die gleiche Feststellung für die (steuerlichen) WTO-Regeln trifft.

[824] Siehe hierzu die Stellungnahme des Europäischen Wirtschafts- und Sozialausschusses, „Der Steuerwettbewerb und seine Auswirkungen auf die Wettbewerbsfähigkeit der Unternehmen" (ABl. C 149 vom 21. Juni 2002, 73 ff).

[825] Zwei Möglichkeiten sind zu unterscheiden: entweder kann das gesamte steuerliche System eines Staates diesen für Unternehmen insgesamt attraktiver machen als andere Staaten (z.B. durch vergleichsweise niedrige Steuersätze), oder ein Staat kann unter Schaffung von Ausnahmen zu seinen allgemeinen steuerlichen Grundentscheidungen bestimmte steuerliche Sachverhalte so regeln, dass dies unternehmerische Tätigkeit aus dem Ausland anzuziehen geeignet ist. Da es in beihilferechtlicher Hinsicht stets um Ausnahmen vom allgemeinen Steuersystem des betreffenden Mitgliedstaates geht, ist in diesem Kontext nur die zweite Variante interessant. Der Wirtschafts- und Sozialausschuss setzt in seiner Stellungnahme „Der Steuerwettbewerb und seine Auswirkungen auf die Wettbewerbsfähigkeit der Unternehmen" (ABl. C 149 vom 21. Juni 2002, 73 ff, Ziff. 1.5), denn auch die zuletzt genannten Maßnahmen mit schädlichem Steuerwettbewerb gleich.

[826] S.o., Kapitel 3.

[827] Dagegen enthält der Vertrag an verschiedenen Stellen Aussagen über die besondere Bedeutung der Aufrechterhaltung eines funktionsfähigen Wettbewerbs (s. insbesondere Art. 98 S. 2 EG).

[828] Am ehesten wohl unter dem Begriff „Wohlfahrtsoptimierung" zusammengefasst.

steuerlich neutralen, einheitlichen Marktes entnehmen.[829] Insbesondere aus den Regelungen über die Zölle (bzw. diese ersetzende inländische Abgaben) und die indirekten Steuern ergibt sich aber, dass steuerwettbewerbsrechtliche Aspekte durchaus in den Vertrag eingeflossen sind, und insofern ein entsprechendes Bewusstsein bei den Gründungsmitgliedern offenbar bestanden hat.[830]

Da die Aufrechterhaltung der steuerlichen Kompetenzen der Mitgliedstaaten durch das Gemeinschaftsrecht zwangsläufig eine heterogene Besteuerung der Unternehmen und den steuerlichen Systemwettbewerb der Mitgliedstaaten zur Folge haben, ergibt sich somit, dass ein steuerlicher Wettbewerb zwischen den Mitgliedstaaten dem primärrechtlich geregelten, wirtschaftlichen Integrationsmodell der Gemeinschaft *systemimmanent* ist. Die gewissenhafte Auslegung des Gemeinschaftsrechts gebietet es, in dieser Systemimmanenz nicht ohne gegenteilige Anhaltspunkte eine lediglich zufällige, unbedachte oder von vorneherein unerwünschte Folge unzureichender vertraglicher Regelungen zu sehen, sondern den Systemwettbewerb stattdessen als Institution des gemeinschaftsrechtliches Integrationsmodells zu begreifen.[831]

3. Vor- und Nachteile des steuerlichen Systemwettbewerbs

Herrschend ist in Finanzwissenschaft und Politik ein dialektisches Verständnis vom Steuerwettbewerb, das einerseits dessen volkswirtschaftliche Vorteile anerkennt, andererseits aber inhärente Gefahren zu neutralisieren nahe legt.[832] Ebenso wie die OECD[833] teilt die EU diese Ansicht, dass jedenfalls ein *Übermaß* an steuerlichem Wettbewerb als für den zwischenstaatlichen Handel nicht mehr förderlich angesehen werden kann.[834] Die Diskussion besteht im Wesentlichen darin, welche steuerlichen Maßnahmen als schädlich anzusehen sind und wie wirksam gegen sie vorgegangen werden kann.

---

[829] Auch die Formulierung der Präambel des EG-Vertrages, wonach die Mitgliedstaaten in dem Bestreben handeln, *„ihre Volkswirtschaften zu einigen", kann eine solche Forderung nicht begründen.*

[830] Zum steuerlichen Systemwettbewerb bezüglich indirekter Steuern siehe *Streit*, in *Zimmermann*, S. 11 ff [S. 13].

[831] *Menck*, IStR 1993, 565 ff; *Jansen*, S. 30.

[832] Grundlegend hierzu aus wirtschaftswissenschaftlicher Sicht: *Tiebout*, Journal of Political Economy, 1956, 416 ff. Für einen Argumentationsüberblick siehe auch *Selling*, IStR 2000, 225 ff. *Müller*, in *Müller/Fromm/Hansjürgens*, S. 153 ff [S. 153], weist darauf hin, dass sich die Vor- und Nachteile des Steuerwettbewerbs zwar theoretisch ableiten, aber nur begrenzt empirisch nachweisen ließen.

[833] Siehe den ersten Bericht der OECD über das globale Problem des schädlichen Steuerwettbewerbs: „Harmful Tax Competition – An Emerging Global Issue" (1998), 8, Rn. 4 (verfügbar unter < www.oecd.org >).Vgl. auch die Folgeberichte (ebendort).

[834] Verhaltenskodex, 3. Siehe auch die Mitteilung der Kommission vom 23. Mai 2001 an den Rat und das Europäische Parlament betreffend die Steuerpolitik der EU – Prioritäten für die nächsten Jahre (KOM (2001) 260 endg.), 7.

a) Vorteile

Eine bedarfsorientierte und effiziente Versorgung mit öffentlichen Leistungen kann am ehesten auf lokaler Ebener erfolgen, da dort der konkrete (die spezifischen lokalen Gegebenheiten berücksichtigende) Bedarf am besten erkannt und kalkuliert werden kann.[835] Da jede Bedarfskalkulation auch eine Kostenanalyse enthalten muss, korrespondiert mit der lokalen Entscheidungshoheit idealerweise eine gewisse Steuerautonomie, so dass eine die lokalen Versorgungskosten deckende Besteuerung gewährleistet werden kann. Geht man demzufolge für den steuerlichen Bereich von der Prämisse einer (wie auch immer gearteten) *lokalen* steuerlichen Gestaltungskompetenz aus, so ist ein Wettbewerb der verschiedenen lokalen Körperschaften die notwendige Folge.[836]

Entsprechend wird auch dem *internationalen* Standortwettbewerb eine grundsätzlich effizienzsteigernde Wirkung[837] sowie darüber hinaus eine Eignung zur Politikkontrolle[838] und als Verfahren zur Entwicklung institutioneller Innovationen[839] attestiert. Dies wird damit begründet, dass die nationale (Steuer-)Politik durch den Wettbewerb einer disziplinierenden und ansonsten nicht vorhandenen externen Effizienzkontrolle unterworfen wird.[840] Es wird daher vertreten, dass der Steuerwettbewerb geeignet ist, langfristig eine Angleichung der nationalen

---

[835] Vgl. auch hier *Tiebout*, Journal of Political Economy, 1956, 416 ff; *Feld/Kirchgässner*, in *Müller/Fromm/Hansjürgens*, S. 24, m.w.N.

[836] In Deutschland z.B. besteht eine entsprechende Teilautonomie der Gemeinden im Bereich der Gewerbesteuer bezüglich der Hebesätze.

[837] *Müller*, in *Britzelmaier/Geberl*, S. 1. Siehe auch *Vogel*, StuW 1993, 380 ff [387 f].

[838] Siehe hierzu *Bracewell-Milnes*, Intertax 1999, 86 ff; *Streit*, in *Zimmermann*, S. 11 ff: *„Systemwettbewerb ist ein Verfahren, das es den privaten Wettbewerbern ermöglicht, die Problemlösungsqualität vorhandener institutioneller Arrangements zu prüfen. Zugleich regt es politische Wettbewerber an, attraktivere institutionelle Neuerungen zu entwickeln"* (S. 13); *„Je größer die Chance ist, die grenzüberschreitend verwertbaren, also mobilen [individuellen] Handlungsrechte dem Einflussbereich [...] einer nationalen Regierung [...] zugunsten einer anderen zu entziehen, desto weniger Macht kann diese ausüben."* (S. 14). Grundlegend *Brennan/Buchanan*, S. 232 ff, die den Steuerwettbewerb als mögliches Substitut für unzureichende konstitutionelle Beschränkungen der Besteuerungsgewalt eines (bewusst extrem dargestellten) auf Einnahmemaximierung hinwirkenden Drachens Staat („Leviathan") identifizieren.

[839] Siehe auch hier *Müller*, in *Britzelmaier/Geberl*, S. 1 ff [S. 2]; *Streit*, in *Zimmermann*, S. 11 ff [S. 13]; *Vanberg*, ebendort, S. 85 ff.

[840] *Schön*, in *Pelka*, [S. 191 ff], S. 199, betrachtet den steuerpolitischen Harmonisierungsprozess in der EU entsprechend kritisch: *„Der internationale Konkurrenzdruck veranlasst den Staat, seinen Bürgern ein ausgewogenes Gesamtkonzept von steuerlicher Belastung und öffentlichen Gütern zu präsentieren [...]. Dies kann [...] durch eine effiziente Organisation der staatlichen Einrichtungen, [...] durch Zurückführung öffentlicher Aufgaben, schließlich auch durch eine vernünftige Abstimmung der Steuerarten, der Bemessungsgrundlagen und der Steuersätze geschehen. Die europäische Steuerharmonisierung wirkt vor dem Hintergrund dieses Bildes staatlichen Handelns nicht als ein wettbewerbsfreundliches Ringen um steuerlich optimale Rahmenbedingungen für Unternehmen im Binnenmarkt, sondern im Gegenteil als wettbewerbsfeindliche Kartellbildung [...]."*

Steuerlasten auf einem insgesamt niedrigeren Niveau herbeizuführen, welches durch eine effiziente Versorgung mit öffentlichen Leistungen gekennzeichnet ist.[841] Diesem Prinzip entsprechend wird im EG-Vertrag die effizienzfördernde Wirkung des wirtschaftlichen Wettbewerbs durch die Formulierung anerkannt, dass *„die Mitgliedstaaten und die Gemeinschaft im Einklang mit dem Grundsatz einer offenen Marktwirtschaft mit freiem Wettbewerb [handeln], wodurch ein effizienter Einsatz der Ressourcen gefördert wird* [...]".[842]

Identifiziert man den Steuerwettbewerb als Teilaspekt eines umfassenden Standort- bzw. Systemwettbewerbs, wird auch vertreten, dass dessen Einschränkung lediglich eine (möglicherweise mit höheren volkswirtschaftlichen Kosten verbundene) Verlagerung des fortbestehenden System- bzw. Standortwettbewerbs auf andere Bereiche nach sich ziehen würde.[843] Es wird außerdem argumentiert, dass der steuerliche Wettbewerb zwischen den Mitgliedstaaten der EU geeignet ist, als Alternativmechanismus zu der mittlerweile nicht mehr gegebenen Möglichkeit von Wechselkursanpassungen volkswirtschaftliche Schwächen auszugleichen.[844] Als weiterer Aspekt für einen steuerlichen Wettbewerb wird teilweise angeführt, dass dieser in Staaten oder Föderationen mit ausgeprägter kultureller oder sprachlicher Heterogenität unter Umständen besser geeignet sei, die vereinten (regionalen) Unterschiede angemessen zu berücksichtigen, als dies bei einer Harmonisierung der Fall wäre.[845] Im Kontext der EU wird schließlich vertreten, dass der Systemwettbewerb eine „stille" Harmonisierung fördert. Darunter wird verstanden, dass die Mitgliedstaaten zur Vermeidung markt- bzw. wettbewerbsbedingter Nachteile aus eigenem Antrieb Anpassungen ihrer (steuerlichen) Regelungen anstreben.[846]

Erkennt man die o.g. positiven und letztenendes wohlfahrtsfördernden Aspekte des steuerlichen Systemwettbewerbs an, so ist es naheliegend, diesen in seiner schützenswerten Ausprägung erhalten zu wollen. Zieht man eine Parallele zum gemeinschaftsrechtlich geregelten Wettbewerb zwischen Unternehmen, kann dagegen eine potentielle Gefährdung des Steuerwettbewerbs durch ähnliche Maßnahmen wie im unternehmerischen Wettbewerb angenommen werden.[847] In

---

[841] *Schön*, in *Pelka*, [S. 191 ff], S. 199 f, m.w.N. (u.a. auf das Sondergutachten Nr. 27 der Monopolkommission, 1998).
[842] Art. 98 S. 2 EG. Siehe hierzu *Schön*, in *Pelka*, S. 191 ff [S. 192]. Vgl. die wohlfahrsteigernden Zielsetzungen der Gemeinschaft in Art. 2 EG. Zwar bezieht sich diese Aussage nicht ausdrücklich auf den steuerlichen Systemwettbewerb; umgekehrt ist sie jedoch auch nicht ausdrücklich auf den unternehmerischen Wettbewerb beschränkt.
[843] *Eichenberger*, in *Müller/Fromm/Hansjürgens*, S. 415 ff [S. 416].
[844] *Berthold*, Außenwirtschaft 1992, S. 175 ff [S. 192].
[845] *Bird*, Federal Finance in Canada and Germany: Parallels and Differences, in *Pommerehne/Ress*, S. 57 ff [S. 74]; *Frey*, S. 104 ff [S. 104].
[846] Siehe hierzu *Mick*, in *Birk*, S. 651 ff [Rn. 25]. *Mick* spricht sich aber i.E. eher gegen einen stärkeren Steuerwettbewerb aus (Rn. 28). Vgl. auch *Genschel*, S. 26 ff.
[847] *Müller*, in *Müller/Fromm/Hansjürgens*, S. 153 ff [S. 157].

diesem Sinne wird vertreten, dass zwar eine Wettbewerbsordnung sinnvoll sei, um den schädlichen Steuerwettbewerb zu eliminieren; eine gezielte Steuerharmonisierungspolitik müsse aber unterbunden werden, um die Bildung von Besteuerungskartellen bzw. den Missbrauch marktbeherrschender Stellungen oder diskriminierendes Verhalten zu verhindern[848] – dieser Gedanke liegt auch dem Verhaltenskodex zugrunde. Ergänzend wird die Notwendigkeit unterstrichen, nicht nur die genannten, den funktionsfähigen Steuerwettbewerb generell gefährdenden Maßnahmen zu unterbinden, sondern auch Regeln für einen lauteren Steuerwettbewerb aufzustellen.[849]

b) Nachteile

Für gemeinschaftsweit tätige Unternehmen ist die erforderliche Beachtung verschiedener nationaler Steuersysteme mit Beratungs- und Befolgungskosten[850], sowie mit Unsicherheiten[851] verbunden, welche die betriebswirtschaftliche Effizienz belasten.[852] Für den zwischenstaatlichen Handel erweise sich dies insbesondere nach der durch die Währungsunion erfolgten Abschaffung von Währungs- bzw. Wechselkursrisiken zunehmend als hinderlich. Eine teilweise Ausschaltung des steuerlichen Wettbewerbs durch Harmonisierung bestimmter Aspekte (z.B. der Bemessungsgrundlagen) würde die Steuerberatungs- und -befolgungskosten verringern.[853] Es wird auch überzeugend vertreten, dass eine teilweise Vereinheitlichung des materiellen Steuerrechts die Transparenz des Wettbewerbsprozesses erhöhen, und den Wettbewerb somit effektiver machen würde.[854] Als unterstützendes Argument werden diesbezüglich konkrete Beispiele dafür angeführt, dass z.B. die Vorschriften zur steuerlichen Gewinnermittlung durchaus einheitlich auf föderalstaatlicher Ebene geregelt werden könnten, ohne dass dies negative Auswirkungen auf den steuerlichen Wettbewerb untergeordneter Gebietskörperschaften habe.[855] Hieraus leitet auch die Kommission

---

[848] *Müller*, in *Müller/Fromm/Hansjürgens,* S. 161 f, befürwortet jedoch eine Harmonisierung offenbar insoweit, als er eine hinsichtlich Bemessungsgrundlage und Verteilungsschlüssel nach U.S.-amerikanischem Vorbild vereinheitlichten Körperschaftsteuer (durch das sog. „*formula apportionment*“) favorisiert.

[849] *Müller*, in *Müller/Fromm/Hansjürgens*, S. 158 f.

[850] Siehe hierzu detailliert die Studie der Kommission über die Unternehmensbesteuerung im Binnenmarkt (KOM (2001) 1681, 41, Rn. 33 ff.

[851] Die Kommission verweist in ihrer Mitteilung vom 23. Mai 2001 (KOM (2001) 260 endg.), 18, auf Fälle, in denen z.B. die finanzbehördliche Genehmigung konzerninterner Verrechnungspreise über fünf Jahre in Anspruch nahm.

[852] Vgl. KOM (2001) 582, Anhang, Ziff. 6.

[853] Andererseits resultiert im internationalen Steuerwettbewerb ein hoher Gestaltungsspielraum der Unternehmen gerade daraus, dass die Vorschriften zur ertragsteuerlichen Gewinnermittlung z.T. erheblich differieren, vgl. *Büttner*, in *Müller/Fromm/Hansjürgens*, S. 53 ff [S. 66].

[854] So würde bei einer Vereinheitlichung der steuerlichen Bemessungsgrundlage z.B. der Steuersatz an Aussagekraft bezüglich der steuerlichen Effektivbelastung gewinnen.

[855] Vgl. KOM (2001) 582, Ziff. 69.

ihr wieder aktuelles Bestreben zur Einführung einer konsolidierten Körperschaftsteuerbemessungsgrundlage ab.

Die Heterogenität der Steuersysteme bei gleichzeitiger Mobilität der Wirtschaftsfaktoren wird auch als Gefährdung von Realisierung bzw. Durchsetzung der staatlichen Steueransprüche angesehen, da sich (z.B. durch fehlende Verpflichtung ausländischer Behörden/Kreditinstitute zu Auskünften oder gar Kontrollmitteilungen) zusätzliche Möglichkeiten zur Steuerverkürzung oder -hinterziehung ergeben.[856] Tatsächlich dürfte diesem Zusammenhang bei den bisherigen Maßnahmen der EU im Bereich des schädlichen Steuerwettbewerbs (und der Besteuerung ausländischer Kapitalerträge) eine besondere Bedeutung zukommen.

Es wird vertreten, dass Steuerwettbewerb unter bestimmten Umständen geeignet sei, die effiziente Bereitstellung öffentlicher Leistungen zu beinträchtigen.[857] Dies wird idR. anhand der hohen Mobilität von Kapital exemplifiziert: Erfolge die Besteuerung von Kapitalerträgen nicht (dem Welteinkommensprinzip entsprechend) in dem Staat, wo der Steuerpflichtige ansässig ist und zur Erwirtschaftung weiteren Kapitals öffentliche Leistungen nutzt, könne auf diese Weise ein steuerliches Ungleichgewicht entstehen.[858] Mit anderen Worten: der steuerliche Wettbewerb könne die effiziente Bereitstellung öffentlicher Leistungen dadurch beeinträchtigen, dass er wegen der Mobilität der Wirtschaftsfaktoren eine Durchbrechung der für die effiziente Versorgung maßgeblichen gebietskörperschaftlichen „Einnahmen-Ausgaben-Kalkulation" bewirke. Es bestehe die Möglichkeit, dass bestimmte öffentliche Leistungen von den in diesem Staat ansässigen Wirtschaftsteilnehmern ohne steuerliche „Gegenleistung" in Anspruch genommen würden. Bestimmte Maßnahmen gegen schädlichen Steuerwettbewerb seien daher erforderlich, um die nationale Steuersouveränität (in bezug auf Wohnsitzstaat-Besteuerung bei Kapitaleinkünften) zu gewährleisten.[859] Auch in Bezug auf Direktinvestitionen[860] kann durch gezielte Veränderung der steuerlichen Vorschriften ein „Importanreiz" für ausländisches Investitionskapital geschaffen werden. Im „Kapitalexportland" hat ein solcher Kapitaltransfer eine Verringerung der künftigen steuerlichen Bemessungsgrundlage

---

[856] *Kellersmann/Treisch*, S. 72, m.w.N.

[857] *Feld/Kirchgässner*, in *Müller/Fromm/Hansjürgens*, S. 23 ff vgl. *Bach*, ebendort, S. 105 ff [S. 128].

[858] Diese Überlegung liegt der nunmehr (im Rahmen des „Steuerpakets") verabschiedeten Richtlinie der EU zur Besteuerung privater Zinserträge aus Kapitalvermögen zugrunde. Diese Richtlinie regelt für alle Mitgliedstaaten (außer Belgien, Luxemburg und Österreich, die für eine Übergangszeit eine Quellensteuer erheben müssen) die Lockerung des Bankgeheimnisses durch Einführung von Kontrollmitteilungen an die Finanzbehörden anderer Mitgliedstaaten.

[859] *Bach*, in *Müller/Fromm/Hansjürgens*, S. 105 ff [S. 127].

[860] Vgl. für Portfolio-Investitionen (Kapitalanlagen) *Bach*, in *Müller/Fromm/Hansjürgens*, S. 105 ff.

sowie gleichzeitig einen Verlust an wirtschaftlichem Potential (inklusive Arbeitsplätzen) zur Folge.[861]

Das Bestreben der Mitgliedstaaten, zur Vermeidung einer „Erosion" der Besteuerungsgrundlage einen Kapitalexport zu verhindern, kann nach vertretener Ansicht die Gefahr eines steuerlichen Wettlaufs um Kapital (durch fortschreitende Steuerverringerung für Kapitalerträge) mit sich bringen[862]; dieser Prozess sei geeignet, den Faktor Kapital zunehmend der Besteuerung zu entziehen.[863] Wie die Kommission in verschiedenen (allerdings nicht mehr ganz aktuellen) Studien festgestellt hat, ging der Trend innerhalb der Union tatsächlich dahin, die Besteuerung von Kapitalerträgen (in Form der Nominalsteuersätze) zu senken[864], und zwar bei gleichzeitiger Mehrbelastung des (relativ immobilen[865]) Wirtschaftsfaktors Arbeit.[866] Im Zusammenhang mit diesem „Steuersenkungswettlauf" werden Gefahren sowohl für das öffentliche Leistungsspektrum wie die Steuergerechtigkeit und für die steuerliche Umverteilung identifiziert[867]: Durch die befürchtete Erosion der nationalen Steuerbasis könne es dazu kommen, dass bestimmte öffentliche Leistungen zugunsten der „steuerlich Schwachen" vom

---

861 Siehe hierzu *Hansjürgens*, in *Müller/Fromm/Hansjürgens*, S. 71 ff [S. 74 f], der auch hervorhebt, dass ein Teil der beschriebenen Folgen aus der mit der Kapitalverlagerung häufig einhergehenden Steuerkriminalität resultiert [S. 75].

862 Die OECD verwendet in ihrem 1998er Bericht (Harmful Tax Competition – An Emerging Global Issue),: insoweit die populäre Umschreibung vom Gefangenendilemma („*prisoners' dilemma*"), Rn. 80. Vgl. *Höppner*, in *Müller/Fromm/Hansjürgens*, S. 89 ff [S. 92], der allerdings etwas zu dramatisieren scheint; *Müller*, ebendort, S. 153 ff [S. 163]; anderer Ansicht: *Bach*, ebendort, S. 105 ff [S. 115]; *Bauschatz*, IStR 2002, 291 ff [293]; kritisch auch *Eichenberger*, in *Müller/Fromm/Hansjürgens*, S. 415 ff [S. 416]: „*Je höher die Gewinne in einer Volkswirtschaft besteuert werden, desto kleiner sind die Anreize, dort zu investieren. [...] Eine hohe Besteuerung des Kapitals ist deshalb auch aus Sicht der Arbeitnehmer nicht unbedingt wünschenswert.*"

863 Siehe Kommission, KOM (96) 546 endg., 4 f: „*Auch wenn der gesamtwirtschaftliche Einfluss des Steuerschwunds nicht messbar ist, so bestehen doch deutliche Anzeichen dafür, dass die effektive Besteuerung von Kapitalerträgen durch die rein steuerlich motivierte Verlagerung von Kapitalanlagen von einem Mitgliedstaat in einen anderen oder aus der Union gefährdet ist.*"

864 „Die Steuern in der Europäischen Union: Bericht über die Entwicklung der Steuersysteme", KOM (96) 546 endg. Rn. 2.3. Kritisch: *Büttner*, in *Müller/Fromm/Hansjürgens*, S. 52 ff [S. 62], die in diesem Zusammenhang (Reduzierung der nominalen Steuersätze) auf eine parallele Erweiterung der steuerlichen Bemessungsgrundlagen hinweist (m.w.N.).

865 *Büttner*, in *Müller/Fromm/Hansjürgens*, S. 53 ff [S. 58] sprechen diese - auch in der EU – vergleichsweise geringe Mobilität der Arbeitnehmer als Folge administrativer Barrieren an.

866 Siehe KOM (97) 495 endg., Rz. 5; vgl. *Voß*, in *Dauses*, Rn. 23 zu Art. 90 EG. Die Gegenansicht (Zwang für Gewerkschaften und Arbeitgeberverbände zu einer Anpassung der Tarifpolitik) wird aber auch vertreten. Vgl. hierzu *Feld/Kirchgässner*, in *Müller/Fromm/ Hansjürgens*, S. 28 f m.w.N.

867 *Feld/Kirchgässner*, in *Müller/Fromm/Hansjürgens*, S. 21 ff [S. 22 f], weisen ergänzend auf die damit theoretisch verbundenen Auswirkungen auf den demokratischen Prozess bzw. die steuer- und gesellschaftspolitischen Umverteilungsmodelle hin, die sich durch „Abwanderung" mobiler, kapitalkräftiger Wirtschaftsteilnehmer ergeben könnten.

Staat nicht mehr angeboten würden.[868] Die Möglichkeit der Abwanderung für Kapital hätte zur Folge, dass an die Stelle der dem jeweiligen Steuersystem immanenten (und notwendigerweise gerade nicht *individuell* äquivalenten) Umverteilung ein subjektives Kosten-Nutzen-Verständnis der Steuerpflichtigen treten würde.[869] „Vielverdiener" würden somit bestrebt sein, ihre konzeptionsgemäß überproportionale Besteuerung durch Kapitalverlagerung zu verringern. Die soziale Funktion der Besteuerung würde so beeinträchtigt, die gebotene Gleichmäßigkeit der Besteuerung (nach dem Leistungsfähigkeitsprinzip) könne gefährdet werden.[870]

4. Bewertung des Steuerwettbewerbs

a) Bewertung im Kontext der gemeinschaftlichen Integration

Die theoretischen Erkenntnisse zugunsten einer grundsätzlichen Anerkennung des steuerlichen Systemwettbewerbs als positiv einerseits und der Notwendigkeit eines maßvollen Vorgehens gegen bestimmte (schädliche) Ausprägungen dieses Wettbewerbs andererseits[871] werden offensichtlich durch die empirischen Ergebnisse der aktuellen steuerlichen Untersuchungen der Kommission gestützt.[872] Diese belegen, dass sich die Besteuerung der Kapitalerträge (trotz

---

[868] Siehe *Hansjürgens*, in *Müller/Fromm/Hansjürgens*, S. 71 ff [S. 72].

[869] *Schön*, in *Pelka*, S. 191 ff, [S. 201]. Siehe auch *Hansjürgens*, in *Müller/Fromm/Hansjürgens*, S. 71 ff [S. 73].

[870] *Bach*, in *Müller/Fromm/Hansjürgens*, S. 105 ff [S. 127].

[871] Die Europäische Kommission hat sich verschiedentlich ausdrücklich dahingehend geäußert, dass der steuerliche Systemwettbewerb zwischen den Mitgliedstaaten *an sich* als positiv zu beurteilen ist. Siehe z.B. Mitteilung der Kommission an den Rat: Koordinierung der Steuerpolitik in der Europäischen Union (KOM (97) 495 endg.), Rz. 3; Mitteilung der Kommission an den Rat und das Europäische Parlament: Erster Jahresbericht über die Anwendung des Verhaltenskodex für die Unternehmensbesteuerung und über steuerliche Beihilfen (KOM (98) 595 endg.), Rz. 3; s.a. die Mitteilung der Kommission an den Rat, das Europäische Parlament und den Wirtschafts- und Sozialausschuss (KOM (2001) 260 endg.), Ziffer 2.3. Die Studie der Kommission zur Unternehmensbesteuerung im Binnenmarkt hat den Versuch einer Quantifizierung effizienzmindernder Effekte des steuerlichen Wettbewerbs zwischen den Mitgliedstaaten ausdrücklich nicht unternommen (Siehe hierzu die Zusammenfassung der von der Kommission im Auftrag des Rates angefertigten Studie Unternehmensbesteuerung im Binnenmarkt (SEK(2001)1681), Anhang, 33, Rn. 11), lässt aber eine *„grundsätzliche Korrelation zwischen Besteuerung und Standortwahl"* erkennen (ebendort, Rn. 24). Soweit sie einerseits einen steuerlichen Wettbewerb grundsätzlich als effizienzsteigernd anerkennt, andererseits aber (ebenfalls unter Effizienzgesichtspunkten) ein Steuersystem fordert, welches in bezug auf wirtschaftliche Entscheidungen der Marktteilnehmer „neutral" ist – sprich die Entscheidung *„über eine Investition, ihre Finanzierung oder ihren Standort [...] nicht beeinflusst"* (ebendort, Rn. 7 f) - ist dies allerdings als widersprüchlich anzusehen: Denn zum einen wäre wohl nur ein gemeinschaftsweit komplett vereinheitlichtes Steuersystem in der Lage, zumindest hinsichtlich der zwischenstaatlichen Standortwahl die geforderte Neutralität zu gewährleisten; zum anderen wäre aber gerade ein solches System durch ein völliges Fehlen effizienzsteigernder Faktoren durch steuerlichen Wettbewerb gekennzeichnet.

[872] Struktur der Steuersysteme in der Europäischen Union: 1995 – 2001; Vgl. die Eurostat-Pressemitteilung vom 13. Juni 2003 (STAT/03/67).

fortbestehender Vielfalt der Steuersysteme) in der EU aus heutiger, retrospektiver Sicht nicht stetig verringert, sondern von durchschnittlich 24,5 % (in 1995) auf 29,8 % (in 2001) erhöht hat; der befürchtete Wettlauf um Kapital in Form einer Senkung der Steuersätze hat sich somit nicht eingestellt bzw. konnte verhindert werden.[873] Die Studie kommt außerdem zu dem Ergebnis, dass die Gesamtabgabenbelastung (inklusive Sozialabgaben) in der EU mit ca. 40 % deutlich höher liegt als z.B. in Japan (ca. 27 %) und den USA (ca. 29 %) als vergleichbaren Wirtschaftsräumen.[874] Im internationalen Vergleich haben die Mitgliedstaaten der Gemeinschaft insofern offenbar noch ein Potential zum Abbau ihrer Abgabenbelastung, ohne dass dadurch ein Zusammenbrechen der Haushalte bzw. eine Streichung öffentlicher Leistungen wahrscheinlich würde.[875]

Die Untersuchungen von EU und OECD zeigen andererseits, dass insbesondere die Anlockung von Kapital durch einige Staaten systematisch betrieben wird, und dass diese Praxis geeignet sein kann, die nationalen Steueraufkommen in einer Weise zu verschieben, die ganz offensichtlich bei der Mehrheit der Staaten keine Billigung findet.[876] Aus europäischer Sicht erscheint ein ungezügelter Steuerwettbewerb zwischen den Mitgliedstaaten unter diesem Gesichtspunkt potentiell geeignet, die grundlegenden Ziele der Union unter bestimmten Umständen zu beeinträchtigen. Und auch wenn der Steuerwettbewerb zwischen den Mitgliedstaaten der Union stets nur einen Ausschnitt aus dem bestehenden System- bzw. Standortwettbewerb darstellt, wird ihm bei zunehmender Vereinheitlichung der wirtschaftlichen und sonstigen Rahmenbedingungen innerhalb der EU voraussichtlich eine verstärkte Bedeutung zukommen, was die Notwendigkeit einer Bekämpfung der negativen Aspekte dieses Wettbewerbs unterstreicht.

b) Kompetenzrechtliche Bewertung

Zu beachten ist, dass dem primäre Gemeinschaftsrecht wie geschildert eine Grundwertung zur Aufrechterhaltung funktionsfähigen steuerlichen System-

[873] Auch eine als mögliche Folge des Steuerwettbewerbs vorhergesehene Verteuerung des Faktors Arbeit ist in dieser Form nicht als gegenwärtig anhaltender Trend nachweisbar, da der sog. implizite Steuersatz für Arbeit zum Jahr 2001 nach einem zwischenzeitlichen Anstieg (bis 1998) nunmehr wieder unter das Niveau des Jahres 1995 gesunken ist.

[874] Vgl. hierzu die Pressemitteilung vom 13. Juni 2003 (STAT/03/67). Die Gesamtabgabenbelastung setzt sich im Unionsdurchschnitt zu jeweils ca. einem Drittel aus direkten und indirekten Steuern sowie Sozialabgaben zusammen, s. ebendort.

[875] Im internationalen Kontext können durch die Mitgliedstaaten gewährte Steuervergünstigungen vor diesem Hintergrund sogar geeignet sein, Standort- bzw. Investitionsentscheidungen von Unternehmen aus Drittstaaten zugunsten der EU zu beeinflussen und die internationale Wettbewerbsfähigkeit des gemeinschaftlichen Wirtschaftsraumes zu stärken.

[876] Trotz empirischer Anhaltspunkte für eine durch steuerliche Bedingungen induzierte Faktormobilität ist allerdings naturgemäß schwierig nachweisbar, in welchem Umfang die unbillige Anlockung mobiler Wirtschaftsfaktoren (allen voran Kapital) ein strategisches bzw. bestimmendes Moment nationaler Steuerpolitiken ist, siehe *Büttner*, in *Müller/Fromm/Hansjürgens*, S. 53 ff [S. 62].

wettbewerbs immanent ist.[877] Die Gemeinschaft ist dementsprechend nicht zu einer umfassenden steuerlichen Harmonisierung, sondern nur zu erforderlichen Einzelmaßnahmen ermächtigt[878]; dass eine Vollharmonisierung auch nicht angestrebt wird, ist von der Kommission regelmäßig klargestellt worden[879]

Die Notwendigkeit eines behutsamen Umgangs mit den steuerlichen Kompetenzen kann sowohl auf die herausragende Bedeutung der Steuerhoheit für das staatliche Selbstverständnis als auch aus der nicht minder großen Bedeutung des Wettbewerbs als fundamentalem Ordnungsprinzip (für Markt und Föderalismus gleichermaßen[880]) hergeleitet werden. Es entspricht staatsrechtlicher wie volkswirtschaftlicher Theorie, dass die Verantwortung für die Steuerpolitik mit der Verfügungsgewalt über das Steueraufkommen korrelieren muss.[881] Dem steht auch das gemeinschaftliche Integrationsinteresse nicht grundsätzlich entgegen, da eine generelle Korrelation zwischen wirtschaftlichem bzw. politischen Zu-

---

[877] Siehe auch *Voß*, in *Dauses*, Rn. 9 zu Abschnitt J, m.w.N.

[878] Anderer Ansicht offenbar *Kellersmann/Treisch*, S. 70 f, soweit sie ohne einen gemeinschaftsrechtlichen Beleg die *„Forderung nach einem verzerrungsfreien und damit entscheidungsneutralen Steuersystem"* erheben bzw. behaupten, das Konzept des Gemeinsamen Marktes würde es zulassen, *„alle nicht natürlichen Wettbewerbsbedingungen [gemeint sind offenbar Unterschiede in den nationalen Steuersystemen] [...] durch Rechtsetzung [anzugleichen]"* (S. 94). Sicherlich setzt eine optimale Faktorallokation im volkswirtschaftlichen Sinne ein verzerrungsfreies Gesamtsystem voraus; die Ziele der Gemeinschaft (auch die Schaffung eines Gemeinsamen Marktes als Zwischenziel) dürfen jedoch nur im Rahmen der erteilten Ermächtigungen verfolgt werden. Eine völlige Harmonisierung der mitgliedstaatlichen Steuersysteme ist im Primärrecht aber gerade nicht vorgesehen. Dies ist auch kein Zufall, sondern eine bewusste politische Wertung und darf deshalb nicht einfach übergangen werden. Ansonsten wären auch die Rechtsangleichungskompetenzen der Gemeinschaft (die für den Bereich der direkten Steuern ohnehin nur implizit, also ohne ausdrücklichen Auftrag existieren) obsolet. In diesem Sinne *ebendort*, 77 ff und 80 ff: *„Die Grundfreiheiten stehen Unterschieden in den Wettbewerbsbedingungen, die sich aus den unterschiedlichen steuerlichen Rahmenbedingungen in den Mitgliedstaaten ergeben, nicht entgegen."* (81).

[879] Siehe die Mitteilung der Kommission an den Rat, das Europäische Parlament und den Wirtschafts- und Sozialausschuss (KOM (2001) 260 endg.), Ziff. 2.4: *„Natürlich besteht keinerlei Notwendigkeit für eine durchgehende Harmonisierung der Steuersysteme der Mitgliedstaaten."* Vgl. auch IP/01/737 vom 23. Mai 2001.

[880] *Frey*, in *Pommerehne/Ress*, S. 104 ff [S. 104]: *„Letztlich beruhen sowohl die Marktwirtschaft als auch der Föderalismus auf dem gleichen Organisationsprinzip, einem Prinzip, das auf Wettbewerb beruht."* Auch *Reichenbach*, ebendort, S. 134 ff, vertritt den Standpunkt, dass die nationale Fiskalhoheit weitestgehend erhalten bleiben sollte und das die haushaltspolitische Autonomie der Mitgliedstaaten nur eingeschränkt werden dürfe, soweit es dafür „plausible wirtschaftliche Gründe" gäbe.

[881] *Frey*, in *Pommerehne/Ress*, S. 104: *„Damit der föderative Wettbewerb tatsächlich wirksam ist, müssen gewisse Voraussetzungen erfüllt sein. So müssen die Gliedstaaten insbesondere über Aufgaben- und Ausgabenautonomie, aber auch über Steuerautonomie verfügen. Die[se] [...] Autonomie entspricht der Freiheit des Unternehmers, selbst zu entscheiden, was er wie herstellen will, die Steuerautonomie seiner Freiheit, selbst die Preise für seine Güter festzulegen. Die Steuern sind ja nichts anderes als der Preis, den die Angehörigen eines staatlichen Gemeinwesens für das Bündel an öffentlichen Leistungen zu bezahlen haben."*

sammenhalt auf der einen und dem Grad einer steuerlichen Harmonisierung auf der anderen Seite (jedenfalls auf staatlicher Ebene) im internationalen Vergleich nicht nachweisbar ist[882]: So verfügen die USA und die Schweiz über vergleichsweise schwach harmonisierte Steuersysteme mit starken Kompetenzen der einzelnen Gliedstaaten im Vergleich zur föderalen Ebene. Trotzdem zeichnen sie sich durch hohe Wirtschaftskraft, überdurchschnittlichen Lebensstandard und eine stabile innenpolitische Situation aus.[883]

c) Regeln für den Systemwettbewerb

Die institutionelle und dogmatische Anerkennung des steuerlichen Wettbewerbs zwischen den Mitgliedstaaten als Wettbewerbsprozess an sich bringt fast zwangsläufig die Erkenntnis mit sich, dass dieser (wie der unternehmerische Wettbewerbsprozess) institutionell gefährdet werden oder durch unlautere Methoden verfälscht werden kann. Sowohl vom empirischen als auch vom theoretischen Standpunkt aus erscheint es somit im Interesse der Erhaltung eines funktionsfähigen Wettbewerbs unausweichlich, dass bestimmte Regeln aufgestellt werden, um den steuerlichen Systemwettbewerb zwar als solchen aufrecht zu erhalten, ihn soweit wie möglich aber in „positive" Bahnen zu lenken. Insbesondere unter Berücksichtigung der gemeinschaftsrechtlichen Grundsätze der Subsidiarität[884] und der Verhältnismäßigkeit muss außerdem davon ausgegangen, dass unter der Prämisse der gebotenen Aufrechterhaltung des steuerlichen Wettbewerbs *als solchem* die Aufstellung von Wettbewerbsregeln (als milderes Mittel) bei gleicher Eignung einer Harmonisierung vorzuziehen ist.[885]

Als inhaltlicher Maßstab für eine Regelung des Systemwettbewerbs werden vielfach äquivalenztheoretische Ansätze diskutiert.[886] Grundgedanke des steuerlichen Äquivalenzprinzips ist, dass zwischen den staatlichen Leistungen (z.B. Infrastruktur), die der Unternehmer zur Erwirtschaftung seines Gewinns in einer Steuerjurisdiktion in Anspruch nimmt, und den Steuern, die er auf seinen Gewinn bezahlt, eine grundsätzliche Korrelation nach dem Grundsatz des Tauschs (bzw. von Leistung und Gegenleistung) bestehen sollte, bzw. dass sich letztere an ersteren orientieren sollte. Mit anderen Worten: die angebotenen öffentlichen Güter werden entsprechend mit Steuern „bepreist" (sog. Markteinkommenstheorie). Die Anwendung des Äquivalenzprinzips ist aber sowohl mit theoretischen als auch mit praktischen Schwierigkeiten behaftet. Denn zum einen würde die Anlockung bestimmter Tätigkeiten, für die keine oder nur wenige öffentliche

---

[882] *Kenyon/Kincaid,* in *Pommerehne/Ress*, S. 34 ff ; vgl. auch *Bird,* ebendort, 57 ff.

[883] Siehe hierzu die Beiträge von *Kenyon/Kincaid* (S. 134 ff) und *Frey* (S. 104 ff), in *Pommerehne/Ress*.

[884] Siehe hierzu *Zorn*, in *Pelka*, S. 227 ff [S. 239]: „*In einem von der Subsidiarität geprägten Gemeinsamen Markt ist es Aufgabe der Gemeinschaft, die Rahmenbedingungen für das Funktionieren der Systemkonkurrenz [...] zu gewährleisten.*"

[885] Siehe auch *Müller*, in *Müller/Fromm/Hansjürgens*, S. 153 ff. Vgl. *Postlep*, ebendort, 411.

[886] *Hansjürgens,* in *Müller/Fromm/Hansjürgens*, S. 71 ff ; *Höppner*, ebendort, 89 ff.

Leistungen in Anspruch genommen werden, und die niedrige Besteuerung der aus diesen Leistungen erwirtschafteten Gewinne mit dem Äquivalenzprinzip grundsätzlich in Einklang stehen können – entsprechende Steuerregimes werden aber in der Regel als schädlich im Sinne des Steuerwettbewerbs angesehen.[887] Zum anderen ist auch fraglich, wie das Äquivalenzprinzip praktisch handhabbar bzw. justitiabel gemacht werden könnte.[888] Eine grundsätzliche Frage ist außerdem, wie äquivalenztheoretische Maßstäbe mit dem grundlegenden steuerlichen Leistungsfähigkeitsprinzip in Einklang gebracht werden können, das als materieller Ausdruck des rechtsstaatlichen Grundsatzes der Besteuerungsgleichheit (Belastungsgleichheit) gerade nicht an externe Parameter, sondern bei den Ertragsteuern an Gewinn bzw. Vermögen des einzelnen Steuerpflichtigen anknüpft.[889] Auch im gemeinschaftsrechtlichen Kontext bestehen berechtigte Zweifel an der Vereinbarkeit des Markteinkommens-Gedankens mit dem Binnenmarktkonzept.[890]

B. Der Verhaltenskodex für die Unternehmensbesteuerung

Der Verhaltenskodex für die Unternehmensbesteuerung[891] verkörpert den gegenwärtigen, gemeinschaftsweiten (und OECD-konformen Konsens) bezüglich des Vorgehens der EU und der Mitgliedstaaten gegen den schädlichen Steuerwettbewerb.[892] Die Einbeziehung der in ihm zum Ausdruck kommenden Wertungen in die Anwendung des Beihilfeverbots auf steuerliche Maßnahmen erfordert zunächst eine Einordnung des Verhaltenskodex im gemeinschaftsrechtlichen Kontext.

I. Standpunkt im Gemeinschaftsrecht

1. Entstehungsgeschichte

Der gedankliche Ausgangspunkt des Verhaltenskodex ist in dem Ergebnis des Berichts der Kommission aus dem Jahr 1996 über die Entwicklung der Steuersysteme zu finden.[893] In diesem wird eine Erhöhung der sog. kalkulatorischen steuerlichen Belastung des Produktionsfaktors Arbeit[894] bei gleichzeitiger Senkung einer solchen Belastung bei den übrigen Produktionsfaktoren (genannt

---

[887] *Hansjürgens,* in *Müller/Fromm/Hansjürgens*, S. 71 ff [83].
[888] *Hansjürgens,* in *Müller/Fromm/Hansjürgens*, S. 71 ff [85].
[889] Vgl. hierzu (allgemein) *Tipke/Lang*, 78 ff und 87 f.
[890] *Schön*, IStR 2004, 289 ff [291].
[891] ABl. C 2 vom 6. Januar 1998, 1 ff [3 ff].
[892] Siehe für einen Überblick vor allem *Mors*, in *Müller/Fromm/Hansjürgens*, S. 197 ff; s.a. *Jacobs*, S. 273 ff; *Müller,* in *Britzelmaier/Geberl*, S. 1 ff; *Zorn,* in *Pelka,* S. 227 ff [S. 257].
[893] „Die Steuern in der Europäischen Union: Bericht über die Entwicklung der Steuersysteme“, KOM (96) 546 endg.
[894] In dem untersuchten Zeitraum (1980 bis 1994) im EU-Durchschnitt von 34,7 auf 40,5 %.

werden Kapital, selbständige Arbeit, Energie und natürliche Ressourcen)[895] festgestellt.[896] Als eine mögliche Ursache für diese beobachtete Verlagerung der Steuerlast nennt die Kommission unter Bezugnahme auf im Rahmen des OECD-Ministertreffens und des G7-Gipfels geäußerte Befürchtungen eine *„exzessive, schädliche Steuerkonkurrenz"*.[897] Das Phänomen des schädlichen Steuerwettbewerbs wird als potentiell gefährlich für die Ziele der Gemeinschaft identifiziert und deshalb die Bildung eines Gremiums (Ausschuss) unter Vorsitz der Kommission vorgeschlagen, das einen Konsens über schädliche Steuermaßnahmen herbeiführen, sowie mit der Formulierung eines Verhaltenskodex betraut werden soll.[898] Der Bericht fordert zur Vorbereitung und vertiefenden Behandlung der identifizierten Probleme außerdem die Einsetzung einer Arbeitsgruppe.

a) Beratungsphase

In Umsetzung dieser Anregungen legte die Kommission dem Rat im Jahre 1997 den „Entwurf eines Verhaltenskodex bei der Unternehmensbesteuerung" vor[899], der aus den Beratungen der Arbeitsgruppe Steuerpolitik hervorging. Dieser Entwurf war Bestandteil des Maßnahmepakets zur Bekämpfung des schädlichen Steuerwettbewerbs, welches später in Form einer Mitteilung auch dem Parlament zur Beratung vorgelegt wurde.[900] In dieser Mitteilung wurde ein koordiniertes Vorgehen der Mitgliedstaaten im Bereich des schädlichen Steuerwettbewerbs insbesondere unter dem o.g. Aspekt eines möglichen Zusammenhangs der festgestellten „Verteuerung" des Faktors Arbeit und der verminderten Besteuerung mobiler Produktionsfaktoren dringend angeraten.[901] In ihrer Mitteilung erklärt die Kommission außerdem, die ihr obliegende Überprüfung staatlicher Beihilfen im Bereich Steuervergünstigungen zu verstärken.[902]

Der Verhaltenskodex sowie zwei Texte über die Besteuerung von Zinserträgen und über die Besteuerung von Zinsen und Lizenzgebühren zwischen verbundenen Unternehmen verschiedener Mitgliedstaaten wurden am 1. Dezember 1997 als Beratungsgrundlage vom Rat angenommen.[903] Die Kommission wurde ersucht, zur Gewährleistung einer einheitlichen Anwendung des Verhaltenskodex

[895] Senkung von 44,1 auf 35,2 %.
[896] KOM (96) 546 endg, Rn. 2.3.
[897] KOM (96) 546 endg, Rn. 2.4.
[898] KOM (96) 546 endg, Rn. 6.4 f.
[899] Mitteilung der Kommission an den Rat vom 1. Oktober 1997, KOM (97) 495.
[900] Mitteilung der Kommission an den Rat und das Europäische Parlament vom 5. November 1997, KOM (97) 564 endg.
[901] KOM (97) 495 endg., Rn. 5, Rn. 18 ff.
[902] Die Kommission legte diese verschiedenen Maßnahmen im Paket vor, da dies nach ihrer Einschätzung die Chancen einer Einigung der Mitgliedstaaten verbessern würde; diese Einschätzung erwies sich allerdings als falsch. Mitteilung der Kommission an den Rat und das Europäische Parlament, KOM (97) 564, Rn. 7.
[903] Siehe ABl. C 2 vom 6. Januar 1998, 1.

jährlich über dessen Anwendung und über steuerliche Beihilfen zu berichten[904], und verpflichtete sich auf Wunsch der Mitgliedstaaten[905] außerdem, an den o.g. Texten orientierte Richtlinienvorschläge betreffend die Besteuerung von Zinserträgen und die Zahlung von Zinsen und Lizenzgebühren zwischen Unternehmen vorzulegen[906], sowie Leitlinien über die Anwendung der Vorschriften des EG-Vertrages über staatliche Beihilfen auf Maßnahmen im Bereich der direkten Unternehmensbesteuerung auszuarbeiten.[907]

b) Annahme durch den Rat

Nachdem durch einzelne Mitgliedstaaten bis zuletzt eine Einigung in der Hoffnung auf anderweitige Zugeständnisse blockiert wurde[908], ist das Steuerpaket im Sommer 2003 vom Rat angenommen worden.[909]

2. Rechtsgrundlage und Rechtsnatur

Man könnte erwägen, als Rechtsgrundlage für den Verhaltenskodex Art. 94 EG heranzuziehen. Dabei ist jedoch zu beachten, dass diese Ermächtigungsvorschrift nur eine Rechtsangleichung durch Richtliniensetzung vorsieht. Der Verhaltenskodex ist zwar wie eine Richtlinie auf Initiative der Kommission ausgearbeitet und den Vertretern der Mitgliedstaaten im Rat zur (einstimmigen) Annahme vorgelegt worden, lässt sich jedoch anhand seiner Form (dazu gehört auch eine entsprechende Benennung und Bezeichnung) nicht als Richtlinie einordnen; diesem Verständnis entspricht auch die Veröffentlichung des Verhaltenskodex im nichtlegislativen Teil („C“) des Amtsblattes.[910]

Art. 249 EG enthält einen *numerus clausus* der rechtsetzenden Maßnahmen des Sekundärrechts. Vorgesehen sind dort nur Verordnungen, Richtlinien und (Einzelfall-) Entscheidungen. Sekundäres Gemeinschaftsrecht kann somit nur unter Wahrung des Verfahrens und der Form einer dieser drei Möglichkeiten geschaffen werden. Der Verhaltenskodex vermag bereits in Ermangelung dieser Voraussetzungen kein *rechtlich* verbindlicher Bestandteil des Gemeinschaftsrechts zu sein.[911] Dies bestätigt die Präambel des Verhaltenskodex, nach der dieser

---

[904] ABl. C 2 vom 6. Januar 1998, 1, 4. Spiegelstrich.
[905] Siehe KOM (97) 495 endg., Rn. 17; KOM (97) 564 endg., Rn. 13.
[906] ABl. C 2 vom 6. Januar 1998, 1, 1. bis 3. Spiegelstrich.
[907] ABl. C 2 vom 6. Januar 1998, 1, 5. Spiegelstrich, sowie Verhaltenskodex, Buchstabe J. Vgl. Mitteilung der Kommission an den Rat und das Europäische Parlament vom 25. November 1998, KOM (98) 595 endg., Rn. 4. Ausführlich *Bach*, in *Müller/Fromm/Hansjürgens*, Regeln für den Europäischen Systemwettbewerb, 105 ff [117 ff].
[908] Siehe Memorandum der Kommission vom 22. Januar 2003 (MEMO/03/13). Vgl. Memorandum der Kommission vom 20. März 2003 (MEMO/03/62) sowie das Memorandum (MEMO/03/108) vom 14. Mai 2003.
[909] Vgl. IP/03/787 vom 3. Juni 2003.
[910] Abgesehen davon, dass eine Verordnungsermächtigung im Art. 94 EG nicht enthalten ist, könnte der Verhaltenskodex aus den genannten Gründen auch keine Verordnung darstellen.
[911] Siehe auch *Zorn*, in *Pelka*, S. 227 ff [S. 258].

lediglich „*eine politische Verpflichtung*“ darstellt, welche „*die Rechte und Pflichten der Mitgliedstaaten und die jeweiligen Zuständigkeiten der Mitgliedstaaten und der Gemeinschaft wie sie sich aus dem Vertrag ergeben nicht berührt*“.[912] Die Mitgliedstaaten der Gemeinschaft sind grundsätzlich befugt, im Rahmen ihrer nationalen Rechtsordnungen und unter Beachtung der Grundsätze des Völkerrechts – und des Gemeinschaftsrecht – Abkommen oder Vereinbarungen abzuschließen.

II. Zielsetzung, Regelungsinhalt und Umsetzungsverfahren

1. Zielsetzung

Zielsetzung des Verhaltenskodex ist die Gewährleistung des Abbaus bestehender und die Einführung künftiger, in dem umrissenen Sinne schädlicher steuerlicher Maßnahmen zu gewährleisten, um dadurch „*die bestehenden Verzerrungen auf dem Binnenmarkt abzubauen, erhebliche Einbußen beim Steueraufkommen zu vermeiden und die Steuerstrukturen beschäftigungsfreundlicher zu gestalten.*“[913]

2. Materieller Regelungsgehalt

Der Anwendungsbereich des Verhaltenskodex ist sehr weit gefasst: Der Überprüfbarkeit unterliegen – unabhängig von ihrer Ausgestaltung – alle steuerlichen „*Maßnahmen, die den Standort für wirtschaftliche Aktivitäten [auch solche innerhalb einer Unternehmensgruppe] in der Gemeinschaft spürbar beeinflussen oder beeinflussen können.*“[914] Was den räumlichen Anwendungsbereich betrifft, werden auch steuerliche Regelungen in den anhängigen und assoziierten Gebieten der EU iSd. Art. 182 ff EG erfasst.[915]

a) Schädliche Maßnahmen

Potentiell schädlich sind im Sinne des Verhaltenskodex solche steuerlichen Maßnahmen, die „gemessen an den üblicherweise in dem betreffenden Mitgliedstaat geltenden Besteuerungsniveaus eine deutlich niedrigere Effektivbesteue-

---

[912] Möglich erschiene allerdings, den als rechtlich unverbindlich eingestuften Verhaltenskodex als (*a majore ad minus*) unter die Ermächtigung des Art. 94 EG oder des Art. 96 EG fallende Maßnahme anzusehen. Zwar gelten die Formvorschriften für legislative Akte des Sekundärrechts bei dem unverbindlichen Kodex nicht; aus Gründen der Klarstellung wäre die Nennung des Art. 94 oder des Art. 96 EG jedoch trotzdem geboten gewesen, wenn diese herangezogen worden wären. Dass eine Nennung nicht geschehen ist, deutet – insbesondere in Anbetracht der rechtlich unverbindlichen Natur – darauf hin, dass der Verhaltenskodex überhaupt nicht auf eine Rechtsgrundlage gestützt wurde (siehe auch hier *Zorn*, in *Pelka*, S. 227 ff). Dies wäre auch insofern konsequent, als dadurch die Eigenständigkeit des Kodex gegenüber dem Gemeinschaftsrecht verdeutlicht würde.

[913] Verhaltenskodex, Präambel.

[914] Verhaltenkodex, Buchstabe A.

[915] Verhaltenskodex, Buchstabe M.

rung, einschließlich einer Nullbesteuerung, bewirken."[916] Diesem auswirkungsbezogenen Ansatz entsprechend wird klargestellt, dass es grundsätzlich unerheblich ist, auf welchem Wege dies herbeigeführt wird.[917] Als Kriterien für die Beurteilung der tatsächlichen Schädlichkeit nennt der Verhaltenskodex „unter anderem" die Gewährung von steuerlichen Vorteilen[918]

1. ausschließlich für Gebietsfremde oder für Transaktionen mit Gebietsfremden;
2. für Aktivitäten, die nicht mit der einheimischen Wirtschaft zusammenhängen und daher auch keine Auswirkungen auf die (Verringerung der) Steuerbasis des betreffenden Mitgliedstaates haben;
3. in Abhängigkeit von Sachverhalten, denen keine tatsächliche Wirtschaftstätigkeit oder substantielle wirtschaftliche Präsenz zugrunde liegt;
4. durch Abweichung von den international anerkannten, insbesondere den im Rahmen der OECD vereinbarten Regeln der Gewinnermittlung bei multinationalen Unternehmensgruppen;
5. unter mangelhafter Transparenz, insbesondere auf Verwaltungsebene.

Die Beurteilung potentiell schädlicher Maßnahmen richtet sich gemäß Buchstabe F des Verhaltenskodex nach diesen Kriterien. Unter Buchstabe G des Verhaltenskodex wird ergänzend bestimmt, dass bei der Beurteilung die Auswirkungen der steuerlichen Regelungen auf die anderen Mitgliedstaaten – *„unter anderem unter Berücksichtigung der effektiven Besteuerung der betreffenden Aktivitäten innerhalb der gesamten Gemeinschaft"* – sorgfältig geprüft werden müssen. Hinsichtlich steuerlicher Maßnahmen mit regionaler Zielsetzung stellt der Verhaltenskodex klar, dass diese bei der Beurteilung dahingehend beurteilt werden, ob *„sie im Verhältnis zum angestrebten Ziel angemessen und auf dieses ausgerichtet sind."*[919]

b) Stillhalte- und Rücknahmeverpflichtung der Mitgliedstaaten

Die praktische Bedeutung des Verhaltenskodex liegt in der Verpflichtung der Mitgliedstaaten, einerseits die geltenden und als schädlich identifizierten Maßnahmen binnen vereinbarter Fristen zurückzunehmen oder entsprechend anzupassen[920], und andererseits keine neuen Maßnahmen einzuführen, die nach den Kriterien des Kodex als (potentiell) schädlich anzusehen wären.[921] Der Verhaltenskodex enthält in diesem Zusammenhang ein weitgehendes Auskunftsrecht der Mitgliedstaaten betreffend solche steuerlichen Maßnahmen anderer Mit-

[916] Verhaltenskodex, Buchstabe B.
[917] Verhaltenskodex, Buchstabe B.
[918] Buchstabe B, Ziff. 1 bis 5.
[919] Verhaltenskodex, Buchstabe G.
[920] Verhaltenskodex, Buchstabe D.
[921] Verhaltenskodex, Buchstabe C.

gliedstaaten, die in den Anwendungsbereich des Kodex fallen könnten.[922] In den Schlussfolgerungen des Rates wird für die erste Umsetzung der Rücknahmeverpflichtung ein Fünfjahreszeitraum, beginnend am 1. Januar 1998, angesetzt und im übrigen festgelegt, dass ein Zeitraum von zwei Jahren für die Abschaffung schädlicher Maßnahmen als ausreichend angesehen wird.[923]

c) Beihilferechtlicher Regelungszusammenhang

Unter Buchstabe J des Verhaltenskodex wird festgestellt, dass hinsichtlich der erfassten steuerlichen Maßnahmen eine Überschneidung mit dem Bereich der Kontrolle staatlicher Beihilfen besteht. Buchstabe J statuiert des weiteren die (lediglich klarstellende) Verpflichtung der Kommission, „*genauestens auf die strikte Anwendung der Vorschriften über die betreffenden Beihilfen zu achten*" und dabei insbesondere „*die negativen Auswirkungen dieser Beihilfen zu berücksichtigen [...], die durch die Anwendung des Verhaltenskodex erkennbar werden*".

3. Umsetzung und Überwachung

Wie eingangs dargestellt, obliegt die Auswahl und Beurteilung steuerlicher Maßnahmen der vom ECOFIN-Rat eingesetzten Gruppe steuerrechtlicher Experten, von denen die Kommission und jeder Mitgliedstaat jeweils zwei (einen „hochrangigen Vertreter" und einen Stellvertreter) entsenden.[924] Der Verhaltenskodex sieht vor, dass die Kommission die Arbeit der Gruppe bei den erforderlichen Vorarbeiten unterstützen, sowie die Erteilung der Auskünfte und die Abwicklung des Beurteilungsverfahrens erleichtern bzw. koordinieren möge.[925] Die Expertengruppe ist dem Rat berichtspflichtig, der Rat entscheidet über die Veröffentlichung der Berichte.[926]

In Umsetzung dieser Vorgaben des Verhaltenskodex wurde durch den ECOFIN-Rat im März 1998 eine „hochrangige Arbeitsgruppe" unter der Leitung der britischen Generalzahlmeisterin Dawn Primarolo eingesetzt[927], die der Kommission Ende 1998 ihren ersten Jahresbericht über die Anwendung des Verhaltenskodex

---

[922] Verhaltenskodex, Buchstabe E. Umgekehrt haben die betroffenen Mitgliedstaaten ein Anrecht darauf, dass die solcherart untersuchten Maßnahmen auch erörtert und kommentiert werden (Verhaltenskodex, Buchtstabe F).

[923] Schlussfolgerung des ECOFIN-Rates vom 1. Dezember 1997, ABl. C 2 vom 6. Januar 1998, 2, Ziff. 2. Dort ist auch geregelt, dass unter besonderen Umständen und nach Beurteilung des Rates auch eine längere Frist gerechtfertigt sein kann.

[924] Verhaltenskodex, Buchstabe H.

[925] Verhaltenskodex, Buchstabe I: „Der Rat *ersucht* die Kommission, ...".

[926] Verhaltenskodex, Buchstabe H.

[927] Diese „hochrangige Arbeitsgruppe" besteht gemäß Buchstabe H des Verhaltenskodex aus jeweils einem Vertreter (plus Stellvertreter) pro Mitgliedstaat und wird nach ihrer Vorsitzenden auch schlicht als Primarolo-Gruppe bezeichnet.

erstattete.[928] Im November 1999 legte sie dem ECOFIN-Rat ihren Bericht über die ca. 285 untersuchten Steuerregelungen der Mitgliedstaaten vor und bewertete 66 davon als schädlich im Sinne des Verhaltenskodex.[929] Obwohl sich die Wirtschafts- und Finanzminister der Mitgliedstaaten im November 2000 auf den erforderlichen Abbau der als schädlich identifizierten Regelungen bis zum 1. Januar 2003 verständigte, sind bis heute nicht alle beanstandeten Regelungen abgeschafft oder verändert worden. Der erste Bericht der Expertengruppe an den Rat ist bisher der einzige geblieben.[930] Die meisten der beanstandeten Regelungen sind mittlerweile entweder ausgelaufen oder (wo möglich) angepasst worden. Teilweise wurde die fünfjährige Anpassungsfrist jedoch auch verlängert. In Einzelfällen sind Klagen der betroffenen Mitgliedstaaten beim EuGH anhängig. Der Verhaltenskodex sieht vor, dass er zwei Jahre nach seiner Annahme durch den Rat und die Mitgliedstaaten überprüft wird.[931] Dies ist bisher nicht geschehen.

III. Praktische Bedeutung

Die gemeinschaftsrechtliche Bedeutung des Verhaltenskodex ist darin zu sehen, dass er für das gemeinschaftsweite internationale Steuerrecht – welches ansonsten (und über das Gebiet der Gemeinschaft hinaus) traditionell durch bilaterale (Doppelbesteuerungs-)Abkommen beherrscht wird, in denen lediglich gewisse Grundsätze über die Zuteilung der Besteuerungszugriffs für grenzüberschreitende Sachverhalte geregelt werden – den Ansatz zu einer Art besteuerungsethischem Grundmodell begründet, das für den *gesamten* Bereich der gemeinschaftsweiten internationalen Unternehmensbesteuerung gilt.[932]

---

[928] Mitteilung der Kommission an den Rat und das Europäische Parlament vom 25. November 1998, KOM (98) 595 endg.

[929] Bericht der Gruppe „Verhaltenskodex" (Unternehmensbesteuerung), wie er dem ECOFIN-Rat am 29. November 1999 vorgelegt wurde (verfügbar auf der Internetseite der GD Steuern und Zollunion (< www.europa.eu.int/comm/taxation_customs/taxation/company_tax/ harmful_tax_practices/index_de.htm >).

[930] Von zwei Zwischenberichten (Dok. 12530/98 FISC 164 vom 1. Dezember 1998 sowie Dok. 8231/99 FISC 119 vom 25. Mai 1999) abgesehen.

[931] Verhaltenskodex, Buchstabe N. Diese Überprüfung ist bisher (vermutlich bedingt durch die erst in jüngster Zeit erfolgte Annahme des Steuerpakets als solchem) nicht erfolgt.

[932] Zum Vergleich: selbst die Richtlinien der Gemeinschaft im Bereich der direkten Besteuerung befassen sich nur mit Einzelaspekten der Vermeidung einer Doppelbesteuerung (Mutter/Tochter-Richtlinie, Fusionsrichtlinie, Zins-/Lizenzgebühren-Richtlinie) oder der Gewährleistung effektiver Besteuerung (Zinsrichtlinie). Die Schiedsverfahrenskonvention etabliert bezüglich eines noch kleineren Teilausschnittes (Verrechnungspreise) lediglich ein Schlichtungsverfahren mit geringer praktischer Bedeutung. Der Verhaltenskodex ist daher die erste Maßnahme der Gemeinschaft, welche die direkte Unternehmensbesteuerung allgemein betrifft und nicht nur Einzelaspekte im Zusammenhang mit der grenzüberschreitenden Besteuerung bestimmter Einkünfte regelt.

Die Einbindung der Gemeinschaftlichen Organe, insbesondere die Beteiligung der Kommission an Arbeitsgruppe und Überwachungsprozess, lässt keinen Zweifel daran aufkommen, dass es sich insoweit um deutlich mehr als nur eine Absichtserklärung handelt. Hinsichtlich der mitgliedstaatlichen Kompetenzen der Unternehmensbesteuerung enthält der Verhaltenskodex eine faktische freiwillige, multilaterale Selbstbeschränkung auf der Basis gegenseitiger Selbstkontrolle unter den Auspizien der Gemeinschaftsorgane.

Die im Rahmen der Umsetzung des Verhaltenskodex von der Primarolo-Gruppe beanstandeten Maßnahmen lassen sich im Prinzip – so auch die Gliederung im Bericht – vier sachlich trennbaren oder einer Sammelkategorie zuordnen; erstere betrafen regelmäßig präferentielle Regelungen für konzerninterne Dienstleistungen wie Koordinierung, Kontrolle, Logistik oder Verwaltung (Vorteil durch pauschale Gewinnermittlung auf Basis der Kosten-plus-Methode[933]), ebensolche oder andere steuerliche Vorteile für bestimmte Finanzdienstleistungsbranchen (insbesondere Finanzierung- und Versicherungsdienstleistungen) oder andere Sektoren (z.B. die Schifffahrt) oder regionale Fördermaßnahmen für strukturschwache Gebiete (z.B. Investitions- und Beschäftigungsförderung). Im Rahmen der Beihilfekontrolle wurden von der Kommission fast ausschließlich die steuerlichen Maßnahmen für konzerninterne Dienstleistungen und für die Finanzdienstleistungssektor aufgegriffen und sämtlich negativ beschieden.[934] In diesen Entscheidungen wurde regelmäßig auf die schädlichen Wirkungen im Sinne des Verhaltenskodex verwiesen. Die Kommission hat dabei regelmäßig die Beihilfeeigenschaft der betreffenden Maßnahmen mit ihrer auf internationale Unternehmensgruppen beschränkte Sachverhalte begründet und sich dabei auch auf die Bekämpfung des schädlichen Steuerwettbewerbs gestützt.[935]

C. Unternehmerischer Wettbewerb und steuerlicher Systemwettbewerb – Bedingter Zielkonflikt durch verschiedene Schutzgüter

Die primärrechtlichen Vorschriften des Wettbewerbsrechts dienen dem Schutz der Marktteilnehmer im zwischenstaatlichen Handel; durch die Aufrechterhaltung eines funktionsfähigen Wettbewerbs soll der ordnungspolitische Rahmen für die Ausübung der Grundfreiheiten, insbesondere deren Mobilität, gewährleistet werden. Der Verhaltenskodex dient dagegen dem Schutz der Märkte vor einer Erosion ihrer Steuerbasen infolge eines Abwerbens durch andere Mitgliedstaaten: Die vom Verhaltenskodex erfassten Maßnahmen *unterstützen* gerade eine internationale Faktormobilität und die Ausübung der Grundfreiheiten. Die Alternativen der mobilen Marktteilnehmer (Wirtschaftsfaktoren und -güter) hinsichtlich einer Auswahl der ihnen am günstigsten erscheinenden staatlichen

---

[933] S.o. Kapitel 4.

[934] Siehe zur Eröffnung dieser Prüfverfahren IP/01/982 vom 11. Juli 2001.

[935] S.o. Kapitel 4. S. exemplarisch die Entscheidung „*Koordinierungszentren Belgien*" vom 17. Februar 2003 (ABl. L 282 vom 30. Oktober 2003, 25), Rn. 1.

Preis-Leistungs-Pakete werden dadurch eingeschränkt. Dieses Verhältnis zwischen einer angestrebten Gewährleistung der Grundfreiheiten und dem Anliegen steuerwettbewerbspolitischer Maßnahmen ist auch als Zielkonflikt beschrieben worden.[936]

Wie bereits dargestellt, sieht der EG-Vertrag keine Vorschriften gegen eine *präferentielle* Behandlung ausländischer Unternehmen vor. Der Vergleich mit dem Welthandelsrecht zeigt, dass die Regeln des GATT und des ASCM ebenfalls *„steuerlich begründete unfaire Wettbewerbsvorteile der heimischen Wirtschaft bzw. die steuerliche Benachteiligung ausländischer Anbieter im Interesse eines unverzerrten Wettbewerbs auf den Güter- und Dienstleistungsmärkten begrenzen [wollen]. [Schädlicher Steuerwettbewerb] arbeitet hingegen mit gezielten Steuervorteilen für ausländische [Sachverhalte]“*[937] *„Maßnahmen gegen [schädlichen Steuerwettbewerb] sollen Fiskalsysteme vor der Erosion der Steuerbasis schützen – die WTO-Regeln schützen private Anbieter im Wettbewerb auf Produktmärkten.“*[938]

Der Verhaltenskodex hat zum Ziel, eine an sich mit den Grundfreiheiten konforme Anlockung ausländischer Wirtschaftsfaktoren durch die einzelnen Mitgliedstaaten zu verhindern, während das Beihilferecht grundsätzlich die subventionierte Abschottung bzw. Expansion nationaler Waren- und Dienstleistungsmärkte zu unterbinden beabsichtigt. Unternehmerischer Wettbewerb und Systemwettbewerb haben also zwei unterschiedliche Schutzgüter: dieser die Marktteilnehmer, jener die Märkte selbst. Dies scheint dagegen zu sprechen, systemwettbewerbspolitische Aspekte in die Anwendung des auf den unternehmerischen Wettbewerbs ausgerichteten Beihilfeverbots einfließen zu lassen. Andererseits dienen letztlich sowohl der Schutz des unternehmerischen Wettebewerbs als auch der des Systemwettbewerbs der Wohlfahrtsoptimierung, die durch effiziente Ressourcenallokation erreicht werden soll:

> *„'Effizienter Einsatz der Ressourcen' – [...] Ziel ist die Steigerung des Wohlstandes der europäischen Völker; diese wird erreicht, wenn alle Güter den Ort erreichen, an dem sie – als Produktionsfaktor oder als Konsumgut – den größten Nutzen stiften. [...] Weder die Mitgliedstaaten noch die beteiligten Wirtschaftssubjekte dürfen die Möglichkeit besitzen, das Ziel optimaler Ressourcenallokation zu beeinträchtigen. Sowohl der Binnenmarkt in seiner Gesamtheit als auch die einzelnen nationalen Märkte sind daher dem Prinzip des offenen Wettbewerbs verpflichtet.“*[939]

---

[936] *Lehner*, in StuW 1998, 159 ff [159], sieht einen solchen *„zwischen der erstrebten Mobilität der wirtschaftlichen Ressourcen und großer Sorge der Mitgliedstaaten um Steuereinnahmen, die infolge dieser Mobilität verloren gehen.“* Mit der „Sorge“ (die kein konfliktfähiges Ziel darstellt) ist wohl die jedem Mitgliedstaat obliegende Sicherstellung der Besteuerung gemeint.

[937] *Hauser*, in *Müller/Fromm/Hansjürgens*, S. 169 ff, [S. 193].

[938] *Hauser*, in *Müller/Fromm/Hansjürgens*, S. 169 ff, [S. 193].

[939] *Schön*, in *Pelka*, S. 191 ff, [S. 192].

Im Ergebnis sollen somit die Maßnahmen zum Schutz des unternehmerischen Wettbewerbs ebenso wie diejenigen zum Schutz des Systemwettbewerbs den Trägern der Grundfreiheiten zugute kommen. Dies dürfte entscheidend für eine Einbeziehung sprechen. Dennoch kann – insbesondere vor dem Hintergrund der Komplexität systemwettbewerblicher Zusammenhänge und der im einzelnen streitigen, da empirisch schwer zugänglichen Folgen – nicht ausgeschlossen werden, dass Maßnahmen gegen schädlichen Steuerwettbewerb sich gerade nicht zum Vorteil der Unternehmen auswirken. Dies gilt jedenfalls dann, wenn durch eine *übermäßige* Einschränkung des Systemwettbewerbs die effiziente Ressourcenallokation verhindert wird. Insoweit muss die Möglichkeit eines zumindest teilweisen Zielkonflikts als Folge einer Einbeziehung systemwettbewerblicher Aspekte in die Beihilfekontrolle bejaht werden. Die mögliche Kollision von äquivalenztheoretischen und von an der Leistungsfähigkeit orientieren Grundprinzipien könnte diesen Konflikt konkretisieren.

I. Systemwettbewerblicher Schutzansatz des Beihilferechts in steuerlicher Hinsicht

Bei Betrachtung des Beihilfetatbestandes in seinem herkömmlichen Verständnis erscheint es ausreichend, den Schutzzweck der Artt. 87 ff EG als auf den unternehmerischen Wettbewerb beschränkt anzusehen. Denn die klassische Bezuschussung von Unternehmen durch die öffentliche Hand impliziert nicht primär steuerwettbewerbspolitische Verzerrungen, sondern betrifft unmittelbar das Wettbewerbsverhältnis der Wirtschaftsteilnehmer untereinander. Bei der Einbeziehung steuerlicher Vergünstigungen in den Anwendungsbereich des Beihilfetatbestandes ergibt sich dagegen aufgrund der vorstehenden Ausführungen zur Natur des steuerlichen Systemwettbewerbs, dass die betreffenden Maßnahmen der Mitgliedstaaten einer Bewertung (auch) unter steuerwettbewerbspolitischen Gesichtspunkten bedürfen können.

Da der EG-Vertrag in wettbewerblicher Hinsicht terminologisch nicht zwischen dem unternehmerischen Wettbewerb (der Marktteilnehmer) und Systemwettbewerb (der nationalen Märkte) unterscheidet, ergeben sich vom Wortlaut her weder Anhaltspunkte für eine Unterscheidung dieser Bereiche, noch für ein „duales" Gesamtverständnis des gemeinschaftsrechtlichen Wettbewerbsbegriffs. Art. 3 Abs. 1 lit. g EG fordert allerdings „*ein System, das den Wettbewerb innerhalb des Binnenmarkts vor Verfälschungen schützt*". Da der Binnenmarkt gemäß lit. c derselben Vorschrift „*durch die Beseitigung der Hindernisse für den freien Waren-, Personen-, Dienstleistungs- und Kapitalverkehr zwischen den Mitgliedstaaten gekennzeichnet ist*", könnte man meinen, dass der steuerliche Systemwettbewerb gerade nicht in den gemeinschaftsrechtlichen Wettbewerbsbegriff fällt. Denn wie dargestellt, geht es im steuerlichen Wettbewerb der Mitgliedstaaten gerade darum, Steuersubjekte anderer Mitgliedstaaten anzulocken. Hindernisse für die zwischenstaatliche Niederlassung werden dadurch jedenfalls unmittelbar nicht geschaffen. Abgesehen von einem mittlerweile herrschenden Verständnis der Grundfreiheiten, welches auch die Inländerdiskriminierung erfasst, vermag sich der ungezügelte Systemwettbewerb im Bereich der direkten Steuern aber wie oben dargestellt mittelbar als wohlfahrtsschädlich auszuwirken.

Die Regelungen des EG-Vertrags im Bereich der Zölle lassen außerdem erkennen, dass das Pendant zum Phänomen des steuerlichen Wettbewerbs für den Bereich der indirekten Steuern von den Gründungsmitgliedern der Gemeinschaft in einer Teilproblematik erfasst und bewertet worden ist: So belegen die Artt. 90 ff EG, dass die Mitgliedstaaten bestimmte Praktiken der grenzüberschreitenden Besteuerung von Waren und Dienstleistungen wegen überwiegend negativer Auswirkungen auf den Gemeinsamen Markt als schädlich verboten haben. Diese Verbote betreffen im Kern eine *Abschottung* der nationalen Waren- und Dienstleistungsmärkte gegen Importe sowie umgekehrt eine Ausfuhrförderung für die nationale Produktion. Verhindert werden sollen durch diese Regelungen Beschränkungen der *wirtschaftsgüter*bezogenen Grundfreiheiten (Waren- und Dienstleistungsfreiheit). Der Steuerwettbewerb im Bereich der direkten Steuern betrifft genau das Gegenteil dieser Sachverhalte für die Grundfreiheiten der Kapital- und Personenverkehrsfreiheit, nämlich die *Anlockung* von *Wirtschaftsfaktoren.* Zur Verdeutlichung: indirekte Steuern knüpfen stets an Umsatz- oder Verbrauchstatbestände von Waren oder Dienstleistungen (Wirtschaftsgüter) an; im zwischenstaatlichen Wettbewerb ist insofern aus nationaler Sicht eine Abschottungspolitik zum Schutz der eigenen Produktion naheliegend. Direkte Steuern knüpfen dagegen an Personen (Wirtschaftsfaktoren) an; im zwischenstaatlichen Wettbewerb ist daher aus fiskalischer Perspektive eine Anlockungspolitik naheliegend.

Da sich mitgliedstaatliche Maßnahmen der Güterprotektion für den Bereich der zwischenstaatlichen güterbezogenen Grundfreiheiten als Spiegelbild von Maßnahmen der Faktordelokation für den Bereich der faktorbezogenen Grundfreiheiten darstellen, und der Wettbewerbsschutz gemäß Art. 3 EG allen Grundfreiheiten dient, erscheint es sachgerecht, den gemeinschaftsrechtlichen Wettbewerbsbegriff im o.g. Sinne „dual" auszulegen.[940] Danach können im Rahmen der

---

[940] Die umgekehrte Argumentation, wonach die Mitgliedstaaten eben nur für den Bereich der grenzüberschreitenden Abgaben *auf Waren und Dienstleistungen* einen schädlichen Abschottungswettbewerb ausschließen wollten, und insofern für den Bereich des *personenbezogenen* Anlockungswettbewerbs bewusst keine Regelung getroffen haben, erscheint nicht stichhaltig. Realistisch dürfte nur eine historische Auslegung sein, wonach auf der Herstellung des Binnenmarktes für Waren und Dienstleistungen bei der ursprünglichen Vertragsfassung der Schwerpunkt lag, da Beschränkungen in diesem Bereich offensichtlicher den zwischenstaatlichen Handel berühren. Der im Vertrag vielfach verwendete Begriff des zwischenstaatlichen Handels belegt diese These, da er ebenfalls im Wortlaut auf Waren- und Dienstleistungsumsätze beschränkt ist, aber von seinem Schutzzweck unstreitig alle Aspekte wirtschaftlicher

Beihilfekontrolle nach dem Sinn und Zweck des Wettbewerbsrechts auch steuerwettbewerbspolitische Aspekte Berücksichtigung finden. Die Verpflichtung der Kommission, gemäß Buchstabe J des Verhaltenskodex „*genauestens auf die strikte Anwendung der Vorschriften über die betreffenden Beihilfen zu achten*" und dabei insbesondere „*die negativen Auswirkungen dieser Beihilfen zu berücksichtigen [...], die durch die Anwendung des Verhaltenskodex erkennbar werden*" erscheint somit materiell-primärrechtlich legitim.

II. Unterschiede und Gemeinsamkeiten zwischen Beihilfeaufsicht und Verhaltenskodex

Die grundsätzliche Legitimität einer Einbeziehung steuerwettbewerbspolitischer Aspekte in die Kontrolle steuerlicher Beihilfen lässt jedoch die Frage ungeklärt, in welchem Rahmen eine solche möglich ist. Dies erfordert eine Abgrenzung der Anwendungsbereiche beider Regularien. In räumlicher Hinsicht ist der Anwendungsbereich des Verhaltenskodex weiter als der des Beihilfeverbots, da er sich auch auf die abhängigen und assoziierten Gebiete erstreckt, die nicht dem Beihilferecht unterliegen.[941] In sachlicher Hinsicht ist dagegen das Beihilfeverbot im innerstaatlich-steuerlichen Kontext weitergehend. Denn während der Verhaltenskodex *zwingend* an eine unterschiedliche Besteuerung im internationalen Kontext unternehmerischer Tätigkeit anknüpft, erfasst Art. 87 EG auch rein nationale Sachverhalte. Zudem ist er nicht von vorneherein (denklogisch) auf den Bereich der direkten Steuern beschränkt.[942]

Dagegen ist der Verhaltenskodex in Bezug auf die allgemeine Natur der in seinen Anwendungsbereich fallenden Regelungen weitergehend: Zwar sind, soweit als potentiell schädliche Maßnahmen im Sinne des Verhaltenskodex Abweichungen von allgemeinen Grundsätzen bei der Besteuerung internationaler Sachverhalte (z.B. Gewinnen aus konzerninternen Dienstleistungen) identifiziert werden, Parallelen zur Auslegung des Selektivitätsbegriffes der Kommission bei einigen Merkmalen zu erkennen. Dagegen knüpfen andere „Schädlichkeitsparameter" an Merkmale an, die auch in allgemeinen steuerlichen Regelungen enthalten sein können (z.B. die Abhängigkeit einer Vergünstigung von Sachverhalten, denen keine tatsächliche Wirtschaftstätigkeit oder substantielle wirt-

---

Betätigung – also auch z.B. die Niederlassung, d.h. den Bereich personen- bzw. faktorbezogener Grundfreiheiten, erfasst.

941 Vgl. Art. 299 EG.

942 Der Formulierung nach geht es im Rahmen des Verhaltenskodex (anders als beim Beihilferecht) nur um die Anlockung von Wirtschaftsfaktoren (insbes. Niederlassung, Kapital, dh direkte Steuern), nicht dagegen um die unmittelbare Beeinträchtigung des Wettbewerbs zwischen Wirtschaftsgütern (Waren und Dienstleistungen, d.h. indirekte Steuern). Insoweit ist der Anwendungsbereich des Verhaltenskodex deutlich schmaler als derjenige der Beihilfekontrolle (die auch indirekte Steuern erfasst). Betroffen dürften durch den Verhaltenskodex nur die Niederlassungs- und die Kapitalverkehrsfreiheit sein, wohingegen sich die Art. 87 ff EG auch auf die Warenverkehrs- und Dienstleistungsfreiheit auswirken.

schaftliche Präsenz zugrunde liegt). Bindungswirkung und Umsetzungsverfahren sind schließlich komplett unterschiedlicher Natur.

D. Ergebnis

Es bedarf allenfalls einer klarstellenden Feststellung, dass der Verhaltenskodex naturgemäß keine Änderung der Tatbestandsmerkmale des Art. 87 EG zu bewirken vermag; die Kommission sieht dies selbst so.[943] Dies bedeutet aber zwingend, dass eine Berücksichtigung der Wertungen des Verhaltenskodex – auch wenn diese den einstimmigen Konsens der Wirtschafts- und Finanzminister der (bisherigen) Mitgliedstaaten zum steuerlichen Systemwettbewerb darstellen und der Schutzzweck des Art. 87 EG bei teleologischer Auslegung des EG-Vertrags steuerwettbewerbspolitische Aspekte erfasst – im Rahmen der beihilferechtlichen Kontrolle *ausschließlich* über das Merkmal der Wettbewerbsbeschränkung möglich ist. Dies scheint die Kommission nicht zu realisieren, wenn sie in der Entscheidung „*Kontroll- und Koordinierungszentren Belgien*"[944] bei der Frage eines *Vorteils aus staatlichen Mitteln* steuerwettbewerbspolitische Aspekte in ihre Subsumtion einbezieht: Die belgische Regierung hatte argumentiert, dass sich durch die streitige Regelung das nationale Steueraufkommen erhöhe, so dass ein Einsatz staatlicher Mittel nicht vorliege[945]; dagegen lehnte die Kommission dieses Argument mit der Begründung ab, dass ansonsten „*alle Formen von Beihilfen gerechtfertigt [wären], sofern diese dafür sorgen, dass ein Unternehmen in einen Mitgliedstaat gelockt wird*".[946] Diese Argumentation verknüpft in unzulässiger Weise Argumente der Steuerwettbewerbspolitik mit den – bis zum Tatbestandsmerkmal der Wettbewerbsbeschränkung – insofern wertneutralen Merkmalen der Beihilfe als solcher. Dass die Mitgliedstaaten ein gemeinsames und einstimmiges Verständnis von Maßnahmen festgelegt haben, welche sie im Kontext der internationalen Unternehmensbesteuerung nicht anwenden wollen, vermag ebenso wenig wie die getroffene ausdrückliche Verpflichtung der Kommission, diese *Wertungen* bei der Untersuchung steuerlicher Maßnahmen im Bereich der Beihilfekontrolle zu berücksichtigen, den primärrechtlichen Beihilfetatbestand zu modifizieren. Insofern bedürfte es legislativer Maßnahmen.

Auch wenn die bisherige Anwendungspraxis von Kommission und Rechtsprechung insoweit nur ausnahmsweise Bedenken aufkommen lässt, ist von klarstellender Bedeutung, dass insbesondere die Kriterien des Verhaltenskodex für die potentielle Schädlichkeit steuerlicher Maßnahmen nicht als solche für die Feststellung der beihilferechtlichen Selektivität herangezogen werden dürfen. Denn

---

[943] Leitlinien, Rn. 30.
[944] Entscheidung vom 17. Februar 2003 (ABl. L 282 vom 30. Oktober 2003, 25).
[945] Siehe zur entsprechenden Problematik bei diesem Tatbestandsmerkmal der Beihilfe oben, Kapitel 6.
[946] Entscheidung vom 17. Februar 2003 (ABl. L 282 vom 30. Oktober 2003, 25), Rn. 97.

insoweit können durchaus allgemeine steuerliche Maßnahmen im beihilferechtlichen Sinne vorliegen. Der bisherigen Praxis der Kommission, die einer Einbeziehung steuerwettbewerbspolitischer Wertungen in die Beihilfeaufsicht offenbar völlig unkritisch gegenüber steht, ist aber Folgendes entgegen zu halten:

Das Vorgehen der Mitgliedstaaten gegen den steuerlichen Systemwettbewerb ist ein zweischneidiges Schwert. Zuviel Regulierung, zuviel Konsens und Absprache zwischen den Mitgliedstaaten können (genauso wie entsprechende Maßnahmen zwischen Unternehmen, vgl. die Artt. 81 f EG) eine übergebührliche Einschränkung des Wettbewerbs zu Lasten der (anderen) Marktteilnehmer mit sich bringen. Allein aus diesem Grund ist bei der Einbeziehung systemwettbewerblicher Aspekte in die Beihilfeaufsicht eine besondere Sensibilität geboten.

Ein weiterer Aspekt verdeutlicht die in diesem Zusammenhang bestehende Dialektik: Wie die Kommission insbesondere bei steuerlichen Stundungs- und Erlassmaßnahmen zugunsten von Unternehmen in Schwierigkeiten anerkannt hat, kann eine Minderung der von einem bestimmten Unternehmen normalerweise zu tragenden Steuerlast durch wirtschaftliches Gläubigerverhalten des Staates gerechtfertigt sein. Wenn in diesem Sinne die Selektivität fiskalischer Sondermaßnahmen (wie z.B. einer Umschuldungsvereinbarung) im *nationalen* Kontext nach der ständigen Praxis infolge wirtschaftlichen Verhaltens des Fiskus ausnahmsweise entfallen kann, so stehen doch fiskalische Interessen bei Steuervergünstigungen im *internationalen* Kontext *regelmäßig* im Vordergrund. Die beihilfedogmatische Frage, ob eine einzelfallbezogene Rechtfertigung durch wirtschaftliche Erwägungen auch in diesem Fällen grundsätzlich möglich ist, müsste ohne Einbeziehung systemwettbewerbspolitischer Wertungen möglicherweise bejahend beantwortet werden. Denn während bei Steuervergünstigungen im nationalen Kontext ein konkreter Einnahmeverzicht des Staates stets nahe liegt, ist bei solchen mit internationalem Bezug ein solcher nicht notwendigerweise gegeben. Bei Einbeziehung steuerwettbewerbspolitischer Wertungen ist dagegen gerade das hinter der betreffenden Maßnahme stehende Fiskalinteresse als Indiz für eine Schädlichkeit anzusehen.

Kapitel 7

Beeinträchtigung des zwischenstaatlichen Handels – Bedeutung der Zwischenstaatlichkeitsklausel bezüglich steuerlicher Maßnahmen

Während das Tatbestandsmerkmal der Wettbewerbsverfälschung auf das gemeinschaftsrechtliche Schutzgut des Wettbewerbs Bezug nimmt, dient das Kriterium einer Beeinträchtigung des zwischenstaatlichen Handels (Zwischenstaatlichkeitsklausel) der Abgrenzung des gemeinschaftlichen Wettbewerbs von dem rein innerstaatlichen.[947] Die Zwischenstaatlichkeit ist, auch wenn sie sich auf die Auswirkungen der Beihilfe bezieht, ein echtes Tatbestandsmerkmal des Art. 87 Abs. 1 EG[948]: Ist durch die betrachtete mitgliedstaatliche Maßnahme nur der innerstaatliche Handel berührt, besteht somit weder ein beihilferechtliches Sanktionierungserfordernis noch eine solche Kompetenz der Gemeinschaft.[949] Dem Merkmal der Handelsbeeinträchtigung kommt somit bezüglich der Hoheiten der Mitgliedstaaten eine ähnlich gelagerte Bedeutung zu wie dem Selektivitätskriterium: Dieses begrenzt den Anwendungsbereich des Art. 87 EG in auswirkungsbezogen-geographischer Hinsicht, jenes in sachlicher (da allgemeine Maßnahmen nicht erfasst werden):

> *„Die beabsichtigte Abschaffung der wirtschaftlichen Binnengrenzen der Gemeinschaft lässt die innerstaatliche Regelungskompetenz für lokale, regionale oder nationale Sachverhalte ohne Handelsbezug ebenso unangetastet wie sie die unterschiedlichen wirtschaftlichen Gegebenheiten in den einzelnen Mitgliedstaaten hinnimmt.“*[950]

---

[947] Gleichermaßen anschaulich wie grundlegend *Heidenhain*, Rn. 60 zu § 4: *„Das Tatbestandsmerkmal der [drohenden] Wettbewerbsverfälschung ist an dem gemeinsamen Ziel der Wettbewerbsregeln der Art. 81 bis 89 EG [ausgerichtet], ein System zu errichten, das den Wettbewerb innerhalb des Gemeinsamen Marktes vor Verfälschungen schützt (Art. 3 Abs. 1 lit. g EG) , [...]. Demgegenüber dient das Merkmal der Beeinträchtigung des Handels zwischen Mitgliedstaaten in Art. 81, 82 und 87 Abs. 1 EG dazu, das gemeinschaftliche Wettbewerbsrecht von nationalen Wettbewerbsrecht abzugrenzen.“*

[948] So wohl auch *Götz* in *Dauses*, Rn. 29 zu Abschnitt H. III: *„Die Auswirkungen einer Beihilfe sind [...] kein Begriffsmerkmal der Beihilfe, sondern Beurteilungsmaßstäbe für die Vereinbarkeit der Beihilfe mit dem Gemeinsamen Markt“*. Die Handelsbeeinträchtigung ist zwar in der Tat kein Merkmal der Beihilfe *als solcher;* wohl aber unstreitig für deren Einstufung als *gemeinschaftswidrige* Beihilfe iSd. Art. 87 EG.

[949] Dieses Verständnis liegt auch der *„De-minimis“*-Verordnung (VO (EG) Nr. 69/2001 der Kommission vom 12. Januar 2001 über die Anwendung der Artikel 87 und 88 EG-Vertrag auf *„De-minimis“*-Beihilfen, ABl. L 10 vom 13. Januar 2001, 30) zugrunde. Vgl. deren Erwägungsgrund 1. *staatliche Beihilfe.“*

[950] *Mederer/Strohschneider*, in *von der Groeben/Schwarze*, Rn. 46 zu Art. 87 EG. Vgl. *Heidenhain,* , Rn. 1 ff zu § 3. In diesem Sinne äußert sich auch die Kommission selbst in ihrer Entscheidung vom 2. August 2002 *„Freizeitpark Terra Mítica“* (ABl. L 91 vom 8. April 2003, 23), Rn. 58: *„[...] dieses Kriterium [der Beeinträchtigung des innergemeinschaftlichen Handels ist] erforderlich [...], um das Vorliegen einer staatlichen Beihilfe zu bestimmen.“*

A. Anwendungspraxis

Ähnlich wie das Merkmal der Wettbewerbsverfälschung hat auch die Zwischenstaatlichkeitsklausel des Beihilfetatbestandes so gut wie keine praktische Bedeutung in der Subsumtions- und Anwendungspraxis von Kommission und Rechtsprechung. Obwohl beide Merkmale im gesetzlichen Tatbestand des Art. 87 Abs. 1 EG ausdrücklich getrennt formuliert sind und wie erwähnt eine jeweils eigenständige Bedeutung haben, findet überwiegend keine Prüfung[951], regelmäßig noch nicht einmal eine Trennung dieser Merkmale statt[952], was durch die Rechtsprechung nicht grundsätzlich beanstandet wird.[953]

I. Weite Interpretation der Zwischenstaatlichkeit

1. Beihilfen allgemein

Obwohl bereits insoweit der Wortlaut des Art. 87 Abs. 1 EG strapaziert wird, lassen Kommission und Rechtsprechung grundsätzlich die *Eignung* zur Beeinträchtigung des zwischenstaatlichen Handels genügen. Ein Nachweis für eine solche ist außerdem nur theoretisch, nicht aber effektiv erforderlich. Die Kommission muss insbesondere keine Marktabgrenzung vornehmen oder überhaupt in besonderer Weise die Eigenheiten des berührten Marktes darlegen.[954] Stattdessen wird nach dem EuGH *„[...] der innergemeinschaftliche Handel, wenn eine von einem Mitgliedstaat gewährte Beihilfe die Stellung eines Unternehmens gegenüber anderen Wettbewerbern im innergemeinschaftlichen Handel verstärkt, als von der Beihilfe beeinflusst erachtet“*.[955] Dafür ist nur erforderlich, dass der berührte (unabgegrenzte) Markt dem zwischenstaatlichen Wettbewerb offen steht. Das begünstigte Unternehmen selbst braucht nicht zwischenstaatlich tätig zu sein, da durch die Beihilfe seine Stärkung gegenüber

---

[951] Exemplarisch: Kommission, Entscheidung vom 19. Februar 2003 („*Puigneró*“, ABl. L 337 vom 23. Dezember 2003, 14), Rn. 89, wo eine knappe Feststellung genügt; Entscheidung vom 14. Mai 2002 („*Empresas Álvarez*“, ABl. L 329 vom 5. November 2002, 1), Rn. 39, wo selbst eine Feststellung unterbleibt; Entscheidung vom 11. Dezember 2002 („*Einkommensteuersenkung Azoren*“, ABl. L 150 vom 18. Juni 2003, 52), Rn. 34.

[952] So fasst die Kommission bereits in ihrem *Vademekum* beide Merkmale unter dem Punkt „Effect on competition and trade“ zusammen. S.a. hier exemplarisch die Entscheidung vom 14. Mai 2002 („*Empresas Álvarez*“, ABl. L 329 vom 5. November 2002, 1).

[953] In diesem Sinne EuG, Urteil vom 4. April 2001 in der Rs. T-288/97 („*Friuli-Venezia Giulia*“), Slg. 2001, II-1169, Rn. 41.

[954] EuG, Urteil vom 29. September 2000 in der Rs. T-55/99 („*CETM*“), Slg. 2000, II-3207, Rn. 101.

[955] Urteil vom 14. September 1994 in den verbundenen Rs. C-278 bis 280/92 („*Hytasa*“), Slg. 1994, I-4103, Rn. 40; vgl. EuGH, Urteil vom 17. September in der Rs. C-730/79 („*Philip Morris*“), Slg. 1980, 2671, Rn. 11.

Unternehmen, die aus anderen Mitgliedstaaten auf den betreffenden nationalen Markt möchten, potenziell verstärkt wird.[956]

Im Vergleich zu den diesbezüglichen Feststellungs- und Begründungserfordernissen im Rahmen der Kartell- und Fusionskontrolle ist das Merkmal der Beeinträchtigung des zwischenstaatlichen Handels in der praktischen beihilferechtlichen Handhabung inhaltlich konturenlos. Dies läuft im Ergebnis darauf hinaus, dass durch die selektive Begünstigung von Unternehmen aus staatlichen Mitteln eine Beeinträchtigung des zwischenstaatlichen Handels beinahe unwiderleglich indiziert ist, ohne dass von Kommission und Rechtsprechung auch nur generell auf die im Einzelfall möglichen Auswirkungen eingegangen werden muss. Ein internationaler Bezug reicht regelmäßig aus. In diesem Sinne sah die Kommission Maßnahmen zur Unterstützung eines Freizeitparks deshalb als geeignet an, den Handel zwischen den Mitgliedstaaten zu beeinträchtigen, ohne dass sie untersuchte, inwieweit dadurch eine Beeinträchtigung (z.B. anderer Freizeitparks) oder überhaupt ein einheitlicher Markt bestand.[957] Formelhafte Ausführungen genügen regelmäßig[958] und Fälle, in denen eine Beeinträchtigung des zwischenstaatlichen Handels verneint wird, sind extrem selten.[959]

2. Steuerliche Beihilfen

a) Übereinstimmung mit der allgemeinen Praxis

In ihren Leitlinien fasst die Kommission die Tatbestandsmerkmale der Eignung zur Wettbewerbsverfälschung und der Beeinträchtigung des zwischenstaatlichen Handels ohne weiteres zu einem Kriterium zusammen und stellt zunächst fest:

---

[956] EuG in der Sache „*CETM*“, Slg. 2000, II-3207, Rn. 86: „*Gewährt nämlich ein Mitgliedstaat einem Unternehmen eine Beihilfe, so kann dies das inländische Angebot stabilisieren und erhöhen und damit die Chancen der in anderen Mitgliedstaaten ansässigen Unternehmen mindern, ihre Leistungen auf dem Markt dieses Mitgliedstaats anzubieten.*“ Wortgleich EuGH, Urteil vom 24. Juli 2003 in der Rs. C-280/00 („*Altmark Trans*“), Rn. 77 ff (unter Bezugnahme auf die Urteile vom 1. Juli 1988 in der Rs. C-102/87, Frankreich./. Kommission, Slg. 1988, 4067, Rn. 19, und vom 21. März 1991 in der Rs. C-305/89, Italien./.Kommission, Slg. 1991, I-1603, Rn. 26).

[957] Entscheidung vom 2. August 2002 („*Freizeitpark Terra Mítica*“, ABl. L 91 vom 8. April 2003, 23), Rn. 58 ff. Die Kommission stellte hier schlicht auf die Ausrichtung des Parks auf internationale Touristen ab.

[958] S.a. hier treffend *Heidenhain*, Rn. 71 zu § 4: „*Für den Nachweis einer Beeinträchtigung des innergemeinschaftlichen Handels ist nach ständiger Rechtsprechung sonach nicht mehr erforderlich als die Feststellung, dass das begünstigte Unternehmen auf einem Markt tätig ist, der unmittelbar oder mittelbar durch die Ein- oder Ausfuhr von Waren oder die Erbringung grenzüberschreitender Dienstleistungen gekennzeichnet ist.*“

[959] Entscheidung vom 21. Dezember 2000 („*Schwimmbad Dorsten*“, ABl. C 171 vom 16. Juni 2001, 16); Entscheidung vom 29. Oktober 2003 („*Enkhuizen Marina*“; s. ABl. C 69 vom 22. März 2003 zur Eröffnung des förmlichen Prüfverfahrens sowie *Könings*, Competition Newsletter 2004, 86, zur Positiventscheidung).

„Dieses Kriterium setzt voraus, dass der Begünstigte unabhängig von seiner Rechtsform oder Finanzierungsweise eine Wirtschaftstätigkeit ausübt.“[960] Weiter heißt es dort, dass *„nach ständiger Rechtsprechung [...] die Voraussetzung der Handelsbeeinträchtigung [bereits dann] erfüllt [sei], wenn das begünstigte Unternehmen einer Wirtschaftstätigkeit nachgeht, die Gegenstand eines Handels zwischen den Mitgliedstaaten ist.“*

An dieser Feststellung vermöchten *„weder die relativ geringe Bedeutung einer Beihilfe noch die geringe Größe des Beihilfeempfängers oder sein äußerst geringer Anteil am Gemeinschaftsmarkt oder gar das Fehlen einer Exporttätigkeit bei diesem oder die Tatsache, dass das Unternehmen fast seine gesamte Produktion aus der Gemeinschaft ausführt“*, etwas zu ändern.[961]

Diese Ausführungen decken sich mit der allgemeinen, weiten Auslegung des Zwischenstaatlichkeitskriteriums. Dementsprechend weicht auch die Praxis im Rahmen der Untersuchung steuerlicher Maßnahmen nicht von den oben dargestellten Grundsätzen ab, was sowohl für Anwendungsfälle (Einzelfallbeihilfen) als auch für steuerliche Regelungen (Beihilferegelungen) als solche gilt: Auch hier wird in ständiger Praxis nicht zwischen den Tatbestandsmerkmalen der Wettbewerbsverfälschung und der Beeinträchtigung des zwischenstaatlichen Handels getrennt[962]; unter Bezugnahme auf den bestehenden zwischenstaatlichen Handel im Geschäftsfeld des betreffenden Unternehmen wird dessen Besserstellung und damit eine mögliche Beeinträchtigung des ersteren regelmäßig mehr oder weniger knapp festgestellt.[963] Teilweise wird die

---

[960] Leitlinien, Rn. 11. Dieses vermeintliche Erfordernis ergibt sich allerdings bereits aus der durch Art. 87 Abs. 1 EG vorausgesetzten Begünstigung von *Unternehmen* und hat mit der Beeinträchtigung des zwischenstaatlichen Handels nur insofern zu tun, als es eine logische (und subsumtionstechnische) *conditio sine qua non* für deren Prüfung darstellt.

[961] Leitlinien, Rn. 11, unter Bezugnahme auf EuGH, Urteil vom 14. September 1994 in den verbundenen Rs. C-278 bis 280/92 (Spanien./.Kommission), Slg. 1994, I-4103; Urteil vom 13. Juli 1988 in der Rs. C-102/87 (Frankreich./.Kommission), Slg. 1988, 4067; Urteil vom 21. März 1990 in der Rs. C-142/87 (Belgien./.Kommission), Slg. 1990, I-959.

[962] Entscheidungen vom 16. Oktober 2002 („*Finanzierungsgesellschaften Luxemburg*“, ABl. L 153 vom 20. Juni 2003, 40), Rn. 46; („*Koordinierungszentren Luxemburg*, ABl. L 170 vom 9. Juli 2003, 20), Rn. 51 ff; Entscheidung vom 24. Juni 2003 („*belgische US-Verkaufsgesellschaften*“, ABl. L 23 vom 28. Januar 2004, 14), Rn. 53.

[963] *„Unter Berücksichtigung der Möglichkeit, dass die fraglichen Unternehmensgruppen in durch Handel zwischen den Mitgliedstaaten geprägten Sektoren tätig sind, ist die Kommission der Auffassung, dass die Maßnahme diesen Handel beeinträchtigen kann“* (Entscheidung vom 16. Oktober 2002, „*Koordinierungszentren Luxemburg*“, ABl. L 170 vom 9. Juli 2003, 20, Rn. 51). S.a. Entscheidung vom 27. November 2002 („*Refractarios Especiales*“, ABl. L 108 vom 30. April 2003, 21), Rn. 42, vergleichsweise ausführlich; Entscheidung vom 14. Mai 2002 („*Empresas Álvarez*“, ABl. L 329 vom 5. Dezember 2002, 1, Rn. 39); Entscheidung vom 19. Juni 2002 („*niederländische Schleppdienste*“, ABl. L 314 vom 18. November 2002, 103), Rn. 61.

Beeinträchtigung auch mit der Höhe der gewährten Ermäßigung begründet.[964] Bei der Beurteilung von steuerlichen Regelungen im Zusammenhang mit konzerninternen Dienstleistungen knüpft die Kommission die Eignung zur Beeinträchtigung des zwischenstaatlichen Handels sowohl an die Begünstigung multinationaler Unternehmen, *„von denen die meisten – wenn nicht sogar alle – auf dem innergemeinschaftlichen Markt tätig sind*"[965], sowie an die *nicht* sektorspezifische Geltung der untersuchten Maßnahmen, da diese *„somit allen Branchen offen steh[en], auch denjenigen, in denen ein intensiver innergemeinschaftlicher Handel besteht*".[966] Die Geltung der untersuchten steuerlichen Regelungen für internationale Unternehmensgruppen wurde auch in anderem Zusammenhang als Begründung für die Eignung zur Handelsbeeinträchtigung genommen.[967] Die Kommission hat außerdem allein die internationale Tätigkeit der begünstigten Unternehmen zum Anknüpfungspunkt genommen. In der Entscheidung *„Koordinierungszentren Vizcaya*" stellte sie allein darauf ab, dass die streitige Regelung nur solche Unternehmensgruppen begünstigte, die mindestens 25% ihres Umsatzes in zwei anderen Staaten erzielten. Es sei *„somit wahrscheinlich, dass die der Steuerregelung unterliegenden Unternehmen in Wirtschaftsbereichen tätig sind, in denen ein intensiver innergemeinschaftlicher Handel besteht. Durch die Stärkung der Finanzstellung dieser Gruppen würde die[...] Maßnahme den innergemeinschaftlichen Handel verzerren oder zu verzerren drohen*".[968]

Diese Begründung für eine (mögliche) Handelsbeeinträchtigung veranschaulicht, dass die Untersuchungs- und Begründungsanforderungen der Kommission kaum geringer sein könnten. Denn so wird weder berücksichtigt, dass nach den Voraussetzungen der untersuchten Regelung eine intragemeinschaftliche Tätigkeit der erfassten Unternehmen nicht Voraussetzung war, noch wird der Versuch unternommen, bestimmte potentiell betroffene Waren- oder Dienstleistungsmärkte zu identifizieren (die streitige Regelung war nicht sektorspezifisch).

---

[964] Entscheidung vom 16. Oktober 2002 (*„Opel Portugal*", ABl. L 55 vom 1. März 2003, 65), Rn. 33, wo insofern auf den *„erheblichen Anteil [des streitigen Ertragsteuernachlasses] an der Projektfinanzierung*" abgestellt wird.

[965] Entscheidung vom 17. Februar 2003 (*„internationale Finanzierungstätigkeiten Niederlande*", ABl. L 180 vom 18. Juli 2003, 52), Rn. 85. Ähnlich: Entscheidung vom 24. Juni 2003 (*„belgische US-Verkaufsgesellschaften*", ABl. L 23 vom 28. Januar 2004, 14), Rn. 55.

[966] Entscheidung vom 17. Februar 2003 (*„internationale Finanzierungstätigkeiten Niederlande*", ABl. L 180 vom 18. Juli 2003, 52), Rn. 85. Ähnlich: Entscheidung vom 16. Oktober 2002 (*„Finanzierungsgesellschaften Luxemburg*", ABl. L 153 vom 20. Juni 2003, 40), Rn. 46.

[967] Vgl. die Entscheidung vom 17. Februar 2003 (*„Auslandseinkünfte Irland*", ABl. L 204 vom 13. August 2003, 51), Rn. 37.

[968] Entscheidung vom 22. August 2002 (ABl. L 31 vom 6. Februar 2003, 29), Rn. 31.

Teilweise wird das Kriterium der Handelsbeeinträchtigung auch gar nicht erwähnt[969] oder schlicht als *per-se*-Folge einer Auswirkung (auch) zugunsten von Unternehmen festgestellt:

> „*Es handelt sich somit um Beihilfen, die aus staatlichen Mitteln gewährt werden und die, soweit die genannten Steuersenkungen für Unternehmen gelten, geeignet sind, sich auf den Handel zwischen den Mitgliedstaaten auszuwirken und den Wettbewerb zu verfälschen, indem sie bestimmte Unternehmen begünstigen.*“[970]

In ihrem Anwendungsbericht fasst die Kommission ihren Standpunkt zum Merkmal der Handelsbeeinträchtigung[971] wie folgt zusammen:

> „*Schon die Tatsache, dass die Beihilfe die Stellung eines Unternehmens gegenüber anderen im innergemeinschaftlichen Handel konkurrierenden Unternehmen verstärkt, berechtigt als solche zu der Feststellung, dass der Handel beeinträchtigt wurde [...].*“[972]

Dementsprechend hält die Kommission dieses Kriterium „*stets für erfüllt, wenn es sich bei den Beihilfeempfängern oder einigen von ihnen um multinationale Unternehmen handelt, die in nicht reglementierten Sektoren tätig sind.*“[973]

Es gibt jedoch auch in der Anwendungspraxis auf steuerliche Maßnahmen Entscheidungen, die sowohl eine Trennung der Merkmale Wettbewerbsverfälschung und Handelsbeeinträchtigung vornehmen, als auch eine ausführliche Begründung beider Punkte.[974] In einzelnen Fällen wurden steuerliche Maßnahmen sogar mit ausführlicher Begründung als für den zwischenstaatlichen Handel unbedenklich angesehen.[975]

---

[969] In der Entscheidung 16. Mai 2000 betreffend die Modifizierung des § 7g Abs. 7 EStG (steuerfreie Ansparabschreibung) hat die Kommission mit keinem Wort erwähnt, ob bzw. wie sich die untersuchte Maßnahme, die allen in Deutschland ertragsteuerpflichtigen Existenzgründern (wegen der Vorgaben der Kommission auf KMU reduzierte) zugute kommt, auf den zwischenstaatlichen Handel auswirkt (ABl. L 66 vom 8. März 2001, 35).

[970] Entscheidung vom 11. Dezember 2002 („*Steuervergünstigungen Azoren*“, ABl. L 150 vom 18. Juni 2003, 52), Rn. 34. Noch weitergehend die Entscheidung der Kommission vom 16. Oktober 2002 („*Energiekosten Sardinien*“, ABl. L 91 vom 8. April 2003, 38), Rn. 20, wo es schlicht heißt: „*Wenn Auswirkungen auf den innergemeinschaftlichen Handel bestehen, so wird dieser durch die Maßnahme beeinträchtigt.*“

[971] „Beeinträchtigung des Handels und des Wettbewerbs“, Anwendungsbericht, Rn. 21.

[972] Anwendungsbericht, Rn. 24, Kasten 4.

[973] Mit nicht reglementierten Sektoren meint die Kommission solche, die dem Gemeinschaftswettbewerb offen stehen (Anwendungsbericht, Rn. 24, Kasten 4).

[974] Entscheidung vom 5. Juni 2002 („*Daseinsvorsorge Italien*“, ABl. L 77 vom 24. März 2003, 21), Rn. 61 ff und 65 ff. Ohne Trennung, aber mit ausführlicher Marktanalyse: Entscheidung vom24. Februar 1999 („*Demesa*“, ABl. L 292 vom 13. November 1999, 1), Punkt V.1.

[975] Entscheidung vom 15. Oktober 2003 („*Villa Galé*“, ABl. L 61 vom 27. Februar 2004, 76), Rn. 25 ff.

b) Keine prinzipielle Einschränkung bei Maßnahmen der direkten Besteuerung

Der Handelsbegriff des Art. 87 EG erfasst allgemein den gesamten zwischenstaatlichen Waren- und Dienstleistungsverkehr. Die Besteuerung grenzüberschreitender Umsätze oder Verbrauchstatbestände findet aber im Rahmen der indirekten Steuern (insbesondere der Umsatzsteuer) statt: nur diese haben unmittelbaren Einfluss auf den zwischenstaatlichen Handel. Direkte Steuern knüpfen dagegen nicht an Verbrauchs- oder Handelstatbestände, sondern an Vermögen oder Gewinn an. Auch wenn die unternehmerischen Gewinne regelmäßig aus Waren- oder Dienstleistungsumsätzen resultieren, werden sie steuerlich insofern nicht als solche, sondern bei den Personen erfasst, denen sie ertragsteuerlich zugerechnet werden. Maßnahmen im Bereich der direkten Steuern haben somit immer nur eine mittelbare Auswirkung auf den zwischenstaatlichen Handel. Unmittelbar wirken sie sich im Zusammenhang mit den personengebundenen Grundfreiheiten (Niederlassungs- und Kapitalverkehrsfreiheit) aus: „*In der Ausübung des Freizügigkeits- und Niederlassungsrechts ist kein Handel zu sehen, da sie personengebunden ist.*“[976] Auch wenn diese Anknüpfung an die Wirtschaftsfaktoren (Waren und Dienstleistungen stellen dagegen Wirtschaftsgüter dar) einen Unterschied darstellt, wird von Kommission und Rechtsprechung ein solcher nicht einmal diskutiert. Der auf alle vier Grundfreiheiten (und damit auf Wirtschaftsgüter wie -faktoren gleichermaßen) bezogene Schutzzweck der Wettbewerbsordnung (vgl. Art. Abs. lit g und c EG) wird dies im Ergebnis rechtfertigen. Dennoch wäre eine Würdigung der grundsätzlich unterschiedlichen Auswirkungen von direkten und indirekten Steuern u.U. geeignet, in Bezug auf erstere von vorneherein eine vergleichsweise geringere Eignung zur Handelsbeeinträchtigung festzustellen.

II. „*De-minimis*“-Beihilfen

Von dem Grundsatz, dass die geringe Höhe einer Beihilfe nicht von vorneherein ihre potentielle Eignung zur Beeinträchtigung des zwischenstaatlichen Handels zu beseitigen vermag[977], wird bereits seit längerem bezüglich solcher Beihilfen abgewichen, die einen bestimmten Betrag für das begünstigte Unternehmen in einem bestimmten Zeitraum nicht überschreiten. Auch wenn im Beihilferecht ein „Spürbarkeitskriterium“ (wie im europäischen Kartellrecht anerkannt) dogmatisch offenbar nicht berücksichtigt wird, kommt der „*De-minimis*“-Grundsatz einem solchen Verständnis im Ergebnis nahe.

1. „*De-minimis*“-Verordnung

Die „*De-minimis*“-Verordnung, die zwei vorangegangene Regelungen ersetzt, hat diesen Gedanken in das sekundäre Gemeinschaftsrecht überführt:

---

[976] *Mederer/Strohschneider* in *von der Groeben/Schwarze*, Rn. 47 zu Art. 87 EG.

[977] EuGH, Urteil vom 21. März 1990 in der Rs. C-142/87 („*Tubemeuse*“), Slg. 1990, I-959, Rn. 43.

„Die Erfahrungen der Kommission haben gezeigt, dass Beihilfen, die einen Gesamtbetrag von 100.000 EUR innerhalb von drei Jahren nicht übersteigen, den Handel zwischen den Mitgliedstaaten nicht beeinträchtigen [...]. Sie fallen daher nicht unter Artikel 87 Absatz 1 EG-Vertrag.“[978]

Wie bereits in den abgelösten Mitteilungen bringt die Kommission in der *„De-minimis“*-Verordnung damit eindeutig ihr Verständnis zum Ausdruck, dass in den genannten Fällen ein Tatbestandsmerkmal des Art. 87 EG nicht erfüllt ist. Art. 2 Abs. 1 der Verordnung schränkt jedoch ein, dass *„De-minimis“*-Maßnahmen nur *als Maßnahmen gelten*, die nicht alle Tatbestandsmerkmale der Beihilfe erfüllen. Aus Art. 3 der Verordnung folgt weiter, dass *„De-minimis“*-Beihilfen gegenüber dem Empfänger als solche zu bezeichnen und nur gegen eine vollständige Übersicht der in den letzten drei Jahren erhaltenen Beihilfen auszureichen sind.[979] Eine erneute *„De-minimis“*-Beihilfe darf erst nach Überprüfung der Einhaltung der festgelegten Kriterien stattfinden. Eine Kumulierung mit anderen Beihilfen (die nicht als *„De-minimis“*-Beihilfen ausgereicht wurden) ist unschädlich. Wie sich aus fehlenden Einschränkungen ergibt, ist die *„De-minimis“*-Verordnung auf Unternehmen jeder Größe und – unbeschadet entgegenstehender Regelungen für sensible Sektoren – Branche anwendbar.[980]

2. Anwendung auf steuerliche Beihilfen

Das Abstellen auf das Bruttosubventionsäquivalent („d.h. die Beträge vor Abzug der direkten Steuern“) zur Berechnung des Beihilfebetrags in Art. 2 Abs. 3 der *„De-minimis“*-Verordnung lassen vermuten, dass an deren Anwendung auf steuerliche Beihilfen offenbar ursprünglich nicht gedacht worden ist. Art. 2 Abs. 2 der Verordnung erklärt jedoch ausdrücklich, dass der Schwellenwert von 100.000 EUR pro Unternehmen innerhalb von drei Jahren „für Beihilfen gleich welcher Art und Zielsetzung gilt.“ Aus Abs. 3 Unterabs. 2 derselben Vorschrift geht weiter hervor, dass auch die Zahlung in mehreren Tranchen möglich ist. Eine Anwendung auf steuerliche Maßnahmen ist daher nach dem Wortlaut grundsätzlich möglich, was auch der Betrachtungsweise der Kommission entspricht.[981] Fraglich ist, inwieweit die steuerliche Natur einer gewährten

---

[978] VO (EG) Nr. 68/2001 der Kommission vom 12. Januar 2001 über die Anwendung der Artikel 87 und 88 EG-Vertrag auf *„De-minimis“*-Beihilfen, ABl. L 10 vom 13. Januar 2001, 30, Rn. 5.

[979] Die Auskunftsverpflichtung entfällt bei Führung eines Zentralregisters für *„De-minimis“*-Beihilfen durch den betreffenden Mitgliedstaat dann, wenn das Register einen Zeitraum von drei Jahren erfasst (Art. 3 Abs. 2 der Verordnung).

[980] S. jedoch Rn. 4 der Verordnung hinsichtlich Maßnahmen für die Exportförderung.

[981] S. die Entscheidung vom 11. Dezember 2001 (*„Bankenkonsolidierung Italien“*, ABl. L 184 vom 13. Juli 2002, 27), Rn. 10; vgl. die Entscheidung vom 21. Januar 2003 (*„Stempelsteuerbefreiung“*, ABl. L 149 vom 17. Juni 2003, 18), Rn. 34. Dort ging es zwar um eine indirekte Steuer, welche die Erwerber oder Pächter von Grundstücken zu zahlen hatten;

Begünstigung der Anwendbarkeit der „*De-minimis*"-Verordnung entgegenstehen könnte. Hinsichtlich der Anwendung der Verordnung auf steuerliche Einzelmaßnahmen ergeben sich keine grundsätzlichen Bedenken oder Probleme. So erscheint es möglich, steuerliche Stundungs- oder Erlassmaßnahmen, welche die „*De-minimis*"-Kriterien erfüllen, in den Genuss dieser Regelung kommen zu lassen. Erforderlich ist nach dem Wortlaut des Art. 3 Abs. 1 der Verordnung zwar, dass die Maßnahme als „*De-minimis*"-Beihilfe bezeichnet wird und die Einhaltung der Kriterien[982] sichergestellt ist; dies dürfte z.B. in den üblichen Fällen überschuldeter Unternehmen, denen gegenüber eine solche Maßnahme in Betracht kommt, vorab ggf. nicht möglich sein.[983] Die nachträgliche „Umwidmung" einer Maßnahme in eine „*De-minimis*"-Beihilfe ist von der Kommission jedoch für den Bereich der direkten Steuern implizit anerkannt worden.[984] Wie die Kommission ausgeführt hat, ist die pauschale Anerkennung steuerlicher Regelungen, die einen steuerlichen Vorteil nicht auf maximal 100.000 EUR in einem Zeitraum von drei Jahren beschränken, als „*De-minimis*"-Regelungen nicht möglich. Jedoch kann es möglich sein, „*dass in einzelnen Fällen Vorteile im Einklang mit den durch die gemeinschaftliche Regelung für ‚De-minimis'-Beihilfen vorgesehenen Bedingungen gewährt wurden*".[985] Insbesondere für Ausnahmen von der ertragsteuerlichen Erfassung sanierungsbedingter Gewinne (Sanierungsgewinne) bietet sich diese Möglichkeit daher an, falls die Ausnahme als solche im Einzelfall eine Beihilfe darstellen sollte.[986]

Die Ausgestaltung steuerlicher Regelungen unter Berücksichtigung von „*De-minimis*"-Kriterien ist bisher offenbar nicht erprobt, aber nicht von vorneherein ausgeschlossen. Aus der Entscheidung der Kommission zur britischen „*Stempelsteuerbefreiung*"[987] geht hervor, dass die Anwendung des „*De-minimis*"-Kriteriums in steuerlichen Regelungen möglich ist, dabei aber die Einhaltung der betragsmäßigen Grenze sichergestellt werden muss.[988] Einer

die anklingende Möglichkeit der „*De-minimis*"-Begrenzung ist jedoch auf den Bereich der direkten Steuern übertragbar.

[982] Durch Auskunft oder per Register.

[983] Vgl. die Entscheidung der Kommission vom 19. Februar 2003 („*Puignerό*", ABl. L 337 vom 23. Dezember 2003, 14).

[984] Entscheidung vom 16. April 2004 betreffend eine französische Regelung zur Übernahme von Unternehmen in Schwierigkeiten (ABl. L 108 vom 16. Dezember 2003, 38), Rn. 29 ff (Rn. 33).

[985] Entscheidung vom 16. April 2004 betreffend eine französische Regelung zur Übernahme von Unternehmen in Schwierigkeiten (ABl. L 108 vom 16. Dezember 2003, 38), Rn. 29.

[986] S. hierzu *Strüber/von Donat*, BB 2003, 2036.

[987] Entscheidung vom 21. Januar 2003 (ABl. L 149 vom 17. Juni 2003, 18), Rn. 34.

[988] Entscheidung vom 21. Januar 2003 (ABl. L 149 vom 17. Juni 2003, 18), Rn. 34: „*Das Vereinigte Königreich hat beschlossen, die Regelung nicht auf den Geltungsbereich der [„De-minimis"-Verordnung] zu begrenzen. Tätigt ein Empfänger der Beihilfe mehrere Immobiliengeschäfte, so ist nicht ausgeschlossen, dass er mehr Beihilfe[n] erhält, als nach dieser Verordnung zulässig ist.*"

Anwendung der *„De-minimis“*-Verordnung können insoweit aber praktische Gründe entgegen stehen: Zum einen muss die avisierte Begünstigung vorab bezifferbar und damit auch vorab kalkulierbar sein. Bei Gewährungstatbeständen, die erst an eine künftig entstehende Steuerschuld anknüpfen (z.B. besondere Bilanzierungsmöglichkeiten oder pauschale Gewinnermittlungsvorschriften) ist dies nicht möglich. Erst nach Ablauf von drei Jahren wäre ein retrospektiver Gewinnvergleich zur Ermittlung des gewährten Beihilfebetrags möglich. Eine Anwendung steuerlicher Regelungen in Abhängigkeit von den für das betreffende Unternehmen verbleibenden *„De-minimis*-Spielraum“ erscheint nicht vorstellbar[989]; dagegen könnte es möglich sein, durch nachträgliche Saldierung jedenfalls den *„De-minimis“*-Betrag „beihilfefest“ zu machen.[990]

Bei Regelungen über investitionsbezogenen Steuervergünstigen wäre es z.B. denkbar, für die ersten drei Jahre nach Gründung insgesamt einen (maximalen) Gutschriftsbetrag in *„De-minimis“*-Höhe festzulegen.[991] Eine Kumulierung mit anderweitigen Maßnahmen der Investitionsförderung wäre unschädlich. In Bezug auf die von Kommission und EuG beanstandeten investitionsfördernde Regelungen der baskischen Provinzen (Körperschaftsteuergutschrift in Höhe von 45 % der Investitionskosten)[992] hätte bei einer auf den *„De-minimis“*-Betrag begrenzten Höhe der Gutschrift insoweit möglicherweise ein Teil der Regelung aufrechterhalten werden können. Die einzelfallbezogene *„De-minimis*-Widmung“ müsste (nachträglich) erfolgen. Auch eine betragsmäßig begrenzte Ermäßigung der steuerlichen Bemessungsgrundlage erschiene denkbar; diese könnte regelmäßig ein Vielfaches des *„De-minimis“*-Betrages darstellen[993], da nur der auf diese entfallende Steuerbetrag (nicht die Bemessungsgrundlage selbst) als Beihilfe in Betracht käme.[994] Bei der gebotenen Trennung der Tatbestandsmerkmale Wettbewerbsverfälschung und Handelsbeeinträchtigung käme es in Bezug auf letzteres dann auch nicht zum Tragen, wenn die Kommission in entsprechenden Maßnahmen grundsätzlich eine Betriebsbeihilfe

---

[989] Die Möglichkeit einer rückwirkenden Widmung der gewährten Vergünstigungen als *„De-minimis“*-Beihilfe wird somit in solchen Fällen nicht relevant.

[990] Nicht eindeutig insoweit: Kommission, Entscheidung vom 3. März 1999 (*„Sirap“*, ABl. L 269 vom 19. Oktober 1999, 29).

[991] In diesem Sinne möglicherweise: Kommission, Entscheidung vom 30. Januar 2002 (N 525/01, *„Cluster Incubator“*).

[992] Entscheidungen der Kommission vom 11. Juli 2001, betreffend die Provinzen Álava (ABl. L 296 vom 30. Oktober 2002, 1), Guipúzcoa (ABl. L 314 vom 18. November 2002, 26) und Vizcaya (ABl. L 17 vom 22. Januar 2003, 1); vgl. EuG, Urteil vom 23. Oktober 2002 in den verbundenen Rs. T-269, 271 und 272/99.

[993] 100.000 EUR multipliziert mit dem Kehrwert des als Bruch ausgedrückten anwendbaren Steuersatzes.

[994] Vgl. diesbezüglich die beanstandeten Regelungen ohne betragsmäßige Begrenzung: Entscheidungen der Kommission vom 11. Juli 2001, betreffend die Provinzen Álava (ABl. L 314 vom 18. November 2002, 1), Guipúzcoa (ABl. L 174 vom 4. Juli 2002, 31), Navarra (L 314 vom 18. November 2002, 17) und Viscaya (ABl. L 279 vom 17. Oktober 2002, 35); vgl. EuG, Urteil vom 23. Oktober 2002 in den verbundenen Rs. T-346 bis 348/99.

erblickt (da sie an die Erzielung von Gewinnen anknüpfen[995]); denn die Beeinträchtigung des zwischenstaatlichen Handels wäre dennoch nicht gegeben.

III. Beihilfen für kleine und mittlere Unternehmen

Bei Beihilfen bzw. Beihilferegelungen für KMU ist der von der Kommission zugrunde gelegte dogmatische Ansatzpunkt hinsichtlich der Handelsbeeinträchtigung ein anderer als bei den „*De-minimis*"-Beihilfen. Während jene nicht als Beihilfe iSd. Art. 87 EG gelten[996], gibt es eine solche Vermutung zugunsten von KMU-Beihilfen nicht. Diese werden daher in der betreffenden Verordnung[997] unter bestimmten Voraussetzungen nur *von der Notifizierungspflicht freigestellt*:

> *„Durch die im Wege dieser Verordnung freigestellten Beihilfen an kleine und mittlere Unternehmen soll [...] deren wirtschaftliche Tätigkeit gefördert werden, sofern die Handelsbedingungen dadurch nicht in einem Maß beeinträchtigt werden, das dem gemeinsamen Interesse zuwider läuft.*"[998]

Dieser unterschiedliche beihilferechtliche Ansatz in der Bewertung von „*De-minimis*"- und KMU-Beihilfen ist in Bezug auf das Merkmal der Handelsbeeinträchtigung gerechtfertigt. Denn im Gegensatz zur geringen Höhe einer Beihilfe (gleich welcher Art die von ihr verfolgte Zielsetzung ist) erscheint die relativ geringe Größe des begünstigten Unternehmens nicht grundsätzlich geeignet, die Vermutung einer fehlenden Handelsbeeinträchtigung zu begründen.

Die Einbeziehung von KMU-Kriterien in steuerliche Regelungen zur Investitionsförderung ist im Gegensatz zur Praxis bei „*De-minimis*" gängig.[999] Ein Antrag ist gemäß Art. 7 Alt. 2 der KMU-Freistellungsverordnung nicht erforderlich, wenn „*in dem betreffenden Mitgliedstaat bereits objektiven Kriterien genügende gesetzliche Vorschriften existieren, die einen Rechtsanpruch auf die Beihilfe begründen, ohne dass es einer zusätzlichen Ermessensentscheidung bedarf*". Außerhalb von Beihilferegelungen gewährte Einzelfallbeihilfen sind zwar nach der Verordnung grundsätzlich möglich[1000]; in steuerlichem Kontext sind solche jedoch wegen des Konflikts zwischen einem nach

---

[995] Diesen Standpunkt vertrat die Kommission in ihrer Entscheidung vom 24. Februar 1999 („*Demesa*", ABl. L 292 vom 13. November 1999, 1), Punkt V.2.4.2.

[996] Siehe Art. 2 Abs. 1 der „*De-minimis*"-Verordnung.

[997] Verordnung (EG) Nr. 70/2001 vom 12. Januar 2001 über die Anwendung der Artikel 87 und 88 EG-Vertrag auf staatliche Beihilfen an kleine und mittlere Unternehmen (KMU-Freistellungsverordnung, ABl. L 10 vom 13. Januar 2001, 33).

[998] Verordnung (EG) Nr. 70/2001 vom 12. Januar 2001 über die Anwendung der Artikel 87 und 88 EG-Vertrag auf staatliche Beihilfen an kleine und mittlere Unternehmen (KMU-Freistellungsverordnung, ABl. L 10 vom 13. Januar 2001, 33), Rn. 5.

[999] Vgl. § 7g EStG.

[1000] Art. 3 Abs. 1 der KMU-Freistellungsverordnung (ABl. L 10 vom 13. Januar 2001, 33).

der Freistellungsverordnung notwendigen investitionsgebundenen Charakters[1001] auf der einen und dem Grundsatz der Steuergerechtigkeit auf der anderen Seite kaum vorstellbar.

B. Ergebnis

In der Kommissions- und Rechtsprechungspraxis bezüglich steuerlicher Beihilfen kommt dem Merkmal der Beeinträchtigung des zwischenstaatlichen Handels in Übereinstimmung mit der allgemeinen Praxis so gut wie keine praktische Bedeutung zu. Die Anforderungen der Rechtsprechung an Untersuchungs- und Begründungspflicht der Kommission sind so minimal, dass eine Prüfung regelmäßig zugunsten allgemeingültiger Aussagen unterbleibt und der Tatbestand der Beihilfe insoweit als konturenlos anzusehen ist. Dementsprechend widmen sich Leitlinien[1002] und der Anwendungsbericht[1003] diesen Merkmalen. Eine Trennung zum Merkmal der Wettbewerbsverfälschung wird (ebenfalls in Übereinstimmung mit der allgemeinen Praxis außerhalb steuerlicher Maßnahmen) überwiegend nicht vorgenommen[1004], was von EuGH zwar offenbar nicht grundsätzlich beanstandet wird, aber aufgrund der unterschiedlichen Bedeutung dieser Merkmale dennoch bedenklich ist. Insgesamt ist die nur oberflächliche Auseinandersetzung mit den tatbestandlichen Erfordernissen in Bezug auf eine Beeinträchtigung des zwischenstaatlichen Handels nicht nur unter Kompetenzgesichtspunkten, sondern auch unter wettbewerbspolitischen Gesichtspunkten unangemessen: Die (aus dem Telos des Art. 87 EG folgende), gleichermaßen tatbestandslegitimierende wie -begrenzende Funktion des Merkmals der Beeinträchtigung des zwischenstaatlichen Handels wird von Kommission und EuG/EuGH nicht ansatzweise gewürdigt.

Die ungenügende dogmatische Auseinandersetzung der Kommission mit dem Merkmal der Handelsbeeinträchtigung wird in vielen Entscheidungen auch bereits in der Prüfungsreihenfolge des Beihilfetatbestands offenkundig: Während die Merkmale der Begünstigung bestimmter Unternehmen (oder Produktionszweige) durch staatliche oder aus staatlichen Mitteln gewährte Maßnahmen die Beihilfe als solche – die noch nicht unter das Beihilfeverbot fällt – beschreiben, knüpfen die Merkmale der Wettbewerbsbeschränkung und der Beeinträchtigung des zwischenstaatlichen Handels – welche die Beihilfe erst zur verbotenen gemeinschaftsrechtswidrigen Maßnahme machen – als auswirkungsbezogene Kriterien an deren Vorliegen logisch zwingend an. Da sich die Auswirkungen erst aus der Natur der Maßnahme als Beihilfe ergeben, folgt bereits aus dem Tatbestandsaufbau des Art. 87 Abs. 1 EG, dass die Auswir-

---

[1001] Vgl. Rn. 13 der KMU-Freistellungsverordnung (ABl. L 10 vom 13. Januar 2001, 33).
[1002] Leitlinien, Rn. 11.
[1003] Anwendungsbericht, Rn. 21.
[1004] Leitlinien, Rn. 11; Anwendungsbericht, Rn. 21.

kungen nicht geprüft werden können, bevor die Maßnahme selbst nicht als solche identifiziert wurde. Dennoch prüft die Kommission die Handelsbeeinträchtigung in ständiger Entscheidungspraxis noch vor der Selektivität[1005] – dabei ist letztere das Schlüsselkriterium, aus dem sich die den Handel beeinträchtigende Wirkung erst ergibt, und in der Subsumtion daher logisch zwingend vorrangig.[1006]

In der Entscheidung „*Internationale Finanzierungsaktivitäten Niederlande*" hat die Kommission die Eignung der betreffenden Maßnahme zur Beeinträchtigung des zwischenstaatlichen Handels darauf gestützt, dass die streitige Regelung „*allen Branchen offen steht, also auch denjenigen, in denen ein intensiver innergemeinschaftlicher Wettbewerb besteht*".[1007] Auf diese – offenbar als exemplarisch bewerteten – Ausführungen nimmt sie auch im Anwendungsbericht Bezug.[1008] Diese Begründung macht insofern stutzig, als danach die offensichtlich branchenübergreifende – und diesbezüglich auch nicht selektive – Geltung einer Maßnahme geeignet zu sein scheint, eine besonders offenkundige, abstrakte Beeinträchtigung des zwischenstaatlichen Handels zu begründen; dagegen ist dem Gedanken des Art. 87 Abs. 1 EG, der die Selektivität beispielhaft an Maßnahmen zu Gunsten bestimmter Produktionszweige knüpft, gerade immanent, dass eine solche Einschränkung als schädlich angesehen wird. Es erscheint als potentieller Wertungswiderspruch, einerseits im Merkmal der Selektivität eine möglichst allgemeine Geltung der untersuchten Maßnahme zu fordern, aber andererseits bei der Handelsbeeinträchtigung eine solche als schädlich anzusehen.

Auf die von vorneherein nur mittelbare Eignung direkt-steuerlicher Maßnahmen zu einer Handelsbeeinträchtigung gehen Kommission und Rechtsprechung nicht ein, eine grundsätzliche Unterscheidung zu Maßnahmen im Bereich der indirekten Steuern wird nicht getroffen. Im Zusammenhang mit steuerlichen Maßnahmen läuft das Verständnis der Kommission vom Merkmal der zwischenstaatlichen Handelsbeeinträchtigung teilweise darauf hinaus, dass letztere als *per-se*-Folge einer selektiven Begünstigung angenommen bzw. gerade auf die nicht sektorspezifische Anwendbarkeit einer Maßnahme (und die dadurch bedingte Anwendbarkeit auch auf Wirtschaftszweige mit

---

[1005] Exemplarisch: Entscheidung vom 17. Februar 2003 („*Internationale Finanzierungstätigkeiten Niederlande*", ABl. L 180 vom 18. Juli 2003, 52), Rn. 85 f; Entscheidung vom 22. August 2002 („*Koordinierungszentren Vizcaya*", ABl. L 31 vom 6. Februar 2003, 26), Rn. 31 f; Entscheidung vom 11. Dezember 2002 („*Finanzverwaltungszentralen Frankreich*", ABl. L 330 vom 18. Dezember 2003, 23), Rn. 29 f; Entscheidung vom 17. Februar 2003 („*Auslandseinkünfte Irland*", ABl. L 204 vom 13. August 2003, 51), Rn. 38 f.

[1006] Vorbildlich (aber die Ausnahme) in diesem Sinne: Kommission, Entscheidung vom 16. Oktober 2002 („*Finanzierungsgesellschaften Luxemburg*", ABl. L 153 vom 20. Juni 2003, 40), Rn. 21 ff.

[1007] Entscheidung vom 17. Februar 2003 (ABl. L 180 vom 18. Juli 2003, 52), Rn. 85.

[1008] Anwendungsbericht, Rn. 23.

zwischenstaatlichem Wettbewerb), oder deren Geltung für internationale Unternehmen gestützt wurde. Ohne weiteres werden danach z.B. alle Regelungen, die konzerninterne Dienstleistungen betreffen, als geeignet angesehen, den zwischenstaatlichen Handel zu beeinträchtigen.

Der sekundärrechtliche „*De-minimis*"-Ansatz bietet im Hinblick auf steuerliche Maßnahmen, gleich ob einzelfallbezogen oder gesetzlicher Art, ein Gestaltungspotential, dass von den Mitgliedstaaten bisher kaum genutzt worden ist. Da der „*De-minimis*"-Betrag bei solchen Maßnahmen an eine Steuerminderung anknüpft, könnten die zugrunde gelegten Regelungen in Abhängigkeit von Bemessungsgrundlage oder Steuersatz sogar an ein Vielfaches dieses Betrages anknüpfen; besonders Regelungen zur Investitionsförderung kämen hierfür in Betracht. Die nachträgliche „*De-minimis*"-Widmung von steuerlichen Stundungs- oder Erlassmaßnahmen – z.B. im Zusammenhang mit Steuerbefreiungen für Sanierungsgewinne – kann ebenfalls in Betracht gezogen werden. Da das „*De-minimis*"-Kriterium sektor- und zielsetzungsneutral ist (insbesondere kommen auch Großunternehmen als Begünstigte in Betracht), erscheint es für steuerliche Maßnahmen in geringer Größenordnung als vielseitig einsetzbarer Ansatz.

Kapitel 8

Rechtfertigung durch allgemeine Vorgaben des Systems

A. Das Rechtfertigungskriterium für steuerliche Beihilfen

Nach der durch die Leitlinien vorgegebenen und im Anwendungsbericht bestätigten Entscheidungspraxis der Kommission wird das Selektivitätskriterium des Art. 87 Abs. 1 EG bei der Prüfung steuerlicher Maßnahmen der Mitgliedstaaten in zwei Merkmale aufgeteilt: das Ausnahmekriterium, welches Gegenstand des vorangegangenen Kapitels ist, und das Rechtfertigungskriterium.[1009] Die Selektivität wird somit zweistufig geprüft, indem zunächst das Vorliegen einer Ausnahme vom allgemeinen System und – falls bejaht – sodann deren mögliche Rechtfertigung zu untersuchen ist. Liegt die Rechtfertigung vor, ist die Selektivität nicht gegeben.

Insbesondere vor dem Hintergrund, dass das Merkmal der Ausnahme vom allgemeinen System von Kommission und Rechtsprechung, wie im vorangegangenen Kapitel untersucht, so extensiv verstanden wird, dass die tatbestandlichen Grenzen des Art. 87 Abs. 1 EG bei abstrakter und von einer Rechtfertigung isolierter Betrachtung überschritten sind, wird in diesem Kapitel der Frage nachgegangen, welche inhaltlichen Anforderungen an die Rechtfertigung zu stellen sind und nach welchen Vorgaben diese sich richten könnten.

I. Ursprung und Entwicklung

1. Leitlinien für steuerliche Beihilfen

a) Allgemeiner Grundsatz

Die Leitlinien sind das erste allgemeingültige Dokument der Kommission, in denen das Rechtfertigungskriterium dargelegt wird. Dies geschieht unter Bezugnahme auf das Urteil „*Familienzulage*“[1010], in dem der EuGH eine italienische Regelung zugunsten der Textilindustrie zu untersuchen hatte, welche eine Befreiung von Soziallasten (Zahlung von Familienzulagen an Arbeitnehmer) vorsah. Er stellte dort fest, „*dass die teilweise Befreiung [...] eine Maßnahme darstellt, welche die Unternehmen eines bestimmten Industriezweiges teilweise von den finanziellen Lasten freistellen soll, die sich aus der normalen Anwendung*

[1009] Leitlinien, Rn. 12 ff und Rn. 23 ff; Anwendungsbericht, Rn. 25 ff und Rn. 34 ff.

[1010] EuGH, Urteil vom 2. Juli 1974 in der Rs. C-173/73 (Italien./.Kommission), Slg. 1974, 709.

des allgemeinen Sozialversicherungssystems ergeben, ohne dass diese Befreiung durch die Natur oder den inneren Aufbau dieses Systems gerechtfertigt ist."[1011]

Die Kommission führt dazu in ihren Leitlinien aus, dass es „*für die Anwendung des Artikels [87] Absatz 1 auf eine steuerliche Maßnahme ist [...] vor allem [wesentlich ist], dass diese Maßnahme eine Ausnahme von der Anwendung des allgemein geltenden Steuersystems zugunsten bestimmter Unternehmen eines Mitgliedstaats darstellt. Demnach muss also zuerst festgestellt werden, welche allgemeine Regelung gilt. Anschließend muss geprüft werden, ob die Ausnahme oder die systeminternen Differenzierungen ,durch die Natur oder den inneren Aufbau' des Steuersystems gerechtfertigt sind, d.h. ob sie sich also unmittelbar aus den Grund- oder Leitprinzipien des Steuersystems des betreffenden Mitgliedstaats ergeben. Ist dies nicht der Fall, so handelt es sich um eine staatliche Beihilfe.*"[1012]

b) Besondere Aspekte

In Rn. 23 ff der Leitlinien wird das Rechtfertigungskriterium näher erläutert. Die Kommission führt dort unter Bezugnahme auf ihre Entscheidung „*Luftfahrt-SonderAfA*"[1013] aus, dass sie solche Ausnahmen als gerechtfertigt betrachtet, die „*aufgrund wirtschaftlicher Überlegungen für die Leistungsfähigkeit des Systems erforderlich sind*". Sie stellt außerdem klar, dass Unterschiede *zwischen den Mitgliedstaaten* hinsichtlich Abschreibungs- und Bewertungsmethoden oder bezüglich der Modalitäten hinsichtlich der Einforderung von Steuerschulden für die Frage der Rechtfertigung nicht relevant sind.[1014]

In Rn. 26 der Leitlinien trifft die Kommission die wichtige Aussage, dass zwischen internen (steuerlichen) und externen (anderweitigen) Zielen einer Steuerregelung zu unterscheiden ist, und dass der eigentliche Zweck des Steuersystems in der Erzielung von Einnahmen zur Finanzierung des Staatshaushalts besteht. Sie erkennt aber insbesondere solche steuerlichen Regelungen an, die einer Vermeidung der Doppelbesteuerung dienen (und meint damit offenbar den Verzicht eines Staates auf die Besteuerung eines Sachverhaltes zugunsten eines anderen Staates). Für „nicht ohne weiteres" mit der Logik eines Steuersystems begründbar sieht sie allerdings Regelungen an, die nichtansässige gegenüber ansässigen Unternehmen bevorzugen oder die Besteuerung der Gewinne aus

---

[1011] EuGH, Urteil vom 2. Juli 1974 in der Rs. C-173/73 (Italien./.Kommission), Slg. 1974, 709, Rn. 33 ff der Entscheidung.

[1012] Leitlinien, Rn. 16.

[1013] Entscheidung vom 13. März 1996 (ABl. L 146 vom 20. Juni 1996, 42).

[1014] Sie stellt in diesem Zusammenhang (Rn. 24 der Leitlinien) fest, dass eine Ermessensbefugnis der Finanzverwaltung, aus der eine von der im nationalen Kontext abweichende Behandlung hinsichtlich der genannten Punkte resultiert, die Vermutung für das Vorliegen einer Beihilfe begründet. Diese Aussage hat allerdings keine Bedeutung für die Frage einer Rechtfertigung, sondern nur für die des Vorliegens einer Ausnahme vom allgemeinen System.

konzerninternen Dienstleistungen begünstigen. Als durch die Logik des Steuersystems bzw. „aus Gründen der Umverteilungslogik" gerechtfertigt wird dagegen die progressive Staffelung der Einkommensteuersätze angesehen.

Auch branchen- oder sektorbezogene Regelungen einer pauschalierten Gewinnermittlung (sie nennt als Beispiele Landwirtschaft und Fischerei) sieht die Kommission als möglicherweise gerechtfertigt an, „*wenn sie vor allem besonderen Buchführungserfordernissen und der Bedeutung des Grundeigentums als eines für bestimmte Sektoren charakteristischen Vermögenswerts Rechnung tragen*".[1015]

Schließlich sei auch „*die Logik bestimmter besonderer Steuervorschriften für kleine und mittlere Unternehmen, einschließlich kleiner landwirtschaftlicher Betriebe [...] mit der Logik vereinbar, auf die sich der progressive Charakter einer Steuertabelle stützt*".[1016]

2. Anwendungsbericht

In ihrem Anwendungsbericht stellt die Kommission fest, dass eine staatliche Beihilfe nicht vorliegt, wenn die betreffende Maßnahme durch „*die Art oder den Sinn und Zweck des Steuersystems*" gerechtfertigt ist.[1017] Die dort genannten Fälle, in denen eine Rechtfertigung im Bereich der direkten Steuern angenommen worden ist, lassen eine Aufteilung der akzeptierten Rechtfertigungen in branchenbezogene und transaktionsbezogene zu[1018]:

a) Rechtfertigungen für bestimmte Wirtschaftszweige

Die Kommission bezieht sich zunächst auf zwei Fälle, in denen sie begünstigende Abweichungen von den Grundsteuervorschriften für den Agrarsektor als durch die besondere Bedeutung des Grundeigentums für diesen Sektor als gerechtfertigt ansieht.[1019] Unter Bezugnahme auf die Entscheidungen „*internationale Finanzierungsaktivitäten Niederlande*"[1020] und „*Bankenumstrukturierung Italien*"[1021] – in denen eine Rechtfertigung im Ergebnis nicht angenommen wurde – führt die Kommission weiter aus, es sei dort der Grundsatz anerkannt wor-

---

[1015] Rn. 27 der Leitlinien.

[1016] Rn. 27 der Leitlinien.

[1017] Leitlinien, Rn. 34. Wenig überraschend erkennt sie die Stärkung der Wettbewerbsfähigkeit bestimmter Unternehmen als Rechtfertigung nicht an. Ihre Aussage „*Gleiches gilt für das Argument, der [fehlende] selektive Charakter der Maßnahmen ergebe sich aus der Anwendung selektiver Kriterien, die den Behörden keinen Ermessenspielraum ließen*" ist im Kontext einer Rechtfertigung unerheblich.

[1018] Anwendungsbericht, Rn. 37 (Kasten Nr. 7).

[1019] Anwendungsbericht, Rn. 36 (unter Bezugnahme auf die Beihilfeverfahren N20/2000 (Niederlande) und N53/1999 (Dänemark).

[1020] Entscheidung vom 17. Februar 2003 (ABl. L 180 vom 18. Juli 2003, 52. Vgl. die Pressemitteilung der Kommission vom 18. Februar 2003, IP/03/242).

[1021] Entscheidung vom 11. Dezember 2001 (ABl. L 184 vom 13. Juni 2002, 27).

den, dass *„für die Ausübung bestimmter Tätigkeiten unter Umständen eine besondere steuerliche Behandlung notwendig sein kann“*.[1022] In beiden Fällen habe aber der geringe Umfang der betreffenden Regelungen nicht mit dieser Zielsetzung übereingestimmt.

b) Rechtfertigungen mit Transaktionsbezug

In einem Fall betreffend italienische Unternehmen der Daseinsvorsorge mit öffentlicher Mehrheitsbeteiligung erkannte die Kommission die ertragsteuerliche Neutralität einer Umwandlung (Änderung der Rechtsform) als Rechtfertigungsgrundsatz an.[1023] Die Fälle *„internationale Finanzierungsaktivitäten Niederlande“*[1024] und *„italienische Bankenumstrukturierung“*[1025] werden wohl auch in diesem Zusammenhang von der Kommission exemplarisch für als Rechtfertigung in Frage kommende Zielsetzungen angeführt; auch wenn dort im Ergebnis wie gesagt die Rechtfertigung verneint wurde.

3. Würdigung

Die Aussagen von Leitlinien und Anwendungsbericht lassen sich wie folgt zusammenfassen:

- die Rechtfertigungsterminologie ist uneinheitlich: abgestellt wird auf *„die Natur oder den inneren Aufbau des Systems“*[1026], *„die Erforderlichkeit für die Leistungsfähigkeit des Systems aufgrund wirtschaftlicher Überlegungen“*[1027] oder *„die Art oder den Sinn und Zweck des Steuersystems“*.[1028] Diese unterschiedliche Terminologie ergibt sich nicht aus Einzelfallentscheidungen (deren sprachliche Fassung immer nur in der jeweiligen Verfahrenssprache bindend ist), sondern aus *allgemeingültigen* Kommissionsdokumenten mit verbindlichem Inhalt in jeder, und damit auch der deutschen Sprachfassung;
- maßgeblich sind die *„Grund- oder Leitprinzipien des Steuersystems des betreffenden Mitgliedstaats“*[1029];
- die Kommission unterscheidet steuerrechtsinterne (Fiskalzweck) und externe (andere) Zielsetzungen[1030]; nicht jede potentiell dem Fiskalzweck zuwider laufende Maßnahme (z.B. Besteuerungsverzicht im internationa-

[1022] Entscheidung vom 11. Dezember 2001 (ABl. L 184 vom 13. Juni 2002, 27), Rn. 39.
[1023] Anwendungsbericht, Rn. 37, unter Bezugnahme auf die Entscheidung vom 5. Juni 2002 (ABl. L 77 vom 24. März 2003, 21).
[1024] Entscheidung vom 17. Februar 2003 (ABl. L 180 vom 18. Juli 2003, 52. Vgl. IP/03/242 vom 18. Februar 2003).
[1025] Entscheidung vom 11. Dezember 2001 (ABl. L 184 vom 13. Juni 2002, 27).
[1026] Leitlinien, Rn. 16.
[1027] Rn. 23 der Leitlinien.
[1028] Anwendungsbericht, Rn. 34.
[1029] Leitlinien, Rn. 16.
[1030] Leitlinien, Rn. 26.

len DBA-Recht)[1031] und nicht jede Maßnahme, die auf einer externen Zielsetzung beruht (progressive Einkommensteuersätze[1032], KMU-Vergünstigungen[1033]) wird als systemwidrig angesehen;
- des weiteren ist die Kommission grundsätzlich bereit, sowohl branchenbezogene als auch transaktionsbezogene Sonderregelungen als systemimmanent zu akzeptieren[1034];
- die Selektivität der betreffenden Maßnahmen muss sich mit dem verfolgten Ziel decken[1035];
- die Rechtfertigung ist *nicht* von Amts wegen zu prüfen[1036]; dies deutet darauf hin, dass das Rechtfertigungskriterium nicht als Bestandteil des *ex officio* zu prüfenden Beihilfetatbestandes angesehen wird.

II. Anwendungspraxis der Kommission

Wie die Kommission in ihrem Anwendungsbericht ohne zu übertreiben feststellt, wird nach ihrer Praxis *„eine materiell selektive Maßnahme nur in wenigen Fällen [als] mit dem allgemeinen Sinn und Zweck des Systems [...] gerechtfertigt*“ angesehen.[1037]

Die von der Kommission entschiedenen (und fast ausschließlich als nicht gerechtfertigt angesehenen) Fälle können nach ihrem materiellen Regelungszusammenhang geordnet dargestellt werden; dies erscheint praktikabel, um dem inhaltlichen Verständnis des Rechtfertigungskriteriums durch eine gesammelte Auswertung der im jeweiligen Sachbereich getroffenen Entscheidungen näher zu kommen. Eine grundlegende Unterscheidung lässt sich dabei zwischen solchen steuerlichen Maßnahmen treffen, deren Regelungsgehalt sich gerade auf internationale Sachverhalte bezieht, und anderen, die keinen zwingenden (inhaltlichen) internationalen Bezug aufweisen (z.B. Stundungen oder Erlassmaßnahmen).

1. Regelungen betreffend steuerliche Sachverhalte mit zwingendem internationalen Bezug

Die Kommission hat in den Jahren 2001 bis 2003 eine Reihe von steuerlichen Maßnahmen untersucht, die Aspekte der Besteuerung grenzüberschreitender unternehmerischer Aktivitäten betrafen. Ausgelöst wurde diese Entwicklung durch das Vorgehen des Rates gegen den schädlichen Steuerwettbewerb, wel-

[1031] Leitlinien, Rn. 26.
[1032] Leitlinien, Rn. 27.
[1033] Leitlinien, Rn. 27.
[1034] Leitlinien, Rn. 27 (Branchenbezug); Anwendungsbericht, Rn. 36 f.
[1035] Anwendungsbericht, Rn. 40 f.
[1036] Leitlinien, Rn. 23; Anwendungsbericht, Rn. 35.
[1037] Anwendungsbericht, Rn. 35.

ches wiederum mit den Aktivitäten der OECD auf diesem Gebiet im Zusammenhang stand.[1038] Die beihilferechtlichen Untersuchungen betrafen vor allem Regelungen im Zusammenhang mit der Gewinnermittlung bei konzerninternen Dienstleistungsumsätzen (Verrechnungspreise), der steuermindernden Berücksichtigung von Auslandsrisiken oder -verlusten und mit der steuerlichen Entlastung grenzüberschreitender Zins- und Dividendenzahlungen.

a) Konzerninterne Verrechnungs- oder Transferpreise

Die Problematik einer sowohl sachgerechten als auch umfassenden Besteuerung konzerninterner Dienstleistungen ist eines der praktisch bedeutendsten Themen im internationalen Steuerrecht.[1039] Dabei geht es zum einen darum, grenzüberschreitende Gewinnverschiebungen durch willkürliche Wertansätze zu vermeiden. Zum anderen soll es den Unternehmen möglich sein, diese Umsätze rationell und steuerlich belastbar zu verbuchen. Maßgebend ist das sog. Fremdvergleichs- oder „*arm's-length*"-Prinzip: die Wertansätze (Gegenleistungen) werden anerkannt, wenn sie denjenigen entsprechen, die unter unabhängigen Unternehmen vereinbart worden wären (Marktpreise). Dass die Ermittlung der marktgerechten Gegenleistung auch durch pauschalierte Methoden erfolgen kann, ist international anerkannt und gängige Praxis. So ermöglicht z.B. die Kostenaufschlags- oder Kosten-plus-Methode eine ertragsteuerliche Erfassung der Gewinne aus konzerninternen Umsätzen auf der Basis der dem leistenden Unternehmen entstandenen Kosten. Diese Kosten, „plus" einem Gewinnaufschlag werden als Bemessungsgrundlage genommen.

aa) Die Kostenaufschlagsmethode als solche

Ohne insoweit ausdrücklich auf eine Rechtfertigung abzustellen, hat die Kommission in ihren Entscheidungen betreffend die Besteuerung der Gewinne aus konzerninternen Dienstleistungen die Verwendung pauschaler Gewinnermittlungsmethoden *als solcher* ausdrücklich als sachlich nicht zu beanstanden erklärt. [1040] In der Entscheidung „*Verwaltungs- und Logistikzentren Frank-*

[1038] Eine ausführliche Darstellung hierzu wird in Kapitel 7 dieser Arbeit vorgenommen, wo im Rahmen des Beihilfemerkmals der Wettbewerbsverfälschung auf die Möglichkeit der Einbeziehung steuerwettbewerbspolitischer Ziele in die Beihilfeaufsicht eingegangen wird.

[1039] Vor allem die OECD widmet sich seit Jahren der Ausarbeitung und Verbesserung allgemeingültiger und praktikabler Maßstäbe für die ertragsteuerliche Erfassung der Gewinne aus konzerninternen Umsätzen; aber auch die EU hat – wie in der Mitteilung der Kommission vom Oktober 2001 angekündigt – inzwischen ein informelles Verrechnungspreisforum eingerichtet, in dem Steuerbeamte der Mitgliedstaaten und unabhängige Experten sich diesem Thema widmen. KOM(2001)582, „*Ein Binnenmarkt ohne steuerliche Hindernisse – Strategie zur Schaffung einer konsolidierten Körperschaftsteuer-Bemessungsgrundlage für die grenzüberschreitende Unternehmenstätigkeit in der EU*"; Mitteilung der Kommission vom 24. November 2003 (KOM[2003]726 endg.), „*Ein Binnenmarkt ohne unternehmenssteuerliche Hindernisse – Ergebnisse, Herausforderungen, Initiativen*", 11.

[1040] Siehe z.B. die Entscheidung vom 16. Oktober 2002 („*Finanzierungsgesellschaften Luxemburg*", ABl. L 153 vom 20. Juni 2003, 40), Rn. 40 ff und 52.

reich"[1041] sah die Kommission deren Anwendung mit vorheriger, einzelfallbezogener Festlegung der „Rentabilitätsquote" (Kostenaufschlag) für Forschungs- und Entwicklungsdienstleistungen als durch die Natur des französischen Steuersystems gerechtfertigt an, da eine anderweitige Ermittlung des Wertes dieser Dienstleistungen „*wenig geeignet wäre*".[1042] Sie hat aber auch zum Ausdruck gebracht, dass solche Regelungen, die das berechtigte Ziel verfolgen, Gewinnverschiebungen zu verhindern, darauf angelegt sein müssen, der analytischen Besteuerung im Ergebnis möglichst nahe zu kommen.[1043]

bb) Pauschale Bemessungsgrundlage, Ausnahme bestimmter Kosten

In der Entscheidung „*Koordinierungszentren Belgien*"[1044] hat die Kommission es nicht als gerechtfertigt angesehen, im Rahmen der Kostenaufschlagsmethode wesentliche Kostenelemente, nämlich die Personalkosten und die Finanzaufwendungen (Transaktionskosten) aus der ertragsteuerlichen Bemessungsgrundlage heraus zunehmen.[1045] Den Ausschluss von Steuern und Spenden aus der Bemessungsgrundlage befand sie zwar nicht explizit für gerechtfertigt, erkannte aber dessen „*Logik [...] aus einem Vergleich mit der klassischen Besteuerungsmethode*" heraus an, da „*keine echten Geschäftsausgaben*" vorlägen, die „*zur Erwirtschaftung eines zu versteuernden Ergebnisses*" beitrügen; eine entsprechende Wertung für Tantiemen und Sitzungsgelder ließ sie offen.[1046]

Dementsprechend wurde auch im Verfahren „*US-Verkaufsgesellschaften Belgien*"[1047] der streitige Ausschluss der Kosten für Werbung, Absatzförderung, Warentransport und Kreditrisiken als nicht gerechtfertigt angesehen, da insoweit gerade die für die Geschäftstätigkeit dieser Gesellschaften typischen Kosten aus der Bemessung herausgenommen würden.[1048] In diesem Sinne erkannte die Kommission in der Entscheidung „*Verwaltungs- und Logistikzentren Frankreich*"[1049] eine Rechtfertigung für die generelle Ausnahme der Aufwendungen für bestimmte Unteraufträge von der Einbeziehung in die Bemessungsgrundlage

---

[1041] Entscheidung vom 13. Mai 2003 (ABl. L 23 vom 28. Januar 2004, 1; vgl. IP/03/698 vom 16. Mai 2003).

[1042] Entscheidung vom 13. Mai 2003 (ABl. L 23 vom 28. Januar 2004, 1), Rn. 48 ff.

[1043] Siehe z.B. die Entscheidung vom 16. Oktober 2002 („*Koordinierungszentren Luxemburg*", ABl. L 170 vom 9. Juli 2003, 20), Rn. 46, 49.

[1044] Entscheidung vom 17. Februar 2003 (ABl. L 282 vom 30. Oktober 2003, 25).

[1045] Entscheidung vom 17. Februar 2003 (ABl. L 282 vom 30. Oktober 2003, 25), Rn. 89.

[1046] Entscheidung vom 16. Oktober 2002 („*Koordinierungszentren Luxemburg*", ABl. L 170 vom 9. Juli 2003, 20), Rn. 50.

[1047] Entscheidung vom 24. Juni 2003 (ABl. L 23 vom 28. Januar 2004, 14; vgl. IP/03/887 vom 24. Juni 2003).

[1048] Entscheidung vom 24. Juni 2003 (ABl. L 23 vom 28. Januar 2004, 14), Rn. 65.

[1049] Entscheidung vom 13. Mai 2003 (ABl. L 23 vom 28. Januar 2004, 1; vgl. IP/03/698 vom 16. Mai 2003).

nicht als gerechtfertigt an.[1050] Eine Besteuerung auf der Grundlage einer einheitlichen Bemessungsgrundlage iHv. 37.500 EUR in allen Fällen, bei denen die Ausgaben das 20fache dieses Betrages nicht überstiegen, lehnte die Kommission in der Entscheidung „*Koordinierungszentren Luxemburg*"[1051] als nicht gerechtfertigt ab.[1052]

cc) Feste Aufschlagssätze bzw. -margen

Die Verwendung *einheitlicher* Gewinnaufschlagssätze oder -margen im Rahmen der Kostenaufschlagsmethode hat die Kommission grundsätzlich nicht als gerechtfertigt anerkannt. Dagegen bewertete sie es in der Entscheidung „*Verwaltungs- und Logistikzentren Frankreich*"[1053] – ohne insoweit explizit eine Rechtfertigung zu prüfen[1054] – grundsätzlich als sachgerecht, dass durch die streitige Regelung in Anlehnung an die OECD-Transferpreis-Grundsätze die fallweise Festsetzung des Gewinnaufschlag unter Berücksichtigung der Einzelheiten vorgesehen war und auch nicht unabänderlich vorgenommen wurde.[1055] Die Beschränkung der Anwendbarkeit dieser Regeln auf bestimmte Unternehmensgruppen sah sie jedoch im Ergebnis als nicht gerechtfertigt an.[1056] In der Entscheidung „*Koordinierungszentren Belgien*"[1057] trat die Kommission der Ansicht entgegen, dass die allgemeine Anwendung eines Gewinnaufschlags iHv. 8 % für alle belgischen Niederlassungen ausländischer Gesellschaften einen Bestandteil des allgemeinen Systems darstellen würde. Sie führte aus, es handele insofern um eine „*Verwaltungspraxis ohne juristischen Wert*", die nicht geeignet sei, (aus sich heraus) ihre Sachgerechtigkeit im Einzelfall zu belegen.[1058]

In den Entscheidungen „*Finanzierungsgesellschaften Luxemburg*"[1059] und „*Koordinierungszentren Luxemburg*"[1060] wurde die einheitliche Verwendung von Gewinnmargen mit der Begründung für nicht gerechtfertigt befunden, dass die allgemeinen Schwierigkeiten mit der Besteuerung konzerninterner Dienstleis-

---

[1050] Entscheidung vom 13. Mai 2003 (ABl. L 23 vom 28. Januar 2004, 1), Rn. 52 ff. Die Nichteinbeziehung von Auslagen bis zu einem Betrag von 10% der laufenden Ausgaben (ohne Auslagen) sah die Kommission beanstandete die Kommission dagegen nicht, da insofern auf eine allgemeine Regel des französischen Steuerrechts Bezug genommen wurde (s. Rn. 51 ff iVm. Rn. 22 der Entscheidung).

[1051] Entscheidung vom 16. Oktober 2002 (ABl. L 170 vom 9. Juli 2003, 20).

[1052] Entscheidung vom 16. Oktober 2002 (ABl. L 170 vom 9. Juli 2003, 20).

[1053] Entscheidung vom 13. Mai 2003 (ABl. L 23 vom 28. Januar 2004, 1; vgl. IP/03/698 vom 16. Mai 2003).

[1054] S. allerdings Rn. 49 (Entscheidung vom 13. Mai 2003, ABl. L 23 vom 28. Januar 2004, 1).

[1055] Entscheidung vom 13. Mai 2003 (ABl. L 23 vom 28. Januar 2004, 1), Rn. 20 f.

[1056] Entscheidung vom 13. Mai 2003 (ABl. L 23 vom 28. Januar 2004, 1), Rn. 68.

[1057] Entscheidung vom 17. Februar 2003 (ABl. L 282 vom 30. Oktober 2003, 25).

[1058] Entscheidung vom 17. Februar 2003 (ABl. L 282 vom 30. Oktober 2003, 25), Rn. 91.

[1059] Entscheidung vom 16. Oktober 2002 (ABl. L 153 vom 20. Juni 2003, 40).

[1060] Entscheidung vom 16. Oktober 2002 (ABl. L 170 vom 9. Juli 2003, 20)

tungen die in der Regelung enthaltenen Kriterien nicht rechtfertigen könnten[1061]. Auch eine Beschränkung der Anwendung bestimmter Kostenaufschlagsregeln auf internationale Unternehmensgruppen wurde mit der Begründung verworfen, dass die grundsätzlichen Schwierigkeiten mit Transferpreisen auch bei nationalen Unternehmen bestünden.[1062] In der Entscheidung „*Kontroll- und Koordinierungsstellen Deutschland*"[1063] erkannte die Kommission (ohne dies explizit als Rechtfertigung zu prüfen) das Argument nicht an, die Verwendung von Aufschlagsmargen wäre aus Gründen der Verwaltungsvereinfachung und der Rechtssicherheit geboten: Die „*automatische Akzeptanz eines unterbewerteten Gewinnaufschlags entspricht einer künstlichen Verringerung der Steuerbemessungsgrenze [...], die nicht [...] gerechtfertigt werden kann.*"[1064]

dd) Zwischenergebnis Verrechnungspreise

Die Praxis der Kommission betreffend steuerliche Maßnahmen im Zusammenhang mit konzerninternen Verrechnungspreisen zeigt, dass die *grundsätzliche* Anwendung pauschalierter Gewinnermittlungsmethoden aufgrund bestimmter (hier transaktionsbezogener) Sachzwänge als sachlich nicht zu beanstanden angesehen wird. Auch wenn die Kommission insofern nicht ausdrücklich von einer Rechtfertigung spricht, kann ihre bisherige Praxis in dem Sinne ausgelegt werden, dass sie die nur ausnahmsweise vorgesehene, von den allgemeinen Grundsätzen der analytischen Gewinnermittlung abweichende Pauschalbesteuerung *im Ergebnis* als gerechtfertigt betrachtet – es sei denn, ihre Ausgestaltung im Einzelfall beinhaltet begünstigende Elemente, die über das sachlich gebotene Maß hinausgehen.

Soweit die Kommission in der Entscheidung „*Koordinierungszentren Luxemburg*" anführt, die Beschränkung der Anwendung von Transferpreisregeln auf internationale Unternehmen sei sachlich nicht gerechtfertigt, geht aus dieser Feststellung möglicherweise ein Verständnis hervor, welches nicht allein auf die Besteuerungsinteressen der Mitgliedstaaten im steuerlichen Systemwettbewerb abstellt, sondern darüber hinaus die reelle steuerliche Gewinnerfassung – auch im nationalen Kontext – berücksichtigt. Dies ist wegen der praktischen Bedeutung der Verrechnungspreisproblematik nicht selbstverständlich, denn die Verrechnungspreisproblematik besteht *vor allem* in internationalen Sachverhalten, da für die beteiligten Konzernunternehmen nur dort die Möglichkeit besteht, Gewinne in Staaten mit niedrigen Steuersätzen (und Kosten in solche mit hohen) zu verlagern. Im nationalen Kontext besteht diese Möglichkeit nicht oder nur mit sehr eingeschränkter Bedeutung. Dementsprechend ist z.B. die zusätzliche

[1061] Entscheidung vom 16. Oktober 2002 („*Finanzierungsgesellschaften Luxemburg*", ABl. L 153 vom 20. Juni 2003, 40), Rn. 50.
[1062] Entscheidung vom 16. Oktober 2002 („*Koordinierungszentren Luxemburg*"), ABl. L 170 vom 9. Juli 2003, 20, Rn. 53 ff.
[1063] Entscheidung vom 5. September 2002 (ABl. L 177 vom 16. Juli 2003, 17).
[1064] Entscheidung vom 5. September 2002 (ABl. L 177 vom 16. Juli 2003, 17), Rn. 23 f.

Dokumentationspflicht der deutschen Abgabenordnung auf „*Sachverhalte, die Vorgänge mit Auslandsbezug betreffen*“, beschränkt.[1065] Insofern ist nicht von der Hand zu weisen, dass Sachgründe für die Beschränkung der entsprechenden Regelungen auf internationale Gestaltungen sprechen. Die ratio der Kommission, wonach zur Vermeidung einer Selektivität auch nationale konzerninterne Dienstleistungen in den Genuss entsprechender Regelungen kommen müssten, ist daher fragwürdig[1066], denn sie scheint zu fordern, dass die betreffenden Regelungen über ihren *sinnvollen* Anwendungsbereich hinaus verfügbar sein müssen – für Sachverhalte, in denen hierzu keine Notwendigkeit besteht.

Die Anerkennung einer pauschalen Besteuerung mit Transaktionsbezug für konzerninterne Dienstleistungen wirft die Frage auf, warum z.B. die Tonnagebesteuerung, die in vielen Mitgliedstaaten der EU für den Bereich der Seeschifffahrt üblich ist und eine branchenspezifische Pauschalbesteuerung zur Folge hat[1067], von der Kommission nicht ebenfalls grundsätzlich als sachlich gerechtfertigt anerkannt, sondern als tatbestandliche (aber für den Bereich der internationalen Seeschifffahrt genehmigungsfähige) Beihilfe angesehen wird.[1068] Im Vergleich zur Kommissionspraxis gegenüber Verrechnungspreisen kann diese unterschiedliche Behandlung nicht ohne weiteres nachvollzogen werden, da die sachlichen Gründe für ein pauschales Besteuerungssystem in der Schifffahrt – wie diejenigen bei konzerninternen Dienstleistungen – auf (allerdings sektorspezifischen) Praktikabilitätserwägungen beruhen.

[1065] § 90 Abs. 3 AO (vgl. § 1 AStG). Kritisch hinsichtlich der Vereinbarkeit dieser Vorschrift mit dem Gemeinschaftsrecht *Joecks/Kaminski*, IStR 2004, 65, die aber auch eine möglichen Ausweitung auf Sachverhalte mit nationalem Kontext aus Praktikabilitätsgründen ablehnen. Siehe auch *Moebus*, BB 2003, 1413; *Baumhoff*, ISTR 2003, 1; *Kaminski/Strunck*, RIW 2003, 561. Zur „Gewinnabgrenzungsaufzeichnungsverordnung“ *Oestreicher/Vormoor*, IStR 2004, 95.

[1066] Zu Überlegungen des BMF, den für die Behandlung konzerninterner Verrechnungspreise in Transaktionen mit Auslandsbezug maßgebenden § 1 AStG auch auf inländische Sachverhalte auszuweiten s. IStR, 2004, Länderbericht vom 2. Dezember 2004.

[1067] Vgl. § 5a EStG für die gegenwärtige deutsche Regelung, sowie die Genehmigung der französischen Regelung durch die Kommission (ABl. C 205 vom 5. Juli 2003, 5; dazu IP/03/679 vom 13. Mai 2003,). S.o. Kapitel 4.

[1068] Siehe die Entscheidung vom 19. Juni 2002 (ABl. L 314 vom 18. November 2002, 97) betreffend eine entsprechende Regelung der Niederlande für Schiffe im Binnenschleppdienst. Dem dort weder thematisierten noch subsumierten Verständnis der Kommission ist – zwangsläufig implizit – zu entnehmen, dass das System der Tonnagebesteuerung als solches als Beihilferegelung angesehen wird. Nur aufgrund unterschiedlicher wettbewerbspolitischer Zielsetzungen wird eine solche im Seeverkehr als mit dem Gemeinsamen Markt vereinbar angesehen, im Binnenverkehr dagegen nicht.

b) Steuerliche Berücksichtigung von Auslandsrisiken bzw. -verlusten

aa) Darstellung

In dem Verfahren „*Auslandsniederlassungen Frankreich*“[1069] untersuchte die Kommission eine steuerliche Regelung zugunsten von französischen Unternehmen mit ausländischen Betriebsstätten oder Tochtergesellschaften.[1070] Die Maßnahme ermöglichte ersteren die Bildung steuerlicher Rückstellungen nach unterschiedlichen Kriterien[1071] und unter unterschiedlichen Voraussetzungen.[1072] Die Bedenken der Kommission beschränkten sich im konkreten Verfahren auf die Sektoren Kohle und Stahl[1073], ihre Ausführungen sind jedoch von allgemeiner Gültigkeit. Frankreich hatte vorgetragen, die Regelung sei ein Ausgleich dafür, dass die in der Anlaufphase von Auslandsniederlassungen erlittenen Verluste nicht von dem in Frankreich zu versteuernden Gewinn abziehbar sind. Sie versetze daher „*Unternehmen, die sich im Ausland niederlassen, in eine vergleichbare Lage wie Unternehmen, die eine neue Niederlassung in Frankreich eröffnen oder wie ausländische Unternehmen, deren Gesamtverlust bei der Berechnung der Steuern berücksichtigt wird*“ und sei Ausdruck des Territorialitätsprinzips der Körperschaftsteuer.[1074] Die Kommission ging auf diesen Vortrag nur knapp mit der Begründung ein, das Territorialitätsprinzip rechtfertige u.a. nicht den Ausschluss bestimmter Unternehmen[1075] von der Anwendbarkeit der Regelung.[1076]

[1069] Entscheidung vom 21. November 2001 (ABl. L 126 vom 13. Mai 2002, 27).

[1070] Diese Regelung war auch Gegenstand der Untersuchungen der vom Rat eingesetzten Primarolo-Gruppe im Rahmen der Umsetzung des Verhaltenskodex für die Unternehmensbesteuerung; s. deren Bericht vom 29. November 1999, Anlage 1, Maßnahme Nr. EAM056. Die Regelung wurde dort nicht beanstandet.

[1071] Bei Investitionen im Bereich Handel oder Dienstleistungen waren Rückstellung für Verluste des ausländischen Unternehmens bis zur Höhe der Investitionssumme möglich: bei Investitionen im Bereich Industrie oder Landwirtschaft waren Rückstellungen auch ohne Verluste bis zur Hälfte der Investitionssumme zulässig.

[1072] Für die Inanspruchnahme der Rückstellungsmöglichkeit mussten die französischen Mutterunternehmen unterschiedliche Voraussetzungen erfüllen: bei ausländischen Handelsunternehmen mussten diese überwiegend in Frankreich hergestellte Waren vermarkten; bei industriellen oder landwirtschaftlichen Betrieben musste die Beteiligung mindestens 10% des Kapitals und bei Betrieben im Bereich Handel oder Dienstleistung ein Drittel des Kapital betragen; Niederlassungen von Unternehmen im Bereich Kreditwesen, Wertpapierhandel, Versicherung und Immobilien waren von der Regelung ausgeschlossen. Außer in den Fällen ausländischer Handelsunternehmen bestand kein gesetzlicher Anspruch auf die Rückstellung; diese musste stattdessen zuvor von der Finanzverwaltung bewilligt werden.

[1073] Rn. 18 und 52 der Kommissionsentscheidung kann allerdings entnommen werden, dass die streitige Regelung zuvor bereits zweimal (1973 und 1992) Gegenstand einer beihilferechtlichen Untersuchung nach dem EG-Vertrag war und dabei nicht beanstandet wurde (Entscheidung vom 21. November 2001, ABl. L 126 vom 13. Mai 2002, 27).

[1074] Entscheidung vom 21. November 2001 (ABl. L 126 vom 13. Mai 2002, 27), Rn. 16.

[1075] Niederlassungen von Unternehmen im Bereich Kreditwesen, Wertpapierhandel, Versicherung und Immobilien waren von der Regelung ausgeschlossen (Rn. 11). Außer in den Fällen ausländischer Handelsunternehmen bestand kein gesetzlicher Anspruch auf die Rückstellung;

Im Fall „*internationale Finanzierungsaktivitäten Niederlande*“ [1077] war eine steuerliche Regelung, die es international tätigen Konzernen ermöglichte, unter bestimmten Voraussetzungen Rückstellungen für Risiken aus internationalen Finanzierungs- und Beteiligungstransaktionen zu bilden, Untersuchungsgegenstand.[1078] Recht ausführlich setzte sich die Kommission in diesem Verfahren mit der Frage auseinander, ob die Selektivität durch die Art und Struktur des niederländischen Steuersystems gerechtfertigt sein könnte. Insbesondere untersuchte sie in diesem Zusammenhang, dass die streitigen Rückstellungen dem Vortrag der angehörten niederländischen Unternehmensverbände in entsprechend in mehreren Fällen tatsächlich zur Absicherung von typischen Risiken aus internationalen Transaktionen genutzt worden waren. Die Kommission bestritt nicht die generelle Eignung der streitigen Regelung, solchen wirtschaftlichen Risiken steuerlich angemessen Rechnung tragen zu können, vertrat jedoch die Ansicht, dass der eingeschränkte Anwendungsbereich, insbesondere das Erfordernis einer Tätigkeit in vier Ländern oder zwei Kontinenten, zu dieser Zielsetzung nicht passen würde. Denn Konzerne, „*die nur in drei Ländern [...] tätig sind, sind objektiv gesehen den Risiken internationaler Finanzierungsaktivitäten nicht weniger ausgesetzt. Die Zahl der Unternehmen, [welche] die Kriterien der*

---

diese musste stattdessen zuvor von der Finanzverwaltung bewilligt werden (Rn. 11; Entscheidung vom 21. November 2001, ABl. L 126 vom 13. Mai 2002, 27).

[1076] Entscheidung vom 21. November 2001 (ABl. L 126 vom 13. Mai 2002, 27), Rn. 28 der Entscheidung.

[1077] Entscheidung vom 17. Februar 2003 (ABl. L 180 vom 18. Juli 2003, 52. Vgl. IP/03/242 vom 18. Februar 2003).

[1078] Für nach umfangreichen Kriterien bestimmte Unternehmen, die von den Niederlanden aus im Bereich der Finanzierung eines internationalen Konzerns operierten, gestattete die Maßnahme die Bildung einer steuerlichen Rücklage in Höhe von bis zu 80% der Gewinne aus finanziellen Tätigkeiten (überwiegend aus eingenommenen Darlehenszinsen und Lizenzgebühren) bzw. aus kurzfristigen Portfolio-Investitionen (beides zusammen: Finanzgewinn). Für den maximalen Anteil von Portfolio-Gewinnen bzw. für das maximale Verhältnis der in die Reserve eingestellten Finanzgewinne zum Gesamtgewinn des betreffenden Unternehmens galten dabei einschränkende Vorgaben, die hier jedoch keine Rolle spielten. Maßgeblich für die beihilferechtliche Beurteilung durch die Kommission waren die Modalitäten der Auflösung der (steuermindernd gebildeten) Rücklage und der steuerlichen Behandlung des Auflösungsertrages: Bei Erwerb einer Beteiligungsgesellschaft bzw. bei der Kapitalzuführung an eine Tochtergesellschaft konnte die zuvor gebildete Rücklage zu 50% (unter besonderen Voraussetzungen: 100%) steuerfrei aufgelöst werden. Der steuerliche Bilanzwert der erworbenen Beteiligung verringerte sich entsprechend. Ein später eintretender Verlust (Abschreibung der Beteiligung) war nur insoweit steuerlich zu berücksichtigen, wie er den aufgelösten Teil der Rückstellung überstieg. Auf Antrag war jederzeit eine Auflösung der Reserve ohne besondere Bedingungen möglich; diese hatte lediglich über einen Fünfjahreszeitraum in gleichen Tranchen zu erfolgen. Der Auflösungsertrag war mit einem ermäßigten Steuersatz von 10% (normaler KSt-Satz seinerzeit: 35%) zu versteuern. Bei der Realisierung der abgesicherten Risiken war die Rücklage in entsprechender Höhe aufzulösen und glich den steuerlichen Verlust aus. Bei Verlust bzw. Aufgabe der niederländischen Steuerpflicht war schließlich eine sofortige Auflösung der Rücklage zum regulären Steuersatz vorgeschrieben.

[...]Regelung nicht erfüllen, ist [...] ohne jeden Zweifel größer als die Zahl derer, die sie erfüllen.“[1079]

Sie rügte auch, dass die Begrenzung der Rücklagen auf maximal 80 % der Gewinne aus der gesamten Geschäftstätigkeit des betreffenden Unternehmens nichts mit dem tatsächlichen (möglicherweise geringeren) Ausmaß der im Einzelfall abgesicherten Risiken zu tun hätte.[1080] Die von der niederländischen Regierung angeführte Rechtfertigung, wonach die Regelung zum Ziel habe, *„die Rückkehr der Finanzierungstätigkeiten großer multinationaler Konzerne in die Niederlande zu fördern*“, sei außerdem eine wirtschafts- und keine steuerpolitische Zielsetzung.[1081] Schließlich entspreche die steuerliche Begünstigung von Beteiligungskäufen (unter Entnahme von Mitteln aus der Risikoreserve) nicht der vorgetragenen Risikoabsicherung.[1082]

Im Fall *„Körperschaftsteuergutschriften Spanien*“[1083] prüfte die Kommission eine Rechtfertigung nicht, sondern erwähnte nur, dass die spanischen Behörden nichts vorgetragen hätten, was belegen würde, *„dass die fraglichen [Maßnahmen] für die Funktionsweise und die Leistungsfähigkeit des spanischen Steuersystems notwendig*“ seien.[1084] Diese Untersuchung betraf eine Regelung des spanischen Körperschaftsteuerrechts, die für alle Unternehmen mit Tätigkeit im Exportgeschäft einen Steuerabzug für verschiedene Tätigkeiten mit Export- bzw. Expansionsbezug vorsah und als solche von drei steuerlich autonomen baskischen Provinzen[1085] übernommen worden war. Die Regelung sah insbesondere die Förderung der Gründung von Niederlassungen oder Tochtergesellschaften, der Werbung und Öffentlichkeitsarbeit oder der Teilnahme an Handelsmessen vor. Besondere Voraussetzungen, die den Anwendungsbereich der Regelung einschränkten, bestanden nicht. Die Prüfung der Kommission erfolgte – wie diejenige der Regelung im Fall *„Auslandsniederlassungen Frankreich*“ – auf die Vereinbarkeit dieser Maßnahme mit den Vorschriften des EGKS-Vertrages.[1086]

[1079] Entscheidung vom 17. Februar 2003 (ABl. L 180 vom 18. Juli 2003, 52), Rn. 94.

[1080] Entscheidung vom 17. Februar 2003 (ABl. L 180 vom 18. Juli 2003, 52), Rn. 96.

[1081] Entscheidung vom 17. Februar 2003 (ABl. L 180 vom 18. Juli 2003, 52), Rn. 95 und 98.

[1082] Entscheidung vom 17. Februar 2003 (ABl. L 180 vom 18. Juli 2003, 52), Rn. 97.

[1083] Entscheidung vom 31. Oktober 2000 (ABl. L 60 vom 1. März 2001, 57; vgl. IP/00/1246 vom 31. Oktober 2000). Siehe auch den Bericht der Primarolo-Gruppe zur Umsetzung des Verhaltenskodex , Anlage 1, Maßnahme Nr. E033; die Maßnahme wurde dort nicht beanstandet.

[1084] Entscheidung vom 31. Oktober 2000 (ABl. L 60 vom 1. März 2001, 57), Rn. 20.

[1085] Álava, Guipúzcoa und Vizcaya.

[1086] Nach Maßgabe der streitigen gesetzlichen Vorschrift waren im Exportgeschäft tätige Unternehmen zu einem Steuerabzug für bestimmte Zwecke bzw. unter bestimmten Voraussetzungen berechtigt (Rn. 5 ff). So konnten u.a. 25% des Investitionsbetrages für die Gründung von ausländischen Niederlassungen/Betriebsstätten oder den Erwerb von Beteiligungen oder die Gründung von Tochtergesellschaften mit den Geschäftsfeldern Export (von spanischen Waren oder Dienstleistungen) oder Tourismus (in Spanien) abgezogen werden. Auch Aufwendungen im Zusammenhang mit der Erschließung des neuen Marktes (Werbekosten

bb) Zwischenergebnis

Die Entscheidungen der Kommission zu steuerlichen Regelungen im Zusammenhang zu unternehmerischen Erschließungs- oder Exportförderungstätigkeiten sind hinsichtlich des angewandten Rechtfertigungsmaßstabs nicht einheitlich. Während in den Entscheidungen „*Auslandsniederlassungen Frankreich*" und „*internationale Finanzierungsaktivitäten Niederlande*" der in persönlicher Hinsicht eingeschränkte Anwendungsbereich der betreffenden Regelungen sowie deren sachliche Ausgestaltung als in den Einzelheiten nicht durch das verfolgte Ziel gedeckt angesehen wurden, bestanden solche inhaltlichen Einschränkungen im Fall „*Körperschaftsteuergutschriften Spanien*" nicht. Die betreffende Regelung stand dort vielmehr allen Unternehmen offen, die im Exportgeschäft tätig waren, und sah auch keine Ermessensentscheidung der Verwaltung über ihre Anwendbarkeit im Einzelfall vor. Die Entscheidung hätte daher durchaus Anlass für eine inhaltliche Auseinandersetzung mit dem Rechtfertigungskriterium – vor allem zur Abgrenzung der streitigen gegenüber gemeinschafts- oder welthandelsrechtlich unzulässigen Exportförderungsmaßnahmen – gegeben. Stattdessen variierte die Kommission den Rechtfertigungsmaßstab der Leitlinien, in dem sie die Frage aufwarf (und verneinte), ob die betreffende Regelung „*für die Funktionsweise und die Leistungsfähigkeit des spanischen Steuersystems notwendig*" sei.[1087] Dieses Abstellen auf eine *Notwendigkeit* im Rahmen der Rechtfertigungsprüfung verengt deren Maßstab noch weiter als in den Leitlinien vorgesehen. Denn es ist ein Unterschied, ob eine Ausnahme im Einklang mit den Prinzipien des allgemeinen Systems steht, von dem sie abweicht, oder ob die Ausnahme für das Funktionieren des Systems notwendig ist.

Die Entscheidung „*Auslandsniederlassungen Frankreich*" hätte Anlass geboten, im Rahmen der Rechtfertigung auf das grundsätzlich auch gemeinschaftsrechtlich legitime Anliegen einzugehen, einen grenzüberschreitenden Verlustausgleich zu ermöglichen. Dieser ist derzeit (wegen der damit notwendigerweise verbundenen Steuerverzichte auf Seiten der Mitgliedstaaten) nur in Ausnahmefällen möglich – ein Zustand, der auch von der Kommission als binnenmarktschädlich betrachtet wird, und auf dessen Beseitigung sie im Rahmen ihrer steuerlichen Reformagenda bereits seit einiger Zeit hinarbeitet.[1088] Dementsprechend kann das Anliegen der französischen Regelung unter dem (im Verfahren auch vorgetragenen) Aspekt einer wirtschaftlichen Annäherung auslandsbezogener zu rein inlandsbezogenen Investitionssachverhalten als in der Sache legitim angesehen werden; allein die Beschränkung des Zugangs zu dieser Regelung (und

---

etc.) konnten zu 25% von der Steuer abgezogen werden. Ein Ermessen der Finanzverwaltung bestand nicht (Rn. 11, Entscheidung vom 31. Oktober 2000 (ABl. L 60 vom 1. März 2001, 57).

[1087] Entscheidung vom 31. Oktober 2000 (ABl. L 60 vom 1. März 2001, 57,Rn. 20.

[1088] Siehe die Mitteilung der Kommission vom 24. November 2003 (KOM[2003]726 endg.), „*Ein Binnenmarkt ohne unternehmenssteuerliche Hindernisse – Ergebnisse, Initiativen, Herausforderungen*", 10.

sicherlich auch ihre inhaltliche Ausgestaltung) waren hier beihilferechtlich zu beanstanden.

c) Steuerliche Entlastung grenzüberschreitender Zins- oder Dividendenzahlungen

aa) Quellensteuerbefreiung bzw. -anrechnung oder höhere Freibeträge für Zahlungen an oder durch Nichtansässige

In der Entscheidung „*Koordinierungszentren Belgien*"[1089] hat die Kommission eine generelle Quellensteuerbefreiung für Zahlungen von Dividenden und Zinsen durch zentralisierte Finanzierungsgesellschaften an nicht in Belgien einkommensteuerpflichtige verbundene Unternehmen als nicht gerechtfertigt angesehen.[1090] Sie stellte dort fest, dass eine Rechtfertigung insbesondere nicht bereits deshalb angenommen könne, weil andere solcher Befreiungen existierten und sah die restriktiven Kriterien für die Inanspruchnahme der Regelung als nicht gerechtfertigt an: Es sei nicht nachgewiesen worden, „*in welcher Hinsicht die Selektivitätskriterien, die verwendet wurden, um den Zugang zu der Regelung zu begrenzen, wegen [deren] der Art oder der Struktur [...] gerechtfertigt waren. Gesellschaften, die zu weniger großen Gruppen gehören oder deren Tätigkeit auf zwei Länder beschränkt ist, können ebenfalls am Hauptsitz Tätigkeiten ausüben, ohne dadurch Anspruch auf die Ausnahmeregelung zu haben*".[1091]

In der Entscheidung „*Finanzverwaltungszentralen Frankreich*"[1092] sah die Kommission die klarstellende Erläuterung der Anwendbarkeit einer (bereits nach allgemeinem Recht geltenden) Quellensteuerbefreiung für Zahlungen von Darlehenszinsen an nicht in Frankreich niedergelassene verbundene Gesellschaften auf die streitigen Finanzierungszentralen als steuertechnische Maßnahme an, so dass eine Rechtfertigung gar nicht geprüft werden musste. Unter Bezugnahme auf die Leitlinien stellte die Kommission fest, dass „*rein steuertechnische Maßnahmen, wie die Befreiung von der Quellenbesteuerung, allgemeine Maßnahmen dar[stellen] und [daher] nicht in den Anwendungsbereich [des Beihilfeverbots fallen], sofern ihr Nutzen allen im Gebiet eines Mitgliedstaats tätigen Wirtschaftsteilnehmern offen steht.*"[1093]

Die mögliche Ausnahme von einer allgemeinen Freibetragsbegrenzung bei Zinszahlungen im Rahmen von Gesellschafterdarlehen sah die Kommission dagegen nicht als gerechtfertigt an, weil nicht plausibel dargelegt werden konn-

---

[1089] Entscheidung vom 17. Februar 2003 (ABl. L 282 vom 30. Oktober 2003, 25).
[1090] Entscheidung vom 17. Februar 2003 (ABl. L 282 vom 30. Oktober 2003, 25), Rn. 107 ff.
[1091] Entscheidung vom 17. Februar 2003 (ABl. L 282 vom 30. Oktober 2003, 25), Rn. 112.
[1092] Entscheidung vom 11. Dezember 2002 (ABl. L 330 vom 18. Dezember 2003, 23).
[1093] Entscheidung vom 11. Dezember 2002 (ABl. L 330 vom 18. Dezember 2003, 23), Rn. 19 ff.

te, warum im Fall der erfassten Finanzverwaltungszentralen (wie von Frankreich vorgetragen) *„die Geschäftsbeziehung zwischen Darlehensgeber und [...]-nehmer Vorrang vor der Gesellschafterbeziehung [...] habe*“, so dass (unter Außerachtlassung des ansonsten geltenden Freibetrags) allein auf die Marktzinsen als Referenz abgestellt werden könne.[1094]

In der Entscheidung *„Finanzierungsgesellschaften Luxemburg*“ [1095] ging die Kommission auf einen Aspekt der streitigen Regelung nicht ein, der die Möglichkeit des Abzugs von ausländischen Quellensteuern auf an die Finanzierungsgesellschaft *durch Dritte* gezahlte Zinsen vorsah, aber diese Möglichkeit bei *durch verbundene Gesellschaften* gezahlten Zinsen ausschloss.[1096]

bb) Ausnahmsweise Anwendung der Freistellungsmethode zur Vermeidung der Doppelbesteuerung

In der Entscheidung *„Auslandseinkünfte Irland*“ [1097] sah die Kommission die Anwendung der Freistellungsmethode für an ihre irische Muttergesellschaft ausgeschüttete ausländische Betriebstättengewinne und Dividenden ohne weiteres als Ausnahme vom in Irland geltenden allgemeinen System der Anrechnung an[1098], ohne eine Rechtfertigung zu prüfen. Die streitige Regelung sah die Freistellung für solche ausgeschütteten Gewinne vor, die durch die Muttergesellschaft nach Maßgabe eines den Finanzbehörden vorzulegenden Investitionsplans für die Schaffung von Arbeitsplätzen in Irland verwendet werden sollten.

cc) Zwischenergebnis

Die dargestellten Entscheidungen der Kommission lassen – auch wenn dies nicht ausdrücklich so formuliert wird – erkennen, dass nicht durch den verfolgten Zweck begründete Einschränkungen hinsichtlich der möglichen Inanspruchnahme der streitigen Regelungen ausreichen, um eine Rechtfertigung auszuschließen. Dieser allgemeinen Argumentation könnte der Grundsatz der Verhältnismäßigkeit zugrunde liegen, was aber vage bleibt. In keinem der Fälle geht die Kommission darauf ein, was für ein materieller Rechtfertigungsmaßstab bei der Beurteilung von Maßnahmen gelten sollte, die eine Doppelbesteuerung grenzüberschreitender Zins- oder Dividendenzahlungen vermeiden wollen. Ihrer Argumentation unter Bezugnahme auf die Kriterien der Mutter-Tochter-Richtlinie in der Entscheidung *„Koordinierungszentren Belgien*“ kann ebenfalls nicht eindeutig entnommen werden, ob sie die dort festgelegten Kriterien als

---

[1094] Entscheidung vom 11. Dezember 2002 (ABl. L 330 vom 18. Dezember 2003, 23), Rn, 32 f.

[1095] Entscheidung vom 16. Oktober 2002 (ABl. L 153 vom 20. Juni 2003, 40).

[1096] Vgl. zur Beschreibung der Maßnahme diesbezüglich Rn. 13 (Entscheidung vom 16. Oktober 2002, ABl. L 153 vom 20. Juni 2003, 40).

[1097] Entscheidung vom 17. Februar 2003 (ABl. L 204 vom 13. August 2003, 51). Vgl. IP/03/242 vom 18. Februar 2003.

[1098] Entscheidung vom 17. Februar 2003 (ABl. L 204 vom 13. August 2003, 51), Rn. 33.

nicht selektiv im Sinne von sachlich gerechtfertigt (und damit auch über den Anwendungsbereich der Richtlinie hinaus als beihilfefest bzw. verallgemeinerbar) oder lediglich als *soweit wie kodifiziert* der Beihilfeaufsicht entzogen ansieht. Diese Frage hat allerdings durch die jüngst erfolgte Erweiterung der Kriterien für die Inanspruchnahme der Richtlinie zu einem Teil an praktischer Bedeutung verloren.

2. Regelungen und Einzelfälle ohne internationalen Bezug

Von den dargestellten Fällen mit immanentem internationalen Bezug unterscheiden sich die folgenden Entscheidungen; es ging hier um Sachverhalte, die sich nach Ansicht der Kommission zwar auf den zwischenstaatlichen Handel auswirken konnten, aber in ihrem Fokus auf nationale Gestaltungen begrenzt waren.

a) Regelungen mit sektoralem Bezug

aa) Darstellung

In der Entscheidung „*Bankenkonsolidierung Italien*“[1099] – auf die in dem Anwendungsbericht Bezug genommen wird[1100] – ging es um steuerliche Sonderregeln für den Bankensektor. Diese Regeln hatten das Ziel, den Sektor zu konsolidieren und sahen für Umstrukturierungsvorgänge von Banken im wesentlichen die steuerneutrale Übertragung stiller Reserven sowie verschiedene Steuerbefreiungen und -ermäßigungen vor. Die Kommission erkannte zwar an, „*dass die besondere Art der Bankentätigkeit prinzipiell die Einführung spezifischer Steuervorschriften für den Sektor rechtfertigen könnte*“; eine solche Rechtfertigung sah sie jedoch in der streitigen Regelung nicht, sondern erblickte in der Notwendigkeit des Bankensektors zur Umstrukturierung ein „*ein externes Element, das nicht zum normalen Funktionieren des Steuersystems im Rahmen des Bankensektors in Verbindung steht; [dieses System] beinhaltet daher nicht, dass die Bankentätigkeit aufgrund des Wesens oder der allgemeinen Struktur des Systems von günstigeren Vorschriften für Zusammenschlüsse profitieren sollte.*“[1101] Auf das Argument Italiens, wonach durch die Maßnahme ein vergleichsweise hoher Steuerdruck auf den Bankensektor ausgeglichen werden sollte[1102], ging die Kommission nicht ein.

Die Kommissionsentscheidung „*Unternehmen der Daseinsvorsorge Italien*“[1103] ist einer der seltenen Fälle, in denen eine Rechtfertigung (teilweise) bejaht wurde.[1104] Sie betraf u.a. verschiedene Steuervergünstigungen, welche die untersuchte gesetzliche Regelung für privatisierte Unternehmen im Bereich der Da-

---

[1099] Entscheidung vom 11. Dezember 2001 (ABl. L 184 vom 13. Juni 2002, 27).
[1100] Anwendungsbericht, Rn. 39.
[1101] Entscheidung vom 11. Dezember 2001 (ABl. L 184 vom 13. Juni 2002, 27), Rn. 32.
[1102] Entscheidung vom 11. Dezember 2001 (ABl. L 184 vom 13. Juni 2002, 27), Rn. 19.
[1103] Entscheidung vom 5. Juni 2002 (ABl. L 77 vom 24. März 2003, 21).
[1104] Siehe auch Rn. 37 des Anwendungsberichts.

seinsvorsorge (Erbringung von Leistungen im allgemeinen wirtschaftlichen Interesse) vorsah.[1105] Streitig war zum einen die mehrjährige Körperschaftsteuerbefreiung vormals staatliche Betriebe nach deren Umwandlung in eine Aktiengesellschaft (bei fortbestehendem öffentlichem Mehrheitsbesitz.[1106] Zum anderen ging es um eine (unabhängig von den Aktionärsstruktur gewährte) gewährte Befreiung von den im Zusammenhang mit der Umwandlung normalerweise anfallenden Steuern und Gebühren, darunter auch eine Steuer auf die Realisierung stiller Reserven in Immobilien.[1107] Während die Kommission bei der Prüfung der Körperschaftsteuerbefreiung eine Rechtfertigung der Selektivität nicht erwähnte, sah sie die Befreiung von Steuern und Gebühren im Zusammenhang mit der Umwandlung („Transfer"-Abgaben) als durch die Natur und den inneren Aufbau des italienischen Steuersystems gerechtfertigt an und verneinte insoweit das Vorliegen einer Beihilfe.[1108] Sie erkannte die Argumentation der italienischen Regierung an, wonach der Grundsatz der steuerlichen Neutralität in bezug auf Umwandlungen eine solche Behandlung gebiete.[1109] Italien hatte in diesem Zusammenhang vorgetragen, dass die allgemeinen steuerlichen Regelungen für Umwandlungen auf die hier relevanten Fälle der Privatisierung ehemals staatlicher Betriebe keine Anwendung fänden, und dass daher die Umwandlung über die Liquidierung des städtischen Betriebs und die Gründung einer neuen AG erfolgen musste.[1110] Nur durch die steuerliche Freistellung hätte die steuerliche Neutralität dieses Vorgangs gewährleistet werden können, so dass *„die Logik dieser Befreiung das korrekte Funktionieren und die Effizienz des Steuersystems widerspiegelt. Die Ausnahme beruht auf dem Grundsatz der steuerlichen Neutralität, [der] ein grundlegendes Prinzip des Abgabensystems darstellt. Daher ist die fragliche Maßnahme durch die Natur oder den inneren Aufbau des Systems gerechtfertigt [...].*"[1111]

In der Entscheidung *„Finanzdienstleistungszentrum Triest*"[1112], die für dort angesiedelte Unternehmen der genannten Branchen eine Steuerbefreiung von Gewinnen aus Geschäften mit Mittel- und Osteuropa vorsah, ging die Kommission auf das Vorliegen einer Rechtfertigung nicht ein. Auch in der Entscheidung *„konzerneigene Versicherungsgesellschaften Åland-Inseln*"[1113] (dort war eine Regelung streitig, die für konzerneigene Versicherungsunternehmen mit Sitz auf den zu Finnland gehörenden Åland-Inseln unter bestimmten Voraussetzungen den Körperschaftsteuersatz ermäßigte) erörterte die Kommission die Frage einer

[1105] Die ebenfalls entscheidungsgegenständliche Bewertung der Gewährung von Vorzugsdarlehen an diese Unternehmen ist hier nicht von Interesse.
[1106] Entscheidung vom 5. Juni 2002 (ABl. L 77 vom 24. März 2003, 21), Rn. 16.
[1107] Entscheidung vom 5. Juni 2002 (ABl. L 77 vom 24. März 2003, 21), Rn. 17.
[1108] Entscheidung vom 5. Juni 2002 (ABl. L 77 vom 24. März 2003, 21), Rn. 76 ff.
[1109] Entscheidung vom 5. Juni 2002 (ABl. L 77 vom 24. März 2003, 21), Rn. 81.
[1110] Entscheidung vom 5. Juni 2002 (ABl. L 77 vom 24. März 2003, 21), Rn. 78.
[1111] Entscheidung vom 5. Juni 2002 (ABl. L 77 vom 24. März 2003, 21), Rn. 81.
[1112] Entscheidung vom 11. Dezember 2002 (ABl. L 91 vom 8. April 2003, 47).
[1113] Entscheidung vom 10. Juli 2002 (ABl. L 329 vom 5. Dezember 2002, 22).

Rechtfertigung nicht und sah die Maßnahme als gemeinschaftswidrige Betriebsbeihilfe an.

bb) Zwischenergebnis

Auch im Kontext steuerlicher Regelungen mit sektoralem Bezug sind die Ausführungen der Kommission zur Rechfertigung nicht geeignet, den inhaltlichen Bewertungsmaßstab zu konkretisieren. In den Entscheidungen „*Finanzdienstleistungszentrum Triest*“[1114] und „*konzerneigene Versicherungsgesellschaften Åland-Inseln*“[1115] bestand dafür sicher keine Notwendigkeit. Der Vergleich der Entscheidungen „*Bankenkonsolidierung Italien*“[1116] mit derjenigen im Fall „*Unternehmen der Daseinsvorsorge Italien*“[1117] wirft jedoch die Frage auf, wieso das Prinzip der Steuerneutralität von Umwandlungen oder Privatisierungen – jedenfalls im Sinne einer Erörterung – nicht in beiden Fällen Berücksichtigung gefunden hat. In beiden Fällen ging es letztlich um Ausnahmevorschriften, die, einmal für Banken, einmal für Unternehmen der Daseinsvorsorge, die steuerneutrale Übertragung stiller Reserven ermöglichen sollten. Dass die Kommission in der Entscheidung „*Bankenkonsolidierung*“ auf diesen Aspekt nicht einging, ihn aber in der Entscheidung „*Unternehmen der Daseinsvorsorge*“ ohne weiteres anerkannte, ist schwer nachzuvollziehen. Dies gilt insbesondere deshalb, weil jedenfalls die *grenzüberschreitende* Umwandlung von Unternehmen nach der Fusions-Richtlinie ohne Aufdeckung stiller Reserven gewährleistet ist. Die ertragsteuerliche Neutralität von Umwandlungsvorgängen ist somit durchaus ein allgemeines steuerliches Prinzip, was auch gemeinschaftsrechtlich anerkannt ist.

b) Regelungen mit regionalem bzw. horizontalem Bezug

Bei den hier dargestellten steuerlichen Regelungen sind teilweise regionale und horizontale Anwendungskriterien kumuliert (dies gilt insbesondere für die baskischen Körperschaftsteuerregelungen). Die nachfolgende Trennung erfolgt daher nicht im Sinne einer Exklusivität, sondern nach Schwerpunkten.

aa) Regelungen mit horizontalem Schwerpunkt

Regelungen zur Investitionsförderung, insbesondere zur Ansiedlung neuer Unternehmen, waren in den zahlreichen Verfahren betreffend verschiedene Körperschaftsteuervergünstigungen der drei baskischen Provinzen Álava, Guipúzcoa und Vizcaya, sowie teilweise auch der Region Navarra Gegenstand von Untersuchungen der Kommission. Nachdem zunächst steuerliche Maßnahmen der baskischen Provinz Álava in ihrer konkreten Anwendung (als Einzelfallbeihilfen

---

[1114] Entscheidung vom 11. Dezember 2002 (ABl. L 91 vom 8. April 2003, 47).
[1115] Entscheidung vom 10. Juli 2002 (ABl. L 329 vom 5. Dezember 2002, 22).
[1116] Entscheidung vom 11. Dezember 2001 (ABl. L 184 vom 13. Juni 2002, 27).
[1117] Entscheidung vom 5. Juni 2002 (ABl. L 77 vom 24. März 2003, 21).

für die Unternehmen „*Demesa*“[1118] und „*Ramondín*“[1119]) überprüft worden waren, prüfte die Kommission anschließend sowohl die betreffenden Regelungen in Álava, als auch Parallelregelungen in den Provinzen Guipúzcoa, Navarra und Vizcaya losgelöst vom Einzelfall. Untersucht wurden steuerliche Regelungen der genannten Provinzen mit folgendem Inhalt:

- Körperschaftsteuergutschrift für Sachinvestitionen[1120];
- Minderung der körperschaftsteuerlichen Bemessungsgrundlage für neugegründete Unternehmen[1121];
- Körperschaftsteuerbefreiung für neugegründete Unternehmen.[1122]

Im Fall „*Demesa*“ sah die Kommission eine durch Regionalgesetz vorgesehene Steuervergünstigung in Form einer Ermäßigung der Bemessungsgrundlage für die Körperschaftsteuer nicht „*als mit der Natur oder der Ökonomik des in Rede stehenden Steuersystems [...] vereinbar [an] [...]. Außerdem haben die Regionalbehörden [...] nicht angegeben [...], dass der selektive Charakter dieser Maßnahmen durch ‚das Wesen oder die Struktur des Steuersystems' gerechtfertigt [sei].*“[1123] Bezüglich der streitigem Körperschaftsteuergutschrift für neuangesiedelte Unternehmen in Höhe von 45% der Investitionskosten prüfte die Kommission eine Rechtfertigung nicht.

Im Fall „*Ramondín*“ sah die Kommission das nach der streitigen Regelung erforderliche Mindestinvestitionsvolumen iHv. 2,5 Mrd. ESP als steuersystematisch nicht gerechtfertigtes Selektivitätsmerkmal an. Dabei räumte sie ein, dass auch nach ihre Ansicht nicht „*jede Differenzierung in der steuerlichen Behandlung bestimmter Gruppen von Wirtschaftsteilnehmern eine staatliche Beihilfe dar[stelle]*“; bei Differenzierungen in den steuerlichen Regeln sei aber zu unterscheiden zwischen „*Differenzierungen, die keine Ausnahmen von der allgemeinen Regelung darstellen, sondern die sich vielmehr aus der Anwendung dersel-*

[1118] Entscheidung der Kommission vom 24. Februar 1999 (ABl. L 292 vom 13. November 1999, 1); EuG, Urteil vom 6. März 2002 in den verbundenen Rs. T-127, 129 und 148/99.

[1119] Entscheidung der Kommission vom 22. Dezember 1999 (ABl. L 318 vom 16. Dezember 2000, 36); EuG, Urteil vom 6. März 2000 in der Rs. T-168/99.

[1120] Entscheidungen der Kommission vom 11. Juli 2001, betreffend die Provinzen Álava (ABl. L 296 vom 30. Oktober 2002, 1), Guipúzcoa (ABl. L 314 vom 18. November 2002, 26) und Vizcaya (ABl. L 17 vom 22. Januar 2003, 1); vgl. EuG, Urteil vom 23. Oktober 2002 in den verbundenen Rs. T-269, 271 und 272/99.

[1121] Entscheidungen der Kommission vom 11. Juli 2001, betreffend die Provinzen Álava (ABl. L 314 vom 18. November 2002, 1), Guipúzcoa (ABl. L 174 vom 4. Juli 2002, 31), Navarra (L 314 vom 18. November 2002, 17) und Vizcaya (ABl. L 279 vom 17. Oktober 2002, 35); vgl. EuG, Urteil vom 23. Oktober 2002 in den verbundenen Rs. T-346 bis 348/99.

[1122] Entscheidungen der Kommission vom 20. Dezember 2001, betreffend die Provinzen Álava (ABl.L 17 vom 22. Januar 2003, 20), Guipúzcoa (ABl. L 77 vom 24. März 2003, 1) und Vizcaya (ABl. L 40 vom 14. Februar 2002, 11).

[1123] Entscheidung der Kommission vom 24. Februar 1999 (ABl. L 292 vom 13. November 1999, 1), Punkt V.2.4.2 (ABl. S. 19).

ben Grundsätze, denen die allgemeine Regelung folgt, auf bestimmte Sachverhalte ergeben, und Differenzierungen, die bestimmte Unternehmen begünstigen und von der inneren Logik der allgemeinen Regelung abweichen.“[1124] Unter Bezugnahme auf die Rechtsprechung des EuGH und die Schlussanträge der Generalstaatsanwälte führte die Kommission ergänzend aus, dass das dergestalt hergeleitete Erfordernis einer Rechtfertigung durch die Natur oder den inneren Aufbau des Systems nicht durch eine steuerexterne Zielsetzung begründet werden könne, sondern stets nur mit einer Übereinstimmung der fraglichen Maßnahme mit der inneren Logik des Steuersystems selbst.[1125] Die durch den Mindestinvestitionsbetrag gegebene Begünstigung von Großinvestoren sah sie nicht als in diesem Sinne gerechtfertigt an.[1126]

In den drei parallelen Verfahren über die Regelungen zur Gewährung von Körperschaftsteuergutschriften äußerte die Kommission sich zur Rechtfertigung dahingehend, „*dass es darauf [ankäme], ob die betreffenden steuerlichen Maßnahmen den Zielen entsprechen, die dem Steuersystem selbst inhärent sind, oder andere durchaus legitime Ziele verfolgen, die mit dem Steuersystem jedoch nichts zu tun haben*“.[1127] In der streitigen Regelung erblickte die Kommission einen diskriminierenden Verstoß gegen das Prinzip der Steuergleichheit, den sie nicht in dem genannten Sinne als gerechtfertigt ansah. Wie bereits im Fall „*Ramondín*“ stellte sie in diesem Zusammenhang unter Bezugnahme auf Stellungnahmen Spaniens außerdem fest, dass die streitige Maßnahme ein Ziel der Wirtschaftspolitik verfolgt.[1128]

In steuerlichen Regelungen für Unternehmen in Schwierigkeiten hat die Kommission eine mögliche Rechtfertigung aufgrund der Natur oder dem Aufbau des Systems bisher nicht geprüft.[1129] Dafür stellt sie in entsprechenden Einzelfällen darauf ab, ob sich der Fiskus bei Stundungs- oder Erlassmaßnahmen wie ein privater Gläubiger verhalten hat, was im Ergebnis (nicht aber nach der Termino-

---

[1124] Entscheidung der Kommission vom 22. Dezember 1999 (ABl. L 318 vom 16. Dezember 2000, 36), Rn. 90.

[1125] Entscheidung der Kommission vom 22. Dezember 1999 (ABl. L 318 vom 16. Dezember 2000, 36), Rn. 93.

[1126] Entscheidung der Kommission vom 22. Dezember 1999 (ABl. L 318 vom 16. Dezember 2000, 36), Rn. 97.

[1127] Entscheidungen der Kommission vom 11. Juli 2001, betreffend die Provinzen Álava (ABl. L 296 vom 30. Oktober 2002, 1), Rn. 66 ff; Guipúzcoa (ABl. L 314 vom 18. November 2002, 26), Rn. 73 f; Vizcaya (ABl. L 17 vom 22. Januar 2003, 1), Rn. 73 f.

[1128] Entscheidungen der Kommission vom 11. Juli 2001, betreffend die Provinzen Álava (ABl. L 296 vom 30. Oktober 2002, 1), Rn. 67; Guipúzcoa (ABl. L 314 vom 18. November 2002, 26), Rn. 74; Vizcaya (ABl. L 17 vom 22. Januar 2003, 1), Rn. 74.

[1129] Siehe IP/03/1738 vom 16. Dezember 2003 betreffend die Negativentscheidung über eine französische Regelung betreffend steuerliche Beihilfen für die Sanierung von Unternehmen in Schwierigkeiten (noch nicht im Amtsblatt veröffentlicht. S. aber ABl. C 284 vom 21. November 2002, 5, für eine Kurzbeschreibung der Maßnahme).

logie der Kommission) als eine sachliche Rechtfertigung anzusehen ist und die Selektivität ausschließt.[1130]

bb) Regelungen mit regionalem Schwerpunkt

In Entscheidung der Kommission „*städtische Freizonen Frankreich*“[1131] hat die Kommission regionale steuerliche Entwicklungsmaßnahmen nicht als *tatbestandlich* gerechtfertigt angesehen werden, sondern als solche, die alle Merkmale des Beihilfetatbestands erfüllen u. allenfalls nach Art. 87 Abs. 3 EG genehmigt werden können.[1132] Exemplarisch ist insoweit auch die Entscheidung „*Einkommensteuersenkung Azoren*“.[1133] Die Kommission erklärt dort, dass die allgemeine Senkung der Einkommensteuersätze für alle auf den Azoren tätigen Wirtschaftsteilnehmer „*nicht durch die Art oder den Aufbau des portugiesischen Steuersystems gerechtfertigt [...] [bzw.] aufgrund wirtschaftlicher Überlegungen für die Leistungsfähigkeit des Systems erforderlich [ist]. Soweit diese Senkungen insbesondere nicht durch Anwendung des Prinzips der Verhältnismäßigkeit oder der steuerlichen Progressivität bedingt sind, sondern im Gegenteil die in einer spezifischen Region ansässigen Unternehmen unabhängig von ihrer finanziellen Situation und den ihnen zugewiesenen regionalen Entwicklungszielen begünstigen, können sie nicht als Bestandteile des portugiesischen Steuersystems eingestuft werden.*“[1134] Der gleichen Linie folgt die Untersuchung der „*Körperschaftssteuerreform Gibraltar*“.[1135]

3. Würdigung

Die Anwendungspraxis der Kommission hinsichtlich des Rechtfertigungskriteriums belegt zunächst dessen praktisch verschwindende Bedeutung; die Konturen dieses Merkmals werden nicht klarer:

[1130] Siehe z.B. die Entscheidung vom 27. November 2002 („*Refractarios Especiales*“, ABl. L 108 vom 30. April 2003, 21), Rn. 52; Entscheidung vom 14. Mai 2002 („*Empresas Álvarez*“, ABl. L 329 vom 5. Dezember 2002, 1), Rn. 49 ff; s. aber Entscheidung vom 14. Oktober 1998 („*Magefesa*“, ABl. L 198 vom 30. Juli 1999, 15), S. 23, wo es auf diese Erwägung offenbar nicht ankam.

[1131] Siehe IP/03/605 vom 30. April 2003 und die Mitteilung der Kommission vom 28. April 2000 über die Leitlinien für eine Gemeinschaftsinitiative betreffend die wirtschaftliche und soziale Wiederbelebung der krisenbetroffenen Städte und Stadtrandgebiete zur Förderung einer dauerhaften Städteentwicklung (ABl. C 141 vom 19. Mai 2000, 8).

[1132] In diesem Sinne ist auch die Entscheidung der Kommission vom 21. Januar 2003 („*Stempelsteuerbefreiung*“), ABl. L 149 vom 17. Juni 2003. 18, auszulegen, in der für eine regionale Maßnahme im Bereich der indirekten Steuern eine mögliche systembedingte Rechtfertigung nicht erwähnt wurde.

[1133] Entscheidung vom 11. Dezember 2002 (AB. L 150 vom 18. Juni 2003, 52). Zur grundsätzlichen Bedeutung dieser Entscheidung für die steuerliche Kompetenzverteilung in den Mitgliedstaaten s.o., Kapitel 4.

[1134] Entscheidung vom 11. Dezember 2002 (AB. L 150 vom 18. Juni 2003, 52), Rn. 33.

[1135] Siehe Kapitel 4 (regionale Selektivität).

- Widersprüchlich sind zunächst die Aussagen der Kommission darüber, ob auch steuerexterne Ziele anerkannt werden können, was nach den Aussagen der Leitlinien möglich ist[1136]: aus den Entscheidungen betreffend die baskischen Körperschaftsteuergutschriften (insbesondere der Entscheidung „*Ramondín*") lässt sich dagegen das Gegenteil herauslesen.
- Obwohl nach der allgemeinen Formulierung solche Maßnahmen als gerechtfertigt anzusehen sind, die „*für die Leistungsfähigkeit des Systems erforderlich*" sind, werden wirtschaftspolitische Zielsetzungen offenbar nicht akzeptiert.
- Die Feststellungen der Kommission im Fall „*Ramondín*"[1137] sind geeignet, das Rechtfertigungskriterium als vollständig wert- bzw. prinzipienneutral und lediglich auf Übereinstimmung mit der (wie auch immer gearteten) allgemeinen Regel abstellendes Merkmal einzustufen; dagegen spricht die explizite Anerkennung bestimmter materieller Prinzipien (z.B. der steuerlichen Neutralität) in anderen Entscheidungen gegen eine solche Interpretation;
- Wie ein Vergleich der Entscheidungen „*Unternehmen der Daseinsvorsorge Italien*" und „*Bankenkonsolidierung Italien*" veranschaulicht, ist das in beiden Fällen einschlägige Prinzip der steuerlichen Neutralität in verschiedenen Zusammenhängen einmal zur Rechtfertigung geeignet, aber im anderen Fall keiner Erwähnung wert;
- Widersprüchlich ist auch die von der Kommission vorgenommen Anknüpfung an die geprüften Selektivitätsmerkmale: während in einer Reihe von Entscheidungen zum Ausdruck kommt, dass diese dann nicht gerechtfertigt sein können, wenn sie hinsichtlich ihrer Anwendbarkeit (in willkürlicher Weise) hinter der vom betreffenden Mitgliedstaat verfolgten Zielsetzung zurückbleiben (s. z.B. „*internationale Finanzierungstätigkeiten Niederlande*"), sieht die Kommission in der Entscheidung „*Einkommensteuersenkung Azoren*" offenbar gerade die allgemeine und unterschiedslose Anwendbarkeit der Regelung als unverhältnismäßig und daher nicht gerechtfertigt an.
- Während die Kommission in der Entscheidung „*Koordinierungszentren Belgien*" eine Quellensteuerbefreiung für an Nichtansässige abgeführte Zinsen als nicht gerechtfertigt bewertete, sah sie im Fall „*Finanzverwaltungszentralen Frankreich*" eine ähnliche Regelung ohne weiteres als steuertechnische Maßnahme an, die keiner Rechtfertigung bedurfte.
- Im Fall „*Auslandsniederlassungen Frankreich*" erschien die betreffende Maßnahme von ihrer Zielsetzung auch der Kommission als grundsätzlich legitim; obwohl Frankreich überzeugend vorgetragen hatte, dass die Re-

---

[1136] Leitlinien, Rn. 27; die dort genannte Umverteilungsgedanke, der sich in den progressiven Einkommensteuersätzen der Mitgliedstaaten widerspiegelt, ist eine sozial- und wirtschaftspolitische Erwägung.

[1137] Entscheidung der Kommission vom 22. Dezember 1999 (ABl. L 318 vom 16. Dezember 2000, 36), Rn. 90.

gelung inhaltliche eine Annäherung an die geltenden allgemeinen Grundsätze bewirkte, äußerte die Kommission sich nicht dazu, ob bei einer breiteren Anwendbarkeit der Maßnahme deswegen eine Rechtfertigung hätte angenommen werden können.

- Obwohl sich die besondere Bedeutung eines verlässlichen Systems zur Ermittlung konzerninterner Verrechnungspreise so gut wie ausschließlich im internationalen Kontext ergibt (wegen der nur dort möglichen Gewinnverlagerung in Niedrigsteuerländer[1138]), erkennt die Kommission die Beschränkung der Anwendbarkeit entsprechender Regelungen auf internationale Konzerne in der Entscheidung „*Koordinierungszentren Luxemburg*“ nicht als gerechtfertigt an.
- Welche Grundsätze für die sachliche Rechtfertigung pauschaler Gewinnermittlungsmethoden gelten, kann der Kommissionspraxis nicht entnommen werden. Die unterschiedliche Behandlung z.B. der Tonnagesteuer (die grundsätzlich als tatbestandliche Beihilfe angesehen wird) und der pauschalen Besteuerung von Verrechnungspreisen (die offenbar grundsätzlich als sachlich gerechtfertigt anerkannt wird), ist nicht nachvollziehbar.
- Da die Kommission in den betreffenden Fällen bisher nicht auf Inhalt oder Terminologie der Leitlinien für steuerliche Beihilfen Bezug genommen hat, ist fraglich, ob das Kriterium des privaten Gläubigers bei einzelfallbezogenen Stundungs- oder Verzichtsmaßnahmen als sachliche Rechtfertigung angesehen werden kann. Fraglich ist daher auch, ob dieses Kriterium verallgemeinerbar ist.

Die Entscheidungen enthalten aber auch einige wenige klarstellende Elemente, die zur Anknüpfung für eine Konkretisierung des Rechtfertigungsmaßstabs dienen können:

- So geht aus den Anmerkungen betreffend die baskischen Körperschaftsteuergutschriften hervor, dass offenbar solche Unterscheidungen nicht als gerechtfertigt angesehen werden, die gegen den Grundsatz der Steuergleichheit verstoßen. Die Beachtung dieses Grundsatzes könnte somit einen Rechtfertigungsgrund darstellen.
- Auch wenn nur in einem der dargestellten Fälle eine Rechtfertigung bejaht wurde, zeigt die Kommissionspraxis, dass in Übereinstimmung mit Leitlinien und Anwendungsbericht sowohl transaktionsbezogene als auch branchenbezogene Rechtfertigungen möglich sind.
- Eine Rechtfertigung scheidet – auch wenn dies nicht explizit festgestellt wird – unabhängig von der gemeinschaftsrechtlichen Legitimität der vom

[1138] Im nationalen Kontext ist durch die Gewinnverschiebung lediglich eine Beeinflussung von Verlustausgleich- bzw. -vortrag möglich; sofern steuerliche Organschaft vorliegt, ist aber auch diese nicht relevant. Bei nicht verbundenen Unternehmen besteht die Verrechnungspreisproblematik bereits denklogisch nicht.

betreffenden Mitgliedstaat verfolgten Zielsetzung jedenfalls dann und insoweit aus, wie die betreffende Maßnahme nicht verhältnismäßig ist.
- In Übereinstimmung mit Leitlinien und Anwendungsbericht kann den Entscheidungen insgesamt entnommen werden, dass eine Rechtfertigung nicht von Amts wegen geprüft wird.

III. Anwendungspraxis von EuGH und EuG

Die Anwendungspraxis von EuG und EuGH bezüglich einer tatbestandsimmanenten, systembedingten Rechtfertigung unterscheidet sich nicht wesentlich von derjenigen der Kommission.

Das Urteil in der Sache Italien./.Kommission[1139], das den Ursprung der Rechtfertigungsformel bildet, enthält außer dieser selbst keine konkretisierenden Anhaltspunkte. Dagegen ist das Urteil „*Maribel I*"[1140] im Hinblick auf eine Rechtfertigung etwas ergiebiger, wenn es auch nicht in einem steuerlichen Kontext steht. Die belgische Regierung hatte die dort streitige Maßnahme, eine Verringerung der Sozialversicherungsbeiträge für Arbeitgeber enumerativ genannter, dem internationalen Wettbewerb unterliegender Wirtschaftszweige, als allgemeine wirtschaftspolitische Maßnahme zu rechtfertigen versucht. Diese solle den Wirtschaftszweigen zugute kommen, in denen die Arbeitsplätze am stärksten gefährdet seien, was der Logik des allgemeinen Systems der belgischen Sozialversicherung entspreche.[1141] Der EuGH trat dieser Argumentation entgegen, da die streitigen Maßnahmen nur der Wettbewerbssituation von Unternehmen aus bestimmten Wirtschaftszweigen direkt zugute kämen und daher „*nicht durch das Wesen und die Struktur des in Belgien geltenden Systems sozialer Sicherheit gerechtfertigt*" seien.[1142]

In dem Verfahren „*Sloman Neptun*"[1143] hatte der EuGH über eine Regelung zu entscheiden, die für Handelsschiffe, welche – abweichend von den im normalen Register eingetragenen – im internationalen Schifffahrtsregister eingetragen waren, die Heuer von Matrosen aus Drittstaaten unter dem deutschen Tarif ermöglichte. Das vorlegende Gericht sah hierin ein Beihilfe durch Ausnahme vom

---

[1139] EuGH, Urteil vom 2. Juli 1974 in der Rs. C-173/73 (Italien./.Kommission), Slg. 1974, 709.

[1140] EuGH, Urteil vom 17. Juni 1999 in der Rs. C-75/97 (Belgien./.Kommisson), Slg. 1999, I-3671. Vgl. die spätere Entscheidung („*Maribel II*"), EuGH, Urteil vom 3. Juli 2001 in der Rs. C-378/98, Slg. 2001, I-5107.

[1141] EuGH, Urteil vom 17. Juni 1999 in der Rs. C-75/97 (Belgien./.Kommisson), Slg. 1999, I-3671, Rn. 19.

[1142] EuGH, Urteil vom 17. Juni 1999 in der Rs. C-75/97 (Belgien./.Kommisson), Slg. 1999, I-3671, Rn. 39.

[1143] EuGH, Urteil vom 17. März 1993 in den verbundenen Rs. C-72 und 73/91, Slg 1993, I-887; Schlussanträge des Generalanwalts *Marco Darmon* vom 17. März 1992, Slg. 1993, I-903.

allgemeinen System der Sozialversicherung. Der EuGH verneinte aber den Beihilfecharakter der streitigen Regelung mit der Begründung, dass die Regelung *„ihrem Zweck und ihrer allgemeinen Systematik [nach] nicht auf die Schaffung eines Vorteils ab[ziele], der eine zusätzliche Belastung für den Staat [...] darstellen würde."* Mit ihr solle *„lediglich der Rahmen verändert werden, innerhalb dessen die vertraglichen Beziehungen zwischen [den Reedereien] und ihren Arbeitnehmern zustande kommen. Die sich daraus ergebenden Folgen [seien] [...] einer solchen Regelung immanent und stell[t]en kein Mittel dar, um den betroffenen Unternehmen einen bestimmten Vorteil zu gewähren."*[1144] Diese Entscheidung erlaubt jedoch unter Berücksichtigung der ausführlichen Überlegungen zur Selektivität in den Schlussanträgen des Generalanwalts nur den Schluss, dass hier im Ergebnis keine Rechtfertigung angenommen wurde, sondern bereits der Ausnahmecharakter der Regelung verneint wurde.[1145]

Im Urteil „*Demesa*"[1146] prüfte das EuG eine Rechtfertigung der Selektivität der gewährten Körperschaftsteuergutschrift durch *das Wesen oder den Aufbau des Steuersystems*. Diese setze voraus, *„dass die[..] Maßnahme mit der inneren Logik des allgemeinen Steuersystems im Einklang steht [...] So bleibt [...] eine spezifische steuerliche Maßnahme, die durch die innere Logik des Steuersystems gerechtfertigt wird – wie die Steuerprogression, die durch die Logik der steuerlichen Umverteilung gerechtfertigt wird - , der Anwendung von Artikel [87] [...] entzogen*".[1147] Eine solche Rechtfertigung der Steuergutschrift, insbesondere durch die Grundsätze der Progression und der Effizienz der Steuererhebung, erkannte das EuG jedoch hier nicht an.[1148] Es befand nämlich, dass der hohe Mindestinvestitionsbetrag den Grundsätzen der steuerlichen Progression und Umverteilung zuwiderliefe, und dass eine wirtschaftspolitische Zielsetzung (bezogen auf die Entwicklung des Baskenlandes) insoweit nicht maßgeblich sei,

---

[1144] EuGH, Urteil vom 17. März 1993 in den verbundenen Rs. C-72 und 73/91, Slg 1993, I-887, Rn. 21. Die Ausführungen des Generalanwalts zu den Merkmalen eines Vorteils aus staatlichen Mitteln und zur Selektivität sind wesentlich ausführlicher. *Darmon* problematisierte zunächst ausführlich das Vorliegen eines Vorteils (für die betreffenden deutschen Reeder) aus staatlichen Mitteln (Rn. 12 bis 47 der Schlussanträge), sowie anschließend ausführlichst die Frage der Selektivität (Rn. 47 ff). Hier wird die gesamte Entwicklung der „Ausnahme-Rechtsprechung" des EuGH mit der ihr zugrunde liegenden Problematik zusammengefasst.

[1145] EuGH, Urteil vom 17. März 1993 in den verbundenen Rs. C-72 und 73/91, Slg 1993, I-887; Rn. 75 der Schlussanträge.

[1146] EuG, Urteil vom 6. März 2002 in den verbundenen Rs. T-127, 129 und 148/99, Slg. 2002, II-1275. Vgl. das Urteil des EuG vom 23. Oktober 2002 in den verbundenen Rs. T-269, 271 und 272/99 (Slg. 2002, II-4217) betreffend die der Steuergutschrift zugrundeliegende gesetzliche Regelung der Provinz Álava und im wesentlichen identischen Regelungen anderer baskischer Provinzen. Die Ausführungen des EuG im Urteil „*Demesa*" entsprechen weitestgehend denjenigen in jenem Urteil.

[1147] EuG, Urteil vom 6. März 2002 in den verbundenen Rs. T-127, 129 und 148/99, Slg. 2002, II-1275, Rn. 164.

[1148] EuG, Urteil vom 6. März 2002 in den verbundenen Rs. T-127, 129 und 148/99, Slg. 2002, II-1275, Rn. 165.

da diese außerhalb des fraglichen Steuersystems lägen.[1149] Dem muss entnommen werden, dass das Ziel der Ansiedlung großer Investoren (was in seiner wirtschaftlichen Logik nicht in Zweifel gestellt werden kann) keine Rechtfertigung zu begründen vermag.

Im Urteil „*Adria Wien Pipeline*"[1150] prüfte der EuGH eine Rechtfertigung im Bereich der indirekten Steuern. Streitig war eine Regelung Österreichs, die es Unternehmen des produzierenden Gewerbes, nicht aber solchen der Dienstleistungssektoren, gestattete, sich einen Teil ihrer Energieabgaben zurück erstatten zu lassen (sofern diese einen bestimmten Prozentsatz des Nettoproduktionswertes überstiegen). Der EuGH sah diese Regelung nicht als durch in „*dem Wesen oder den allgemeinen Zwecken des Steuersystems*" liegend gerechtfertigt an, da er die vorgenommene grundsätzliche Unterscheidung zwischen den (begünstigten) Unternehmen des produzierenden Gewerbes und denen des Dienstleistungsgewerbes hinsichtlich des Energieverbrauchs als nicht sachgerecht anerkannte.[1151]

IV. Funktion des Rechtfertigungskriteriums

Die Aussage des EuGH zu einer Rechtfertigung im Urteil „*Familienzulage*" stand im Kontext zu seiner vorangegangenen Wertung zur Anwendung des Beihilfeverbots auf Maßnahmen des Steuer- oder Sozialabgabenrechts:

> *„Die Vorschrift unterscheidet [...] nicht nach den Gründen oder Zielen solcher Maßnahmen, sondern beschreibt diese nach ihren Wirkungen: um eine von einem Mitgliedstaat getroffene Maßnahme dem Anwendungsbereich des Artikels 92 zu entziehen, genügt es mithin nicht, dass [diese] [...] steuerlicher Art ist [...]."*[1152]

Zu dieser Feststellung sah sich der EuGH im betreffenden Fall veranlasst, da die italienische Regierung in der beihilferechtlichen Untersuchung durch die Kommission einen Eingriff in ihre Steuerhoheit gesehen hatte.

1. Theoretisch: Korrektiv eines weiten Selektivitätsverständnisses

Dieser ursprüngliche Zusammenhang, in dem der EuGH das Rechtfertigungskriterium entwickelte, macht deutlich, dass es mit der Beschreibung der Grenzen des Beihilfeverbots auch um eine kompetenzerhebliche Abgrenzung von erheblicher Bedeutung ging. Das Urteil signalisierte, dass zwar auch die steuerlichen Regeln der Mitgliedstaaten unter das Beihilfeverbot fallen können, schränkte dies aber für solche Maßnahmen ein, die im Einklang mit allgemeinen Zielset-

[1149] EuG, Urteil vom 6. März 2002 in den verbundenen Rs. T-127, 129 und 148/99, Slg. 2002, II-1275, Rn. 162 ff.
[1150] EuGH, Urteil vom 8. November 2001 in der Rs. C-143/99, Slg. 2001, I-8365.
[1151] EuGH, Urteil vom 8. November 2001 in der Rs. C-143/99, Slg. 2001, I-8365, Rn. 49 ff.
[1152] EuGH, Urteil vom 8. November 2001 in der Rs. C-143/99, Slg. 2001, I-8365, Rn. 49 ff, Leitsatz 2 (vgl. Rn. 26/28).

zungen bzw. Wertungen des betreffenden Systems stehen. Die sehr weitreichende Ausnahmeformel sollte durch das Korrektiv der Rechtfertigung für bestimmte Fälle revidierbar gemacht werden. Die Kommission stellt in ihrem Anwendungsbericht klar: *„Selbstverständlich ist die differenzierende Natur einer Maßnahme [...] nicht unbedingt ein Grund, diese als staatliche Beihilfe anzusehen.“*[1153]

2. Praktisch: Bisher ohne Bedeutung

Seiner kompetenzrechtlichen Bedeutung wird das Rechtfertigungskriterium aus den dargestellten Gründen bisher nicht gerecht, was sich wie folgt zusammenfassen lässt: Während die Ausnahmeformel – als deren Korrektiv die Rechfertigung in dem Urteil Italien./.Kommission entwickelt worden ist – in immer stärkerem Maße Fälle erfasst, in denen eine Abgrenzung zwischen allgemeinen und selektiven Maßnahmen alles andere als einfach ist[1154], verhält es sich mit der praktischen Bedeutung des Rechtfertigungskriteriums genau umgekehrt proportional. Dies lässt sich bereits dadurch veranschaulichen, dass noch nicht einmal eine einheitliche Terminologie besteht, die das Kriterium allgemeingültig beschreibt, und wird verstärkt durch die Widersprüchlichkeiten, die sich insbesondere aus der Anwendungspraxis der Kommission ergeben. Schließlich veranschaulicht schon die Tatsache, dass eine Rechtfertigung nicht *ex officio*, sondern nur bei entsprechendem Vortrag des Mitgliedstaats geprüft wird, dass diesem Kriterium, was in seinem ursprünglichen Kontext einen tatbestandlichen Korrektivcharakter hatte, noch nicht einmal mehr als Tatbestandsmerkmal angesehen wird.

V. Zwischenergebnis

Die verschwindende praktische Bedeutung des Rechtfertigungskriteriums hat sich in der Mehrzahl der untersuchten Fälle möglicherweise nicht zum Nachteil des Gemeinsamen Marktes ausgewirkt. Da das Kriterium jedoch das historische und teleologische Pendant zu einer erheblich erweiterten Auslegung des Beihilfetatbestands durch die Ausnahmeformel darstellt, hat es nicht nur eine *generelle* kompetenzrechtliche, sondern auch eine solche wettbewerbs- und steuerpolitische Bedeutung.

Ungeachtet der terminologischen Unterschiede lässt sich der bisherigen Anwendungspraxis noch nicht einmal sicher entnehmen, ob nach dem Verständnis von Kommission und Rechtsprechung steuerrechtsexterne Wertungen in die Systembetrachtung einbezogen werden können. Die Wertung der Kommission im Fall „*Ramondín*“ spricht dagegen. Das Steuerrecht als solches steht einer Einbeziehung externer Kriterien nicht grundsätzlich entgegen: Bereits die von der

[1153] Anwendungsbericht, Rn. 34.
[1154] S.o. Kapitel 4.

Kommission zitierte „Logik" der progressiven Einkommensteuersätze[1155] folgt nämlich nicht dem Fiskalzweck, sondern außerfiskalischen, allgemeinen wirtschafts- und sozialpolitischen Zielen, die dem Steuerrecht durchaus immanent sein können.

Während das bloße Abstellen auf das jeweils berührte allgemeine System – abgesehen von der inhärenten Schwierigkeit der Identifizierung des jeweils relevanten Zusammenhangs – und eine Übereinstimmung der festgestellten Ausnahme mit dessen Grundwertungen keinerlei Möglichkeit zu einer inhaltlichen Bewertung lässt, wird in einzelnen Entscheidungen erkennbar, dass es sehr wohl darum geht, bestimmte Prinzipien inhaltlich zu bewerten. In anderen Entscheidungen wird dagegen offenbar, dass das selbe Prinzip nicht stets eine Rechtfertigung bewirkt.

Die Schwierigkeit, das Rechtfertigungskriterium inhaltlich zu konkretisieren, dürften bereits durch dessen Formulierung begründet sein. Dies sei wie folgt verdeutlicht: Terminologisch geht es darum, bei einer identifizierten Ausnahme festzustellen, ob bzw. inwieweit diese mit den Grundwertungen des Systems, in dessen Kontext sie steht, in Übereinstimmung steht. Ist das der Fall, wird sie insoweit nicht als Ausnahme (sondern als Bestandteil der allgemeinen Regel) angesehen. Es ist aber weder verständlich, wieso gerade eine Ausnahme, die definitionsgemäß das Abweichen von der Regel beinhaltet, hinsichtlich der ihr zugrunde liegenden Wertung mit dem allgemeinen Maßstab übereinstimmen soll, von dem sie (aus welchen Gründen auch immer) gerade abweicht. Vielfach wird eine mangelnde Übereinstimmung *auch insoweit* gerade das Wesen der Ausnahme ausmachen. Zum anderen ist auch nicht verständlich, wieso im Rahmen des Beihilfetatbestands, der nach dem erklärtem Verständnis von Kommission und Rechtsprechung auf die Wirkungen der untersuchten Maßnahme abstellt, ausgerechnet eine völlig *wertneutrale* Rechtfertigungsformel verwendet wird, die nicht geeignet ist, sachliche Maßstäbe für wettbewerbs- oder steuerrechtlich anerkennenswerte (oder eben zu bemängelnde) Kriterien mit in die beihilferechtliche Würdigung einzubeziehen. Mit anderen Worten: Genauso wenig wie *„[ein] ungerechtes Prinzip nicht dadurch gerecht [wird], dass die Ungerechtigkeit konsequent durchgehalten wird"*[1156], führt die Durchbrechung eines sachgerechten Prinzip notwendigerweise zu einer Ungerechtigkeit.

Es ist zwar dem Gemeinschaftsrecht immanent, dass die allgemeinen steuerlichen Maßnahmen der Mitgliedstaaten nicht unter das Beihilfeverbot fallen und auch auf anderem Wege nur einer sehr eingeschränkten gemeinschaftsrechtli-

---

[1155] Leitlinien, Rn. 27.

[1156] *Tipke*, Die Steuerrechtsordnung, Band 2, 577. Das entnommene Zitat steht dort nicht in einem zwischenstaatlichen oder gemeinschaftsrechtlichen Kontext, sondern im Zusammenhang mit den allgemeinen sachlichen Rechtfertigungsanforderungen an Steuern im Rechtsstaat.

chen Aufsicht unterliegen. Wenn aber im Rahmen der Beihilfeaufsicht – die ohnehin in die mitgliedstaatlichen Steuerhoheiten einzugreifen geeignet ist – schon eine Rechtfertigung geprüft wird, ist es nicht plausibel, nicht ggf. auch solche Ausnahmen als sachgerecht anzuerkennen, die zwar möglicherweise nicht mit dem zugrunde liegenden System, wohl aber möglicherweise mit sachlich oder gemeinschaftsrechtlich legitimen Prinzipien übereinstimmen. Die mittels der Rechtfertigungsformel herbeigeführte Zwang zu einer Regelkonformität erscheint daher potenziell geeignet, innovative und möglicherweise sogar aus gemeinschaftsrechtlicher Sicht wünschenswerte Ansätze zu unterdrücken.

Dass die Kommission umgekehrt bereits heute die Maßnahmen der Mitgliedstaaten regelmäßig unter wirtschaftspolitischen Aspekten, d.h. *inhaltlich* bewertet, ist – z.B. bei der unterschiedlichen Behandlung der Tonnagebesteuerung für die Bereiche der Binnen- und Seeschifffahrt – offensichtlich und (bis zu einem gewissen Grad) auch geboten. Denn das Beihilferecht beruht wie das gesamte Modell der europäischen Integration nun einmal auf wirtschaftlichen und wirtschaftspolitischen Prämissen. Ebenso selbstverständlich sollte es aber sein, dass bei der beihilferechtlichen Bewertung steuerlicher Maßnahmen auch steuerliche Prinzipien berücksichtigt werden müssen. Denn die fortbestehenden steuerlichen Kompetenzen der Mitgliedstaaten gebieten, dass der Umfang mit möglicherweise kollidierenden Wertungen des Wettbewerbsrechts im Wege einer *inhaltlichen* Abwägung festgestellt wird, die auch die Prinzipien des Steuerrechts berücksichtigen muss.

In einer Reihe der Entscheidungen von Kommission und Rechtsprechung kommt im Rahmen der Anwendung des Artikels 87 EG implizit ein Gedanke zum Ausdruck, der – rechtsordnungsübergreifend – auch ein tragendes Prinzip des Steuerrechts ist: Die Besteuerungsgleichheit und -gerechtigkeit.[1157] Im Fall „*Adria Wien Pipeline*“ hat der EuGH (wie bereits oben zitiert) ausdrücklich festgestellt, dass „*festzustellen [sei], ob eine staatliche Maßnahme im Rahmen einer bestimmten rechtlichen Regelung geeignet ist, bestimmte [...] Unternehmen oder Produktionszweige im Sinne des Artikels [87] gegenüber anderen Unternehmen, die sich im Hinblick auf das mit der betreffenden Maßnahme verfolgte Ziel in einer vergleichbaren tatsächlichen und rechtlichen Situation befinden, zu begünstigen*“.[1158] Im Fall „*Maribel I*“[1159] formulierte der EuGH in inhaltlich ähnlicher Weise, dass „*Artikel [87] des Vertrages keine Anwendung [finde] auf für alle Unternehmen eines Mitgliedstaats geltende allgemeine Maßnahmen, wenn diese auf objektiven, nicht diskriminierenden und ermessensfreien Erfordernissen beruhten. Unter ,allen Unternehmen' seien diejenigen zu*

[1157] S. hierzu *Jansen*, S. 69 ff.

[1158] EuGH, Urteil vom 8. November 2001 in der Rs. C-143/99, Slg. 2001, I-8365, Rn. 41.

[1159] EuGH, Urteil vom 17. Juni 1999 in der Rs. C-75/97 (Belgien./.Kommission), Slg. 1999, I-3671.

verstehen, die sich in einer objektiv gleichartigen Lage befänden".[1160] Auch in den Urteilen „*Gil Insurance*"[1161] und Spanien./.Kommission[1162] findet sich dieser Ansatz.[1163] Möglicherweise in diesem Sinne spricht auch die Kommission in ihren Entscheidungen zu den baskischen Körperschaftsteuergutschriften[1164] von einen diskriminierenden Verstoß gegen das Prinzip der Steuergleichheit, den sie nicht als gerechtfertigt ansah.[1165]

Wie bereits in Kapitel 3 dieser Arbeit unter Bezugnahme auf Art. 58 Abs. 1 lit. b EG angesprochen, ist der grundsätzliche Gedanke einer möglichen Rechtfertigung steuerlicher Eingriffe gegenüber den Grundfreiheiten der Wirtschaftsteilnehmer im Primärrecht verankert. Wie der EuGH in der Sache Kommission./.Frankreich[1166] unter Bezugnahme auf seine ständige Rechtsprechung festgestellt hat, „*verfolgen [...] die Bestimmungen über den freien Warenverkehr, über die Beseitigung der Steuerdiskriminierungen und über die Beihilfen ein gemeinsames Ziel, das darin besteht, den freien Warenverkehr zwischen Mitgliedstaaten unter normalen Wettbewerbsbedingungen sicherzustellen*".[1167] Wegen dieser grundsätzlichen Zielidentität erscheint es zur weiteren Konkretisierung des beihilferechtlichen Rechtfertigungsmaßstabs somit denkbar, dass der Rechtsprechung des EuGH zu diskriminierenden Maßnahmen der Mitgliedstaaten im Bereich der direkten Steuern inhaltliche Maßstäbe entnommen werden können, die auf das Rechtfertigungskriterium für steuerliche Beihilfen übertragbar sind.

B. Vergleich: die Rechtsprechung des EuGH zu diskriminierenden Maßnahmen im Bereich der direkten Steuern

Während die Kommission im Rahmen der Überwachung des Beihilfeverbots mit der Untersuchung von *begünstigenden* steuerlichen Maßnahmen betraut ist, obliegt dem EuGH die Überprüfung *belastender* nationaler steuerlicher Regelungen, die in der Regel auf Initiative benachteiligter Unternehmen zum Ge-

---

[1160] EuGH, Urteil vom 17. Juni 1999 in der Rs. C-75/97 (Belgien./.Kommission), Slg. 1999, I-3671,Rn. 17.

[1161] EuGH, Urteil vom 29. April 2004 in der Rs. C-308/01, Slg. 2004, I-7444. (Das Urteil bezog sich auf eine Maßnahme im Bereich der indirekten Steuern).

[1162] EuGH, Urteil vom 13. Februar 2003 in der Rs. C-409/00, Slg. 2003, I-1487, Rn. 47. Das Urteil bezieht sich auf Maßnahmen im nicht-steuerlichen Bereich.

[1163] Siehe hierzu bereits oben, Kapitel 4 (Abschnitt E.).

[1164] Entscheidungen der Kommission vom 11. Juli 2001, betreffend die Provinzen Álava (ABl. L 296 vom 30. Oktober 2002, 1), Guipúzcoa (ABl. L 314 vom 18. November 2002, 26) und Viscaya (ABl. L 17 vom 22. Januar 2003, 1); vgl. EuG, Urteil vom 23. Oktober 2002 in den verbundenen Rs. T-269, 271 und 272/99.

[1165] Entscheidungen der Kommission vom 11. Juli 2001, betreffend die Provinzen Álava (ABl. L 296 vom 30. Oktober 2002, 1), Rn. 66 ff; Guipúzcoa (ABl. L 314 vom 18. November 2002, 26), Rn. 73 f; Vizcaya (ABl. L 17 vom 22. Januar 2003, 1), Rn. 73 f.

[1166] EuGH, Urteil vom 7. Mai 1985 in der Rs. C-18/84, Slg. 1985, 1339.

[1167] Rn. 13 der Entscheidung.

genstand einer Untersuchung auf ihre Vereinbarkeit mit den Grundwertungen des EG-Vertrages gemacht werden. Wenn somit auch die Rechtsprechung des EuGH im Bereich der direkten Steuern gerade die Kehrseite steuerlicher Vergünstigungen zum Gegenstand hat, ist sie im hier relevanten Kontext von Bedeutung als Vergleichsmaßstab für die Bewertung steuerlicher Sachverhalte im Rahmen der Beihilfenkontrolle. Denn die mittlerweile äußerst umfangreiche Rechtsprechung des EuGH auf diesem Gebiet[1168] basiert allein auf einer Konkretisierung der Grundfreiheiten und wird nicht durch weitere sekundärrechtliche Wertungen überlagert; da auch das Wettbewerbsrecht letztlich dem Schutz der Grundfreiheiten dient[1169], erscheint die Rechtsprechungspraxis des EuGH geeignet, verallgemeinerbare Rückschlüsse betreffend das Verhältnis der Wertungen des Gemeinschaftsrechts zu den mitgliedstaatlichen Steuerhoheiten zuzulassen. Dem steht nicht entgegen, dass in den Fällen diskriminierender steuerlicher Maßnahmen grundsätzlich besondere Steuerlasten, in den beihilferechtlich relevanten Fällen dagegen stets besondere Steuervergünstigungen entscheidend sind. Denn das Gemeinschaftsrecht lässt die nationalen Steuerhoheiten in ihrer Gesamtheit, d.h. nicht nur hinsichtlich der sog. Fiskalzwecknormen (die der Erzielung von Steuereinnahmen dienen), sondern auch bezüglich der sogenannten Sozialzwecknormen (die nach dem Verdienst- oder nach dem Bedürfnisprinzip vom Fiskalzweck abweichen) unberührt.[1170]

I. Gemeinschaftsrecht und nationale Steuerhoheiten

1. Keine Immunität des Steuerrechts...

Eine Überprüfungskompetenz des EuGH besteht nach der ständigen Rechtsprechung für alle Fälle, in denen steuerliche Maßnahmen der Mitgliedstaaten im begründeten Verdacht stehen, gegen Grundfreiheiten zu verstoßen. Der EuGH gesteht dem Steuerrecht *keinen* Sonderstatus als Bereichsausnahme oder Sondermaterie zu, in denen die Mitgliedstaaten grundsätzlich ohne Berücksichtigung der vorrangigen supranationalen Wertungen des Gemeinschaftsrechts eigene Interessen verfolgen könnten.[1171] Dies deckt sich mit den in Kapitel 3 die-

---

[1168] Erschöpfend: *Cordewener*. S.a. *Bauschatz,* IStR 2002, 291 ff und 333 ff; *Bergemann/Stäblein,* BB 2005, 1706 ff; *Bieg*; *Dautzenberg*, BB 2004, 8 ff; *Englisch*, Intertax 2005, 310 ff; *Lang*, RIW 2005, 336 ff; *Rödder*, IStR 2004, 1630 ff; *Schön*, IStR 2004, 289 ff; *Wagner*, DStZ 2005, 325 ff; *Wunderlich/Albath*, DStZ 2005, 547. Siehe für eine (zwei)jährliche Übersicht: *de Weerth,* RIW 2003, 131 ff; RIW 2001, 443 ff; RIW 2000, 509 ff; RIW 1999, 511 ff; RIW 1998, 471 ff; RIW 1997, 482 ff; RIW 1996, 449 ff.

[1169] S. Art. 3 Abs. 1 lit. g iVm. lit. c EG.

[1170] S. zur Terminologie *Tipke/Lang*, S. 711 ff.

[1171] Ständige Rechtsprechung, s. z.B. EuGH, Urteil vom 13. April 2000 in der Rs. C-251/98 („*Baars*“), Slg. 2000, I-2787, Rn. 17. Verstöße der Mitgliedstaaten gegen die Grundfreiheiten müssen nach der ständigen Rechtsprechung auch wirtschaftlich neutralisiert werden, um die effektive Geltung des Gemeinschaftsrechts zu gewährleisten. Durch diskriminierende steuerliche Maßnahmen belastete Unternehmen dürfen somit nicht daran gehindert werden, die

ser Arbeit getroffenen Feststellungen für das Verhältnis der mitgliedstaatlichen Hoheiten im Bereich der direkten Steuern zu den wettbewerbsrechtlichen Kompetenzen der Gemeinschaft im Bereich des Beihilferechts.

2. ...aber auch kein Zwang zu einer Harmonisierung

Seine im Urteil „*avoir fiscal*" getätigte Aussage, wonach die mangelnde Harmonisierung der richterlichen Überprüfbarkeit steuerlicher Maßnahmen der Mitgliedstaaten nicht grundsätzlich entgegensteht[1172], hat der EuGH im Fall „*Gilly*" anschließend relativiert. Bestimmte Unterschiede, die durch die mangelnde Harmonisierung bedingt sind, durchaus von den Marktteilnehmern hingenommen werden müssen, auch wenn sie sich belastend auf zwischenstaatliche wirtschaftliche Sachverhalte auswirken.[1173] Insofern Auch nach Ansicht des EuGH kann den nationalen Steuersystemen nicht einerseits ein Zwang zu völliger Konformität auferlegt werden kann, während eine mangelnde Harmonisierung die unterschiedliche Ausgestaltung – in Grenzen – weiterhin zulässt.

3. Zwischenstaatlichkeitserfordernis

Der EuGH bejaht die – kompetenzrechtlich fundamentalen – Frage, wann die Grundfreiheiten durch steuerliche Regelungen der Mitgliedstaaten im Bereich der direkten Steuern berührt sind (anders als noch im Fall „*Werner*"[1174]) regelmäßig und ohne ausdrückliche Erörterung bei allen Sachverhalten, die offenbar geeignet sind, sich auf wirtschaftliche Verhältnisse auszuwirken, deren Bedeutung sich nicht auf einen nationalen Markt beschränken lässt. Nach ständiger Rechtsprechung sind die Grundfreiheiten nur bei solchen Tätigkeiten nicht einschlägig, die „*keine Berührung mit irgendeinem der Sachverhalte aufweisen, auf*

---

streitigen (Mehr-)Abgaben nachträglich wieder zurück zu fordern. EuGH, Urteil vom 9. Dezember 2003 in der Rs. C-129/00 (Kommission./Italien); EuGH, Urteil vom 2. Oktober 2003 in der Rs. C-147/01 („*Webers Wine World*"); zu dieser Frage anhängig: Rs. C-30/02 („*Recheio*"), Schlussanträge des Generalanwalts vom 11. Dezember 2003. S. jeweils die Internetseite des EuGH, < www.curia.eu.int >, Verzeichnis).

[1172] EuGH, Urteil vom 28. Januar 1986 in der Rs. C-270/83 (Kommission./.Frankreich), Slg. 1986, 273, Rn. 24.

[1173] Der EuGH erkannte dort an, dass die bestehenden Unterschiede bezüglich der nationalen Steuersätze grundsätzlich nicht als Ungleichbehandlung gewertet werden können. EuGH, Urteil vom 12. Mai 1998 in der Rs. C-336/96 („*Gilly*"), Slg. 1998, I-2793, Rn. 47 f. Diese Aussage lässt sich noch deutlicher den Urteilen „*Daily Mail*" und „*Futura*" entnehmen, in denen der EuGH ein steuerliches Sicherungsbedürfnis der Mitgliedstaaten unter ausdrücklicher Berücksichtigung der mangelnden Harmonisierung in den Bereichen des Gesellschafts- und des Bilanzrechts akzeptierte. EuGH, Urteil vom 27. September 1988 in der Rs. C-81/87 („*Daily Mail*"), Slg. 1988, 5483, Rn. 20 ff; EuGH, Urteil vom 15. Mai 1997 in der Rs. C-250/95 („*Futura*"), Slg. 1997, I-2471, Rn. 32 ff.

[1174] EuGH, Urteil vom 26. Januar 1993 in der Rs. C-112/91, Slg. 1993, I-429, Rn. 16 ff.

die das Gemeinschaftsrecht abstellt, und die mit keinem relevanten Element über die Grenzen eines Mitgliedstaates hinausweisen.“[1175]

II. Prüfungsmaßstab

Der grundfreiheitliche Prüfungsmaßstab des EuGH lässt sich (von der Vorfrage einer Anwendbarkeit der Grundfreiheiten abgesehen) in zwei Komponenten aufteilen: die Prüfung einer Verletzung des Schutzbereichs sowie einer eventuellen Rechtfertigung.

1. Der grundfreiheitliche Verletzungsmaßstab

Im Rahmen der direkten Steuern sind typischerweise die Niederlassungs- und die Kapitalverkehrsfreiheit von besonderer Relevanz, da beide direkt die für unternehmerische Tätigkeit notwendigen Wirtschafts*faktoren* betreffen.[1176] Die Schutzbereiche dieser Freiheiten überschneiden sich insbesondere im Bereich unternehmerischer Kapitalbeteiligungen; die Kapitalverkehrsfreiheit ist in diesem Bereich in der Regel subsidiär.

a) Schutzbereich

Der Rechtsprechung lässt sich entnehmen, dass es zwischen den einzelnen Grundfreiheiten keine grundsätzlichen Unterschiede hinsichtlich Qualität oder Umfang des von ihnen gewährten Schutzes gegenüber staatlichen Beschränkungen gibt.[1177] Unabhängig von ihrer unterschiedlichen Relevanz im Bereich der direkten Steuern erkennt der EuGH allen Grundfreiheiten einen konvergenten Schutzbereich zu.

aa) Gleichheitsrechtlich

In gleichheitsrechtlicher Hinsicht garantieren die Grundfreiheiten nach der Rechtsprechung des EuGH dem relevanten wirtschaftlichen Sachverhalt mit zwischenstaatlichem Bezug effektiv die gleiche Behandlung wie jedem vergleichbaren inländischen Sachverhalt. Die Gleichbehandlung erstreckt sich dabei nicht nur auf das materielle, sondern auch auf das Verfahrensrecht.[1178] Der

---

[1175] EuGH, Urteil vom 26. Januar 1999 in der Rs. C-18/95 („*Terhoeve*“), Slg. 1999, I-345, Rn. 26, mit zahlreichen weiteren Rechtsprechungsnachweisen (ohne steuerlichen Kontext). Dass sich die Wirtschaftsteilnehmer auch gegenüber ihrem eigenen Herkunftsstaat auf die Grundfreiheiten berufen können, stellte der EuGH bereits in der Sache „*Knoors*“ ausdrücklich klar. EuGH, Urteil vom 7. Februar 1979 in der Rs. C-115/78, Slg. 1979, 399, Leitsatz 1 (Rn. 24), allerdings ebenfalls außerhalb eines steuerlichen Kontexts. Siehe hierfür EuGH, Urteil vom 27. Juni 1996 in der Rs. C-107/94 („*Asscher*“), Slg. 1996, I-3089, Rn. 34.

[1176] Die Arbeitnehmerfreizügigkeit und die wirtschafts*güter*bezogenen Dienstleistungs- und Warenverkehrsfreiheit sind insoweit nur von sekundärer Bedeutung.

[1177] S.a. *Dautzenberg*, BB 2004, 8 ff.

[1178] Ausdrücklich EuGH, Urteil vom 14. Februar 1995 in der Rs. C-279/93 („*Schumacker*“), Slg. 1995, I-225, Rn. 58: „*Aus alledem folgt, dass Artikel 48 des Vertrages die verfahrens-*

EuGH hat deswegen Argumente der Mitgliedstaaten nicht gelten lassen, nach denen eine – die diskriminierende Regel revidierende – Entscheidung durch ein besonderes (Ausnahme-)Verfahren möglich sei[1179], oder dass gegen die gerügte steuerliche Maßnahme ein Rechtsbehelf oder eine Billigkeitsmaßnahme statthaft wären.[1180] Für die Annahme einer Verletzung der Grundfreiheiten kam es außerdem nicht darauf an, ob die relevante Schlechterstellung im nationalen Regelungskontext die Regel oder die Ausnahme darstellt[1181], bzw. ob sie sich lediglich mittelbar (als Kehrseite) aus dem Exklusivitätsverhältnis einer steuerlichen Vergünstigung ergab.[1182] Wie der EuGH mehrfach festgestellt hat, ist eine Diskriminierung auch nicht dadurch ausgeschlossen, dass sich die zugrundeliegende nachteilige Regelung nicht ausschließlich auf Fälle mit zwischenstaatlichem Bezug auswirkt.[1183]

- **Indikation der Diskriminierung durch die Ungleichbehandlung von sachlich Gleichem; Rechtfertigung der Ungleichbehandlung**

Nach der Rechtsprechung des EuGH[1184] ist das Vorliegen einer Diskriminierung *indiziert*, wenn eine Ungleichbehandlung von sachlich Gleichem – oder eine Gleichbehandlung von sachlich Ungleichem – durch denselben Mitgliedstaat erfolgt.[1185] In der Entscheidung „*Gilly*" verdeutlichte der EuGH dementsprechend, dass die Mitgliedstaaten nicht für solche Ungleichheiten verantwortlich gemacht werden können, die ihren Ursprung in der unterschiedlichen Behand-

---

rechtliche Gleichbehandlung gebietsfremder Gemeinschaftsangehöriger mit gebietsansässigen Inländern vorschreibt."

[1179] EuGH, Urteil vom 14. Februar 1995 in der Rs. C-279/93 („*Schumacker*"), Slg. 1995, I-225, Rn. 53 ff.

[1180] EuGH, Urteil vom 8. Mai 1990 in der Rs. C-175/88 („*Biehl*"), Slg. 1990, I-1779, Rn. 17 f; EuGH, Urteil vom 14. Februar 1995 in der Rs. C-279/93 („*Schumacker*"), Slg. 1995, I-225, Rn. 56 f.

[1181] EuGH, Urteil vom 18. November 1999 in der Rs. C-200/98 („*X AB Y AB*"), Slg. 1999, I-8261.

[1182] EuGH, Urteil vom 19. September 2000 in der Rs. C-156/98 (Deutschland./.Kommission), Slg. 2000, I-6857; EuGH, Urteil vom 12. April 1994 in der Rs. C-1/93 („*Halliburton*"), Slg. 1994, I-1137, Rn. 20.

[1183] EuGH, Urteil vom 26. Oktober 1999 in der Rs. C-294/97 („*Eurowings*"), Slg. 1999, I-7477, Rn. 35; anders aber EuGH, Urteil vom 16. Juli 1998 in der Rs. C-264/96 („*ICI*"), Slg. 1998, I-4695. EuGH, Urteil vom 8. Juli 1999 in der Rs. C-254/97 („*Baxter*"), Slg. 1999, I-4809, Rn. 13; implizit EuGH, Urteil vom 12. April 1994 in der Rs. C-1/93 („*Halliburton*"), Slg. 1994, I-1137.

[1184] Die insoweit der deutschen Grundrechtsdogmatik zu Art. 3 GG entspricht.

[1185] EuGH, Urteil vom 27. Juni 1996 in der Rs. C-107/94 („*Asscher*"), Slg. 1996, I-3089, Rn. 40; EuGH, Urteil vom 11. August 1995 in der Rs. C-80/94 („*Wielockx*"), Slg. 1995, I-2493, Rn. 17; EuGH, Urteil vom 19. September 2000 in der Rs. C-156/98 (Deutschland./.Kommission), Slg. 2000, I-6857, Rn. 84; EuGH, Urteil vom 14. Februar 1995 in der Rs. C-279/93 („*Schumacker*"), Slg. 1995, I-225, Rn. 30 f; EuGH, Urteil vom 14. September 1999 in der Rs. C-391/97 („*Gschwind*"), Slg. 1999, I-5451, Rn. 21.

lung durch verschiedene Mitgliedstaaten haben.[1186] Dabei zeigt die Rechtsprechung, dass es nicht auf eine generelle, sondern stets auf die konkrete Vergleichbarkeit im Zusammenhang mit den jeweils relevanten steuerlichen Umständen ankommt.[1187] Nicht jede Ungleichbehandlung ist aber diskriminierend - ob eine solche vorliegt, ist danach zu beurteilen, ob ohne sachlichen Grund bzw. Rechtfertigung wesentlich Gleiches ungleich, oder wesentlich Ungleiches gleich behandelt wird.[1188]

- **Vergleichbarkeit**

Der EuGH stellt im Kontext der direkten Steuern in der Regel einen Vergleich von Ansässigen (unbeschränkt Steuerpflichtigen) und Nichtansässigen (beschränkt Steuerpflichtigen) an, da die Staatsangehörigkeit steuerlich grundsätzlich keine Relevanz besitzt und überdies bei Kapitalgesellschaften ohnehin kein tauglicher Anknüpfungspunkt wäre. Für alle Grundfreiheiten kann diesbezüglich festgehalten werden, dass der EuGH das Grundprinzip des internationalen Steuerrechts, nach dem Ansässige und Nichtansässige *per se* anders besteuert werden, nicht grundsätzlich akzeptiert.[1189]

Während der EuGH bei der Besteuerung *natürlicher* Personen eine Differenzierung aufgrund der Ansässigkeit wegen des Erfordernisses einer umfassenden steuerlichen Berücksichtigung der (steuerlich relevanten) Lebensumstände des

[1186] In der Entscheidung „*Gilly*" hat der EuGH die Grenzen des Diskriminierungsverbotes aufgezeigt, das nicht in einer allgemeinen Forderung der Gleichbehandlung bestimmter Sachverhalte durch alle Mitgliedstaaten besteht, sondern stets nur solche Fälle vergleichen kann, die derselbe Mitgliedstaat unterschiedlich behandelt (EuGH, Urteil vom 12. Mai 1998 in der Rs. C-336/96, Slg. 1998, I-2793).

[1187] EuGH, Urteil vom 14. September 1999 in der Rs. C-391/97 („*Gschwind*"), Slg. 1999, I-5451, Rn. 26: Fraglich ist, ob „*die beiden Gruppen von Steuerpflichtigen sich in Anbetracht des Zweckes und des Inhalts der fraglichen nationalen Vorschriften in einer vergleichbaren Lage befinden.*"

[1188] EuGH, Urteil vom 14. Februar 1995 in der Rs. C-279/93 („*Schumacker*"), Slg. 1995, I-225, Rn. 26 ff. EuGH, Urteil vom 11. August 1995 in der Rs. C-80/94 („*Wielockx*"), Slg. 1995, I-2493, Rn. 17 ff. EuGH, Urteil vom 27. Juni 1996 in der Rs. C-107/94 („*Asscher*"), Slg. 1996, I-3089, Rn. 40.

[1189] Siehe hierzu exemplarisch EuGH, Urteil vom 29. April 1999 in der Rs. C-311/97 („*Royal Bank of Scotland*"), Slg. 1999, I-2651, Rn. 29, zwar bezogen auf juristische Personen, aber mit allgemeingültiger Argumentation: „*Zwar werden Gesellschaften, die ihren Sitz in [einem Mitgliedstaat] [...] haben, dort auf der Grundlage ihrer weltweit erzielten Einnahmen besteuert (unbeschränkte Steuerpflicht), während die ausländischen Gesellschaften, die in diesem Staat durch eine dauerhafte Niederlassung eine Geschäftstätigkeit ausüben, dort nur auf der Grundlage der Gewinne besteuert werden, die diese dauerhafte Niederlassung dort erzielt (beschränkte Steuerpflicht). Dieser Umstand, der darauf beruht, dass der Staat, in dem sich die Einkommensquelle befindet, im Verhältnis zu dem Staat, in dem die Gesellschaft ihren Sitz hat, nur über eine beschränkte Steuerhoheit verfügt, hindert jedoch nicht daran, die Situation beider Gruppen von Gesellschaften bei Gleichartigkeit sämtlicher übrigen Faktoren in bezug auf das Verfahren zur Ermittlung der Besteuerungsgrundlage als vergleichbar anzusehen.*"

Betroffenen – idR. durch den Wohnsitzstaat[1190], u.U. aber auch durch den Tätigkeitsstaat[1191] – jedenfalls im Zusammenhang mit bestimmten Besteuerungsmerkmalen (wie z.B. Freibeträge, Kindergeld etc.) noch als legitim anerkennt[1192], so ist bei juristischen Personen (Kapitalgesellschaften) eine Vergleichbarkeit ansässiger und nichtansässiger Einheiten (wegen der dort grundsätzlich ausscheidenden Berücksichtigung persönlicher Umstände und wegen des linearen Steuertarifs) nach der Rechtsprechung bereits beim Fehlen gegenteiliger Anhaltspunkte anzunehmen.[1193]

Die bisherigen Urteile des EuGH legen nahe, dass eine Vergleichbarkeit ansässiger und nichtansässiger natürlicher Personen regelmäßig davon abhängt, ob die Situation der letzteren im Vergleichstaat eine umfassende (sprich: die Lebenssituation berücksichtigende) Besteuerung nach den gleichen Maßstäben wie für Ansässige erfordert.[1194] Als Indiz stellt der EuGH dabei regelmäßig darauf ab,

---

[1190] EuGH, Urteil vom 12. Dezember 2002 in der Rs. C-385/00, Slg. 2002, I-11819. EuGH, Urteil vom 12. Juni 2003 in der Rs. C-234/01 („*Gerritse*"), Slg. 2003, I-5933.

[1191] Kritisch hierzu *Lang*, RIW 2005, 336 ff.

[1192] EuGH, Urteil vom 14. Februar 1995 in der Rs. C-279/93 („*Schumacker*"), Slg. 1995, I-225; EuGH, Urteil vom 27. Juni 1996 in der Rs. C-107/94 („*Asscher*"), Slg. 1996, I-3089; EuGH, Urteil vom 14. September 1999 in der Rs. C-391/97 („*Gschwind*"), Slg. 1999, I-5451; EuGH, Urteil vom 11. August 1995 in der Rs. C-80/94 („*Wielockx*"); EuGH, Urteil vom 12. Mai 1998 in der Rs. C-336/96 („*Gilly*"), Slg. 1998, I-2793; EuGH, Urteil vom 8. Mai 1990 in der Rs. C-175/88 („*Biehl*"), Slg. 1990, I-1779. Kritisch hierzu *Englisch*, Intertax 2005, 310 ff.

[1193] Vgl. hierzu Generalanwalt *Alber* zu EuGH, Urteil vom 29. April 1990 in der Rs. C-311/97 („*Royal Bank of Scotland*"), Slg. 1999, I-2651, Schlussanträge vom 19. November 1998, Rn. 44; siehe auch EuGH, Urteil vom 21. September 1999 in der Rs. C-307/97 („*Saint Gobain*"), Slg. 1999, I-6161, Rn. 47. Allerdings zeigt die Rechtsprechungspraxis des EuGH, dass eine Parallelproblematik hinsichtlich der „familiären Gesamtsituation" einer Kapitalgesellschaft bei der Verlustverrechenbarkeit von Beteiligungen liegt (EuGH, Urteil vom 16. Juli 1998 in der Rs. C-264/96 („*ICI*"), Slg. 1998, I-4695; EuGH, Urteil vom 8. März 2001 in den verbundenen Rs. C-397 und 410/98 („*Metallgesellschaft und Hoechst*"), RIW 2001, 467; EuGH, Urteil vom 21. September 1999 in der Rs. C-307/97 („*St. Gobain*"), Slg. 1999, I-6161; EuGH, Urteil vom 18. November 1999 in der Rs. C-200/98 („*X AB Y AB*"), Slg. 1999, I-8261; EuGH, Urteil vom 18. September 2003 in der Rs. C-168/01 („*Bosal Holding*").

[1194] EuGH, Urteil vom 14. September 1999 in der Rs. C-391/97 („*Gschwind*"), Slg. 1999, I-5451, Rn. 26 f: Eine „*diskriminierende Unterscheidung zwischen Gebietsansässigen und Gebietsfremden im Sinne des Vertrages [kann] nur vorliegen, wenn ungeachtet ihres Wohnsitzes in verschiedenen Mitgliedstaaten nachgewiesen wäre, dass die beiden Gruppen von Steuerpflichtigen sich in Anbetracht des Zweckes und des Inhalts der fraglichen nationalen Vorschriften in einer vergleichbaren Lage befinden.*" Dies ist der Fall, „*wenn der Gebietsfremde in seinem Wohnsitzstaat keine nennenswerten Einkünfte hat und sein zu versteuerndes Einkommen im wesentlichen aus einer Tätigkeit bezieht, die er im Beschäftigungsstaat ausübt. In diesem Fall ist der Wohnsitzstaat nämlich nicht in der Lage, ihm die Vergünstigungen zu gewähren, die sich aus der Berücksichtigung seiner persönlichen Lage und seines Familienstands ergeben, so dass zwischen der Situation eines solchen Gebietsfremden und der eines Gebietsansässigen, der eine vergleichbare nichtselbständige Beschäftigung ausübt, kein objektiver Unterschied besteht, der eine Ungleichbehandlung hinsichtlich der Berücksichti-*

ob im Vergleichstaat der weit überwiegende Schwerpunkt der Einkünfte erzielt wird.

Der EuGH hat die bereits im Urteil *„avoir fiscal“* zum Ausdruck gebrachte Ansicht einer Vergleichbarkeit ansässiger und nichtansässiger Kapitalgesellschaften bei im wesentlichen gleicher Gewinnermittlung u.a. in den Urteilen *„Metallgesellschaft und Hoechst“* sowie *„Royal Bank of Scotland“* bestätigt[1195] und eine Vergleichbarkeit von beschränkt steuerpflichtigen Betriebstätten (nichtansässiger Gesellschaften) mit einer unbeschränkt steuerpflichtigen, ansässigen Kapitalgesellschaft auch in anderen Fällen angenommen.[1196]

bb) Freiheitsrechtlich

Für die Anerkennung eines freiheitsrechtlichen Grundfreiheitenschutzes gibt bisher vor allem die Entscheidung *„Futura“*[1197] einen Anhaltspunkt. Allerdings sind weder die dort verwendete Terminologie („Beschränkung“), noch der angewandte Prüfungsmaßstab in letzter Konsequenz geeignet festzustellen, inwieweit der EuGH den Marktteilnehmern im steuerlichen Bereich einen vergleichsunabhängigen „absoluten“ Schutz zugesteht, oder ob er – in Abgrenzung zu diskriminierenden Maßnahmen – einen Vergleichsmaßstab zu Hilfe nimmt.[1198] Auch aus der uneinheitlichen Terminologie in den übrigen Urteilen lassen sich keine sicheren Rückschlüsse ziehen. Die Kommission jedenfalls setzt in ihrer Mitteilung zur unternehmenssteuerlichen Binnenmarktstrategie ein solches, den Grundfreiheiten immanentes Beschränkungsverbot voraus:

> *„Das Gemeinschaftsrecht in der Auslegung des EuGH [...] untersagt nicht nur jede Form der Diskriminierung, sondern auch jegliche Beschränkung.“*[1199]

b) Schutzrichtung

Im Ergebnis gewähren sowohl die gleichheits- als auch die freiheitsrechtliche Garantie eine doppelte Schutz*richtung*: der wirtschaftliche Sachverhalt mit zwischenstaatlichem Bezug wird sowohl vor einer Schlechterstellung durch den Aufnahme- oder Zuzugsstaat als auch durch den Aufgabe- oder Wegzugsstaat geschützt. Im Ergebnis gewährleisten die Grundfreiheiten so den erforderlichen

---

gung der persönlichen Lage und des Familienstandes des Steuerpflichtigen bei der Besteuerung rechtfertigen könnte.“

[1195] EuGH, Urteil vom 8. März 2001 in den verbundenen Rs. C-397 und 410/98 (*„Metallgesellschaft und Hoechst“*), RIW 2001, 467; EuGH, Urteil vom 29. April 1999 in der Rs. C-311/97 (*„Royal Bank of Scotland“*), Slg. 1999, I-2651, Rn. 28. EuGH, Urteil vom 21. September 1999 in der Rs. C-307/97 (*„St. Gobain“*), Slg. 1999, I-6161, Rn. 47 f.

[1196] EuGH, Urteil vom 13. Juli 1993 in der Rs. C-330/91 (*„Commerzbank“*), Slg. 1993, I-4017; s.a. hier EuGH, Urteil vom 29. April 1999 in der Rs. C-311/97 (*„Royal Bank of Scotland“*), Slg. 1999, I-2651, Rn. 28 ff.

[1197] EuGH, Urteil vom 15. Mai 1997 in der Rs. C-250/95, Slg. 1997, I-2471

[1198] Siehe zu der hiermit verbundenen Problematik *Englisch*, Intertax 2005, 310 ff [315 f].

[1199] Mitteilung der Kommission vom 24. November 2003 (KOM[2003]726 endg.), 6.

effektiven Schutz der erfassten Wirtschaftsfaktoren (Personen, Kapital) und -güter (Waren und Dienstleistungen) in allen Fällen zwischenstaatlicher Fallkonstellationen und unabhängig davon, ob im einzelnen Fall der Abwanderungs- (oder Export)[1200] oder der Zugangsaspekt (oder Import)[1201] der Grundfreiheit betroffen ist.[1202]

Bezogen auf die Subjekte des Wirtschaftsverkehrs, also auf natürliche und juristische Personen (Niederlassungsfreiheit, Freizügigkeit), hat der EuGH sich in vielen Fällen zu einer diskriminierenden Beschränkung von Sachverhalten geäußert, in denen der Auslandskontakt zu einer steuerlichen Benachteiligung heimischer Unternehmen führte.[1203] Auch in Bezug auf den Wirtschaftsfaktor Kapital[1204] bzw. auf Dienstleistungen[1205] hat der EuGH Fälle entschieden, in denen inländische Sachverhalte mit Auslandsbezug gegenüber solchen ohne diskriminiert wurden. Praktisch überwiegen jedoch bisher die Fälle, in denen der EuGH über die Benachteiligung eines nicht ansässigen Unternehmens in einem anderen Mitgliedstaat zu entscheiden hatte.[1206]

[1200] EuGH, Urteil vom 27. September 1988 in der Rs. C-81/87 („*Daily Mail*“), Slg. 1988, 5483; EuGH, Urteil vom 16. Juli 1998 in der Rs. C-264/96 („*ICI*“), Slg. 1998, I-4695; EuGH, Urteil vom 18. November 1999 in der Rs. C-200/98 („*X AB Y AB*“), Slg. 1999, I-8261.

[1201] EuGH, Urteil vom 28. Januar 1986 in der Rs. C- 270/83 („*avoir fiscal*“), Slg. 1986, 273; *Commerzbank*; EuGH, Urteil vom 15. Mai 1997 in der Rs. C-250/95 („*Futura*“), Slg. 1997, I-2471; EuGH, Urteil vom 29. April 1999 in der Rs. C-311/97 („*Royal Bank of Scotland*“), Slg. 1999, I-2651, EuGH, Urteil vom 21. September 1999 in der Rs. C-307/97 („*St. Gobain*“), Slg. 1999, I-6161.

[1202] Theoretisch lassen sich sowohl die Grundfreiheiten selbst, als auch die Richtung, in der sie durch eine mitgliedstaatliche Maßnahme beschnitten werden können, leicht auseinanderhalten. Die Rechtsprechung des EuGH zeigt jedoch, dass eine streitige mitgliedstaatliche Maßnahme oftmals geeignet ist, sich auf mehrere Grundfreiheiten auszuwirken, bzw. dass gleichzeitig „Zuzugs“- und „Wegzugs“-Aspekte (bzw. Import und Export) betroffen sein können.

[1203] Niederlassungsfreiheit: EuGH, Urteil vom 13. April 2000 („*Baars*“), Slg. 2000, I-2787; EuGH, Urteil vom 14. Dezember 2000 in der Rs. C-141/99 („*AMID*“), Slg. I-1619; EuGH, Urteil vom 8. Juli 1999 in der Rs. C-254/97 („*Baxter*“), Slg. 1999, I-4809; EuGH, Urteil vom 19. September 2000 in der Rs. C-156/98 (Deutschland./.Kommission), Slg. 2000, I-6857; EuGH, Urteil vom 16. Juli 1998 in der Rs. C-264/96 („*ICI*“), Slg. 1998, I-4695; EuGH, Urteil vom 18. November 1999 in der Rs. C-200/98 („*X AB Y AB*“), Slg. 1999, I-8261; Arbeitnehmerfreizügigkeit: EuGH, Urteil vom 28. Januar 1992 in der Rs. C-204/90 („*Bachmann*“), Slg. 1992, I-249; EuGH, Urteil vom 12. Mai 1998 in der Rs. C-336/96 („*Gilly*“), Slg. 1998, I-2793; EuGH, Urteil vom 16. Mai 2000 in der Rs. C-87/99 („*Zurstrassen*“), Slg. 2000, I-3337.

[1204] Vgl. EuGH, Urteil vom 6. Juni 2000 in der Rs. C-35/98 („*Verkooijen*“), Slg. 2000, I-4071; EuGH, Urteil vom 7. September 2004 in der Rs. C-319/02 („*Manninen*“), Slg. 2004, I-7477.

[1205] Vgl. EuGH, Urteil vom 28. Oktober 1999 in der Rs. C-55/98 („*Vestergaard*“), Slg. 1999, I-7641.

[1206] Exemplarisch („aktive“ *und* „passive“ Kapitalverkehrsfreiheit berührt): EuGH, Urteil vom 7. September 2004 in der Rs. C-319/02 („*Manninen*“), Slg. 2004, I-7477.

2. Rechtfertigungskriterium

Wie die ständige Rechtsprechung des EuGH belegt, ist das tatsächliche Eingreifen eines anerkannten Rechtfertigungsgrundes die absolute Ausnahme.[1207] Im Ergebnis besteht insoweit eine Parallelität zur beihilferechtlichen Anwendungspraxis gegenüber steuerlichen Maßnahmen der Mitgliedstaaten. Dabei zeigt jedoch die Auswertung der Rechtsprechung, dass der EuGH nicht nur allgemein von der Möglichkeit einer Rechtfertigung ausgeht, sondern dass er diese auch im überwiegenden Teil der zum direkten Steuerrecht ergangenen Urteile prüft.[1208] Ohne Unterscheidung zwischen den einzelnen Grundfreiheiten und ihren teilweise expliziten Vorbehalten nimmt der EuGH eine Rechtfertigung für Beschränkungen im steuerlichen Bereich grundsätzlich dann an, wenn und soweit wie ein zwingendes Allgemein(wohl)interesse an der Durchführung der relevanten Regelung besteht, welches mit dem EG-Vertrag vereinbar ist. Dies ist der Fall, wenn *„die Maßnahme ein legitimes Ziel verfolgt, das mit dem EG-Vertrag vereinbar und durch zwingende Gründe des öffentlichen Interesses gerechtfertigt ist. Erforderlich ist außerdem, dass die Maßnahme zur Erreichung des fraglichen Ziels geeignet ist und nicht über das hinausgeht, was hierzu erforderlich ist.“*[1209] Im Kontext der Kapitalverkehrsfreiheit hat der EuGH unter Bezugnahme auf den primärrechtlichen Rechtfertigungsvorbehalt des Art. 58 Abs. 1 lit. a EG klargestellt, dass auch diese Vorschrift nur dann die unterschiedliche Behandlung eines ansässigen Anlegers nach dem Kapitalanlageort (Inland oder Ausland) durch den betreffenden Mitgliedstaat rechtfertigen kann, wenn *„die unterschiedliche Behandlung Situationen betrifft, die nicht objektiv miteinander ver-*

[1207] Mitteilung der Kommission vom 24. November 2003 (KOM[2003]726 endg.), 6.

[1208] Siehe z.B.: EuGH, Urteil vom 27. Juni 1996 in der Rs. C-107/94 („*Asscher*“), Slg. 1996, I-3089; EuGH, Urteil vom 28. Januar 1986 in der Rs. C-270/83 („*avoir fiscal*“), Slg. 1986, 273; EuGH, Urteil vom 13. April 2000 („*Baars*“), Slg. 2000, I-2787; EuGH, Urteil vom 8. Mai 1990 in der Rs. C-175/88 („*Biehl*“), Slg. 1990, I-1779; EuGH, Urteil vom 13. Juli 1993 in der Rs. C-330/91 („*Commerzbank*“), Slg. 1993, I-4017; EuGH, Urteil vom 27. September 1988 in der Rs. C-81/87 („*Daily Mail*“), Slg. 1988, 5483; EuGH, Urteil vom 26. Oktober 1999 in der Rs. C-294/97 („*Eurowings*“), Slg. 1999, I-7477; EuGH, Urteil vom 15. Mai 1997 in der Rs. C-250/95 („*Futura*“), Slg. 1997, I-2471; EuGH, Urteil vom 12. April 1994 in der Rs. C-1/93 („*Halliburton*“), Slg. 1994, I-1137; EuGH, Urteil vom 7. September 2004 in der Rs. C-319/02 („*Manninen*“), Slg. 2004, I-7477, Rn. 38 ff; EuGH, Urteil vom 8. März 2001 in den verbundenen Rs. C-397 und 410/98 („*Metallgesellschaft und Hoechst*“), RIW 2001, 467; EuGH, Urteil vom 28. April 1998 in der Rs. C-118/96 („*Safir*“), Slg. 1998, I-1897; EuGH, Urteil vom 14. Oktober 1999 in der Rs. C-439/97 („*Sandoz*“), Slg. 1999, I-7401; EuGH, Urteil vom 14. Februar 1995 in der Rs. C-279/93 („*Schumacker*“), Slg. 1995, I-225; EuGH, Urteil vom 14. November 1995 in der Rs. C-484/93 („*Svensson*“), Slg. 1995, I-3955; EuGH, Urteil vom 6. Juni 2000 in der Rs. C-35/98 („*Verkooijen*“), Slg. 2000, I-4071; EuGH, Urteil vom 28. Oktober 1999 in der Rs. C-55/98 („*Vestergaard*“), Slg. 1999, I-7641; EuGH, Urteil vom 11. August 1995 in der Rs. C-80/94 („*Wielockx*“).

[1209] EuGH, Urteil vom 15. Mai 1997 in der Rs. C-250/95 („*Futura*“), Slg. 1997, I-2471, Rn. 26 (m.w.N.).

gleichbar oder durch zwingende Gründe des Allgemeininteresses [...] gerechtfertigt sind".[1210]

Für das Vorliegen eines solchen zwingenden Interesses knüpft der EuGH entsprechend dem Schwerpunkt des mitgliedstaatlichen Vortrags, allerdings ohne dies immer deutlich zu machen, entweder an das Besteuerungsverfahren oder an den materiellen Regelungsgehalt der betroffenen Regelung an.[1211] In einigen Urteilen wird deutlich, dass der EuGH eine Rechtfertigung regelmäßig dort nicht prüft, wo die Mitgliedstaaten nichts Entsprechendes vorgetragen haben.[1212] Auch insofern besteht eine gewisse Parallele zum Beihilferecht.[1213] Es fällt auch auf, dass der EuGH offenbar nicht stets an einer strengen Trennung von Tatbestandsmäßigkeit der Verletzung einerseits und Rechtfertigung festhält: so prüft er im Urteil „*Saint Gobain*" den Einwand der deutschen Regierung, es handele sich bei den relevanten Fällen überhaupt nicht um vergleichbare Sachverhalte, erst in der Rechtfertigung.[1214] Dagegen prüft er im Fall „*Daily Mail*"[1215] offensichtlich deshalb eine Rechtfertigung nicht, weil er bereits den Verletzungstatbestand verneint; dies spricht für eine zweistufige Prüfung.[1216]

a) Anknüpfung an Verfahrensaspekte

Die betroffenen Mitgliedstaaten haben sich zur Rechtfertigung der jeweils angegriffenen Regelungen regelmäßig auf steuerverfahrensrechtliche Zwänge berufen: die getroffenen Differenzierungen seien allgemein zur Gewährleistung der steuerlichen Kontrolle/Aufsicht, sowie konkret zur Sicherung und Durchsetzung der Steueransprüche, insbesondere zur Vermeidung der Steuerhinterziehung, -flucht oder -umgehung erforderlich; vereinzelt wurden die betroffenen Maß-

---

[1210] EuGH, Urteil vom 7. September 2004 in der Rs. C-319/02 („*Manninen*"), Slg. 2004, I-7477, Rn. 29. Dies ist zumindest als diskussionsbedürftig anzusehen, da der EuGH die Vorschrift des Art. 58 Abs. 1 lit. a EG damit de facto überflüssig macht und dadurch sowohl ihren Zweck als auch ihren eindeutig entgegenstehenden Wortlaut ignoriert.

[1211] Wie insbesondere in der Entscheidung „*Futura*" erkennbar ist, trennt der EuGH jedoch nicht stets zwischen der tatbestandlichen Prüfung des Vorliegens einer Ungleichbehandlung und der anschließenden Frage nach deren Rechtfertigung.

[1212] EuGH, Urteil vom 14. Dezember 2000 in der Rs. C-141/99 („*AMID*"), Slg. I-1619, Rn. 31 f; EuGH, Urteil vom 19. September 2000 in der Rs. C-156/98 (Deutschland./.Kommission), Slg. 2000, I-6857, Rn. 87; EuGH, Urteil vom 29. April 1999 in der Rs. C-311/97 („*Royal Bank of Scotland*"), Slg. 1999, I-2651, Rn. 33; EuGH, Urteil vom 18. November 1999 in der Rs. C-200/98 („*X AB Y AB*"), Slg. 1999, I-8261; Rn. 29.

[1213] Im Fall „*ICI*" befasst sich der EuGH allerdings mit einer Rechtfertigung unter materiellen Gesichtspunkten, obwohl die britische Regierung lediglich verfahrensrechtliche Rechtfertigungsgründe vorgebracht hatte. EuGH, Urteil vom 16. Juli 1998 in der Rs. C-264/96 („*ICI*"), Slg. 1998, I-4695, Rn. 25 ff.

[1214] EuGH, Urteil vom 21. September 1999 in der Rs. C-307/97 („*St. Gobain*"), Slg. 1999, I-6161, Rn. 45.

[1215] EuGH, Urteil vom 27. September 1988 in der Rs. C-81/87, Slg. 1988, 5483.

[1216] Siehe für einen Überblick der möglichen Rechtfertigungsgründe *Englisch*, Intertax 2005, 310 ff [328 ff].

nahmen auch mit haushalterischen Notwendigkeiten oder Vereinfachungsgründen gerechtfertigt.

aa) Verfahrens- bzw. Verwaltungsvereinfachung

In der Entscheidung „*Terhoeve*" befand der EuGH das Argument der Vereinfachung der Steuererhebung bzw. der mit bestimmten Erhebungsmodalitäten verbundenen technischen Schwierigkeiten in sehr allgemein gehaltener Weise für unbeachtlich. Er erkannte dort, dass „*Erwägungen administrativer Art [...] es nicht rechtfertigen [könnten], dass ein Mitgliedstaat von den Vorschriften des Gemeinschaftsrechts abweicht.*"[1217] Wenn das erzielte Ergebnis auch fallbezogen als sachgerecht erscheint, so belegt die anderweitige Rechtsprechung des EuGH doch deutlich, dass nicht grundsätzlich sämtliche verfahrensbezogenen Rechtfertigungsgründe, sondern offenbar nur jene ausgeschlossen werden sollten, welche die verfahrenstechnischen Modalitäten des Besteuerungsverfahren als solches betreffen.[1218]

bb) Gewährleistung der effektiven Durchführung der Besteuerung

Mit dem tiefer gehenden Argument der wirksamen *Steuerkontrolle* hatte sich der EuGH in mehreren Fällen zu beschäftigen.[1219] In den Entscheidungen „*Baxter*"[1220] und „*Futura*"[1221] wird deutlich, dass der EuGH die Gewährleistung effektiver steuerlicher Kontrolle grundsätzlich anerkennt, die mitgliedstaatlichen Maßnahmen aber am Verhältnismäßigkeitsgrundsatz misst und dann nicht akzeptiert, wenn sie über das erforderliche Maß hinausgehen.[1222] In beiden Fällen brachte der EuGH insbesondere die generelle Anerkennung eines mitgliedstaatlichen Interesses hinsichtlich der Forderung ausreichender Informationen für die Ermittlung der Besteuerungsgrundlagen zum Ausdruck.[1223] Im Zusammenhang

---

[1217] EuGH, Urteil vom 26. Januar 1999 in der Rs. C-18/95, Slg. 1999, I-345, Rn. 45.

[1218] Siehe zur Vereinfachung der Steuererhebung als Rechtfertigungsgrund auch EuGH, Urteil vom 16. Mai 2000 in der Rs. C-87/99 („*Zurstrassen*"), Slg. 2000, I-3337; Rn. 24 (offengelassen).

[1219] Grundlegend insoweit: EuGH, Urteil vom 20. Februar 1979 in der Rs. C-120/78 („*Rewe-Zentral*", besser bekannt unter „*Cassis de Dijon*"), Slg. 1979, 649, Rn. 8. EuGH, Urteil vom 12. Dezember 2002 in der Rs. C-324/00 („*Lankhorst-Hohorst*"), Rn. 43 f.

[1220] EuGH, Urteil vom 8. Juli 1999 in der Rs. C-254/97 („*Baxter*"), Slg. 1999, I-4809, Rn. 18.

[1221] EuGH, Urteil vom 15. Mai 1997 in der Rs. C-250/95 („*Futura*"), Slg. 1997, I-2471, Rn. 40.

[1222] EuGH, Urteil vom 8. Juli 1999 in der Rs. C-254/97 („*Baxter*"), Slg. 1999, I-4809, Rn. 19 f: „*Eine nationale Regelung, die es den Steuerpflichtigen völlig unmöglich macht, den Nachweis zu erbringen, dass [...]Ausgaben [...] in anderen Mitgliedstaaten [...] tatsächlich getätigt worden sind, kann nicht mit der Wirksamkeit der steuerlichen Kontrolle gerechtfertigt werden. Es lässt sich nämlich nicht von vorneherein ausschließen, dass der Abgabenpflichtige Belege vorlegen kann, anhand derer die Steuerbehörden des Mitgliedstaates eindeutig und genau prüfen können, welche [A]usgaben in anderen Mitgliedstaaten getätigt worden sind.*"

[1223] EuGH, Urteil vom 15. Mai 1997 in der Rs. C-250/95 („*Futura*"), Slg. 1997, I-2471, Rn. 31: „*Ein Mitgliedstaat hat damit das Recht zur Anwendung von Maßnahmen, die die klare und eindeutige Feststellung der Höhe sowohl der in diesem Staat steuerbaren Einkünfte wie*

mit der von den Mitgliedstaaten des öfteren als nicht gegeben bemängelten Möglichkeit eines zwischenstaatlichen Informationsaustausches zur Ermittlung steuerlich relevanter Daten hat der EuGH inzwischen allerdings wiederholt entschieden, dass die Amtshilfe-Richtlinie einen solchen Austausch sehr wohl ermöglicht.[1224] Es steht zu vermuten, dass auch die inzwischen erfolgte Konkretisierung der Auskunftspflichten der Beitreibungs-Richtlinie den EuGH darin bestärken wird, pauschale Verweisungen auf generelle Schwierigkeiten der zwischenstaatlichen finanzbehördlichen Zusammenarbeit nicht zuzulassen.[1225]

cc) Vermeidung der Steuerflucht und -hinterziehung

Dass die Vermeidung der *Steuerhinterziehung*, d.h. die Sicherung bereits entstandener steuerlicher Ansprüche, ein legitimes Anliegen der Mitgliedstaaten ist, dürfte – auch vor dem Hintergrund des Art. 58 Abs. 1 lit. b EG – unstrittig sein. Auch in diesem Zusammenhang prüft der EuGH jedoch, ob die streitigen Maßnahmen verhältnismäßig sind.[1226] Während in der Sache „*Metallgesellschaft und Hoechst*" die Gefahr der *Steuerumgehung* mit dem eher lapidaren Argument verneint wurde, dass die Besteuerung bei nichtansässigen Gesellschaften durch deren Sitzstaat erfolgen könne[1227], ließ der EuGH das von der britischen Regierung im Fall „*ICI*" vorgetragene Argument deshalb nicht gelten, weil die streitige Regelung zu weitgehend und nicht speziell auf Umgehungstatbestände beschränkt sei.[1228] Auch die Entscheidung „*Safir*" deutet an, dass der EuGH durchaus ein legitimes Interesse der Mitgliedstaaten hinsichtlich der Schließung von Steuerlücken anerkennt, wenn sich die getroffenen Maßnahmen nicht unverhältnismäßig auswirken.[1229] Diese Interpretation stünde jedenfalls mit der sekundär-

---

eines Verlustvortrages erlauben." Fast wortgleich EuGH, Urteil vom 8. Juli 1999 in der Rs. C-254/97 („*Baxter*"), Slg. 1999, I-4809, Rn. 18. Ausdrückliche Anerkennung der wirksamen Steuerkontrolle als Rechtfertigungsgrund auch in EuGH, Urteil vom 28. Oktober 1999 in der Rs. C-55/98 („*Vestergaard*"), Slg. 1999, I-7641, Rn. 23, allerdings dort folgenlos.

[1224] Beispielhaft EuGH, Urteil vom 12. April 1994 in der Rs. C-1/93 („*Halliburton*"), Slg. 1994, I-1137, Rn. 21 f: Die relevanten „*Angaben lassen sich [...] mit Hilfe des Systems beschaffen, das in der Richtlinie 77/799/EWG [...] [Amtshilfe-Richtlinie] vorgesehen ist.*" Dieses gilt „*für alle Auskünfte, die für die zutreffende Festsetzung der unter die Richtlinie fallenden Steuern durch die zuständigen Behörden der Mitgliedstaaten geeignet sein können.*" Siehe auch EuGH, Urteil vom 15. Mai 1997 in der Rs. C-250/95 („*Futura*"), Slg. 1997, I-2471, Rn. 30. EuGH, Urteil vom 28. Oktober 1999 in der Rs. C-55/98 („*Vestergaard*"), Slg. 1999, I-7641: Pflicht der Steuerbehörden der Mitgliedstaaten zu einer Spontanauskunft iSd. Amtshilfe-Richtlinie bereits bei Vermutung einer Steuerverkürzung.

[1225] In diesem Sinne wohl auch *Englisch*, Intertax 2005, 310 [331].

[1226] Vgl. EuGH, Urteil vom 14. Oktober 1999 in der Rs. C-439/97 („*Sandoz*"), Slg. 1999, I-7401, Rn. 35.

[1227] EuGH, Urteil vom 8. März 2001 in den verbundenen Rs. C-397 und 410/98 („*Metallgesellschaft und Hoechst*"), RIW 2001, 467.

[1228] EuGH, Urteil vom 16. Juli 1998 in der Rs. C-264/96 („*ICI*"), Slg. 1998, I-4695, Rn. 26.

[1229] EuGH, Urteil vom 28. April 1998 in der Rs. C-118/96 („*Safir*"), Slg. 1998, I-1897; Rn. 33.

rechtlichen Wertung der Fusionsrichtlinie[1230], sowie mit der dazu ergangenen Rechtsprechung des EuGH im Einklang.[1231] Auch außerhalb des steuerlichen Kontexts erkennt der EuGH in ständiger Rechtsprechung an, dass eine „*missbräuchliche oder betrügerische Berufung auf das Gemeinschaftsrecht nicht gestattet*" ist.[1232]

Maßnahmen zur Vermeidung der *Steuerflucht* hat der EuGH jedenfalls im Urteil „*avoir fiscal*" grundsätzlich nicht als geeignet angesehen, eine steuerliche Diskriminierung zu rechtfertigen.[1233] Der Fall „*Daily Mail*" betraf einen Sachverhalt, der durchaus zu einer Auseinandersetzung unter diesem Aspekt Anlass geboten hätte[1234]; indem der EuGH dort bereits eine tatbestandsmäßige Verletzung der Niederlassungsfreiheit verneinte, schnitt er jedoch diese Problematik ab. Im Fall „*ICI*" stufte er die betreffende Maßnahme im Rahmen der Vermeidung einer Steuerflucht jedenfalls als unverhältnismäßig ein.[1235] Ob die pauschale Aussage des Urteils „*avoir fiscal*" im Zusammenhang mit der Steuerflucht hiernach aufrechterhalten kann, ist fraglich.

dd) Allgemeine haushalterische Erwägungen

Ohne weitere Begründung abgelehnt hat der EuGH die zuweilen vorgetragenen Argumente, dass die streitigen Maßnahmen zur Abwendung drohender Haushaltsnachteile[1236] bzw. Steuermindereinnahmen geboten seien.[1237] Diese Linie

---

[1230] Deren Art. 11 Abs. 1 lit. a sieht ausdrücklich vor, dass die Mitgliedstaaten die geregelten steuerlichen Vorteile dann versagen können, wenn die Transaktion „*als hauptsächlichen Beweggrund oder als einen der hauptsächlichen Beweggründe die Steuerhinterziehung oder -umgehung hat.*"

[1231] Vgl. EuGH, Urteil 17. Juli 1997 in der Rs. C-28/95 („*Leur-Bloem*"), Slg. 1997, I-4161, Rn. 39 ff.

[1232] EuGH, Urteil vom 12. Mai 1998 in der Rs. C-367/96 („*Kefalas*"), Slg. 1998, I-2843, Leitsatz 3 (Rn. 20, mit zahlreichen weiteren Rechtsprechungsnachweisen).

[1233] EuGH, Urteil vom 28. Januar 1986 in der Rs. C- 270/83 („*avoir fiscal*"), Slg. 1986, 273, Rn. 25.

[1234] In diesem Fall sollte die streitige Gestaltung (Verlegung der Geschäftsleitung in einen anderen Mitgliedstaat, anschließende Veräußerung von Geschäftswerten unter weitgehender Steuerfreiheit der stillen Reserven) eindeutig allein der Vermeidung einer Belastung mit britischer Körperschaftsteuer für vergangene Veranlagungszeiträume dienen. Ausführlich hierzu *Cordewener*, S. 410 ff.

[1235] EuGH, Urteil vom 16. Juli 1998 in der Rs. C-264/96 („*ICI*"), Slg. 1998, I-4695, Rn. 25.

[1236] EuGH, Urteil vom 16. Juli 1998 in der Rs. C-264/96 („*ICI*"), Slg. 1998, I-4695, *Rn. 28;* EuGH, Urteil vom 21. September 1999 in der Rs. C-307/97 („*St. Gobain*"), Slg. 1999, I-6161, Rn. 49 f.

[1237] EuGH, Urteil vom 16. Juli 1998 in der Rs. C-264/96 („*ICI*"), Slg. 1998, I-4695, Rn. 28, EuGH, Urteil vom 8. März 2001 in den verbundenen Rs. C-397 und 410/98 („*Metallgesellschaft und Hoechst*"), Slg. 2001, I-1727, Rn. 59; EuGH, Urteil vom 21. September 1999 in der Rs. C-307/97 („*St. Gobain*"), Slg. 1999, I-6161, Rn. 49; EuGH, Urteil vom 6. Juni 2000 in der Rs. C-35/98 („*Verkooijen*"), Slg. 2000, I-4071; Rn. 59. Bedeutsam in diesem Kontext auch: EuGH, Urteil vom 7. September 2004 in der Rs. C-I319/02 („*Manninen*"), Slg. 2004, I-7477.

entspricht der Bewertung des gegenteiligen Aspekts bei steuerlich begünstigenden Maßnahmen im Rahmen der Beihilfeaufsicht durch die Kommission: In den Entscheidungen „*US-Verkaufsgesellschaften Belgien*“[1238], „*Koordinierungszentren Belgien*“[1239] und „*internationale Finanzierungsaktivitäten Niederlande*“[1240] wurde der vorgetragene positive fiskalische Gesamteffekt der dort streitigen Regelungen (allerdings nicht im Rahmen der Rechtfertigung) als beihilferechtlich nicht relevant bewertet.

b) Anknüpfung an materielle Aspekte („Kohärenz“)

Neben steuerverfahrensrechtlichen Rechtfertigungen haben die betroffenen Mitgliedstaaten regelmäßig geltend gemacht, die beanstandete negative Regelung stehe in untrennbarem Zusammenhang zu einer vergünstigenden; dieser Zusammenhang sei in sachlich legitimer Ausübung der nationalen Steuerhoheit ausgestaltet worden und werde durch einseitige „Kassierung“ der belastenden Teilregelung zerstört oder teilweise außer kraft gesetzt.[1241] Als wenig aussagekräftiges Schlagwort für diese Argumentation hat sich in der Rechtsprechung des EuGH der Begriff der Kohärenz durchgesetzt. Zugunsten der Mitgliedstaaten ist der Kohärenzvorbehalt bisher nur in den parallelen, und in dieser Hinsicht überwiegend gleichlautenden Entscheidungen „*Bachmann*“ und *Kommission./.Frankreich* anerkannt worden.[1242] Der EuGH erblickte in beiden Fällen einen schützenswerten Sachzusammenhang hinsichtlich der gesetzlich geregelten Alternativität zwischen einer steuerlichen Abzugsfähigkeit der Beiträge zur privaten Alters- bzw. Berufsunfähigkeitsversicherung einerseits und der späteren Besteuerung der ausgeschütteten Versicherungssumme andererseits.[1243]

[1238] Entscheidung der Kommission vom 24. Juni 2003 (ABl. L 23 vom 28. Januar 2004, 14), Rn. 52.

[1239] Entscheidung der Kommission vom 17. Februar 2003 (ABl. L 282 vom 30. Oktober 2003, 23), Rn. 96 ff.

[1240] Entscheidung der Kommission vom 17. Februar 2003 (ABl. L 180 vom 18. Juli 2003, 52), Rn. 84.

[1241] EuGH, Urteil vom 27. Juni 1996 in der Rs. C-107/94 („*Asscher*“), Slg. 1996, I-3089, Rn. 55; EuGH, Urteil vom 28. Januar 1992 in der Rs. C-204/90 („*Bachmann*“), Slg. 1992, I-249; EuGH, Urteil vom 13. April 2000 („*Baars*“), Slg. 2000, I-2787“, Rn. 33; „*ICI*“, Rn. 29; EuGH, Urteil vom 7. September 2004 in der Rs. C-1319/02 („*Manninen*“), Slg. 2004, I-7477, Rn. 29; EuGH, Urteil vom 8. März 2001 in den verbundenen Rs. C-397 und 410/98 („*Metallgesellschaft und Hoechst*“), Slg. 2001, I-1727, Rn. 61; EuGH, Urteil vom 14. November 1995 in der Rs. C-484/93 („*Svensson*“), Slg. 1995, I-3955, Rn. 16; EuGH, Urteil vom 14. Februar 1995 in der Rs. C-279/93 („*Schumacker*“), Slg. 1995, I-225, Rn. 40; EuGH, Urteil vom 6. Juni 2000 in der Rs. C-35/98 („*Verkooijen*“), Slg. 2000, I-4071; Rn. 49; EuGH, Urteil vom 28. Oktober 1999 in der Rs. C-55/98 („*Vestergaard*“), Slg. 1999, I-7641; Rn. 23; EuGH, Urteil vom 11. August 1995 in der Rs. C-80/94 („*Wielockx*“), Rn. 24.

[1242] EuGH, Urteile vom 28. Januar 1992 in der Rs. C-204/90 („*Bachmann*“), Slg. 1992, I-249, und in der Rs. C-300/90 (*Kommission./.Belgien*), Slg. 1992, I-305.

[1243] „*Zur Notwendigkeit, die Kohärenz der fraglichen Steuerregelung zu wahren, ist festzustellen, dass innerhalb der belgischen Regelung ein Zusammenhang zwischen der Abzugsfähigkeit der Beiträge und der Besteuerung der von den Versicherten in Erfüllung der Versiche-*

In der Entscheidung „*Bosal Holding*“ hatte der EuGH eine niederländische Regelung zu beurteilen, die den steuerlich relevanten Abzug von Kosten durch die niederländische Muttergesellschaft im Zusammenhang mit der Beteiligung an einer Gesellschaft in einem anderen Mitgliedstaat nur insoweit zuließ, als diese Kosten mittelbar der Erzielung von in den Niederlanden steuerpflichtigen Gewinnen dienten.[1244] Unter Bezugnahme auf die Urteile „*Verkooijen*“ und „*Baars*“ verneinte der EuGH das Vorliegen einer Kohärenz und bestätigte, dass es insoweit stets auf das Vorliegen eines unmittelbaren sachlichen und persönlichen Zusammenhangs ankommt.[1245]

aa) Sachliche Verknüpfung

Unter Bezugnahme auf die Entscheidungen „*Bachmann*“ und *Kommission./.Frankreich* fordert der EuGH als Voraussetzung für die Anerkennung der Kohärenz in ständiger Rechtsprechung einen „*unmittelbaren Zusammenhang*“ zwischen der streitigen belastenden und einer begünstigenden Regelung. Dabei ergibt sich aus der Entscheidung „*Asscher*“, dass ein solcher Zusammenhang zunächst dann nicht gegeben ist, wenn es um die Verknüpfung steuerlicher und außersteuerlicher Regelungen geht. Der EuGH hat in diesem Fall einen höheren Steuersatz für beschränkt Steuerpflichtige als „Ausgleich“ für deren fehlende Sozialversicherungspflicht als grundsätzlich nicht den Anforderungen der Kohärenz genügend angesehen.[1246]

- **Konkreter Sachzusammenhang zwischen steuerlichem Vorteil und Nachteil**

Nach der Judikatur des EuGH erfordert die Kohärenz ein Gegenseitigkeitsverhältnis von einem steuerlichen Vorteil und einem ebenfalls steuerlichen Nach-

---

rungsverträge [...] zu zahlenden Beträge besteht. [...] Folglich wird innerhalb der fraglichen belgischen Steuerregelung der Einnahmeverlust, der sich aus dem Abzug der Lebensversicherungsbeiträge vom Gesamtbetrag der steuerpflichtigen Einkünfte ergibt, durch die Besteuerung der von den Versicherern zu zahlenden Pensionen, Renten oder Kapitalabfindungen ausgeglichen. Ist der Abzug solcher Beiträge nicht erfolgt, so sind diese Beträge von der Steuer befreit. Die Kohärenz dieser Steuerregelung, deren Gestaltung Sache des belgischen Staates ist, setzt also voraus, dass der belgische Staat, wäre er verpflichtet, den Abzug der in einem anderen Mitgliedstaat gezahlten Lebensversicherungsbeiträge zuzulassen, die von den Versicherern [ausgeschütteten] Beträge besteuern könnte.“ EuGH, Urteil vom 7. Mai 1985 in der Rs. C-18/84 (Kommission./.Frankreich), Slg. 1985, 1339; Rn. 14 ff. S.a. EuGH, Urteil vom 28. Januar 1992 in der Rs. C-204/90 („*Bachmann*“), Slg. 1992, I-249; Rn. 21 ff.

[1244] EuGH, Urteil vom 18. September 2003 in der Rs. C-168/01, Slg. 2003, I-9409.

[1245] EuGH, Urteil vom 18. September 2003 in der Rs. C-168/01, Slg. 2003, I-9409, Rn. 29 ff.

[1246] EuGH, Urteil vom 27. Juni 1996 in der Rs. C-107/94 („*Asscher*“), Slg. 1996, I-3089, Rn. 59 ff. Danach ist es den Mitgliedstaaten verwehrt, „*mit steuerrechtlichen Maßnahmen in Wirklichkeit den Zweck zu verfolgen, den Nichtanschluss an sein System der sozialen Sicherheit und die Nichterhebung von Beiträgen zu diesem System auszugleichen*“ (Rn. 61). Siehe auch den umgekehrten Fall, in dem der EuGH eine Kompensierung sozialversicherungsrechtlicher Nachteile durch angebliche einkommensteuerliche Vorteile nicht anerkannte (EuGH, Urteil vom 26. Januar 1999 in der Rs. C-18/95 („*Terhoeve*“), Slg. 1999, 345, Rn. 43 ff.

teil. Dabei werden allgemeine Erwägungen der Gleichstellung innerstaatlicher und zwischenstaatlicher Sachverhalte – d.h. ohne konkrete Darlegung relevanter Vor- und Nachteile – regelmäßig nicht anerkannt: So hat sich der EuGH z.B. mit Argumenten befasst, die darauf hinausliefen, eine Art Lastengleichheit bzw. Systemgerechtigkeit zwischen innerstaatlichen und zwischenstaatlichen Sachverhalten zu gewährleisten.[1247] Insbesondere hat der EuGH das Argument der aus Gründen der Steuergerechtigkeit erforderlichen Gewährleistung der Steuerprogression teilweise insgesamt abgelehnt.[1248] Dies ist im Vergleich zum Beihilferecht interessant, da die Kommission dort geneigt scheint, das Prinzip der progressiven Einkommensbesteuerung als grundsätzlich relevante Rechtfertigung anzusehen.[1249] Spätestens seit der Entscheidung „*Manninen*" ist auch klar, dass das Argument der Kohärenz nach Ansicht des EuGH nicht dazu ins Feld geführt werden kann, die Gewährung von Steuergutschriften davon abhängig zu machen, dass zuvor für den betreffenden Sachverhalt in dem betreffenden Mitgliedstaat Steuern entrichtet wurden (dort entschieden für eine Steuergutschrift des Anteilseigners einer ausländischen Kapitalgesellschaft).[1250] Die finnischen Behörden hatten dort geltend erfolglos gemacht, „*wenn den Beziehern von Dividenden, die eine schwedische Gesellschaft an in Finnland unbeschränkt steuerpflichtige Aktionäre gezahlt habe, eine Steuergutschrift gewährt werden müsse, so hätten die [finnischen] Behörden [...] eine Steuervergünstigung bei der Körperschaftsteuer zu gewähren, die nicht von [Finnland] vereinnahmt worden sei, was die Kohärenz des nationalen Steuersystems in Frage stelle.*"[1251]

Wie sich aus der Rechtsprechungspraxis ergibt, ist es für die Annahme einer Rechtfertigung ebenfalls nicht ausreichend, wenn zwar derselbe Steuerpflichtige neben dem erlittenen steuerlichen Nachteil auch einen *steuerlichen* Vorteil genießt, dieser Vorteil aber in keinem weiteren Zusammenhang mit der streitigen Benachteiligung steht. Der Gedanke eines allgemeinen Vorteilsausgleichs wird vom EuGH regelmäßig noch nicht einmal auf die Ebene der Kohärenzprüfung gehoben, sondern bereits im Vorfeld der Rechtfertigungsprüfung abgebügelt.[1252]

[1247] EuGH, Urteil vom 14. Oktober 1999 in der Rs. C-439/97 („*Sandoz*"), Slg. 1999, I-740; EuGH, Urteil vom 28. April 1998 in der Rs. C-118/96 („*Safir*"), Slg. 1998, I-1897.

[1248] EuGH, Urteil vom 8. Mai 1990 in der Rs. C-175/88 („*Biehl*"), Slg. 1990, I-1779, Rn. 15 f. EuGH, Urteil vom 27. Juni 1996 in der Rs. C-107/94 („*Asscher*"), Slg. 1996, I-3089, Rn. 46 f.

[1249] Leitlinien, Rn. 24.

[1250] EuGH, Urteil vom 7. September 2004 in der Rs. C-319/02, Slg. 20004, I-7477.

[1251] EuGH, Urteil vom 7. September 2004 in der Rs. C-319/02, Slg. 20004, I-7477, Rn. 41.

[1252] EuGH, Urteil vom 28. Januar 1986 in der Rs. C- 270/83 („*avoir fiscal*"), Slg. 1986, 273, Rn. 21; EuGH, Urteil vom 21. September 1999 in der Rs. C-307/97 („*St. Gobain*"), Slg. 1999, I-6161, Rn. 53: „*Die unterschiedliche Behandlung kann nicht durch andere Vorteile gerechtfertigt werden, die [...] die sich aus der Versagung der betreffenden Steuervorteile ergebenden Nachteile ausglichen. Selbst wenn man unterstellen wollte, dass solche Vorteile bestünden, könnten sie keinen Verstoß gegen die Verpflichtung aus Artikel 52 EG-Vertrag [...] rechtfertigen*"; EuGH, Urteil vom 6. Juni 2000 in der Rs. C-35/98 („*Verkooijen*"), Slg. 2000, I-4071, Rn. 61, mit zahlreichen weiteren Rechtsprechungsnachweisen.

Dies gilt selbst dann, wenn der steuerliche Nachteil durchaus in einem *gewissen* Zusammenhang mit einer Regelung steht, die nur die streitigen zwischenstaatlichen Sachverhalte steuerlich begünstigt: Die im Fall „*Commerzbank*" gegenständliche Steuererstattung konnten nur nichtansässige Gesellschaften beanspruchen. Allerdings war die streitige Verzinsung des erstatteten Betrages unabhängig von dieser Fallgestaltung in einer allgemeinen Vorschrift des steuerlichen Verfahrensrechts geregelt, die stets nur zugunsten ansässiger Gesellschaften anwendbar war. Hierin erblickte der EuGH einen diskriminierenden Verstoß, obwohl im konkreten Fall erst eine für die nichtansässige Gesellschaft vorteilhafte Regelung deren Anwendung ermöglichte.[1253] In der Entscheidung „*Futura*" bestand ein Vorteil für die Betriebstätten nichtansässiger Gesellschaften darin, dass diese nicht zu einer Buchführung nach Maßgabe des luxemburgischen Bilanzrechts verpflichtet waren. Erst bei der dann beantragten Verlustverrechnung wurde dieser Vorteil zum Nachteil, da die fehlende Buchführung zur Versagung der steuerlichen Geltendmachung von Verlusten durch die Finanzverwaltung führte. Der EuGH erblickte hierin keinen rechtfertigenden unmittelbaren Zusammenhang.[1254]

- **Sachzusammenhang durch korrespondierende Pflichten aus DBA**

Bei der Beurteilung des Vorliegens eines unmittelbaren Zusammenhangs berücksichtigt der EuGH auch die Regelungen in DBA des betroffenen Mitgliedstaates. Dies veranschaulicht ein Vergleich der Entscheidungen „*Bachmann*" und „*Wielockx*": in beiden Fällen ging es um die steuerliche Abzugsfähigkeit der Aufwendungen für eine private Altersvorsorge. Herr *Bachmann* war deutscher Staatsangehöriger, der sich im Laufe seine Berufstätigkeit in Belgien niederließ und dort somit unbeschränkt steuerpflichtig wurde, während dieser Zeit aber weiterhin den steuerlichen Abzug seiner an die Deutsche Beamtenkasse gezahlten Alters- und Berufsunfähigkeitsversicherungsprämien begehrte.[1255] Herr *Wielockx* war belgischer Staatsangehöriger und auch in Belgien ansässig, erzielte aber seine gesamten Einkünfte aus selbständiger Tätigkeit in den Niederlanden.[1256] Als beschränkt Steuerpflichtiger konnte er dort nicht von der steuerbegünstigten Möglichkeit der Bildung einer privat finanzierten Altersrücklage profitieren.[1257] In beiden Fällen war nach den streitigen gesetzlichen Regelungen der steuerliche Abzug der privaten Altersvorsorgeaufwendungen an eine spätere Besteuerung des angesparten Kapitals gekoppelt. In beiden Fällen setzte sich der EuGH auch mit der Möglichkeit auseinander, diesen Besteuerungszusammen-

---

[1253] EuGH, Urteil vom 13. Juli 1993 in der Rs. C-330/91 („*Commerzbank*"), Slg. 1993, I-4017, Rn. 19.

[1254] EuGH, Urteil vom 15. Mai 1997 in der Rs. C-250/95 („*Futura*"), Slg. 1997, I-2471, Rn. 37 ff.

[1255] EuGH, Urteil vom 28. Januar 1992 in der Rs. C-204/90 („*Bachmann*"), Slg. 1992, I-249, Sitzungsbericht.

[1256] EuGH, Urteil vom 11. August 1995 in der Rs. C-80/94 („*Wielockx*"), Rn. 2, 10.

[1257] EuGH, Urteil vom 11. August 1995 in der Rs. C-80/94 („*Wielockx*"), Rn. 7.

hang für zwischenstaatliche Sachverhalte durch DBA zu bewahren. Während der EuGH im Fall *„Bachmann"* diesbezüglich lediglich feststellte, dass der belgische und der deutsche Staat eine entsprechende Regelung nicht getroffen hatten[1258], nahm er eine bestehende Vereinbarung im Fall *„Wielockx"* zum Anlass, die streitige Regelung als zur Wahrung der Kohärenz nicht mehr erforderlich anzusehen.[1259]

bb) Persönliche Verknüpfung

Neben der sachlichen fordert der EuGH für die Annahme der Kohärenz auch eine enge persönliche Verknüpfung von steuerlichem Vor- und Nachteil. Den erforderlichen Zusammenhang er regelmäßig dann verneint, wenn das Gegenseitigkeitsverhältnis von Vorteil und Nachteil nicht denselben Steuerpflichtigen betraf. Im Fall *„Baars"* rechtfertigte die niederländische Regierung die Beschränkung der Gewährung eines Freibetrages auf Anteile an niederländischen Gesellschaften damit, dass diese sich aus dem steuerlichen Anliegen ergebe, eine (wirtschaftliche) Doppelbesteuerung des Gesellschaftsgewinns zu verhindern.[1260] Der EuGH verneinte eine Kohärenz in diesem Fall mit der Begründung, es fehle der in den Fällen *„Bachmann"* und *Kommission./.Frankreich* gegebene unmittelbare Zusammenhang, da *„hier zwei verschiedene Steuerpflichtige zwei verschiedenen Steuern unterliegen"*.[1261] In den Sachen *„Verkooijen"*[1262], *„Svensson"*[1263] und *„Vestergaard"*[1264], *„Bosal Holding"*[1265] und *„Manninen"*[1266] urteilte der EuGH entsprechend. Im letztgenannten Fall hatte Generalstaatsanwältin *Kokott* in ihren Schlussanträgen die Möglichkeit erwogen, im Falle einer Kör-

---

[1258] EuGH, Urteil vom 28. Januar 1992 in der Rs. C-204/90 (*„Bachmann"*), Slg. 1992, I-249, Rn. 26.

[1259] *„Wie der Generalanwalt [...] ausgeführt hat, besteuert der Staat aufgrund der [...] DBA [...] alle Renten, die in seinem Gebiet ansässige Personen beziehen, unabhängig davon, in welchem Staat die Beiträge gezahlt wurden, er verzichtet aber umgekehrt darauf, die im Ausland bezogenen Renten der Besteuerung zu unterwerfen, auch wenn sie auf Beiträgen beruhen, die in seinem Gebiet gezahlt wurden und die er als abzugsfähig angesehen hat. Die steuerliche Kohärenz wird also nicht auf der Ebene der Einzelperson, durch die strenge Wechselbeziehung zwischen der Abzugsfähigkeit der Beiträge und der Besteuerung der Renten, hergestellt, sondern sie wird auf eine andere Ebene, nämlich die der Gegenseitigkeit der in den Vertragstaaten anwendbaren Vorschriften verlagert. Da die steuerliche Kohärenz auf der Grundlage eines mit einem anderen Mitgliedstaat geschlossenen bilateralen Abkommens gewährleistet wird, kann dieser Grundsatz nicht herangezogen werden, um die Verweigerung einer Abzugsmöglichkeit [...] zu rechtfertigen"*. EuGH, Urteil vom 11. August 1995 in der Rs. C-80/94 (*„Wielockx"*), Rn. 24 ff.

[1260] EuGH, Urteil vom 13. April 2000 (*„Baars"*), Slg. 2000, I-2787, Rn. 33 ff.

[1261] EuGH, Urteil vom 13. April 2000 (*„Baars"*), Slg. 2000, I-2787, Rn. 40.

[1262] EuGH, Urteil vom 6. Juni 2000 in der Rs. C-35/98, Slg. 2000, I-4071; Rn. 58.

[1263] EuGH, Urteil vom 14. November 1995 in der Rs. C-484/93, Slg. 1995, I-3955, 2. Leitsatz, vgl. Rn. 16 ff.

[1264] EuGH, Urteil vom 28. Oktober 1999 in der Rs. C-55/98, Slg. 1999, I-7641; Rn. 24.

[1265] EuGH, Urteil vom 18. September 2003 in der Rs. C-168/01, Slg. 2003. I-9409, Rn. 29 ff.

[1266] EuGH, Urteil vom 7. September 2004 in der Rs. C-319/02, Slg. 2004, I-7477, Rn. 41 ff.

perschaftsteuergutschrift *an den Anteilseigner* für ausgeschüttete und zuvor *bei der Körperschaft* besteuerte Dividenden einen die Kohärenz begründenden Zusammenhang anzunehmen, auch wenn insoweit zwei verschiedene Personen (die ausschüttende Gesellschaft und der Anteilseigner) beteiligt waren.[1267] Der EuGH ging hierauf jedoch nicht ein, da er die Verhältnismäßigkeit der streitigen Regelung verneinte und sie allein aus diesem Grund als nicht gerechtfertigt ansah.[1268]

Die fehlende persönliche Verknüpfung ist wohl auch der Grund dafür, dass der EuGH im Urteil „*Safir*"[1269] die Kohärenz nicht prüft, obwohl die thematische Nähe zum Fall „*Bachmann*"[1270] dies durchaus nahegelegt hätte. Es ist nämlich nicht ohne weiteres verständlich, wieso ein unmittelbarer Zusammenhang bezüglich der mangelnden steuerlichen Abzugsfähigkeit von privaten Altersvorsorgeleistungen einerseits und der Steuerfreiheit der später ausgezahlten Versicherungssumme andererseits im Fall „*Bachmann*" anerkannt, im Fall „*Safir*" dagegen impliziert verneint wird. Auch die Erwägung des EuGH, die im Fall „*Safir*" streitige Regelung sei unverhältnismäßig, vermag im Vergleich nicht sofort zu überzeugen, da das schwedische Recht immerhin eine Berücksichtigungsfähigkeit vorsah, während das belgische Recht im Fall „*Bachmann*" die Abzugsfähigkeit grundsätzlich ausschloss. Die unterschiedliche Beurteilung ist aber aufgrund der bestehenden Unterschiede zwischen beiden Fällen erklärlich: Während im Fall „*Bachmann*" die unterschiedliche Behandlung in- und ausländischer Versicherungsnehmer im Rahmen einer für die persönliche Einkommensteuer geregelten Besteuerungsalternativität streitig war, ging es im Fall „*Safir*" tatsächlich darum, dass der schwedische Staat eine in inländischen Fällen den *Versicherer* treffende Steuerlast in Fällen mit ausländischen Versicherern einfach dem inländischen *Versicherten* aufbürdete, um das (ansonsten verlorene) Steueraufkommen auch für diese Fälle zu sichern.[1271] Es ging dabei also gerade nicht um die „kohärente" Ausgestaltung eines steuerlichen Zusammenhangs zwischen Begünstigung und Belastung, sondern schlicht um die steuerliche Erfassung solcher Sachverhalte, die ansonsten einer Besteuerung entzogen gewesen wären. Um diese zu gewährleisten, sah die zugrundeliegende schwedische Regelung nicht weniger vor, als die selektive Umwandlung einer den Versicherer direkt treffenden (pauschalierten) Ertragsteuer in eine den Versicherungsnehmer treffende, indirekte Versicherungsteuer auf die Prämienzahlung.[1272] Dieser – vom EuGH nicht angesprochene – Aspekt macht den Fall zu

---

[1267] Schlussanträge der GAin vom 18. März 2004 in der Rs. C-319/02, IStR 2004, 313 ff.
[1268] Soweit *Schnitger*, FR 2004, 1357 ff [1360] aus Rn. 45 des Urteils eine Akzeptanz des EuGH für diese Argumentation der GAin herleitet, kann ihm hier nicht gefolgt werden.
[1269] EuGH, Urteil vom 28. April 1998 in der Rs. C-118/96 („*Safir*"), Slg. 1998, I-1897.
[1270] EuGH, Urteil vom 28. Januar 1992 in der Rs. C-204/90 („*Bachmann*"), Slg. 1992, I-249.
[1271] EuGH, Urteil vom 28. April 1998 in der Rs. C-118/96 („*Safir*"), Slg. 1998, I-1897, Rn. 5 bis 9.
[1272] EuGH, Urteil vom 28. April 1998 in der Rs. C-118/96 („*Safir*"), Slg. 1998, I-1897, Rn. 4, 7.

einem besonders drastischen Beispiel für die Ungleichbehandlung: Da die Besteuerung aufgrund der als Regel vorgesehenen direkten Besteuerung bei ausländischen Versicherern notgedrungen versagen musste, da diese nicht dem schwedischen Steuerzugriff unterliegen, wurde *nur für diese Fälle* die *Dienstleistung als solche* nach Maßgabe ihrer Gegenleistung (Prämie) beim Versicherten besteuert.

cc) Beihilferechtlicher Exkurs zur Kohärenz

Bei der Beurteilung von steuerlichen Beihilfen geht es um begünstigende Sachverhalte. Kommission und EuGH haben anerkannt, dass ein Nachteilsausgleich als Rechtfertigung (oder zur Kompensation des wirtschaftlichen Vorteils) in aller Regel (wesentliche Ausnahme: Ausgleich für Laste aus auferlegten Verpflichtungen im Gemeinwohlinteresse) nicht herhalten kann. Am Beispiel der deutschen Tonnagesteuerregelung des § 5a EStG, die von der Kommission als Beihilferegelung angesehen und genehmigt wurde, stellt sich die Frage, ob der Kohärenzgedanke auch im Beihilferecht Anwendung finden könnte: Diese Vorschrift ermöglicht eine potentiell günstigere Pauschalbesteuerung in Abhängigkeit von Nettoraumtonnen und Betriebstagen der bereedeten Handelsschiffe (im internationalen Seeverkehr). Die fakultative Inanspruchnahme dieser Regelung ist aber für die Reeder nicht immer günstig. Insbesondere bei der Erwirtschaftung von Verlusten ergeben sich wesentliche Nachteile gegenüber der analytischen Gewinnermittlung, da die steuerliche Geltendmachung von Verlusten im Rahmen der Tonnagebesteuerung stark eingeschränkt ist. Da diese nicht wahlweise oder rückwirkend für einzelne Besteuerungszeiträume in Anspruch genommen werden kann, sondern im voraus und bindend für eine fixe Zahl von Jahren gewählt werden muss, ist dieser potentielle Nachteil auch im Rahmen der zu treffenden Prognoseentscheidung erheblich. Bei einer Übertragbarkeit des Kohärenzgedankens in das Beihilferecht könnte hierin die beihilferechtlich-kohärente Ausgestaltung eines Sachzusammenhanges unter Berücksichtigung teilweise günstiger und teilweise ungünstiger Elemente zu sehen sein.

III. Zwischenergebnis

Zu der stark zusammengefassten Darstellung der Rechsprechung lässt sich zunächst feststellen, dass bei der Bewertung von steuerlichen Maßnahmen der Mitgliedstaaten im grundfreiheitlichen Kontext der gleiche Konflikt zwischen gemeinschaftsrechtlichen Wertungen einerseits und nationalen steuerlichen Wertungen andererseits besteht wie bei der Beurteilung steuerlicher Maßnahmen im Rahmen des Beihilferechts.

1. Keine Immunität des nationalen Steuerrechts

Grundlinie des EuGH ist, dass das Recht der direkten Steuern trotz bisher mangelnder Harmonisierung keine Bereichsausnahme oder Sondermaterie darstellt, und die Mitgliedstaaten auch im Bereich der direkten Steuern ihre nationalen

Befugnisse im Einklang mit den Grundfreiheiten ausüben müssen. Dies deckt sich grundsätzlich mit den Wertungen und Regelungen des primären Gemeinschaftsrechts.[1273] Dabei hat der EuGH teilweise deutlich zum Ausdruck gebracht, dass Unterschiede, die sich aus der mangelnden Harmonisierung der direkten Steuern ergeben, ggf. hingenommen werden müssen. Auch aus der Verwendung des Rechtfertigungskriteriums folgt, dass der EuGH steuerliche Vorbehalte der Mitgliedstaaten unter bestimmten Umständen zu akzeptieren bereit ist. Hierin ist eine dogmatische Parallele zur Beurteilungspraxis bei steuerlichen Beihilfen zu sehen.

2. Zwischenstaatlicher Bezug

Der primärrechtliche Auftrag zur Verwirklichung der Grundfreiheiten beinhaltet eine äußerst bedeutsame Legitimation des EuGH, außerhalb besonderer Regelungsbereiche des EG – wie etwa dem Beihilferecht – Maßnahmen der Mitgliedstaaten im Bereich der direkten Steuern zu untersuchen und ggf. zu „kassieren".[1274] Die Grundfreiheiten sind nur berührt, wenn der betreffende Fall überhaupt geeignet ist, sich auf den Gemeinsamen Markt bzw. auf die zwischenstaatliche Mobilität der geschützten Wirtschaftsfaktoren und -güter auszuwirken. Wie im Beihilferecht (dort beim Tatbestandsmerkmal der Beeinträchtigung des zwischenstaatlichen Handels) ist auch bei den Grundfreiheiten eine Abgrenzung der Zwischenstaatlichkeit im einzelnen schwierig. Dabei kann eine umfassende Kontrolle durch den EuGH nur dann möglich sein, wenn der potentielle Anwendungsbereich der Grundfreiheiten weit ausgelegt wird. Eine Überprüfungskompetenz wird vom EuGH dementsprechend für alle Maßnahmen der Mitgliedstaaten in Anspruch genommen, die im begründeten Verdacht stehen, sich nachteilig auf die zwischenstaatliche unternehmerische Betätigung auszuwirken.

Im Vergleich zum Beihilferecht sind die vom EuGH unter grundfreiheitlichen Gesichtspunkten untersuchten steuerlichen Regelungen hinsichtlich des Kriteriums der Zwischenstaatlichkeit als unproblematisch anzusehen. Dies hängt damit zusammen, dass das Beihilfeverbot gerade auch dann greift, wenn Unternehmen desselben Mitgliedstaates unterschiedlich behandelt werden; tatbestandlich kommt es im Rahmen des Art. 87 Abs. 1 EG nicht zwingend darauf an, dass die Vergünstigung nur ansässigen Unternehmen oder nur für inländische Sachverhalte gewährt wird (Diskriminierung im grundfreiheitlichen Sinne). Die Beein-

---

[1273] Wie oben in Kapitel 3 dargestellt. Wenn aus der Rechtsprechung des EuGH allerdings gefolgert wird, es gäbe *„keinen verfassungsmäßig gesicherten Kern von Souveränität der Mitgliedstaaten im Bereich der Ertragsbesteuerung"* (*Thiel/Achilles*, IStR 2003, 530 ff [531]), ist dies vor dem Hintergrund der eindeutig anderslautenden Wertungen des Gemeinschaftsrechts nicht haltbar.

[1274] Wie auch die Kommission in ihrer Mitteilung zur unternehmenssteuerlichen Binnenmarktstrategie aus dem Jahr 2003 ausdrücklich herausstellt, haben Umfang und praktische Bedeutung solcher Verfahren beträchtlich zugenommen (KOM[2003]726 endg. vom 24. November 2003, 6).

trächtigung des zwischenstaatlichen Handels ergibt sich in den meisten Fällen nur *mittelbar* über die potentielle Besserstellung gegenüber den Unternehmen anderer Mitgliedstaaten im gemeinschaftsweiten Wettbewerb – dies ist im beihilferechtlichen Kontext idR. ausreichend für die Bejahung einer Beeinträchtigung des zwischenstaatlichen Handels. In der Rechtsprechung des EuGH zu den direkten Steuern ist dagegen stets ein unmittelbarer zwischenstaatlicher Kontext der betroffenen Sachverhalte und der untersuchten Regelungen gegeben.

3. Der grundfreiheitliche Verletzungsmaßstab

Soweit die Rechtsprechung des EuGH allen Grundfreiheiten einen (qualitativ) konvergenten Schutzbereich zugrunde legt und einen umfassenden Schutz unabhängig davon gewährleistet, ob die „Zuzugs-" oder die „Wegzugskomponente" berührt ist (faktorbezogene Grundfreiheiten), bzw. ob ein Import- oder ein Exportfall vorliegt (güterbezogene Grundfreiheiten), entspricht dieses Verständnis der zentralen und grundsätzlich gleichrangigen Bedeutung aller Grundfreiheiten für den Binnenmarkt, wobei zu bemerken ist, dass im Bereich der direkten Steuern naturgemäß die güterbezogenen Grundfreiheiten (Personen- und Kapitalverkehrsfreiheit) bei weitem überwiegen.

In gleichheitsrechtlicher Hinsicht ist der Rechtsprechung des EuGH uneingeschränkt zuzustimmen, wenn sie – entgegen der ständigen Praxis im internationalen Steuerrecht – davon ausgeht, dass Ansässige und Nichtansässige durchaus im relevanten Kontext vergleichbar sein können. Die Durchsetzung der Grundfreiheiten wäre im direkten Steuerrecht ansonsten effektiv nicht möglich. Dass der EuGH die Legitimität einer steuerlichen Unterscheidung aufgrund der Ansässigkeit in mittlerweile ständiger Rechtsprechung in Frage stellt, erschüttert allerdings das zentrale Dogma der internationalen Besteuerung und deutet damit implizit an, dass zumindest die EU-Mitgliedstaaten untereinander das internationale Steuerrecht früher oder später neu definieren werden müssen.[1275]

Es entspricht dem dargestellten Verständnis der Grundfreiheiten, diesen neben dem gleichheits- auch einen freiheitsrechtlichen Schutzbereich zuzuerkennen. In steuerlichen Zusammenhang werden durch die bisherige Rechtsprechung des EuGH diesbezüglich zwei Probleme deutlich: Fraglich ist nämlich die genaue Abgrenzung zwischen der gleichheitsrechtlichen Diskriminierung und der freiheitsrechtlichen Beschränkung. Fraglich ist aber auch, inwieweit der unharmonisierte Bereich der direkten Steuern überhaupt in zulässiger Weise an einem

---

[1275] Die Kommission formuliert dies in ihrer jüngsten Mitteilung zur unternehmenssteuerlichen Binnenmarktstrategie etwas vorsichtiger: „*Besonders wichtig ist [...] die Durchsetzung des im EG-Vertrags verankerten Grundsatzes der Gleichbehandlung, dem die derzeitige Unterscheidung zwischen Gebietsansässigen und Gebietsfremden in vielen Doppelbesteuerungsabkommen der Mitgliedstaaten [...] zuwider zu laufen scheint*" (KOM[2003]726 endg. vom 24. November 2003, 12). S. hierzu *Lüdicke*, in Festschrift *Wassermeyer*, S. 473 ff. S.a. *Schön*, IStR 2004, 289 ff; *Wagner*, DStZ 2005, 325 ff.

grundfreiheitlichen Beschränkungsverbot gemessen werden kann.[1276] Im beihilferechtlichen Untersuchungszusammenhang sind diese Fragen allerdings nicht von Bedeutung.

Zu beachten ist, dass sich dem Diskriminierungsverbot – auch nach der Rechtsprechung des EuGH – kein Gebot einer steuerlichen Neutralität in Bezug auf die Ausgestaltung unternehmerischen Engagements (Betriebsstätte, Niederlassung oder Tochtergesellschaft) als Personen- oder als Kapitalgesellschaft entnehmen lassen kann, soweit der betreffende Mitgliedstaat die sich hieran knüpfenden Unterschiede diskriminierungslos anwendet.[1277]

4. Der Rechtfertigungsmaßstab

Von besonderer, verallgemeinerbarer Bedeutung für das Verhältnis der steuerlichen Kompetenzen der Mitgliedstaaten zu den Wertungen des Gemeinschaftsrechts ist die den beschriebenen Urteilen des EuGH zu entnehmende Aussage, dass eine Ungleichbehandlung von sachlich Gleichem ausnahmsweise durch zwingende Allgemeinwohlinteressen gerechtfertigt sein kann. Die Möglichkeit einer einzelfallbezogenen Anerkennung mitgliedstaatlicher Interessen gegenüber den Gemeinschaftswertungen findet sich ansatzweise im EG-Vertrag[1278] und hat in der Rechtsprechung des EuGH – auch für solche Fälle, in denen der EG keinen entsprechenden Vorbehalt enthält – schon recht früh ihren Niederschlag gefunden.[1279] So hat der EuGH im Fall „*Cassis de Dijon*" unter Einbeziehung des Verhältnismäßigkeitsgrundsatzes entschieden, dass eine durch nationale Vorschriften bedingte Beschränkung der Warenverkehrsfreiheit gerechtfertigt sein kann, „*soweit diese Bestimmungen notwendig sind, um zwingenden Erfordernissen gerecht zu werden, insbesondere den Erfordernissen einer wirksamen*

[1276] Gerade die Frage, ob es dem EuGH möglich ist, steuerliche Bestimmungen der Mitgliedstaaten unabhängig von einer Relation inner- und zwischenstaatlicher Sachverhalte zu prüfen, ist jedoch von besonderer Brisanz. Denn das Primärrecht gestattet es den einzelnen Mitgliedstaaten, ihre steuerlichen Belastungsniveaus unharmonisiert auszugestalten. Auch im Rahmen des gleichheitsrechtlichen Prüfungsmaßstabs hat der EuGH stets deutlich gemacht, dass die bestehenden Unterschiede zwischen den Mitgliedstaaten als solche nicht zum Anknüpfungspunkt für einen Vergleich genommen werden können. Ausführlich hierzu *Cordewener*, S. 843 ff.

[1277] *Jacobs*, Internationale Unternehmensbesteuerung, S. 196.

[1278] Vgl. Art. 30 (betreffend die Warenverkehrsfreiheit), Art. 39 Abs. 3 (Arbeitnehmerfreizügigkeit), Art. 46 Abs. 1 (Niederlassungsfreiheit), Art. 58 Abs. 1 (Freiheit des Kapital- und Zahlungsverkehrs, ausdrücklicher steuerlicher Vorbehalt), Art. Art. 64 Abs. 1 (Personenverkehrsfreiheit), Art. 95 Abs. 4 (Primat bestimmter mitgliedstaatlicher Interessen über konkrete Harmonisierungsmaßnahmen).

[1279] EuGH, Urteil vom 20. Februar 1979 in der Rs. C-120/78 („*Rewe Zentral AG*" bzw. „*Cassis de Dijon*"), Slg. 1979, 649. Das frühere Urteil des EuGH vom 11. Juli 1974 in der Rs. C-8/74 („*Dassonville*"), Slg. 1974, 837, mag hierfür den Weg bereitet haben.

steuerlichen Kontrolle, des Schutzes der öffentlichen Gesundheit, der Lauterkeit des Handelsverkehrs und des Verbraucherschutzes.“[1280]

a) Kritik

Ähnlich wie für den Bereich der steuerlichen Beihilfen bereits in Bezug auf Kommissions- und Rechtsprechungspraxis attestiert, muss jedoch im Ergebnis auch im Bereich der gerichtlichen Überprüfung direkt-steuerlicher Maßnahmen der Mitgliedstaaten die Prüfung von Rechtfertigungsgründen als Schwachpunkt der Rechtsprechung bezeichnet werden. Der EuGH hat es bisher nicht nur versäumt, sich mit der primärrechts-dogmatischen Herleitung und Bedeutung eines Rechtfertigungselements auseinander zu setzen; die inhaltlichen Konturen der Rechtfertigungsprüfung fehlen nach wie vor weitgehend. Dies ist bedenklich, denn der Rechtfertigungsgedanke bezieht seine Notwendigkeit und Legitimation unmittelbar aus dem Primärrecht, welches die Koexistenz zweier interferierender, potentiell kollidierender Rechtskreise herbeiführt[1281]: Die Grundfreiheiten sind (theoretisch) darauf ausgerichtet, die völlige Mobilität der Faktoren und Güter innerhalb der Gemeinschaft zu gewährleisten. Dagegen folgt die weiterhin den Mitgliedstaaten obliegende Besteuerung, die an die durch die Faktoren erwirtschafteten Erträge bzw. das angesammelte oder in bestimmter Weise investierte Vermögen (direkte Steuern) oder an die umgesetzten oder verbrauchten Güter (indirekte Steuern) anknüpft, nach wie vor national-territorialen Zwängen und Mechanismen.

Da weder das Primär- noch das steuerliche Sekundärrecht den konkreten Maßstab regeln, nach dem im Überschneidungsbereich eine Auflösung der kollidierenden Wertungen vorzunehmen ist, obliegt diese Aufgabe notgedrungen dem EuGH. Durch die Interpretation der Reichweite der Grundfreiheiten muss er den potentiellen Überschneidungsbereich mit den steuerlichen Hoheiten der Mitgliedstaaten festlegen; durch den entwickelten grundfreiheitlichen Vergleichsmaßstab wird überprüfbar, ob im Einzelfall eine Überschneidung gegeben ist. Erst durch die Prüfung einer Rechtfertigung wird es dem EuGH aber möglich, eine Abwägung der kollidierenden Rechtsgüter vorzunehmen bzw. eine Art *praktischer Konkordanz* zu schaffen. Hierin ist die besondere Bedeutung der Rechtfertigungsprüfung und gleichzeitig das Defizit der bisherigen Praxis zu sehen.

b) Im Vergleich zum Beihilferecht detailliertere Vorgaben

Dennoch ist die bisherige Rechtsprechung des EuGH zur möglichen Rechtfertigung steuerlicher Maßnahmen der Mitgliedstaaten in zwei wesentlichen Punkten deutlich ergiebiger als diejenige für den Bereich steuerlicher Beihilfen. Dies sei an der Formulierung in der Entscheidung „*Futura*“ verdeutlicht, nach der eine

[1280] EuGH, Urteil vom 20. Februar 1979 in der Rs. C-120/78 („*Rewe Zentral AG*“ bzw. „*Cassis de Dijon*“), Slg. 1979, 649, Rn. 8.
[1281] S.o., Kapitel 3.

Rechtfertigung im Bereich der direkten Steuern vom EuGH angenommen wird, wenn die betreffende Maßnahme *„ein legitimes Ziel verfolgt, das mit dem EG-Vertrag vereinbar und durch zwingende Gründe des öffentlichen Interesses gerechtfertigt ist. Erforderlich ist außerdem, dass die Maßnahme zur Erreichung des fraglichen Ziels geeignet ist und nicht über das hinausgeht, was hierzu erforderlich ist.“*[1282]

Aus diesem Rechtfertigungsmaßstab des EuGH geht zunächst hervor, dass Gründe des öffentlichen bzw. des Gemeinwohlinteresses eine unterschiedliche steuerliche Behandlung rechtfertigen können. Hierin ist immerhin – wenn auch nicht über die o.g. Rechtfertigungsansätze des Primärrechts hinausgehend – eine materielle Grundwertung enthalten, welche das grundlegendste Ziel der Gemeinschaft, die allgemeine Wohlfahrtsoptimierung, auf der Ebene der Mitgliedstaaten reflektiert. Dies ist zwar wenig konkret, im Vergleich zur völlig wertneutralen „System-Rechtfertigung“ im Bereich steuerlicher Beihilfen aber bereits ein Ansatzpunkt für das Vorhandensein berücksichtigungsfähiger inhaltlicher Vorgaben und Werte. Auch wenn der EuGH z.B. wirtschaftspolitische Ziele im Rahmen der Rechtfertigung bisher nicht anerkannt hat[1283], legt das Abstellen auf Gemeinwohlinteressen zumindest nahe, dass auch außersteuerlicher Ziele eine Rechtfertigung herbeiführen können.

In viel stärkerem Maße als die Rechtfertigungsformel im Bereich steuerlicher Beihilfen ist der Maßstab des EuGH für den Bereich diskriminierender Maßnahmen im Bereich der direkten Steuern außerdem geeignet, das Verhältnismäßigkeitsprinzip als für die Beurteilung wesentlich herauszustellen. Danach ist auch die Verfolgung eines (legitimen) Ziels durch die Mitgliedstaaten dann und insoweit nicht gerechtfertigt, als die bewirkten Einschränkungen der Grundfreiheiten über das Maß des zur Erreichung dieses Ziels Geeigneten und Erforderlichen hinausgehen. Für den Bereich des Beihilferechts (welches nicht Benachteiligungen sondern Begünstigungen zum Gegenstand hat) könnte man insoweit umgekehrt argumentieren, dass die Beschränkung des Anwendungsbereichs einer begünstigenden Maßnahme insoweit als „verhältnismäßig“ angesehen werden könnte, als sie sich aus dem betreffenden (legitimen) Regelungsanliegen ergibt und nicht dahinter zurück bleibt. Aus dem steuerlichen Grundprinzip der Belastungsgleichheit folgt im übrigen auch für begünstigende Durchbrechungen der Besteuerungsgleichheit, jedenfalls für wirtschaftslenkende, ein Rechtfertigungserfordernis, welches auch den Verhältnismäßigkeitsgrundsatz beinhaltet.

[1282] EuGH, Urteil vom 15. Mai 1997 in der Rs. C-250/95, Slg. 1997, I-2471, Rn. 26.

[1283] EuGH, Urteil vom 14. November 1995 in der Rs. C-484/93 („*Svensson*“), Slg. 1995, I-3955, Rn. 15 m.w.N.; EuGH, Urteil vom 6. Juni 2000 in der Rs. C-35/98 („*Verkooijen*“), Slg. 2000, I-4071, Rn. 48 f, m.w.N.

c) Anerkennung verfahrens- und materiellrechtlicher Erfordernisse
Bei der Frage nach der möglichen Rechtfertigung einer Maßnahme stellt die Verhältnismäßigkeit im engeren Sinne aber eine logisch nachrangige Frage (die des „wie“) dar. Vorrangig ist die Frage, *ob* eine vorgetragene Rechtfertigung als solche *überhaupt* geeignet sein kann (in verhältnismäßiger Weise), die Grundfreiheiten einzuschränken.

Aus dem steuerlichen Regelungsvorbehalt des Primärrechts zugunsten der Mitgliedstaaten folgt zwingend sowohl die Befugnis zur materiellrechtlichen Ausgestaltung des Steuerrechts, d.h. insbesondere des Steuertatbestandes und des Steuerschuldverhältnisses, als auch zur Regelung des Steuerverfahrens. Obwohl der EuGH dies nicht so klar trennt, lässt sich der Rechtsprechung eine Tendenz zur Trennung dieser beiden Bereiche entnehmen.

aa) Anerkennung verfahrensrechtlicher Erfordernisse
Im verfahrensrechtlichen Bereich ist das mitgliedstaatliche Interesse an der Sicherung und Durchsetzung der Besteuerung gegen die Interessen der Marktteilnehmer an einer Minderung der Steuerlast abzugrenzen. Beide Interessen ermöglichen sowohl legitime als auch missbräuchliche Gestaltungen, die es über den Rechtfertigungsmaßstab zu identifizieren und zu berücksichtigen gilt. So können die Mitgliedstaaten die steuerliche Gestaltungsfreiheit, insbesondere die Mobilität der Marktteilnehmer über ein legitimes Maß hinaus einschränken; andererseits ist es den Marktteilnehmern möglich, sozusagen unter dem Deckmantel der Grundfreiheiten illegitime steuerliche Gestaltungen zu verfolgen.

Der EuGH hat die mitgliedstaatlichen Interessen an einer wirksamen steuerlichen Kontrolle und Aufsicht bisher sehr zurückhaltend gehandhabt, wobei es ihm regelmäßig möglich war, bereits die mangelnde Verhältnismäßigkeit vermeintlich erforderlicher Maßnahmen darzulegen. Einige Urteile lassen aber erkennen, dass der EuGH durchaus bereit ist, geeignete und erforderliche Maßnahmen im Bereich des Steuerverfahrensrechts als Rechtfertigung zu akzeptieren. Genaue Beurteilungsmaßstäbe können der Rechtsprechung indes nicht entnommen werden, was sicherlich auch auf die bestehenden begrifflichen Unklarheiten (Steuerflucht, Steuerumgehung, Steuervermeidung, Steuerhinterziehung) zurückzuführen ist. Die praktische Abgrenzung dürfte auch schwierig sein. Es kann aber wohl grob davon ausgegangen werden, dass der EuGH unter Steueraufsicht/-kontrolle insbesondere den generellen Anspruch der Finanzverwaltung anerkennt, die steuerlichen Entscheidungen zutreffend und umfassend, d.h. auf der Grundlage aller relevanten Informationen fällen zu können. Die Vermeidung der Steuerhinterziehung steht dagegen notwendigerweise im Zusammenhang mit der Durchsetzung bereits entstandener (konkreter) Steueransprüche. Dagegen dürfte eine Vermeidung der Steuerumgehung/-flucht weitergehend die Möglichkeit der Mitgliedstaaten beinhalten, steuermindernde Gestaltungen der Wirtschaftsteilnehmer auch mit Wirkung für noch nicht entstandene steuerliche Ansprüche zu unterbinden.

Verfahrensrechtliche Rechtfertigungen sind in beihilferechtlichen Fällen bisher so gut wie nicht vorgetragen worden. Dies hängt damit zusammen, dass die nach Art. 87 Abs. 1 EG untersuchten steuerlichen Regelungen stets eine Begünstigung und keine Verschärfung geltender Regelungen enthalten, so dass für eine verfahrensrechtliche Rechtfertigung unter fiskalpolitischen Aspekten idR. kein Raum ist. Wie allerdings der Vortrag der deutschen Regierung in der Entscheidung *„Kontroll- und Koordinierungszentren Deutschland“*[1284] *belegt*, ist auch im beihilferechtlichen Zusammenhang eine Berufung auf verfahrensrechtliche Erfordernisse nicht denklogisch ausgeschlossen. Inwieweit dies mit Erfolg geschehen kann, ist bisher allerdings offen.

bb) Anerkennung materieller Erfordernisse

Der EuGH hat sich bisher nicht explizit mit dem Gedanken einer allgemeinen materiellrechtlichen Rechtfertigung auseinandergesetzt. Nur unter dem Schlagwort der Kohärenz wurde untersucht, inwieweit steuerliche Zusammenhänge in den streitigen Bereichen eine Ungleichbehandlung rechtfertigen konnten. Eine Parallele zur Beurteilung steuerlicher Beihilfen besteht darin, dass auch bei der Beurteilung von (potentiell) diskriminierenden steuerlichen Maßnahmen ein formelhafter Rechtfertigungsansatz verfolgt wird, der materielle steuerliche Prinzipien nicht einbezieht.

Im Fall *„Bachmann“* fällt auf, dass der EuGH dort für die Annahme der Kohärenz allein auf eine fiskalzweckorientierte Einnahmen-Ausgaben-Kalkulation des nationalen Steuergesetzgebers abzustellen scheint.[1285] Merkwürdig ist insbesondere, dass der EuGH gerade nicht prüft, ob der steuerliche Einnahmeverzicht durch die Bewilligung des Abzugs von Beiträgen an ausländische Versicherer möglicherweise durch die Grundfreiheiten geboten wäre. Stattdessen stellt das Urteil implizit und ohne weitere Ausführungen hierzu die These auf, dass der belgische Staat (offenbar selbstverständlich) nur solche Abzüge anerkennen müsse, für die als Ausgleich auch eine spätere Besteuerung gewährleistet sei. Gerade dieser, von den Mitgliedstaaten immer wieder bemühte Ausgleich zwischen steuerlichen Belastungen und Vergünstigungen, ist – wie sich ohne weiteres aus der nachfolgenden Rechtsprechung ergibt – *als solcher* jedoch keine ausreichende Rechtfertigung.[1286] Spätestens durch das Urteil *„Manninen“*[1287] ist

---

[1284] Entscheidung vom 5. September 2002 (ABl. L 177 vom 16. Juli 2003, 17), Rn. 23.

[1285] EuGH, Urteil vom 28. Januar 1992 in der Rs. C-204/90, Slg. 1992, I-249; Rn. 21 ff.

[1286] Die Reformbestrebungen der Kommission zur Zulassung des grenzüberschreitenden Verlustausgleichs – dessen generelle Versagung gegenwärtig ein Hindernis für die zwischenstaatliche unternehmerische Tätigkeit darstellt – verdeutlichen darüber hinaus, dass von den Mitgliedstaaten durchaus erwartet wird, steuerliche Nachteile in kauf zu nehmen, wenn dies der Entlastung der Unternehmen dient.

klar geworden, dass die Mitgliedstaaten grundsätzlich nicht geltend machen können, sie könnten steuerliche Vergünstigungen den Fällen vorbehalten, in denen die betreffende Vergünstigung mit anderen inländischen Steuereinnahmen im Zusammenhang steht.

Die Urteile „*Bachmann*“[1288] und *Kommission./.Frankreich*[1289] erscheinen hinsichtlich der Kohärenz als ungenügend begründet. Denn in der Sache hat der EuGH dort lediglich unterstellt, dass die Mitgliedstaaten nicht gezwungen seien, im zwischenstaatlichen Kontext solche Vergünstigungen zu gewähren, die voraussichtlich nicht wieder kompensiert werden können. Gleichzeitig hat er es aber versäumt, die inhaltlichen Anforderungen an diesen offensichtlichen Sonderfall einer Dominanz fiskalischer Interessen über die Grundfreiheiten zu konkretisieren. In den Fällen „*Bosal Holding*“[1290] und „*Manninen*“[1291] ist von diesem Ansatz dementsprechend nichts übrig geblieben.

Auch die dem Fall „*Bachmann*“[1292] nachfolgenden Urteile haben keinen allgemeingültigen, *materiellrechtlichen* Prüfungsmaßstab für die Kohärenzfrage anboten. Stattdessen wird als *conditio sine qua non* vorausgesetzt, dass nur ein solcher steuerlicher Zusammenhang unmittelbar genug für eine Rechtfertigung sei, der in begünstigender wie benachteiligender Weise denselben Steuerpflichtigen betreffe[1293], auch wenn Generalanwältin Kokott in den Schlussanträgen zur Rechtssache „*Manninen*“ insoweit ein liberaleren Ansatz vorgeschlagen hat, auf den der EuGH in seinem Urteil nicht eingegangen ist. Diese Reduzierung einer Anerkennung legitimer steuerlicher Interessen der Mitgliedstaaten ist umso unbefriedigender, als sie in der Rechtsprechung bisher nie begründet wurde. Natürlich ist dem EuGH ohne weiteres darin zuzustimmen, dass das Fiskalinteresse der Mitgliedstaaten als solches nicht geeignet sein kann, steuerliche Diskriminierungen zu rechtfertigen. Es ist aber zum einen nicht einzusehen, warum ein legitimes Regelungsinteresse der Mitgliedstaaten völlig unabhängig von materiell-steuerrechtlichen Kriterien auf den kleinen Ausschnitt zusammenhängender Regelungen betreffend denselben Steuerpflichtigen beschränkt sein soll. Andersherum leuchtet es nicht ein, einen illegitimen steuerlichen Zusammenhang anzuerkennen, bloß weil er in unmittelbar zusammenhängender Weise durch Vor- und Nachteil zugunsten desselben Steuerpflichtigen ausgestaltet ist.

[1287] EuGH, Urteil vom 7. September 2004 in der Rs. C-319/02, Slg. 2004, I-7477.
[1288] EuGH, Urteil vom 28. Januar 1992 in der Rs. C-204/90, Slg. 1992, I-249; Rn. 21 ff.
[1289] EuGH, Urteil vom 7. Mai 1985 in der Rs. C-18/84 (Kommission./.Frankreich), Slg. 1985, 1339; Rn. 14 ff.
[1290] EuGH, Urteil vom 18. September 2003 in der Rs. C-168/01 („*Bosal Holding*“), Slg. I-2003, 9409.
[1291] EuGH, Urteil vom 7. September 2004 in der Rs. C-319/02, Slg. 2004, I-7477.
[1292] EuGH, Urteil vom 28. Januar 1992 in der Rs. C-204/90, Slg. 1992, I-249; Rn. 21 ff.
[1293] EuGH, Urteil vom 18. September 2003 in der Rs. C-168/01 („*Bosal Holding*“), Slg. I-2003, 9409.

Es wird vertreten, dass „*die Mitgliedstaaten durch den Gerichtshof [im Wege der Kohärenzprüfung] an [...] [ihre steuerlichen] Grundstrukturen ‚erinnert' und zu einer Systemkonsequenz angehalten [werden], d.h. zu einer Folgerichtigkeit hinsichtlich der detailgenauen Umsetzung einmal getroffener grundsätzlicher Regelungsentscheidung[en] und damit letztlich auch zu einer Widerspruchsfreiheit ihrer nationalen Rechtsordnungen für den Bereich der direkten Steuern*".[1294] Ob diese Eignung dem Kohärenzgedanken in seiner bisherigen, praktisch bedeutungslosen und konturschwachen Ausprägung zugesprochen werden kann, ist aber fraglich. Es ist allerdings nicht zu leugnen, dass die Rechtfertigungsdogmatik des EuGH im Bereich diskriminierender steuerlicher Maßnahmen hinsichtlich der impliziten Forderung nach einer gewissen Systemkonsequenz in deutlicher Parallele zur Struktur des Rechtfertigungsmerkmals bei steuerlichen Beihilfen steht, bei dem die Systemkonsequenz selbst die Prüfungsformel darstellt. Somit ergibt sich aber auch hier die gleiche Problematik in Bezug auf den inhaltlichen Gehalt der Rechtfertigungsformel: Denn eine Systemkonsequenz ist denklogisch weder von vorneherein auf Fälle mit einer unmittelbaren Verknüpfung von Vor- und Nachteilen für ein und dieselbe Person beschränkt, noch ist eine solche Verknüpfung stets Ausdruck anerkennenswerter steuerlicher Prinzipien. Da der EuGH in einigen Urteilen explizit und in Übereinstimmung mit den primärrechtlichen Rechtfertigungsansätzen auf zwingende Allgemeinwohlinteressen abstellt, ist insofern fraglich, warum diese Interessen *stets* nicht berücksichtigungsfähig sein sollen, wenn ein unmittelbarer persönlicher und sachlicher Zusammenhang zwischen einem steuerlichen Vorteil und einem ebensolchen Nachteil fehlt.

Ein Beispiel für die mangelhafte Handhabbarkeit und für die Ambivalenz (im Hinblick auf die Gemeinschaftsziele) des Kohärenzkriteriums in seiner bisherigen Ausprägung: Der Ansatz im Fall „*Wielockx*"[1295], nach der die Beurteilung des relevanten steuerlichen Zusammenhangs unter Einbeziehung der betreffenden Regelungen in DBA des betroffenen Mitgliedstaats erfolgt, verdient durchaus Zustimmung. Im Vergleich der Entscheidungen „*Bachmann*"[1296] und „*Wielockx*" wird aber deutlich, dass hier bei gleichem Sachzusammenhang im Ergebnis derjenige Mitgliedstaat begünstigt wurde, der bisher *weniger* für eine Regelung zwischenstaatlicher Sachverhalte getan hatte. Dies spricht dafür, dass die Ausrichtung der Rechtfertigungsprüfung an allgemeinen steuerlichen Prinzipien bzw. Erwägungen (in diesem Fall: der *generellen* Möglichkeit einer Wahrung der steuerlichen Interessen im Wege entsprechender Vereinbarungen über DBA) gegenüber einer mitgliedstaatsinternen Kohärenzprüfung zu sachgerechteren Ergebnissen führen könnten.

[1294] *Cordewener*, S. 828.

[1295] EuGH, Urteil vom 11. August 1995 in der Rs. C-80/94 („*Wielockx*"), Slg. 1995, I-2493.

[1296] EuGH, Urteil vom 28. Januar 1992 in der Rs. C-204/90, Slg. 1992, I-249; Rn. 21 ff.

Insgesamt ist festzustellen, dass der EuGH auch hinsichtlich der Möglichkeiten einer materiellrechtlichen Rechtfertigung bestimmter Maßnahmen der Mitgliedstaaten nicht über einen Ansatz hinausgelangt ist; dieser Ansatz bietet sowohl hinsichtlich seiner inhärenten Begrenztheit (unmittelbarer sachlicher und persönlicher Zusammenhang zwischen steuerlichem Vor- und Nachteil bei demselben Steuerpflichtigen) als auch in Bezug auf seine generelle Eignung als sachgerechtem Bewertungsmaßstab sowie in Bezug auf seine mangelnde Greifbarkeit und Handhabbarkeit Anlass zu der dargestellten Kritik.

C. Vergleich: das steuerliche Sekundärrecht (direkte Steuern) – Ausdruck materieller steuerlicher Prinzipien?

I. Überblick

Die Rechtsprechung des EuGH zu diskriminierenden Maßnahmen im Bereich der direkten Steuern lässt erkennen, dass steuerliche Maßnahmen durch zwingende Allgemeinwohlinteressen gerechtfertigt werden können, dass dies sowohl für verfahrens- wie auch für materiellrechtliche Aspekte gilt, und dass dabei stets der Verhältnismäßigkeitsgrundsatz zu beachten ist. Obwohl bereits diese einfachen Prinzipien gegenüber der Rechtfertigungstheorie im Bereich steuerlicher Beihilfen eine wesentliche Konkretisierung darstellen, bleibt weiter offen, ob bzw. welche materiell steuerlichen Kriterien als inhaltliche Vorgaben eine Rechtfertigung steuerlicher Maßnahmen gegenüber dem Gemeinschaftsrecht bewirken könnten. Da den Mitgliedstaaten weiterhin die Ausgestaltung ihrer Steuerrechtsordnungen obliegt, kann eine gemeinschaftsrechtliche Beurteilung die in den nationalen Steuerrechtsordnungen grundsätzlich nicht als „gut" oder „schlecht" beurteilen. Sofern die Mitgliedstaaten – im Bereich der direkten Steuern zwingend einstimmig – übereinstimmend bestimmte Wertungen in das Gemeinschaftsrecht integriert haben, können diese Wertungen jedoch möglicherweise herangezogen werden.

Da das Vorgehen der Kommission gegen steuerliche Beihilfen faktisch – wenn auch bisher (mit Ausnahme des Bereichs schädlicher Steuerwettbewerb) nicht strategisch – einen Bestandteil der gemeinschaftlichen Strategie bei der Unternehmensbesteuerung darstellt, wird in diesem Abschnitt versucht, Standpunkt und Gesamtzusammenhang der gemeinschaftlichen Tätigkeit in diesem Bereich zusammenfassend darzustellen, um die Bewertung im relevanten sachlichen Zusammenhang vornehmen zu können[1297] und allgemeine – idealerweise mate-

[1297] Für einen Überblick hinsichtlich der angenommenen und vorgeschlagenen Rechtsakte der EU im Bereich der direkten Steuern siehe die dreisprachige Textsammlung der Universität Leiden (deutsch, englisch, französisch), *van Raad* (Hrsg.), Materials on International & EC Tax Lax (Band 2: EC Tax Law). Siehe auch den Bericht der Kommission selbst über die Entwicklung von 1997 bis 2001: „*Tax Harmonisation in the Community – Measures Adopted*

rielle – Besteuerungsgrundsätze zu identifizieren, die auf Gemeinschaftsebene anerkannt sind.

1. Materielles Steuerrecht – bisherige Maßnahmen der Gemeinschaft im Bereich der direkten Steuern

Auf Initiative der Europäischen Kommission wurden bereits in den sechziger und siebziger Jahren verschiedene Gutachten in Auftrag gegeben, die eine Harmonisierung der Körperschaftsteuersysteme der Mitgliedstaaten favorisierten.[1298] Ein Vorschlag der Kommission im Jahre 1975 zur Vereinheitlichung der Körperschaftsteuersätze stieß jedoch auf den überwiegenden Widerstand der Mitgliedstaaten. Gleiches widerfuhr dem in den achtziger Jahren erfolgten Bestreben zu einer Vereinheitlichung der Kapitalertragsteuern.[1299] Die folgenden Vereinheitlichungsansätze der Kommission im Bereich der direkten Unternehmenssteuern waren demzufolge weniger ambitioniert und konzentrierten sich stattdessen auf (vermeintlich) konsensfähige Teilfragen.[1300] So wurden im Jahre 1990 zunächst die Leitlinien zur Unternehmensbesteuerung[1301] angenommen.

a) Leitlinien zur Unternehmensbesteuerung

Im Rahmen dieses Reformpakets wurden drei Maßnahmen verabschiedet, welche erstmals gemeinschaftsweite Regelungen für den *materiellrechtlichen* Bereich der direkten Steuern zur Folge hatten:

---

and Proposed" (TAXUD/2904/ 2001). Ausführlich: *Genschel*, S. 156 ff (s.a. S. 128 ff); *Kellersmann/Treisch*, S. 87 ff und S. 208 ff; *Jacobs*, S. 156 ff; *Voß*, in *Dauses*, Buchstabe J, Rn. 105 ff. Siehe für einen Überblick über die jüngere Entwicklung: *de Weerth*, RIW 2001, 443 ff; *ders.*, RIW 2003, 131 ff; *Laule*, ZEuS 2002, 381 ff; *Oestreicher*, StuW 2002, 342 ff.

[1298] Europäische Kommission: Bericht des Steuer- und Finanzausschusses an den Rat (nach dem Vorsitzenden des Ausschusses, Neumark, benannt), *Neumark*-Bericht (1962); *van den Tempel*-Bericht (1970).

[1299] Vgl. *Bach*, in *Müller/Fromm/Hansjürgens*, S. 105 ff [S. 117 ff].

[1300] Die Harmonisierung der Körperschaftsteuer wurde ein weiteres Mal im sog. *Ruding*-Bericht (1992) (*Ruding*-Komitee, „*Report of the Committee of Independent Experts on Company Taxation*") favorisiert (vereinheitlichter Steuersatz zwischen 30 und 40 %, Vereinheitlichung der Bemessungsgrundlage), fand jedoch auch diesmal nicht die Unterstützung der Mehrzahl der Mitgliedstaaten. Siehe hierzu *Saß*, DB 1993, 113 ff.

[1301] Mitteilung der Kommission an das Europäische Parlament und den Rat über Leitlinien zur Unternehmensbesteuerung (SEK(1990)601 endg.) vom 18. Mai 1990.

aa) Fusionsrichtlinie

Die Fusionsrichtlinie[1302] regelt einen speziellen Teilaspekt der körperschaftsteuerlichen Gewinnermittlung. Sie stellt eine spezialgesetzliche Ausprägung der Niederlassungsfreiheit dar[1303] und soll als solche verhindern, dass aufgrund bestimmter gesellschaftsrechtlicher Umgestaltungen (sog. Umwandlungen), die sich steuerlich in mehreren Mitgliedstaaten auswirken, eine (End-)Versteuerung aufgedeckter stiller Reserven bei der untergehenden Körperschaft stattfindet.[1304] Sie konkretisiert somit das von der Kommission auch im Beihilferecht grundsätzlich anerkannte Prinzip der Besteuerungsneutralität in Bezug auf Umwandlungstatbestände, wie es in der beihilferechtlichen Entscheidung „*Unternehmen der Daseinsvorsorge Italien*“ als Rechtfertigung anerkannt wurde.[1305] Die Fusionsrichtlinie sieht außerdem die Aufrechterhaltung bzw. Übertragung von Verlustvorträgen vor.[1306] Sie vereinheitlicht dabei nicht die nationalen Vorschriften zur Gewinnbesteuerung der erfassten Gesellschaften, schiebt aber die gewinnwirksame Erfassung der durch die Umwandlung bewirkten Vermögensumschichtungen auf einen späteren Zeitpunkt hinaus bzw. sichert die fortbestehende steuerliche Anrechenbarkeit von Verlusten. Dies hat einen positiven Effekt auf Umwandlungen zwischen Gesellschaften verschiedener Mitgliedstaaten, da die Richtlinie auf diese Weise steuerliche Hindernisse für innergemeinschaftliche Investitionen beseitigt.[1307]

[1302] Richtlinie 90/434/EWG des Rates vom 23. Juli 1990 über das gemeinsame Steuersystem für Fusionen, Spaltungen, die Einbringung von Unternehmensteilen und den Austausch von Anteilen, die Gesellschaften verschiedener Mitgliedstaaten betreffen (ABl. L 225 vom 20. August 1990, 1; mehrfach geändert; s. hierzu die Internetseite der GD Steuern und Zollunion, < www.europa.eu.int/comm/taxation_customs/taxation/company_tax/mergers_directive/index_en.htm >). Siehe hierzu *Fantozzi*, in *Beisse* u.a., Festschrift für Beusch, 167 ff [174 ff]; *Herzig/Förster*, DB 1994, 1 ff; *Jacobs*, S. 168 ff; *Kellermann/Treisch,*, S. 220 ff; *Saß*, DB 1990, 2340 ff; *Tumpel*, in *Pelka*, S. 321 ff [S. 338 f]; *Voß,* in *Dauses*, Band 2, Buchstabe J, Rn. 110 ff.

[1303] *Knobbe-Keuk*, DB 1991, 298 ff.

[1304] *Tumpel,* in *Pelka*, S. 321 ff [S. 338 f; S. 367 ff].

[1305] Entscheidung vom 5. Juni 2002 (ABl. L 77 vom 24. März 2003, 21).

[1306] Die Umsetzung der Richtlinienvorgaben für Deutschland erfolgte in § 23 des Umwandlungsteuergesetzes (UmwStG).

[1307] *Debatin*, DB 1991, 947 ff; *Saß*, DB 1990, 2340 ff; *Voß*, StuW 1993, 155 ff; Zu den durch die Richtlinie nicht gelösten Problemen äußert sich die Kommission selbst u.a. in ihrer Studie „Unternehmensbesteuerung im Binnenmarkt“ (SEK(2001)1681) Anhang, Rn. 41 ff. Zu den von der Kommission vorgelegten Änderungsvorschlägen siehe KOM(93)293, sowie IP/01/1468 vom 23. Oktober 2001.

bb) Mutter-Tochter-Richtlinie

Auch die Mutter-Tochter-Richtlinie[1308] betrifft einen Teilaspekt der Besteuerung von bestimmten, im Anhang der Richtlinie genannten Körperschaften, nämlich die Besteuerung grenzüberschreitend ausgeschütteter Gewinne, und trägt zur Vermeidung von Doppelbesteuerung im Zusammenhang mit grenzüberschreitenden Investitionen bei. Aus der beihilferechtlichen Untersuchungspraxis der Kommission steht z.B. die Entscheidung „*Auslandseinkünfte Irland*"[1309] in diesem Kontext. Schüttet eine Tochtergesellschaft an ihre Muttergesellschaft mit Sitz in einem anderen Mitgliedstaat eine Dividende aus, so wurde diese idR. in beiden Mitgliedstaaten versteuert: im Sitzstaat der Tochtergesellschaft werden Ertrags- und Quellensteuer erhoben, im Sitzstaat der Muttergesellschaft wiederum Ertragsteuer. Die Regelungen der Mutter-Tochter-Richtlinie verhindern in ihrem Anwendungsbereich eine solche Mehrfachbesteuerung im Bereich der grenzüberschreitenden Dividendenausschüttungen der Tochter- an die Muttergesellschaft, indem sie unter bestimmten Voraussetzungen eine Freistellung von der Quellenbesteuerung im Sitzstaat der Tochtergesellschaft, sowie im Sitzstaat der Muttergesellschaft die steuerliche Freistellung oder Anrechnung festlegen (davon unberührt bleibt die Ertragsteuerpflicht der Muttergesellschaft in ihrem Sitzstaat).[1310]

cc) Übereinkommen zur Gewinnberichtigung (Schiedsübereinkommen)

Auch das zusammen mit den o.g. Richtlinien verabschiedete Übereinkommen zur Gewinnberichtigung[1311] soll eine Doppelbesteuerung bestimmter grenzüberschreitender Sachverhalte verhindern.[1312] Das Abkommen betrifft den sachlichen

---

[1308] Richtlinie 90/435/EWG des Rates vom 23. Juli 1990 über das gemeinsame Steuersystem der Mutter- und Tochtergesellschaften verschiedener Mitgliedstaaten, ABl. L 225 vom 20. August 1990, 6 ff, berichtigt durch ABl. Nr. L 266 vom 28. September 1990, 20 (mehrfach geändert; s. hierzu die Internetseite der GD Steuern und Zollunion, < www.europa.eu.int/comm/taxation_customs/taxation/company_tax/parents-subsidiary_directive/index_en.htm >). S. *Fantozzi*, in *Beisse* u.a., Festschrift für Beusch, 167 ff [173 ff]; *Jacobs*, S. 162 ff; *Kellermann/Treisch*, S. 208 ff; *Mattausch*, in *Beisse* u.a., S. 557 [S. 563 f]; *Saß*, DB 1990, 2340 ff; *Voß*, in *Dauses*, Band 2, Buchstabe J, Rn. 136 ff.

[1309] Entscheidung der Kommission vom 17. Februar 2003 (ABl. L 204 vom 13. August 2003, 51).

[1310] Kritisch zur Mutter-Tochter-Richtlinie *Tumpel*, in *Pelka*, S. 321 ff [S. 335 f]. Vgl. auch die Kritik der Kommission selbst, KOM(93)293, sowie IP/01/1468 vom 23. Oktober 2001 und IP/03/1214 vom 8. September 2003.

[1311] Auch Schiedsübereinkommen oder Schlichtungsverfahrensübereinkommen genannt; Übereinkommen 90/436/EWG der Mitgliedstaaten vom 23. Juli 1990 über die Beseitigung der Doppelbesteuerung im Falle von Gewinnberichtigungen zwischen verbundenen Unternehmen, ABl. L 225 vom 20. August 1990, 10 ff; Geltung verlägert. S. hierzu die Internetseite der GD Steuern und Zollunion, < www.europa.eu.int/comm/taxation_customs/taxation/company_tax/transfer_pricing/arbitration_convention/index_en.htm >). Siehe hierzu Fantozzi, in *Beisse* u.a., Festschrift für Beusch, S. 167 ff [S. 188 ff]; *Kellersmann/Treisch*, S. 232 ff; *Mattausch*, in *Beisse* u.a, S. 557 [S. 565 f]; *Voß*, in *Dauses*, Band 2, Buchstabe J, Rn. 146 ff.

[1312] *Tumpel*, in *Pelka*, S. 321 ff [S. 337 ff].

Bereich konzerninterner Verrechnungspreise, in dessen Kontext die Kommission eine Reihe von Maßnahmen einer beihilferechtlichen Untersuchung unterzogen hat.[1313] Es enthält aber keine materiellen Bewertungsmaßstäbe oder -kriterien für Transferpreise[1314], seine Bedeutung ist aber dennoch nicht nur verfahrensrechtlicher Art: Bei der Gewinnberichtigung im Zusammenhang mit Verrechnungspreisen zwischen verbundenen Unternehmen soll vielmehr gewährleistet werden, dass diese von den Steuerbehörden der beteiligten Mitgliedstaaten kongruent durchgeführt wird, dass also Gewinnerhöhungen durch die Steuerbehörden des einen Mitgliedstaates in entsprechender Höhe gewinnmindernd durch die Steuerbehörden des anderen Mitgliedstaates berücksichtigt werden.[1315]

b) „Steuerpaket"

Den zweiten Akt im Rahmen der Harmonisierung der direkten Steuern der EU bildet das sog. „Steuerpaket"[1316], in dessen Rahmen die Europäische Kommission im Jahre 1997 weitere Reformvorhaben vorgelegt hat.

aa) Verhaltenskodex für die Unternehmensbesteuerung

Politische Einigkeit konnte im Rahmen des drei Komponenten umfassenden Steuerpakets zunächst nur bezüglich des Verhaltenskodex für die Unternehmensbesteuerung erzielt werden, der *als Vorschlag* bereits 1997 angenommen wurde.[1317] Während die vorgenannten Regelungen jeweils spezielle, eng begrenzte Teilbereiche der Unternehmensbesteuerung betreffen, stellt der im Jahre 1997 als Vorschlag angenommene Verhaltenskodex[1318] die erste gemeinsame Maßnahme dar, die in allgemeingültiger und umfassender Weise bestimme ein-

---

[1313] Vgl. exemplarisch die Entscheidungen „*Kontroll- und Koordinierungszentren Deutschland*" (Entscheidung vom5. September 2002, ABl. L 177 vom 16. Juli 2003, 17); „*Koordinierungszentren Luxemburg*" (Entscheidung vom 16. Oktober 2002, ABl. L 170 vom 9. Juli 2003, 20).

[1314] Insofern orientieren sich sowohl die Unternehmen, als auch die Finanzverwaltungen und die EU selbst an den Erkenntnissen und Empfehlungen der OECD (der sowohl die Mitgliedstaaten als auch die Gemeinschaft selbst angehören), was auch in den beihilferechtlichen Entscheidungen der Kommission regelmäßig zum Ausdruck gebracht wird.

[1315] Das Schiedsübereinkommen ist kein Bestanteil des sekundären Gemeinschaftsrechts, sondern ein völkerrechtlicher Vertrag auf der Grundlage des Art. 293 EG, (Wirksamkeit erst infolge Ratifizierung durch die Regierungen der Mitgliedstaaten). Die rechtlichen Überprüfungskompetenzen der Gemeinschaftsorgane (insbesondere des EuGH) hinsichtlich des Übereinkommens sind im Vergleich zu Rechtsakten der Gemeinschaft eingeschränkt. S. *Kellersmann/Treisch*, S. 233.

[1316] Hierzu: *Mueller*, IWB 2003, 530 ff; Kommission, Mitteilung vom 5. November 1997 an den Rat und das Europäische Parlament betreffend das Maßnahmepaket zur Bekämpfung des schädlichen Steuerwettbewerbs in der EU (KOM(97)564 endg.).

[1317] Vgl. insoweit die (retrospektive) Darstellung in IP/03/787 vom 3. Juni 2003.

[1318] ABl. C 2 vom 6. Januar 2003, 3 ff.

heitliche Kriterien für eine „schädliche“ Unternehmensbesteuerung, mithin *allgemeine* steuerwettbewerbspolitische Grundsätze aufgestellt hat.[1319]

Neben dem Verhaltenskodex waren zwei – zunächst gescheiterte, nach sechsjährigem politischen Tauziehen aber im Rat angenommene – Richtlinienvorschläge Gegenstand des Steuerpakets[1320]:

bb) Richtlinie zur Besteuerung von Zinsen und Lizenzgebühren

Die Richtlinie zur Besteuerung von Zinsen und Lizenzgebühren zwischen verbundenen Unternehmen[1321] soll gewährleisten, dass eine Besteuerung nur im Sitzstaat des Darlehens- bzw. Lizenzgebers erfolgt[1322]; wie bei der Mutter/Tochter-Richtlinie und dem Schiedsübereinkommen ist die Objektive auch hier die Vermeidung einer Mehrfachbesteuerung grenzüberschreitender Sachverhalte zwischen verbundenen Unternehmen durch Abschaffung der Quellensteuer.[1323] Beihilferechtliche Entscheidungen in diesem Sachzusammenhang stellen die Fälle „*Finanzverwaltungszentralen Frankreich*“[1324] und „*Finanzierungsgesellschaften Luxemburg*“[1325] dar.

cc) Zins-Richtlinie

Die Zins-Richtlinie[1326] ist nicht unternehmensspezifisch, sondern betrifft die Besteuerung von Zinsen auf Kapitalerträge, die ein Steuerpflichtiger in einem Mitgliedstaat erwirtschaftet, in dem er mangels Ansässigkeit nicht der unbeschränkten Steuerpflicht unterliegt.[1327] Die bezüglich dieser Richtlinie überraschend erzielte Einigung sieht zwischen den meisten Mitgliedstaaten ein umfas-

---

[1319] S. auch für den Verhaltenskodex die Internetseite der GD Steuern und Zollunion, < www.europa.eu.int/comm/taxation_customs/taxation/company_tax/harmful_tax_practices/index_en.htm >). Der Verhaltenskodex und seine Bedeutung für den Kontext steuerlicher Beihilfen werden in Kapitel 6 dieser Arbeit untersucht.

[1320] Siehe IP/03/787 vom 3. Juni 2003.

[1321] Richtlinie 2003/49/EG des Rates vom 3. Juni 2003 über eine gemeinsame Steuerregelung für Zahlungen von Zinsen und Lizenzgebühren zwischen verbundenen Unternehmen verschiedener Mitgliedstaaten, ABl. L 157 vom 26. Juni 2003, 49 ff (infolge der Beitrittsakte geändert, s. hierzu die Internetseite der GD Steuern und Zollunion, < www.europa.eu.int/comm/taxation_customs/taxation/company_tax/interests_royalties/index_en.htm >).

[1322] Siehe hierzu *Tumpel*, in *Pelka*, S. 321 ff [S. 336 ff].

[1323] Die Richtlinie tritt mit Ablauf des Jahres 2003 in Kraft, es gelten jedoch Übergangsvorschriften für Griechenland, Portugal und Spanien.

[1324] Entscheidung der Kommission vom 11. Dezember 2002 (ABl. L 330 vom 18. Dezember 2003, 23).

[1325] Entscheidung der Kommission vom 16. Oktober 2002 (ABl. L 153 vom 20. Juni 2003, 40).

[1326] Richtlinie 2003/48/EG des Rates vom 3. Juni 2003 im Bereich der Besteuerung von Zinserträgen, ABl. L 157 vom 26. Juni 2003, 38 ff (s. hierzu die Internetseite der GD Steuern und Zollunion, < www.europa.eu.int/comm/taxation_customs/taxation/personal_tax/savings_tax/index_en.htm >).

[1327] Sog. grenzüberschreitende Zinsbesteuerung.

sendes, automatisiertes Meldesystem (mit der Folge einer ausschließlichen Besteuerung der Kapitalerträge im Ansässigkeitsstaat des Steuersubjekts) vor und bestimmt für einige Mitgliedstaaten[1328] stattdessen übergangsweise eine Pflicht zur Erhebung einer Quellensteuer (und zu anteiliger Abführung der eingenommenen Steuer an den betreffenden Sitzstaat). Neben dem Verhaltenskodex ist diese Richtlinie die zweite Maßnahme der Gemeinschaft im Bereich der direkten Steuern, die nicht nur der Vermeidung einer Mehrfachbesteuerung bestimmter grenzüberschreitender unternehmerischer Sachverhalte (im Interesse der betroffenen Unternehmen) dient, sondern die eine allgemeine steuerwettbewerbsrechtliche Zielsetzung verfolgt[1329]: Durch die Gewährleistung der Zinsbesteuerung im Sitzstaat soll verhindert werden, dass die unterschiedlichen Regelungen der Mitgliedstaaten zur Besteuerung von Kapitalerträgen einen Anreiz zur Kapitalflucht aus „Hochsteuerländern" bieten und dort das Steueraufkommen verkürzen.

c) Bilanzrichtlinien und -verordnungen

Gestützt auf die Vorschrift des Art. 44 Abs. 2 lit. g EG[1330] sind bereits zahlreiche Richtlinien[1331], gestützt auf Art. 95 EG sind zwei Verordnungen[1332] zur Ver-

---

[1328] Dies sind Belgien, Luxemburg und Österreich.

[1329] In diesem Sinne auch *Kellersmann/Treisch*, Europäische Unternehmensbesteuerung, 91.

[1330] Bzw. auf Art. 54 Abs. 3 lit. g EGV.

[1331] Die sog. Bilanzrichtlinie (4. Richtlinie 78/660/EWG des Rates vom 25. Juli 1978 über den Jahresabschluss von Gesellschaften bestimmter Rechtsformen, ABl. L 222 14. August 1978, 11) regelt im Wesentlichen die Bewertung der Abschlussposten sowie Inhalt und Aufbau und Prüfung des Jahresabschlusses bei Kapitalgesellschaften (Anwendbarkeit erweitert durch die sog. Mittelstandsrichtlinie [Richtlinie 90/605/EWG des Rates vom 8. November 1990, ABl. L 317 vom 16. November 1990, 57] und durch die sog. GmbH & Co. KG-Richtlinie [Richtlinie 90/604/EWG vom 8. November 1990, ABl. L 317 vom 16. November 1990, 60]). Die Konzernbilanzrichtlinie (7. Richtlinie 83/349/EWG des Rates vom 13. Juni 1983 über den konsolidierten Abschluss, ABl. L 193 vom 18. Juli 1983, 1) regelt den konsolidierten Jahresabschluss und den Lagebericht verbundener Unternehmen (und wird durch die o.g. Mittelstandsrichtlinie und die GmbH & Co. KG-Richtlinie modifiziert). Die Richtlinie 86/635/EWG des Rates vom 8. Dezember 1986 über den Jahresabschluss und den konsolidierten Abschluss von Banken und anderen Finanzinstituten (ABl. L 372 vom 31. Dezember 1986, 1) und die Richtlinie 91/674/EWG des Rates vom 19. Dezember 1991 über den Jahresabschluss und den konsolidierten Abschluss von Versicherungsunternehmen (ABl. L 374 vom 31. Dezember 1991) enthalten sektorspezifische Ausnahmeregelungen. Die sog. Publizitätsrichtlinie (1. Richtlinie 68/151/EWG des Rates vom 9. März 1968 zur Koordinierung der Schutzbestimmungen, die in den Mitgliedstaaten den Gesellschaften im Sinne des Artikels 58 Absatz 2 des Vertrages im Interesse der Gesellschafter sowie Dritter vorgeschrieben sind, um diese Bestimmungen gleichwertig zu gestalten, ABl. L 65 vom 14. März 1968, 8) hat bilanzrechtlich nur insoweit Bedeutung, als sie in Art. 2 Abs. 1 lit. f die Offenlegung (Publizität) der Jahresabschlussdaten vorschreibt. Die Zweigniederlassungsrichtlinie (11. Richtlinie 89/666/EWG des Rates vom 21. Dezember 1989 über die Offenlegung der Zweigniederlassungen, die in einem Mitgliedstaat von Gesellschaften bestimmter Rechtsformen errichtet wurden, die dem Recht eines anderen Staates unterliegen, ABl. L 395 vom 30. Dezember 1989, 36) ist ebenfalls nur hinsichtlich der Publizität von (mittelbarer) Bedeutung für das Bilanzrecht. Für einen

einheitlichung der *handelsrechtlichen* Bilanzierungsvorschriften ergangen, die keine steuerliche Zielsetzung haben, sich aber auch diesbezüglich auswirken: Zwar enthält das Gemeinschaftsrecht keine Vorgaben für die Mitgliedstaaten über eine Anknüpfung der steuerlichen Gewinnermittlung an die handelsrechtlichen Gewinnermittlungsvorschriften; eine solche Maßgeblichkeit der Handels- für die Steuerbilanz besteht aber in den meisten EU-Staaten nach nationalem Recht, d.h. die ertragsteuerliche Gewinnermittlung ist für die Steuerbilanz maßgeblich.[1333] Eine Harmonisierung im Bereich des Handelsbilanzrechts führt in diesen Mitgliedstaaten so zu einer mittelbaren Harmonisierung der ertragsteuerlichen Gewinnermittlung bzw. der ertragsteuerlichen Bemessungsgrundlage.[1334] Das Maßgeblichkeitsprinzip ist zentraler Bestandteil der gegenwärtigen Bestrebungen der Kommission zur Schaffung einer einheitlichen körperschaftsteuerlichen Bemessungsgrundlage.[1335]

2. Verfahrensrecht - bisherige Maßnahmen der Gemeinschaft

Ein gemeinschaftsrechtlich vereinheitlichtes oder auch nur angenähertes Steuerverfahrensrecht gibt es nicht. Besondere gemeinschaftsrechtlich geregelte Verfahrensvorschriften existieren lediglich im Bereich der Umsatzsteuer und der (besonderen) Verbrauchsteuern, sowie im Zollrecht. Für die direkten Steuern sind die Besteuerungsverfahren ausschließlich nationalrechtlich kodifiziert, die Tätigkeit der Gemeinschaft in diesem Bereich beschränkt sich bisher auf die Festlegung von Grundsätzen für eine Kooperation der Steuerbehörden der Mitgliedstaaten.

a) Amtshilfe-Richtlinie

Bereits in den siebziger Jahren hat der Rat eine Richtlinie betreffend die Amtshilfe der Steuerbehörden im Bereich der direkten Steuern angenommen[1336] und

---

Gesamtüberblick aller handelsrechtlich relevanten Richtlinien inklusive ihrer Änderungen siehe *Behrens*, in *Dauses*, Buchstabe E III, Rn. 18 ff.

[1332] Verordnung (EG) Nr. 1606/2002 des Europäischen Parlaments und des Rates vom 19. Juli 2002 betreffend die Anwendung internationaler Rechnungslegungsstandards, ABl. L 243 vom 11. September 2002, 1. Verordnung (EG) Nr. 1725/2003 der Kommission vom 29. September 2003 betreffend die Übernahme bestimmter internationaler Rechnungslegungsstandards in Übereinstimmung mit der Verordnung (EG) Nr. 1606/2002, ABl. L 261 vom 13. Oktober 2003, 1. Vgl. bezüglich des Bestrebens der Kommission zur Übernahme der Internationalen Bilanzierungsstandards (IAS) die Rede von Kommissar *Bolkestein* an der Universität Leiden am 29. November 2002 (SPEECH/02/598).

[1333] *Jacobs*, S. 104, m.w.N.

[1334] *Kellersmann/Treisch*, S. 263 ff; *Hertzig/Rieck*, IStR 1998, 309 [317]; *Zorn*, in *Pelka*, S. 249.

[1335] KOM(2003)726 endg., 21.

[1336] Richtlinie 77/799/EWG vom 19. Dezember 1977 über die gegenseitige Amtshilfe zwischen den zuständigen Behörden bei den direkten Steuern, ABl. L 336 vom 27. Dezember 1977, 15, geändert u.a. durch die Richtlinie 2003/93/EG des Rates vom 7. Oktober 2003 zur Änderung der Richtlinie 77/799/EWG, ABl. L 264 vom 15. Oktober 2003.

deren Anwendungsbereich durch eine weitere Richtlinie auf den Bereich der Umsatzsteuer erweitert.[1337] Eine Erstreckung auf die wichtigsten Verbrauchsteuern erfolgte erst wesentlich später durch die sog. System-Richtlinie[1338] sowie für die Versicherungssteuern.[1339] Die enthaltenen Regelungen sollen durch gegenseitige behördliche Auskunftspflichten und -verfahren eine zutreffende Feststellung der Steuer erleichtern und namentlich der Steuerhinterziehung bzw. -flucht entgegenwirken.[1340]

b) Beitreibungs-Richtlinie

Auch hinsichtlich einer Zusammenarbeit der Mitgliedstaaten bei der Durchsetzung von Steuerforderungen wurde bereits in den siebziger Jahren eine Richtlinie angenommen, die für direkte und indirekte Steuern Geltung hat.[1341] Im Bereich der Umsatzsteuer wurde erst im Jahre 1992 ein durch Verordnung geregeltes System bezüglich der Zusammenarbeit der Steuerbehörden der Mitgliedstaaten beim Austausch relevanter Informationen über innergemeinschaftliche Umsätze eingeführt[1342]; dieses erklärt sich aus dem materiellen Recht, da ein zwischenstaatlicher Informationsaustausch wegen der Besteuerung nach dem Bestimmungslandprinzip zur Überwachung zwingend erforderlich ist. Durch diese Zusammenarbeit wird das ansonsten unterschiedliche nationale Verfahrensrecht aber lediglich um einen einheitlichen Teilaspekt ergänzt.[1343]

[1337] Richtlinie 79/1070/EWG des Rates vom 6. Dezember 1979, ABl. L 331 vom 27. Dezember 1979, 8.

[1338] Richtlinie 92/12/EWG des Rates über das allgemeine System, den Besitz, die Beförderung und die Kontrolle verbrauchsteuerpflichtiger Waren vom 25. Februar 1992, ABl. L 76 vom 23. März 1992, 1 ff; geändert u.a. durch Richtlinie 92/108/EWG vom 14. Dezember 1992, ABl. L 390 vom 31. Dezember 1992, 124, sowie durch Richtlinie 2000/47/EG vom 20. Juli 2000, ABl. L 193 vom 29. Juli 2000, 73.

[1339] Richtlinie 2003/93/EG des Rates vom 7. Oktober 2003 zur Änderung der Richtlinie 77/799/EWG über die gegenseitige Amtshilfe zwischen den zuständigen Behörden der Mitgliedstaaten im Bereich der direkten und indirekten Steuern, ABl. L 264 vom 15. Oktober 2003, 23.

[1340] In Deutschland umgesetzt durch das EG-Amtshilfe-Gesetz vom 19.Dezember 1985 (BGBl. I, 2436). Siehe zur Umsetzung in deutsches Recht *Voß*, in *Dauses*, Rn. 334 zu Abschnitt J.

[1341] Richtlinie 76/308/EWG des Rates vom 15. März 1976 über die gegenseitige Unterstützung bei der Beitreibung von Forderungen in Bezug auf bestimmte Abgaben, Zölle, Steuern und sonstige Maßnahmen (geändert u.a. durch Richtlinie 2001/44/EG vom 15. Juni 2001, ABl. L 175 vom 28. Juni 2001, 17). In Deutschland umgesetzt durch das EG-Beitreibungs-Gesetz vom 3. Mai 2003 (BGBl. I, 654).

[1342] Verordnung (EWG) Nr. 218 des Rates über die Zusammenarbeit der Verwaltungsbehörden der Mitgliedstaaten auf dem Gebiet der indirekten Besteuerung (Mehrwertsteuern) vom 27. Januar 1992, ABl. L 24 vom 1. Februar 1992, 1, nunmehr aufgehoben durch die Verordnung (EG) Nr. 1789/2003 des Rates vom 7. Oktober 2003 über die Zusammenarbeit der Verwaltungsbehörden auf dem Gebiet der Mehrwertsteuer und zur Aufhebung der Verordnung (EWG) Nr. 218/92, ABl. L 264 vom 15. Oktober 2003, 1.

[1343] Eine gewisse Vereinheitlichung des Verfahrensrechts ergibt sich jedoch für die Einfuhrumsatzsteuer und im Zusammenhang von mit der Einfuhr erhobene Verbrauchsteuern, sofern

c) Fiscalis-Programm

Mit Entscheidung vom 30. März 1998 haben das Europäische Parlament und der Rat ergänzend das sog. *Fiscalis*-Programm[1344] verabschiedet, welches zunächst für den Zeitraum 1998 bis 2002 und nur für indirekte Steuern galt und mit Entscheidung vom 3. Dezember 2002[1345] unter Ausweitung auf die direkten Steuern bis 2007 neu aufgelegt worden ist.[1346] Das *Fiscalis*-Programm umfasst Kommunikation und Informationsaustausch zwischen den nationalen Steuerbehörden, „multilaterale Prüfungen", Seminare, Austausch- und Schulungsmaßnahmen sowie ähnliche Tätigkeiten, lässt aber das nationale Verfahrensrecht in seinem Bestand völlig unberührt.

II. Zwischenergebnis

Die Auswertung des sekundären Gemeinschaftsrechts im Kontext der direkten Steuern erweist sich ebenfalls als nicht besonders ergiebig im Hinblick auf immanente steuerliche Leitprinzipien. Nur der Fusions-Richtlinie kann das materiellrechtliche Prinzip der Neutralität gesellschaftlicher Umstrukturierungen (Umwandlungen) entnommen werden. Die Mutter-Tochter-Richtlinie und die Richtlinie zur Besteuerung von Zinsen und Lizenzgebühren exemplifizieren lediglich das bereits in Art. 293 EG zum Ausdruck kommende Prinzip der Vermeidung einer Doppelbesteuerung, welches auch in im Übereinkommen zur Gewinnberichtigung Berücksichtigung findet. Der Verhaltenskodex für die Unternehmensbesteuerung und die Zins-Richtlinie haben eine steuerwettbewerbspolitische Zielsetzung. Sie sollen der Faktordelokation (sprich dem steuerliche Abwerben von Steuersubjekten durch andere Mitgliedstaaten) und der Kapitalsteuerflucht entgegenwirken, beinhalten also ebenfalls keine materiellen Besteuerungsprinzipien im engeren Sinne.[1347] Alle sekundärrechtlichen Maßnahmen haben gemein, dass sie einstimmig von den Vertretern der Mitgliedstaaten angenommen worden sind. Die in ihnen enthaltenen (Selbst-)Beschränkungen der steuerlichen Kompetenzen der Mitgliedstaaten benötigen keinen Rechtfertigungsmaßstab.

---

aus Verweisungen des nationalen Rechts europäisches Zollverfahrensrecht anwendbar ist (vgl. § 21 Abs. 2 UStG); dies ist jedoch eine Entscheidung des nationalen Gesetzgebers und soll im genannten Fall die Festsetzung von Zoll und Einfuhrumsatzsteuer in einem einheitlichen Verfahren ermöglichen.

[1344] Entscheidung Nr. 888/98/EG des Parlaments und des Rates über ein gemeinschaftliches Aktionsprogramm zur Verbesserung der Systeme der indirekten Besteuerung im Binnenmarkt, ABl. L 126 vom 28. April 1998, 1.

[1345] Entscheidung Nr. 2235/2002/EG des Europäischen Parlaments und des Rates über ein gemeinschaftliches Aktionsprogramm zur Verbesserung der Funktionsweise der Steuersysteme im Binnenmarkt (*Fiscalis*-Programm 2003-2007), ABl. L 341 vom 17. Dezember 2002, 1.

[1346] Siehe zur positiven Bilanz betreffend das „erste" *Fiscalis*-Programm den Gemeinsamen Standpunkt des Europäischen Parlaments und des Rates, ABl. C 228E vom 25. September 2002, 34 ff.

[1347] Dem Verhaltenskodex können allerdings Ansätze für eine Besteuerung nach dem Äquivalenzprinzip entnommen werden.

Auch den Mitteilungen der Kommission zur unternehmenssteuerlichen Binnenmarktstrategie der Union können keine weiteren Anhaltspunkte entnommen werden.[1348] Erstaunlich ist, dass das Vorgehen der Kommission gegen steuerliche Beihilfen in diesen Mitteilungen, welche die allgemeine unternehmenssteuerliche Binnenmarktstrategie wiedergeben, keinerlei Erwähnung findet.

D. Direkte Steuern: Rechte und Interessen der Beteiligten

Nachdem sich die Entscheidungspraxis des EuGH zu steuerlichen Maßnahmen der Mitgliedstaaten und das Sekundärrecht im Bereich der direkten Steuern als nicht besonders ergiebig für materiell-steuerrechtliche Prinzipien erwiesen haben, wird in diesem Abschnitt abschließend die Frage aufgeworfen, ob und inwieweit sich aus den Rechten und Interessen der an der Besteuerung Beteiligten möglicherweise verallgemeinerbare Rückschlüsse ergeben.

I. Nationaler Kontext

1. Fiskalzweck versus Grundrechte im Rechtsstaat – das Erfordernis einer Belastungsrechtfertigung

Im nationalen Kontext steht das Besteuerungsinteresse des Staates den freiheits- und gleichheitsrechtlichen Grundrechten der Wirtschaftsteilnehmer gegenüber. Da die Besteuerung den Schutzbereich dieser Rechte berührt, muss als oberstes rechtsstaatliches Prinzip der Besteuerung zunächst das Gebot der Legalität der Besteuerung betrachtet werden. Von der Legalität ist die Legitimität, d.h. die sachliche Rechtfertigung des Besteuerungszugriffs zu unterscheiden:

> *„Der Rechtsstaat benötigt, um Rechtssicherheit gewährleisten zu können, Legalität; jedoch darf es sich nicht um eine Legalität beliebigen Inhalts handeln; erforderlich ist eine Legalität, die sich auf Rechtfertigung oder Legitimation gründet. Das heißt: Aus der Feststellung, dass Staat und Gemeinden für Gemeinwohlzwecke überhaupt Steuern erheben dürfen, ergibt sich nicht, dass sie beliebige Steuern erheben dürfen. Die Steuern müssen mit ihren Bemessungsgrundlagen an sachgerechte Prinzipien anknüpfen und diese konsequent umsetzen. Dadurch ist das Gestaltungsermessen ausgerichtet und begrenzt.“*

Aus dem Über-Unterordnungsverhältnis zwischen Staat und Steuersubjekt (Grundrechtsinhaber) folgt das zwingende Erfordernis einer sachlichen Rechtfertigung für steuerliche Maßnahmen.

[1348] Mitteilung zu den *„Prioritäten der Steuerpolitik in der EU in den nächsten Jahren“* (KOM (2001) 260 endg) vom 23. Mai 2001. Siehe auch die diesbezügliche Pressemitteilung der Kommission (IP/01/737) vom selben Tage. Diese Mitteilung behält – Wortlaut und Inhalt der nachfolgenden Mitteilung entsprechend – auch künftig ihre grundsätzliche Gültigkeit (vgl. die Mitteilung *„Ein Binnenmarkt ohne unternehmenssteuerliche Hindernisse – Ergebnisse, Herausforderungen, Initiativen“*, KOM(2003)726 endg. vom 24. November 2003).

„Belastungsgrund für alle Steuern ist der Finanzbedarf des Staates. Dieser [...] darf im Rechtsstaat aber nicht beliebig, er muss durch eine gerecht verteilte Gesamtsteuerlast gedeckt werden, d.h. vor allem: durch eine Steuerlastverteilung, die dem Gleichheitssatz entspricht. [...] Da Gleichheit den wesentlichen Inhalt der Gerechtigkeit ausmacht, lässt es sich auch so ausdrücken: Der Steuereingriff gewinnt seine Rechtfertigung aus der Gerechtigkeit des Eingriffs. Und Gerechtigkeit und Gleichheit [...] verlangen nach einem sachgerechten Prinzip oder Maßstab für den gerechten Steuereingriff. Der Belastungsgrund selbst gibt [...] noch keinen Rechtfertigungsgrund [...] ab.“[1349]

Als oberster sachlicher Grundsatz muss dementsprechend die Besteuerungsgerechtigkeit in Form der Besteuerungsgleichheit angesehen werden. Das Gebot der Besteuerungsgleichheit findet seine allgemein anerkannte Konkretisierung im Leistungsfähigkeitsprinzip, das teilweise auch als Verfassungsgrundsatz verankert ist.[1350] Im Gegensatz zum Kopfsteuerprinzip, nach dem jeder Steuerpflichtige, ob vermögend oder nicht, den gleichen Steuerbetrag zu zahlen hat, bemisst sich die Besteuerung im Rahmen des Leistungsfähigkeitsprinzips nach dem wirtschaftlichen Leistungsvermögen des Steuerpflichtigen. Die Leistungsfähigkeit stellt den sachlich gebotenen Vergleichsmaßstab zur Anwendung des Gleichheitssatzes dar: Es werden nicht alle gleich besteuert, sondern es werden alle *nach ihrer Leistungsfähigkeit* gleich besteuert.[1351] Bei natürlichen Personen – im unternehmerischen Kontext: Einzelunternehmer oder Personengesellschaften – erfordert das Leistungsfähigkeitsprinzip die Einbeziehung und Berücksichtigung der steuerlich relevanten Lebensumstände. Bei juristischen Personen sind solche Umstände nicht existent; die Ermittlung der steuerlichen Leistungsfähigkeit erfolgt dort aber auf der Grundlage der wirtschaftlichen „Lebens“-Situation, wie sie sich im Jahresabschluss widerspiegelt. Die Besteuerungsgleichheit muss schließlich nicht nur generell-abstrakt garantiert sein, sondern auch in der Anwendung gewährleistet werden. Die effektive Um- und Durchsetzung der Besteuerung kann somit auch als verfahrensrechtliche Ausprägung des Gleichheitsgrundsatzes verstanden werden.

[1349] *Tipke*, Steuerrechtsordnung, Band II, S. 578 f.

[1350] *Tipke*, Steuerrechtsordnung, Band II, S. 578 f; *Jansen*, S. 69 ff; *Lehner*, in *Pelka*, S. 63 ff; *Jachmann*, ebendort, S. 9 ff; *Tumpel*, ebendort, S. 321 ff.

[1351] Einen umgekehrten Ansatz enthält das Äquivalenzprinzip. Es begreift die Steuer als Gegenleistung für die vom Staat erbrachten Leistungen (wobei entweder auf deren Kosten für den Staat oder auf deren Nutzen für den Steuerpflichtigen abgestellt werden kann), und kann dabei entweder einen individuellen oder einen generellen Ansatz zugrunde legen. Bereits die Definition der Steuer als allgemeine Abgabe legt jedoch nahe, dass es auf eine individuelle Äquivalenz von staatlicher Leistung und steuerlicher „Gegenleistung“ gerade nicht ankommt, ja das die Steuer gerade nicht als konkrete Gegenleistung zu verstehen ist, sondern einen Solidarbeitrag darstellt. Der progressive Einkommensteuersatz lässt sich durch das Äquivalenzprinzip genau so wenig rechtfertigen wie Freibeträge für Familien oder Einzelfallerlasse für Unternehmen in Schwierigkeiten. Das Äquivalenzprinzip wird jedoch als Maßstab für einen fairen Steuerwettbewerb diskutiert. S. hierzu *Hansjürgens*, in *Müller/Fromm/Hansjürgens*, S. 71 ff; *Höppner*, ebendort, S. 89 ff.

Oberste Besteuerungsprinzipien sind daher die das Fiskalinteresse einschränkenden Grundsätze der Legalität und der sachlichen Legitimität der Besteuerung. Die Legitimität als sachliches Rechtfertigungserfordernis verlangt, dass die Besteuerung generell gerecht, d.h. für alle nach dem gleichen Maßstab ihrer jeweiligen Leistungsfähigkeit ausgerichtet und umgesetzt werden muss. Denn der Fiskalzweck selbst ist kein Selbstzweck, sondern er steht im Dienst des Gemeinwohls.

2. Außersteuerliche Gemeinwohlziele als Bestandteil des Steuerrechts

Da die Anwendungspraxis der Kommission teilweise andeutet, dass außersteuerliche Prinzipien bei der Betrachtung der Rechtfertigung grundsätzlich nicht zu berücksichtigen sind, stellt sich die Frage nach der steuerlichen Legitimität einer solchen Praxis. Dies gilt insbesondere vor dem Hintergrund der sachlichen Legitimation des Fiskalzwecks als im Dienst des Gemeinwohls stehend. Da das Steuerrecht der Erzielung von Einnahmen für den Fiskus dient, eine diesbezügliche Vergünstigung aber stets eine konkrete Einnahmeminderung zur Folge hat, läge es nahe, unter einer Steuervergünstigung eine im Rahmen des Steuerrechts umgesetzte Abweichung vom fiskalischen Prinzip der Einnahmeerzielung – und der Steuergerechtigkeit – zu sehen. Gegen diese Betrachtung spricht jedoch folgendes: zunächst bliebe unberücksichtigt, dass eine steuerliche Vergünstigung sich zwar relativ, nicht aber absolut einnahmemindernd auswirken muss. In diesem Sinne hatte z.B. die niederländische Regierung im Fall „*internationale Finanzierungsaktivitäten Niederlande*“[1352] argumentiert. So kann die mit der Vergünstigung geschaffene Anreizwirkung durchaus geeignet sein, insgesamt die steuerlichen Einnahmen zu erhöhen (z.B. durch Anlockung ausländischen Kapitals, durch Förderung der Steuerehrlichkeit etc.[1353]) – mag dies auch *beihilferechtlich* keine oder nur eingeschränkte Berücksichtigung finden. Im Einzelfall dürfte es außerdem oftmals sehr schwierig sein, die volkswirtschaftliche Gesamtwirkung einer Vergünstigung (sei es als Einnahmeverlust oder als Einnahmemehrung) zu beziffern. Schließlich beinhaltet das Steuerrecht auch Sozialzwecknormen im weitesten Sinne, die anderen Zwecken als der Einkünfteerzielung dienen. Die Steuerhoheit der Mitgliedstaaten umfasst grundsätzlich auch die Einführung solcher Vorschriften.

In der Gewährung steuerlicher Vergünstigungen kann eine einfache Abkürzung des staatlichen Leistungsweges zur Verfolgung wirtschafts- (oder anderer) politischer Ziele gesehen werden, wenn als Vergleichsfall die Vereinnahmung und anschließende Verteilung der eingenommenen Gelder herangezogen wird. Auch dies könnte den Schluss nahe legen, dass das Steuerrecht dabei nur als Vehikel

[1352] Entscheidung der Kommission vom 17. Februar 2003 (ABl. L 180 vom 18. Juli 2003, 52), Rn. 29 und 52.

[1353] Vgl. die Entscheidung der Kommission vom 21. April 1999 („*Technolease*“, ABl. L 297 vom 24. November 2000, 13).

für die Umsetzung steuerrechtsfremder Ziele instrumentalisiert wird. Bereits aus einigen Grundwertungen des Steuerrechts geht jedoch hervor, dass auch nichtfiskalische Erwägungen dem Steuerrecht immanent sind. So läuft der progressive Einkommensteuersatz dem Fiskalzweck zuwider, denn er hat eine steuerliche Begünstigung niedriger Einkommen (bzw. eine steuerliche Mehrbelastung hoher Einkommen) zur Folge und findet seine Rechtfertigung in dem volkswirtschaftlichen bzw. sozialpolitischen Gedanken der Umverteilung. Auch die in der Regel geringeren Steuersätze für Körperschaften lassen sich nicht allein mit dem Fiskalzweck erklären. Im übrigen dürfte es auch außerordentlich schwierig sein, im Einzelfall die Motivation des Steuergesetzgebers oder der Steuerverwaltung zu identifizieren.[1354] Das Kriterium der Verfolgung außerfiskalischer Zwecke ist somit nicht als Ansatzpunkt für eine Definition des Begriffes der Steuervergünstigungen geeignet.

Da der Gedanke der steuerlichen Begünstigung bestimmter Sachverhalte dem Steuerrecht somit weder grundsätzlich fremd ist, noch sich auf steuerliche Ausnahmevorschriften beschränken lässt, überzeugt es auch nicht, das Steuerrecht in einen grundsätzlichen „Einnahmeteil“ und einen von dort aufgestellten Grundsätzen abweichenden „Verteilungs“- oder „Vergünstigungsteil“ aufzuteilen.[1355] Es sollte vielmehr anerkannt werden, dass die gesetzgeberische Ausgestaltung steuerlicher Lasten und Vergünstigungen nicht stets trennbar ist, sondern dass beide Bereiche immanente Teilaspekte des Steuerrechts in seiner Gesamtheit darstellen.[1356] Dabei ist jedoch zu beachten, dass die steuerliche Begünstigung auch im nationalen Kontext am Grundsatz der Besteuerungsgleichheit gemessen werden muss und einer die Durchbrechung der Besteuerungsgleichheit legitimierenden Rechtfertigung vor der Allgemeinheit, d.h. durch Gemeinwohlinteressen bedarf.[1357]

II. Internationaler Kontext – kollidierende Fiskalinteressen und mobile Wirtschaftsfaktoren

Das internationale Steuerrecht wird auf der einen Seite dadurch geprägt, dass Steuersubjekte (natürliche und juristische Personen) und Kapital mobil sind, d.h. Staaten verlassen können. Dabei entspricht es dem allgemeinen Völkerrecht wie dem Gemeinschaftsrecht, dass sie dieses grundsätzlich legitime Interesse ausüben können müssen, ohne zwangsläufig eine doppelte steuerliche Belastung hinnehmen zu müssen. Auf der anderen Seite sind die Staaten bestrebt und sehen sich auch als dazu berechtigt an, ein Abwandern „ihrer“ Wirtschaftsfaktoren zu verhindern bzw. bei deren Wirtschaftstätigkeit in anderen Staaten nicht grundsätzlich auf die Besteuerung verzichten zu müssen. Auf einen einfachen

[1354] In diesem Sinne auch *Gross*, RIW 2002, 46 ff [51].
[1355] So offensichtlich *Koschyk*, S. 109 f.
[1356] Viel kritischer allerdings *Tipke*, Steuerrechtsordnung, Band II, m.w.N., S. 844 ff.
[1357] Siehe hierzu *Tipke/Lang*, Steuerrecht, Rn. 2 zu § 19.

Nenner gebracht, geht es im internationalen Steuerrecht regelmäßig um einen Ausgleich der staatlichen Fiskalinteressen (Vermeidung einer Steuerflucht oder -umgehung) auf der einen und der unternehmerischen Freiheiten zur Standort- bzw. Betätigungswahl ohne steuerliche Doppelbelastung (Vermeidung der Doppelbesteuerung) auf der anderen Seite.

Das internationale Steuerrecht ist geprägt durch die kollidierenden Besteuerungsinteressen der Staaten, die sich regelmäßig (und sehr stark vereinfacht) in Gestalt des Welteinkommensprinzips für ansässige und des Quellenprinzips für nicht ansässige Steuersubjekte überschneiden. Die zum Wohle der Steuersubjekte notwendigen Besteuerungsverzichte werden in völkerrechtlichen Abkommen geregelt. Das wesentliche Merkmal des internationalen Steuerrechts ist die unterschiedliche Behandlung ansässiger und nicht ansässiger Personen: die Wirtschaftsteilnehmer werden *allein aufgrund ihrer Ansässigkeit* unterschiedlich behandelt. Dies wirkt sich insbesondere für natürliche Personen aus, da diesen eine Besteuerung unter Berücksichtigung ihrer gesamten Lebens- und Einkommensumstände (und damit nach dem Leistungsfähigkeitsprinzip) idR. nur im Ansässigkeitsstaat zuteil wird.

III. Gemeinschaftsbezogener Kontext

Im gemeinschaftlichen Kontext stehen die Besteuerungsinteressen der Mitgliedstaaten nicht nur den Grundrechten, sondern auch den Grundfreiheiten der Wirtschaftsteilnehmer gegenüber; auf der anderen Seite werden die Fiskalinteressen von den Wertungen und Verpflichtungen des Gemeinschaftsrechts überlagert. Hinzu kommen alle Aspekte des internationalen Steuerrechts, insbesondere das jeweilige Abkommensrecht zwischen den einzelnen Mitgliedstaaten.

Der materielle Grundsatz der Besteuerungsgerechtigkeit und -gleichheit gilt im Rahmen der Grundfreiheiten auch im zwischenstaatlichen Zusammenhang. Die Rechtsprechung des EuGH im Bereich der direkten Steuern verdeutlicht, dass das Leistungsfähigkeitsprinzip als grundlegend anerkannt wird. Die Rechtsprechung des EuGH in diesem Bereich zeigt auch, dass die eingeschränkte Geltung des Leistungsfähigkeitsprinzips im internationalen Steuerrecht infolge einer grundsätzlichen Unterscheidung zwischen ansässigen und nicht ansässigen Wirtschaftsteilnehmern für den Anwendungsbereich des Gemeinschaftsrechts gerade *nicht* grundsätzlich als vor den Grundfreiheiten gerechtfertigte sachliche Unterscheidung bewertet wird.

Im nationalen (nicht zwischenstaatlichen) Zusammenhang muss sich das Fiskalinteresse der Mitgliedstaaten „nur" der jeweiligen Rechtsordnung, insbesondere dem Grundsatz der Steuergerechtigkeit beugen. Eine sachliche Rechfertigung für steuerliche Regelungen oder Maßnahmen bedarf insoweit keines „zwischenstaatlichen" Bewertungsmaßstabs. Zwischenstaatliche Sachverhalte dagegen fallen in den Anwendungs- und Schutzbereich der Grundfreiheiten und der gemeinschaftlichen Wettbewerbsordnung. Steuerliche Maßnahmen der Mitgliedstaaten in diesem Kontext bedürfen, wenn und soweit sie diesen gemeinschaftsrechtlichen Wertungen unterliegen, einer Rechtfertigung, die auch vor diesen Bestand haben muss. Denn die Kollision nationaler Besteuerungsinteressen und gemeinschaftsrechtlicher Wertungen muss durch eine praktische Konkordanz beider Rechtskreise aufgelöst werden.

Die Auslegung des beihilferechtlichen Tatbestandsmerkmals der Beeinträchtigung des zwischenstaatlichen Handels in der Praxis von Kommission und Rechtsprechung zeigt, dass steuerliche Maßnahmen der Mitgliedstaaten in der Praxis fast immer als den Gemeinsamen Markt berührend angesehen werden. Soweit die Anwendung des Beihilferechts reicht, ist daher zwingend eine potentielle Kollision der nationalen und der gemeinschaftlichen Wertungen gegeben. Hinsichtlich der Rechtfertigungsgründe kann dennoch unterschieden werden:

- Maßnahmen, die sich nicht inhaltlich auf zwischenstaatliche Sachverhalte beziehen – wenn sie sich auch auf den zwischenstaatlichen Handel auswirken können – bedürfen *insoweit* keiner Rechtfertigung. Sie benötigen eine solche zwar *vor* dem Gemeinschaftsrecht; der materielle Rechtfertigungsmaßstab ist aber ausschließlich im nationalen Recht zu suchen. Beispiel: Steuerstundungen und -erlasse im Einzelfall.
- Maßnahmen, die auf zwischenstaatliche Sachverhalte ausgerichtet sind – z.B. Regelungen zur Gewinnermittlung für konzerninterne Dienstleistungen, zur Besteuerung grenzüberschreitender Zins- oder Dividendenzahlungen – bedürfen einer Rechtfertigung, die nicht nur gegenüber dem Gemeinschaftsrecht erbracht werden muss, sondern die im inhaltlichen Kontext des internationalen Steuerrechts und den Wertungen des Gemeinschaftsrechts steht.

Dem sachlichen Regelungszusammenhang der untersuchten steuerlichen Maßnahme entsprechend kann in diesem Sinne eine zweigeteilte, duale Rechtfertigungsebene identifiziert werden, was den Umfang der im Rahmen der Rechtfertigung zu berücksichtigenden Besteuerungsbeziehungen betrifft. Es ist selbstverständlich, dass die Bewertung der berücksichtigten Zusammenhänge in beiden Fällen vor den Wertungen des Gemeinschaftsrechts stattfindet.

E. Ergebnis

Das Rechtfertigungskriterium für steuerliche Maßnahmen, wie es vom EuGH in der Entscheidung „*Familienzulage*" als tatbestandliches Korrektiv zur Ausnahmeformel entwickelt worden ist, hat keinerlei praktische Bedeutung und ist auch inhaltlich bisher konturenlos. Dies ist in mehrfacher Hinsicht als bedenklich anzusehen:

- Die mangelnde Bedeutung des Rechtfertigungskriteriums ergibt sich nicht zuletzt aus der Tatsache, dass dessen Prüfung nicht *ex officio* stattfindet, obwohl bereits die historische und teleologische Betrachtung (Korrektiv der Ausnahmeformel) dies als zwingend geboten erscheinen ließe.
- Vor dem Hintergrund des Grundsatzes der begrenzten Einzelermächtigung, der ein tragendes Verfassungsprinzip der Gemeinschaft gegenüber den fortbestehenden Kompetenzen (und Gemeinwohl-Verantwortungen) ihrer Mitgliedstaaten, insbesondere auf dem Gebiet der direkten Steuern darstellt, bedeutet die mangelnde praktische Handhabbarkeit des Rechtfertigungs- gegenüber der extensiven Auslegung des Selektivitätskriteriums im Wege der Ausnahmeformel, dass eine Kompetenzbeschneidung idR. nicht korrigiert werden kann.
- Das Abstellen auf eine Systemkonsequenz, wie sie in der Rechtfertigungsformel zum Ausdruck kommt, bewirkt ein sehr weitreichendes steuerliches Gestaltungsverbot, das aber weder an Besteuerungsprinzipien, noch an Gemeinwohl- oder Gemeinschaftsinteressen ausgerichtet ist. Überprüft wird im Rahmen der Rechtfertigung nur die wertungsneutrale Stringenz des allgemeinen Systems, nicht aber die Sachgerechtigkeit der betreffenden Regelung. Weder nationale, noch gemeinschaftliche, weder wettbewerbs- noch steuerliche Interessen lassen sich auf diese Weise verfolgen.
- Auch vor dem Hintergrund der wettbewerbspolitischen Wertungen des Gemeinschaftsrechts stellt sich die Frage, ob die gegenwärtige Praxis geeignet ist, den – gemäß Art. 3 Abs. 1 lit. g iVm. lit. c EG – im Dienste der Grundfreiheiten stehenden Auftrag des Wettbewerbsrechts umzusetzen, wenn effektiv bereits in jeder steuerlichen Ausnahme eine Beihilfe erblickt wird, ohne dass die konkret berührten Aspekte des jeweiligen Wettbewerbsverhältnisses außerhalb der Vorgaben des Art. 87 Abs. 2 oder 3 EG einer wertungsgebundenen Prüfung unterzogen werden können.

In der mangelnden inhaltlichen Greifbarkeit des Rechtfertigungskriteriums kommt ein Problem zum Ausdruck, was für die gesamte Politik der Gemeinschaft im Bereich der direkten Steuern prägend ist: dass es bisher eine Anzahl von sekundärrechtlichen Maßnahmen, aber noch kein abgestimmtes steuerliches Gesamtkonzept gibt. Nur so ist auch zu erklären, dass die Rechtsprechung des EuGH im Bereich diskriminierender steuerlicher Maßnahmen sich nach wie vor in keiner Weise auf die Rechtfertigungstheorie des EuGH bezüglich steuerlicher Beihilfen ausgewirkt hat, obwohl es in beiden Zusammenhängen um den gleichen Grundkonflikt geht. Auch wenn die Rechtfertigung, wie sie vom EuGH bei diskriminierenden steuerlichen Maßnahmen geprüft wird, vom Ansatz her unter ähnlichen Mängeln leidet, wie die Rechtfertigung im Bereich steuerlicher Beihilfen, lassen sich ihr jedoch einige Aussagen entnehmen, die geeignet sind, auch den beihilferechtlichen Rechfertigungsmaßstab zu konkretisieren.

I. Besteuerungsgleichheit als Leitprinzip auch in Begünstigungsfällen - Vergleichbarkeit der Sachverhalte

Wegen der vordringlichen Bedeutung des Prinzips der Besteuerungsgleichheit – konkretisiert in der Leistungsfähigkeit – für jede an den Interessen der Marktteilnehmer ausgerichtete Beurteilung steuerlicher Maßnahmen sowie aufgrund der Tatsache, dass eine Begünstigung des einen stets eine (relative) Benachteiligung des anderen darstellt (und umgekehrt), muss der Vergleichs-Ansatz des EuGH für diskriminierende steuerliche Maßnahmen auf die Betrachtung steuerlicher Beihilfen grundsätzlich übertragbar sein. Auch dort kommt es (wie vom EuGH in den Entscheidungen „*Maribel I*"[1358], „*Adria-Wien-Pipeline*"[1359] und „*Gil Insurance*"[1360] ausdrücklich formuliert[1361]) darauf an, ob die untersuchte Maßnahme „*geeignet ist, bestimmte Unternehmen oder Produktionszweige [...] gegenüber anderen, die sich im Hinblick auf das mit der betreffenden Maßnahme verfolgte Ziel in einer vergleichbaren tatsächlichen und rechtlichen Situation befinden*", zu begünstigen.[1362] Die Kommission spricht in ihren Entscheidungen zu den baskischen Körperschaftsteuergutschriften[1363] ebenfalls von einen diskriminierenden Verstoß gegen das Prinzip der Steuergleichheit.[1364] Diese Aussagen von Kommission und EuGH im beihilferechtlichen Kontext stellen darauf ab, ob wesentlich Gleiches ohne sachlichen Grund bzw. ohne sachliche Rechtfertigung ungleich behandelt wird. Dies ist durch den Beihilfetatbestand gedeckt, denn sowohl dem Beihilfeverbot als auch dem Steuerrecht liegt als gemeinsames Leitprinzip die Gleichbehandlung – deren Durchbrechung einer besonderen Legitimation bedarf, die sie von einer Willkür unterscheidet – zugrunde. Dieser gleichheitsrechtliche Ansatz im Rahmen der Beihilfeprüfung ist, dass muss klar gesagt werden, vom Wortlaut des Beihilfetatbestandes nicht weiter entfernt, als die bisher verwendete Ausnahmeformel. Anders als diese ist er jedoch nicht wertungsneutral und, sondern auf die Grundfreiheiten bezogen und hat damit einen ethischen Gehalt, der nicht nur dem *Telos* des Artikel 87 EG deutlich näher kommt als die wertneutrale Ausnahmeformel, sondern der geeignet ist, *das* fundamentale Prinzip sowohl des Beihilfe- wie auch des Steuerrechts zu berücksichtigen. Darüber hinaus ist dem Abstellen auf eine Ausnahme stets der Ansatz inhärent, vom (vorab zu definierenden) allgemeinen auf das besonde-

---

[1358] EuGH, Urteil vom 17. Juni 1999 in der Rs. C-75/97, Slg. 1999, I-3671, Rn. 28.

[1359] EuGH, Urteil vom 8. November 2001 in der Rs. C-143/99 (Slg. 2001, I-8365)

[1360] EuGH, Urteil vom 29. April 2004 in der Rs. C-308/01, Slg. 2004, I-4777.

[1361] Vgl. außerhalb des steuerlichen Kontexts das Urteile Spanien./.Kommission, EuGH, Urteil vom 13. Februar 2003 in der Rs. C-409/00, Slg. 2003, I-1487, Rn. 47.

[1362] EuGH, Urteil vom 8. November 2001 in der Rs. C-143/99 (Slg. 2001, I-8365), Rn.41.

[1363] Entscheidungen der Kommission vom 11. Juli 2001, betreffend die Provinzen Álava (ABl. L 296 vom 30. Oktober 2002, 1), Guipúzcoa (ABl. L 314 vom 18. November 2002, 26) und Vizcaya (ABl. L 17 vom 22. Januar 2003, 1); vgl. EuG, Urteil vom 23. Oktober 2002 in den verbundenen Rs. T-269, 271 und 272/99.

[1364] Entscheidungen der Kommission vom 11. Juli 2001, betreffend die Provinzen Álava (ABl. L 296 vom 30. Oktober 2002, 1), Rn. 66 ff; Guipúzcoa (ABl. L 314 vom 18. November 2002, 26), Rn. 73 f; Vizcaya (ABl. L 17 vom 22. Januar 2003, 1), Rn. 73 f.

re rückzuschließen. Wie in Kapitel 4 dargestellt, überdehnt dieser Ansatz den Beihilfetatbestand. Das Abstellen auf einen Vergleich des begünstigten mit den nicht begünstigten Unternehmen setzt dagegen unmittelbar bei der Begünstigung an und bestimmt von ihr ausgehend den relevanten Vergleichsrahmen. Dies ist tatbestandsdogmatisch und teleologisch sinnvoll sowie praktikabel.

II. Sachlich-inhärente oder externe, gemeinwohldienliche Rechtfertigung

Da das Steuerrecht auch ungeachtet der gemeinschaftsrechtlichen Überlagerung am fundamentalen Grundsatz der Belastungsgleichheit ausgerichtet ist, bedürfen bereits im nationalen Kontext nicht nur besondere Belastungen, sondern auch besondere Vergünstigungen einer entsprechenden Legitimation.[1365] Diese kann sich grundsätzlich entweder aus sachlich begründbaren Aspekten ergeben, die dem Regelungszusammenhang inne wohnen; liegen solche spezifischen Sachgründe nicht vor, muss eine Rechtfertigung jedenfalls aus zwingenden Gemeinwohlinteressen folgen können – dieser Grundgedanke ist auch dem Gemeinschaftsrecht immanent.[1366] Dass im Kontext steuerlicher Maßnahmen auf eine Rechtfertigung durch *„das Wesen oder die allgemeinen Zwecke des Systems“* abgestellt wird, ist weder geboten noch weiterführend. Denn dieser Maßstab ermöglicht nicht eine Bewertung des betreffenden Sachverhalts danach, ob möglicherweise Unterschiede in der Vergleichbarkeit der begünstigten und der nicht begünstigten Sachverhalte eine unterschiedliche – ggf. vom „allgemeinen System“ abweichende – rechtfertigen.

1. Sachlich-inhärente Rechtfertigung

Wie der vom EuGH im Bereich der Kontrolle diskriminierender steuerlicher Maßnahmen entwickelte Kohärenzgedanke – trotz seiner mangelnden Handhabbarkeit und bisher fehlenden praktischen Bedeutung – zeigt, kann eine (belastende) Ungleichbehandlung *jedenfalls dann* gerechtfertigt sein, wenn sie in einem unmittelbaren sachlichen und personellen Zusammenhang mit einer Begünstigung steht. Insoweit wird offensichtlich auf eine unmittelbare sachliche Legitimation im Sinne eines Ausgleichs für die (besondere) Belastungsentscheidung abgestellt. Diese kontextbezogene Betrachtung erscheint auch für das Beihilferecht als geeigneter Ansatz: Denn wenn für eine bestimmte Gruppe von Wirtschaftsteilnehmern besondere steuerliche Nachteile bestehen, erscheint es sachlich legitim, die dadurch bedingte Ungleichbehandlung im Wege einer *entsprechenden* Begünstigung zu neutralisieren. Die besonderen Anforderungen der Steuerverwaltungen an Fremdvergleichsüblichkeit und Dokumentation von konzerninternen Verrechnungspreisen für international tätige Konzerne könnten hierfür ein Beispiel sein. Wie die Kommission selbst in ihrer Untersuchung zu

---

[1365] Siehe wiederum *Tipke/Lang*, Steuerrecht, Rn. 2 zu § 19.
[1366] Vgl. z.B. Art. 30 EG.

den Mehrkosten, die sich für international tätige Unternehmen aus den verschiedenen Anforderungen der nationalen Steuersysteme ergeben, festgestellt hat, resultieren die – gegenüber nur national tätigen Unternehmen beträchtlich höheren – Befolgungskosten *insbesondere* aus den Anforderungen an Fremdvergleichsüblichkeit und Dokumentation der Verrechnungspreise.[1367] Es müsste somit sachlich legitim, da kohärent, sein, *nur international tätigen Konzerne* insoweit eine diesen Nachteil ausgleichenden Sonderregelung zur Verfügung zu stellen. Diese sachliche Beschränkung von Sonderregimes für konzerninterne Dienstleistungen multinationaler Unternehmen – zum Ausgleich der besonderen Nachteile – dürfte *grundsätzlich* keinen Verstoß gegen die Besteuerungsgleichheit und damit auch keine Beihilfe darstellen.

Dabei gilt allerdings – wie ebenfalls unmittelbar aus dem Primärrecht hervorgeht – das Gebot der sachlichen Rechtfertigung nicht nur für das „ob", sondern, über den Grundsatz der Verhältnismäßigkeit auch für das „wie" (also den Umfang) der betreffenden Maßnahme. Dass es im Kontext von Diskriminierungen um Benachteiligungen, im Beihilferecht dagegen um Begünstigungen geht, vermag an dieser Übertragbarkeit nichts zu ändern: In beiden Fällen soll letztlich dem gleichheitsrechtlichen Schutzbereich der Grundfreiheiten im Wettbewerb der Wirtschaftsteilnehmer zur Durchsetzung verholfen werden, es handelt sich sozusagen um Kehrseiten derselben Medaille. In diesem Sinne ist der Kommission zuzustimmen, wenn – wie in der Mehrzahl der beihilferechtlichen Entscheidungen betreffend Verrechnungspreisregimes der Fall – die betreffende steuerliche Regelung *über das Ziel* einer Angleichung an die Belastung bei analytischer Gewinnermittlung *hinausgeht.* Insofern liegt dann eine willkürliche Begünstigung vor, die nicht (mehr) durch den relevanten Sachzusammenhang gerechtfertigt ist. Sofern allerdings die Regelung in ihrer sachlichen Anwendbarkeit *hinter dem* ihr sachlich zugrunde liegenden *Anliegen zurück bleibt* (indem sie z.B. an eine Präsenz der betreffenden Unternehmen in mindestens vier Staaten o.ä. anknüpft), müsste diese Ungleichbehandlung durch entsprechende Erweiterung der Anwendbarkeit beseitigt und so grundsätzlich auch zu einer Beihilfekonformität führen können.

2. Gemeinwohldienliche Rechtfertigung

Sofern eine Ungleichbehandlung nicht durch Anknüpfung an inhärente, sachgerechte Kriterien legitimiert ist, kann eine Rechtfertigung der daraus folgenden Durchbrechung des Prinzips der Steuergerechtigkeit und -gleichheit nur durch zumindest gleichrangige Interessen möglich sein. Kommission und EuGH haben festgestellt, dass insofern die fiskalischen Interessen der Mitgliedstaaten regelmäßig keine Rolle spielen. Erkennbar ist zwar, dass – insbesondere im Kontext potentiell diskriminierender Maßnahmen – das Interesse an einer umfassenden und effektiven Durchführung der Besteuerung grundsätzlich anerkannt wird; im

[1367] European Tax Survey vom 9. September 2004 (SEC[2004]1128); vgl. IWB 2004, 857.

Bereich begünstigender steuerlicher Maßnahmen – d.h. im Rahmen der Beihilfeaufsicht – geht es jedoch idR. nicht um Maßnahmen zur Sicherung des Steueraufkommens, sondern grundsätzlich um eine Verteilungsentscheidung. Hier besteht ein grundlegender Unterschied zu den steuerlichen Interessen der Mitgliedstaaten in Diskriminierungsfällen. Dabei ist nicht nur auf Gemeinschaftsebene, sondern auch im Bund (und im Rahmen der Reformbestrebungen für eine radikale Vereinfachung des Steuerrechts und für eine Streichung der zahlreichen Ausnahme- und Sondertatbestände) anerkannt, dass steuerliche Sonderleistungen unter Gemeinwohlaspekten generell nicht förderlich sind. Da aber letztlich die Erhebung von Steuern – ebenso wie das Konzept der europäischen Integration – dem Gemeinwohl verpflichtet ist, können steuerliche Sondermaßnahmen der Mitgliedstaaten, die nicht wie beschrieben aus sich selbst heraus sachlich legitimierbar sind, auch nur dann gerechtfertigt sein, wenn und soweit sie zwingenden Gemeinwohlinteressen dienen. Dies bedeutet in der Quintessenz, dass auch im beihilferechtlichen Kontext *„[jede] Vergünstigungsnorm [...] gründlich darauf geprüft werden [muss], ob sie einem Gemeinwohlzweck dient, der dem Gemeinwohlzweck gerechter Besteuerung gleichwertig ist, ob sie zu dem mit ihr verfolgten Zweck erforderlich und geeignet ist, ob ihre Wirkung verhältnismäßig [im engeren Sinne] ist und ob sie vor dem Gleichheitssatz zu rechtfertigen ist.“*[1368]

III. Entwicklung steuerlicher Leitprinzipien als Harmonisierungsauftrag

Mit welchen materiell-steuerlichen Vorgaben die Kriterien der Vergleichbarkeit und der (sachlichen) Rechtfertigung allgemeingültig gefüllt werden können und welche steuerlichen Anliegen als gemeinwohlförderlich Berücksichtigung finden dürfen, ist – im Interesse der Mitgliedstaaten – von den Organen der Gemeinschaft im Rahmen der dafür vorgesehenen Verfahren festzulegen. Diesen obliegt auch die Festlegung einer „gesamtsteuerlichen“ Richtung der Gemeinschaft, die dann allerdings auch im beihilferechtlichen Kontext zu verfolgen wäre. In Auswertung der Anwendungspraxis von Kommission und EuGH zu steuerlichen Beihilfen, der Rechtsprechung des EuGH zu den diskriminierenden Steuern, dem steuerlichen Sekundärrecht und der Rechte und Interessen der an der Besteuerung im Gemeinschaftskontext Beteiligten lassen sich aber durchaus Grundsätze identifizieren, welche als Orientierungsmaßstäbe für eine Konkretisierung des Rechtfertigungskriteriums dienen könnten:

In verfahrensrechtlicher Hinsicht sind grundsätzlich die Gewährleistung der Effektivität und die Gewährleistung einer umfassenden und zutreffenden Besteuerung sowie – im Interesse der Marktteilnehmer – auch eine Vereinfachung des Verfahrens anerkennenswert; Steuerflucht und Steuerumgehung sind durch die Grundfreiheiten nicht mehr gedeckt. In materieller Hinsicht folgt unmittelbar

[1368] *Tipke*, Steuerrechtsordnung, Band II, S. 593.

aus den Grundfreiheiten sowie aus Art. 293 EG, dass Sachverhalte mit zwischenstaatlichem Kontext nicht schlechter behandelt werden dürfen als rein innerstaatliche (Diskriminierung und Doppelbesteuerung sind zu minimieren). Dieser Grundsatz ist geeignet, letztlich alle Aspekte des materiellen Steuerrechts zu durchdringen: dies gilt gleichermaßen für die Angleichung der Behandlung von ansässigen und nicht ansässigen Steuerpflichtigen hinsichtlich Steuersätzen und Berücksichtigungsfähigkeit von Kosten wie z.B. für die steuerneutrale Durchführung zwischenstaatlicher Umwandlungen. Wesentliche weitere Schritte werden früher oder später die Anerkennung einer grenzüberschreitenden Verlustverrechnung und vereinheitlichte Gewinnermittlungsvorschriften sein. Die in all diesen Punkten zum Ausdruck kommende allmähliche Überwindung der – dem internationalen Steuerrecht bisher zugrunde liegenden – Unterscheidung zwischen ansässigen und nicht ansässigen Steuerpflichtigen ist auch geeignet, sich beihilferechtlich auszuwirken. Denn soweit eine Vergleichbarkeit gegeben ist, dürfen zwischenstaatliche Sachverhalte nicht ohne weiteres gegenüber rein nationalen Sachverhalten begünstigt werden.

Kapitel 9

Zusammenfassung

A. Problematik des bisherigen Prüfungsmaßstabs für steuerliche Beihilfen

Dem positiven Ergebnis des von der Kommission Ende 2003 veröffentlichten Anwendungsberichts zu den 1998 angenommenen Leitlinien kann nicht zugestimmt werden, die Ziele der Leitlinien – Transparenz und Kohärenz der Entscheidungspraxis – wurden nicht erreicht. Einheitlichkeit besteht noch nicht einmal bezüglich einer durchgängigen Subsumierung unter die für die Leitlinien zentrale Ausnahmeformel. Die im einleitenden Kapitel dieser Arbeit aufgeworfenen Fragen lassen sich wie folgt beantworten:

1. Der in den Leitlinien niedergelegte Beurteilungsmaßstab von Kommission und Rechtsprechung zur beihilferechtlichen Beurteilung mitgliedstaatlicher Maßnahmen im Bereich der direkten Steuern birgt ein erhebliches Potential für *kompetenzrechtliche* Konflikte, da er den primärrechtlichen Beihilfebegriff um das zentrale Element der gewillkürten Begünstigung reduziert und damit die rechtsstaatlichen Grenzen der Beihilfeaufsicht überdehnt. Kernproblem ist die Ersetzung des Selektivitätskriteriums durch die weitergehende Ausnahmeformel (bzw., wo dies nicht ausdrücklich geschieht, durch ein entsprechend weites Verständnis), deren Einschränkung durch das korrektive Kriterium der Rechtfertigung durch die Natur oder den inneren Aufbau des Systems nicht stattfinden kann.
2. Die Ausnahmeformel als gegenwärtig verwendeter Beurteilungsmaßstab für steuerliche Beihilfen ist inhaltlich in wettbewerbspolitischer Hinsicht fragwürdig, da sie bereits von ihrem Ansatz her kaum zulässt, sachliche Prinzipien in der gebotenen Weise einzubeziehen oder überhaupt zu berücksichtigen. Stattdessen begründet sie ein Primat der – unbewertet bleibenden – Regel und ist geeignet, die Einführung von möglicherweise auch unter gemeinschaftsrechtlichen Aspekten sinnvollen Regelungen für bestimmte Sachbereiche zu verhindern.
3. Die Anwendung des Beihilfeverbots auf mitgliedstaatliche Maßnahmen im Bereich der direkten Steuern hat zum einen erhebliche Auswirkungen auf den Spielraum der Mitgliedstaaten in dem gestalterischen Bereich des Steuerrechts, der nicht dem Fiskalzweck, sondern der Verteilung unter anderen politischen Zielsetzungen dient. Das gleiche gilt für durchaus am Fiskalzweck orientierte steuerliche Sonderregelungen bzw. Maßnahmen der Mitgliedstaaten, die nach Art und Umfang an sachlich vernünftigen Kriterien ausgerichtet sein mögen. Hier ist die Ausnahmeformel auch im

steuerlichen Kontext nicht geeignet, allgemeingültige Interessen oder Prinzipien zu berücksichtigen.

Dass die Kommission ihr Vorgehen gegen steuerliche Beihilfen in den Mitteilungen zur unternehmenssteuerlichen Binnenmarktstrategie im Rahmen ihres steuerpolitischen Gesamtkonzepts nicht einmal erwähnt, veranschaulicht, dass die Aufsicht über steuerliche Beihilfen trotz ihrer erheblichen praktischen Bedeutung offenbar nicht einmal in das steuerliche Gesamtkonzept der Gemeinschaft einbezogen wird. Dies mag seinen Grund in der unterschiedlichen Zuständigkeit verschiedener Generaldirektionen haben; integrationsförderlich ist dies jedoch nicht. Denn während unter Federführung der Generaldirektion Steuern und Zollunion z.B. festgestellt wird, dass international tätige Unternehmen *gerade* infolge der Fremdvergleichs- und Dokumentationsanforderungen für Verrechnungspreise wesentlich höhere steuerliche Befolgungskosten haben als nur national tätige, scheint die Generaldirektion Wettbewerb im beihilferechtlichen Kontext solche Ansatzpunkte für eine sachliche Legitimation von Verrechnungspreisregimes auf internationale Unternehmensgruppen noch nicht einmal im Grundsatz anzuerkennen.

I. Beihilfe gleich welcher Art

Das Tatbestandsmerkmal der „Beihilfe gleich welcher Art“ des Art. 87 EG[1369] erfasst zwar auch steuerliche Maßnahmen, legitimiert jedoch nicht eine Anwendung des Beihilfeverbots völlig ohne Ansehung der steuerlichen Natur oder Zielsetzung der untersuchten Maßnahmen. Denn, wie aus dem Wortlaut des Art. 87 Abs. 1 EG ebenfalls hervorgeht („soweit nicht in diesem Vertrag etwas anderes bestimmt ist“), kann auch die gebotene umfassende und auswirkungsbezogene Anwendung des Beihilfeverbots nicht bewirken, dass andere Grundentscheidungen des Gemeinschaftsrechts unberücksichtigt bleiben. Grundwertung des EG-Vertrags im Hinblick auf die direkten Steuern ist aber, dass die Gemeinschaft nur in sehr engen Grenzen eine steuerliche Gestaltungs- und Kassationsbefugnis hat, die Vielfalt der Steuersysteme samt der umfassenden Verantwortung der Mitgliedstaaten für sie dagegen bestehen bleibt.

Diese grundsätzliche, fortbestehende Gestaltungs- und Umsetzungshoheit der Mitgliedstaaten ist auch kein willkürlicher Bestandteil des Gemeinschaftsrechts, sondern das notwendige Gegenstück der *umfassenden,* bei den Mitgliedstaaten verbleibenden staatlichen Verantwortung zur Wahrnehmung und Finanzierung aller öffentlichen Belange in ihrem jeweiligen Staatsbereich – der die derivativen Einzelermächtigungen und enumerativ festgelegten Aufgabenbereiche der Gemeinschaft gegenüber stehen. Da der EG-Vertrag dies anerkennt, kann es insoweit kein absolutes Primat des Beihilferechts über das nationale Steuerrecht geben. Da allerdings umgekehrt das nationale Steuerrecht von den supra-

[1369] S. hierzu Kapitel 3.

nationalen Wertungen des Gemeinschaftsrechts nicht unberührt bleiben kann, nicht beihilferechtlich „immun“ ist, ergibt sich, dass zwei auf der Ebene des primären Gemeinschaftsrechts legitimierte Rechtskreise im Kollisionsfall miteinander in Übereinstimmung gebracht werden müssen.

Die hierfür gebotene vorsichtige Anwendung des Beihilfeverbots auf steuerliche Maßnahmen kann aber nicht stattfinden, wenn die steuerliche Natur der untersuchten Maßnahmen völlig unberücksichtigt bleibt. Die spezifischen, wettbewerbspolitisch relevanten Auswirkungen einer steuerlichen Maßnahme werden sich in ihren Einzelheiten außerdem stets aus ihrer (steuerlichen) Natur ergeben, genauso wie dies entsprechend bei anderen Maßnahmen (z.B. Bürgschaften oder Zuschüssen) der Fall ist. Im Übrigen manifestiert bereits die Anwendung des in den Leitlinien festgelegten eigenen Subsumtionsmaßstabs für Maßnahmen im Bereich der direkten Steuern, dass diese ganz offensichtlich aufgrund ihrer besonderen Wirkungen einer besonderen Betrachtung bedürfen. Aus dem Merkmal Beihilfen „gleich welcher Art“ folgt aber auch, dass ein solcher auf steuerliche Maßnahmen angewandter besonderer Beurteilungsmaßstab jedenfalls kein strengerer Maßstab sein darf als der des Art. 87 Abs. 1 EG bzw. als der auf nicht-steuerliche angewandte.

II. Staatliche oder aus staatlichen Mitteln gewährte Beihilfen

Das vom EuGH anerkannte Erfordernis einer *Übertragung* staatlicher Mittel[1370] im Rahmen des Beihilfetatbestandes stellt klar, dass es für das Vorliegen einer Beihilfe nicht allein auf das Vorliegen eines staatlichen Einnahmeverlusts im Ergebnis, sondern auf einen willentlichen Akt, einen Verzicht ankommt. Obwohl dies ein weiteres Indiz für das tatbestandliche Erfordernis eines Willkürelements der Beihilfe ist, geht die Kommission hierauf bisher nicht ein. In einigen Entscheidungen berücksichtigt sie offenbar nicht einmal, dass auch nach ihrem eigenen terminologischen Verständnis der Vorteil des Begünstigten stets die Kehrseite des staatlichen Einnahmeverzichts darstellen muss (Stoffgleichheit zwischen Vorteil und übertragenen staatlichen Mitteln). Insoweit ist auch zu beanstanden, dass die Kommission in Einzelfallentscheidungen teilweise nicht einzelfallbezogen prüft, ob überhaupt ein Liquiditätsvorteil (bereits) übertragen oder erst in Aussicht gestellt wurde. Dass eine Übertragung staatlicher Mittel auch dann vorliegen soll, wenn durch eine begünstigende Regelung ein Besteuerungszugriff erstmals ermöglicht bzw. gerade erst herbeigeführt wird, ist grundsätzlich abzulehnen. Denn der Staat verzichtet hier nicht auf ihm zustehende Einnahmen, sondern erweitert seinen Besteuerungszugriff. Abgrenzungsprobleme zum Anwendungsbereich des Art. 87 EG bestehen hier auch aus gemeinschaftsrechtlicher Sicht im Hinblick auf die Artt. 96 f EG. Nicht zulässig sind im Rahmen der Prüfung des Merkmals der Übertragung staatlicher Mittel schließlich systemwettbewerbspolitische Erwä-

[1370] S. hierzu Kapitel 4.

gungen. Diese können nicht bestimmend für die Frage des Vorliegens staatlicher Mittel, sondern allenfalls im Merkmal der Wettbewerbsbeschränkung von Bedeutung sein.

III. Begünstigung bestimmter Unternehmen oder Produktionszweige

Das Merkmal der Begünstigung bestimmter Unternehmen als Kernelement des primärrechtlichen Beihilfetatbestands[1371] wird durch die Leitlinien mit einer Ausnahme vom allgemeinen System (Selektivität), durch die der Begünstigte von seinen normalerweise zu tragenden Lasten befreit wird (Vorteil), ersetzt. Hierdurch wird zwar die grundsätzlich notwendige Trennung zwischen den beiden Elementen der Begünstigung beibehalten; durch die Reduzierung der Selektivität auf die Ausnahmeformel geht aber das für den Beihilfetatbestand wesentliche Willkürelement verloren und es ergeben sich erhebliche tatbestandliche Abgrenzungsschwierigkeiten.

1. Vorteil (Minderung der von einem Unternehmen normalerweise zu tragenden Belastungen)

Der Praxis, nach der für die Frage des Vorliegens eines Vorteils auf einen Vergleich des begünstigten Unternehmens mit den nichtbegünstigten Unternehmen abgestellt wird, kann nicht zugestimmt werden. Da im steuerlichen Zusammenhang nur ein Liquiditätsvorteil für das begünstigte Unternehmen relevant ist, muss dieser bei *Einzelfallbeihilfen* auch durch einen isolierten – d.h. auf das betreffende Unternehmen beschränkten – Vorher-/Nachher-Vergleich ermittelt werden. Schließlich kommt es auch bei der Rückforderung einer Beihilfe darauf an, dass der Empfänger nicht nur relativ, sondern tatsächlich einen wirtschaftlichen Vorteil erhalten hat, der die Wettbewerbsverfälschung manifestiert (Bei *Beihilferegelungen* reicht die generelle Eignung zur Verschaffung eines solchen Vorteils aus). Liegt ein isoliert feststellbarer Vorteil im beihilferechtlichen Einzelprüfverfahren nicht vor, kann eine Negativentscheidung nicht umgesetzt, kann eine vermeintliche Wettbewerbsverzerrung nicht rückgängig gemacht werden. Aus diesem Grunde ist auch die Begründung einer Beihilfe durch einen mittelbaren Vorteil, der sich nicht in einer steuerlichen Ersparnis messen ließe, abzulehnen. Ein beihilferechtlich relevanter Vorteil kann grundsätzlich auch dann nicht vorliegen, wenn Unternehmen von einer ansonsten stattfindenden Steuererhöhung ausgenommen werden. Abzulehnen ist schließlich die Ansicht der Kommission, bereits die Existenz einer steuerlichen Regelung – unabhängig von ihrer tatsächlichen Inanspruchnahme – könne im beihilferechtlichen Einzelprüfverfahren einen relevanten Vorteil darstellen.

[1371] S. hierzu Kapitel 5 (und ergänzend: 8).

2. Selektivität (Ausnahme vom allgemeinen System)

Bereits in der allgemeinen beihilferechtlichen Untersuchungspraxis ist das Selektivitätskriterium nicht unproblematisch und wird tendenziell extensiv ausgelegt: Als Rechtfertigung hierfür wird die gebotene effektive Umsetzung des Beihilfeverbots angeführt. Während eine Auslegung des Artikels 87 Abs. 1 EG, die sowohl den Wortlaut verschiedener Sprachfassungen als auch dessen Systematik und Sinn einbezieht, aber darauf hindeuten, dass der tatbestandlichen Begünstigung ein Willkürelement immanent sein muss, verzichtet das rein objektive Ausnahmekriterium auf diese entscheidende tatbestandliche Komponente.

Darüber hinaus sind die geographischen wie die inhaltlichen Prämissen, welche von Kommission und Rechtsprechung zur Feststellung einer Ausnahme vom allgemeinen System vorausgesetzt werden, wenig transparent und daher angreifbar. So ist insbesondere bedenklich, dass eine Ausnahme im Sinne des Beihilfetatbestandes auch dann vorliegen soll, wenn eine mit Steuerautonomie ausgestattete Region eines Mitgliedstaats *für das gesamte Gebiet ihrer Steuerhoheit eine allgemeine Regel einführt*, die lediglich von der Regelung im übrigen Gebiet des Mitgliedstaats abweicht. Dieser Ansatz berührt in empfindlicher Weise die Steuerautonomie jeder unterstaatlichen Gebietskörperschaft, schafft einen faktischen Zwang zu zentralisierter Einheitsbesteuerung und widerspricht überdies den völkerrechtlichen Wertungen und dem völkerrechtlichen Verständnis des Welthandelsrechts.

Auch die Anknüpfung der Selektivität an objektive Kriterien, die den Umfang einer günstigen steuerlichen Regelung begrenzen, ist als problematisch anzusehen. Zwar ist Kommission und EuG/EuGH darin zuzustimmen, dass die Ausgestaltung einer steuerlichen Vergünstigung in Anknüpfung an objektive Kriterien für sich allein noch nicht geeignet ist, den selektiven Charakter der betreffenden Maßnahme aufgrund anderer Merkmale zu widerlegen; insbesondere die Kommission knüpft die Selektivität aber regelmäßig gerade an objektive Kriterien. Auch hier geht die gemeinschaftsrechtliche Beihilfepraxis zumindest teilweise über das hinaus, was dem völkerrechtlichen Verständnis im Welthandelsrecht entspricht. Probleme ergeben sich einerseits daraus, dass die Beihilfeeigenschaft von Regelungen bejaht wird, bei denen sich ein Kreis von Begünstigten überhaupt nicht mehr – d.h. auch nicht durch Branchenbezug – bestimmen lässt. Das Tatbestandsmerkmal der *bestimmten* Unternehmen oder Produktionszweige wird dadurch im Sinne von (teilweise nicht einmal mehr) *bestimmbaren* Unternehmen oder Produktionszweigen ausgelegt. Auch sofern objektive Sachgründe für die Begrenzung des Anwendungsbereichs einer steuerlichen Regelung gerade ausschlaggebend und sogar legitim sind – so z.B. bei der Begrenzung von Verrechnungspreisregimes auf *internationale* Konzerne – scheint die Begrenzung als solche nach der ratio der Kommission geeignet zu sein, eine Selektivität zu begründen.

Andere steuerliche Maßnahmen, die ganz offensichtlich eine Ausnahme vom allgemeinen Besteuerungsverfahren darstellen (z.B. Stundungen und Erlasse im Einzelfall), werden dagegen grundsätzlich nicht in der Terminologie der Leitlinien für steuerliche Beihilfen geprüft. Die Kommission wendet die Ausnahmeformel in diesen Fällen nicht an, erkennt aber auf der anderen Seite als legitimen Rechtfertigungsgrund den Grundsatz des privaten Gläubiger-Verhaltens an, der wiederum nicht in die Dogmatik der Leitlinien passt. Kurzum: Die Praxis zur Ausnahme von der Regel lässt in der überwiegenden Anzahl der entschiedenen Fälle völlig offen, nach welchen Grundsätzen die Regel als notwendiger Vergleichsmaßstab zur Feststellung einer Ausnahme ermittelt werden soll.

Kernanliegen des Beihilfeverbots ist die Gewährleistung neutraler Wettbewerbsbedingungen für alle Wettbewerbsteilnehmer. Dies heißt jedoch nicht, dass alle gleich, sondern dass alle in einer vergleichbaren Situation befindlichen Unternehmen im relevanten Kontext nach den gleichen sachlichen Kriterien behandelt werden müssen. Wenn eine Regel auch eine faktische Indizwirkung haben mag, so ist sie als solches doch kein sachlicher, sondern allenfalls ein statistischer Maßstab: Ungleiches nach derselben Regel zu behandeln, kann unter wettbewerbs- wie steuerpolitischen Gesichtspunkten willkürlich sein, eine Ausnahme kann sachlich legitimiert sein.

IV. Eignung zur Wettbewerbsverfälschung

Was das Merkmal der Wettbewerbsverfälschung anbelangt[1372], ist die Praxis von Kommission und Rechtsprechung ohne jede Transparenz, was allerdings kein spezielles Problem für den steuerlichen Kontext darstellt; im Gegensatz zur kartellrechtlichen Regel werden Marktuntersuchungen oder gar -abgrenzungen im Beihilferecht weder gefordert, noch unternommen. Kommission und EuG/EuGH gehen vielfach davon aus, dass das Vorliegen einer Begünstigung von Unternehmen die Wettbewerbsverfälschung automatisch bedingt, so dass diese regelmäßig nicht extra geprüft wird.

Ein weiterer Aspekt ist im Rahmen dieses beihilferechtlichen Tatbestandsmerkmals problematisch: So berücksichtigt die Kommission in ständiger Praxis und ohne weiteres auch steuerwettbewerbspolitische Zielsetzungen. Dabei wird offensichtlich vorausgesetzt, dass der gemeinschaftsrechtliche Wettbewerbsschutz den steuerlichen Wettbewerb zwischen den Mitgliedstaaten (Märkten oder Teilmärkten) genauso umfasst wie den unternehmerischen Wettbewerb zwischen den Unternehmen (Marktteilnehmern). Dabei lassen weder die rechtliche Basis, nach der systemwettbewerbspolitische Zielsetzungen in der Gemeinschaft bisher kodifiziert sind (der Verhaltenskodex steht außerhalb des formellen Gemeinschaftsrechts), noch die finanzwissenschaftlichen Erkennt-

[1372] S. hierzu Kapitel 6.

nisse zum Steuerwettbewerb eine solche Einbeziehung als selbstverständlich erscheinen. Wenngleich das Vorgehen der Mitgliedstaaten gegen den schädlichen Steuerwettbewerb genauso wie der Schutz des unternehmerischen Wettbewerbs letztlich Gemeinwohlinteressen dienen, birgt die Kumulierung beider Zielsetzungen im Beihilferecht ein Konfliktpotential: Schutzgut des Vorgehens gegen den schädlichen Steuerwettbewerb ist das Steueraufkommen der Mitgliedstaaten (sachlicher Maßstab ist dabei das Äquivalenzprinzip), während das Schutzgut der Art. 81 ff EG gemäß Art. 3 Abs. 1 lit. g iVm. lit. c EG die Grundfreiheiten der Wirtschaftsteilnehmer (ausgerichtet am Grundsatz der Gleichbehandlung bzw. im steuerlichen Kontext: der Leistungsfähigkeit) sind. Auf den bestehenden potentiellen Zielkonflikt zwischen Schutzgut und Inhalt des steuerlichen Systemwettbewerbs zum Schutzzweck des unternehmerischen Wettbewerbs geht die Kommission dabei nicht ein.

V. Eignung zur Beeinträchtigung des Handels zwischen den Mitgliedstaaten

Schließlich wird auch das Merkmal der Eignung zur Beeinträchtigung des zwischenstaatlichen Handels[1373] in der Regel nicht geprüft, sondern in fast allen Entscheidungen als durch das Vorliegen einer Begünstigung für Unternehmen gegeben betrachtet; die Parallelität zur entsprechenden Praxis beim Merkmal der Wettbewerbsverfälschung wird oft zur Identität, da Kommission und Rechtsprechung beide Merkmale – trotz ihrer ausdrücklichen tatbestandlichen Trennung und der völlig unterschiedlichen Bedeutung – regelmäßig zusammen „abhaken".

Die Anwendbarkeit der „*De-minimis*"-Kriterien auf steuerliche Maßnahmen, insbesondere eine nachträgliche „Umwidmung" entsprechend diesen Kriterien, findet bisher so gut wie statt, obwohl hier ein Gestaltungsspielraum der Mitgliedstaaten unabhängig von der Größe der begünstigten Unternehmen, der horizontalen Zielsetzung und dem Vorliegen anderer (nicht als „*De-minimis*"-Beihilfen qualifizierter) Maßnahmen gegeben ist.

VI. Rechtfertigung durch allgemeine Vorgaben des Systems

Die extensive Auslegung des Selektivitätskriteriums im Wege der Ausnahmeformel wird durch die Prüfung einer Rechtfertigung (auf Übereinstimmung der als solcher identifizierten Ausnahme mit den Grundwertungen des allgemeinen Systems[1374]) praktisch nicht korrigiert, die Bedeutung des Rechtfertigungskriteriums ist gleich null. Dies ist bereits auf die Definition des Rechtfertigungs-Kriteriums zurückzuführen, die fordert, dass die Ausnahme – als begriffs- und wesensnotwendige Abweichung von der Regel – letztlich doch wieder mit den

[1373] S. hierzu Kapitel 7.
[1374] S. hierzu Kapitel 8.

Grundwertungen des Systems übereinstimmen muss, von dem sie im Ergebnis gerade abweicht. Dabei ist eine inhaltliche, eine wertende, wettbewerbs- oder steuerethische Interpretation dieses Rechtfertigungsmaßstabs von vorneherein unmöglich: Denn nicht die der festgestellten Ausnahme zugrundeliegenden Wertungen werden überprüft, sondern allein deren Übereinstimmung mit den – unbewertet bleibenden – Prämissen der betreffenden Regel. Das Rechtfertigungskriterium ist somit durch eine strukturelle Egalität sowohl gegenüber den Gemeinschaftszielen, wie auch denjenigen des nationalen Rechts gekennzeichnet. Rechtfertigungselemente können nicht nach Maßgabe einer inhaltlichen Bewertung – sei sie an wettbewerbs- oder steuerpolitischen Wertungen ausgerichtet – sondern nur nach Maßgabe der als solcher identifizierten Regel einfließen. Der *status quo* wird dadurch zementiert. Dies ist umso erstaunlicher, als der EuGH selbst im Kontext diskriminierender steuerlicher Maßnahmen der Mitgliedstaaten einen konkreteren Maßstab anwendet, der auch einen Hinweis darauf gibt, dass der Rahmen für die Feststellung einer grundfreiheitlich relevanten Ausnahme auf Fälle der sachlichen Vergleichbarkeit beschränkt werden muss. Dagegen bleibt im beihilferechtlichen Kontext bereits unklar, in welchem Umfang Kommission und Rechtsprechung geneigt sind, eine sachliche Rechtfertigung für bestimmte Sonderregelungen z.B. mit Branchen- oder Transaktionsbezug zu akzeptieren.

B. An der Gleichbehandlung ausgerichteter Prüfungsmaßstab

Es kann nicht bestritten werden, dass die Subsumtion steuerlicher Maßnahmen unter den primärrechtlichen Beihilfetatbestand ohne einen konkretisierenden Hilfsmaßstab kaum möglich ist. In diesem Sinne belegt die Schaffung und Anwendung der Ausnahmeformel das Verständnis der Gemeinschaftsorgane, dass steuerliche Maßnahmen gerade aufgrund ihrer steuerlichen Natur und Wirkungsweise – Begünstigung durch Belastungsminderung – eines besonderen Prüfungsmaßstabes bedürfen. Dieser muss jedoch die Grenzen des Beihilfetatbestandes wahren. Unter Berücksichtigung der primärrechtlichen Definition des Wettbewerbsschutzes im Dienste der Grundfreiheiten offenbart sich der Grundsatz der Gleichbehandlung als fundamentales Prinzip des Beihilferechts: Staatliche Sonderleistungen für einzelne Unternehmen, die sich im relevanten Kontext in einer vergleichbaren Situation befinden wie andere, nicht begünstigte, sollen verboten sein. Der Grundsatz der Belastungsgleichheit als zentraler rechtsstaatlicher Maßstab des Steuerrechts stellt die Kehrseite derselben Medaille dar.

Es erscheint daher legitim, aus der zentalen rechtsstaatlichen Bedeutung des Prinzips der Besteuerungsgleichheit eine Verbesserung des beihilferechtlichen Prüfungsmaßstabs für steuerliche Maßnahmen herzuleiten. Dabei kann generell Bezug genommen werden auf die Rechtsprechung des EuGH im Bereich diskriminierender steuerlicher Maßnahmen, aber auch auf entsprechende

Formulierungen im Urteil *„Maribel I*“ [1375] (betreffend Sozialversicherungsbeiträge) und jüngeren Urteilen wie *„Adria-Wien-Pipeline*“ [1376] sowie *„Gil Insurance*“ [1377] (betreffend indirekte Steuern) und – außerhalb eines steuerlichen Kontexts das Urteil in der Sache Spanien./.Kommission[1378]: Für das Feststellen einer selektiven Begünstigung wird dort geprüft, ob die untersuchte Maßnahme *„geeignet ist, bestimmte Unternehmen oder Produktionszweige [...] gegenüber anderen, die sich im Hinblick auf das mit der betreffenden Maßnahme verfolgte Ziel in einer vergleichbaren tatsächlichen und rechtlichen Situation befinden*“, zu begünstigen.[1379] Auch die Kommission spricht in ihren Entscheidungen zu den baskischen Körperschaftsteuergutschriften [1380] einen diskriminierenden Verstoß gegen das Prinzip der Steuergleichheit an.[1381]

Liegt danach eine Ungleichbehandlung von sachlich Gleichem vor, bedarf es einer besonderen Rechtfertigung um diese Ungleichbehandlung zu rechtfertigen. Das Vorliegen einer selektiven Begünstigung bestimmter Unternehmen oder Produktionszweige durch Maßnahmen im Bereich der direkten Steuern könnte dementsprechend wie folgt im Wege einer zweistufigen Prüfung ermittelt werden:

1. Verschaffung eines Liquiditätsvorteils durch Minderung der steuerlichen Belastung bestimmter Unternehmen oder Produktionszweige im Wege einer sachlich – d.h. im relevanten Kontext der betreffenden Maßnahme – nicht legitimierten Ungleichbehandlung gegenüber vergleichbaren Sachverhalten (statt „Ausnahme vom allgemeinen System“); dies wäre stets (*ex officio*) zu prüfen. Maßstab für das Vorliegen einer Ungleichbehandlung muss grundsätzlich das Leistungsfähigkeitsprinzip sein.
2. Keine Rechtfertigung der begünstigenden Ungleichbehandlung *nach Art und Umfang* durch zwingende Gemeinwohlinteressen (anstelle mangelnder Systemkonsequenz) – nur auf entsprechend Vortrag des betreffenden Mitgliedstaats zu prüfen. Steuerliche Vorschriften mit Sozialzwecknormcharakter (d.h. mit nicht am Leistungsfähigkeitsprinzip, sondern mit Bedürfnis- oder Verdienst-orientierter Perspek-

---

[1375] EuGH, Urteil vom 17. Juni 1999 in der Rs. C-75/97, Slg. 1999, I-3671, Rn. 28.
[1376] EuGH, Urteil vom 8. November 2001 in der Rs. C-143/99, Slg. 2001, I-18365, Rn. 41.
[1377] EuGH, Urteil vom 29. April 2004 in der Rs. C-308/01, Slg. 2004, I-4777, Rn. 68.
[1378] EuGH, Urteil vom 13. Februar 2003 in der Rs. C-409/00, Slg. 2003, I-1487, Rn. 47.
[1379] EuGH, Urteil vom 8. November 2001 in der Rs. C-143/99, Slg. 2001, I-8365, Rn. 41.
[1380] Entscheidungen der Kommission vom 11. Juli 2001, betreffend die Provinzen Álava (ABl. L 296 vom 30. Oktober 2002, 1), Guipúzcoa (ABl. L 314 vom 18. November 2002, 26) und Vizcaya (ABl. L 17 vom 22. Januar 2003, 1); vgl. EuG, Urteil vom 23. Oktober 2002 in den verbundenen Rs. T-269, 271 und 272/99.
[1381] Entscheidungen der Kommission vom 11. Juli 2001, betreffend die Provinzen Álava (ABl. L 296 vom 30. Oktober 2002, 1), Rn. 66 ff; Guipúzcoa (ABl. L 314 vom 18. November 2002, 26), Rn. 73 f; Vizcaya (ABl. L 17 vom 22. Januar 2003, 1), Rn. 73 f.

tive) sind grundsätzlich auf dieser zweiten Stufe der Selektivitätsprüfung – die auch den Verhältnismäßigkeitsgrundsatz inkorporiert – zu berücksichtigen.

I. Sachlich nicht legitimierte Ungleichbehandlung vergleichbarer Sachverhalte

Durch das Abstellen auf eine sachlich nicht begründbare Ungleichbehandlung zugunsten bestimmter Unternehmen oder Produktionszweige (anstelle einer Ausnahme) würde zunächst das Willkürelement des Beihilfetatbestands angemessen berücksichtigt; der schwer handhabbare und inhaltlich irreführende Ausnahmebegriff würde ersetzt durch die Möglichkeit – allerdings auch die Schwierigkeit – der Bildung eines Bezugsrahmens nach Maßgabe des steuer- wie wettbewerbspolitisch entscheidenden Prinzips der Gleichbehandlung für den jeweiligen Fall. Denn weder in wettbewerbs- noch in steuerpolitischer Hinsicht kommt es letztlich auf das Vorliegen einer Ausnahme an, was die von der Kommission entschiedenen Fälle zu Steuerstundungen und -erlassen belegen (die im Vergleich zum allgemeinen Verfahren stets eine Ausnahme darstellen, aber auch nach Ansicht der Kommission durch das Verhalten entsprechend dem eines privaten Gläubigers gerechtfertigt waren). Entscheidend ist stattdessen idR. die Frage, ob eine sachliche Legitimation für die Ausnahmebehandlung im Sinne einer Durchbrechung der Besteuerung nach der Leistungsfähigkeit vorliegt.

Anders als beim Abstellen auf das Vorliegen einer Ausnahme – die grundsätzlich keine Beurteilung der Maßnahme anhand des mit ihr verfolgten Zwecks ermöglicht – wird beim Abstellen auf eine Ungleichbehandlung von sachlich Gleichem der entscheidende Prüfungsmaßstab bereits „mitgeliefert". Das Abstellen auf eine Ungleichbehandlung anstelle einer Ausnahme würde es den Mitgliedstaaten außerdem ermöglichen, solche Ausnahmeregelungen einzuführen, die nach allgemeinem Recht bestehende Ungleichheiten in u.U. auch gemeinschaftsrechtskonformer Weise korrigieren würden. Der wesentliche Vorteil gegenüber der Ausnahmeformel bestünde darin, dass der maßgebende wettbewerbs- und steuerpolitische sachliche Bewertungsrahmen von einer nachgelagerten Rechtfertigungsfrage bereits in den originären Selektivitätsmaßstab verlagert wäre. Hier könnte grundsätzlich auch der Kohärenzgedanke, wie vom EuGH im Bereich diskriminierender steuerlicher Maßnahmen entwickelt (wenn auch dort im Rahmen der Rechtfertigung), verwendet werden: In entsprechender Anwendung könnte eine steuerliche Begünstigung dann – und insoweit – sachlich gerechtfertigt sein, als sie besondere Nachteile ausgleicht, die gerade die begünstigte Gruppe der Steuerpflichtigen trägt.

II. Rechtfertigung, soweit zwingende Gemeinwohlinteressen dies erfordern, statt „Systemkonsequenz"

Da auch die Ungleichbehandlung von sachlich Gleichem insoweit gerechtfertigt sein kann, als zwingende Allgemeinwohlinteressen dies erfordern – diese allgemeingültige Formel kann dem allgemeinen Primärrecht entnommen werden – wäre weiterhin in einem zweiten Schritt zu prüfen, ob und aus welchen Gemeinwohl-Gründen eine selektive steuerliche Maßnahme ggf. dennoch im Ergebnis als beihilferechtlich legitim angesehen werden müsste. Unter Zugrundelegung der von Kommission und EuGH bisher untersuchten Maßnahmen muss davon ausgegangen werden, dass eine solche Rechtfertigung auch weiterhin die Ausnahme darstellen wird. Ob und in welchem Rahmen die Mitgliedstaaten diesbezüglich künftig einen größeren Spielraum für steuerliche Begünstigungen haben könnten oder sollten, bleibt somit offen. Die bei den Mitgliedstaaten verbleibende Steuerhoheit gebietet es jedenfalls dem Grunde nach, dass auch Sozialzwecknormen gestattet sein müssen.

Anders als die Rechtfertigung durch Systemkonsequenz würde die Rechtfertigung aufgrund zwingender Gemeinwohlinteressen nicht bereits zu einer Verneinung der Selektivität führen, sondern den selektiven Charakter der betreffenden Maßnahme unberührt lassen. Mit anderen Worten: Während die in Anwendung der Ausnahmeformel zu prüfende Frage einer Rechtfertigung durch Systemkonsequenz ggf. dazu führt, dass keine tatbestandliche Beihilfe iSd. Art. 87 Abs. 1 EG vorliegt, würde eine Rechtfertigung aufgrund zwingender Gemeinwohlinteressen entsprechend den Regelungen des Art. 87 Abs. 2 bzw. 3 EG erst nach der tatbestandlichen Prüfung ansetzen: In den betreffenden Fällen läge eine Beihilfe vor, die allerdings infolge der Rechtfertigung nicht gemeinschaftsrechtswidrig wäre. Insofern besteht ein tatbestandsdogmatischer Unterschied zwischen beiden Rechtfertigungsansätzen.

Kommission und Rechtsprechung sind bisher einen vernünftigen Grund dafür schuldig geblieben, den an Gemeinwohlinteressen orientierten Rechtfertigungsmaßstab, der unmittelbar dem Primärrecht entnommen werden kann – und auch vor den Grundwertungen der Gemeinschaft (vgl. Art. 3 Abs. 1 lit. g und c EG) ohne weiteres einleuchtet – durch das Abstellen auf eine Art Systemkonsequenz zu ersetzen. Dagegen inkorporiert die Berücksichtigung von Gemeinwohlinteressen sowohl den zentralen rechtsstaatlichen Bewertungsmassstab für Konflikte des Gemeinschafts- zum nationalen Recht, als auch den Verhältnismäßigkeitsgrundsatz.

III. Identifizierung konkreter steuerlicher Leitprinzipien als Harmonisierungsauftrag

Auch die vorgeschlagene gleichheitsbetonende Auslegung des Art. 87 Abs. 1 EG in Bezug auf steuerliche Maßnahmen ändert nichts daran, dass im Einzelfall allgemein handhabbare steuerliche Maßstäbe erforderlich sind, die den Rahmen der Vergleichbarkeit konkretisieren – dies wird insbesondere bei der Schwierigkeit deutlich, die Selektivität einer Maßnahme in Anknüpfung an objektive Merkmale zu bestimmen. Eine Festlegung allgemeingültiger Besteuerungsprinzipien, die möglicherweise nicht auf den Schutz des unternehmerischen Wettbewerbs beschränkt sein müsste, sondern ggf. auch systemwettbewerbspolitische Aspekte berücksichtigen könnte, wäre ein wünschenswertes Harmonisierungsziel. Denn auf diese Weise könnte gewährleistet werden, dass die unbestreitbaren Vorteile einer steuerlichen Systemvielfalt erhalten bleiben während als schädlich identifizierte Aspekte beseitigt werden könnten. Leitprinzip im beihilferechtlichen Kontext muss dabei die Besteuerungsgleichheit, konkretisiert durch das Leistungsfähigkeitsprinzip sein. Inwieweit bzw. ob unter systemwettbewerbspolitischen Aspekten daneben auch äquivalenztheoretische Maßstäbe berücksichtigungsfähig sein könnten, ist fraglich. Fraglich ist auch, inwieweit die Gewährleistung der Grundfreiheiten in der EU möglicherweise zu einer Neudefinition der Grundprinzipien des internationalen Steuerrechts führen muss.

Die bisherige beihilferechtliche Praxis gegenüber steuerlichen Maßnahmen der Mitgliedstaaten offenbart die Schwierigkeiten eines Modells, das auf wirtschaftliche Integration bei gleichzeitiger Vielfalt der Steuersysteme ausgerichtet ist, ohne einen gemeinsamen Grundkonsens bezüglich steuerlicher Prinzipien identifiziert zu haben. Die Untersuchungspraxis für steuerliche Beihilfen muss durch alle Beteiligten als wichtiger Bestandteil der steuerlichen Gesamtstrategie der Union verstanden werden. Diese Gesamtstrategie braucht aber gerade wegen der fortbestehenden Vielfalt einen auf materiellen Prinzipien beruhenden steuerlichen Gesamtplan, welcher der Gemeinschaft bisher fehlt.

Dass die gegenwärtige beihilferechtliche Untersuchungspraxis in Bezug auf mitgliedstaatliche Maßnahmen im Bereich der direkten Steuern von den primärrechtlichen Vorgaben abweicht, muss der Kommission angelastet werden. Das gleiche gilt für die mangelnde Einbeziehung der Politik auf dem Gebiet der steuerlichen Beihilfen – abseits des schädlichen Steuerwettbewerbs, der insoweit nur einen Ausschnitt darstellt – in die steuerliche Gesamtstrategie der Gemeinschaft. Dass beides bisher nicht kritisiert wird, ist auch Ausdruck eines mangelnden Problembewusstseins und Harmonisierungswillens der Mitgliedstaaten.

C. Thesen

1. Dem Gemeinschaftsrecht lassen sich keine Anhaltspunkte für eine von vorneherein eingeschränkte *Anwendbarkeit* des Beihilfeverbots auf mitgliedstaatliche Maßnahmen im Bereich der direkten Steuern entnehmen. Bei der *Anwendung* selbst muss jedoch gewährleistet sein, dass die Grenzen des primärrechtlichen Tatbestands gewahrt bleiben, da ansonsten in ausschließ-

liche Kompetenzen der Mitgliedstaaten eingegriffen wird („soweit in diesem Vertrag nicht etwas anderes bestimmt ist").

2. Da sich die wettbewerbspolitisch relevanten Auswirkungen einer steuerlichen Maßnahme gerade aus ihrer steuerlichen Natur und Wirkungsweise ergeben, ist eine Berücksichtigung der steuerlichen Natur bei deren beihilferechtlicher Bewertung zwingend erforderlich. Soweit die Natur steuerlicher Beihilfen – Begünstigung durch Belastungsminderung – einen den Tatbestand des Art. 87 Abs. 1 EG konkretisierenden Beurteilungsmaßstab erfordert, gilt, dass auf steuerliche Maßnahmen kein strengerer Maßstab angewendet werden darf als auf nicht steuerliche.

3. Wegen der besonderen Bedeutung der nationalen Steuerhoheiten als notwendigem Gegenstück zu der bei den Mitgliedstaaten verbleibenden umfassenden staatlichen Verantwortung und wegen der primärrechtlichen Anerkennung dieser Hoheiten muss es einen Rechtfertigungsvorbehalt (zwingende Allgemeinwohlinteressen) geben, der geeignet ist, Konflikte zwischen Beihilfeverbot und Steuerhoheit ggf. auch dann zugunsten der letzteren zu lösen, wenn dies dem Fiskalzweck zuwiderläuft. Denn auch steuerliche Sozialzwecknormen müssen den Mitgliedstaaten grundsätzlich möglich bleiben.

4. Das Merkmal der staatlichen oder aus staatlichen Mittel gewährten Beihilfe setzt im steuerlichen Kontext einen durch entsprechenden Übertragungsakt manifestierten Verzicht des Staates auf ihm ansonsten zustehende Einnahmen voraus. Die Kehrseite dieses Verzichts stellt der Vorteil beim Begünstigten dar (Stoffgleichheit zwischen Verzicht und Vorteil). Für das Vorliegen eines Verzichts ist es nicht entscheidend, ob die betreffende Maßnahme insgesamt die Steuerereinnahmen erhöht. Ein Verzicht liegt aber nicht vor, wenn der Staat durch die betreffende Maßnahme erst bewirkt, dass es zu einem Besteuerungszugriff kommt.

5. Das Merkmal des Vorteils setzt im steuerlichen Kontext einen isoliert beim begünstigten Unternehmen feststellbaren Liquiditätsvorteil voraus; das Vorliegen eines solchen ist ausschließlich im Wege eines Vorher-/Nachher-Vergleichs zu ermitteln. Erst das Merkmal der Selektivität darf berücksichtigen, ob ein relativer (selektiver) Vorteil gegenüber den Nichtbegünstigten vorliegt. Die Ausnahme von einer Steuererhöhung bewirkt grundsätzlich keinen beihilferechtlich relevanten Vorteil. Eine solche Maßnahme ist idR. im Rahmen der Art. 96 f EG zu prüfen oder (bei diskriminierendem oder beschränkendem Kontext) direkt an den Grundfreiheiten zu messen.

6. Anders als durch die Leitlinien vorgegeben, ist im Rahmen des Art. 87 Abs. 1 EG grundsätzlich nicht entscheidend, ob eine Ausnahme vorliegt, sondern

ob im relevanten Sachzusammenhang eine willkürliche, dem Leistungsfähigkeitsprinzip zuwider laufende Ungleichbehandlung vorliegt. Die Ausnahmeformel der Leitlinien verkürzt diese Anforderung des gesetzlichen Tatbestandes an das Vorliegen einer Beihilfe und erweitert dessen Anwendbarkeit in unzulässiger Weise.

7. Der im Rahmen des Beihilfeverbots relevante Vergleichsrahmen muss die nationale steuerliche Kompetenzaufteilung berücksichtigen. Regionale steuerliche Maßnahmen unterstaatlicher Gebietkörperschaften mit steuerlicher (Teil-)Autonomie können nur dann eine Beihilfe darstellen, wenn sie *in dem von der Autonomie erfassten Gebiet* selektiv wirken; insoweit darf nicht auf den gesamten Mitgliedstaat abgestellt werden, wie auch das welthandelsrechtliche Verständnis zeigt.

8. Das Anknüpfung der Selektivität an (nicht sektorale oder regionale) objektive Kriterien für die Inanspruchnahme einer steuerlichen Regelung ist tendenziell dann und insoweit nicht zulässig, als die Anwendungsvoraussetzungen nach Art und Umfang ausschließlich durch ein (legitimes) allgemeines Anliegen der Regelung bedingt und mit diesem deckungs-gleich sind. Allgemeine (horizontale) Kriterien sind dann nicht geeignet, die Selektivität einer Maßnahme zu begründen; die Selektivität kann sich hier erst aus zusätzlichen Kriterien ergeben.

9. Sofern im *Einzelfall* eine steuerliche Begünstigung infolge Ermessens erfolgt ist, kann eine Beihilfe nur dann vorliegen, wenn im konkreten Einzelfall zugunsten des Empfängers die Grenzen des Ermessens nicht eingehalten wurden – dies muss auch festgestellt werden. Eine *steuerliche Regelung*, welche die in ihr vorgesehene Begünstigung in das Ermessen der ausführenden Behörde stellt, kann nur dann eine Beihilferegelung sein, wenn sich ihr Anhaltspunkte dafür entnehmen lassen, dass sie eine willkürliche (sachfremde) Begünstigungspraxis fördert oder herbeiführt.

10. Eine sachliche Legitimation begünstigender steuerlicher Sondermaßnahmen ist zunächst aus diesen inne wohnenden Sachgründen (insbesondere der Besteuerung nach der Leistungsfähigkeit) möglich (keine Rechtfertigung im engeren Sinne). Die relevanten Sachgründe werden durch den Zweck bzw. das Anliegen die Maßnahme selbst vorgegeben und müssen, damit keine selektive Maßnahme vorliegt, dazu führen, dass keine Ungleichbehandlung begründet wird. Zur Vermeidung einer Selektivität darf die Begrenzung der Anwendungsvoraussetzungen der Regelung dabei nach Art und Umfang grundsätzlich nicht über das hinausgehen, was im Rahmen des verfolgten Ziels erforderlich ist (Verhältnismäßigkeit). Dies ist im beihilferechtlichen Prüfungsverfahren von Amts wegen zu prüfen.

11. Steuerliche Umschuldungs, Stundungs- und Erlassmaßnahmen sind dem Grundsatz des privaten Gläubigers entsprechend sachlich gerechtfertigt, wenn und soweit das Verhalten des Staates in der betreffenden Situation dem eines kaufmännisch handelnden privaten Gläubigers entspricht. Dies muss unter entsprechenden Umständen auch ein solches Verhalten umfassen können, dass dem Schuldner die faktische Möglichkeit gibt, für einen begrenzten Zeitraum keine Steuern zu zahlen, ohne dass Vollstreckungsmaßnahmen stattfinden.

12. Eine Rechtfertigung durch allgemeine Systemvorgaben (Wesen, Struktur, Aufbau des Systems) ist als ungeeignet abzulehnen. Sofern eine Ungleichbehandlung vorliegt, kann diese jedoch durch zwingende – auch außersteuerliche – Gemeinwohlinteressen gerechtfertigt sein. Diese müssen jedoch vom betroffenen Mitgliedstaat vorgetragen werden und durch eine Abwägung auf ihre gemeinschaftskonforme Eignung zur Rechfertigung untersucht werden. In Anlehnung an den Kohärenz-Gedanken (wie vom EuGH im Bereich diskriminierender steuerlicher Maßnahmen entwickelt) müsste im Bereich der steuerlichen Beihilfen grundsätzlich auch eine *umgekehrte* Kohärenz (steuerlicher Vorteil in sachlicher und persönlicher Verbindung mit einem steuerlichen Nachteil) als Rechtfertigung Berücksichtigung finden können.

13. Eine Einbeziehung steuerwettbewerbspolitischer Erwägungen in den Beihilfetatbestand kann allenfalls und ausschließlich beim Merkmal der Wettbewerbsverfälschung stattfinden. Dabei ist jedoch zu beachten, dass die Institutionen des unternehmerischen Wettbewerbs und der steuerlichen Systemwettbewerbs unterschiedliche Schutzgüter haben, so dass durch die Einbeziehung ein bedingter Zielkonflikt geschaffen wird, den die letztendliche Gemeinwohl-Verpflichtung beider Bereiche nicht unbedingt beseitigen kann. Das auf die freie Entfaltung der Grundfreiheiten gerichtete Gemeinschaftsrecht sieht außerhalb des Verhaltenskodex gerade *keine* Sanktionierung der Anlockung unternehmerischer Tätigkeit aus anderen Mitgliedstaaten vor.

14. Das Merkmal der Beeinträchtigung des zwischenstaatlichen Handels ist im steuerlichen Kontext vor allem insofern von Besonderheit, als dort abweichend von der beihilferechtlichen Praxis im außersteuerlichen Bereich bisher so gut wie keine Berücksichtigung allgemeinverbindlicher Ausnahmewertungen (insbesondere „*De minimis*“) stattgefunden hat, obwohl dies möglich ist. Die gegenwärtigen Reformvorschläge der Kommission zu Beihilfen mit geringer Höhe bzw. mit geringen Auswirkungen auf den zwischenstaatlichen Handel könnten den Mitgliedstaaten zusätzlichen Spielraum auch im steuerlichen Kontext geben.

Peter Lang · Europäischer Verlag der Wissenschaften

Rüdiger Schmid-Kühnhöfer

Die Staatlichkeit von Beihilfen

Mittel- und Transferzurechnung nach Art. 87 Abs. 1 EG-Vertrag

Frankfurt am Main, Berlin, Bern, Bruxelles, New York, Oxford, Wien, 2004. 244 S.
Kölner Schriften zu Recht und Staat.
Herausgegeben von Hartmut Schiedermair und Bernhard Kempen. Bd. 22
ISBN 3-631-53099-4 / US-ISBN-0-8204-7371-5 · br. € 42.50*

Die Entscheidung *Stardust Marine* des EuGH vom 16. Mai 2002 verdeutlicht, dass auch beinahe fünfzig Jahre nach Inkrafttreten der Römischen Verträge noch keine dogmatisch gefestigten Strukturen zur Handhabung des Beihilfetatbestandes gemäß Art. 87 Abs. 1 EGV, insbesondere in der Frage der staatlichen Zurechnung, bestehen. Der Verfasser untersucht die Rechtsprechung zur staatlichen Zurechnung von Beihilfen unter besonderer Berücksichtigung des erwähnten EuGH Urteils und unterbreitet zugleich einen Vorschlag zur Systematisierung des beihilferechtlichen Zurechnungstatbestandes. Außerdem werden anhand einer konsequenten Unterscheidung zwischen der Zurechnung von Mitteln zu einem Mitgliedstaat (Mittelzurechnung) einerseits und der Gewährungsmaßnahme zu den mitgliedstaatlichen Entscheidungsträgern (Transferzurechnung) andererseits einzelne Zurechnungskriterien herausgearbeitet. Diese Kriterien werden systematisiert, an Beispielen aus der Praxis illustriert und darüber hinaus auf ausgesuchte Fallvarianten angewendet.

Aus dem Inhalt: Überblick über Funktion und Systematik des Art. 87 EGV · Bisherige Handhabung des Zurechnungstatbestandes durch EuGH, EuG und Europäische Kommission · Dogmatik des Zurechnungstatbestandes gemäß Art. 87 Abs. 1 EGV · Bewertung der Rechtsprechungskriterien zur Bestimmung von Mittel- und Transferzurechnung · Anforderungen an die Mittelzurechnung · Bestimmung flexibler Kriterien zur Vornahme der Transferzurechnung

Frankfurt am Main · Berlin · Bern · Bruxelles · New York · Oxford · Wien
Auslieferung: Verlag Peter Lang AG
Moosstr. 1, CH-2542 Pieterlen
Telefax 00 41 (0) 32 / 376 17 27

*inklusive der in Deutschland gültigen Mehrwertsteuer
Preisänderungen vorbehalten

Homepage http://www.peterlang.de